宜興年鑑

(2018)

(总第30卷)

宜兴市人民政府 主办
宜兴市史志办公室 编

方志出版社
Publishing House of Local Records

图书在版编目（CIP）数据

宜兴年鉴. 2018 / 宜兴市史志办公室编. --北京：方志出版社，2018. 7

ISBN 978-7-5144-3206-0

I. ①宜… II. ①宜… III. ①宜兴市—2018—年鉴 IV. ① Z525. 34

中国版本图书馆CIP数据核字（2018）第201381号

宜兴年鉴（2018）

编　　者：宜兴市史志办公室
责任编辑：李 静
出 版 人：冀祥德
出 版 者：方志出版社
地址 北京市朝阳区潘家园东里9号（国家方志馆4层）
邮编 100021
网址 http://www.fzph.org
发　　行：方志出版社图书经销中心
电话（010）67110500
经　　销：各地新华书店
印　　刷：南京凯德印刷有限公司
开　　本：889×1194　1/16
印　　张：27
字　　数：951千
版　　次：2018年7月第1版　2018年7月第1次印刷
印　　数：0001～2600册

ISBN 978-7-5144-3206-0　定价:200.00元

主　办

宜兴市人民政府

主　管

宜兴市地方志编纂委员会

主　任：张立军

副主任：卢　敏

成　员：周　峰　王富民　路　翀　闵曲成　许红霞　马南新　宗豪杰
徐早其　唐晓龙　夏侯岭　王旻明　蒋宁鹏　钱西元　蒋惠清
蒋志刚　蒋国强　林启中　狄胜君　徐旭军　陈建平　何　忠
蒋华平　夏红军　赵　辉　许夕华　史中武　刘赛洪　王忠东
范燕慧　朱乾辉　李文军

承编单位

宜兴市史志办公室

主　任：夏侯岭

副主任：耿海华　朱峻峰

编辑部

主　编：耿海华

副主编：吴　艳　吕　浩

编　辑：丁　林　叶　绿　朱　敏　吴　艳　吴建群
吴畅畅　杨宇彤　张璐瑶　黄文婷　龚　樱

排　版：汪慧芸

装帧设计：黄文婷

地　址：江苏省宜兴市宜城街道荆溪南路36号

电　话：0510-87986705

Http://sqw.yixing.gov.cn/

E-mail: yxszb1996@sina.com

编 辑 说 明

一、《宜兴年鉴》是由宜兴市人民政府主办、宜兴市史志办公室编纂的综合性资料工具书，自1989年起，逐年编辑出版。

二、《宜兴年鉴（2018）》以邓小平理论、“三个代表”重要思想、科学发展观、习近平新时代中国特色社会主义思想为指导，实事求是记载2017年1月1日—12月31日宜兴市经济、政治、文化、社会、生态等各方面的基本面貌和发展情况，为各级领导、决策者和管理者提供准确的信息和情况，为社会各界了解、研究宜兴提供基本信息资料，并为编修地方志综合志书积累资料。

三、《宜兴年鉴（2018）》按分类编辑法，下设类目、分目、条目3个层次，共有专文、重要文献、宜兴概貌、大事记、陶艺、中共宜兴市委员会、宜兴市人大常委会、宜兴市人民政府、政协宜兴市委员会、中共宜兴市纪律检查委员会、民主党派·工商联、社会团体、政法、军事、园区建设、对外开放、制造业、旅游业、金融业、房地产业、建筑业、商贸流通业、农业、水利·农机、交通运输、财税、服务与监管、科技、教育、文化、史志·档案·文史、新闻传媒、卫生·计生、体育、生态环保、城乡规划、城乡建设、城市管理、信息化建设、公用事业、人力资源·社会保障、民政、镇·街道、人物、荣誉、附录、索引47个类目。条目为记述的基本单位，其标题用黑体加“【】”表示。

四、年鉴卷前公益彩页设“宜兴荣誉”“宜兴数字”“宜兴纪事”三个栏目，以图片的形式彰显宜兴地方特色和年度大事要事。由本刊编辑部主办的2017“精彩宜兴”年度照片征集评选活动获奖作品以刊中刊的形式收录，展示2017年宜兴的自然和人文面貌。

五、组织机构和领导人员名录中的任免职时间均为党委提名时间（省、无锡市直属部门及驻宜兴单位除外）。

六、“先进人物”收录2017年度获得省部级以上（含）表彰的综合先进个人；

“逝世人物”收录2017年逝世的、较有影响的宜兴籍副县（团处）级（含）以上领导，曾在宜兴担任过副县（市）职以上的干部，享受地（市）级以上政治、生活待遇的在宜兴的离休干部，在市内外有一定影响的宜兴籍知名人士。

七、年鉴中收录的各行政村、社区基本情况为2017年年底时的情况。

八、《宜兴年鉴（2018）》部分文字后标有“☆”，此类文字在附录中有缩略语、专用词语注释。

九、本年鉴中所有“上年”均指“2016年”。有关“江苏省”“宜兴市”“中共江苏省委员会”“中共宜兴市委员会”的记述，非特定需要时（标题名、文件名等），分别省略为“省”“市”“省委”“市委”。在对外开放中提及外资、外商等时，“外”均指境外（包含港澳台地区）。

十、《宜兴年鉴（2018）》的检索方式有目录和索引两种。目录在卷首，中文目录编排至条目。索引在卷末，采用主题分析法编制，按汉语拼音顺序排列，设条目索引、图片索引两部分。

十一、《宜兴年鉴（2018）》的稿件和随文插图主要由各部门、各有关单位及各镇、园区、街道提供，并经各单位负责人审定核实。卷首彩页图片部分由宜兴日报社提供。各单位内容后均有撰稿人署名，《附录》中列有审稿人员名单。

十二、表格中无数字和无法获得数字和有关情况的单元格用“—”表示；数据为零的，用“0”表示。

十三、根据行文实际需要，《宜兴年鉴（2018）》部分机构使用简称，部分机构全称、简称对照表列于《附录》中。

十四、读者可以通过手机扫描封面二维码关注宜兴市史志办公室微信公众号（宜兴史志），登陆宜兴市史志办公室官网（宜兴市情网）查看《宜兴年鉴（2018）》所有内容。

十五、所用统计数据均以市统计局编纂的《宜兴统计年鉴》公布的数据为准，市统计局未作统计的，按各行业、各部门、各单位自行统计的数据实录。

城市荣誉

中国人居环境奖

国家历史文化名城

国家生态市

国家环境保护模范城市

国家卫生城市

国家园林城市

国家可持续发展实验区

全国生态示范区

全国科技进步示范县（市）

全国法治县（市、区）创建活动先进单位

全国体育先进县（市）

中国优秀旅游城市

全国广播电视先进县（市）

全国文化先进县

中国陶瓷历史文化名城

国家知识产权试点城市

全国节水型城市

全国绿化模范城市

全国义务教育发展基本均衡县（市、区）

全国休闲农业与乡村旅游示范县

中国美丽乡村建设示范县

国家公共文化服务体系示范区

2017年新获荣誉

全国文明城市

中国工业百强县（市）第八位

全国中小城市综合实力百强县市第九名

全国财政管理先进市

全国信访系统先进集体

全国森林旅游示范市

中国体育旅游精品目的地

第四批国家慢性病综合防控示范区

2016年度江苏省平安县（市、区）

江苏省食品安全示范城市

镇：13个

街道：5个

省级以上开发区：3个

行政村：213个

社区居委会：97个

全市总面积：1996.6平方千米

年末总人口：108.33万人

常住人口：125.47万人

人口自然增长率：1.16‰

城市化水平：65.21%

地区生产总值：1558.25亿元

第一产业增加值：49.14亿元

第二产业增加值：807.83亿元

第三产业增加值：701.28亿元

规模以上工业总产值：2981.6亿元

规模以上工业利润总额：133.29亿元

规模以上工业增加值：460.87亿元

固定资产投资：563.91亿元

货运量：3393万吨

港口吞吐量：3185万吨

社会消费品零售总额：612.84亿元

到位注册外资：4.72亿美元

外贸进口总额：7.24亿美元

外贸出口总额：33.77亿美元

旅游接待人数：2358.31万人次

旅游总收入：248.32亿元

一般公共预算收入：111.15亿元

一般公共预算支出：123.64亿元

金融机构本外币存款余额：1982.37亿元

金融机构本外币贷款余额：1526.42亿元

居民储蓄存款余额：1003.82亿元

参加基本养老保险人数：34.76万人

参加失业保险人数：27.8万人

参加企业职工基本医疗保险人数：48.75万人

参加城乡居民医疗保险：55.69万人

居民消费价格指数：101.3

商品零售价格指数：102.0

城镇居民人均可支配收入：49826元

城镇居民人均生活消费支出：30199元

农村居民人均可支配收入：25654元

农村人均生活消费支出：18161元

全社会用电量：97.37亿千瓦时

全社会供水量：1.25亿吨

《宜兴数字》板块数据由市统计局提供

1月

1月6日至9日，政协宜兴市第十五届委员会第一次会议召开。

7日至10日，宜兴市第十七届人民代表大会第一次会议召开。

（仇洪生 摄）

1月12日，宜兴市博物馆正式开馆。博物馆建筑面积2.5万平方米，包括通史馆、现代名人馆、风土馆等七个独立展厅及两个临展厅。

图为开馆仪式现场　　　（市博物馆　提供）

1月

1月，宜兴市在无锡大市中率先召开全市动员会议，部署“263”专项行动。至年底，全市“减煤”完成年度目标任务的154%，“减化”完成无锡下达关停任务的135%，138项“六治”重点工程完成年度目标任务的99%，“三提升”工作取得突破性成效。

图为市委书记沈建带队夜查企业环保设施运转情况　（仇洪生　摄）

3月

3月9日，市委、市政府召开“连心富民、联企强市”大走访活动动员大会，启动以市、镇（园区、街道）、村(社区)三级联动为方式，覆盖全市党政机关、人民团体、事业单位党员干部的大走访活动。至年底，全市84个机关部门、18个基层板块、2900多个党组织、4万多名在编在职党员，走村、入户、进企，心贴心为群众解忧，零距离为企业服务，推进解决问题2.5万余个。

图为市长张立军赴和桥镇兴业社区走访　（和桥镇　提供）

4月

4月13日，市委、市政府首次召开全市企业发展大会，1000余位企业家应邀出席，共谋发展大业。

图为在保利大剧院召开的全市企业发展大会会场 （仇洪生 摄）

2月22日，总投资50亿元的东方环晟叠瓦太阳能电池组件项目签约，并实现“当年开工、当年投产”。

8月10日，宜兴国际旅游度假区、雅达健康生态产业园项目签约仪式在南京举行，该项目投资总额210亿元，是宜兴有史以来投资体量最大的项目。

（张渚镇　提供）

5月

5月2日，位于宜城街道东氿大道99号的新市政务服务中心正式投用。

图为新市政务服务中心全貌 （政务中心 提供）

6月

6月19日，全市深化行政审批制度改革暨机关作风效能建设大会召开，市委书记沈建要求全市各级各部门从改革抓起，全面提升行政审批服务效率，努力把宜兴打造成审批事项最少、办事效率最高、创新创业活力最强的地区。

图为全市深化行政审批制度改革暨机关作风效能建设大会会场　（仇洪生　摄）

8月

8月1日，市委召开派驻纪检机构改革工作部署会，全面启动派驻纪检机构改革。按照会议部署，全市共设10个派驻纪检监察组，对66个市一级单位实行综合派驻，实现派驻监督全覆盖。

图为市派驻纪检机构改革工作部署会会场　（市纪委　提供）

8月26日，住建部、中央农村工作领导小组办公室等部门联合发布2017年改善农村人居环境示范村名单。湖汊镇张阳村榜上有名，获评国家级美丽乡村示范村，这是宜兴市村庄首次获此殊荣。

图为张阳村一景　（湖汊镇　提供）

10月

10月26日至30日，第九届中国•宜兴国际陶瓷文化艺术节在宜兴举办。此届陶文化节以“陶醉中国、筑梦宜兴，以陶为媒、同创未来”为主题，共有“诚邀宾朋聚陶都、群英竞技陶为媒、百家争鸣论陶艺、名品巡展醉中国、古今中外名陶情、陶式生活在宜兴”6大主线58项活动，形式多样、亮点纷呈。

图为第九届中国·宜兴国际陶瓷文化艺术节开幕式现场 （丁焕新 摄）

10月20日，2017中国陶都（宜兴）金秋经贸洽谈会暨项目集中签约仪式举行，20多个国家和地区的嘉宾和客商代表参加。秋洽会签约项目64个，总投资623.72亿元，涉及新能源、新材料、高端动力机械、汽车及零部件、现代服务业等多个领域。

图为秋洽会期间宜兴经济技术开发区重点项目集中启动仪式　（仇洪生　摄）

.10月

10月28日至29日，中国●宜兴第二十届太湖风筝节暨2017年“东泽杯”国际风筝邀请赛、全国风筝精英赛（宜兴站）、江苏省风筝公开赛在周铁镇举行，多个国家和地区的300多名风筝好手共聚宜兴，同台竞技。

图为风筝节会场　（丁焕新　摄）

.11月

11月17日，全国精神文明建设表彰大会在北京人民大会堂召开。宜兴市获全国“含金量”最高的综合性城市荣誉——全国文明城市。同日，和桥镇、西渚镇白塔村分别获评第五届全国文明镇、全国文明村。

图为市民代表迎回奖牌　（市文明办　提供）

图为美丽宜居文明的宜兴城市面貌　（陆柱　摄）

文明之光耀陶都

2017年11月14日，中央文明委发布第五届全国文明城市名单，宜兴以全国第七、江苏省第二的优异成绩荣获“全国文明城市”称号。近年来，宜兴市委、市政府从健全创建机制、优化基础设施、提升市容市貌、严管交通秩序、推进城乡一体文明等入手，把群众关注的热点、难点问题作为创建工作的重点，实施了一大批实事工程，真正把创建文明城市的过程变成了持续改善民生、让群众得到实惠的过程，掀起了全民参与创建的热潮。首次参评即成功跻身全国文明城市行列，标志着宜兴的经济和社会各项事业全面提升，精神文明建设取得显著成效，宜兴市成为一座文明程度较高的现代化城市。

无锡市测绘院有限责任公司

地图审图号：苏B(2017)32号

2017年12月 编制

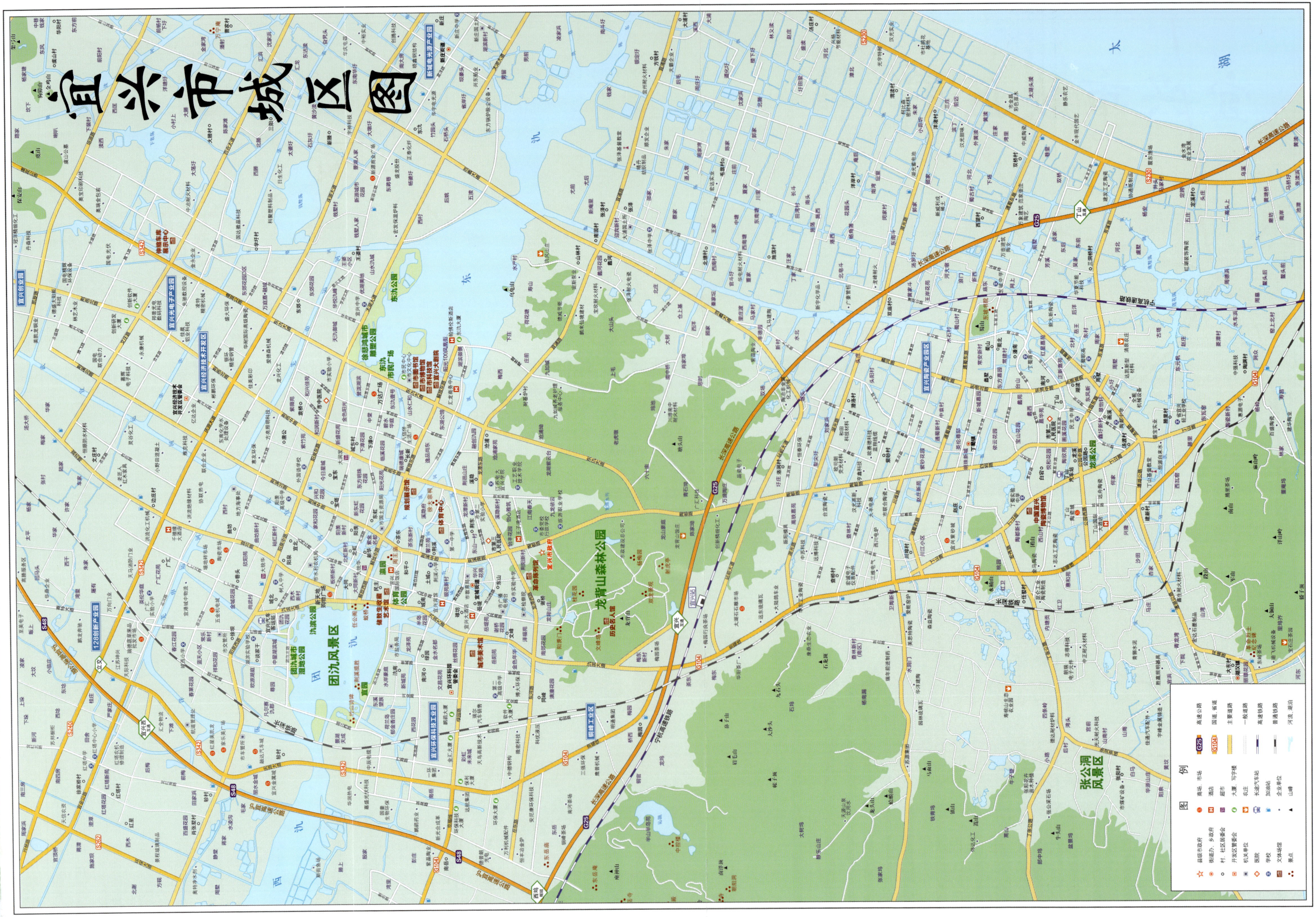

2017年12月 编制
地图审图号：苏B（2017）32号
无锡市测绘院有限责任公司

目 录

陶　艺

中共宜兴市委员会

宜兴市人大常委会

宜兴市人民政府

政协宜兴市委员会

中共宜兴市纪律检查委员会

民主党派·工商联

社会团体

政　法

军　事

园区建设

对外开放

制造业

旅游业

金融业

农　业

水利·农机

交通运输

财　税

服务与监管

科　技

教　育

文　化

史志·档案·文史

新闻传媒

卫生·计生

体 育

生态环保

城乡规划

城乡建设

城市管理

信息化建设

公用事业

人力资源·社会保障

民　政

镇·街道

人　物

荣　誉

附　录

索　引

专 文
ZHUAN WEN

宜兴市成功创建全国文明城市

作为最有价值的城市品牌，由中央文明办组织开展的全国文明城市测评活动标准涵盖经济、政治、文化、社会和生态建设等诸多指标，是反映城市整体水平的综合性荣誉称号，为全国城市综合类评比的最高荣誉。从2015年1月宜兴市入围“全国县级文明城市提名城市”后，市委、市政府从健全创建机制、优化基础设施、提升市容市貌、严管交通秩序、推进城乡一体文明入手，把群众关注的热点、难点问题作为创建工作的重点，实施了一大批实事工程，把创建文明城市的过程变成了持续改善民生、让群众得实惠的过程，掀起了全民参与创建的热潮。

一、健全机制，推动创建工作顺利实施

宜兴市入围“全国县级文明城市提名城市”后，多次召开深化文明城市创建工作会议，建立领导挂钩、专项整治、督查测评、常态长效、考核奖惩等一系列工作机制，保障全市各级各部门创城工作的有序开展。

高位推动，完善组织领导机制。把文明创建内容纳入全市经济社会发展总体布局，成立由市委书记、市长挂帅的市创建全国文明城市领导小组，下设创建办，分解任务、落实责任；各部门、各镇（园区、街道）主要负责人作为第一责任人主抓创建工作。创新制订市四套班子挂钩片区制度和挂钩片区图。问题最多、管理最难的片区，由市委书记、市长挂钩。

明确职责，强化工作责任机制。根据《测评体系》要求，制订下发《创建全国文明城市责任书》，将各项创建任务分解到各镇（园区、街道）和具体部门，逐级签订责任书。探索“互联网+政务”的责任落实机制，建立“文明创建工作微信群”，群里的成员是各单位部门的负责人与联络员。市创建办督察组和群内各单位联络员、负责人都可随时将发现问题的“随手拍”图片发进群里，相关单位负责人第一时间领取任务、实施整改，整改后的现场图片即时在群里反馈。

常态长效，建立督查推进机制。市创建办从重点责任部门抽调人员集中办公，组成4个督查小组，以暗访、明查、“回头看”等形式开展高频次、严要求的督查工作，做到日督查、日反馈、周通报，推动各类问题的解决。同时，市创建办会同市纪委、市委办公室督查科、市政府办公室督察科定期开展督查，全面掌握情况，对重点难点问题实行挂牌销号，找准薄弱环节、加快提升改进，并充分发挥责任单位和重点点位排名的效用，对工作不力、成效较差的单位，挂牌督办、限期完成。针对薄弱环节，在专项整治的基础上出台相应的专项管理办法，形成长效管理机制。

严格标准，落实考核奖惩机制。实施定期测评。市创建办委托专业第三方每季度通过实地考察、问卷调查等形式，对各地区、各创建主要职能部门履职情况进行考评，设立文明红黑榜，并在市主要媒体上公布考评结果和排名，接受社会监督。严格绩效考核。以“奖优又奖勤、罚劣又罚懒”为导向，完善考核机制。对日常考核排名靠前的单位进行奖励，考核排名靠后和在中央、省测评中有重大失分行为的地区部门实行问责制度。

二、立足惠民，提升创建水平和成效

为了创建全国文明城市，宜兴市以创建为民、创建惠民为根本目的，投入大量资金开展市政建设完善、老旧小区整治、环境绿化美化等民生工程。

提档升级，基础设施不断优化。完成通真观路等6条道路的综合改造，并于2017年10月启动陶都路、宜北路等一批主要道路改造工程，完成后主城区道路黑色化率近100%。2014—2017年共修复沥青路面1.08万平方米、人行道板砖1.95万平方米。完成教育东路（延伸段）等10条道路的林荫化改造以及2.05万平方米绿化补植提升，完成37个老小区、7条道路、15个背街小巷的路灯改造。出新改造74个老旧小区，出新墙面170多万平方米，修复、改造小区道路6.3万平方米，改建下水管网1.68万平方米。开展“电力光明”温暖行活动，点亮全市9000多个黑楼道，且照明灯的电费由政府承担。公安部门在城区8条道路设置总长约2万米的中央隔离护栏，更新交通设施398处。

铁腕治理，市容市貌全面提升。2014年起，各单位持续开展城郊结合部、老旧小区、背街小巷、集贸市场周边环境专项整治行动。市城管局共查处取缔各类占道经营、店外经营6.7万余起，清理各类乱堆放2.1万处，清理乱张贴、乱涂写4.5万余处。市公用事业局清理卫生死角540多处，清运各类生活垃圾1120多吨，集中治理东氿、团氿以及21条内河，打捞漂浮物30多吨。市建设局加强建筑工地文明施工管理，安装扬尘防控装置62套、冲洗设施378套、塔吊喷淋设施236套，确保了施工封闭到位、施工道路硬化到位、冲洗设施到位。宜城街道联合市城管等部门对辖区内的270多个小区开展环境整治，清运建筑类垃圾2000余车、大件废旧家具垃圾728车、特种垃圾56车。针对小广告乱张贴问题，建立小广告长效管理机制，联合公安、城管部门加大小广告张贴行为的处罚力度，同时请专业公司对小广告进行物业承包管理，遏制乱张贴现象。

管教并重，交通秩序大大改善。2017年起，公安部门对城区20条主次干道全面严管，每天组织150多名民警上路执勤，在上下班高峰时段严查违法行为，有效遏制机动车、非机动车、行人的违法行为，累计查处各类交通违法行为56.3万余起。交通运输部门强化公交驾驶员教育培训，发放告知书倡议书，与所有驾驶员签订承诺书，公开聘请20名行风监督员开展明察暗访。开展千人看出租车活动，暗访出租车1379辆(次)，其中公司教育整改187辆(次)。城管部门在20条主次干道严管的基础上，将严管路延伸到背街小巷，将严管路增加至30条，公安、城管两部门协力合作管理，确保全市城区车辆停放井然有序。市级机关党工委、宜兴市义工联合会等每天组织250多名志愿者进行交通劝导。市创建办在全市范围内开展“争当陶都好司机”主题教育活动，引导市民文明行车、绿色出行。

创新争优，窗口服务更加优质。市卫计委从用语礼貌、行业文明、操作规范、仪表端正、环境整治五个方面入手，提高全体职工道德规范知晓率和规范服务行为的形成率，提升医疗服务机构的服务质量。市商务局在商场超市持续开展文明诚信经营户等创建活动，打造“文明诚信经营示范街”，引导经营户参与文明创建，提升诚信意识。市金融办在银行等金融行业统一开展优质服务品牌选树活动，提升窗口服务人员服务质量，展现良好文明形象。市旅游局主动融入全市创城工作大局，通过召开专题会议、组织现场观摩、发放文明旅游宣传资料等手段，提升宾馆酒店、景点景区、旅行社等旅游行业窗口服务水平。

同频共振，城乡一体共创文明。各镇(园区、街道)紧跟主城区创建步伐，不断加大对环境、秩序的整治力度，持续造浓镇村创城宣传氛围，全面提升镇村创城工作水平，使城乡一体文明工作得到进步。运用多种形式在进镇沿线、主要出入口、主次街道、综合性文化服务中心、镇政府及集镇等处设置创城宣传公益广告的广告牌、文化墙、宣传栏、道旗等，造浓创建宣传氛围。在镇容镇貌、公共秩序管理上，各镇园铁腕治脏，围绕“以创促建”，创新工作方法。和桥镇、徐舍镇等7个镇(街道)设立交通严管街，彻底扭转镇区交通乱象，镇区车辆得以规范停放。丁蜀镇、张渚镇等13个镇(街道)开展镇区环境综合整治，清除乱涂乱写，清理河道淤泥，清空占道经营现象，巩固了创城成果，提升了创城工作水平。

三、宣传引领，文明新风润泽人心

宜兴市入围“全国县级文明城市提名城市”后，围绕创建全国文明城市目标，开展了形式多样的宣传活动，涵育风尚、引领价值，加强道德建设、培育社会风尚，构筑新时代道德风尚新高地。

强化宣传引领。按照市委、市政府部署要求，宣传部门和新闻媒体设立专题专栏，累计刊播创城新闻800多条，印发工作简报、督查简报88期，印发倡议书100多万份、《市民文明手册》21万份，向全市60万名微信活跃用户推送公益宣传500多条，传播阅读量达2千多万人次，使创建工作深入人心。制作楼宇墙面、建筑工地、交通隔离栏、公交站台公益广告5.6万余平方米，新增城市出入口大型公益广告牌5个，路口公益微景观30多个，在778辆公交车内张贴4366块文明创建公益广告，在公园景区设置文明旅游等公益广告牌560多块，建成好人广场、核心价值观广场、家风家训广场主题广场3个，在城区显示屏、电影院投放公益宣传短片，营造了清朗洁净、积极向上的社会氛围。

强化活动引领。以文明交通为主题，组织开展“我是陶都好司机”活动，倡导文明行车、文明停车，全市8000多名驾车人员积极参与。组织开展“不文明行为随手拍”活动，引导市民发现闯红灯、不礼让斑马线行人、逆行等不文明交通行为并记录，在新闻媒体集中曝光，营造文明交通、人人参与的良好氛围。以引导市民积极参与为导向，开展“把文明寄出去”活动，设计编印《文明城市创建宣传手册》20万册，发放至城区每户家庭，提升市民对文明创建的知晓率和支持率。以弘扬正能量为宗旨，开展《我看见了创城》公益视频展播活动，以交通警察、城管队员、环卫工人、志愿者等为主角，讲好文明故事，展示文明形象，受到社会赞誉。市级机关党工委开展公共文明志愿服务行动，组织机关干部常态化开展文明引导。团市委组织开展“百家青年文明号千名青年志愿者助力全国文明城市创建活动”，通过“我为文明宜兴代言”、公共志愿服务、青年啄木鸟等活动，引领全市青年争当创城先锋，贡献青春力量。市妇联开展“助力创城　巾帼添彩”百千万文明创建行动。通过开展百场家庭教育公益巡讲活动、万户文明家庭寻访活动，成立“陶都木兰”志愿者服务队，组织动员全市家庭参与到创城活动中来。市教育局开展“童眼看创城”活动，在全市未成年人中征集文明礼仪作品，并利用建筑工地围档展示优秀作品。老干部大学开展“夕阳红·创城乐”活动，向全市老同志发出倡议，开展以参与一次创城知识问答、纠正一个陋习、参加一次公益活动、开展一次创城宣传、记录一次创城见闻为内容的“五个一”活动。

强化典型引领。持续开展“寻找陶都好人”活动，2015—2017年累计推荐各类好人典型500多人，11人获评“中国好人”，23人获评“江苏好人”，5人获评全国道德模范、江苏省道德模范及提名奖。利用道德讲堂、主题班队会等阵地讲好好人故事，在城乡建立“好人广场”“善行义举榜”，传播凡人善举，引导市民群众学习好人、争当好人。

强化文化引领。连续举办书香宜兴读书节活动，在社区、医院、车站等公共场所设立图书漂流点60个。编排“与文明同行”专场文艺节目，在宜城街道、新街街道和屺亭街道的主要社区巡演。开展“文明陶都　醉美家园”摄影比赛，征集照片1800多幅，形象、直观、生动地反映全市各级各部门同创文明城市、共建美好家园的生动局面。开展市民文明公约征集讨论活动60多场次，激发市民爱家乡、建家乡的质朴情感。

四、勠力同心，掀起全民参与创建高潮

为充分调动市民参与创建全国文明城市的积极性，发挥市民在创建全国文明城市中的主体作用，通过开展各类志愿服务活动、文明创建活动、主题教育实践活动，提高市民参与创建、宣传创建、支持创建的热情。

志愿服务助力创城。开展市级机关公共文明志愿服务。2017年2月份起，市创建办、市级机关党工委安排所有市级机关党员同志按照各自单位分工路段、路口、服务时间，常态化开展文明交通劝导、清理环境卫生等志愿服务，参与机关部门单位约76个，参与次数达5万余人次。开展社区志愿服务活动。宜城街道“民主社区敲门大姐”“荆溪社区浪花行动”“大同社区爱心接待室”“溪隐社区彩虹义工”等志愿服务品牌活动得到进一步深化。设立学雷锋志愿服务驿站。2017年，全市积极倡导各类场馆、场所及窗口单位建立学雷锋志愿服务驿站，全面推进学雷锋志愿服务活动，全市共有汽车客运站、高铁站、图书馆、美术馆、科技馆、博物馆、政务大厅等志愿服务驿站近40个。2017年9月15日，宜城街道大同社区在西横街成立城区首个“开放式”社区志愿者服务站，打破了只面向该社区居民服务的局限，创新性地做到了把志愿服务“送出去”，同时也能通过连锁效应把社区外的志愿者“请进来”。所有学雷锋志愿服务驿站基本配置了充电、借伞、问询、热水、宣传等便民服务功能。

精神文明创建活动丰富多彩。推进各项文明评比活动。各镇村、街道、社区积极开展文明户、文明家庭评比活动，各类评比群众参与率均高于90%，其中，曹婉芬家庭获评首届全国文明家庭，苏南英家庭获评江苏省文明家庭。市教育局有序推进文明校园创建工作，落实文明校园“六个好”（领导班子建设好、思想道德教育好、教师队伍好、活动阵地好、校园文化好、校园环境好），通过创建，进一步营造文明校风，推进创城各项工作。

群众创城参与率、满意度持续提升。通过主题教育实践活动，发动市民积极参与。组织开展“小手拉大手，共创文明城”主题实践活动，使中小学生成为创建文明城市宣传员，为更多的市民群众普及创城知识，支撑创城工作，共同参与到文明城市的创建工作中。市教育局开展“小手拉大手·共创文明城”家庭签名寄语活动。印制10万余份创城宣传手册发放至每一名小学生手中，由学生带回家与家长共同完成“我为创城做什么”家庭寄语，并在宣传册上签名，使每个家庭都参与到创城工作中。通过开设“政风行风”热线，以问题的解决提升群众对于创城的满意度。市纪委、创建办、广电台联合举办的四期《政风行风热线》系列访谈栏目，围绕创城工作，邀请创城责任单位的主要领导，面对面现场解答市民群众提出的创城有关问题，坦诚相对，建立起政府与市民之间信任的桥梁。通过“大走访”活动，拉近与老百姓的距离。宜兴市各级机关干部结合“大走访”活动，走进13.5万个家庭，听取百姓对“创城”工作的意见和建议，解决老百姓最关心的问题。

2017年8月起，中央文明办组织开展第五届全国文明城市评选工作，以实地暗访考察、入户问卷调查和网上材料审核三种方式对166个参评城市进行测评。2017年11月14日，中国文明网公示第五届全国文明城市名单，宜兴市以全国县（市）第七、江苏省县（市）第二的优异成绩获“全国文明城市”称号。17日，全国精神文明建设表彰大会在北京人民大会堂召开，表彰第五届全国文明城市，市委书记沈建在北京出席表彰大会，并受到习近平总书记接见。跻身全国文明城市行列，标志着宜兴市的经济和社会各项事业全面提升，精神文明建设取得显著成效，成为一座市民素质较高、文明程度较高的现代化城市。创建成全国文明城市后，宜兴市把全国文明城市的各项测评指标转化为常态化工作目标，形成长效管理机制，努力构建更高质量文明创建新格局，让文明之花在宜兴大地灿烂绽放。

（杨钦涵　周琼）

一批重大产业项目集聚宜兴

市第十三次党代会确定“产业强市”主导战略后，全市各级积极围绕市委的决策部署，紧扣“以项目论高低、以项目论英雄”主题，紧抓项目建设不动摇，掀起项目建设“比学赶超”新高潮，呈现出大项目多、质量优、后劲足、建设速度快的最大亮点。

在项目招引上出重拳。加强招商队伍建设，成立市投资促进中心，统筹全市招商活动，充分发挥各镇（园区、街道）招商的主力军作用，在招商政策、招商机制、招商队伍等方面探索创新，立足各自产业优势和发展定位，捕捉投资信息，加强联络对接，招引了一批投资体量大、带动能力强、产业关联度高的项目，形成了上下联动、一体招商的工作新格局；全力拓展招商渠道，积极利用已有部委资源、院士资源，实施外援招商、专家招商，提升招商成效和质量。立足开发区和环科园两大国家级平台，加强宣传推介力度，打响国家级园区的名气与品牌，引进天津中环晶硅切片、大直径硅片项目和远东福斯特锂电池等项目落户宜兴；主动加强招商频率，在京津地区、广深地区和沪杭地区设立招商局，形成了常态化招商格局，同时立足自身，针对主导产业、优势产业，对内挖掘一批优质项目，全力盘活闲置资产用于优质项目的引进。高质量举办2017中国陶都（宜兴）金秋经贸洽谈会等招商活动，共签约项目64个，总投资623.72亿元，涉及新能源、新材料、高端动力机械、汽车及零部件、现代服务业等多个领域。

在项目推进上聚合力。完善项目推进机制，建立重大项目月度报送、季度观摩、领导挂钩等项目推进机制，加强资金扶持，做好行政推手角色，搭建政银企合作平台，帮助企业拓展融资渠道，缓解用地矛盾，对上争取和内部挖潜双管齐下，将有限的土地资源向投资体量大、市场前景好的项目集中，提升土地资源配置效率。同时以省、无锡市领导开展大走访、重大项目专题调研等活动为契机，积极争取上级支持，帮助重大项目化解了项目审批、土地指标等共性问题和资质申报、人才引进等个性问题60余项，保障项目推进。围绕项目签约、审批、建设、竣工等各个环节，落实责任、倒排工期，以目标倒逼进度，以任务倒逼责任，加快项目建设进度，丁蜀通航产业园、海格力斯机械宜兴有限公司、双盾环境科技有限公司等已开工项目厂房封顶，无锡中环年产10吉瓦晶硅切片项目和东方环晟5吉瓦高效叠瓦太阳能电池组件项目实现当年签约、当年审批、当年开工，国际旅游度假区、雅达健康生态产业园和远东福斯特锂电池项目完成审批并开工建设，中环领先集成电路用大直径硅片项目奠基开工。万石国际石材交易中心、太华天谷养老项目、西太湖综合整治工程3个省级重大项目完成年度投入15亿元，18个无锡市重点项目完成年度投入63.5亿元，超额完成年度目标任务，138个宜兴市重大项目完成年度投入145亿元。

在项目服务上创新招。开展“连心富民、联企强市”大走访活动，深入企业生产一线、深入项目建设一线，了解企业需求，调查清楚项目推进的难点，为项目解决难题，为企业发展服务。推进项目审批再提速，持续优化绿色通道、并联审批等模式，探索实施模拟审批、项目代办等新政，助推项目快落地、快开工。尤其是涉及到用地、环境影响评价等审批时间较长的环节，及早对接、提前介入，尽最大可能缩短审批时间，不让审批成为项目落户的障碍，全年共审批、备案、核准各类项目792个，总投资599亿元，分别比上年增长20.5%和83%。进一步调优《中共宜兴市委 宜兴市人民政府关于促进经济和社会又好又快发展的意见》《关于宜兴市产业发展扶持资金实施意见》等激励政策，提高政策的精度、扶持的力度和兑现的速度，同时积极协调对上争取各级产业扶持政策，特别是开发区总投资50亿元的东方环晟5吉瓦叠瓦太阳能电池组件项目，获得7000万元的无锡重大产业综合奖补资金，助力企业的后续发展。强化考核督查力度，市监察局、政府办、发改委等监督部门加强联系，密切配合，对项目推进进行全过程、全方位督查，对项目推进较慢、办事不力的单位予以通报批评和问责，调动干群抓项目推进的积极性，营造关心项目建设、服务项目建设的服务意识和良好氛围。

通过以上举措，2017年引进总投资10亿元以上项目8个，其中总投资50亿元以上项目5个，先后引进总投资210亿元的宜兴国际旅游度假区和雅达健康生态产业园、总投资30亿美元的中环领先集成电路用大直径硅片、总投资50亿元的东方环晟高效叠瓦太阳能电池组件等重量级项目，壮大了宜兴的产业规模，优化了宜兴的产业结构，对宜兴产业发展产生了深远影响。

2017年总投资10亿元以上项目

表1

项目名称	投资额
中环领先集成电路用大直径硅片项目	30亿美元
远东智慧能源产业园项目	66.8亿元
东方环晟5GW叠瓦太阳能电池组件项目	50亿元
宜兴国际旅游度假区项目	130亿元
雅达健康生态产业园项目	80亿元
无锡中环应材晶硅切片项目	30亿元

续表1

项目名称	投资额
德融科技基于薄膜砷化镓光电元器件的研发与制造项目	20亿元
海格力斯产业园项目	10亿元

（徐海涛）

宜兴“263”专项行动取得阶段性成效

2016年12月初，省委、省政府部署“263”专项行动（即“两减六治三提升”专项行动：减少煤炭消费总量、减少落后化工产能；治理太湖水环境、治理生活垃圾、治理黑臭水体、治理畜禽养殖污染、治理挥发性有机物、治理环境隐患；提升生态保护水平、提升环境经济政策调控水平、提升环境执法监管水平），要求全力打赢生态保护和环境治理攻坚战。这是省委、省政府践行“两聚一高”（聚力创新 聚焦富民 高水平全面建成小康社会）发展理念的重要决策，也是贯彻中央环保督察整改要求的重点举措。宜兴地处太湖上游、流域下游的特殊区位，产业结构中化工占比较大，承担着保护太湖水环境的特殊使命，更担负着建设全省生态保护引领区的特殊重任。对宜兴来讲，“263”专项行动，与正在推进的生态文明建设相合拍，与正在进行的绿色转型发展相融合，与正在落实的“十三五”规划目标相衔接，既是一次重大考验，更是一次转型发展的机会。

为积极响应上级号召，加快宜兴绿色发展和生态文明建设进程，宜兴市委、市政府提出“快节奏、抢先机、作表率”总体要求，于2017年1月召开全市动员会议，是无锡大市中最早部署这一专项行动的板块，会后快速成立专项行动领导小组和实体化运作办公室，编制专项行动工作方案和2017年工作计划，制订出台“263”专项行动总体方案。同时，在报纸、电视等媒体设立《263宜兴在行动》专栏，公布投诉电话，开展调查摸底、自查自纠、对标找差、明察暗访、问题曝光、整改落实和重点工程项目方案制订等工作，在全社会凝聚了推进专项行动的浓厚氛围，取得了良好开局。

一、注重抢先部署，强化组织领导

*1.层层动员早部署。*2017年，市级层面分别召开动员会、专项行动领导小组全体（扩大）会、专项行动推进会、专项行动暨河道综合整治推进会、生态文明建设暨专项行动推进会5次涉及主要领导参与的“263”专项行动会议，并建立“分管领导牵头的月度联席会议”“主要领导召集的两月一例会”制度，实现了各项工作常态化、制度化推进的机制。各板块、各相关部门主要负责人动员部署专项行动明确的年度目标任务，强化统筹协调和督查推进。

*2.自上至下建体系。*动员会后，迅速成立由市长任专项行动领导小组组长，市委、市人大、市政府、市政协的8位市领导任副组长，相关部门、所有板块主要领导为成员的“263”专项行动领导小组。同时，设立由市政府分管领导任主任的“263”专项行动领导小组办公室，从相关职能部门抽调30名精干人员分成5个工作小组集中办公，并实现专职副主任专职化、实体办公正常化，确保机构、人员、经费和办公条件的落实。各板块也参照市级模式，成立镇级“263”专项行动领导小组及其办公室，并建立联络员工作制度，形成市镇联动、条块配合推进的完善体系，保障了专项行动有序推进。

*3.纲目并举定方案。*市委、市政府制订出台《宜兴市“两减六治三提升”专项行动方案》，明确到2020年的目标任务；市“263”办根据行动方案和上级工作方案要求，牵头发改、经信、环保、农林、水利、公用事业、太湖办等部门编制《宜兴市“两减六治三提升”专项行动工作方案》（含11个“子方案”）和《宜兴市“两减六治三提升”专项行动2017年工作计划》，排定2017年138项“六治”重点工程，为整体推进专项行动形成纲领、明确了目标。特别是针对省委、省政府确定的宜兴、武进建设全省生态保护引领区的目标要求，宜兴市邀请省环境科学院专家指导编制《宜兴市生态保护引领区建设方案》《生态保护引领区建设规划》，为宜兴生态建设确立了总体定位和更高目标。

二、深化思想认识，强化舆论引导

“263”专项行动开展后，宜兴市通过动员讲解、编印资料、拍摄电视、编制简报、制作图板等方式，宣传专项行动的目的意义、目标任务、方法步骤和工作要求，赢得社会各界的理解、支持和参与。同时，充分利用报刊、电视、电台、政府官方微信公众号等市级主流媒体，对“263”专项行动推进情况进行多渠道、分层次、不间断的深入宣传，从而在全社会营造推进“263”专项行动的浓厚氛围。全年编印工作简报30期，上报无锡市“263”办信息58篇、录用40篇。

在《宜兴日报》开设《263宜兴在行动》专栏，共发布报道近30篇；在宜兴市新闻综合频道制作播放《263在行动》专题节目40期；在宜兴发布、宜兴日报、宜兴广电等微信公众号刊出报道20多篇，让群众直观了解"263"专项行动的目的、意义。中央驻江苏主流媒体和无锡市主流媒体分别专程到宜兴市作生态保护引领区专题采访，扩大了宜兴市"263"专项行动的影响力。成立宣传组，坚持正面引导与问题警示相结合，不断加大宣传力度、提高曝光精准度，持续揭露环境短板、传导环保压力，在全市上下形成正确的舆论导向。

三、明晰各方责任，强化落实推进

1."两减"高效完成。"减煤"方面，1—12月，全市削减煤炭消费总量36.08万吨(年度目标削减23.4万吨)，不仅超额完成全年目标任务，而且为无锡大市目标完成承担了一定的任务；"减化"方面，面对在全省中任务最重、压力最大、数量最多的状况，在全面完成化工生产企业情况调查的基础上，根据化工企业现状，结合省、无锡市关于化工企业"四个一批"(关停一批、转移一批、升级一批、重组一批)管理要求，科学合理、因地制宜制订《宜兴市关停化工企业总体方案》，排出关停企业清单，及时研究出台奖补政策。至12月底，全市签约关停企业225个，关停189个(其中145个先行通过验收)。

2.六治成效显著。2017年省、无锡市下达宜兴市治太年度目标任务59项，完成率100%。14条重点主河道、119条主支河约160.1千米计284.6万立方米的生态清淤工程全面完成；太湖湖体80万立方米生态清淤、钱墅荡24万立方米疏浚清淤工程实施到位；打捞太湖蓝藻水约163万吨，处理蓝藻约152万吨；谢桥河、龙潭河、尚武河、扁担河等8条城区河道的清淤截污工程完工。摆布潭、下裘荡围网整治按时完成，沿太湖3千米缓冲带水产养殖污染治理启动。19个国家、省考断面达到Ⅱ、Ⅲ类水质的14个，Ⅳ类水质的3个，其中4个断面水质好转一个类别。9条主要入湖河道中7条河道水质达到二类、三类；"两个确保"(确保饮用水水质达标，确保不发生大面积蓝藻湖泛)顺利实现，太湖连续第十年实现安全度夏。丁蜀华骐污水厂改建、凌霞污水厂技改工程完成并运行；200千米污水管网建设完成；省定190个自然村生活污水治理工程完工并通过考核。光大垃圾焚烧二期工程全面启动，张渚飞灰填埋场扩建、城北垃圾中转站新建均进入建设期；两个小区的垃圾收集分类先行试点工作开始。完成省定、无锡市定的限养区、适养区整治目标任务。禁养区内83户畜禽养殖场于6月30日全面关停到位，禁养区内合计关停840户。至12月底，736个畜禽养殖场(户)签订退养关停协议，退养关停到位578个。省、无锡市下达的20个挥发性有机物治理任务超额完成达53个，全市完成183个化工、石化类企业的泄漏检测与修复工程。全面开展对124个重点环境风险企业环境安全达标建设。1—12月空气优良率为66.9%(年度考核目标为高于60.9%)，$PM_{2.5}$平均浓度为41微克每立方米(年度考核目标为低于45.27微克每立方米)。

3."三提升"贯彻有力。围绕提升生态保护水平，以建设全省生态保护引领区为契机，邀请省环境科学院协助开展生态保护引领区建设方案编制工作，通过20多次商讨和多轮征求意见，前期建设方案报省政府批准，建设规划通过省专家论证，明确了要打造"环境治理样板区、绿色发展示范区、生态宜居典范区、制度创新先行区"的引领区目标定位，形成了57项具体指标(其中基础性27项、引领性29项)。围绕提升环境经济政策调控水平，完善"又好又快"政策，对低能耗、无污染、高产出的优质企业加大激励力度。推进排污权有偿使用和交易，利用经济杠杆推动企业向"绿色"转型。制订对市部门和镇(园区、街道)年度考核办法，将生态保护和环境治理工作成效作为考核的重要内容，加大分值权重，促使更多板块走绿色发展之路。强化生态治理项目的申报，争取上级扶持资金和投资基金，引导金融、社会等资本进入生态保护领域。围绕提升环境执法监管水平，在监管上，运用大数据分析，对漕桥河、殷村港、社渎港等河道进行污染特征的分析，提出对策意见，实施精准治理；在行动上，开展"2017绿刃系列"环境整治专项行动。其中："一号行动"围绕全市印染行业和中干河、新丰河两侧涉水企业开展突击检查并查出各类环境问题192个，下发整改通知书29份，并依法责令问题企业限期整改；"二号行动"对中央环保督察交办的20批次43个群众举报的环境问题和省"263"曝光的全市18个环境问题进行专项检查，及时分类处置发现的环境隐患问题。2017年，核发重点排污企业排污许可证197张，对1010个企业开展环境信用等级评定；对211件环境违法行为实施行政处罚，其中实施按日计罚1件、查封扣押16件、限产停产2件、移送涉嫌环境犯罪案件8件，有15名犯罪嫌疑人被采取刑事强制措施。

四、坚持问题导向，强化督查办理

至12月，江苏卫视新时空"263在行动"曝光了宜兴市1期4个突出环境问题；无锡新闻综合频道"263无锡在行动"曝光了6期12个突出环境问题；"263宜兴在行动"曝光了27期76个突出环境问题(10月份暂停曝光)。通过曝光，宜兴市关闭了28个存在环境突出问题的单位。全年市"263"办共接收上级交办的各类环境信访问题85件，其中省"263"办交办41件、无锡市"263"办交办44件。接收后，市"263"办第一时间转交各级各相关部门及时办理，年内全部办结。

"263"专项行动中，宜兴市委、市政府在理念上、政策上、体制上不断探索创新，着力恢复生态秀美本底、构筑生态文明高地，走出一条生态觉醒、生态赶超、生态领先的科学发展之路。至2017年年底，"减煤"完成年度目标任务的154%，"减化"完成无锡下达关停任务的135%，138项"六治"重点工程完成年度目标任务的99%，"三提升"工作取得了突破性成效。

(市"263"办)

编辑　吴艳

重要文献
ZHONG YAO WEN XIAN

高举旗帜　担当实干
合力谱写宜兴经济社会发展新篇章
——在市委十三届三次全会上的讲话

中共宜兴市委书记　沈　建

（2018年1月2日）

同志们：

这次市委全体会议，是在宜兴发展负重爬坡、稳中求进的关键时期，召开的一次十分重要的会议。会议的主要任务是：高举习近平新时代中国特色社会主义思想伟大旗帜，以党的十九大精神为引领，深入贯彻中央经济工作会议和习近平总书记视察江苏重要讲话精神，落实省委十三届三次全会、无锡市委十三届五次全会精神，回顾总结去年工作，正确研判当前形势，研究部署今年任务，动员全市各级党组织和广大党员干部，团结带领全市人民，万众一心、担当实干，合力谱写新时代宜兴经济社会发展的崭新篇章。下面，根据市委常委（扩大）会议讨论意见，我讲四个问题。

中共宜兴市委书记　沈建　（仇洪生　摄）

一、全市上下合力拼搏，宜兴发展实现新的突破，各项事业取得新的进展

2017年是宜兴发展历程中很不平凡的一年。面对各项目标任务、各种矛盾问题，全市上下坚持稳中求进总基调，大力实施产业强市战略，统筹推进各项事业发展，迎难而上、拼搏奋进，战胜了一系列困难挑战，取得了来之不易、令人振奋的发展业绩。

1.产业强市开局良好，经济增长走出低谷。始终坚持加快发展不动摇，产业强市战略实现良好开局。成功引进一批总投资10亿元、50亿元以上的产业项目，包括总投资210亿元的宜兴国际旅游度假区和雅达健康生态产业园、总投资30亿美元的中环领先集成电路用大直径硅片、总投资50亿元的东方环晟5GW高效叠瓦太阳能电池组件等重量级项目，奠定了未来产业发展的坚实基础。强化集中观摩、考核督查、定期协调等举措，主要经济指标增长基本完成目标任务，摆脱低位运行局面，呈现企稳向好态势。预计全年，完成地区生产总值1554亿元，增长7%；完成一般公共预算收入111.2亿元，增长2.3%，同口径增长17.3%；完成全社会固定资产投资561亿元，增长4.4%，服务业投资235亿元，增长10%，增幅在无锡大市排名靠前，工业投资326亿元，增长2%；完成规上工业产值2926亿元，增长12%，增幅为六年来最高；完成到位注册外资4.7亿美元，五年来首次完成到位外资任务，增幅位列无锡大市第一；完成进出口275.7亿元，增长12.7%，其中出口227.5亿元，增长13.9%。

2.企业发展量质齐升，产业转型加快推进。坚持做强企业、做优产业，经济发展的质量效益稳步提升。通过召开全市企业家大会，确立"比效益、比贡献"导向，出台又好又快、降低成本等优惠政策，帮助企业减负20亿元，企业加快发展、争作贡献的氛围进一步形成，全市税收贡献超亿元企业达到11家，红牛饮料成为首家税收超5亿元企业。鹏鹞环保A股即将成功上市，新增新三板挂牌企业5家；实施兼并重组、战略合作项目37只，标的总额超过18亿元。现代产业体系不断完善，预计全年主导产业、传统产业、新兴产业规上产值分别增长15%、25%、10%，其中，新能源、节能环保产业产值分别增长8%、16%；高新技术产业产值占规上工业产值比重超过40%，R&D占GDP比重达3.05%；服务业增加值占GDP比重达45%，提高了0.7个百分点；生态、文化、旅游加速融合，国家级旅游度假区创建取得重大突破；现代农业发展方式加快转变，综合效益持续提升。

3.金融环境不断优化，发展活力明显增强。围绕金融风险防控化解，建立健全市镇两级防范化解金融风险体系，金融工作组织统筹力度全面加大，没有出现新的大的风险点；旗帜鲜明打击恶意逃废债务行为，立案查处案件66起，抓获犯罪嫌疑人68人，挽回经济损失3.8亿元，查获隐匿资产6.1亿元；全力推动破产案件案结事了，处理不良财产23.5亿元，变现资金14.7亿元，消化金融债权60亿元；综合用好精准打包、盘活闲置资产等办法，银行不良贷款率下降到2.3%左右；大力完善诚信体系建设，积极倡导企业争当诚信企业，金融机构对宜兴发展的信心不断增强，本外币贷款余额比年初增加约148亿元，扭转了新增信贷连续五年回落的尴尬局面，经济发展步入健康轨道。同时，大力推进各项改革，紧扣"3550"目标，强力推进行政审批制度改革，受理模拟审批项目66个，项目开工平均提前100天以上，开发区行政审批局挂牌成立，行政审批增效明显。突出发展导向、激励导向，实施新一轮财政管理体制，更好保障市镇两级财政稳健运行。市交通产业集团组建完成。官林镇继丁蜀镇后，成为我市第二个"强镇扩权"试点镇。以新一轮农村改革试验区建设为契机，土地确权登记颁证工作全面完成；"村账镇管""工程代建"等机制改革加快落实，农村"三资"管理得到强化。

4.生态宜居更加彰显，城乡面貌显著提升。坚持为民、惠民导向，着力提升城乡管理水平，一举创成全国文明城市，集全市之力攻克了一批城市顽疾，办成了一批民生实事，城乡环境、公共秩序明显改善，志愿服务蔚然成风，群众满意度显著提升，市民文明素质进一步提高，和桥镇、白塔村成功创建全国文明镇(村)，全国文明镇(村)分别达4个、3个，实现了创建工作与创城精神"双丰收"。立足全省生态保护引领区定位，依托"263"专项行动，突出减化和治水两大重点，科学制定关停方案和专项政策，累计关停170家化工企业；全面实施"控源截污"两年行动，总投资50亿元的城乡污水管网、农村污水治理项目全面启动；沿太湖3公里缓冲带水产养殖污染治理实质性启动，太湖治理、河道整治、禁养区畜禽养殖场关闭等年度任务顺利完成；全面深化河长制工作，为全市河道水质及面貌改善提供了更好的制度保障，太湖连续十年安全度夏。统筹推进城乡规划建设，主动做好重大交通设施项目相关工作，锡宜一体化建设加速推进；宜长高速、常宜高速开工建设，环科大道南延段基本完工，新西氿大桥即将合龙，360省道建设和陶都路等城市路网改造有序推进，政府重点工程完成投资额36.2亿元；高塍、屺亭、张渚、湖㳇等地征地拆迁工作强势推进、成效明显，有力保障了产业和城市发展需求；积极推进老集镇改造和"特色田园乡村"建设，镇村环境实现新改善。

5.社会民生事业有力推进，群众幸福感不断增强。坚持民生优先导向，75%的财政支出用于民生事业，11件43项民生实事项目顺利完成，就业保障工作积极推进，预计城镇、农村居民人均可支配收入分别达到49800元、25600元，增长速度继续高于GDP增幅。调整薄弱村扶持工作导向，创新竞争性立项机制，全力打响脱困转化攻坚战，25个薄弱村实现脱困。针对群众因病致贫返贫问题，确定每年安排3000万元财政救助资金，出台"特困家庭深度救助"政策，社会救助体系进一步完善；全面启动"阳光扶贫"工作，2200多名机关干部和所有镇村干部结对6700多户贫困户。在积极推进各项社会事业的同时，突出教育、医疗等重点，系统推进教育布局优化、设施完善、质量提升等工作，启动学前教育和义务教育布局规划编制；红十字会血站、120急救指挥中心即将投用，人民医院新院区开工建设。获得全省首批食品安全示范城市称号。深入推进平安宜兴、法治宜兴建设，扎实做好安全生产、信访维稳等工作，社会大局保持和谐稳定。

6.党的建设全面加强，政治生态进一步巩固。扎实开展迎接党的十九大系列活动，认真组织十九大精神学习宣传贯彻工作，积极推进"两学一做"学习教育常态化制度化，干部队伍建设持续深化，全面从严治党不断向基层延伸，为全市发展提供了坚强保证。市人大、市政府、市政协顺利换届。广泛开展大走访活动，4万多名党员深入所有村(社区)和近万家企业，推动解决问题2.5万多个，党群干群关系有力增进。意识形态工作责任制有效落实，意识形态领域的基本面和态势积极健康向上。牢固树立"重实干、讲担当"的选人用人导向，调整任免市管干部321人，其中提拔89人，交流202人，市管领导班子结构更加优化。基层服务型党组织建设务实推进，党的基层基础更加稳固。严格落实全面从严治党"两个责任"，对党员干部坚持严格管理和关心爱护相结合，制定出台"2+3"系列文件，运用"四种形态"处理517人次，同比增长75.9%，运用第一种形态超过处理总人次的50%，广大党员干部的纪律规矩意识、担当负责精神全面加强。坚持有案必查、有贪必肃，查办案件325件，给予党政纪处分

254人，移送司法机关7人，反腐败工作保持高压态势。圆满完成总工会、团市委等换届任务，群团组织改革有序推进，统战、双拥、人武、老干部等各项工作都取得新的进步。

在去年这样复杂严峻的形势下，能够取得这些成绩，来之不易、尤为可贵，倾注了全市上下的心血和汗水，凝聚着广大干部群众的智慧和勇气。一年来，市委总揽全局、科学决策，发挥了坚强的领导核心作用；市政府狠抓落实、克难攻坚，卓有成效地推进了各项工作；市人大、市政协围绕大局、积极履职，有力促进了中心工作的开展。各级各部门恪尽职守、担当实干，为宜兴经济社会发展作出了积极贡献。全市广大干部群众凝心聚力、众志成城，展现了坚强有力的责任担当、昂扬奋发的精神状态。在此，我谨代表中共宜兴市委，向为全市发展大局作出贡献的同志们，向给予我们鼎力支持的社会各界人士，表示衷心的感谢和崇高的敬意！

在充分肯定成绩的同时，我们也要清醒看到，宜兴的发展仍然面临不少困难和问题：一是经济增长的基础还不稳固，金融领域的矛盾还未彻底解决；二是重大产业项目招引落地的实效还要加强，经济发展中创新驱动、开放带动的效应仍需提高；三是城乡和区域发展还存在一定不平衡性，社会保障、医疗卫生、教育等民生事业发展，与群众对美好生活的向往还有差距；四是少数干部主动担当、敢闯敢干的意识还不够强，干部积极性的调动机制仍需完善。对这些问题，我们要在今后工作中认真研究、加快解决。

二、深入贯彻党的十九大精神，推动宜兴加快实现高质量发展

党的十九大确立了习近平新时代中国特色社会主义思想的历史地位，深刻回答了新时代坚持和发展中国特色社会主义一系列重大理论和实践问题，描绘了决胜全面建成小康社会、夺取新时代中国特色社会主义伟大胜利的宏伟蓝图，是指引宜兴当前和今后一个时期改革发展的总纲领。习近平总书记十九大后第一次到地方视察就来到江苏，对坚守实体经济、推动创新发展、深化国有企业改革、实施乡村振兴战略、建设生态文明、加强基层党组织建设等一系列重要问题作了深刻阐述、提出了明确要求，这是习近平新时代中国特色社会主义思想在江苏的具体化。对此，省委要求我们，把总书记对江苏工作的一系列重要讲话精神与党的十九大精神联系起来一道学习领会，一体贯彻落实，尤其要结合今年工作部署，深入思考如何把握工业强国建设中的江苏定位，从实体经济特别是制造业发展的国家大布局中，研究新路数、新招数，推出新的政策举措；深入思考如何跨过从高速增长到高质量发展的江苏拐点，积极探索符合实际的转型发展之路，保护好绿水青山，把绿水青山变成金山银山；深入思考如何展现乡村振兴的江苏作为，率先落实、深入落实这一国家战略，全面展开乡村振兴的工作布局。刚刚召开的中央经济工作会议、省委十三届三次全会、无锡市委十三届五次全会，都把“推动高质量发展”摆在首要位置，特别是这次无锡全会，再次明确强调，要持续树立一个强烈导向，即“发展是第一要务，产业是发展的第一支撑，必须始终把产业发展摆在全局的重要位置，致力提高产业发展的质量和水平”；要持续凝聚一个强烈共识，即“产业强市没有终点、只有起点，必须常抓长抓、加力加压，一以贯之、一刻不松”。这些都为我们推进产业强市、做好今年工作，进一步指明了方向、提供了遵循。

从宜兴看，经过一年多来的努力，我们立足实体经济、聚焦重大项目、狠抓产业转型，产业强市战略开局顺利，实现了项目建设的发力突破、经济运行的企稳回升，有力提振了全市信心、凝聚了发展合力。更为重要的是，在产业强市战略的引领下，通过调动、激发全市上下担当实干的精气神，通过突破一系列重点难点和瓶颈制约，宜兴经济发展进入良性轨道，现代产业体系加快形成，各项事业取得长足进步，为今后长远健康、高质量发展打下了良好基础。这些都充分证明，从党代会以来实施的产业强市主导战略，既符合上级“坚守实体经济”、“高质量发展”的总体部署，也契合宜兴实际，方向路径是完全正确的，对策措施是坚决有力的，很好地抓住了全局的重点、重点的关键、关键的具体。推进宜兴当前和今后一个时期的发展，我们要保持战略定力、坚定信心决心，以习近平新时代中国特色社会主义思想为引领，始终把产业强市作为贯彻落实党的十九大和习近平总书记视察江苏重要讲话精神的主要载体，作为解决发展不平衡、不充分问题的主要抓手，作为实现高质量发展、建设“强富美高”新宜兴的主导战略，毫不动摇、一以贯之地推进下去，确保中央和上级的决策部署在宜兴落地生根、开花结果。

与此同时，我们也要看到，产业强市工作只是起势、还未成势；只是点上发力，还未全面突破，面临的形势仍然严峻，存在的问题仍然突出。还要对取得的成绩有清醒判断，对短板不足有充分认识：既要看到经济发展企稳向好的态势，各项指标增速基本好于上年同期，也要看到增幅回升的速度还不够快，与我们实现“十三五”目标、打造无锡“坚强一翼”的定位还有距离；既要看到项目建设的积极成效，引进了一批超10亿元、50亿元、100亿元的重大项目，签约、开工和在谈项目的情况总体好转，也要看到项目招引仍然任重道远，优质项目数量偏少，板块项目建设还存在不平衡性；既要看到转型发展的良好势头，特别是新能源、集成电路、旅游等产业发展的可喜态势，也要看到这些产业总量规模还不大，发挥对经济的强势拉动作用还需要一个过程，传统产业效益不高、工业增加值率偏低的局面没有根本改观，产业结构调整的任务依然艰巨。因此，宜兴正站在从高速增长到高质量发展的关口，处于加快发展、转型升级的关键期，必须根据新形势新要求，系统谋划、持续发力，总结完善产业发展的政策和举措，探索深化产业强市的方向和路径，加速推进产业强市各项工作。新的一年，我们要紧紧围绕高质量发展的要求，坚持以项目为抓手、企业为主体、创新为引领、开放为动力，不断增强和壮大产业实力，大力推动产业结构优化升级，在更高质量中实现更快发展，走好符合宜兴实际的产业强市道路。具体就是要坚持以“四化”为引领，按照“强骨骼、壮肌肉、丰羽毛”的总体思路，做好产业“加减法”，加快打造以现代农业为基础，以新能源、集成电路等新兴产业为先导，以电线线缆、节能环保等先进制造业为主体，以旅游、物流等现代服务业为支撑的现代产业发展体系。

推动产业强市、实现高质量发展，需要我们每一个宜兴人倍加努力。可以说，市、镇、村各级干部，都是抓落实的主要责任人；部门、板块、在宜各单位，都是建设宜兴的中坚力量；广大企业、在外乡贤、全社会各行各业，都是宜兴发展的主力军。希望大家围绕建设“强富美高”新宜兴这一共同目标，心往一处想、劲往一处使，担当实干、狠抓落实、创新突破，激起宜兴发展的最强音。市委也将进一步统筹干部、政策、资金、土地等资源要素，用好容错免责、考核奖励、引导激励等手段，让能干事、干成事、不出事的干部有更大舞台，让担当作为的板块部门有更多资源和空间，让贡献突出的企业有地位、得实惠，充分调动全社会的积极性主动性创造性，推动宜兴经济社会发展不断迈上新台阶。市委相信，只要我们万众一心、众志成城，就一定能凝聚起推动宜兴发展的磅礴力量，宜兴人民的生活一定会一年更比一年好！

三、围绕目标任务、狠抓工作落实，加快建设“强富美高”新宜兴

今年是全面贯彻落实党的十九大精神的开局之年，也是高水平全面建成小康社会的攻坚之年。全市工作的指导思想是：高举习近平新时代中国特色社会主义思想伟大旗帜，全面贯彻党的十九大精神、习近平总书记视察江苏重要讲话精神，按照省、无锡市相关会议部署，坚持稳中求进工作总基调，紧扣产业强市主导战略，统筹做好稳增长、快转型、防风险、促改革、优环境、惠民生等各项工作，全力推动经济社会平稳健康发展，为高水平全面建成小康社会、建设“强富美高”新宜兴奠定坚实基础。

根据这一指导思想，今年全市经济社会发展的主要目标是：(1)经济发展指标——主要经济指标增幅达到无锡市平均水平。其中：地区生产总值增长7%以上；一般公共预算收入增长6.5%左右；固定资产投资增长5%左右；规上工业增加值增长8%左右；完成到位注册外资4.5亿美元；社会消费品零售总额增长10%以上；外贸进出口增长5%左右。(2)环境质量指标——节能减排和大气、水环境质量确保完成上级下达的目标任务。(3)居民收入指标——城镇登记失业率控制在3%以内；城乡居民人均可支配收入与经济发展同步增长。

重点要抓好六个方面的工作。

1.坚持稳中求进，全力推动经济运行持续向好

坚持把稳增长作为首要任务，坚定不移促投入、稳企业、优环境、强基础，全力推动经济稳健运行、持续向好，为实现高质量发展夯实基础。

要突出项目龙头作用稳增长。紧紧抓住“三个一批”项目建设龙头，在招商引资上继续发力，在落地达产上抢前抓早，为稳增长注入不竭动力。一方面，要坚持不懈强招引、增后劲。紧扣年度目标任务，保持招引强攻态势。要围绕产业链强招引，重点针对新能源、集成电路、节能环保等产业，编制招商目录、制定扶持政策，分类实施产业链招商计划，实现项目招引由点及面的效应；要围绕乡贤资源强招引，健全完善乡贤数据库，重点梳理有实业背景的在外乡贤，一一对接、长期联络，随时捕捉信息、促进项目引进；要围绕闲置资源强招引，加强对闲置资源的统筹调配、盘活利用，力争盘活闲置土地2500亩以上；要围绕产业平台强招引，依托军民融合产业园、高端动力机械及智能装备产业园、中信环保产业园等载体平台，加快推动项目集聚、产业成链。同时，要守住项目招引的门槛，有环境风险、安全隐患的项目坚决不要，整体产出效益不能覆盖招商成本的项目坚决不要。另一方面，要全力以赴促落地、快建设。把项目建设摆在更加重要的位置，进一步强责任、优服务、促进度，确保集成电路用大直径硅片项目年底前厂房建设完毕、设备进场，东方环晟5GW高效叠瓦太阳能电池组件项目8条生产线8月份建成投产，中环应材晶硅切片项目7月份实现满产，海格力斯产业园项目6月份试生产，远东福斯特电池项目上半年厂房封顶，宜兴国际旅游度假区项目上半年正式开工，雅达健康生态产业园一期10月份前初具形象，丁蜀通航机场开工建设。为此，各市领导要坚持重大项目挂钩负责制，明确责任清单，强化效能督查，确保时序进度。各板块要同步建立项目挂钩负责机制，落实一季一观摩、一月一督查、定期抓协调的推进机制，强化考核奖惩机制，确保全市所有项目都能顺利推进。各职能部门要由发改牵头，落实一月一次项目联审会办制度，推动所有项目进入模拟审批通道，为项目建设提供最优服务。

要发挥企业主体作用稳增长。把现有企业作为稳增长的主力军，调动一切积极因素，服务保障企业健康运行。一是要强化发展导向。围绕“看投入产出比、讲财税贡献率”的导向，继续开好全市企业家大会，表彰奖励贡献突出企业，研究出台贡献突出企业家的优待政策，激励全市企业竞相发展、争作贡献；坚持激励和倒逼双向发力，制定出台“工业企业资源利用绩效评价办法”，研究制定差别化政策，推动企业提高质量效益、“以亩产论英雄”。二是要强化政策扶持。突出产值增幅、利税总额等因素，完善“又好又快政策”及相关产业的专项政策；根据形势及时优化降成本政策，帮助企业轻装上阵、减负增效。设立政府投资基金，助力项目招引和企业发展。建立成长性企业培育后备库，开展“一对一”帮扶，力争全年新增规上企业30家左右。三是要优化企业服务。务实开展“政企企”对接活动，围绕全市上下游企业，推荐企业间配套合作，全力帮助企业拓市场、稳运行。继续开展大走访活动，完善四套班子领导与重点企业挂钩帮扶机制，切实为企业提供精准服务、解决实际问题。

要强化板块支撑作用稳增长。国家级园区要高点定位、自加压力，始终紧扣"比一般板块产业投资增速翻倍、项目数量翻倍、财税收入增速翻倍"的目标，在稳增长、强产业上挑重担、作示范、比贡献。环科园要瞄准打造节能环保产业高地的目标，把已有的科技优势转化为产业优势，依托创新资源、高端平台，吸引实力企业来宜整合资源，促进环保产业全面发力。加快推进协鑫新能源厢式物流车、远东福斯特电池、中建材"三新"产业园等重点项目，力争再引进3—4个超10亿元项目。开发区要围绕千亿级强区的目标，加快推进东方环晟5GW高效叠瓦太阳能电池组件、中环应材晶硅切片、德融科技、海格力斯产业园、集成电路用大直径硅片等重大项目建设；围绕产业链延伸、集群化发展，继续加强项目招引，培育壮大新能源、集成电路、智能装备、军民融合等产业，今年要确保形成100亿元以上的经济增量。陶瓷产业园区要强化产业园区的定位，把项目建设、产业发展摆在更重要位置，充分依托陶瓷、通航等特色产业，招引重大项目、加快产业集聚、做大经济总量，提升对全市发展的贡献度。官林镇要依托国家电线电缆产业基地的品牌优势，建强产业支撑平台，进军高端线缆领域，开展对外产能合作，不断提升线缆产业附加值。周铁、和桥、万石、新建要立足产业特色、招引优质项目，把产业链做长、把附加值做高、把竞争力做强，成为活力迸发、实力雄厚的特色产业强镇。高塍、新街、芳桥、屺亭要找准定位、发挥优势，主动融入园区发展，全力保障园区重大项目，积极配套园区产业发展，加快对接产城融合发展，打开发展的新空间。徐舍、杨巷要发挥空间优势、优化发展路径，抢抓一批效益高的好项目，做优做强特色农业经济，培育更多新的增长点。湖㳇、张渚、西渚、太华要立足大旅游、定位大产业，坚持走特色化、差异化发展之路，重中之重就是服务、配套好宜兴国际旅游度假区和雅达健康生态产业园项目的建设运营，合力打造长三角著名的旅游目的地。新庄街道要发挥临近园区、连接城区的优势，在发展物流产业、2.5产业以及城市经济等方面重点招商、寻求突破，以新兴产业支撑新一轮发展。宜城街道要继续强化发展意识，发挥优势抓好商贸经济、总部经济和现代服务业，积极打造现代城市经济的新亮点。

要优化金融生态稳增长。一是要继续打击恶意逃废债务行为。市委政法委要坚持"谁逃打谁、露头就打"的导向，整合资源力量，完善协作机制，始终保持打击恶意逃废债务行为的高压态势。市公安局要坚持严打实打，重点关注社会反响较大、有明显逃废债迹象的企业和个人，切实发挥典型案例的警示震慑作用。市检察院、法院要依法从快推进批捕、公诉、审判等环节，坚决维护社会公平正义。二是要切实加强企业诚信建设。依托"一库一网一平台"，加强和完善信用信息征集，为评价企业信用、衡量企业优劣提供依据。广泛开展信用"红黑榜"评定，试行企业信用评价标准体系，落实行政许可和行政处罚"双公示"，造浓"守信激励、失信惩戒"氛围。评选表彰首批守信示范企业，探索在荣誉激励、行政许可、政府采购、信贷支持等方面给予倾斜和支持，让诚信守法成为企业的共同追求。三是要全力做好风险处置。围绕风险隐患化解，各板块和市金融办要完善联动机制，动态了解企业生产经营、到期贷款、联合授信执行等情况，做到企业需求早对接、困难早发现、风险早化解。围绕不良贷款压降，一方面要严控不良新增，对逾期欠息贷款进行源头控制、及时化解疏通；另一方面要加快消化存量，引导金融机构用好自主打包、核销处置等方法，同时稳妥开展精准打包、强力清收，确保年底不良率控制在2%左右。围绕闲置资产处置，各板块、相关部门要与市法院共同担当、同向发力，全力做好闲置资产的招商变现，尤其是有条件的板块要加强优质闲置资产的收购储备，尽最大努力推动破产案件终结。四是要强化银企良性互动关系。由市金融办牵头，突出"增加税收贡献、扩大信贷投放、化解金融风险、压降不良贷款、政银企良性互动"五大重点，进一步优化银行机构考评办法，并把政府资源调配与定期联动考核结果挂钩，推动银行经营与地方发展互促并进，确保全年金融机构贷款余额持续增加。同时，搭建全市金融服务平台，使企业需求和银行产品无缝对接；研究出台"普惠金融"政策，通过"政府设立基金、与银行风险共担"等方式，加大对小微企业的金融支持。

2.突出创新转型，加快实现高质量发展

把促转型摆在更加重要的位置，坚守实体经济、坚持效益优先，推动经济发展质量变革、效率变革、动力变革，加快建设现代产业体系。

要大力优化产业结构。坚持传统产业转型提升、新兴产业培育壮大两手抓、两手硬。电线线缆产业，要编制线缆产业转型发展规划，引导重点企业在更大范围内实施强强联合、兼并重组，进一步提升产业集中度；落实好装备贴息和扶持政策，引导企业围绕技术创新、互联网+、智能制造、节能减排、两化融合等方面，加快转型升级、提高发展效益。机械装备、铜材加工、陶瓷耐材等产业，要实施系统性更强的"千企技改"工程，催生一批技改、扩能、转型项目，推动这些产业提档升级。节能环保产业，要建好国家环保设备质量监督检验中心、省环保装备和技术创新中心等平台，加大力度引育龙头企业、上市企业，引导中小企业提高技术水平，增强核心竞争力，鼓励有条件的企业向产业链、价值链高端延伸，与大企业大集团开展战略合作，加快打造若干个行业有地位、国内有影响的节能环保集团。新能源产业，要加快推动在手项目建设，继续招引配套型、补链型、强链型项目，形成拥有单多晶硅电池片、电池组件、光伏玻璃和柔性薄膜电池等产品的完整光伏产业链，同时逐步发展电池、电机、电控等新能源汽车相关产业。集成电路产业，要依托集成电路用大直径硅片项目，编制集成电路材料产业发展规划，规划建设半导体材料工业园，加快引进上下游配套企业，打造具有一定规模的半导体产业集聚区。旅游产业，一方面要突出项目引领，全力配合、加快建设两大旅游项目；另一方面，要抓好体制改革，研究制定旅游改革发展方案，整合全市旅游资源，推动旅游产业集团市场化运作、企业化管理，深化国家级旅游度假区建设，推进国家5A级景区和全域旅游示范区创建。现代物流业，围绕招引重大物流项目、培育物流企业、产业促进机制等方面，加强研究、加快突破，推动宜兴早日成为长三角重要的物流基地。生活性服务业，要引导商、旅、文聚合发展，有序发展特色街、综合体项目，积极发展教育医疗、体育健身、养生养老等服务业，提升城市经济发展水平。

要全力助推企业转型。一是要引导企业加强创新。围绕构建以市场为导向、企业为主体、产学研深度融合为支撑的科技创新体系，出台宜兴市科技创新“30条”，实施高新技术企业培育发展三年行动计划、省级企业研发机构建设“百千万”行动计划，扩大“苏科贷”规模和覆盖面，推动人才、技术、资金等创新要素向企业集聚，R&D占GDP比重提升至3.1%。重点选择符合宜兴产业发展方向的高等院校、科研院所，建立产学研合作长效机制，加快江南大学宜兴研究生院建设，确保全年产学研合作项目超过130项。深化“陶都英才”工程，持续引进高层次人才和高水平创新团队，加快培养集聚本土人才，发挥好高端人才的引领作用；以产教融合、校企合作为方向，全面加强职业院校建设，加快培养产业所需的技能人才。二是要加快企业上市步伐。排定30—50家拟上市企业梯队，出台新的促进企业资本经营的政策意见，把政策重心从“事后奖励”转为“事前培育、过程帮扶”，全程帮助企业做好产权完善、股改、辅导备案、材料申报等工作，确保新增A股上市企业2家、新三板挂牌企业3家以上。三是要推动企业兼并重组。鼓励规模骨干企业特别是上市企业围绕产业链延伸、上下游配套，开展兼并重组、投资合作，全面提升行业引领能力；引导本土中小企业拿出优质资源，主动与央企、国企、实力民企开展战略合作，提升市场竞争力。四是要加强企业家队伍建设。加强对企业家的培训引导，定期组织集体培训、外出学习考察、相互观摩交流，帮助企业家开阔视野、提升素质。重视加强新生代企业家的教育引导，鼓励他们争做创新发展、转型发展的生力军，更好担负发展地方经济、建设产业强市的重任。

要始终坚持开放带动。今年是改革开放40周年。要坚定不移实施开放带动战略，进一步拓展开放空间。一是要完善招商机制。围绕建强招商队伍，以一园两区为主阵地，研究制定新的人员配备、运行管理、绩效考核等机制，特别在薪酬分配、经费保障等方面加强突破。围绕招商资源统筹，高效运作市投资促进中心，加强与知名商会协会、咨询公司的招商合作，组织好“秋洽会”、“深耕上海”等招商活动，推动市镇项目对接、信息共享、活动组织一体化，确保招商取得更大突破。二是要提升开放型经济质量。围绕全年到位注册外资4.5亿美元、外贸进出口增长5%的目标，推动本土企业与外资企业合资合作，加大规模外贸企业培育引进力度，鼓励本土企业开展跨国经营，不断提升企业国际化水平。三是要拓展开放领域。围绕医疗、教育、体育、养老、文化等领域，引进优质市场主体；根据产业发展需求，招引各类投资基金，提高服务贸易发展水平。

3.全面深化改革，提高经济社会发展活力

聚焦重点领域和关键环节改革，精准发力、攻坚克难，以重点突破带动全局发展。一是要深化行政管理体制改革。持续深化“3550”改革，优化审批流程、完善部门联动机制，建强全科式、专业化代办员队伍，特别要针对工业项目施工许可等难点环节，进一步压缩办理时限、提高审批效率。组建市行政审批局，实现行政审批“一局办理、内部流转、一章审批”。探索开展综合行政执法体制改革，大力构建权责明晰、统一高效的行政执法体制。同时，深化丁蜀镇、启动官林镇强镇扩权改革，加快形成“集中高效审批、强化监管服务、综合行政执法”的基层政府治理架构。二是要推进投融资体制改革。全面梳理国有资产，理清债权债务关系，摸清国资家底。合理配置国有资源，按照“业务相近、功能相同、优势互补”的原则，以及推进投融资平台实体化、市场化运作的要求，切实推动国有企业优化整合和功能性重组，实现政企分开、政资分开，调优国有资本结构布局。做强做优做大国有资本，进一步显化国有资产，做大资产规模。建立现代企业制度，明晰产权，优化股权结构，推进国有资产资本化、证券化。创新商业模式，增强投融资实力，稳控债务风险，提高国有企业自主经营、自负盈亏、自我发展水平，切实发挥在城市建设、民生保障等方面的作用，提升国有资本对我市经济发展的贡献度。三是要完善国资监管体系。以“管资本”为主，优化国资管理机构职能配置。围绕推进国企改革、规范国企运作、激发国企活力、保障国资保值增值等制定出台相关制度。加快引进、培育市场化运作的专业人才，提升国有企业资本运作、市场开拓、管理创新的活力。

4.全面推进城乡建设管理和生态文明建设，打造美丽宜居的卓越城市

今年，要高标准推进城乡规划建设，深化文明城市创建工作，继续推进“263”专项行动，加快打造全省生态保护引领区，展现城乡建设和生态宜居的新面貌。一是要完善城乡规划。完成新一轮城市总体规划，启动城市交通、现代物流、全域旅游等专项规划编制，积极推动“多规融合”。坚持规划龙头地位，强化规划刚性执行，确保“一张蓝图绘到底”。二是要建设重点工程。围绕锡宜一体化，完成锡溧漕河航道整治二期工程；全力配合锡宜高速扩建、盐泰锡常宜城际铁路的前期研究和报批，力争项目尽早开工建设；主动对接锡宜城际轨道S2线和宜马快速通道，争取早日开工建设。围绕基础设施建设，完成陶都路、宜浦路拓宽改造和环科大道南延段、新西氿大桥等工程，加快推进宜长高速、常宜高速、360省道，开工建设

341省道、新孟河延伸拓浚等工程,扎实做好范蠡大道北延段、104国道城区段改线等前期工作,进一步完善交通体系、增强城市功能。围绕老城区改造,全面改造宜城、丁蜀、环科园、开发区老旧小区、背街小巷和各类市场,实现老城区、老小区环境的整体提升。围绕丁蜀特色小镇建设,把丁蜀作为城市建设的重要阵地,实施丁蜀镇区“生态修复、城市修复”工程,挖掘历史遗存、完善镇区功能、提升人居品质,让丁蜀体现城区水准、展现陶都风采。三是要强化城乡管理。坚持文明城市建设要求不变、力度不减、队伍不散,实施城区交通秩序、旅游景区、小区环境、物业管理等专项提升行动,落实月度巡查、季度测评、年度考核等常态化制度,不断提升市民素质,巩固文明城市创建成果。进一步加大矿产品运输、违法建设整治力度,切实维护良好城乡环境。四是要加强生态建设。突出减化、治水、治固废三方面重点,强势推进“263”专项行动。减化方面,继续加大关停化工生产企业力度,确保今年再关停100家,完成“两年关停250家以上”的预期目标。设立财政专项资金,开展印染、水泥、塑料造粒、小型家具制造等行业整治,推动一批存在重大环境风险和重大安全生产隐患的危险企业加快退出。治水方面,全面推进“控源截污”两年行动,用两年时间实现“城镇污水应纳尽纳、农村污水治理全覆盖”。严格落实“河长制”、“断面长制”监管责任,全面完成31条无锡市定重点河道综合整治,统筹推进畜禽养殖场整治、河道清淤、污水处理厂提标升级等工作,如期完成滆湖围网整治、沿太湖3公里缓冲带水产养殖污染治理任务,推动入湖河道水质持续改善,确保太湖安全度夏。启动实施城市防洪、西氿湿地及城市水环境综合整治工程,加快做好规划编制、方案制定、组织推进等工作,力争通过3—5年努力,重现宜兴城区“水清见底、亲水而居”的水生态环境。治固废方面,开工建设光大垃圾焚烧发电二期项目,完成张渚填埋场改造和城北垃圾中转站建设,加快推进生活垃圾应急填埋场建设,健全完善市镇村垃圾收运处置体系,进一步提升生态环境治理水平。同时,要加大减煤工作力度,确保完成年度目标任务。

5.大力实施乡村振兴战略,加快实现农业农村现代化

党的十九大首次提出“乡村振兴战略”,省委、无锡市委也对实施乡村振兴战略提出了明确要求。宜兴是苏南地区最大的农业板块,必须更加重视“三农”工作,按照产业兴旺、生态宜居、乡风文明、治理有效、生活富裕的总要求,大力推动乡村振兴,不断注入农村发展的新动能,加快实现农业农村现代化。一是要把薄弱村脱困转化作为首要任务。在全市农村实施差别化的运转保障制度、项目化的发展扶持制度、绩效化的干部薪酬制度、规范化的村级管理制度的基础上,围绕薄弱村脱困,坚持“市主导、镇主责、村主体”的原则,一方面,统筹考虑生态保护、土地政策、区位条件等发展制约因素,创新实施“综合奖补”制度,坚持竞争性立项机制,鼓励、扶持薄弱村增收致富,另一方面,落实村干部待遇与村级收入增长挂钩机制,全面加强村级“三资”、财务、干部薪酬等的监督管理,对薄弱村实施更加严格的考核管理制度,推动村级经济加快发展,确保2020年薄弱村全部脱困转化。二是要把促进农业转型升级作为根本路径。重点要加快打造现代农业“三大体系”,向农业输入现代生产要素和经营模式:一是构建现代农业产业体系,加快优化农业产业结构,发展名优茶叶、精细蔬菜、特种水产等特色农业,推动农业园区、基地提档升级,促进一二三产融合发展;二是构建现代农业生产体系,强化农业技术装备支撑,大力发展农村电子商务和农业物联网应用,加强农产品质量安全监管;三是构建现代农业经营体系,稳步推进农村土地“三权分置”改革,发展多种形式的适度规模经营,培育家庭农场、农民专业合作社、农业龙头企业等新型经营主体,深入实施农产品品牌战略,提高农业社会化服务水平。三是要把打造农村特色风貌作为关键环节。一手抓村容村貌整治,立足不同乡村的个性特色,开展村庄环境改善提升行动,推进特色田园乡村建设,打造更多独具特色、美丽宜居的乡村;一手抓精神文明建设,扎实开展“文明沐农家”活动、“一村一文化”建设,大力加强乡村文化、乡风文明建设,展现宜兴乡村崇文厚德、和谐奋进的精神风貌。四是要把加强基层治理作为重要保障。突出政治功能和带动致富能力,全面加强农村基层党组织建设,打造农村工作的坚强战斗堡垒。切实加强村级管理,搭建“三资”管理“一网通”平台,落实村级集体资金乡镇财政所管理制度,深化村务公开、村级审计和专项巡察,推动村级治理规范化现代化。

6.全面加强民生和社会建设,千方百计增进民生福祉

一是要提升民生保障水平。大力完善就业创业服务体系,继续实施社保扩面提标,稳步推进保障性住房建设,让群众增加收入、更有保障。深化“阳光扶贫”工作,调整优化特困家庭深度救助的范围、标准和门槛,努力提高扶贫的精准性和实效性。以10件民生实事项目为抓手,不断增强群众的获得感和幸福感。二是要完善公共服务体系。切实抓好教育布局优化、教学质量提升、教师队伍建设等重点工作,努力办好人民满意教育。牢固树立“大健康”理念,加强软硬件建设提升卫生事业,加快推进人民医院新院区等建设,大力优化人才引进和激励机制,完善分级诊疗制度,加强医德医风建设,不断提升卫生服务质量水平;启动全民健身中心项目,统筹完善城乡体育设施体系,广泛开展全民健身运动,助力“健康宜兴”建设;突出居家养老基础地位,加快推进医养结合、智慧养老,满足多元化的养老服务需求。三是要深入推进思想文化建设。培育和践行社会主义核心价值观,广泛开展群众性精神文明创建活动,推动志愿服务制度化规范化常态化。促进文艺创作持续繁荣,重点扶持一批精品力作的生产。实施文化惠民工程,构建把社会效益放在首位、社会效益和经济效益相统一的体制机制,优化市文化中心运营管理,推进村

(社区)综合文化服务中心建设。完善文化产业扶持政策,培育新型文化业态。四是要全面加强民主法治建设。全力支持人大、政协依法履行职能。抓好新形势下的统战工作,深化工会、共青团、妇联等群团组织改革,巩固和发展最广泛的爱国统一战线。全面深化法治政府建设,大力实施"七五"中期普法,推行行政执法三项制度,高水平建设法治宜兴。扎实推进社区治理创新,健全基层群众自治机制,进一步提升社区自治水平。加强党管武装工作,深入开展双拥共建活动,促进军民融合深度发展。五是要强化社会治理工作。建成一体化运作的市级综治中心,实现矛盾问题"一站式受理、一条龙服务、一揽子解决"。全面推开城乡社区网格化服务管理,实现社区管理服务扁平化、精细化、信息化、高效化。深入推进平安宜兴建设,加快构建立体化、信息化社会治安防控体系。加快整合食品卫生检测职能,推进农贸市场食品安全快速检测网络监控系统全覆盖,加大对公共卫生、市场监管、安全生产等重点领域的执法监管力度,确保不发生重特大安全事故,全力维护安定和谐的社会局面。

四、坚定不移全面从严治党,为宜兴发展提供坚强保证

坚持全面从严治党、加强党的建设,是做好各项工作的前提和保证。全市各级党组织要把学习贯彻党的十九大精神,作为当前和今后一个时期的首要政治任务,以党的政治建设为统领,落实全面从严治党新要求,全面加强党的政治建设、思想建设、组织建设、作风建设、纪律建设,为建设"强富美高"新宜兴提供坚强政治保证。

一是要坚持以政治建设为统领,全力提升党员干部的思想政治素质。政治建设是党的根本性建设。要把深入学习习近平新时代中国特色社会主义思想放在政治建设的首位,按照上级统一部署,扎实开展"不忘初心、牢记使命"主题教育,深入推进"两学一做"学习教育常态化制度化,严守政治纪律和政治规矩,自觉在政治立场、政治方向、政治原则、政治道路上同以习近平同志为核心的党中央保持高度一致。严格执行新形势下党内政治生活的若干准则,坚持民主生活会、组织生活会、"三会一课"及"统一活动日"制度,用好批评和自我批评武器,注重加强党性锻炼,使党内政治生活更有政治性、时代性、原则性、战斗性。发挥党委(党组)中心组作用,综合运用陶都大讲堂、干部培训、党员轮训等平台载体,用党的创新理论武装头脑,重点办好领导干部执政能力培训班、新任市管领导干部培训班等主体班次,不断提升党员干部的能力素质。严格落实意识形态工作责任制,健全工作机制、加强阵地管理,确保意识形态领域安全稳定。

二是要狠抓干部队伍建设,打造干事创业的中流砥柱。突出政治标准,树立"德才兼备、以德为先","以担当论英雄、凭实绩排高低"的用人导向,推动干部资源向发展的重点地区、重点部门、关键岗位倾斜,把忠诚干净担当的干部用起来,真正把好干部标准落到实处。突出加强年轻干部储备、培养、选拔工作,注重在基层一线、关键岗位培养锻炼年轻干部,统筹做好女干部、党外干部的选配,加快打造结构合理、充满活力的干部队伍。坚持严管厚爱结合、激励约束并重,严格落实干部监督管理各项制度,推动干部选任、管理和监督的规范化科学化。健全鼓励激励、容错纠错、能上能下"三项机制",旗帜鲜明地为担当者担当、为负责者负责,充分调动各级干部干事创业的积极性主动性。

三是要强化基层组织建设,筑牢坚强有力的战斗堡垒。以提升组织力为重点,加大基层党组织建设力度,加强软弱涣散基层党组织整顿,确保对农村、社区、机关、企业等基层党组织的政治领导。统筹实施"共致富、促和谐、激活力、强发展""四个一批"党建项目,创新打造特色党建联盟,更好发挥基层党组织在各领域的领导核心作用。持续加强村书记、村干部队伍建设,打造引领乡村振兴的带头人队伍;深化"社区党员服务区"建设,积极打造社区党建特色服务品牌;建强窗口审批单位党建阵地,引导机关党员树形象、优服务,推动机关党建更好服务中心、建设队伍;持续推进"两新"组织"四个集中",进一步拓展覆盖面、扩大影响力、增强实效性。严格规范党员教育管理,稳妥有序开展不合格党员处置工作,确保党员队伍个体合格、整体过硬。

四是要深化党风廉政建设,巩固风清气正的政治生态。良好的政治生态和作风形象,是凝心聚力推动发展的重要保障。严格落实全面从严治党"两个责任",全面加大巡察工作力度,健全权力监督机制,推动各级党组织特别是"一把手"管好班子、带好队伍、当好表率,履行好第一责任。始终绷紧作风建设这根弦,巩固拓展落实中央八项规定精神成果,关注老问题、紧盯新动向,注重抓早抓小、久久为功,继续动真碰硬整治"四风"问题,推动作风建设向基层延伸,决不让"四风"问题反弹回潮。加强党风廉政教育和纪律规矩教育,常敲警示钟、常打预防针,切实提高反腐倡廉教育实效。坚持把纪律规矩挺在前面,扎实推进监察体制改革,用好执纪监督"四种形态",促进党员干部自觉执行党的政治纪律、组织纪律、廉洁纪律、群众纪律、工作纪律、生活纪律。始终保持惩治腐败高压态势,大力整治群众身边不正之风和腐败问题,坚决查处各类腐败案件,用反腐倡廉的实际成效取信于民。

同志们,宜兴的发展召唤着我们,美好的未来激励着我们。让我们紧密团结在以习近平同志为核心的党中央周围,以习近平新时代中国特色社会主义思想为指引,团结带领全市广大干部群众,不忘初心、牢记使命,开拓进取、埋头实干,为高水平全面建成小康社会、建设"强富美高"新宜兴而努力奋斗!

政府工作报告

——2018年1月17日在宜兴市第十七届人民代表大会第二次会议上

宜兴市人民政府市长　张立军

各位代表：

现在，我代表宜兴市人民政府，向大会报告政府工作，请予审议，并请市政协委员和其他列席人员提出意见。

宜兴市市长　张立军　（仇洪生　摄）

2017年工作回顾

2017年是党的十九大胜利召开之年，也是本届政府依法履职的第一年。面对复杂多变的宏观环境，在中共宜兴市委的正确领导下，在市人大、市政协的监督支持下，市政府认真学习宣传贯彻党的十九大精神，以习近平新时代中国特色社会主义思想为指导，牢牢把握稳中求进总基调，深入开展“两聚一高”新实践，攻坚克难、奋力拼搏，经济社会发展继续保持平稳健康态势。预计完成地区生产总值1554亿元、可比价增长7%，一般公共预算收入111.2亿元、增长2.3%，全社会固定资产投资563.9亿元、增长5%，社会消费品零售额618亿元、增长11%；完成规模工业产值2981.6亿元、增长16%，增幅创六年来最高；实现到位注册外资4.7亿美元、超额完成上级下达目标，增幅居无锡首位。市十七届人大一次会议确定的各项年度目标任务顺利完成，为宜兴新时代实现新跨越打下了坚实基础。

一、产业强市开局良好，经济运行稳中有进

重大项目强劲发力。成功引进中环领先集成电路用大直径硅片、宜兴国际旅游度假区、雅达健康生态产业园等百亿级项目，东方环晟5GW高效叠瓦太阳能电池组件、远东福斯特电池等超50亿元项目开工建设。当年重特大项目签约数、单体规模均刷新历史记录。首次获得无锡重大产业综合奖补资金7000万元。认真落实一月一督查、一季一观摩等项目推进机制，顺利完成省、无锡市重大项目年度投资计划。35只市定重大项目建成投产。金融环境稳定优化。依法严厉打击恶意逃废债务行为，立案查处案件66起、抓获犯罪嫌疑人68人，挽回直接经济损失3.8亿元，查获隐匿资产6.1亿元，为金融生态重回健康轨道营造良好氛围。坚持一企一策、分类处置，综合运用组建银团、联合授信、资产重组等办法，锁定节点企业、推动“破圈解链”，全年未出现新的明显风险点、未新增大额不良贷款。引导银行加大对上争取、加强自主消化，同步实施政府精准打包，处置不良贷款18亿元。年末不良贷款率降至2.3%，连续3年实现下降。成立市企业金融服务中心，合理使用政府资源调配、目标考核等手段，引导金融机构加大投放力度，扭转了新增信贷连续5年回落的不利局面，实体经济贷款余额比年初增加90亿元。企业发展量质齐升。召开全市企业发展大会，出台降成本、优服务等系列政策，进一步强化“比效益、比贡献”“讲信誉、讲担当”鲜明导向。税收超亿元工业企业达14家，红牛饮料成为全市首家税收超5亿元企业。产值前150位企业占规模工业产值比重达81.5%。远东控股集团入围中国企业500强，4家企业入围中国制造业500强。重整盘活40家企业闲置资产，涉及土地2500亩、厂房64万平方米，协议收购金额15亿元。企业创新要素加速集聚，高新技术企业数占规模工业企业比例达33%。新引进国际技术合作项目11只，入选省双创计划各类项目12只、省乡土人才“三带”名人9名。江华集团、雷蒙化工获国家技术发明二等奖，宝银特钢获国家科技进步二等奖。帝科电子获中国专利优秀奖。企业信息化、标准化建设步伐加快，新增省级智能车间2个，5家企业主导、参与制修订国家行业标准10个。俊知技术获评全省智能制造先进企业。资本经营稳步推进，鹏鹞环保成为全市首家A股上市环保企业，新增新三板挂牌企业5家，完成股权融资33亿元。三次产业协同并进。工业经济企稳向好，工业总产值突破3900亿元，完成工业投入323.8亿元；主导产业、传统产业、新兴产业规模工业产值分别增长15%、25%、10%。首次跻身中国工业百强县（市）十强。现代服务业稳中提质，万达广场、八佰伴等商贸骨干业态优化，2家专业市场成交额突破百亿。电子商务在线交易额增幅超30%，恒隆紫砂电商园成为全市首家省级电商示范园区。阳羡生态旅游度假区成功创建国家级旅游度假区,国家全域旅游示范区、国家5A级旅游景区“双创”工作有序推进,年接待游客数、旅游总收入均实现新增长。成功举办素博会、目连节、梁祝爱情文化节等各级各类节庆活动,持续打响宜兴旅游品牌。获评全国森林旅游示范市。高效农业加快发展,新增高效设施农业1.2万亩。农业适度规模经营比重持续提高,“三品”产量占种植业总产量比重较上年提升6.6个百分点。阳羡雪芽等3只农产品入选全国名特优新农产品目录。高标准完成国家级农村一二三产业融合试点项目。划定永久性基本农田76.7万亩。

二、改革开放不断深化,发展活力持续进发

改革举措加快落地。积极开展新一轮财政管理体制改革,进一步构建事权清晰、财随事转管理格局,更好促进市镇两级财政高效安全运行。获评全国财政管理先进市。市交通产业集团挂牌组建,为面上推进国企改革探索路径。持续深化“放管服”改革,以实现“3550”为目标,全面推广模拟审批和代办服务,不见面审批率达86.7%。政务服务网“旗舰店”全省率先上线,“互联网+政务服务”体系初步形成。市政务服务中心搬迁新址,政务服务的软硬环境同步提升。开发区行政审批局正式成立。丁蜀镇承接下放行政权力事项全面到位,官林镇成为我市第二个省级“强镇扩权”试点镇。承担行政职能事业单位改革试点全面推进。农村土地承包经营权确权登记颁证工作基本完成;搭建市镇两级农村产权交易平台,探索实施村级资金镇财政所管理、村级工程镇级代建。开展建设工程招投标改革试点,建立建筑市场信用评价体系,逐步推行“评定分离”等制度。开放型经济成果丰硕。成功引进总投资超亿美元项目4只,制造业到位注册外资占比达81.2%。市投资促进中心组建成立,成为统筹全市招商引资工作的重要平台。对外贸易增速平稳,完成进出口275.7亿元,其中出口227.5亿元、增长13.9%。雅克科技、博砚电子成功实现境外并购。重点园区支撑增强。“一园两区”规模工业产值、到位注册外资占全市比重达44%、90%,较上年分别提升3.2、39个百分点。环科园坚持优平台和抓项目协同发力,省环保装备产业技术创新中心等一批高端载体有序推进,沪宁钢机国家装配式建筑产业基地等一批重点项目顺利建设。开发区成功引进超10亿元项目8只,其中2只项目实现当年签约、当年投产,工业投入占全市比重达32.7%;军民融合产业园正式获批,10只项目先期入驻。陶瓷产业园区特色发展步伐加快,工业陶瓷产值占比超50%;通航产业发展势头良好,海翼飞机项目厂房主体完工,华飞航空、亚捷通航等项目积极推进。

三、城乡建设品质为先,宜居魅力更为彰显

创城攻坚补短板。坚持创建为民、创建惠民,相继实施一系列专项行动,一举创成“全国文明城市”。突出交通秩序管控,设定严管路20条,设置中央隔离栏20公里,新施划停车泊位2.5万个。狠抓市容市貌提升,开展城乡结合部、背街小巷、集贸市场等专项整治300多轮次,取缔占道经营、出店经营等行为8万多起,清理乱堆放、乱张贴3万多处。加快小区面貌改善,改造提升老旧小区51个,修复破损路面2.2万平方米,新增楼道照明近万处。推动文明创建向镇村延伸,和桥镇、西渚白塔村分别创成全国文明镇、全国文明村。科学规划强引领。主动融入锡宜一体化进程,确定宜马快速通道、锡宜城际轨道S2线等“6+1”重大载体,加强与无锡的互联互通互动。以列入全国城市总体规划编制试点城市为契机,以多规融合为方向,初步形成新一轮城市总体规划。城市防洪规划通过省级专家技术评审。东氿新城控制性详规、中心城区停车设施专规编制完成。“规划一张图”信息系统上线运行。完善配套提功能。高铁宜兴站停靠车次增至148列,在宁杭线同类城市中率先开行至上海始发列车;宁杭高速宜兴东互通主体建成,宜长高速、常宜高速破土动工,对外交通格局持续优化。陶都路、宜浦路、宜北路改造有序推进,顶上桥、城西路网综合改造如期完工。桃花水库前期工作进展顺利。新建供水主管网96公里、天然气管道80公里,220kV新宜兴变迁建工程启动实施,优质保供能力稳步提升。完成城区31处防汛应急工程。中国人居环境奖、国家节水型城市通过复查验收。市文化中心群体建筑获詹天佑奖。统筹城乡优环境。环科大道南延段、善龙路、洑湖路基本贯通,360省道西张段、潘西线等工程全面开工,新西氿大桥顺利合龙,和闸线、周万线等8条县道改造竣工;150公里农村道路、25座农桥提档升级。农村水利工程投入6.1亿元、同比增长166%,当年投入创历史新高;山区库塘治理、圩区除险加固等工程如期完成。新孟河延伸拓浚工程前期加快推进。交通干线沿线环境综合整治五项行动全面启动。老集镇改造、特色田园乡村建设有序实施。湖㳇张阳村成为全市首个国家级美丽乡村示范村。丁蜀特色小镇建设项目获无锡市腾飞奖。

四、“263”专项行动扎实开展,生态保护成效显著

“两减”高效推进。实施燃煤工业窑炉整治三年行动计划,落实水泥、建材等重点行业去产能要求,完成4家热电企业节能减排及环保升级改造,削减煤炭消费总量36万吨,完成年计划的153.8%。排定“四个一批”化工生产企业567家,设立总额2.5亿元的市级“减化”奖补专项资金,签约关停225家、关停到位141家,均超额完成上级下达任务。“六治”全面推开。实施重点治太工程59项,完成太湖湖体80万方应急清淤,推进19条重点河道综合整治,7条主要入湖河道水质达到或优于Ⅲ类水标准、较上年增加3条,连续十年实现太湖安全度夏。城北垃圾中转站开工建设,生活垃圾分类收集试点启动。“控源截污”两年行动计划加速实施,新建污水管网200公里,完成274个自然村生活污水治理主体工程;蛟桥河、谢桥河等7条城区河道清淤、截污工程如期完工。禁养区840家畜禽养殖场全面关停,限、适养区758家畜禽养殖场整治到位,漏湖围网养殖整治、沿太湖3公里缓冲带水产养殖污染治理实质性启动。实施两大化工园区、53家重点企业挥发性有机物治理工程，空气质量优良天数比例达66.9%、较上年提升10.1个百分点。“三提升”加快落实。科学编制生态保护引领区建设方案及规划，高标准确立4大类31项56个建设指标。探索重点河道精准治理模式，制订市镇重点河道“一河一策”，实现全市各类水域“河长制”管理全覆盖。强化差别化、集约化供地导向，推动土地资源向重大项目倾斜，105只市级以上重大项目用地得到有效保障。严格执行环境执法双随机抽查制度，从快从严从重打击环境违法行为。高效推进中央、省环保督察和环保部太湖治理专项督导反馈问题整改。

五、聚焦富民多点发力，民生福祉有效增进

富民增收稳步推进。制订聚焦富民30条政策措施，努力把发展成果转变为富民实效。城镇居民、农村居民人均可支配收入分别达49800元、25600元，均增长8%。民生投入资金占一般公共预算支出比例达到75%。11件43项为民办实事项目完成年度任务。落实援企稳岗、扶持创业各项举措，实现就业2.9万人、扶持自主创业1974人。精准扶贫持续攻坚，25个经济薄弱村实现脱困转化，6686户低收入家庭纳入“阳光扶贫”。保障水平稳步提高。新增社保扩面1.1万人，城乡居民基础养老金、低保标准分别提高至每人每月185元、700元。出台特困家庭深度救助政策，因病致贫等“支出型”贫困问题得到更好解决。累计发放慈善救助金3922万元，惠及困难群众5.9万人次。福利中心颐养院等工程加快推进，智慧养老新模式得到推广。实施棚户区改造4692套，新增住房保障家庭196户。公共服务稳步提升。紧扣办好人民满意教育方向，持续造浓崇文尚教良好氛围。江南大学宜兴研究生院成功签约。高考成绩实现整体提升。宜兴中专在全国职业院校技能大赛中获两项金奖第一名。12个城乡义务教育学校教育集团组建到位。产教融合发展工程、周铁小学等一批项目进展顺利。市人民医院新院区完成开工前期准备，精神卫生中心、急救中心、红十字会血站全面建成、即将启用，医疗联合体建设实现市域全覆盖。成功创建国家慢性病综合防控示范区。全面二孩政策效应不断释放，出生人口结构进一步改善。市文化中心全年到馆174万人次。市妇女儿童活动中心揭牌成立。城乡一体化公共阅读体系持续向镇村延伸。高水平举办第九届国际陶文化节，加强与境内外主要陶瓷产区的互动交流，中国陶都影响力进一步扩大。国际越野行走公开赛、国际风筝邀请赛等高规格赛事取得圆满成功。被评为2017中国体育旅游精品目的地。社会治理稳步强化。“社区+”平台助推公共服务深入基层，社区协商自治试点有序推开。志愿服务蔚然成风，全年参与超1.7万人次。“三网三机制”建设成效明显，大排查、大整治行动深入实施，违法犯罪警情同比下降13.7%。扎实开展安全生产执法年活动，高危工艺、粉尘涉爆、租赁厂房、高层建筑消防安全等专项整治大力推进，安全生产形势总体平稳。食品药品安全监管持续加强，获首批省食品安全示范城市称号。基层司法所管理体制逐步理顺。信访稳定工作继续保持省内领先，获评全国信访系统先进集体。圆满完成十九大服务保障任务。

六、自身建设着力加强，依法行政有力践行

深入学习宣传贯彻党的十九大精神，扎实推进“两学一做”学习教育常态化制度化，切实增强“四个意识”。自觉在市人大法律监督、工作监督和市政协民主监督下开展工作，主动接受人大专项工作评议和专题询问；认真办理人大代表建议、政协委员提案502件，满意率达95.6%。积极听取各民主党派、工商联、无党派人士、人民团体意见。修订完善新一届政府工作规则、常务会议议事规则，持续规范重大行政决策程序，加强政府涉法事项审核把关。以财政同级审、工程投资审计为重点，全面强化审计监督，开展审计项目125个，整改问题资金4亿元。政府组成部门接受纪检监察派驻监督实现全覆盖，市委巡察反馈整改意见建议刚性落实。严格执行中央八项规定和省、市委十项规定，坚持不懈纠正“四风”问题，“三公”经费支出同比下降5.3%。积极开展“连心富民、联企强市”大走访活动，“12345”政府公共服务热线办结事项达10.4万件，一大批群众关心和基层反映的突出问题得到有效解决。

此外，对口支援、友城交流等工作取得积极进展，国防动员、民兵预备役、双拥优抚等工作不断深化，广电、物价、统计、统计调查、供销、档案、史志、侨务、民族宗教、人防等工作稳步发展，税务、海关、国检、烟草、盐务、海事、邮政、通信、气象、公积金管理等工作进一步加强。

一年来，市政府在市委的正确领导下，凝心聚力，开拓奋进，新一届政府工作实现良好开局、呈现崭新气象：干事创业的状态不断提振，在挑战面前敢于亮剑，在困难面前勇于担当，不等不靠、主动作为，着力突破影响发展的藩篱束缚，充分展现了奋发昂扬的精气神；重点工作的绩效不断提升，狠抓全局的重点、重点的关键、关键的具体，高效推进产业强市、全国文明城市创建、金融生态维护、“263”专项行动等工作，全力交出了一份过硬的成绩单；执政为民的自觉不断增强，认真贯彻以人民为中心的发展思想，把上级要求和群众期盼有机结合，突出民生建设的稳定性、连续性、普惠性，有效提升了政府工作的精准度。

各位代表，过去一年取得的成绩，离不开市委的坚强领导、科学决策，离不开市人大、市政协的有效监督、大力支持，离不开社会各界、广大干群的团结拼搏、锐意进取。在此，我谨代表市人民政府，向全市人民，向市人大代表、政协委员，向离退休老同志，向各民主党派、工商联、无党派人士、各人民团体，向驻宜单位干部职工，向驻宜部队官兵和公安民警，向所有关心、支持和参与宜兴建设发展的海内外朋友，表示衷心的感谢并致以崇高的敬意！

在肯定成绩的同时，我们也清醒认

识到当前存在的问题和不足，主要是：企业金融风险尚未彻底化解，经济企稳向好的基础尚不稳固；项目招引机制仍需完善，优质产业项目推进还需加大力度；部分企业创新驱动、人才引领意识不强，发展质效有待提升；文化、旅游产业资源整合仍未破题，亟需在体制机制上实现突破；区域之间、城乡之间发展不够协调，公共服务资源配置高位均衡度仍需提升；少数部门及工作人员的工作效率不高，抓落实能力需进一步增强；等等。我们一定正视问题、加快解决，让全市人民感受到实实在在的变化和成效。

2018年主要工作

今年是贯彻党的十九大精神的开局之年，是决胜高水平全面建成小康社会的关键一年。市政府将把学习贯彻党的十九大精神，作为当前和今后一个时期的首要政治任务，推动十九大精神在宜兴落地生根、开花结果。我们将坚持以习近平新时代中国特色社会主义思想为指引，始终站稳群众立场，着力解决发展不平衡不充分的问题，加快高水平全面建成小康社会步伐，建设"强富美高"新宜兴，更好满足人民日益增长的美好生活需要。我们将坚持新发展理念，按照高质量发展要求，主动把握宁杭生态经济带、全省生态保护引领区、锡宜一体化建设等战略机遇，不遗余力推动产业强市、优化经济结构、转换增长动力，努力实现更高质量、更有效率、更加公平、更可持续的发展。我们将坚持系统化思维，加强顶层设计、强化问题导向、注重综合平衡，针对经济社会发展中存在的累积性、深层次矛盾，一步一步抓推进、一件一件抓化解，稳扎稳打、久久为功，致力在补短板、除积弊中不断开创发展新局面。

今年政府工作的总体思路是：高举习近平新时代中国特色社会主义思想伟大旗帜，全面贯彻党的十九大精神、习近平总书记视察江苏重要讲话精神，按照市委十三届三次全会决策部署，坚持稳中求进工作总基调，紧扣产业强市主导战略，统筹做好稳增长、快转型、防风险、促改革、优环境、惠民生等各项工作，全力推动经济社会平稳健康发展，为高水平全面建成小康社会、建设"强富美高"新宜兴奠定坚实基础。

今年国民经济和社会发展的预期目标为：主要经济指标增幅达到无锡市平均水平，地区生产总值增长7%以上；一般公共预算收入增长6.5%左右；全社会固定资产投资增长5%左右；规模工业增加值增长8%左右；社会消费品零售额增长10%以上；完成到位注册外资4.5亿美元；外贸进出口增长5%左右；节能减排和大气、水环境质量确保完成上级下达的目标任务；城镇登记失业率控制在3%以内；城镇居民、农村居民人均可支配收入与经济发展同步增长。

全年重点做好七个方面工作：

一、致力打造更高水平的产业强市

坚定不移实施产业强市主导战略，聚焦项目、企业、园区和服务，找准着力点、打好攻坚战，全力推动经济稳健运行、持续向好。突出重大项目带动。强化抓项目的力度、热度，注重引项目与促落地同频发力，继续保持实体项目投资效率，力争再引进一批超10亿元重大产业项目。深化项目建设月督查、季观摩等有效机制，实施超亿元项目100只以上，力促中环应材晶硅切片、双盾环境除霾装置等项目建成投产。积极协调解决障碍制约，切实抓好已签约项目的落地，确保兴森科技半导体元器件、中信环保产业园等项目实质性开工。突出企业主体作用。引导企业加大技改投入，进一步提升工艺装备、丰富产品结构、优化发展质态，切实增强市场竞争力。鼓励行业龙头积极开展兼并重组，推动企业裂变扩张；助推更多企业与央企国企、实力民企开展战略合作，实现借梯登高、借船出海。排定30—50家拟上市企业梯队，强化事前培育、过程帮扶，新增A股上市企业2家、新三板挂牌企业3家。建立成长性企业培育后备库，通过政策撬动、动态引导，力争新增规模以上工业企业80家。突出重点园区支撑。紧扣"三个翻倍"目标，推动"一园两区"做大规模、做强产业，切实发挥产业强市主阵地作用。支持环科园按照国际化、高端化发展方向，强化与高塍镇的统筹发展，加大与中节能、中国瑞林等央企国企的深度合作，加快国合环保装备产业基地、宜兴城市污水处理概念厂等重大项目建设进度，力争再引进3—4只超10亿元项目，形成更具核心竞争力的绿色产业集群。支持开发区围绕打造千亿级园区目标，进一步打开发展空间，加速东方环晟5GW高效叠瓦太阳能电池组件8条生产线、灵谷化工年产100万吨合成氨等项目建设，发展壮大国信协联、昱辉阳光等骨干企业，形成100亿元以上经济增量。促进陶瓷产业园区同步提升陶瓷产业规模与质量，强化航空制造业与航空服务业齐头并进，打造主题鲜明的新型园区、产业经济新的增长极。突出高效服务保障。强化精准激励导向，继续完善"又好又快"政策体系。全面落实国家和省市各项减税降费政策，以实实在在的让利帮助企业做大、推动产业做强。创新扶持方式，设立并用好政府产业投资基金，更大力度促进项目招引和企业发展。继续落实跟踪服务系列制度，务实组织政企对接活动，当好服务企业的"店小二"。做好第四次全国经济普查工作，为推动发展提供信息支撑。开展工业企业资源利用绩效评价，建立差别化的土地、能源、资金等要素保障机制，引导企业提质发展。着眼重大项目、重点企业用工需求，提高工作组织化程度，针对性帮助企业化解用工难题。营造尊重企业家价值、鼓励企业家创新、关心企业家成长的浓厚氛围，积极推进"创二代"梯队引导和培育工作，为企业可持续发展积蓄后劲。

二、致力构建优质现代的经济体系

以新经济思想为指引，突出供给侧结构性改革主线，坚持质量第一、效益优先，着力打造结构合理、活力迸发、竞争力强的现代化经济体系。夯实先进制造业基础。加强产业发展的前瞻性、战略性研究，推动主导产业加速转型、新兴产业加速壮大。编制节能环保、电线电缆产业转型发展规划，以提高附加值为方向，推动产业集聚、促进差别化发展、打响区域品牌;完善产业扶持政策,加大力度引育龙头企业、上市公司,支持企业突破核心领域、关键技术,持续增强产业竞争力。加速宜兴化学工业园、官林化工集中区腾笼换鸟进程,坚决淘汰“三高两低”企业,提升化工产业发展层次。依托中环领先集成电路用大直径硅片项目,规划打造集成电路材料产业园,培育发展引爆点。按照全产业链发展思路,进一步丰富光伏产品类型、扩大市场占有率;同步发展新能源汽车相关产业,持续壮大新能源产业规模。优化服务业质态。启动实施服务业提质增效三年行动计划,加快提升服务业整体水平。积极推动城中、城东、城北商圈差异化发展,丰富完善文化旅游、体育休闲等业态,更好激发消费潜力。充分利用区位条件、交通优势,大力招引仓储物流、交通运输、流通加工类项目,更好服务产业发展。以规模电商园区、行业线上平台、龙头骨干企业为重点,促进电子商务与传统优势产业融合发展。针对性落实“去库存、稳价格、优供给”举措,保持房地产市场健康稳定发展。实施乡村振兴战略。从整体规划、产业布局等方面入手,积极构建现代农业产业体系,立足山区、圩区、渎区的基础条件和产业特色,制订更具针对性、引导性扶持政策,更好释放农业生产力,加快推动农村一二三产业融合发展。积极构建现代农业生产体系,完成宜兴市现代农业展示中心建设,支持杨巷镇创建省级现代农业产业示范园,引领带动重点园区规模化发展;调整优化农产品结构,做强本土优势农业品牌,确保种植业“三品”产量占比达50%以上,争创国家级生态原产地产品保护示范区、省级农产品质量安全市;持续加强农业物质装备建设,全力创建省级粮食生产全程机械化示范市。积极构建现代农业经营体系,依托农村土地承包经营权确权登记成果,稳步推进农村土地“三权分置”改革,坚持土地流转规模适度,培育家庭农场、专业合作社等多元经营主体,提高农业社会化服务水平。打造特色旅游品牌。深化旅游管理体制机制改革,以旅游产业集团为龙头,对内加强资源整合、对外加强运营合作,着力加快旅游发展产业化进程。优化细化国家级旅游度假区规划,更好指导重点板块、重点景区功能布局、错位发展。坚持对标找差,科学编制全域旅游示范区创建规划,稳步推进国家5A级景区创建。高质量抓好旅游重大项目建设,全力保障和促进宜兴国际旅游度假区正式开工、雅达健康生态产业园一期初具形象。持续扩大茶旅风情小镇、云湖茶禅小镇等特色小镇的旅游影响力,推动主题游、乡村游连环成链,着力打造长三角独具魅力的旅游目的地。

三、致力推动支撑有力的内涵发展

以改革开放40周年为新起点,主动顺应发展新旧动能转换趋势,围绕影响发展质量提升的关键领域、薄弱环节,加力攻坚、创新求进,不断增创区域发展新优势。着力深化改革。完善规范国企运作、激发国企活力的制度机制,推动优化整合、功能重组,做强做优做大国有资本。实施投融资体制改革攻坚年行动,加快投融资平台实体化、市场化运作,更好助推城市建设、民生保障。强化落实政府性债务管理制度,进一步规范举借行为、严控债务规模。筹建市行政审批局,搭建“一局受理、内部流转、一章审批”新架构,推动所有项目进入模拟审批通道,实现“3550”常态化。探索开展综合行政执法体制改革,大力构建权责明晰、统一高效的行政执法体制。加强信息化建设顶层设计,理顺机制、整合资源,做强平台、项目、人才三大支撑,拓展大数据、“互联网+”等技术在各领域的应用和集成。积极推进官林镇经济发达镇行政管理体制改革。全面实现农村“三资”市镇村一网通、一站管。大力推进义务教育学校教师“县管校聘”管理体制改革。理顺乡镇水利站管理机制。完善开放格局。重构招商组织架构,建强招商引资“指挥部”,高效运行市投资促进中心,加强统筹协调、专业指导、板块联动,研究出台绩效与薪酬挂钩的考核激励政策。深化与商会协会、咨询公司等专业机构合作,借助专业化、市场化力量,更好挖掘捕捉重大项目信息源。分类实施产业链招商,重点围绕新能源、节能环保、现代物流、生态旅游等领域,着力引进一批补链、强链、扩链型优质项目,形成以项目促产业、以产业引项目的良性循环。加大推介对接力度,充分用好闲置资产,力争盘活闲置厂房60万平方米以上。实施科技兴贸战略,强化外贸预警预测,加快发展跨境电子商务,促进外贸稳定增长。鼓励企业加速“走出去”,扩大国际产能合作、经贸往来。强化金融保障。坚持政府资源调配与定期联动考核结果相挂钩,推动银行经营与地方发展互促并进;搭建政银企有效交流平台,促进重点产业、重大项目与金融资源高效对接,力争新增实体经济贷款100亿元。鼓励银行机构组建存量银团、实施联合授信,稳定企业存量贷款规模,保障正常生产经营;创新金融产品,更好满足中小微企业多元融资需求。持续强化对恶意逃废债务行为的高压态势,科学评定首批守信示范企业,树好失信惩戒、守信激励鲜明导向。坚持严控增量、消化存量两手齐抓,拓展企业财务信用平台运用的广度和深度,更好发挥“体检器”“提醒仪”作用;加快破产处置进程、加大核销打包力度,力争年末不良贷款率控制在2%左右。聚力创新发展。制订完善并加力实施创新驱动发展战略系列激励政策,鼓励高新技术企业、行业排头兵企业、科技成长型企业加大研发投入,切实提高科技创新、人才引领与实体经济发展的结合度。以签约高校、在外乡贤、科技镇长团为桥梁纽带,进一步提高产学研合作精度,力争引进产学研合作项目130只、国际技术合作项目10只。更大力度深化“陶都英才”工程,在高层次领军人才、高水平技能人才引育上实现新突破。加快推进“十百千”工程,着力培育一批宜兴工匠和乡土人才。深入实施质量强市战略,支持企业高水平创造、运用、保护知识产权,提升核心竞争力。

四、致力塑造形质兼具的美丽家园

遵循城市现代化、城乡一体化发展方向,优化功能形态,创新治理方式,不断增强城市发展的品质和内涵。巩固提升创建成果。以创成全国文明城市为新起点,扎实推进“十大专项提升行动”,落实月度巡查、季度测评、年度考核等长效机制,持续提升城市文明程度。加大车位资源挖掘力度,在重要节点新建停车楼、改造停车场,进一步缓解“停车难”问题;高频开展重点区域现场巡查,常态保持规范有序的停车秩序。推进第二轮农贸市场升级改造,整治提升城乡结合部、背街小巷、老旧小区等薄弱区域,强化违法建设、占道经营等行为管控,保持良好市容环境。大力推动城乡文明建设一体化,持续提高镇村文明水平。严格落实矿产品生产运输监管责任,严厉打击违法违规行为。加快提升城市能级。发挥新一轮城市总体规划指引作用,创新经营城市方式,以更开放的姿态对接市场主体,科学配置、高效运营城市资源、资产。以“6+1”为重点,积极呼应、推动锡宜一体化,做好宜马快速通道、锡宜城际轨道S2线、盐泰锡常宜城际铁路、锡宜高速公路改扩建和锡宜协同发展区前期工作,加速丁蜀通用航空机场、锡溧漕河航道整治二期工程进度。加快宜长高速、常宜高速等工程建设,持续打开对外新通道。精准提升城市功能。推动东氿新城蒋巷路、运河东路等路网延伸,实施青墩河公园改造工程,完成枫隐广场、枫隐路西侧景观建设,展示更具品质、更加靓丽的新城形象。加速陶都路、宜浦路拓宽工程进度,启动巷头路改造;继续推进慢行系统畅通工程,“微创”改造开放式公园节点,持续改善老城区品质。以特色小镇建设为契机,制订有机更新整体方案,同步提升丁蜀镇区基础设施和人居环境。谋划启动城市防洪、西氿湿地及城市水环境综合整治工程,发挥好畅通水流动、重建水生态、改善水景观等综合效益。持续提升一体水平。完成环科大道南延段、新西氿大桥、善龙路等路桥工程,实施周杨公路、宜官路、龙池路延伸段等新改建工程,不断完善市域交通“内外环网”。持续优化公交运行线路,设立公交优先通道,推广“大站快线”“定时快车”模式,全力打造便民公交体系。启动桃花水库建设,全面推进氿滨水厂、太华水厂等扩建工程,建设天然气管道50公里,切实提高公用设施承载能级。深化村庄环境改善提升行动,推动特色田园乡村建设,打造更多具有示范引领作用的美丽村庄。完成新孟河延伸拓浚工程前期工作,加快推进205项农村水利工程建设,持续提升防洪保安能力。

五、致力建设全省生态保护引领区

深入推进“263”专项行动,着力攻难点、抓进度、提实效,加快建设人与自然和谐共生的美丽宜兴。不遗余力推动整治攻坚。扎实开展燃煤工业窑炉、35蒸吨以下锅炉专项整治,加快热电企业整合步伐,确保完成上级下达减煤任务。坚持协议关停、依法关停双管齐下,如期完成“两年关停250家以上化工生产企业”目标。开展印染、水泥、塑料造粒等行业整治,加快淘汰一批存在重大环境风险、安全生产隐患的企业。高效推进重点治太工程,强化应急防控举措,确保连续实现太湖安全度夏。进一步完善水环境监测体系,全面完成31条重点河道综合整治,严格落实“河长制”“断面长制”监管责任,推动水质持续改善。全面完成限、适养区畜禽养殖场整治、滆湖围网养殖整治和沿太湖3公里缓冲带水产养殖污染治理。推动重点工业行业废气治理提标改造,实施挥发性有机物重点治理工程47项、节能和减排项目20只,加强秸秆禁烧、扬尘整治等工作,实现PM2.5平均浓度持续下降、空气质量优良天数比例持续上升。扎实开展土壤污染状况详查,逐步建立污染地块负面清单,切实提升土壤污染防控水平。科学实施矿山宕口修复性治理,从严落实矿产品加工企业整治要求。全力以赴加快工程建设。强力推进“控源截污”两年行动计划,开工建设100公里污水主管网,加速农村生活污水治理工程进度,加快实现“城镇污水应纳尽纳、农村生活污水治理全覆盖”。统筹推进污水处理厂扩能提标,提高污水处理能级。研究开展太湖西岸、钱墅荡湿地建设,修复和改善城市河湖生态系统。开工建设光大垃圾焚烧发电二期项目,加快城北垃圾中转站、水泥窑协同处置固废垃圾、生活垃圾应急填埋场等工程建设,切实提升固危废处置能力。动真碰硬强化监管执法。规范开展领导干部自然资源资产离任审计,严格落实重点环境问题整改销号制度,加大上级反馈、日常查处等突出问题的跟踪督查力度,确保各项整改要求落到实处。深入开展环境执法专项行动,综合运用在线监控、司法联动等查处手段,严惩环境违法行为,及时消除环境隐患。加快完善以预防为主的环境风险管理制度,加强风险管理和应急救援体系建设,着力提高应急处置能力。做好全国第二次污染源普查工作,积极推进排污权交易和排污许可证管理,科学调配、使用环境容量。切实加强建设用地批后监管和低效用地再开发,持续提升节约集约用地水平。

六、致力满足人民群众的美好期盼

紧紧围绕群众最关心最直接最现实的利益问题,精准发力、尽力而为,持续提高群众获得感、幸福感、安全感。拓宽富民增收渠道。落实援企稳岗各项政策,进一步扩大就业容量,全年新增就业岗位3万个。加快发展人力资源服务业,促进人力资源与产业需求供需平衡。努力拓宽经营性、财产性收入渠道,推动居民收入稳步增长。坚持造血和输血、增收和减支协同发力,建立差别化的运转保障制度、项目化的发展扶持制度、规范化的村级管理制度,创新实施综合奖补政策,为持续壮大村级集体经济夯实基础。织密社会保障网络。落实“五证合一”参保登记制度,压降断保人数,确保全年新增社保扩面1万人。继续提高城乡居民基础养老金、低保标准。稳步提升特困人员供养、孤儿养育、残疾人两补等保障标准,优化特困家庭深度救助政策,拓展慈善募捐渠道,让困难群众生活得到更好保障。推进丁蜀新城嘉园三期、画溪公寓保障性住房项目建设,持续改善群众居住条件。紧扣居家养老基础地位,加快推进镇级老年日间照料中心建设,推行医养融合、智慧养老,完成居家养老援助服务5000户，护理型养老床位占比达到45%。优化公共服务供给。启动江南大学宜兴研究生院一期建设。编制实施学前教育、义务教育学校布局规划，制订重点教育基础设施分年度建设计划。放大城乡义务教育学校集团化办学成果，整体提升教育质量。强化产教融合，实施新一轮职业教育质量提升工程。确立以健康为中心的理念，深化医药卫生体制改革，推动等级医院创建和重点专科建设，开工建设市人民医院新院区、新和桥医院，进一步提升卫生计生服务水平。完善市文化中心运营管理模式，更好发挥公共文化服务主阵地作用；开展文化精品培育工程，让群众更好接受文化熏陶。继续办好高规格体育赛事，持续造优群众体育环境，倡导全民运动良好风尚。筑牢社会治理根基。创新网格化社会治理机制，推动重心下移、力量下沉，力促社会治理向末端延伸。推进“七五”中期普法，巩固法治宣传教育成果。完善联调联动机制，加强社会稳定风险评估、重点疑难信访化解，着力提升社会和谐度。不断推进技防体系建设，推动技防信息互享互通，持续擦亮“平安宜兴”品牌。完善食品卫生检验检测体系，守护群众“舌尖上的安全”。建强安全生产监管网络，着力整治一批隐患、补齐一批短板，保障人民群众生命财产安全。

七、致力展现勤廉务实的政府形象

以新时代党的建设总要求为统领，自我加压、主动提标、履职尽责，推动政府自身建设不断取得新成效。始终坚持法治理念。健全常态化学习制度，带头尊法学法守法用法，不断提高依法行政能力。认真执行市人大及其常委会的决议决定，主动报告工作、自觉接受监督，支持市政协履行政治协商、民主监督和参政议政职能，提高人大代表建议和政协委员提案的办理质量。严格遵守重大行政决策法定程序，做到决策科学、程序正当、过程公开、责任明确。持续推动政务公开，促进行政权力在阳光下运行。有效提升执行能力。紧密结合上级要求、形势变化和市情实际，主动运用创新思维、改革办法，努力解决好各种矛盾、防范好各类风险，切实提高推动发展能力。落实激励机制和容错纠错机制，积极营造敢负责、勇担当、肯实干的良好氛围。大力弘扬“定了干、马上办、办到底”的作风，以咬定青山不放松、不达目标不罢休的韧劲，确保上级和宜兴市委各项决策部署不折不扣落到实处。认真落实全面从严治党主体责任和“一岗双责”。加强政府系统党的政治建设、思想建设、组织建设、作风建设、纪律建设，制订市政府党组议事规则，把全面从严治党要求贯穿到政府工作全过程。认真开展“不忘初心、牢记使命”主题教育，推进“两学一做”学习教育常态化制度化。严格执行中央八项规定《实施细则》及省、市委贯彻落实的《具体办法》，坚决防止“四风”问题反弹回潮。全面履行“一岗双责”，以更高标准抓好政府系统党风廉政建设，着力打造廉洁高效的人民政府。

各位代表，为民解忧是政府的应尽职责。市政府按照当前与长远相统筹、力度与节奏相协调的原则，依照“群众提、大家定、政府办”的思路，今年将办好10件民生实事项目：一是社会保障项目。城乡居民基础养老金、低保标准分别提高至每人每月200元、800元。脱困转化经济薄弱村26个。“阳光扶贫”覆盖超6000户。二是促进就业项目。实现农村劳动力转移就业8000人。完成城乡劳动者职业技能培训8500人，培训农村劳动力9500人。三是放心消费项目。改造提升丁蜀西山、周铁分水等8家农贸市场。建设食品安全快速检测及网络监控体系，建成1个市级快检中心、17个镇级快检实验室、50个农贸市场快检室。四是方便出行项目。基本完成陶都路、老104国道徐宜段等改造工程，拓宽改建镇村道路150公里，改造危旧桥梁25座。新辟和优化调整13条公交线路。建设城区、农村公交候车亭各50个。建设1座立体停车楼。五是环境提升项目。加快城市防洪、西氿湿地、城市水环境综合整治工程规划编制、方案确定等工作。启动实施谢桥路等16条背街小巷改造。完成宜城、丁蜀、环科园、开发区27个老旧小区改造。实施棚户区改造2763套。六是公用事业项目。保障光大垃圾焚烧发电二期项目完成50%工作量。完成农村生活污水出户改造5万户。改造提升20座环卫公厕。新增老小区天然气用户5000户。七是医疗事业项目。完成市人民医院新院区地下基础工程。完成新和桥医院30%工作量。实施全民健康管理工程，免费推行建立居民健康档案、预防接种、严重精神障碍患者管理等14类55项基本公共卫生服务项目。八是教育事业项目。新建东氿小学，迁建特殊教育学校、进修幼儿园，扩建二实小南校区。九是平安创建项目。实施技防城三期工程，继续深化“3·20”工程建设，完成“村村通”、老旧小区技防改造及学校技防网建设。十是公共服务项目。启动市全民健身中心建设。完成高清电视建设工程。打造“互联网+社区”便民服务平台。完成100场次文化服务活动。市政府将集中人力财力，努力办好办实，力促更多实事项目“当年实施、当年完成”，确保把民生实事办到群众心坎上。

各位代表，使命呼唤担当，实干赢得未来。让我们更加紧密地团结在以习近平同志为核心的党中央周围，在中共宜兴市委的坚强领导下，不忘初心、牢记使命，坚定信心、砥砺前行，凝聚起各方智慧和力量，为高水平全面建成小康社会、建设“强富美高”新宜兴而努力奋斗！

编辑　吴艳

宜兴概况

YI XING GAI KUANG

基础地情

【建置沿革】 宜兴古称荆邑，春秋时属吴。秦始皇二十六年(公元前221年)建县，改荆邑为阳羡县。西晋太安二年至永嘉四年(303—310)，朝廷为表彰周玘(周处长子)三兴义兵平乱之功，设置义兴郡，属扬州。隋开皇九年(589)，改称义兴县，属常州。宋太平兴国元年(976)，为避赵光义讳，改为宜兴县，属常州。清雍正四年(1726)分为宜兴、荆溪二县。民国元年(1912)荆溪县撤销，并入宜兴县。1949年6月至1953年1月属常州专区，1953年1月至1956年2月属苏州专区，1956年2月至1983年3月属镇江专区(1967年3月改称镇江地区)，1983年3月起属无锡市，1988年1月撤销宜兴县，设宜兴市(县级市)。

【地理位置】 宜兴市位于北纬31°07′～31°37′，东经119°31′～120°03′。地处江苏省西南端、沪宁杭三角中心，东面太湖水面与苏州太湖水面相连，东南临浙江省长兴县，西南界安徽省广德县，西接常州市溧阳市，西北毗连常州市金坛区，北与常州市武进区相傍。滆湖镶嵌宜兴和武进之间，三氿(东氿、团氿、西氿)相伴市区。地势南高北低，西南部为低山丘陵，全市最高峰为黄塔顶，海拔611.5米；东部为太湖渎区，适宜种植各种蔬菜；北部和西部分别为平原区和低洼圩区，是宜兴粮油主要产地。全市总面积1996.6平方千米，城市化率65.21%。

【区划人口】 至年底，全市有2个国家级开发区——中国宜兴环保科技工业园、宜兴经济技术开发区，1个省级开发区——江苏宜兴陶瓷产业园区，有镇13个、街道5个，有行政村213个、社区97个。户籍总人口108.33万人，其中男性53.37万人。全年出生10347人，出生率9.55‰；死亡9091人，死亡率8.39‰；人口自然增长率1.16‰；计划生育率99.99%。少数民族42个、1.41万人(含流动少数民族)。宜兴市人民政府驻地：宜城街道陶都路8号。

【自然资源】 宜兴地区资源丰富，可开发利用土地较多。降水丰沛，河流湖荡密布，水资源丰富，水域面积532.6平方千米。有天然湖荡30个(不含太湖)。探明矿种有石灰岩、大理岩、石英砂岩、煤、泥炭等27种。蜀山独有的陶土是制作紫砂器具的上等原料。拥有竹子、松树、杉树等品种为主的用材林，是江苏省竹林资源最丰富的地区。茶树种植面积7.49万亩，茶叶总产量6029吨，是江苏省的茶叶主要产区。有野鸭、黄雀、黄鹂等上百种野生鸟类，狼、野猪、刺猬、松鼠等多种野生哺乳动物，银鱼、鲫鱼、草鱼、蚌、蟹等几十种水产。

【土特名产】 宜兴有山有水，物产丰富。所产陶器驰名中外，尤以紫砂最为有名，享有“陶都”美誉。丘陵山区盛产多种名特优茶、板栗、毛竹、竹笋和杨梅，“阳羡紫笋”茶唐朝时就定为贡茶，咸肉煨笋(腌笃鲜)是宜兴特色菜肴。和桥豆腐干咸而不齁；清廷贡品徐舍小酥糖甜而不腻；杨巷葱油饼香酥可口、甜咸适中；官林荤油糕香、甜、软，回味无穷；高塍猪婆肉味香皮沙，口味独特；芳庄羊肉肉质鲜美，白切熟羊肉配蘸以甜酱，让人回味无穷；张渚大白果种核大，苦味少，糯性好；滆湖螃蟹蟹壳泛青，腹部洁白，肉质饱满，蟹肉肥、香、鲜；太湖“三鲜”白鱼、白虾、银鱼味道鲜美，营养丰富；渎区百合被誉为“太湖之参”；野生菌类雁来蕈味道鲜美，营养价值高；宜兴乌米饭香糯可口，具有明目、乌发等功效。

(吴艳)

【气象】 气候特点：年平均气温16.5摄氏度，比常年偏高0.4摄氏度，比上年偏低0.2摄氏度。但逐月平均气温高低起伏明显，其中1月、4月、7月和8月平均气温分别较常年偏高2摄氏度、1.7摄氏度、2.1摄氏度和1.1摄氏度，12月则偏低1.1摄氏度，其它月份接近常年；年极端最低气温-7.6摄氏度，出现在12月18日；年极端最高气温40.9摄氏度，出现在7月25日，超过2013年的40.6摄氏度成为新的历史极值。年总降水量1452.8毫米，较常年偏多12%；全年雨日136天，接近常年；从月降水分布来看，同样起伏变化较大，2月、7月降水显著偏少，其中7月偏少不到常年的一半，而8月、9月和10月降水量又偏多，其中9月偏多为常年同期的两倍以上；全年出现暴雨4次，日降水量最大值为102.5毫米，出现在8月16日。全年未出现降雪天气。年总日照时数1738.8小时，较常年偏少95.1小时。全年35摄氏度以上高温日数31天，较常年明显偏多，雷暴日数23天。

四季气候特征：冬季（2016年12月—2017年2月）：气温偏高，降水正常。冬季平均气温5.9摄氏度，比常年偏高1.3摄氏度；降水量190.9毫米，较常年偏多2.3毫米，其中2月降水较常年显著偏少。

春季（3—5月）：气温正常、降水正常。春季平均气温16.1摄氏度，较常年偏高1.0摄氏度；降水量348.1毫米，较常年偏多39.3毫米。

夏季（6—8月）：气温正常，降水正常，日照正常。夏季平均气温27.6摄氏度，较常年偏高0.8摄氏度；降水量518.5毫米，较常年偏少29.4毫米，其中7月降水较常年显著偏少137.2毫米；梅汛期6月19日入梅，7月11日出梅，梅期22天，梅雨总量为98.6毫米，较常年明显偏少达6成。

秋季（9—11月）：气温偏高，降水略偏少。平均气温17.4摄氏度，较常年偏低0.2摄氏度；降水量431.8毫米，较常年偏多182.5毫米，其中9月降水异常偏多，而10月18日到11月12日则是连续26天未出现降雨。

灾害性天气：2017年气象灾害总体偏轻。3月1日全市大部出现7—8级大风，局部达到9级，设施农业受损较多；7月2日和8月7日受强对流天气影响，宜兴市北部出现雷雨大风和短时强降雨，设施农业和果木受损较重；7月12日到31日出现的连续高温天气，25日最高气温达40.9摄氏度，创下新的历史极值，受高温干旱影响，丘陵、山区茶叶出现较大面积菜叶枯萎发焦，受损明显。

2017年宜兴市气象要素

表2

要素名称	1月	2月	3月	4月	5月	6月	7月	8月	9月	10月	11月	12月	全年
平均气温（摄氏度）	5.2	5.5	9.7	17.0	21.6	23.8	30.4	28.7	23.3	17.1	11.7	4.4	16.5
降水量（毫米）	94.2	32.1	110.4	126.0	111.7	230.1	58.1	230.3	270.6	121.4	39.8	28.1	1452.8
雨日（天）	8	10	14	11	11	13	8	17	18	10	10	6	136
日照（小时）	122.9	133.5	148.9	174.6	195.8	105.2	243.2	182.0	82.1	92.5	130.7	127.4	1738.8
雷暴（天）	–	–	–	1	–	2	5	9	5	1	–	–	23

2017年宜兴市气象要素初终日

表3

要素名称		初终日			
		2016年度			2017年度
		初日	终日	初终间日数	初日
霜		2016年11月2日	2017年4月1日	151	2017年11月5日
雪		2016年11月23日	2016年11月24日	2	—
积雪		2016年11月23日	2016年11月24日	2	—
结冰		2016年11月24日	2017年3月15日	112	2017年11月19日
当年	雷暴	—	—	—	—
	无霜期日数	217			

（李万里）

【水文】 宜兴西氿站最高水位3.83米，出现在9月27日；最低2.86米，出现在3月2日；年水位落差0.97米。太湖大浦口站最高水位3.62米，出现在9月30日；最低2.73米，出现在3月1日；年水位落差0.89米。宜兴城6条河年径流量17.97亿立方米，9月28日年最大下泄流量259立方米/秒。全年蒸发量878.2毫米。

2017年宜兴市各水文站月降水量

表4　　单位：毫米

站名	1月	2月	3月	4月	5月	6月	7月	8月	9月	10月	11月	12月	年总量
宜城	81.0	26.0	88.5	109.0	94.0	195.0	52.5	186.0	213.5	97.5	33.0	20.0	1196.0
大浦	79.6	32.4	84.8	108.8	101.0	159.0	49.8	150.0	156.2	90.8	32.2	17.8	1062.4
官林	69.6	34.6	69.8	115.6	93.4	174.0	71.2	236.0	152.8	70.6	24.8	17.6	1130.0
湖㳇	90.5	27.7	115.0	108.5	132.5	166.0	36.0	111.0	199.0	121.0	42.0	27.0	1176.2
横山水库	77.6	28.4	111.8	108.8	84.8	142.0	130.6	154.4	209.4	102.0	33.0	24.0	1206.8

2017年宜兴市各水文站月平均水位

表5　　单位：米

河名	站名	1月	2月	3月	4月	5月	6月	7月	8月	9月	10月	11月	12月	年平均
西氿	宜城	3.30	3.01	2.96	3.17	3.15	3.33	3.37	3.34	3.36	3.49	3.26	3.03	3.23
太湖	大浦	3.27	3.02	2.97	3.14	3.12	3.28	3.35	3.21	3.26	3.45	3.27	3.05	3.20
横山水库	横山水库	33.98	33.54	33.01	33.69	33.72	33.53	33.17	32.22	31.43	32.21	31.86	30.73	32.75

（刘君华）

【名胜古迹】 宜兴是全国闻名的太湖风景名胜区阳羡景区、中国优秀旅游城市、国家园林城市、国家历史文化名城。南部山区多溶洞，景奇形怪，发现80多个，开发开放5个，其中善卷洞、张公洞1934年就对外开放。有国家AAAA级风景区8个：善卷洞风景区、竹海风景区、龙背山森林公园、团氿风景区、陶祖圣境风景区、张公洞风景区、云湖风景区和中国宜兴陶瓷博物馆（中国紫砂博物馆）。有始建于晋朝的周王庙（纪念晋平西将军周处）、宋代苏东坡亲自创建蜀山东坡书院和亲自手植的闸口天远堂西府海棠、清乾隆时期建造的瀛园、太平天国时期改建的辅王府等人文景点。

【文化遗存】 宜兴历史悠久，拥有7000余年的制陶史和2200余年建县史。先民勤劳朴实，留下众多文化遗存。位于徐舍镇的西溪遗址为马家浜文化时期大型聚落遗址，体现出先民六七千年前日出而作、日落而息，祥和、自然的生活。2002年发掘的骆驼墩遗址，代表了太湖西部山地向平原地带过渡的新石器考古文化特点，对研究长江下游古代文明进程有着重要意义，被列为2002年国内六大考古发现之一。西渚镇猪婆山曾是春秋战国时期人群居住点。1984年，吾桥村出土的汉代独木舟被南京博物馆收藏。建于三国吴天玺元年（276年）的国山碑被誉为“江南第一碑”。丁蜀前墅的明代龙窑是全国唯一迄今仍在使用的古龙窑。至2017年年底，全市拥有各级文保单位135处、156个点。其中，全国重点文物保护单位6处、11个点，江苏省文物保护单位13处、23个点，宜兴市文物保护单位116处、122个点。全市有国家级非物质文化遗产项目4个、省级项目13个、无锡市级项目21个、宜兴市级项目28个；国家级非物质文化遗产项目代表性传承人3人、省级传承人12人、无锡市级传承人81人、宜兴市级传承人108人。

【陶瓷艺术】 宜兴是中国陶瓷历史文化名城，远在7000多年前，先民便开始烧制陶器。在丁蜀等地发掘出各种商周时期的古陶器皿及残片。骆驼墩遗址和宜兴窑址被列入全国文物保护单位。紫砂、精陶、均陶、青瓷、美彩陶被誉为陶瓷“五朵金花”。特别是紫砂壶，以其独特的泥质、造型和古朴的自然美感而名扬海内外。明代供春的“供春”壶、时大彬的三足“如意”壶、项圣思的“陶杯”均为国家一级文物，分别珍藏于国家博物馆、无锡博物馆和南京博物馆。宜兴陶器既实用，又具观赏价值。紫砂作品在国际、国内屡屡获奖，一些作品被作为国际交往的礼物。至2017年年底，全市有中国工艺美术大师9人、中国陶瓷艺术大师23人(7人获两种大师称号)；从事陶艺的工艺美术类专业技术职称人员共6665人，其中研究员级高级工艺美术师111人、高级工艺美术师334人。

【宜兴名人】 宜兴物华天宝，人杰地灵。历代曾出进士548人，其中状元4人、榜眼5人、探花1人；任宰相(或相当职务)的10人。晋朝周处文武双全，是妇孺皆知的“周处除三害”的主角，是弃恶从善、尽忠报国的典型，所撰《阳羡风土记》是中国最早记述地方习俗和风土民情的著作之一。南北朝时将军陈庆之骁勇善战，为一代名将。卢象升为明末著名抗清将领。明代徐溥入阁12年，政绩卓著。明代周延儒连中两元(会元、状元)，后两度出任内阁首辅。在文化艺术上，宜兴人才辈出。唐代蒋防、宋代蒋之奇和蒋捷、明代吴炳、清代陈维崧等在中国文学史上享有较高声誉。文学家蒋防的《霍小玉传》广为流传；诗人蒋捷的诗句“红了樱桃，绿了芭蕉”成为千古名句，与周密、王沂孙、张俊并称为“宋末四大家”；戏剧家吴炳著有“粲花五种曲”，其《绿牡丹》和《西园记》是越剧和昆剧的保留剧目；陈维崧是晚清阳羡词派领袖，参与编修《明史》，与吴江的吴槎汉、云间的彭古晋并称为“江左三凤凰”。

现代更是人文荟萃。宜兴被誉为“教授之乡”，有宜兴籍大学校长100多位。其中，有全国政协原副主席、著名物理学家、北京大学原校长周培源，有被称为“一街双星”的原高教部部长、清华大学原校长蒋南翔和台湾大学原校长虞兆中，有被誉为“双子星座”的孪生兄弟——中国科学院院士、著名物理学家、天津大学原校长史绍熙(原名史绍华)和著名教育家史绍熙。宜兴籍院士亦众多。至2017年年底，宜兴籍“两院”院士(学部委员)累计有30人，其中中国科学院院士15人(周培源、唐敖庆、潘梓年、潘菽、史绍熙、朱洪元、朱既明、吴浩青、章综、程镕时、朱邦芬、褚君浩、吴岳良、张旭、蒋华良)、中国工程院院士15人(周镜、沙庆林、薛鸣球、程天民、陈太一、吴中如、唐西生、陈国良、高鼎三、黄瑞松、陈志南、任南琪、丁荣军、朱蓓薇、唐立)，其中唐西生、唐立为父子双院士。宜兴享有“书画之乡”之盛誉，中国现代美术事业的奠基者，杰出的画家和美术教育家徐悲鸿享誉海内外，吴冠中、吴大羽、尹瘦石、钱松喦等一批画家也享有很高声誉。音乐戏曲方面，名家众多。其中，有参与编订《刘天华创作曲集》《瞎子阿炳曲集》的刘天华弟子储师竹，任中国音乐学院原副院长的刘天华弟子蒋风之，著名二胡演奏家闵惠芬，歌唱家程静子、张权。新闻出版方面，有20世纪早期就蜚声报界、被誉为“报界三杰”的徐凌霄，《新华日报》筹办人之一、社长潘梓年，《文汇报》创始人之一、著名记者徐铸成，《光明日报》总编辑储安平，《人民日报》高级记者王金凤等报界名人。体育方面，有2015年世界台联排名第一的丁俊晖，2008年北京奥运会中国女篮主力队员、亚洲女篮锦标赛及亚运会的团体冠军卞蓝，三届残奥会女子坐式排球团体冠军谈燕华等体坛明星。政界方面亦是名人众多：中共历史上隐蔽战线、文化战线和统一战线的卓越领导人，上海市原副市长潘汉年；中共江苏省委原书记储江；原机械工业部部长周建南；中共湖北省委原书记、原中国民用航空局局长蒋祝平；黑龙江省原省长邵奇惠；全国政协副主席、中国人民银行行长周小川；中共中央委员，国家宗教事务局党组书记、局长王作安。军界方面，宜兴籍军人副军职以上的有近30人。其中，有原工程兵副司令员马苏政，原国防科学技术工业委员会副主任、中将军衔的谢光，解放军沈阳军区原副司令员、中将军衔的宗顺留，解放军总参谋部办公厅原主任、少将军衔的曾裕财，中国人民革命军事博物馆原政委、少将军衔的赵仲起，参加中国人民抗日战争暨世界反法西斯战争胜利70周年阅兵式，任英模部队方队领队的第16集团军参谋长黄铭(少将军衔，2017年任陆军第81集团军军长)和第1集团军副政委周夕根(少将军衔，2017年任上海警备区副政委)。外交界方面，有联合国原副秘书长沙祖康，外交部原副部长、中国驻美国原大使朱启桢，中国驻加拿大、英国原大使查培新等。

【人民生活】 全市居民年人均可支配收入40526元，比上年增长8.6%。其中：城镇居民49826元，比上年增长8.1%；农村居民25654元，比上年增长8.2%。全体居民人均生活消费支出25568元，比上年增长6.7%。按常住地分，城镇居民人均生活消费支出30199元，增长5.0%；农村居民人均生活消费支出18161元，增长8.3%。城镇居民人均住房建筑面积47.1平方米，农村居民人均住房建筑面积70.6平方米。全年居民消费价格指数(CPI)为101.3，比上年下降0.4个百分点。其中：服务项目价格指数为101.8，消费品价格指数为101.0，商品零售价格指数为102.0。

2017年宜兴市每百户城镇家庭部分耐用消费品拥有量

表6

指标	计量单位	2017年	2016年
家用汽车	辆	56	50
摩托车	辆	22	24
电冰箱(柜)	台	105	103
洗衣机	台	103	100
热水器	台	113	110
空调	台	260	251
彩电	台	219	215
计算机	台	92	96
固定电话	部	55	67
移动电话	部	241	239

2017年宜兴市每百户农村家庭部分耐用消费品拥有量

表7

指标	计量单位	2017年	2016年
家用汽车	辆	28	23
摩托车	辆	27	34
电冰箱(柜)	台	102	100
洗衣机	台	100	100
热水器	台	97	93
空调	台	170	149
彩电	台	167	161
计算机	台	39	36
固定电话	部	60	67
移动电话	部	217	206

(吴艳)

经济社会发展

【概述】 经济总量不断突破。全市地区生产总值(GDP)突破1500亿元大关,达到1558.25亿元,按可比价格计算,比上年增长7.1%。按户籍人口计算人均生产总值14.38万元。按常住人口计算人均生产总值12.42万元,按年末汇率折算达1.84万美元。宜兴市首次跻身中国工业百强县(市)十强。

产业结构优化升级。全市实现第一产业增加值49.14亿元,比上年增长1.2%;第二产业增加值807.83亿元,比上年增长6.8%;第三产业增加值701.28亿元,比上年增长7.9%。三次产业增加值比例调整为3.2:51.8:45,第三产业比重比上年提高0.3个百分点。

就业和再就业形势保持平稳。全年新增就业岗位3.2万个,城镇新增就业人员1.94万人,帮助城镇失业人员再就业5860人,援助就业困难人员再就业1021人。扶持自主创业1974人。全市城镇登记失业率为2.19%。

消费品价格涨幅平稳。全年居民消费价格指数(CPI)为101.3,比上年下降0.4个百分点。其中服务项目价格指数为101.8、消费品价格指数为101.0、商品零售价格指数为102.0。

2017年居民消费价格指数情况

表8　　单位:%

居民消费价格总指数	101.3		
其中:食品烟酒	99.7	交通和通信	102.0
衣着	103.1	教育文化和娱乐	102.5
居住	100.8	医疗保健	102.7
生活用品及服务	102.2	其他用品和服务	103.4

【农业】 农作物播种面积继续减少。全年农作物播种面积124.32万亩，比上年减少6.44万亩、下降4.9%。粮食作物播种面积83.37万亩，比上年减少5.94万亩、下降6.7%。经济作物播种面积30.89万亩，比上年增加0.12万亩、增长0.4%。其中：油料作物播种面积3.5万亩，比上年减少0.1万亩、下降2.8%；其他农作物播种面积10.07万亩，比上年减少0.61万亩、下降5.8%。

粮食生产夏粮下降秋粮增产。全年粮食总产量35.81万吨，比上年下降3.3%。其中：夏粮总产量10.92万吨，比上年下降18.9%；秋粮总产量24.89万吨，比上年增长5.5%。油料总产量5261吨，比上年增长4.1%；茶叶总产量6029吨，比上年下降1.5%；水果总产量2.38万吨，比上年增长11.3%；干果总产量2798吨，比上年增长15.7%。

林业、牧业总体下降，渔业生产增长较快。全年造林面积0.25万亩，比上年减少0.05万亩、下降16.7%；全年猪肉产量1.5万吨，比上年下降11.8%；禽肉产量0.65万吨，比上年下降12.5%；猪年末存栏数8.87万头，比上年下降20.7%；肉猪出栏数19.93万头，比上年下降11.8%。全年水产品产量9.17万吨，比上年增长12%。

2017年主要农产品产量及其增减速度

表9　　　　单位：吨

产品名称	产量	比上年增减(%)	产品名称	产量	比上年增减(%)
粮食	358076	-3.3	干果	2798	15.7
油料	5261	4.1	猪肉	14950	-11.8
#油菜籽	4503	3.5	禽肉	6485	-12.5
茶叶	6029	-1.5	水产品	91686	12.0
水果	23783	11.3			

【工业和建筑业】 工业生产稳中有进。全年完成工业总产值3901.52亿元，比上年增长11.1%。全市869个规模以上工业企业实现产值2981.6亿元，比上年增长16%；完成主营业务收入2828.18亿元，比上年增长16.8%；实现利润总额133.29亿元，比上年增长3.1%；实现增加值460.87亿元，可比价增长6%。全市工业产值超1亿元企业达343个，比上年增加32个，其中超10亿元的43个、超100亿元的3个。

综合能耗平开低走。全年规模工业实现综合能耗495.84万吨标准煤，比上年增长0.1%。万元产值能耗0.166吨标准煤，比上年下降13.7%。六大高耗能行业（化学原料和化学制品制造业、非金属矿物制品业、电力热力生产和供应业、化学纤维制造业、纺织业和黑色金属冶炼和压延加工业）综合能耗446.22万吨标准煤，比上年下降0.1%，占全市规模工业总能耗的90%。

建筑业稳定发展。全年建筑业完成增加值113.22亿元，比上年增长5.6%；实现建筑业总产值234.55亿元，比上年增长19.2%。房屋建筑施工面积1443.2万平方米，比上年增长14.8%。年内，建筑工程获国家“鲁班奖”5项，“国家优质工程奖”1项，江苏省“扬子杯奖”12项。

【固定资产投资】 固定资产投资平稳增长。全年完成全社会固定资产投资563.91亿元，比上年增长5%。其中：第一产业投资0.15亿元，比上年下降94.8%；第二产业投资323.82亿元，比上年增长0.9%；第三产业投资239.94亿元，比上年增长12.4%。

房地产业健康发展。全年房地产业实现增加值95.43亿元，比上年增长7.9%。完成房地产开发投资70.87亿元，比上年下降20.1%，房屋施工面积为508.36万平方米，比上年下降17.4%；房屋竣工面积159.92万平方米，比上年下降27.8%。全年商品房销售面积145.67万平方米，比上年增长7.8%；商品房销售额137.53亿元，比上年增长31.7%。

【国内贸易】 消费品市场增势稳定。全年实现社会消费品零售总额612.84亿元，比上年增长10.2%。其中，批发和零售业零售额584.68亿元，比上年增长10.1%；住宿和餐饮业零售额28.16亿元，比上年增长10.4%。按经营地统计，城镇社会消费品零售总额408.78亿元，比上年增长10.1%；乡村社会消费品零售总额204.06亿元，比上年增长10.3%。全年限额以上社会消费品零售总额181.89亿元，比上年增长8.9%。其中：批发和零售业零售额171.02亿元，比上年增长9.3%；住宿和餐饮业零售额10.87亿元，比上年增长3.2%。在限额以上批发和零售业零售额中，汽车类比上年增长3.1%；粮油、食品类比上年增长7.3%；石油及制品类比上年增长21.3%；服装、鞋帽、针纺织品类比上年增长7.9%，日用品类比上年增长17.0%，饮料类比上年增长35.9%,家用电器和音像器材类比上年增长3.4%。

【开放型经济】 利用外资快速增长。全年新设外资项目27个,增资转股项目13个。全年到位注册外资完成4.72亿美元,比上年增长198.6%。

对外贸易保持较快增长。全年进出口总额完成41.01亿美元,比上年增长10.5%。其中出口总额完成33.77亿美元,比上年增长11.5%;进口总额完成7.24亿美元,比上年增长6.1%。全年一般贸易为主导的外贸进出口34.98亿美元,比上年增长23.4%,占全部进出口总额比重85.8%。其中:出口总额29.43亿美元,比上年增长27.3%;加工贸易进出口5.76亿美元,比上年下降5.4%,占全部进出口总额14.1%。

服务外包平稳发展。全年新增服务外包企业22个,完成服务外包业务合同总额12.7亿美元,比上年增长4.8%。执行金额11.7亿美元,比上年增长20.5%。离岸外包合同金额9.1亿美元、执行金额8.8亿美元,分别增长5.4%和28.8%。

境外投资出现下降。全年核准境外投资项目10个,比上年减少5个。中方投资额累计3791万美元,比上年下降90.9%。境外投资项目涉及铁路及城市轨道交通的规划建设、新能源研发、LCD电子材料的制造和计算机网络技术、印制电路板销售等。

【交通运输、邮政电信和旅游】 交通运输基本平稳。宁杭高速宜兴东互通主体建成,宜长高速、常宜高速动工,对外交通格局持续优化。陶都路、宜浦路、宜北路改造有序推进,顶上桥、城西路网综合改造如期完工。环科大道南延段、善龙路、洑湖路基本贯通,360省道西张段、潘西线等工程全面开工,新西氿大桥顺利合龙,和闸线、周万线等8条县道改造竣工;150千米农村道路、25座农桥提档升级。年末全市公路通车里程2485千米,比上年增加9千米,比上年增长0.4%。内河航道里程614千米,与上年持平。货运量稳定增长,客运量增速小幅回落。全年各种运输方式完成货运量3933万吨,比上年增长3.2%;货运周转量31.81亿吨千米,比上年增长3.3%。完成客运量7040万人次,比上年下降0.7%;客运周转量92686万人千米,比上年增长39.8%。

邮政通讯增势平稳。全年实现邮政业务收入2.89亿元,比上年增长15.1%;电信业务收入15.45亿元,比上年增长5.5%。互联网用户45.6万户,比上年增长10.7%。全市固定普通话机用户29.75万户,比上年减少3.6万户、下降10.8%。移动电话155.4万部,比上年增加3.6万部、增长2.4%。公用电话0.74万只,比上年下降38.8%。

旅游市场较快发展。阳羡生态旅游度假区成功创建国家级旅游度假区,国家全域旅游示范区、国家AAAAA级旅游景区"双创"工作有序推进,成功举办国际素食文化暨绿色生活名品博览会、目连节、梁祝爱情文化节等各级各类节庆活动,持续打响宜兴旅游品牌。获评全国森林旅游示范市。全年共接待国内游客2358.31万人次,比上年增长7%;接待旅游、参观、访问及从事各项活动的入境过夜旅游者11.17万人次,比上年增长12.2%。旅游总收入达248.32亿元,比上年增长10.4%,其中国内旅游收入248.01亿元、国际旅游收入0.31亿元。年末全市星级宾馆9个,其中五星级宾馆3个、四星级宾馆2个。全市拥有旅行社37个,旅行社营业收入0.87亿元,比上年增长7.3%。

【财政和金融】 财政收入稳定增长。全年一般公共预算收入完成111.15亿元,比上年增长2.3%,加上各类其他收入,2017年,全市实现一般公共预算总收入为169.04亿元;全年一般公共预算支出123.64亿元,比上年增长5.3%,2017年,全市一般公共预算总支出为169.04亿元,全年一般公共预算收支总体保持平衡。

金融信贷规模扩大。年末金融机构各项本外币存款余额1982.37亿元,比年初增长3%;各项本外币贷款余额1526.42亿元,比年初增长8.9%。存款中,住户存款余额1003.82亿元,比年初增长3.8%。非金融企业存款余额706.38亿元,比年初下降3.6%;贷款中,短期贷款余额48.37亿元,比年初增长20.5%;非金融企业及机关团体贷款余额1255亿元,比年初增长7.7%。

保险行业较快增长。全年实现保费收人53.43亿元,比上年增长11.9%。其中:财产险收入12.78亿元,比上年增长4.6%;人寿险收人40.65亿元,比上年增长14.5%。保险赔款支出及给付19.2亿元,比上年增长9.6%。其中:财产保险赔款支出及给付7.65亿元,比上年下降4.4%;人寿保险赔款支出及给付11.54亿元,比上年增长21.5%。

【科学技术和教育】 科技人才进一步增加。年末全市拥有各类专业技术人员11.95万人,比上年增加4928人、增长4.3%。其中,高级职称7136人、中级职称2.86万人、初级职称8.37万人,分别比上年增长4.1%、6.1%和3.7%。

科技创新能力稳步提升。全年组织实施市级以上各类科技项目310项,其中国家级1项、省级272项、宜兴市级37项。全年受理专利申请总量6037件,比上年下降17.9%,累计专利申请总量5.33万件,比上年增长12.8%;当年专利授权总量3576件,比上年增长8.2%,累计专利授权总量3.2万件,比上年增长12.6%。万人发明专利拥有量18.5件。高新技术产业产值占规模以上工业总产值比重达40%,研发经费支出占GDP比重达3.05%。每万名劳动力中研发人员数达110人。年内有高新技术企业291个,新增高新技术产品数253项,组织实施产学研及国际合作项目158项。

教育事业全面发展。全市有普通高中8所,招生4447人,在校学生1.32万人;普通初中34所,招生9895人,在校学生2.81万人;小学56所,招生1.07万人,在校学生6.08万人;幼儿园92所,入园幼儿1.1万人,在园幼儿3.05万人。中等技术学校4所,招生2552人,在校学生7892人;特殊教育学校1所,招生31人,在校学生222人。全市4588

人参加高考,本科录取3301人,本科录取率71.9%。

【文化、卫生、体育和民族宗教】 公共文化服务水平不断提升。全年送电影下乡3008场,送戏下乡105场,文化馆小剧场奉献不同剧种演出300多场。年末共有市级艺术表演团体1个、文化站(馆)19个;市级公共图书馆1个,藏书107.52万册;电影放映单位15个,放映场次12万次,票房收入9500万元。市文化中心全年到馆174万人次。市妇女儿童活动中心成立。城乡一体化公共阅读体系持续向镇村延伸。高水平举办第九届中国宜兴国际陶瓷文化艺术节,加强与境内外主要陶瓷产区的互动交流,中国陶都影响力进一步扩大。

卫生事业健康发展。全市拥有医疗卫生机构495个,编制床位数5296张。全市有卫生技术人员10031人,其中执业医师3332人、执业助理医师434人、注册护士4064人。市人民医院新院区完成开工前期准备,医疗联合体建设实现市域全覆盖。宜兴市创建成为国家慢性病综合防控示范区。

体育事业稳定发展。全市有体育场5个、体育馆16个、游泳池50个。全年举办群众活动和赛事44次,其中市级及以上16次,县(市)级28次,参加竞赛活动人数达1.45万人次。在各种省级以上赛事中共获金牌28枚。国际越野行走公开赛、国际风筝邀请赛等高规格赛事取得成功。宜兴市被评为2017中国体育旅游精品目的地。体育彩票销售5.93亿元,比上年增长15.4%。

民族宗教领域和谐稳定。宗教团体和场所建设管理不断加强,年末有宗教活动场所65处,共有教职人员157人。

【人口、人民生活和社会保障】 人口规模基本稳定。年末全市户籍总人口108.33万人,与上年基本持平,其中城镇人口62.13万人。年末总户数37.54万户,平均每户家庭人口2.89人。全年出生人口10347人,出生率为9.55‰;死亡人口9091人,死亡率为8.39‰;人口自然增长率1.16‰。年末全市常住人口125.47万人,比上年末增加0.03万人。城市化水平为65.21%。

居民收人持续提高。全年全体居民人均可支配收人40526元,比上年增长8.6%。按常住地分,城镇居民人均可支配收人49826元,比上年增长8.1%;农村居民人均可支配收入25654元,比上年增长8.2%。全体居民人均生活消费支出25568元,比上年增长6.7%。按常住地分,城镇居民人均生活消费支出30199元,比上年增长5%;农村居民人均生活消费支出18161元,比上年增长8.3%。居住条件继续改善。城镇居民人均住房建筑面积47.1平方米,农村居民人均住房建筑面积70.6平方米。

社会保障统筹实施。年末全市34.76万人参加基本养老保险,比上年增长1.6%;27.81万人参加失业保险,比上年增长1.1%;48.75万人参加企业职工基本医疗保险,比上年增长1%;55.69万人参加城乡居民医疗保险,比上年增长0.2%。

福利事业扎实推进。拥有城镇社区服务中心18个。国家抚恤、补助各类优抚对象6605人。全年销售福利彩票3.69亿元。全年慈善机构接收捐赠款5334.24万元,其中慈善"一日捐"740.25万元、定向捐款1829.37万元、企业认捐到账1792万元。市慈善会救助困难群众、学生5.94万人次,救助支出3921.83万元。

【环境和安全生产】 环境保护有力推进。实施燃煤工业窑炉整治三年行动计划,落实水泥、建材等重点行业去产能要求,实施重点治太工程59项,完成太湖湖体80万立方米应急清淤,推进19条重点河道综合整治,7条主要入湖河道水质达到或优于III类水标准。编制生态保护引领区建设方案及规划。探索重点河道精准治理模式,制订市镇重点河道"一河一策",实现全市各类水域"河长制"管理全覆盖。严格执行环境执法双随机抽查制度。

安全生产形势总体平稳。开展安全生产执法年活动,高危工艺、粉尘涉爆、租赁厂房、高层建筑消防安全等专项整治大力推进,安全生产形势总体平稳。

平安宜兴建设扎实开展。"社区+"平台助推公共服务深入基层,社区协商自治试点有序推开。志愿服务蔚然成风,全年参与人数超1.7万人次。大排查、大整治行动深入实施,平安宜兴建设扎实开展。

(摘录于2018年3月13日《宜兴日报》刊登的《2017年宜兴市国民经济和社会发展统计公报》)

组织机构和领导人员名录

【中共宜兴市委员会】

书 记 沈 建

副书记 张立军 周中平

李 煜(挂职,6月任,8月免)

常 委 沈 建 张立军 周中平

朱旭峰 朱晓晔

沈晓红(女)

孙海东(3月免)

何晓进 李 平 裴焕良

余俊慧(女,3月任)

张凡明

【中共宜兴市纪律检查委员会】

书 记 李 平

副书记 潘 峰 马南新

常 委 李 平 潘 峰 马南新

朱建强 宋 诚 杨正强

周 东

【宜兴市监察委员会】

(根据中央和省、无锡市深化监察体制改革试点工作精神,组建宜兴市监察委员会领导班子)

主 任 李 平(12月任)

副主任 潘 峰(12月任)

马南新(12月任)

委　员　朱建强(12月任)
周　东(12月任)
王小明(12月任)
毛　攸(12月任)

【中共宜兴市委工作部门及直属单位、群团机构】

市委办公室
(挂"市委政策研究室"牌子)
主　任　周　峰
副主任　胡　健　秦　强　应　鹏
周叔军(2月免)
彭啸宇(2月任)

市委组织部
部　长　孙海东(4月免)
余俊慧(女,4月任)
副部长　何　涛　宗豪杰
唐其君(2月任)

市委宣传部
部　长　沈晓红(女)
副部长　蒋永芳　徐早其
黄　波(女)

市委统一战线工作部
(挂"市人民政府侨务办公室"牌子)
部　长　周中平(兼)
副部长　马才军　王立明
周　陶(女)

市委台湾工作办公室
(挂"市人民政府台湾事务办公室"牌子)
主　任　胡国君
副主任　吴永平(2月免)
徐　湞(女)

市委政法委员会
(挂"市社会治安综合治理委员会办公室"牌子)
书　记　朱晓晔
副书记　彭福友　尹小华(6月免)
唐晓龙(8月任)
周春洪(挂职)

市机构编制委员会办公室
(挂"市事业单位登记管理局"牌子)
主　　任　徐旭军
副 主 任　朱　伟

市委农村工作办公室
主　　任　蒋干达(2月免)
王旻明(2月任)
副 主 任　薛慧芳(女,10月免)
陆海华　杨永平

市委市级机关工作委员会
书　　记　马建成
副 书 记　丛伯群(9月免)
纪工委书记　蒋海燕(女)

市委老干部局
局　　长　唐其君(2月任)
副 局 长　舒志超　王延莉(女)
姚开宏

市委机要保密局
(挂"市国家保密工作局"牌子)
局　　长　秦　强(2月任)
副 局 长　吴俊杰　盛　成(2月任)

市信访局
局　　长　蒋国成
副 局 长　张新华(9月免)　蒋杰敏

市委党校
(市行政学校)
校　　长　周中平(兼)
副 校 长　吴荣芳(常务)
周　宾
许明亮

宜兴日报社
党总支书记　程　伟
社　　长　程　伟
副 社 长　李　慧(女,2月任)
总　　编　芮占良
副 总 编　岳　鹏(4月免)
史志强　李　丽(女)
贾俊康(6月任)

市史志办公室
主　　任　夏侯岭
副 主 任　耿海华　朱峻峰

市档案局
(挂"市档案馆"牌子)
局　　长　丁汉洲(6月免)
蒋宁鹏(6月任)
副 局 长　宗伟方　蒋如原
贺黎欣(女)

市总工会
党组书记　黄维正(6月任)
主　　席　黄维正
党组副书记　黄维正(6月免)
副 主 席　蒋庆源(8月免)
潘国庆(6月任)
毛旭娟(女,8月任)
纪检组长　闵　燕(女,7月免)

共青团宜兴市委员会
书　　记　周俊鹏(9月免)
黄　力(9月任)
副 书 记　黄　力(9月免)
赵　伟(2月任)
史香莲(女,9月任)
杨　丹(挂职,9月任)

市妇女联合会
主　　席　孙春燕(女)
副 主 席　杜　颖(女)
朱青红(女)

市科学技术协会
党组书记　徐群芳(女,12月任)
主　　席　徐群芳(女)
副 主 席　刘育峰　马国华
刘　勃(兼)
吴永来(兼)
沈　立(兼)
朱任东(挂职,9月任)

市归国华侨联合会
主　　席　胡国君(兼)
副 主 席　裴春花(女)　曹　彪(兼)
宗　铁(兼)　尹鹤松(兼)
陆亚军(兼)

市文学艺术界联合会

主　席　魏　敏

副主席　何　勇　张燕军(兼)
　　　　季益顺(兼)　史小明(兼)

市残疾人联合会

理 事 长　杭仁育

副理事长　戴菊华(女)
　　　　　蒋备军(8月任)
　　　　　储云南(兼)

市工商业联合会

党组书记　马才军

主　　席　温秀芳(女)

副 主 席　马才军　王招大(4月免)
　　　　　朱俊强(6月任)
　　　　　顾汉章(兼)　郑旭东(兼)
　　　　　谈岳明(兼)
　　　　　宗伟刚(兼)　张锡林(兼)
　　　　　史建珍(女,兼)
　　　　　杨伯民(兼)　黄振球(兼)
　　　　　葛伯初(兼)　蒋加平(兼)
　　　　　庄建新(兼)　钱利荣(兼)
　　　　　魏爱民(兼)　杨　飞(兼)
　　　　　石国松(兼)

【宜兴市人大常委会】

党 组 书 记　刘亚民

主　　　任　刘亚民

党组副书记　王华良(1月免)
　　　　　　周　斌

副　主　任　周　斌　赵菊明
　　　　　　徐志军　朱保强

党 组 成 员　华学文
　　　　　　许兴城(6月任)
　　　　　　陈国强　王敏辉

【宜兴市人大常委会工作部门】

办公室

(挂“市人大民族宗教侨务工作委员会”“市人大常委会研究室”牌子)

主　任　王富民

副主任　戴亚芳(女)　葛　瑛(女)
　　　　徐鹏程(2月任)

内务司法工作委员会

主　任　盛风锡

财政经济工作委员会

主　任　严旭峰

副主任　许凌鹰(女)

教育科学文化卫生工作委员会

主　任　褚东平

人事代表联络工作委员会

主　任　蒋志良

环境资源城乡建设工作委员会

主　任　欧方明

农村工作委员会

(2015年12月,设立市人大农村工作委员会)

主　任　王小龙

副主任　俞　雯(女)

【宜兴市人民政府】

党 组 书 记　张立军

市　　　长　张立军

党组副书记　何晓进

副　市　长　何晓进　周　斌
　　　　　　吴青峰　储红飙
　　　　　　卢　敏(女)　马　钟
　　　　　　谢海华
　　　　　　戈林兴(挂职,9月免)
　　　　　　何江平(挂职,4月任)
　　　　　　唐　剑(挂职,4月任)
　　　　　　李秋宇(挂职,5月任)
　　　　　　张京宁(挂职,8月任)
　　　　　　李　艳(女,挂职,9月任)

【宜兴市人民政府工作部门及直属企事业单位】

市人民政府办公室

(挂“市政府外事办公室”“市政府政策研究室”牌子)

党组书记　狄胜君(2月免)
　　　　　路　翀(2月任)

主　　任　狄胜君(2月免)
　　　　　路　翀(2月任)

副 主 任　许红霞(女)
　　　　　贾伟征(12月免)
　　　　　宗　慧(6月免)
　　　　　王林俊
　　　　　储锡峰(2月免)
　　　　　蒋华兵
　　　　　田　军(12月免)
　　　　　吴　斌(2月任)
　　　　　蒋剑超(6月任)

市发展和改革委员会

(挂“市企业上市工作办公室”牌子)

党组书记　王迎春

主　　任　王迎春

副 主 任　史旭辉(12月免)
　　　　　程志兴　朱小泽　张　华
　　　　　楚德强(挂职,9月任)

市经济和信息化委员会

(挂“市中小企业局”牌子)

党 委 书 记　沈建民(6月免)
　　　　　　蒋惠清(6月任)

主　　　任　蒋惠清

党委副书记　蒋惠清(6月免)
　　　　　　沈建民(6月任)

副　主　任　沈建民(6月任)　王承杰
　　　　　　林泉刚　葛　春
　　　　　　周丽明(6月任)
　　　　　　王飞军(挂职,9月任)

纪 委 书 记　蒋永祥(7月免)

市教育局

(挂“中共宜兴市教育工作委员会”牌子)

党 委 书 记　孙全芳(2月免)
　　　　　　蒋志刚(6月任)

局　　　长　蒋志刚

党委副书记　蒋志刚(6月免)
　　　　　　杨祖良(12月任)

副　局　长　柳志贤
　　　　　　杨祖良(2月任)
　　　　　　潘其涛　蒋华强

纪 委 书 记　沈　勤(女,7月免)

市科学技术局

(挂“市知识产权局”牌子)

党 组 书 记　廖忠祥(6月免)
　　　　　　蒋国强(6月任)

局　　　长　蒋国强

党组副书记　蒋国强(6月免)
　　　　　　廖忠祥(6月任)

副　局　长　廖忠祥　秦绍清

张　静(女)
周丽明(6月免)
俞　军
陈　敏(挂职,9月任)

市公安局

党委书记　谢海华
局　　长　谢海华
党委副书记　黄红光(2月免)
单祖新(2月任)
政治委员　黄红光(2月免)
单祖新(2月任)
副 局 长　许晓峰　许小平
卢伟民
单祖新(2月免)
尹小华(6月任)
储小悦
纪委书记　严　伟(7月免)

市监察局

局　　长　潘　峰
副 局 长　朱建强　宋　诚(6月免)
周　东(6月任)

市民政局

党委书记　蔡培中
局　　长　吴锡军
党委副书记　吴锡军
副 局 长　许为农　汤惠仙(女)
王翠萍(女,6月任)
纪委书记　谈志良(3月免)

市司法局

党组书记　周　贤
局　　长　周　贤
副 局 长　史耀清　张建云(女)
周云平
纪检组长　张新华(7月免)

市财政局

(挂“市金融工作办公室”“市人民政府国有资产监督管理办公室”牌子)
党组书记　叶毅平
局　　长　陈雪峰(2月免)
狄胜君(2月任)
党组副书记　陈雪峰(2月免)
狄胜君(2月任)
副 局 长　吴菊芳(女)　蒋　典
朱朝辉
纪检组长　王　洁(女,7月免)

市人力资源和社会保障局

党组书记　蒋德荣
局　　长　蒋德荣
副 局 长　徐旭军　蒋定芳
杨志宏(9月免)
王建伟　黄　真(女)
邵　锋
黄玉安(挂职,9月任)

市建设局

(挂“市人民防空办公室”牌子)
党委书记　蒋小青(6月免)
陈建平(6月任)
局　　长　陈建平
党委副书记　陈建平(6月免)
蒋小青(6月任)　张听宝
副 局 长　蒋小青(6月任)　张听宝
俞卓军　范智刚
张亚军　冯斌荣

市交通运输局

党委书记　胡卫平(6月免)
何　忠(6月任)
局　　长　何　忠
党委副书记　何　忠(6月免)
胡卫平(6月任)
副 局 长　胡卫平(6月任)
李　云　黄　伟
周群雄
纪委书记　师　晔(7月免)

市水利农机局

党委书记　苏锡林(6月任,9月免)
蒋华平(12月任)
局　　长　苏锡林(9月免)
蒋华平(12月任)
党委副书记　苏锡林(6月免)
杨剑锋
副 局 长　徐文元(6月免)
钱卓军
卢　刚(2月任)
周凌辉(6月任)
纪委书记　杨剑锋(兼,7月免)

市农林局

(挂“市农业资源开发局”牌子)
党委书记　周介其(6月免)
夏红军(6月任)
局　　长　夏红军
党委副书记　夏红军(6月免)
周介其(6月任)
副 局 长　周介其　宋建法(2月免)
潘国庆(6月免)
张全军(2月任)
徐永辉(6月任)
解　平(6月任)

市商务局

(挂“市口岸管理委员会办公室”牌子)
党组书记　赵　辉
局　　长　赵　辉
副 局 长　周铭新　许伯诚
吴南强(6月免)
刘俊尧
伍之昂(挂职,9月任)

市文化广电新闻出版局

党委书记　许夕华
局　　长　许夕华
副 局 长　杭科军　万年青(女)
张燕军
纪委书记　吴春祥(7月免)

市卫生和计划生育委员会

党委书记　许国明
主　　任　钱西元
党委副书记　钱西元
副 主 任　史伟明(10月免)
应和君　李　莉(女)
徐瑞芳(女)

市市场监督管理局

(挂“市食品药品监督管理局”牌子)
党委书记　尹建良
局　　长　周达祥
党委副书记　周达祥
副 局 长　杨　涛　许阿良

沈　军(10月免)
徐小良(8月免)
周志高　陆　静(女)
孙驰渊
纪检组长　虞伟民(7月免)

市审计局

党组书记　朱韫珂(8月免)
周水仙(女,8月任)
局　　长　周水仙(女)
党组副书记　周水仙(女,8月免)
朱韫珂(8月任)
副 局 长　朱韫珂(7月任)
潘艳月(女,7月免)
吴　鑫(7月任)
梁　贤(7月任)
纪检组长　许建平(7月免)

市环境保护局

党组书记　刘赛洪(2月任)
局　　长　王旻明(2月免)
刘赛洪(2月任)
党组副书记　王旻明(2月免)
副 局 长　成振辉　徐建华
许　峰
张剑锋(挂职,8月任)
汤　平(挂职,9月任)
纪检组长　刘培珍(女,7月免)

市规划局

党组书记　朱乾辉(6月任)
局　　长　朱乾辉
党组副书记　朱乾辉(6月免)
副 局 长　贾　俊　王　斌
马彬强
纪检组长　周国强(7月免)

市住房保障和房产管理局

党组书记　王继青(女,6月免)
花　强(6月任)
局　　长　花　强
党组副书记　花　强(6月免)
副 局 长　陈　刚(10月免)
王朝霞(女)　曹　达
纪检组长　邹小明(7月免)

市公用事业管理局

党委书记　邵　旻(女)
局　　长　钱伟兴
副 局 长　李新平　徐　震(女)
潘跃峰

市旅游园林管理局

党委书记　王忠东
局　　长　王忠东
副 局 长　夏建伟(兼)　张田田
王永伟
尚国栋(挂职,6月任)
纪委书记　朱丽群(女,7月免)

市城市管理局

(挂“市城市管理行政执法局”牌子)

党委书记　唐福君(11月免)
陈法荣(12月任)
局　　长　陈法荣
党委副书记　陈法荣(12月免)
谈　超
副 局 长　毛　俊　马定元
周纪军
纪委书记　朱叶青(7月免)

市统计局

党组书记　汤卫平
局　　长　范燕慧(女)
副 局 长　蒋备军(8月免)
丁红霞(女)
宋义平(8月任)

市安全生产监督管理局

党组书记　董国强
局　　长　董国强
副 局 长　孟笑俊(8月免)
汤永军
陈进川(6月任)
纪检组长　周雄军(7月免)

市粮食局

党委书记　褚勇军
局　　长　褚勇军
党委副书记　堵宪勤
副 局 长　沈亚军　吴雅琴(女)
纪委书记　姚文伟(7月免)

市体育局

党组书记　李　江
局　　长　李　江
副 局 长　魏宜明　蒋洪法

市物价局

党组书记　陈德明(6月免)
黄国明(6月任)
局　　长　黄国明
党组副书记　黄国明(6月免)
陈德明(6月任)
副 局 长　陈德明(6月任)
余文高
纪检组长　蒋　中(7月免)

市人民政府法制办公室

主　　任　吴　旭(9月免)
周晓明(9月任)
副 主 任　陈新民

市民族宗教事务局

(2015年4月,由统战部挂牌调整为单独设立,为市政府工作部门)

局　　长　王立明
副 局 长　葛丽敏(女)

市政府教育督导室

主　　任　柳志贤
副 主 任　徐岳军

市政务服务管理办公室

(2015年4月,更名为宜兴市政务服务管理办公室,挂“宜兴市政务服务中心”牌子)

党工委书记　洪占强
主　　任　洪占强
副 主 任　张瑞金(6月免)
周　斌
罗盛华(6月任)
纪工委书记　苏　冉(女,7月免)

市太湖水污染防治办公室

主　　任　史旭辉(12月免)
副 主 任　王国枫　殷　晖(女)

市广播电视台

党委书记　张益强
台　　长　张益强
副 台 长　陆春华　吴雪峰　徐　达

市招投标管理办公室

党组书记　夏正愚
主　　任　夏正愚
副 主 任　薛永军　尹利明

市机关事务管理局

局　　长　陈新君
副 局 长　沈　健(女)　吴　琪
　　　　　徐永辉(6月免)

市接待办公室

主　　任　范宏伟
副 主 任　吴　斌(2月免)

市云湖景区建设办公室

副 主 任　李新群　凌贤青

市高铁新城建设管理办公室

党 组 书 记　张继宏(6月任)
主　　　任　张继宏
党组副书记　张继宏(6月免)
副　主　任　宗志峰　谢国强

市外事服务中心

主　　　任　胡　健
副　主　任　蒋剑超(6月免)
　　　　　　蒋　磊(6月任)

市供销合作总社

(市供销企业集团公司)

党委书记　周汉庚(12月免)
　　　　　贾伟征(12月任)
主　　任　周汉庚(12月免)
　　　　　贾伟征(12月任)
董 事 长　周汉庚(12月免)
　　　　　贾伟征(12月任)
总 经 理　周汉庚(12月免)
　　　　　贾伟征(12月任)
副 主 任　宋义平(8月免)
　　　　　夏　峰(2月任)
　　　　　莫小峰(8月任)
副董事长　宋义平(8月免)
　　　　　夏　峰(2月任)
　　　　　莫小峰(8月任)
副总经理　宋义平(8月免)
　　　　　夏　峰(2月任)
　　　　　莫小峰(8月任)
纪委书记　莫小峰(7月免)

市商业贸易资产管理有限公司

党委书记　许忠根
经　　理　许忠根(2月任)
副 经 理　许忠根(2月免)　潘志泉
　　　　　马　健(8月任)

宜兴高铁新城(商务区)
建设投资有限公司

(国有企业单位)

总 经 理　张继宏(兼,2月任)

江苏宜兴旅游产业集团有限公司

(国有企业单位)

总 经 理　夏建伟
副总经理　卢　达　蒋叶强(兼)
　　　　　任　倬(女)

宜兴市交通产业集团有限公司

(国有企业单位)

党 委 书 记　何　忠(兼,6月任)
董　事　长　何　忠(兼,6月任)
党委副书记　黄　伟(兼,6月任)
总　经　理　黄　伟(兼,6月任)
副 总 经 理　吴静安(8月任)
　　　　　　秦正宏(8月任)
　　　　　　茅军龙(8月任)

【政协宜兴市委员会】

党 组 书 记　梅中华
主　　　席　梅中华
党组副书记　邵亚群(9月免)
　　　　　　庄建明(3月免)
　　　　　　莫克明
副　主　席　莫克明　洪　雅(女)
　　　　　　芮俊燕(女,兼)
　　　　　　钱伟兴(兼)
　　　　　　温秀芳(女,兼)
党 组 成 员　唐群峰
原 协 理 员　唐汉中　何国强　宗国平
秘　书　长　闵曲成

【政协宜兴市委员会工作部门】

办公室

(挂"市政协研究室"牌子)

主　任　闵曲成
副主任　庄建龙　钱　晖

提案委员会

主　任　王岳国
副主任　潘　峰(兼)
　　　　蒋小青(兼,2月任)

经济科技委员会

主　任　唐志忠
副主任　沈建民(兼)
　　　　范燕慧(女,兼,2月任)

人口资源环境城乡建设委员会

主　任　王继青(6月任)
副主任　戴　寅(女)
　　　　刘赛洪(兼,2月任)
　　　　胡卫平(兼,2月任)
　　　　贾　俊(兼)

文教卫体委员会

主　任　陈俊林
副主任　史伟明(兼)　万年青(女,兼)

学习文史委员会

主　任　吴全良
副主任　徐早其(兼,2月任)
　　　　魏　敏(兼,2月任)

社会法制委员会

主　任　周洪芬(女)
副主任　马才军(兼)　彭福友(兼)

【市人民法院】

党 委 书 记　王　英(女)
院　　　长　王　英(女)
党委副书记　翟一平　吴志良
副　院　长　芮俊燕(女,12月免)
　　　　　　翟一平　王旭东
　　　　　　郑　东
纪 委 书 记　吴淑琴(女,7月免)

【市人民检察院】

党组书记 李营(女)
检察长 李营(女)
副检察长 周为禹 周晓明(9月免)
吴跃旺
纪检组长 陈时强(7月免)

【镇(园区、街道)机关】

张渚镇

党委书记 张敏
党委副书记 王赛军 黄立明(2月任)
人大主席 周晓生
镇长 王赛军
副镇长 谈慧元(8月免)
吕国强
胥静逸(女)
周兵(8月免)
王洪中
冯志军(8月任)
纪委书记 冯志军(8月免)
朱晓鹏(8月任)

西渚镇

党委书记 唐其君(2月免)
蒋干达(2月任)
党委副书记 钱靖(女) 吴健
人大主席 吴和平
镇长 钱靖(女)
副镇长 荆建方(9月免) 杨志良
陈永军 刘杰
纪委书记 张伟(6月免)
王曦(6月任)

太华镇

党委书记 蒋健君
党委副书记 江峰(6月免)
王学君(6月任)
吕旭明(2月任)
徐斌(挂职,6月任)
人大主席 唐逸俊
镇长 江峰(6月免)
王学君(6月任)
副镇长 朱俊强(6月免) 杭海东
史健迅 许贝丽(女)
钱玮(6月任)
纪委书记 严俊

徐舍镇

党委书记 林启中
党委副书记 张达志(2月免)
张涛
章小刚(12月任)
人大主席 丁山明
镇长 张达志(2月免)
张涛(6月任)
副镇长 金春华 蒋洪元
潘国强(2月免)
章小刚(12月免)
潘成柯 陈煜(2月任)
纪委书记 薛敏(女)

官林镇

党委书记 虞仁军
党委副书记 孙文华
吴林(2月任)
黄玉安(挂职,9月任)
人大主席 韩良君
镇长 孙文华
副镇长 蒋建军
吴林(2月免)
潘国强(2月任)
卢国强 蒋占军
徐锡良(2月任)
纪委书记 史成飞(2月免)
卢超(6月任)

杨巷镇

党委书记 王穗村
党委副书记 王卫 史伟平
人大主席 李国华
镇长 王卫
副镇长 卢刚(2月免)
杨俊 王硕(2月免)
骆俊伟(2月任)
贺国俊 王广军(2月任)
陈金昌(挂职,6月任)
纪委书记 王广军(2月免)
蒋竹蔚(6月任)

新建镇

党委书记 杨杰(12月免)
唐军(12月任)
党委副书记 唐军(12月免)
沈勇(12月任)
沈鹰峰
人大主席 杨卓云(6月免)
镇长 唐军(12月免)
沈勇(12月任)
副镇长 秦曙明 夏峰(2月免)
蒋国彪 储云华
钱敏(2月任)
纪委书记 周鑫(9月免)

和桥镇

党委书记 史中武
党委副书记 殷其敏
周叔军(2月任,12月免)
朱任东(挂职,9月任)
人大主席 张文伟
镇长 殷其敏
副镇长 陆平
毛旭娟(女,8月免)
施旭伟 陈俊杰
陈伟强
纪委书记 吴振业

高塍镇

党委书记 朱保强(12月免)
杨杰(12月任)
党委副书记 周雪强 蒋波
人大主席 谢伯军
镇长 周雪强
副镇长 吕朝霞(女) 周浩
吴冬强
闵勤峰(2月任)
汤平(挂职,9月任)
纪委书记 闵勤峰(2月免)
史锦伟(2月任)

万石镇

党委书记 谈伟
党委副书记 陈卫能(12月免)
周叔军(12月任)
邱远远
杨丹(挂职,9月任)
人大主席 徐洪林
镇长 陈卫能(12月免)
周叔军(12月任)
副镇长 张全军(2月免)

周志安　俞　震
季国敏　涂文杰(2月任)
纪委书记　潘明达

周铁镇

党委书记　路　翀(2月免)
陈忠强(2月任)
党委副书记　陈忠强(2月免)
江　峰(6月任)
储锡峰(2月任)
王飞军(挂职,9月任)
人大主席　周亚定
镇　长　陈忠强(6月免)
江　峰(6月任)
副镇长　杨亚忠　汤　皓
单　涛　周海强
王祎程(6月任)
纪委书记　洪　涛(9月免)

丁蜀镇

党委书记　马　钟(2月免)
陈雪峰(2月任)
党委副书记　储　鑫
沈　勇(12月免)
潘崇鸣(挂职,6月任)
人大主席　周泉荣
镇　长　储　鑫
副镇长　史成俊
王　健(12月免)
吴　鑫(8月免)
周　兵(8月任)
曹效平(8月任)
伍震球
黄立明(2月免)
方　晔
纪委书记　许　烨(6月免)
张卓伟(6月任)

湖㳇镇

党委书记　刘赛洪(2月免)
张达志(2月任)
党委副书记　马　敏(女)　王　勇
人大主席　谈　兵
镇　长　马　敏(女)
副镇长　盛幼群　徐雯霞(女)
吕旭明(2月免)
许　烨(6月任)
周雪伟(6月任)
沈　扬(挂职,4月免)
纪委书记　黄景宁

宜城街道

党工委书记　陈　平
党工委副书记　刘文君(12月免)
史旭辉(12月任)
郭　平(12月免)
人大工委主任　沈　中
办事处主任　刘文君(12月免)
史旭辉(12月任)
副主任　褚曙强　何继红(女)
蒋卓平
陈　洁(2月任)
贾海鹰(2月任)
史黎辉(2月任,12月免)
高冬强(2月任)
伍之昂(挂职,9月任)
纪工委书记　史黎辉(2月免)
邵　昀(6月任)

屺亭街道

党工委书记　张　毅(6月免)
刘　英(女,6月任)
党工委副书记　杨卓云(6月任)
褚亚南(2月任)
人大工委主任　陈星华
办事处主任　杨卓云(6月任)
副主任　徐英姿(女)
洪晓晖　袁党良
曹　轶(2月任)
纪工委书记　陈　劼(女,6月任)

新街街道

党工委书记　朱旭峰
党工委副书记　吴雪峰
王学君(6月免)
蒋宁鹏(6月免)
宗　慧(6月任)
人大工委主任　蒋宝军
办事处主任　吴雪峰
副主任　王学君(6月免)
薛　强(6月任)
周建中
陈　洁(2月免)
谢慧超(8月免)
许　丹(女,2月任)
张芸霞(女,12月任)
纪工委书记　吴　健(8月免)
丁鹏斐(8月任)

新庄街道

党工委书记　蒋华平(12月免)
李长青(12月任)
党工委副书记　李长青(12月免)
郭　平(12月任)
吴南强(6月任)
陈　敏(挂职,9月任)
人大工委主任　周　康
办事处主任　李长青(12月免)
郭　平(12月任)
副主任　薛　强(6月免)
汤泽伟
周　迪(女)
欧　鹏
张铁林(6月任)
纪工委书记　张铁林(6月免)
肖文辉(6月任)

芳桥街道

党工委书记　裴焕良
党工委副书记　任　飞　蒋震平
杨　旸(女,挂职,6月任)
人大工委主任　孙凤飞
办事处主任　任　飞
副主任　沈进良
曹效平(8月免)
骆伟俊(2月免)
王　硕(2月任)
朱晨辉
范　燕(女,8月任)
楚德强(挂职,9月任)
纪工委书记　朱海云(女)

中国宜兴环保科技工业园

[正处(县)级]
党工委副书记　朱旭峰
裴志良(3月任)
管委会主任　朱旭峰
副主任　裴志良(3月免)

　　　　张鹏飞
　　　　张　毅(3月任)
　　　　陈卫能(7月任)
纪工委书记　钱荣明

宜兴经济技术开发区

[正处(县)级]
党工委书记　沈　建
党工委副书记　裴焕良(主持日常工作)
管委会主任　张立军
副　主　任　裴焕良　刘　英(女)
　　　　杨卓明(3月任)
　　　　周俊鹏(7月任)
纪工委书记　刘文君(7月任)

江苏宜兴陶瓷产业园区

[副处(县)级]
党工委书记　马　钟(12月免)
管委会副主任　沈　勇(12月免)

原江苏宜兴经济开发区

[副处(县)级]
党工委副书记　杨祖良(2月免)
管委会副主任　杨卓明(6月免)
　　　　蒋雅峰
纪工委书记　杨祖良(兼,2月免)

(市委组织部)

【省、无锡市直属部门及主要驻宜兴单位】

宜兴市人民武装部

部　　长　张凡明
政　　委　吴爱军(7月任)
副 部 长　王立铎

宜兴市国税局

党组书记　郁　岚(女)
局　　长　郁　岚(女)
副 局 长　申建军　陈洪波
　　　　丁亚东(3月任)
　　　　缪炬光(3月任,挂职)
纪检组长　王峰芳

无锡市宜兴地税局

党组书记　庞德征
局　　长　庞德征
党组副书记　程旭伟
副 局 长　程旭伟　许永明
　　　　闻益军(6月任)
　　　　冯　峰(6月任)

宜兴市国土资源局

党委书记　局长　马卫明(2月免)
　(3月,无锡市国土资源局副局长黄朝奎主持宜兴市国土资源局工作)
党委副书记　孙海军
副 局 长　丁君强　吴跃平
　　　　莫志强
　　　　堵瑞琴(女,1月任)
纪委书记　孙海军(8月免)

宜兴市烟草专卖局

党组书记　陈　仪
局　　长　陈　仪
经　　理　陈　仪
副 局 长　孙荣福
副 经 理　孙荣福　吴晓唯
副 局 长　王宗建(10月任,挂职)

宜兴市供电公司

总 经 理　张　澄
党委书记　叶　磊
党委副书记　张　澄
副总经理　叶　磊
　　　　沈才元(2月免)
　　　　俞　伟(2月免)
　　　　顾仲德(2月免)
　　　　许立新(2月任)
　　　　戚正强
　　　　沈　亮(6月任)
纪委书记　冯　铭

华东宜兴抽水蓄能有限公司

总 经 理　朱冠宏
党委书记　徐　莉(女)
党委副书记　朱冠宏
副总经理　徐　莉(女)　吴　舰
　　　　周　军　王世成
纪委书记　李学锋

中国电信股份有限公司宜兴分公司

党委书记　张　健
总 经 理　张　健
副总经理　沈青平　谢　科
　　　　汤　跃
纪委书记　沈青平(兼)

中国邮政集团公司江苏省宜兴市分公司

党委书记　王春南(2月任)
总 经 理　王春南(2月任)
党委副书记　王春南(2月免)
副总经理　王春南(2月免)
　　　　陈丽芳(女)　陈永东
纪委书记　陈丽芳(女,兼)

中国移动通信集团江苏有限公司宜兴分公司

总 经 理　曹　忱
副总经理　刘　炜　陆　强

中国联合网络通信公司宜兴市分公司

总 经 理　王宜东
党支部书记　王宜东
副总经理　谈建峰　王玉芳(女)

宜兴市盐务管理局

(江苏省苏盐连锁有限公司宜兴分公司)
局　长(经　理)　王雨欧(5月免)
　　　　滕新军(5月任)
副局长(副经理)　刘　畅

无锡海关驻宜兴办事处

主　　任　张　浩
副 主 任　范　星(女,10月免)
　　　　朱国正(10月任)

宜兴出入境检验检疫局

党组书记　刘秀芳(女,10月免)
　　　　罗建国(10月任)
局　　长　刘秀芳(女,10月免)
　　　　罗建国(10月任)
副 局 长　张呈伟　陆中明
　　　　汤小平(11月免)
　　　　杭　竹(女,5月任)
纪检组长　陆中明

江苏宜兴海事处

党组书记　宗占君(6月免)
处　　长　宗占君(6月免)
副 处 长　陈　伟(主持工作)
　　　　　许明康

宜兴市气象局

局　　长　钱小陶
副 局 长　李万里

无锡市住房公积金管理中心
宜兴市分中心

主　　任　郭维勤
副 主 任　葛　晓

无锡工艺职业技术学院

党委书记　何祖伟
院　　长　孙丽华(女,4月免)
　　　　　梁惠娥(女,4月任)
党委副书记　邵汉强
副 院 长　过元伟(6月免)
　　　　　孙振球　吴岳军
　　　　　冯　萍(女)
　　　　　谢建平(6月任)
纪委书记　邵汉强(兼)

中国人民银行宜兴市支行

党组书记　喻志军(1月免)
　　　　　李文军(1月任)
行　　长　喻志军(1月免)
　　　　　李文军(1月任)
副 行 长　陈爱仙(女,7月免)
　　　　　汤至锋

中国银行业监督管理委员会
无锡监管分局宜兴办事处

主　　任　徐峥嵘

中国工商银行股份有限公司宜兴支行

党委书记　徐洪春
行　　长　徐洪春
副 行 长　薛　云　冯　琴(女)
　　　　　吴　津(女)　柯文渊
纪委书记　蒋建龙

中国农业银行股份有限公司
宜兴市支行

党委书记　缪纪良
行　　长　缪纪良
副 行 长　姚　峰　任国忠
　　　　　卫恩祥(女)
　　　　　张　蕾(女)

中国银行股份有限公司宜兴支行

党委书记　孙国明(4月免)
　　　　　邹晓星(4月任)
行　　长　孙国明(4月免)
　　　　　邹晓星(4月任)
副 行 长　蒋志军(4月免)
　　　　　史宵圆(10月免)
　　　　　李炯磊　王　晶
　　　　　刘　康
纪委书记　张高翔(9月免)
　　　　　裴建民(11月任)

中国建设银行股份有限公司宜兴支行

党委书记　朱　健
行　　长　朱　健
副 行 长　周华平(12月免)
　　　　　许震新　柴俊年

中国农业发展银行宜兴市支行

党支部书记　陶　翔
行　　长　陶　翔
副 行 长　吴立伟(女)
　　　　　蒋震霞(女)

交通银行股份有限公司宜兴支行

党总支部书记　冯轶东
行　　长　冯轶东
副 行 长　费永洁(女)　庄建军

江苏银行股份有限公司宜兴支行

党支部书记　顾雪军
行　　长　顾雪军
副 行 长　马卫党
　　　　　张霄波(5月任)

江苏宜兴农村商业银行股份有限公司

董 事 长　王　炜
党委书记　王　炜
行　　长　宋　萍(女)
党委副书记　宋　萍(女)
监 事 长　徐　杰(6月免)
　　　　　邢小秋(6月任)
纪委书记　徐　杰(5月免)
　　　　　邢小秋(5月任)
副 行 长　胡洪兵　朱　桦
　　　　　林华平　周小锋

中国人民财产保险股份有限公司
宜兴支公司

党总支书记　黄建新
总 经 理　黄建新
副总经理　储国琪　纽学新

中国人寿保险股份有限公司
宜兴支公司

经　　理　黄奕辉
副总经理　徐智勇

中国太平洋财产保险股份有限公司
宜兴支公司

党组书记　胡仲清(9月免)
　　　　　史燕彬(9月任)
总 经 理　胡仲清(9月免)
　　　　　史燕彬(9月任)
副总经理　庄月平　史燕彬(9月免)
　　　　　张　烨(女)

中国太平洋人寿保险股份有限公司
宜兴支公司

党总支书记　徐汉良
总 经 理　许敏强
副总经理　刘志桃(2月免)

(各单位)

编辑　吴艳

大 事 记
DA SHI JI

1月

1日　职工医疗保险无锡大市一卡通项目上线运行。宜兴市参保职工在无锡大市范围内可以选择无锡市区或江阴为指定就医地，同时可以在参保地和就医地的定点医疗机构直接刷卡就医，享受参保地医疗保险政策待遇。

5日　由《环球时报》与中国传媒大学共同发起的“2016中国最具文化价值特色小镇”评选结果揭晓，宜兴市丁蜀镇当选。

6—9日　政协宜兴市第十五届委员会第一次会议召开。会议同意邵亚群所作的市十四届政协常委会工作报告和莫克明所作的市十四届政协常委会提案工作报告。通过市政协十五届一次会议提案审查情况的报告、《中国人民政治协商会议宜兴市第十五届委员会第一次会议决议》。会议选举产生宜兴市十五届政协常务委员会，梅中华当选为主席。

7—10日　宜兴市第十七届人民代表大会第一次会议召开。会议选举刘亚民为市十七届人大常委会主任，张立军为市人民政府市长。会议选举产生其他国家机关领导人员及宜兴出席无锡市第十六届人民代表大会的代表。通过市十七届人大法制委员会、财政经济委员会组成人员人选名单（草案）。会议听取并通过议案审查委员会作的议案审查报告（草案）；听取预算审查委员会作的预算审查报告（书面）；通过关于政府工作报告的决议（草案）、关于宜兴市2016年国民经济和社会发展计划执行情况及2017年国民经济和社会发展计划的决议（草案）、关于宜兴市2016年全口径预算执行情况和2017年全口径预算的决议（草案）、关于宜兴市人大常委会工作报告的决议（草案）、关于宜兴市人民法院工作报告的决议（草案）、关于宜兴市人民检察院工作报告的决议（草案）。

12日　宜兴市博物馆开馆。市博物馆2010年10月奠基，2013年5月向全社会征集藏品，2016年10月试运营。全馆建筑面积2.5万平方米，包括通史馆、现代名人馆、风土馆等7个独立展厅及2个临展厅。

18日　首届江苏省文明家庭表彰大会在南京举行。宜兴市张渚镇的苏南英家庭成为百户“江苏省文明家庭”之一。

是月　宜兴市人民医院晋级国家三级甲等综合医院，成为江苏省内首批且仅有的两个县级“三甲”医院之一。

是月　宜兴市在无锡大市中率先召开动员会议，部署“263”专项行动。

2月

22日　由中国东方电气集团有限公司、天津中环半导体股份有限公司、美国SunPower公司、宜兴创业园四方合作，总投资50亿元的东方环晟5吉瓦高效叠瓦太阳能电池组件项目在宜兴签约。

是月　江苏省2017年重大项目名单出炉。宜兴市的万石国际石材交易中心、中宜京都健康养老、无锡西太湖综合整治工程以及新孟河延伸拓浚工程、常州至宜兴高速公路5个项目入选。

是月　和桥镇大生村被民政部确定为首批全国村民自治试点之一。这是宜兴首个全国村民自治试点，也是无锡地区2个试点村之一。

3月

9日　市委、市政府召开“连心富民、联企强市”大走访活动动员大会，启动以市、镇（园区、街道）、村（社区）三级联动为方式，覆盖全市党政机关、人民团体、事业单位党员干部的大走访活动。至年底，全市84个机关部门、18个基层板块、2900多个党组织、4万多名在编在职党员，走村、入户、进企，心贴心为群众解忧，零距离为群众服务，推进解决问题2.5万多个。

28日　安徽省巢湖市与宜兴市就缔结友好交流城市进行签约。

4月

6日　江苏省首个民营失智老人养护机构——九如城（宜兴）安养中心投用。九如城（宜兴）安养中心是九如城养老综合体的重要组成部分。中心总面积6000平方米，规划床位108张，专注老人失智的照护服务。

13日　市委、市政府首次召开全市企业发展大会，1000余名企业家应邀出席，共谋发展大业。

25—27日　“新媒体大咖”看宜兴新闻采访活动在宜兴开展。活动由宜兴市委、市政府和中国报业协会党报分会主办，人民日报、新华社、人民网、新华网等全国35个新媒体的参加，推介宜兴蓬勃的产业、宜居的城市、宜人的生态、厚重的文化。

25日—5月1日 江苏省青少年田径锦标赛暨县组比赛在昆山(第一赛区)举行,全省共有555名运动员参加该项赛事。市青少年体育运动学校派出16名选手参与28个项目,夺得3金6银3铜,并获体育道德风尚奖。

27日 庆祝"五一"国际劳动节暨全国五一劳动奖和全国工人先锋号表彰大会在北京人民大会堂举行。宜兴市公共交通有限公司公交一路车组被授予"全国工人先锋号"称号。至此,全市有4个集体获"全国工人先锋号"称号。

是月 经国家工商总局核准,"阳羡茶"摘取国家地理标志证明商标。这是继"宜兴百合""宜兴紫砂""宜兴大闸蟹""湖汶杨梅"之后,宜兴成功申报的第五个国家地理标志证明商标。

5月

2日 位于宜城街道东氿大道99号的新市政务服务中心投用。

6日 位于张渚镇的桃花水库启动建设,水库建成后可年均供水1631万立方米,将成为继横山水库、油车水库之后宜兴的第三水源地,同时也将成为宜南山区防洪保源的功能性水库。

16日 宜城太滆菜场发生一起刑事案件。一经营户持刀伤人,致2名城管队员、3名邻位个体经营者受伤。2名伤者因伤势过重经抢救无效死亡。犯罪嫌疑人张建国当日被警方缉拿归案。

17日 来自国家"千人计划"专家联谊会的100多名专家走进丁蜀镇,与该镇企业家等进行交流,就科技与人才等方面寻求新的合作机会,并当场签约4个项目。这是丁蜀镇第四次举办"千人计划"专家行活动。

19日 全国公安系统英雄模范立功集体表彰大会在北京召开。宜兴市公安局副局长储小悦被授予"全国优秀人民警察"称号,受到大会表彰。

20—21日 2017年全国少儿游泳锦标赛在无锡游泳跳水馆举行。来自市荆溪小学的万天喜获两个项目的冠军,这是全市在全国性游泳比赛中获得的首个冠军。

25日 在无锡·宜兴政银企座谈会上,26个银行与宜兴市195个企业达成合作协议,新增贷款150亿元。

28日 中国标准化协会宜兴紫砂壶鉴定评估标准委员会在宜兴成立。该委员会将制定符合行业要求的传统工艺产品标准,逐步开展紫砂壶鉴定评估标准制订工作。

31日 省经信委发布2016年度江苏省营业收入超百亿元工业企业(集团)名单,宜兴市的远东控股集团有限公司、江苏三木集团有限公司、江苏金辉集团、无锡市凌峰铜业有限公司上榜。

是月 江苏105个农业特色小镇名录出炉,张渚镇"茶旅文化小镇"、湖汶镇"深氧休闲小镇"入选。

6月

1日 国家质检总局督导组到宜兴,对全市电线电缆生产企业专项监督检查工作进行督导。

8—9日 省人大常委会副主任刘永忠率领调研组到宜兴,调研农业机械法规贯彻执行的情况。

19日 全市深化行政审批制度改革暨机关作风效能建设大会召开,市委书记沈建要求全市各级各部门从改革抓起,全面提升行政审服务效率。

是日 "2016—2020儿童伤害预防项目"在北京启动。市人民政府妇女儿童工作委员会代表参加活动,并作为唯一的县(市)代表在项目启动会上交流儿童伤害预防项目的"宜兴模式"。

30日 市残联与中国人民财产保险股份有限公司无锡市分公司签订持证残疾人团体人身意外伤害保险合同,标志着全市2.4万名持证残疾人开始享受残疾人意外伤害保险。

7月

2日 下午,强对流天气过境,周铁镇遭遇强风暴雨,局部地区风力超过8级,小范围内达10级,433亩农作物及设施严重受损。

3日 省经信委和省工商业联合公布"2016年江苏省营业收入百强民营企业(集团)名单",远东控股集团有限公司、江苏三木集团有限公司、江苏金辉集团公司、江苏华地国际控股集团有限公司入围。

18日 农业部公布《关于认定第七批全国一村一品示范村镇的通知》,宜兴市万石镇后洪村凭借在发展水芹产业上取得的突出成绩,成为第七批300个全国一村一品示范村镇之一,也是无锡地区此次唯一入选的示范村镇。

20日 2017海外华裔青少年"中国寻根之旅"陶艺夏令营宜兴营在市博物馆开营,48名华裔青少年参加活动,体验中国传统文化。

20—30日 2017年全国青少年艺术体操锦标赛在宜兴举办。81支代表队的430多名运动员参加此次赛事。全国青少年艺术体操锦标赛是全国性传统赛事之一,也是全国规模最大、档次最高的艺术体操顶尖赛事。

26日 全市党政领导干部会议在市会议中心大会堂召开。会议认真贯彻省委十三届二次全会、无锡市委十三届四次全会以及省委常委、无锡市委书记李小敏到宜兴调研讲话精神,回顾上半年工作,分析研判当前形势,部署安排下半年任务,动员全市上下坚定信心、负重奋进,奋力开创各项事业新局面,以优异成绩迎接党的十九大胜利召开。

28日 全市首宗工业用地(位于徐舍镇鲸塘社区)在网上交易。

8月

1日 市召开市纪委派驻纪检机构改革工作部署会,全面启动派驻纪检机构改革。按照会议部署,全市原本30个纪检机构、19个监察机构,改成10个派驻纪检监察组,对全市66个市一级单位实行综合派驻,实现派驻监督全覆盖。

5日 宜兴历史上首部本土抗战电影《亲娘》在市人民剧院举行首映式。

10日 宜兴国际旅游度假区、雅达健康生态产业园项目签约仪式在南京举行，该项目投资总额累计达210亿元，是宜兴有史以来投资体量最大的项目。

12日 宜长高速公路张渚段建设启动，标志着总投资近40亿元的宜长高速公路江苏段启动建设。

22日 省委常委、政法委书记王立科专程到宜兴，深入徐舍镇联星村，就加强和创新基层社会治理等工作进行调研。

26日 住建部、中央农村工作领导小组办公室等部门联合发布2017改善农村人居环境示范村名单。湖汊镇张阳村上榜，获评国家级美丽乡村示范村。

9月

2日 市交通产业集团有限公司在市政府会议中心举行揭牌仪式。这是宜兴市交通系统国企改革迈出的关键一步，也标志着全市深化国企改革工作进入新的阶段。

4日 宜兴与陕西延长县正式结为友好协作城市。

11日 由科技部、江苏省人民政府主办的2017（第五届）中国环保技术与产业发展推进会暨2017世界物联网博览会智慧环保高峰论坛在宜兴国际环保展示中心举办。开幕式上，举行智慧环保物联网产业园项目、国内首个创新型生态智慧工厂——云鲸生态工厂项目、德国KIT磷回收智能装备项目以及上海诺基亚贝尔公司、新华三集团入驻智慧环保物联网产业园、生态农业物联网示范区战略合作、中国—荷兰（宜兴）园艺装备小镇合作的签约仪式。

12日 宜兴市第八届社区文化艺术节开幕式暨广场文艺大赛在宜兴文化中心广场举行。本届艺术节以“共创文明城，喜迎十九大”为主题，历时近5个月，在各镇（园区、街道）开展“文明宜兴乐享幸福”广场文艺大赛、“共创和谐伴梦前行”舞台文艺大赛、“美哉阳羡”社区书画摄影大赛等三大板块的系列活动。

23日 龙背山森林公园跑步线路被评为“最美江苏魅力体育”2017江苏15条最美跑步线路之一，并获2017江苏最美跑步线路最佳网络人气奖。

25日 宜兴市凭借在森林资源保护与利用中所取得的骄人成绩，被国家林业局授予“全国森林旅游示范县”称号。这是宜兴市继获“中国人居环境奖”“国家生态城市”“国家园林城市”等荣誉后，在生态建设领域取得的又一张“国字号”名片。

是日 中国环太湖城市旅游推广系列活动之“2017发现之旅——走近太湖·陶都宜兴”活动，在宜兴市全域旅游服务中心举行，宜兴市被授予“环太湖文创中心”称号。

10月

9日 中国城市经济学会中小城市经济发展委员会等单位在《人民日报》上公布“2017年中国中小城市科学发展指数研究成果”，公布2017年度全国中小城市综合实力百强县市（全国综合实力百强县市）等6项10个榜单。宜兴位列百强县市第九名，6个镇入选千强镇，其中官林镇位列第八十七名。

13日 澎湃新闻网、长三角投资发展论坛组委会等主办的第十届长三角投资发展论坛·长三角慢生活旅游峰会暨首届长三角慢生活旅游目的地联盟峰会在吴江举行。会上，宜兴市获评“长三角最具魅力私家旅游目的地”，丁蜀镇、湖汊镇、张渚镇和西渚镇获“长三角最具魅力旅游特色小镇群”荣誉。

19日 第八届中航国际通航发展（宜兴）论坛在丁蜀镇开幕。国家民航局等部门和通用航空领域的领军企业代表等260多人参会，共谋通航产业。

20日 2017中国陶都（宜兴）金秋经贸洽谈会暨项目集中签约仪式举行，20多个国家和地区的嘉宾和客商代表参加。秋洽会签约项目共有64个，总投资623.72亿元，涉及新能源、新材料、高端动力机械、汽车及零部件、现代服务业等多个领域。

23—25日 由国家体育总局、中国奥委会主办的2017中国体育文化·体育旅游博览会在内蒙古包头举行，宜兴市在博览会上获评2017中国体育旅游精品目的地。

24日 全市首座以陶为主题的陶艺园林“互园”在丁蜀镇陶码头落成开园，向市民免费开放。

26—30日 由中国陶瓷工业协会、新华报业传媒集团、宜兴市人民政府共同主办的第九届中国宜兴国际陶瓷文化艺术节在宜兴举办。本届陶文化节以“陶醉中国、筑梦宜兴；以陶为媒、同创未来”为主题，共有“诚邀宾朋聚陶都、群英竞技陶为媒、百家争鸣论陶艺、名品巡展醉中国、古今中外名陶情、陶式生活在宜兴”6大主线58项活动，形式多样、亮点纷呈。

28—29日 中国宜兴第二十届太湖风筝节暨2017年“东泽杯”国际风筝邀请赛、全国风筝精英赛（宜兴站）、江苏省风筝公开赛在周铁镇举行。多个国家和地区的300多名风筝好手共聚宜兴，同台竞技。

28—29日 “高端智库看宜兴”活动在宜兴举办。全国的高端智库专家、学者和新华报业全媒体记者组成联合调研组，围绕“产业强市促发展、生态文化美宜兴”主题，在宜兴进行了实地考察、调研，同时与有关部门交流座谈。

31日 全省生态保护引领区推进会在宜兴举行。会议总结2017年宜兴、武进两地在“引领区”建设中所取得的成效，部署下阶段工作。会上，副省长蓝绍敏要求宜兴、武进要不断把生态优势变成发展优势、富民优势。

11月

12日 以“全域旅游、田园城市与休闲发展”为主题的“2017中国（国际）休闲发展论坛”在杭州举行。宜兴市获论坛唯一的“2017年度中国全域旅游创新奖”。

17日 全国精神文明建设表彰大会在北京人民大会堂召开，表彰第五届全国文明城市。宜兴市获全国“含金量”最高的综合性城市荣誉——全国文明城市，跨入全国文明城市行列。市委书记沈建在北京出席表彰大会，并受到习近平总书记接见。

是日 和桥镇、西渚镇白塔村分别获评第五届全国文明镇、全国文明村。至此，全市有周铁镇、官林镇、万石镇、和桥镇获评全国文明镇，和桥镇北庄村、张渚镇善卷村、西渚镇白塔村获评全国文明村。

28日 江苏省新一轮经济发达镇行政管理体制改革启动。此次无锡地区共有3个镇入围改革名单，宜兴市工业重镇官林镇上榜，成为全市继丁蜀镇之后的第二个"强镇扩权"试点镇。

是月 国家信息中心中经网受国家发展与改革委员会委托，对2016年9月1日至2017年8月31日期间，全国362个县级市的信用状况进行了监测，并发布"城市信用监测月报——县级市部分情况"。宜兴以综合信用指数74.35，位列全国第22位、全省第3位。

12月

1—4日 由省旅游局主办的2017首届"水韵江苏"旅游产品交易博览会在南京举行。开幕式上，宜兴市张灵慕乡村旅游风景道入选江苏省"首批江苏省旅游风景道"，为无锡地区唯一入选的风景道。

4日 省新闻出版广电局公布2016—2017年度全省五星级示范农家书屋名单，宜兴市万石镇万石村、南漕村农家书屋上榜。至年底，全市278个农家书屋中有省星级农家书屋11个，其中五星级5个、四星级2个、三星级4个。

是日 副省长马秋林带领省经信委、省质监局等部门负责人到宜兴，对国家电线电缆质量监督检验中心（江苏）开展专题调研。

6—8日 市委书记沈建、市长张立军带领市党政代表团，先后到浙江省的诸暨市、杭州市江干区、嘉善县、桐乡市、长兴县考察学习，对标先进、提振信心，坚持以党的十九大精神为指引，将他山之石转化为奋进动力，进一步丰富完善、优化提升建设"强富美高"新宜兴的目标定位、发展思路。

14日 《中国工业百强县（市）、百强区发展报告》在中国信息通信研究院"2018年ICT深度观察大型报告会暨白皮书发布会"上发布，宜兴市位列中国工业百强县（市）第八，首次挺进前十位。

17日 在四川省武胜县召开的中国美丽休闲乡村建设大会上，宜兴市湖㳇镇张阳村被评为2017年中国美丽休闲乡村——特色民居村。

18日 宜兴市被国家卫计委确定为第四批国家慢性病综合防控示范区。这是继"国家卫生城市""全国计划生育优质服务先进单位"后，宜兴市在卫生计生领域新增的又一张"国家级名片"。

21日 省水利厅公布2017年度江苏省"水美乡村"建设名单，全省入选的198个自然村中，无锡有18个，宜兴有9个，占无锡市一半，成为全省拥有"水美乡村"最多的县（市）。

28日 无锡市重大项目2017年第四次集中检阅在宜兴市举行，省委常委、无锡市委书记李小敏带领无锡市领导和各市（县）区、各有关部门主要负责同志，到宜兴重大项目建设现场观摩检查。

29日 市妇幼保健院暨市妇幼保健计划生育服务中心挂牌成立。

编辑　吴艳

陶　艺
TAO　YI

综　述

【概述】 宜兴有着漫长的陶瓷烧制史，迄今已逾7000年，地域文化带有显著的陶器特色。各个时代丰富的陶瓷遗存见证了宜兴陶瓷的发展过程，彰显了宜兴陶瓷特有的历史禀赋。在南部丘陵地区，有烧造陶器所必需的陶土资源和干柴。历代陶工薪火相传，出产的各类陶器销往各地，其造型优美，品类繁多，享有世界性声誉。宜兴特有的紫砂陶制作技艺、均陶制作技艺均列入国家级非物质文化遗产名录，青瓷制作技艺、彩陶装饰技艺、陶传统仓储技艺、龙窑烧制技艺均列入省级非物质文化遗产名录。紫砂、青瓷、均陶、精陶、美彩陶被誉为宜兴陶瓷艺术的“五朵金花”。

宜兴陶艺文化活动频繁，1988—2017年，陆续举办9届中国宜兴陶瓷文化艺术节(以下简称陶艺节)。陶艺节以“以陶为媒，以艺会友；扩大交往，促进发展”为宗旨，进一步“让世界了解宜兴，让宜兴走向世界”，“中国陶都”的知名度和美誉度日益提升。陶艺文化的繁荣带动陶艺阵地建设的不断发展。全市既有以展示陈列陶瓷作品为主的宜兴陶瓷博物馆暨中国紫砂博物馆、各种个人艺术馆，也有“长乐弘”“季畅园”等陶艺工作室，还有中国陶都陶瓷艺术博览中心、中国陶都陶瓷城等陶瓷交易的专门场所，还有中国首个紫砂创客空间——壶乐汇创客空间。陶艺行业群众新组织众多，先后成立宜兴市陶瓷行业协会、女陶艺家分会、陶刻分会、青瓷分会等专门行业协会及紫砂文化促进会，为陶艺发展搭建沟通交流平台，引导并促进宜兴陶瓷文化产业又好又快发展。

2017年，陶艺交流活动好戏连台。第八届海峡两岸传统文化可持续设计论坛在宜兴举办，市第十二届手工制陶大赛、第四届陶都宜兴十佳(优秀)青年陶艺家评选、首届“均陶杯”手工堆花竞技大赛等陶艺比赛举办，“运河陶·丝路情”宜兴当代紫砂茶器在多地巡展，“紫器观来”宜兴紫砂艺术展在石家庄举行，“五朵金花”在莫斯科展出，日本常滑烧在宜兴展出，《宜兴美陶》《中国工艺美术大师全集·顾绍培卷》《宜兴均陶工艺》等书籍发行。至年底，全市从事陶艺的工艺美术类专业技术职称人员共6665人，其中研究员级高级工艺美术师111人、高级工艺美术师334人、工艺美术师778人、助理工艺美术师2402人、工艺美术员3040人，有中国工艺美术大师9人、中国陶瓷艺术大师23人(其中有7人同时获两种称号)。宜兴市紫砂产业重镇丁蜀镇有紫砂专业合作社67个、企业400余个、家庭作坊1.2万余个，有紫砂制作者4万余人、产业配套人员6万余人。

【第九届陶艺节举办】 10月，由市政府、中国陶瓷工业协会、新华报业传媒集团联合主办的第九届陶艺节举办。陶艺节历时5天，以“陶醉中国、筑梦宜兴，以陶为媒、同创未来”为主题，确定了“诚邀宾朋聚陶都、群英竞技陶为媒、百家争鸣论陶艺、名品巡展醉中国、古今中外名陶情、陶式生活在宜兴”六条主线，开展活动58个，形式和内容都堪称丰富。陶艺节期间，徐秀棠师徒陶艺书画展、明清宜兴产老缸展、徐汉棠紫砂大展、吴鸣作品展、首届中国四大名陶展、“一带一路”国际陶艺作品交流展、第二届江苏省陶瓷艺术大展、第五届国际花盆展、宜兴青瓷艺术展、国际盆景艺术展、日本常滑烧陶艺展、宜兴美陶藏品展、翰墨紫砂名家作品展、宜兴市首届青年陶艺展、“壶里乾坤”全国书画名家紫砂邀请展、“壶中日月”全国书画紫砂名家合作作品展等展览，第二届江苏省陶瓷艺术与创新设计评比，首届“均陶杯”手工堆花竞技大赛等竞赛，宜兴青瓷文化论坛，第五届中国宜兴国际花盆艺术节等活动一并举行；《宜兴紫砂陶对欧洲的影响》《宜兴青瓷》首发。

【市陶协(商会)换届选举】 10月，宜兴市陶瓷行业协会第四次会员代表大会暨宜兴市陶瓷商会第三次会员代表大会在丁蜀镇紫砂宾馆召开。大会通过了各项议程，选举产生第四届理事会人员名单，史俊棠再次当选会长。宜兴市陶瓷商会同时选举产生第三届正副会长和秘书长，葛伯初再次当选陶瓷商会会长。大会表彰10个宜兴陶瓷功勋企业以及10位宜兴陶瓷功勋企业家，肯定其推动企业技术和管理创新、重视环境保护、促进绿色发展以及履行企业和社会责任方面取得的成绩。

【市陶协青瓷分会成立】 1月，市陶协青瓷分会成立。宜兴青瓷，属越窑系统，始于西周，盛于两晋，至宋元渐衰，后断烧。坐落在丁蜀镇汤渡的西晋小窑墩青瓷古龙窑遗址，列入全国文物保护单位。20世纪60年代初，宜兴复烧青瓷，宜兴青瓷凤凰涅槃，浴火重生。宜兴青瓷在复兴之路上绽放出迷人风采，被誉为“东方的蓝宝石，精美的碧玉器”。韩美林赞道“阳羡青瓷驾越州”。至年底，全市有青瓷企业和个体作坊二三十个。青瓷制作技艺列入江苏省非物质文化遗产名录。

【首届宜兴青瓷培训班举办】 4月20—22日，宜兴市陶协、陶协青瓷分会和丁蜀成人学校联合举办首届宜兴青瓷培训班。此次培训班历时3天，来自各地的学员58人。由专家、教授全面系统地为学员授课。市陶协副会长、青瓷分会会长谈志坚讲述青瓷及宜兴青瓷的历史及发展空间；中国古陶瓷学会名誉会长叶文程教授、台湾籍厦门大学教授许武宾就青瓷的历史、发展、地位、价值等作系统阐述；浙江丽水学院教授周晓峰对青瓷工艺技法作了透彻解析，并对宜兴青瓷的发展提出建议；国家非物质文化遗产汝瓷烧制技艺传承人、汝瓷博物馆副馆长朱文立全天对学员进行青瓷造型装饰指导。

【手工制陶大赛举办】 5月，由市总工会、市人社局、市教育局、丁蜀镇政府、市陶协、市陶瓷实训基地等单位联合主办的市第十二届手工制陶大赛在宜兴举办，有820名陶瓷从业人员参加，其中高级工艺美术师16人、工艺美术师82人，所涉工艺包括制壶、陶刻、陶塑、泥绘、均陶堆花等。经评比，16位参赛选手获赛事一等奖，33位选手获二等奖，56位选手获三等奖。

【江苏省第二届陶瓷艺术与创新设计评比举办】 10月，由省陶瓷行业协会主办的第二届江苏省陶瓷艺术与创新设计评比揭晓。来自南京、苏州、无锡、江阴、宜兴等地的陶艺家和南京艺术学院、江南大学、无锡工艺职业技术学院师生共400余人参评，送评作品700余件(套)。参赛作品分日用陶瓷和艺术陶瓷两大类，包含紫砂、均陶、青瓷、彩陶、现代陶瓷等细分门类。最终，20件(套)作品被评为金奖，40件(套)作品被评为银奖，78件(套)作品被评为铜奖，97件(套)作品被评为优秀奖。总体来看，宜兴陶艺家有亮眼表现。所有参评作品于宜兴陶瓷博物馆举办的第二届省陶瓷艺术大展中展出。

【“均陶杯”手工堆花竞技大赛举办】 10月，由市陶协均陶分会主办的首届“均陶杯”手工堆花竞技大赛举行。28位均陶堆花从业者参加。赛事要求在统一的“六尺京中”盆坯上，出“双龙戏珠”的浮雕形象。刘俊、宗根林、张建琴获金奖，5人获银奖，8人获铜奖。获奖选手在陶艺节开幕式上向中外嘉宾作现场表演。宜兴均陶制作技艺以“均釉”“堆花”为两大特色而蜚声中外，列入第四批国家非物质文化遗产代表性项目。全市有大小企业、研究所近30个，从业者2000多人。

【中国艺术研究院紫砂研究院成立】 10月，中国艺术研究院与市政府合作成立中国艺术研究院紫砂研究院。中国艺术研究院是文化部直属的国家级艺术科研机构，是国务院首批公布的博士、硕士学位授予单位。中国艺术研究院紫砂研究院旨在研究紫砂的历史和理论，开展创作评论，落实中国传统工艺振兴计划，繁荣紫砂艺术创作，为政府提供决策依据。紫砂研究院致力于推动国家级非遗项目“宜兴紫砂陶制作技艺”的传承和保护，培养并推介杰出的青年人才。紫砂研究院拟就紫砂文化历史和当代紫砂发展历程，编撰《紫砂文化大典》等系列学术专著及刊物；建设紫砂网站，以新媒体为阵地，出版音像制品；开设“紫砂文化讲堂”。宜兴紫砂工艺厂负责协助中国艺术研究院设计和执行紫砂研究院年度工作计划。

陶艺展览

【首届宜兴青瓷艺术作品展】 1月，“宜青新韵——首届宜兴青瓷艺术作品展”在宜兴举行。共有来自10多个制作单位选送的280多件(套)作品参展，参展作品数量多、档次高。这些清新可掬、明丽高雅的当代青瓷艺术品，宛如碧玉雕琢，体现出中国青瓷宜兴窑的独特风采。宜兴青瓷艺术品创新工艺，采用堆花、紫泥露胎、泥绘、陶刻、绞釉、描金、绘釉等装饰技艺。

【故宫博物院珍藏宜兴紫砂回乡展】 1—4月，由市政府、故宫博物院联合主办的“紫砂清韵·皇家品位——故宫博物院珍藏宜兴紫砂回乡展”在市博物馆举行。此次展览历时3个月，共展出时大彬、华凤翔、邵元祥、王南林、杨彭年、惠孟臣、邵友兰等历代名工作品130件(套)，包括“时大彬”款紫砂胎剔红山水人物图方执壶、宜兴窑黑漆描金山水图紫砂壶、宜兴壶紫砂泥绘人物图乾隆御制诗文执壶、宜兴窑紫砂海棠式高足盘、宜兴窑紫砂葡萄碗、“杨彭年制”款紫砂文具方盘、宜兴窑紫砂花口大花盆、“玉麟”款供春壶等。展品分饮食器、雅玩陈设、文房清供三大类。其中，紫砂饮食器包括茶壶、茶叶罐、碗、盘、杯、碟、勺等，雅玩陈设器有像生文玩、壁瓶、花盆、花插等，文房清供则有笔筒、砚台、水丞等。

【徐达明大师紫砂艺术与陶瓷藏品展】 3月，由市文广新局、市陶协主办的“匠心独运·达者永恒——徐达明大师紫砂艺术与陶瓷藏品展”在宜兴举行。展览历时3周，共展出陶瓷作品68件(套)，其中中国陶瓷艺术大师、研究员级高级工艺美术师徐达明的作品36件(套)，其余为其藏品。藏品包括上起新石器时代晚期，下讫民国的罐、瓶、壶、杯、碗、鐎斗、香薰等日用陶器，清人葛明祥的菱花盘、梅瓶等宜均器，清洒蓝釉酒坛、八卦瓶，清天青釉海棠式柳叶瓶、六瓣鼓式画缸，清月白釉蝉耳尊，清灰蓝釉龟背尊、弦纹笔筒，清绿釉镂空陶凳等。同时，还展出其遗世的书画手稿、著作、制壶工具、木作。

【明清宜兴紫砂花盆精品展】 3—4月，由市陶协、宜兴陶瓷博物馆联合主办的明清宜兴紫砂花盆精品展在宜兴举行。此次展览历时1个月，共展出明、清、民国各类古盆269件，是宜兴陶博馆建馆以后规模最大、品位最高、影响最广的展览，日均有500余人参观。展览期间，举办明清宜兴紫砂花盆研讨会，与会人员探讨这批古盆的历史渊源、地域流转、盆艺品位、泥料材质的多样、造型的审美式样以及装饰工艺。

【宜兴紫砂艺术展】 4—6月，由河北省委宣传部、河北省文化厅、河北省文联主办的"紫器观来——宜兴紫砂艺术展"在河北石家庄举行。此次展览历时44天，共展出顾景舟、王寅春、裴石民、朱可心、蒋蓉、吴云根、任淦庭7位紫砂老艺人的作品，及研究员级高级工艺美术师汪寅仙等19位大师的代表作品240余件（套），以及"方圆·观鼎杯"宜兴紫砂作品大赛评选出的19件（套）金奖作品和38件（套）银奖作品。

【"五朵金花"亮相莫斯科】 5—6月，由商务部主办的2017中国（俄罗斯）消费品展在俄罗斯莫斯科举行。此次展览历时3天，共展出紫砂、均陶、青瓷、美彩陶和精陶作品200件（套）。包括研究员级高级工艺美术师邱玉林的紫砂"一带一路·茶马古道"壶及彩陶彩玉瓶、金莲瓶，研究员级高级工艺美术师范永良的紫砂荷花茶具、西瓜壶、花生壶，高级工艺美术师董亚芳等一批中青年陶艺家的作品。

【季益顺从艺四十年紫砂作品展】 6月，由市政府、省工艺美术行业协会、省工艺美术学会、省陶瓷行业协会主办的"匠心筑就紫砂梦——季益顺从艺四十年紫砂作品展"在北京举行。此次展览历时15天，共展出研究员级高级工艺美术师季益顺历年作品92件(套)，同时展出其老师——研究员级高级工艺美术师高丽君夫妇作品，及其学生——高级工艺美术师赵曦鹏等人作品。展出作品选出22件进行拍卖，最终拍得1355万元，全部用于成立北京非物质文化遗产发展基金会下的紫砂艺术专项公益基金。

【首届宜兴非遗代表性传承人陶艺作品展】 6—7月，由市文广新局、市陶协共同举办的首届宜兴非物质文化遗产代表性传承人陶瓷艺术作品展在宜兴举行。此次展览为期1个月，集中展示了宜兴的国家级非物质文化遗产代表性项目宜兴紫砂陶制作技艺、宜兴均陶制作技艺以及省级代表性项目宜兴青瓷制作技艺、宜兴彩陶装饰技艺、宜兴龙窑烧制技艺和各个级别代表性传承人112人的精品力作112件（套），门类齐全、工艺精湛，展示非遗传承人对陶艺的不懈追求和精益求精的工匠精神。展览展出宜兴紫砂陶制作技艺国家级传承人汪寅仙的"神鸟出林"壶、徐秀棠的人物雕塑"秋有佳色"、吕尧臣的"翩鸿"壶，省级传承人李昌鸿的"高眺四方"壶，顾绍培的"天圆地方"壶、徐汉棠的"瓢瓜"壶、鲍志强的陶刻"阳羡十景之画溪花语"壶、周桂珍的提梁壶"韵竹"、毛国强的花瓶陶刻"青山佳处绝尘埃"等；宜兴均陶制作技艺省级传承人李守才的"群狮争艳"缸、无锡市级传承人吴选民的"鸿运当头"藏真画插；宜兴青瓷制作技艺省级传承人谈志坚的百宝葫芦瓶；宜兴彩陶装饰技艺无锡市级传承人邱玉林的"天水合一"罐等。

【当代紫砂雕塑艺术展】 9月，由省雕塑家协会、省陶瓷行业协会主办的"天工作意——2017当代紫砂雕塑艺术展"在宜兴举行。此次展览展出近100件（套）艺术品，将雕塑与紫砂艺术融合，依托宜兴紫砂艺术的深厚积淀，开展创新创意，展出一批内涵丰富、富有时代气息、展现雕塑写意灵魂的紫砂艺术作品。

【陶都宜兴青年陶艺家作品展】 9月，由科技部、国家知识产权局、省政府联合主办的第十四届中国国际设计博览会在无锡举行，历时3天。其间，由市陶协主办的"熔古铸今——陶都宜兴青年陶艺家作品展"举行。宜兴市2011—2017年连续四届评选出的113名宜兴十佳（优秀）青年陶艺家每人携2件（套）共计226件（套）新作品参展，并参与第六届"太湖奖"评选，10件优秀作品获金、银、铜奖。其中工艺美术师吴云峰的紫砂"四方桥顶"壶获金奖、工艺美术师顾正芳的紫砂"南瓜"壶等获银奖、叶水英的紫砂"洋洋得意"壶等获铜奖。

【鲍志强师生紫砂艺术展】 9月，由省工艺美术行业协会、省陶瓷行业协会、宜兴市委宣传部、宜兴市陶协主办的"壶蕴芳华——鲍志强师生紫砂艺术作品展"在深圳举行。此次展览历时8天，共展出研究员级高级工艺美术师鲍志强师生的作品120余件（套）。其间，还召开以鲍志强紫砂艺术为主题的学术研讨会。

【范泽锋紫砂作品展】 9月，由故宫紫禁书院、省陶瓷行业协会、宜兴市陶协主办的"紫玉梵音——范泽锋紫砂作品展"在北京举行。展览历时3天，共展出高级工艺美术师范泽锋的作品近100件（套）。展会期间，还召开以紫砂与中国文化的发展关系为主题的研讨会。

【毛国强师徒紫砂作品展】 9—10月，宜兴市陶协紫砂文化促进会、青岛金石博物馆主办的"一带一路——毛国强师徒紫砂作品展"在山东青岛举行。展览历时15天，共展出研究员级高级工艺美术师毛国强（一粟）、高级工艺美术师毛子健的紫砂作品约150件（套）。展会还同时展出多件李笠藏书画珍品。

【方卫明均陶艺术精品展】 9—10月，由省工艺美术行业协会、宜兴市文广新局主办的"此生只为均陶醉——方卫明均陶艺术精品展"在宜兴举行。展览历时25天，共展出研究员级高级工艺美术师、省级非遗传承人方卫明的均陶作品45件（套）。展会期间，方卫明、工艺美术师方薛斐父子合著的《宜兴均陶工艺》首发。

【徐汉棠紫砂大展】 10月，第九届陶艺节组委会主办的"观自在——徐汉棠紫砂大展"在宜兴举行。展览历时3个月，是第九届陶艺节文化活动的一部分，共展出研究员级高级工艺美术师徐汉棠夫妇创作的茶壶、花盆、书画等作品370余件（套）。展会期间，其作品集《汉棠盆》首发。徐汉棠在紫砂艺术创作上融合现代理念与传统技法，承前启后、推陈出新，成功开创嵌银丝、冰裂纹等装饰手法，风格洗练精巧、端庄秀丽，获中国工艺美术终身成就奖，是中国民间文艺杰出传承人。

【徐秀棠师徒陶艺书画展】 10月，第九届陶艺节组委会主办的"宽学厚积——徐秀棠师徒陶艺书画展"举行。展览历时约3个月，是第九届陶艺节的一部分，共展出研究员级工艺美术师、国家级非遗传承人徐秀棠及研究员级高级工艺美术师陈建平等10位学生的陶艺、书画作品170余件（套）。徐秀棠，1937年出生于宜兴蜀山紫砂陶艺世家，中国工艺美术大师、中国陶瓷艺术大师、研究员级高级工艺美术师，中国美术家协会会员、江苏省文史馆馆员，是国家非物质文化遗产项目代表性传承人。

【吴鸣作品展】 10—11月，第九届陶艺节组委会主办的"怡墨研砂——吴鸣作品展"在宜兴举行。展览历时1个月，是第九届陶艺节的一部分，共展出研究员级高级工艺美术师吴鸣作品99件（套），包括紫砂作品36件（套）、书画作品63件，全方位展示其艺术特色。吴鸣，字怡陶，发表作品数百件（套），获省、国家级专业奖项20余次，连续三次入选日本美浓国际陶展。其作品集设计、制作、刻塑于一体，融合传统与现代，自成风格，被誉为"紫砂现代陶艺先河""新流派"。

【紫玉金砂国礼紫砂艺术巡展】 12月，由第九届陶艺节组委会主办的"一带一路·紫玉金砂国礼紫砂艺术（宜兴）巡展暨国礼紫砂设计精品展"在宜兴市博物馆举行。此次展览展出紫砂作品70余件（套），如清华大学美术学院教授杨永善设计的"谐趣"壶、清华大学美术学院教授张守智设计的"玉璧"茶具、北京大学文化与研究中心主任赵为民设计的"文龙"壶、紫玉金砂艺术研究副总监兼设计师鲁娜设计的"元首"杯等。这些作品或被赠予英国前首相、联合国前秘书长等政要，或进入北京人民大会堂、中南海被用于重大国务活动。宜兴巡展将持续到2018年3月，之后还将在上海、台湾，以及匈牙利、捷克、意大利等地继续巡展。

【宜兴当代紫砂茶器巡展】 年内，由市文广新局主办的"运河陶·丝路情——宜兴当代紫砂茶器巡展"在仪征、淮安、无锡、博山、北京、杭州、台北等十多个城市展出。巡展展出数十件（套）紫砂茶具及矿料、制壶工具。包括研究员级高级工艺美术师顾绍培的"天龙鼎珠"壶、研究员级高级工艺美术师毛国强（一粟）的"竹露生香"壶、研究员级高级工艺美术师储集泉的"静夜思"壶、研究员级高级工艺美术师汪寅仙曾使用的调色盘等。陶博馆志愿者还现场演示了制壶的全过程。

陶艺交流

【伦敦陶协主席回访宜兴】 9月，英国伦敦陶瓷协会主席杰夫·肯沃德先生一行15人回访宜兴市丁蜀镇。访问历时2天，肯沃德一行参观了宜兴陶瓷博物馆、前墅古龙窑、宜兴长乐弘陶艺有限公司、李守才工作室、范家壶庄等，并饶有兴致尝试动手打泥片。

【日本常滑烧陶艺展】 10月，由第九届陶艺节组委会主办的日本常滑烧陶艺展在宜兴举行。常滑烧产于日本爱知县常滑市，起源于平安时代末期，为日本六古窑之首。展览历时5天，是第九届陶艺节文化活动的一部分，共展出作品1000余件（套），反映了日本常滑烧的艺术成就。常滑烧和宜兴紫砂之间有一段渊源。1878年（清光绪四年、日本明治十一年），徐州籍紫砂名工金士恒应邀到日本常滑，向常滑名工鲤江方寿、杉江寿门、伊奈长三传授宜兴紫砂技艺，在工艺和审美上改良了常滑烧，在日本被尊为陶业祖师。

【宜兴紫砂参加上饶文化创意产业博览会】 4月，由上饶市政府、中华文化促进会主办的上饶文化创意产业博览会在江西上饶举行。博览会历时4天，共设立宜兴紫砂艺术馆区等主题展区22个，共有700多个企业、逾1万种产品参展。宜兴紫砂代表江苏省参加展示活动，并举行万里茶道·宜兴紫砂艺术馆日活动。博览会期间，近7万人次参观了宜兴紫砂展区。

【第五届盆艺节】 10月，"金园紫砂"杯第五届中国宜兴国际花盆艺术节（以下简称盆艺节）举办。盆艺节在宜兴陶瓷博物馆和中超利永紫砂博物馆分别设立会场，揭晓第十届全国陶瓷花盆创新评比、全手工花盆现场制作和陶刻比赛结果，宜兴紫砂原料展评暨命名也同时出炉。第十届全国陶瓷花盆创新评比共收到来自各陶瓷花盆产区的送评作品282件（套），其中宜兴地区156件（套）。有58名选手参加全手工花盆现场制作和陶刻比赛。80多件盆景作品在陶博馆展出。

【"故宫紫砂回乡展"国际学术研讨会】 4月，由市政府、故宫博物院主办的"紫泥匠心——故宫紫砂回乡展国际学术研讨会"在宜兴举行。研讨会上，故宫博物院研究员王健华作题为《清宫旧藏雍正宜兴紫砂》的报告；研究员黄卫文宣读题为《再论明清"宜兴挂釉"贡器》的论文，就清宫旧藏宜兴挂釉器的历史称谓、定义、工艺特征、性质等问题作深入探讨；台湾学者黄健亮宣读题为《故宫旧藏色泥堆绘笔筒作者初探》的论文，通过所建"杨季初款紫砂器比对数据库"，对雍正、乾隆时期色泥堆绘笔筒的作者作深入探讨；法国学者万福莱作题为《当宜兴紫砂陶梅花装饰纹来到西方》的报告，讲述了宜兴紫砂陶对欧洲陶艺审美的影响。该研讨会对当代宜兴紫砂传承创新起到了积极作用。

【邱玉林师徒年度创新评比】 1月，邱玉林师徒年度创新作品评比在宜兴举行。中国陶瓷艺术大师邱玉林的20多位徒弟选送70多件(套)彩陶、紫砂作品参评。参评作品包括彩陶瓶、盘、坛、陶艺类17件,紫砂壶40件(套),“财富”系列动物雕塑14件。在设计创意上寓意富贵吉祥、和谐美满,时代气息浓郁,造型、装饰、釉色展示多元文化的融合。经评选,16件作品获奖。

【《宜兴美陶》发行】 5月,由史俊棠主编并撰前言的《宜兴美陶》出版发行。全书共12万字,配图200余幅,包括古代作品图26幅、当代作品图185幅。当代作品图保存了一批20世纪80年代大专院校教授参与设计创作的作品,如周轻鼎的“鹿”、郑可的“芦花斗鸡”、冯河的“藏牦牛”、周国桢的虎皮釉“卧虎”、王则坚的“大风歌”、张德蒂的“吉普赛女郎”、韩美林的秦镜釉“美林马”等作品。

【《中国工艺美术大师全集·顾绍培卷》发行】 10月,《中国工艺美术大师全集·顾绍培卷》出版发行,顾绍培紫砂艺术研讨会同时举行。该书全方位记录顾绍培的生平事迹和艺术成就。顾绍培于1945年生于宜兴陶业世家,师承著名老艺人陈福渊,后得当代壶艺泰斗顾景舟长期悉心指导,先后创作新品100余件(套),20多次获国内外工艺美术评比赛大奖,1984年创作的百寿瓶获莱比锡国际博览会金奖,1985年被全国总工会授予“全国优秀科技工作者”称号和全国五一劳动奖章,多次赴中国香港、中国台湾等地区及日本、美国、新加坡、马来西亚等国家作紫砂文化学术交流。

【《文博专家郭若愚》发行】 1月,一部全面记述文博专家郭若愚一生的《文博专家郭若愚》在上海出版发行。郭若愚(1921—2012),字智龛,上海人,上海市文史馆馆员。早年师从郭沫若、郑振铎、邓散木、阮性山等人学习古文字、文物、考古、书画、金石篆刻,在甲骨文领域取得突出成就,并在钱币、紫砂、文房、红学等方面也有建树。在国内发表数百篇论文,有著作10余部。20世纪80年代,其涉足紫砂研究,此后著述颇丰。《文博专家郭若愚》由其子郭伟亭主笔,书中《紫砂壶研究》一节,收录了郭若愚在2004—2008年间于《江苏陶艺》和《宜兴紫砂》等专业刊物上发表的19篇文章。

陶艺作品

【紫砂群雕“一壶聊寂寞”】 作者为研究员级高级工艺美术师陈建平、工艺美术师陈媛媛。该作品为一套七件的紫砂群雕。七位品茶人置于一案,神态各异。形象多取自市井百态,精神毕现。作品彼此呼应,有艺术表现力。获第二届江苏省陶瓷艺术与设计创新评比金奖。

【紫砂茶具“竹吟清风”】 作者为高级工艺美术师喻小芳,助理工艺美术师沈玲燕,汪裕。该作品为一套六件的紫砂茶具,包括二壶、二杯、二碟。以竹入壶,方中寓圆,壶把、杯身起伏有致,浑然一体。获第二届江苏省陶瓷艺术与设计创新评比金奖。

【紫砂群雕“悟”】 作者为高级工艺美术师王潇笠。该作品为一套三件的紫砂群雕。三人与古树相伴,神态虔诚。获第二届江苏省陶瓷艺术与设计创新评比金奖。

【紫砂对壶“空间的遐想”】 作者为工艺美术师吴云峰。该作品为一套二件的紫砂对壶。形制不拘一格,使人耳目一新。获第二届江苏省陶瓷艺术与设计创新评比金奖。

【均陶“鸿福齐天”瓶】 作者为高级工艺美术师刘俊、工艺美术师李倩。该作品为一件均陶蒜头瓶。直径32厘米,高48厘米,

采用均陶堆花技法,通体遍布龙、凤、狮、蝠等传统图案,又施铜均釉,极具传统特色。获第二届江苏省陶瓷艺术与设计创新评比金奖。

【紫砂茶具“丝路心语”】 作者为研究员级高级工艺美术师汪国勤。该作品为一套九件的紫砂茶具。形态抽象,阔带将嘴、盖、把、身巧妙融为一体,打破了习以为常的固有格局,糅入现代审美理念。点、线、面的结合,营造出韵律感。获第二届江苏省陶瓷艺术与设计创新评比金奖。

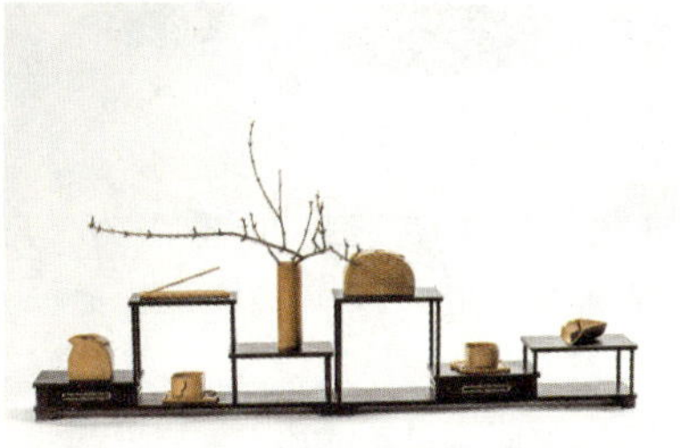

【紫砂茶具“晴窗细韵”】 作者为工艺美术员杭峰。该作品为一套五件的紫砂茶具，包括一方壶二杯二碟。饰以传统的圆型窗牖，别出心裁。厚重有古风，却也不失清新雅致。获第二届江苏省陶瓷艺术与设计创新评比金奖。

【紫砂“拈花一笑”瓶】 作者为高级工艺美术师刘忠泽、高级工艺美术师杨逸雯及工艺美术师陈红梅。该作品为一件紫砂四方瓶，通高120厘米。瓶正面刻释迦牟尼像，兼以大篆刻《般若波罗蜜多心经》，两侧以小篆刻对联，整体古拙庄严。获第二届江苏省陶瓷艺术与设计创新评比金奖。

【紫砂茶具“融”】 作者为工艺美术师胡朝君、助理工艺美术师张丽群。该作品为一套五件的紫砂茶具，包括一壶、二杯、二碟。形制扁圆，器身曲线优美流畅，融入现代陶艺风格。获第二届江苏省陶瓷艺术与设计创新评比金奖。

【紫砂茶具“一壶清莲”】 作者为工艺美术师董震红。该作品为一套三件的紫砂茶具，包括一提梁壶、二杯，筋纹器。壶身曲线流畅潇洒。壶腹鼓出，首足微敛。壶肩饰六瓣莲花纹，与壶盖融为一体。壶把高峻挺拔，仿佛要跃出淤泥深潭，凸显生命的张力。获第二届江苏省陶瓷艺术与设计创新评比金奖。

【陶木对壶“明韵”】 作者为工艺美术师徐曲、助理工艺美术师鲍骧。该作品为一套二件以紫砂、木为材质的对壶。身丰润，流、鋬造型迥异，与鋬部红木相得益彰，神追明代简雅古风。获第二届江苏省陶瓷艺术与设计创新评比金奖。

【紫砂文房用具“组合水盂”】 作者为助理工艺美术师陈志云。该作品为一套六件的紫砂水盂。其形制多变，有的类六方鼓，有的类四方斗，有的类圆盏；采用诸多工艺，有的外不加饰，有的施粉浆，有的还进行了刻绘，各擅胜场。获第二届江苏省陶瓷艺术与设计创新评比金奖。

【紫砂对壶“伙伴”】 作者为工艺美术师赵益军，赵庄迪。该作品为一套二件的紫砂对壶。器身似传统却月壶，却改弦更张，不取方而用圆，韵味顿生。二壶在细节上彼此呼应，如孪生兄弟。获第二届江苏省陶瓷艺术与设计创新评比金奖。

【紫砂文房用具“晋风·乐山”】 作者为工艺美术师李经强。该作品为一套三件的紫砂文房用具，包括笔筒、笔格、砚台。笔筒表面的泥绘是一大亮点，表现出魏晋文人纵情山水、蔑视礼法的风流和不羁。获第二届江苏省陶瓷艺术与设计创新评比金奖。

【紫砂陶刻“禅石”】 作者为助理工艺美术师钱琦。该作品为一件岩石造型的紫砂陶刻。高66厘米，长26厘米，宽13厘米。采用陶刻和泥绘二种装饰手法，一面泥绘罗汉形象，另一面刻《般若波罗蜜多心经》，彼此呼应。获第二届江苏省陶瓷艺术与设计创新评比金奖。

（王明康）

编辑 丁林

中共宜兴市委员会

ZHONG GONG YI XING SHI WEI YUAN HUI

重要决策

【概述】 2017年，全市上下以党的十九大精神为引领，深入贯彻中央经济工作会议和习近平总书记视察江苏重要讲话精神，落实省委十三届三次全会、无锡市委十三届五次全会精神，面对各项目标任务、各种矛盾问题，坚持稳中求进总基调，大力实施产业强市战略，统筹推进各项事业发展，迎难而上、拼搏奋进，产业强市开局良好，企业发展量质齐升，金融环境不断优化，生态宜居更加彰显，社会民生事业有力推进，党的建设全面加强。全年地区生产总值1554亿元，可比价比上年增长7%；一般公共财政预算收入111.2亿元，比上年增长2.3%。

【促进经济社会又好又快发展】 4月，为深入贯彻中央、省经济工作会议精神和关于降低实体经济企业成本的意见，积极应对复杂多变的国际经济环境和国内经济运行出现的新情况、新问题，努力实现"十三五"目标，市委、市政府出台《关于促进经济和社会又好又快发展的意见》(以下简称《意见》)。《意见》共安排奖励资金6亿元，其中现代产业发展资金5亿元、社会事业发展资金1亿元。根据《意见》，宜兴市推进现代产业发展板块包括支持制造业投资项目、支持企业科技创新、支持企业做优做强、支持"互联网+"发展、支持绿色集约发展、支持服务业发展、支持农业农村经济发展、优化企业发展环境、支持人才工作建设九大内容，推进社会事业发展板块包括改善人居环境、完善社会保障体系、推进健康宜兴建设、加强社会文明建设四大内容。

【"连心富民、联企强市"大走访活动】 3月，市委、市政府召开"连心富民、联企强市"大走访活动动员大会，启动以市、镇(园区、街道)、村(社区)三级联动为方式，覆盖全市党政机关、人民团体、事业单位党员干部的大走访活动。该活动与建设产业强市相结合、与推动强村富民相结合、与深化文明创建相结合，将全市213个行政村、97个社区、近1万个企业全部纳入走访范围，实现干部参与、城市乡村、居民企业的"三个全覆盖"。以36名市四套班子领导为示范，带动全市84个机关部门、18个基层板块、2900多个党组织、4万多名在编在职党员，走村、入户、进企，心贴心为群众解忧，零距离为群众服务，推进解决问题2.5万多个。

【"263"专项行动】 1月，宜兴市召开"263"专项行动*动员会议，是无锡大市中最早部署这一专项行动的板块。会后，宜兴市迅速成立专项行动领导小组和实体化运作办公室，制订出台"263"专项行动总体方案，编制专项行动工作方案(含11个"子方案")和2017年工作计划。同时，在报纸、电视台设立《263宜兴在行动》专栏，公布投诉电话，层层级级开展自查自纠、明察暗访、问题曝光和整改落实等工作，在全社会造浓专项行动的氛围。年内，突出"减少落后化工产能"和"治理太湖水环境、黑臭水体"两大重点，科学制订关停方案和专项政策，累计关停化工企业189个；全面实施"控源截污"两年行动，总投资50亿元的城乡污水管网、农村污水治理项目全面启动；沿太湖3千米缓冲带水产养殖污染治理实质性启动，完成太湖治理、河道整治、禁养区畜禽养殖场关闭等年度任务；全面深化河长制工作，为全市河道水质及面貌改善提供了更好的制度保障，太湖连续第十年安全度夏。

【全国文明城市创建】 2015年1月，宜兴市入围全国文明城市提名城市后，宜兴市坚持以创新创城机制为抓手，攻克了一批城市运行管理的重点难点问题，城区交通秩序明显改善，道路更加通畅，市容市貌、环境秩序得到新提升；改造提升老旧小区74个，通过"小手拉大手、共创文明城"带动10多万个家庭参与文明创建，4万多名党员走访家庭34.9万户并收集各类民生问题1.25万条，解决了一批群众反映强烈的突出问题，赢得了群众的信任和口碑；汇聚全市合力，凝成"众志成城、担当实干"的创城精神，全面提振了全市上下干事创业的信心和决心。2017年11月17日，宜兴市获评全国文明城市。创建成功后，宜兴把全国文明城市的各项测评指标转化为常态化工作目标，开展交通秩序、社区环境、出租车文明营运、市场管理等"十大提升行动"，并针对群众反映多、整治难度大的交通秩序、老旧小区长效管理、背街小巷周边环境秩序等薄弱环节，在专项整治的基础上出台相应的管理办法，形成长效管理机制。

(潘娉娉)

重要会议

【市委全体会议】 2018年1月2日，市委十三届三次全体会议召开。市委书记沈建代表市委常委会作工作报告。会议要求全市上下高举习近平新时代中国特色社会主义思想伟大旗帜，全面贯彻党的十九大精神、习近平总书记视察江苏重要讲话精神，按照省、无锡市相关会议部署，坚持稳中求进工作总基调，紧扣产业强市主导战略，统筹做好稳增长、快转型、防风险、促改革、优环境、惠民生等各项工作，全力推动经济社会平稳健康发展，为高水平全面建成小康社会，建设"强富美高"新宜兴奠定坚实基础。会议表决通过《中共宜兴市第十三届委员会第三次全体会议决议》。

【市委常委会议】 全年全市市委常委会议召开28次。

2017年宜兴市部分市委常委会议

表10

时间	会议名称	会议内容
1月19日	十三届市委第16次常委(扩大)会议	会议部署"263"专项行动相关整改措施，听取2016年全市企业对上贡献情况的汇报
1月23日	十三届市委第18次常委(扩大)会议	会议讨论宜兴市2016年度各类先进名单(讨论稿)、关于发放2016年度市级机关年度工作目标考核奖的建议方案，听取关于2016年度镇、园区、街道工作考核情况的汇报和2016年镇园、街道利用外资考核奖励方案的说明，审议2016年度考核先进集体、市管党政正职优秀个人建议名单，传达学习中央纪委七次全会及省纪委二次全会精神
2月13日	十三届市委第19次常委(扩大)会议	会议听取底特律电动汽车项目有关情况汇报，讨论宜兴市人大常委会2017年工作要点、政协宜兴市委员会2017年工作要点，研究宜兴市"两减六治三提升"专项行动方案，审议关于新一届工商联(总商会)领导机构构成情况的说明
3月3日	十三届市委第21次常委(扩大)会议	会议听取市关工委工作情况及关心下一代工作会议方案汇报，讨论中共宜兴市第十三届纪委第二次全会工作报告及巡察工作相关文件、宜兴市落实无锡市党风廉政建设和意识形态工作责任制检查考核反馈意见整改方案
3月27日	十三届市委第22次常委(扩大)会议	会议讨论2017年度镇、园区、街道科学发展工作考核意见、关于促进经济和社会又好又快发展的意见、宜兴市2017年重大项目投资计划及市领导挂钩联系方案、关于深化国有企业改革的相关文件及深化交通国有企业改革的实施方案，听取关于筹建中兵军民融合产业园的情况汇报，传达学习上级政法、信访工作会议精神，研究关于进一步加强全市司法所体制建设的意见
4月15日	十三届市委第23次常委(扩大)会议	会议听取关于协鑫宜兴厢式电动物流车项目、天津中环新上晶硅切片项目的情况汇报，宜兴市"两减六治三提升"专项行动工作方案及2017年工作计划的汇报；传达学习2017年江苏省、无锡市消防工作会议精神
5月13日	十三届市委第24次常委(扩大)会议	会议讨论2017年度市级机关部门工作考核意见，听取宜兴经济技术开发区相对集中行政许可权改革试点方案、宜兴市全面深化河长制实施方案以及贯彻落实《关于进一步加强和改进离退休干部工作的意见》精神情况的汇报，讨论关于建立容错免责机制的办法(试行)等系列文件，传达学习无锡市推进"两学一做"学习教育常态化制度化工作座谈会精神、无锡市委推荐评选无锡市优秀共产党员的通知精神，研究宜兴市2014—2016年度优秀共产党员推荐评选工作、"连心富民、联企强市"大走访活动等相关工作
6月13日	十三届市委第25次常委(扩大)会议	会议审议《关于深化行政审批制度改革加快简政放权激发市场活力的实施意见》《关于加快全市政务服务网建设的实施方案》，听取"连心富民、联企强市"大走访活动情况、市委常委会"两学一做"学习教育年度工作安排的汇报，讨论宜兴市2014—2016年度优秀共产党员推荐名单

续表10

时间	会议名称	会议内容
6月23日	十三届市委第26次常委(扩大)会议	会议第一时间传达学习省委常委、无锡市委书记李小敏在宜兴调研讲话精神
6月26日	十三届市委第27次常委(扩大)会议	会议审议《关于深化供销合作社综合改革的实施意见》《宜兴市特困家庭深度救助实施意见(试行)》《宜兴市2017年度特困家庭深度救助工作方案》《关于全面落实市纪委向市一级单位派驻纪检机构的改革方案》,传达学习无锡市有关专题会议精神
7月24日	十三届市委第28次常委(扩大)会议	会议传达无锡市委十三届四次全会精神,听取关于宜兴国际旅游度假区项目和宜兴雅达健康生态产业园项目招商情况、宜兴市政府与江南大学合作共建江南大学宜兴研究生院(研究院)工作情况的汇报,传达省、无锡市开展社会矛盾和安全隐患大排查大整治行动及相关专题会议精神,讨论《关于在全市开展“百日攻坚”行动迎接党的十九大胜利召开的工作方案》
8月2日	十三届市委第29次常委(扩大)会议	会议进行“两学一做”学习教育集中交流研讨,听取宜兴市清理收缴党费使用方案的汇报
8月15日	十三届市委第30次常委(扩大)会议	会议讨论关于健全人大讨论决定重大事项制度、各级政府重大决策出台前向本级人大报告的实施办法,听取关于成立宜兴国际旅游度假区、雅达健康生态产业园项目建设领导小组的汇报,研究关于市级机关半年度预发工作目标考核奖的建议方案
9月20日	十三届市委第31次常委会议	会议传达全省城市基层党建工作经验交流座谈会精神,听取关于筹备召开市总工会、团市委、市科协、市残联代表大会的请示
10月10日	十三届市委第32次常委(扩大)会议	会议讨论2017中国陶都(宜兴)金秋经贸洽谈会方案、第九届中国宜兴国际陶瓷文化艺术节总体方案,听取关于调整市落实全面从严治党主体责任监督责任领导小组的通知、贯彻落实全面从严治党“两个责任”履责记实制度实施意见的汇报,传达全省十九大消防安保动员部署会议精神
10月12日	十三届市委第33次常委(扩大)会议	会议听取关于中环股份集成电路用大直径硅片项目情况的汇报
10月17日	十三届市委第34次常委(扩大)会议	会议听取关于宜兴市承担行政职能事业单位改革试点方案、新一轮财政管理体制建议方案的汇报
10月24日	十三届市委第35次常委(扩大)会议	会议传达学习党的十九大精神
11月8日	十三届市委第36次常委(扩大)会议	会议研究部署党的十九大精神学习宣传贯彻工作,听取关于成立集成电路大直径硅片项目筹建工作领导小组、江南大学宜兴研究生院筹建工作领导小组建议方案的汇报
11月18日	十三届市委第37次常委(扩大)会议	会议传达全国精神文明建设表彰大会和无锡市创城工作总结会议精神,研究讨论下一步全市文明城市创建工作的相关事项
12月1日	十三届市委第38次常委(扩大)会议	会议讨论关于市第十七届人民代表大会第二次会议筹备工作的意见、政协宜兴市委员会关于召开市政协十五届二次会议的报告,听取关于意识形态工作责任制相关情况的汇报,研究关于开展2017年度党风廉政建设责任制落实情况暨《责任书》执行情况检查考核的工作方案、宜兴市深化监察体制改革试点工作实施方案及工作小组建议方案

【党政领导干部会议】 7月，市委、市政府召开全市党政领导干部会议。市委书记沈建充分肯定上半年取得的成绩，并深刻分析了当前面临的问题。强调要重点围绕产业强市、聚焦富民、推进生态建设、常态长效建设文明城市等方面做好下半年重点工作。动员全市上下振奋精神、持续发力，奋力建设"强富美高"的新宜兴，以优异成绩迎接党的十九大胜利召开。市委副书记、市长张立军对下半年工作作具体部署。

【项目建设推进会】 1—4月，围绕"产业强市"中心、"稳中求进"任务，一批起点高、质态优的项目建成投产，一批骨干企业的技改、新上项目推进，全市项目建设呈现快速发展之势。5月，市委、市政府召开全市项目建设推进会。与会人员先赴开发区、高塍镇、官林镇等地，实地感受各板块落实市委、市政府决策部署的成果和各相关部门服务项目建设的成效，学习交流各地在项目推进过程中的新思路、新举措。在项目建设推进会中，市委书记沈建指出，一季度全市经济运行抓出了实效，规模以上工业增加值、固定资产投资等指标增幅继续提高，经济呈现回升态势。但也要关注经济运行、项目建设方面存在的问题，在下一步工作中深入研究、解决。会议要求，全市上下要集中精力抓好经济增长和项目建设，加强对指标运行情况的分析，特别是对一些排名靠后、负增长甚至是断崖式下跌的指标，加快找明原因、对症施策；要进一步完善工作推进机制，全力提高行政服务水平，对市委、市政府在产业发展、招商引资、企业服务等方面部署的各项工作，要主动落实。

【项目推进暨经济形势分析会】 10月，市委、市政府召开项目推进暨经济形势分析会。与会人员先赴万石、和桥、官林、新建、环科园、丁蜀等地，观摩各地项目推进成果，学习各地各部门服务项目建设的新思路、新举措。在全市项目推进暨经济形势分析会中，分析前三季度经济运行情况，部署决战四季度、冲刺全年目标任务各项工作。市委书记沈建指出，全市经济运行呈现"走出低谷、逐步向好"的局面，取得了来之不易的成绩：重大项目招引取得较大突破，项目建设推进总体顺利、符合预期；金融风险稳控有力，金融生态全面优化，金融服务实体经济作用大大增强。他同时指出，要高度关注经济运行、项目建设中依然存在的突出问题，特别是部分指标形势不容乐观。他要求，各级各部门要全面统筹好各项工作，紧抓重点指标，维护金融稳定，抓好政府服务，全力冲刺各项指标任务；要持之以恒抓项目，精准施策抓项目，全力冲刺项目建设；要统筹做好四季度其他工作，学习贯彻党的十九大精神，加强安全稳定工作，深化生态文明建设，全力做好民生保障工作，及早谋划第二年工作。会上，市发改、经信、商务、财政等部门通报了全市经济运行情况；全市所有板块负责人分别围绕年度重点目标任务，对照差距落额等，汇报了四季度的工作目标和重点举措。

【企业发展大会】 4月，全市企业发展大会召开。全市1000余个规模工业企业以及商贸流通服务企业、建筑房地产开发企业主要负责人等参加会议。会议进一步强化产业强市、诚信经营、加快发展的导向，造浓政企联手、和衷共济、创新突破的氛围，号召全市企业家们继续弘扬政企同心、联手合作的传统，聚焦产业强市主导战略，振奋精神、合力拼搏，推动宜兴企业和全市经济迈上新台阶。会议还表彰了2016年度宜兴市市长质量奖获奖企业、宜兴市科技进步奖和人才工作先进奖获奖企业以及2016年度宜兴市"又好又快"发展奖获奖企业。

【农村工作会议】 3月，市委、市政府召开全市农村工作会议。市委书记沈建要求全市各级认真贯彻落实宜兴市第十三次党代会、市委十三届二次全会和上级农村工作会议精神，奋力推动全市"三农"工作迈上新的台阶。会议强调，要突出强村富民重点，加快探索农村发展的有效途径，依托产业强市，带动农村发展；强化"三资"（资金、资产、资源）管理，激发增收潜力；探索有效机制，建立完善竞争性立项机制、精准"输血"机制、主动脱贫机制，加快薄弱村脱贫，确保全市薄弱村在2020年全部脱贫。市委副书记、市长张立军主持会议，市委副书记周中平对2017年农村工作作了具体部署。徐舍镇、丁蜀镇紫砂村、官林镇白茫村代表作交流发言。

【2016年度综合先进表彰大会】 2月，市委、市政府召开2016年度全市综合先进表彰大会。市委书记沈建代表市四套班子向受到表彰的先进集体和个人表示祝贺，并充分肯定各类先进所取得的成绩，尤其是在抗洪救灾、全国文明城市创建中涌现出的先进人物。会议希望全市上下紧紧围绕市委十三届二次全会的决策部署，以学习先进精神为动力，以再创发展佳绩为目标，牢牢把握稳中求进的工作总基调，全力推进产业强市建设，统筹做好稳增长、防风险、调结构、优环境、惠民生、促改革各项工作，奋力开创宜兴经济社会发展的崭新局面。

附：

中共宜兴市委常委分工

沈　建　主持市委全面工作，分管人大工作、政协工作、纪委工作、干部工作、人民武装和人民生活方面工作

张立军　主持市政府全面工作，兼管财政、人事、机构编制、国有资产管理、税务、审计、监察方面工作

周中平　负责党建工作、农业和农村工作，负责市委统战部工作、党校工作，协助沈建同志分管干部工作，分管组织、农办、意识形态、群团、办公室、机要保密、机关党工委、老干部、双拥、史志、档案工作

朱旭峰　负责环科园工作

朱晓晔　负责市委政法委工作

沈晓红　负责市委宣传部工作，分管文化旅游工作，协助周中平同志分管意识形态和群团工作

何晓进　负责市政府常务工作

李　平　负责市纪律检查委员会工作

裴焕良　负责经济技术开发区日常工作

余俊慧　负责市委组织部工作，分管人才工作、干部培训工作，协助周中平同志分管老干部工作

张凡明　负责市人民武装部工作，分管地方武装建设、国防教育以及驻宜兴部队联系工作

（潘娉娉）

重要活动

市党政代表团考察浙江省桐乡市的雅达国际健康生态产业园项目

（仇洪生　摄）

【党政代表团赴延长县考察】　9月，宜兴市与延长县结为友好合作城市，建立扶贫攻坚的交流协作机制。12月，宜兴市党政代表团赴陕西省延安市延长县考察，深化扶贫协作，推动两地共同发展。其间，宜兴市与延长县签订《宜兴市帮扶延安市延长县扶贫协作具体工作备忘录》等多个合作协议。考察期间，市委书记沈建强调，宜兴各地各部门要全面落实苏陕扶贫协作座谈会精神，主动加强与延长县的对接联系，通过政府、市场等方面渠道，建立长期协作关系，确保各项签约事项早日落实；要继续深化长期协作的扶贫机制，在产业、旅游、文化、科教、人才等领域全面加强合作，努力实现两地互利共赢、共同发展。

【党政代表团赴浙江考察】　12月，宜兴市党政代表团赴浙江省诸暨、杭州、嘉善、桐乡、长兴等地考察，学习借鉴先进地区抓工业经济发展、建设特色小镇的经验和做法，坚定不移推进产业强市战略，加快引进一批高科技企业、先进人才，促进产业转型升级，加快经济发展步伐。考察期间，市委书记沈建强调，各级各部门要坚持把做强产业、提高质效作为主线，加快打造现代产业新高地；要狠抓传统产业提升，强化政策撬动、促进企业技改，推动节能环保、电线电缆、铜材加工、陶瓷耐材等产业迈向产业链、价值链高端，积极构建"竞争力更强、抗风险能力更足"的产业结构；在城乡建设、生态保护、旅游开发等方面，要依托自身资源优势、区位优势，把宜兴建成全省生态经济建设的重心和示范。

（潘娉娉）

组织工作

【概述】　全市组织系统围绕迎接党的十九大召开和学习贯彻党的十九大精神主线，学习贯彻习近平新时代中国特色社会主义思想，以严肃党内政治生活和强化党内监督为重点，落实全面从严治党要求。坚持"大抓基层、大打基础"，推动全市基层党建工作迈上新台阶。"头雁"工程实现稳中提质。分类开展村书记、社区书记和"两新"党组织（新经济和新社会组织党组织）书记及大学生村官专题培训，并先后组织其赴嘉兴、扬州等地培训。推行村（社区）党组织书记市级备案管理制度，预审届中新调任书记11人。强化对基层干部的激励保障，9人获评江苏省首批农村基层党建工作突出贡献奖，6名大学生村官通过考核进入事业编制，首批"定制村官"招录工作完成。基层组织坚强有力。出台《关于进一步加强全市农村基层党建工作的实施意见》，突出"强村富民"主题，引导镇村两级脱贫，全市49个无锡市级经济薄弱村有17个实现脱困转化。深化农民专业合作社党建，推广"支部+合作社+电商+龙头企业+农户"的党群联建模式，西望紫砂陶瓷等16个示范合作社带动农户增收近3亿元。为配合宜兴市创建全国文明城市，在市级机关中组织开展"争当创城先锋"活动，开展党员志愿服务。在宜城街道部分社区试行业主委员会主任、物业公司负责人兼职社区党组织委员制度，"党建+治理+服务"的社区综合管理模式初显雏形。开展"陶都先锋"社区特色服务品牌评选活动，评出"语过天晴"等首批特色服务十大品牌。创新建立"党建+项目"工作模式，成立常宜、宜长高速公路临时党支部，实现把党组织建到项目指挥部、把党课上到工地现场、把党员聚到战斗一线。党员队伍得到净化优化。执行发展党员"8+2"制度（《关于建立健全发展党员工作八项制度的意见》和《发展党员工作流程图》《发展党员全程纪实表》制度），完成全市党组织与党员基本信息的采集、校核和录入工作，同步配发《党员活动证》8万余本。开展失联党员排查处置工作，进一步规范党费收缴工作，党员的身份意识增强。党的十九大召开后，第一时间发放新修订的《党章》《党的十九大报告》（单行本）及其他辅导读本19万册，引导党员用党

的新思想新理论武装头脑。全年新发展党员927人。其中:35岁以下599人,占64.6%;女党员317人,占34.2%;非公有制经济组织党员491人,占53%;高中文化以上党员894人,占96.4%。全市共有基层党委79个、党工委9个、党总支379个、党支部3425个。党员总数82746人,其中预备党员960人、女党员18559人。

【“两学一做”学习教育常态化】 紧扣“‘两学’升境界、‘一做’促发展”主题,组织谋划,推动学习教育融入日常。加强组织领导,明确工作责任。在市委统一部署下,及时召开专题座谈会,印发《实施方案》,建立市委常委会直接领导、组织部门牵头实施、相关职能部门协同推进的工作机制,确保学习教育有力、有序推进。围绕纪念中国共产党成立96周年、党的十九大召开等重要节点,以通知提醒、随机检查等形式,督促各单位学习。抓住“关键少数”,实现以上率下。市委常委会坚持先学一步、学深一层,带头制订年度工作安排,带头开展集中交流,市委常委和党员副市长带头分别赴18个基层联系点实地调研,讲好“旗帜鲜明讲政治”专题党课,为全市各级做好榜样。各基层党委(党组)及其领导班子成员认真落实三个“走在前、作表率”和“六个一”具体要求,引领党员跟进“学”、结合实际“做”。工作落到支部,彰显主体作用。牢固树立党的一切工作到支部的鲜明导向,以开展“组织生活制度落实深化年”活动为契机,对执行“三会一课”(定期召开支部党员大会、党支部委员会和党小组会,按时上好党课)等八项组织生活制度情况进行督促指导,推进各项制度落实。开展“领导干部带头上党课、支部书记示范讲党课、普通党员上好微党课”活动,创建省、市两级党支部书记工作室和党员教育实境课堂27个,打造“身边课堂”集群。江苏俊知技术有限公司、西渚镇白塔村、宜城街道谈家干社区等一批学习教育示范点受到市民好评。突出问题导向,对标真查实改。以开展“连心富民、联企强市”大走访活动为重要途径,推动党员干部改作风、强本领、树形象。全市各级共走访农户21万户、社区家庭13.8万户、企业近9000个,累计梳理各类意见、问题1.75万条。针对部分农村党员责任区作用发挥不够明显的问题,市委书记沈建领衔基层党建“书记项目”,引导农村党员在征地拆迁、致富带富、技艺传承等方面当先锋作表率,拓展农村党员责任区内涵。

【市管领导干部班子建设】 选人用人导向更加鲜明。牢固树立“崇尚实干、敢于担当、基层选拔、群众公认”的选人用人导向,注重从发展质效佳的板块、职能履行好的部门、实绩突出和群众公认度高的班子中选拔使用干部。选拔任用机制更加健全。实施干部选拔任用全程纪实,严格执行《干部任用条例》等规定,以严密规范的程序选好人。完善干部考察“自我评、党委评、群众评、组织评”的“四联评”模式,提高立体识人、精准看人、科学用人的实效性。加大各镇(园区、街道)与市级机关部门之间、党政机关与企事业单位之间干部交流任职力度,从更大范围、更广领域选用干部。领导班子结构更加优化。把好党政正职这个“关键中的关键”,精心挑选、反复比选,一批实绩突出、敢于担当的干部走上正职岗位。围绕不同班子建设的目标要求和市委巡察机构组建等改革任务,坚持依事择人、人随事转,合理配置干部资源,市管领导班子年龄、专业、知识等结构进一步优化。干部教育培训更加精准。紧贴全市中心工作,聚焦领导干部素质能力提升需求,突出学习贯彻党的十九大精神、推动产业转型升级等主题,不断加强和改进新形势下干部教育培训工作。分两期组织全市600余名市管领导干部开展学习贯彻十九大精神轮训,依托陶都大讲堂举办十九大精神专题宣讲报告会,市管领导干部的德才素质和履职能力稳步提升。

【年轻干部培养管理】 深入贯彻落实省、无锡市“789”青年干部培养计划文件精神,制订出台全市年轻干部选拔培养管理实施办法,注重备用结合,推动年轻干部加快成长成才。加大储备力度。扩大年轻干部选拔视野,建立“90后”优秀后备人选、市管后备干部人选以及“80后”党政正职后备人选三类数据库。分层分类培养。优化培训形式,举办全市第19期青年干部培训班,通过35天的“封闭式培训、开放式调研、军事化管理”,让年轻干部在挑战极限中实现自我成长。深化挂职内涵,丰富“外派”“上挂”“下挂”等形式,首次选派优秀年轻干部到重大项目建设一线挂职历练。强化互动交流,组织召开“90后”选调生、挂职干部等多个层次座谈会,促进年轻干部互相借鉴、共同提高。加快使用步伐。全面衡量年轻干部德才表现,为优秀年轻干部成长成才创设条件、搭建平台。

【干部监督管理】 重点监督更富成效。严把干部选任关口,对拟提拔对象实行干部人事档案“凡提必审”、个人有关事项报告“凡提必核”。3名对象因个人有关事项报告存在瞒报行为,依据查核结果处理办法被暂缓提拔。强化对“一把手”用权行为的监督,牵头审计部门对12名市管正职领导干部实施经济责任审计。日常管理更趋深入。抓好《领导干部报告个人有关事项规定》和《领导干部个人有关事项报告查核结果处理办法》两项法规的贯彻落实,全市1326名科级干部和1533名中层正职干部、村(社区)“两委”负责人作年度报告。加强对苗头性、倾向性问题的教育提醒,针对个人有关事项报告查核、信访举报调查核实等情况,对23名干部进行提醒或诫勉谈话。从严动态加强出国(境)管理,审批因私出国(境)179人次、因公出国(境)59批次195人次,确保出国(境)人员备案应备尽备、证件应交尽交、审批应批尽批。深度参与市委巡察工作,推动巡察成果转化为从严管理监督干部的成果。管理基础更加稳固。做好干部人事档案专项审核收尾,对相关遗留问题分类施策,制订出台干部人事档案管理办法,从严从实管档的长效机制得到健全。稳妥审慎推进公务员职务与职级并行审批工作。积极对上沟通衔接，用好用足调任政策，完成公务员调任审批42人。规范干部选调、借用工作，制订出台《关于规范机关事业单位人员借用的若干规定》。全面完成超职数配备干部问题、规范离（退）休领导干部社团兼职问题、清理党政领导干部在企业兼职取酬问题等整改工作，及时开展“回头看”，整改成效得到巩固。加快推进干部信息管理综合平台建设，初步构建相关数据库。

（徐海友）

宣传工作

【概述】 全市宣传思想文化工作以习近平中国特色社会主义思想为指导，贯彻党的十九大精神，增强政治意识、大局意识、核心意识、看齐意识，围绕主题主线，紧贴中心大局，牢牢把握正确方向导向，紧紧围绕建设“强富美高”新宜兴的发展大局，唱响“两聚一高”(聚力创新，聚焦富民，高水平全面建成小康社会)的发展主旋律。年内，签约姜昆艺术收藏等9个重大项目。

【理论武装】 全面学习贯彻党的十九大精神。开展“喜迎十九大，创建文明城”主题宣传教育活动，印发《十九大精神要点导读》2万余册。组织好省委宣讲团在宜兴举行党的十九大精神宣讲报告会。成立以市委书记沈建为团长的市委宣讲团，举行集中宣讲37场。各镇（园区、街道）和机关部门通过组建宣讲团或举办报告会等形式开展专题宣讲，推动党的十九大精神进农村、进企业、进机关、进校园、进社区。推进学习型党组织建设。制订印发《2017年度全市基层党（工）委（组）中心组专题学习计划》，按季度推荐学习书目，推进理论学习中心组管理平台试运行。举办“培育和践行社会主义核心价值观”等专题讲座，在全市领导干部中开展“践行‘两聚一高’，实现‘强富美高’”为主题的专题学习调研活动。创新党员教育形式。围绕“两学一做”学习教育，开展“‘两聚一高’争先锋”微党课比赛，全市47个党委部门380余人参加比赛，选出一批优秀党课和授课人，展现了党员干部的时代风采。组织人员参加江苏省、无锡市“百姓名嘴”风采展示活动，获江苏省二等奖、无锡市一等奖。在全市党员中开展“五个一”（一堂专题讲座、一次谈心谈话、一场组织生活会、一次廉政教育、一场文艺演出）清单式冬训，完成基层党员干部冬训工作。周铁镇申报为无锡市马克思主义大众化（理论宣讲）示范基地。

【新闻舆论】 主流舆论提升引导力。开展新闻舆论“创新提升年”活动，策划推出“强企业　促发展”“创建全国文明城市　共建美好家园”等30多个主题报道，开展“产业强市　聚焦先进听潮音”等大型新闻行动，为全市经济社会发展提供强大动力和舆论支持。主题外宣提升传播力。策划组织“新媒体大咖看宜兴”“高端智库看宜兴”等主题外宣活动。主攻头版（头条），提升外宣品质，在中央电视台播出新闻和专题38篇；在《人民日报》《光明日报》《新华日报》等主流媒体刊发报道200余篇，其中头版88篇；在人民网、新华网等主流网络媒体推送新闻6000余条（次），唱响“宜兴声音”。主流阵地提升竞争力。市传统媒体融合日趋完善，基本完成报（台）、网、微博、微信、客户端等平台矩阵建设。“宜兴发布”两微一端（微博、微信、客户端）全面建成，中国搜索政务直达号、腾讯企鹅号、网易号全面上线；成立宜兴市微媒体联盟，40个部门单位共51个微媒体成为联盟首批成员；举办以“文明让宜兴更美好”为主题的宜兴市第三届网络文化节，探索“互联网+文明创建”新模式，42场倡导正能量、唱响主旋律的网络活动相继开展，有力助推了宜兴市全国文明城市创建工作，网民为响应文化节活动共创作文学、绘画、摄影等文艺作品5000余件，点击互动超1900万次，参与活动的网民共计44.5万人次，全市主流新媒体矩阵的社会影响力、竞争力全面提升。

【文明创建】 2017年11月，全国文明城市创建首创成功。建立健全市四套班子领导创建文明城市挂钩联系制度和条块结合工作机制，梳理44类近2000个实地考察点位，开展专项督查126次；印发《市民文明礼仪手册》20万册，组织开展“我是陶都好司机”等活动。11月，宜兴市以优异成绩创建成全国文明城市，文明创建的“宜兴经验”在省精神文明简报上刊登。核心价值观宣传广泛深入。加大公益广告刊播力度，仅城区墙面布设公益广告达5.6万平方米、灯杆道旗达2600多杆。探索推广新思路，微视频《律动宜兴》获江苏省“喜迎十九大，全景看江苏”大赛三等奖，3个项目获“无锡市核心价值观新创案例奖”，“以‘一村一文化’推进价值观建设”经验在无锡市推广。典型培育工作亮点频现。持续深化“我推荐、我评议身边好人”活动，宋仕良候选中国好人，唐黎萍等5人被评为江苏好人，管立等8人被评为无锡好人，姜达敖获江苏省道德模范提名奖，葛永军等4人获评无锡市“最美人物”。志愿服务工作硕果累累。“陶都志愿者”平台功能不断提升，在线注册突破13.6万人，开展志愿服务1000余次，参与人数1.7万余人次，1人被评为江苏省志愿服务先进典型，3人获评无锡市最美志愿者，9个项目（组织）获“无锡市最佳志愿服务项目（组织）”称号。未成年人思想道德建设创新开展。开展“童眼看创城”等创城主题教育活动，推进落实《未成年人思想道德建设目标管理项目》，形成了20多个未成年人工作品牌。在“践行八礼四仪　争当美德少年”教育活动中，1人获评江苏省百名美德少年。农村精神文明建设成效凸显。深入推进“文明乡风沐农家——家园守护行动”32个重点村建设，形成了富有地方特色、丰富多彩的乡村文化。和桥镇、西渚镇白塔村创建为全国文明镇（村），徐舍镇美栖村入选第四届“江苏最美乡村”。

【文化发展】 文化普惠共享成效显著。市文化中心高效运行，文化承载力增强，举办文艺汇演、展览交流等各类活动1000余场，全年接待参观团体900多批，入馆人数突破150万人次，丰富了市民的精神文化生活。市图书馆完成国家一级图书馆评估定级申报，7个镇级分馆和30个村级分馆建成。建成张渚镇善卷村、湖㳇镇大东村等15个云媒体电视智慧社区（村），惠及用户8.8万户。开展“文明宜兴　文化惠民”“情满陶都”等主题活动，组织文艺演出140余场、戏曲演出300余场、送影下乡3000余场，惠及群众40余万人次。弘扬宜兴优秀传统文化，扶持传承55个民间传统项目，以文化传承推进乡村振兴。文艺繁荣局面不断巩固。修订《宜兴市阳羡文学艺术奖评奖实施细则》，评选优秀作品142件；徐风的长篇传记《布衣壶宗——顾景舟传》获江苏省紫金山文学奖、江苏省“五个一”工程奖，周德彬长篇小说《月亮湾的往事》获无锡市“五个一”工程奖；2件作品获无锡市优秀文艺成果奖，4部作品获“太湖文学奖”；宜兴市委宣传部获无锡市“五个一”工程奖组织奖。

【意识形态】 建立完善的机制体制。根据中央、省和无锡市出台的意识形态工作责任制实施办法，制订出台宜兴市《落实党（工）委（党组）意识形态工作责任制的若干规定》，强化各级各部门意识形态工作责任；制订出台《关于实行意识形态工作责任清单制度的通知》《镇（园区、街道）党（工）委意识形态工作责任制分解考核指标体系表》《市级机关部门党（工）委（党组）意识形态工作责任制分解考核指标体系表》等文件，明确任务清单、建立考核标准。开展系统的分析研判。建立意识形态领域情况分析研判联席会议制度，专题召开联席会议，全面排查宜兴市党的十九大前后意识形态领域风险点，部署意识形态工作任务。实行全面的考核检查。按照无锡市《关于开展2017年度党风廉政建设责任制落实情况暨〈责任书〉执行情况以及落实意识形态工作责任制情况检查考核的通知》要求，对全市各镇（园区、街道）和市级机关部门落实意识形态工作责任制情况，实现检查考核全覆盖。

（马彦彬）

统战工作

【概述】 组织各党派团体围绕全市年度经济社会发展的目标任务，召开民主协商会、情况通报会和对口联系活动，组织各党派团体调研组骨干成员开展集中调研。全年协助市委举行民主协商会1次、情况通报会3次，完成与政府部门对口联系专题座谈活动10次，形成调研报告22份。在年初“两会”期间，各民主党派、工商联、无党派人士联络组共提出集体提案43件，个人提案、建议141件，其中有6件被列为市长、主席联合督办重点提案。全年撰写反映社情民意信息29件，录用11件，其中，5件得到市领导的批转办理，6件被省委、无锡市委采纳。做好党外代表人士的教育培训工作，组织举办第四期党外后备人才培训班、市民主党派领导班子成员培训班。加强依法管理，维护民宗领域和谐稳定。指导召开市天主教爱国会第五次代表会议，天主教爱国会完成换届。做好南岳禅寺负责人考察和任命批复工作。各宗教团体积极参与宜兴市创建全国文明城市工作，城区31个清真饮食网点、地处风景游览区的宗教活动场所主动融入创城工作。加强联谊服务，提升海外统战和侨务工作层次。借助江苏发展大会、无锡全球锡商大会、陶艺节等契机，积极与在外乡贤联络。市侨办被评为全省侨办系统先进集体。

【民主党派学习实践活动】 2017年是各民主党派开展坚持和发展中国特色社会主义主题学习实践活动的收官之年，学习内容以迎接、学习、贯彻党的十九大为主线，以深化政治交接、增进政治共识为重点。为确保活动扎实开展，年初市委统战部发出《关于进一步开展坚持和发展中国特色社会主义学习实践活动暨开展“春风五月行”社会服务活动的通知》，明确学习实践活动的主题和重点、目标和要求。市各民主党派注意结合自身实际，制订方案，认真落实。通过开展集中学习、专题讲座、参观交流等活动，引导党派成员提高思想认识和政治觉悟，强化政治责任和使命担当，不断提高政治把握能力和合作共事水平，确保市各民主党派领导班子换届选举后的平稳过渡。

【“同心实践基地”创建】 市各民主党派、工商联和无党派人士联络组注意结合宜兴实际，围绕年年有创新、每年有延伸的工作目标，推进“同心实践基地”创建工作。市委统战部在中超利永紫砂博物馆挂牌创建同心文化联盟实践基地，打造独具宜兴特色的统战文化品牌。民进宜兴市委员会在徐舍中学挂牌“同心实践基地”，拓展了服务阵地。至年底，全市有挂牌市级、民主党派市委级、支部级三级同心实践基地16个，形成了完善的同心实践基地创建网络。

【“春风五月行”社会服务】 2017年是开展“春风五月行”社会服务活动的第八年，市各党派团体开展健康体检、专家义诊、送教下乡、扶贫助学、送温暖到敬老院等社会服务活动。全年市各党派团体开展服务活动20余次，出动志愿人员约260余人次，服务群众4500余人次，捐赠款物合计270万元。

【宗教事务】 全市有佛教、道教、天主教、基督教四大宗教团体，依法登记开放的宗教活动场所62处（不含2处筹建），其中佛教33处、道教7处、基督教20处、天主教2处，比丘、比丘尼、道士、牧师、长老、传道和神父等教职人员147人，信教群众8万多人。新增省四星级宗教活动场所7个、省三星级宗教活动场所5个；至年底，全市有省星级宗教活动场所23个，其中4星级宗教活动场所12个、三星级宗教活动场所11个。召开全市民族宗教工作会议，与18个基层单位分别签订《宜兴市民族宗教工作目标责任书》。制订实施《宜兴市宗教领域专项资金管理办法》，给予部分宗教活动场所专项资金补助40万元。重视芙蓉寺等8处宗教活动场所基建项目，会同相关部门现场论证、程序把关。开展慈善公益事业，全年四大宗教团体共捐款捐物120多万元。丁蜀镇福源禅寺组织开展宜兴常福园爱心植树活动，打造宗教文化、紫砂文化、自然生态于一体的绿色人文寺院环境。市道教协会与市智能易文化研究会组织“智能易文化研究会暨易学与养生文化交流会”活动，为易学文化发展、创新和生存拓展了平台。市道教协会举办第六届道教文化节和第二届“庚桑论道”，弘扬社会主义核心价值观，构建和谐生活，推崇道教优秀传统文化。配合做好第六届国际素食文化博览会机关事务，举办云湖首届禅文化音乐艺术节、宜兴市道教音乐节，在周铁镇福善寺成立宜兴市竺山书院，提高了宜兴美誉度和知名度。

【民族事务】 全市有少数民族42个，总人口达14101人(含流动少数民族)。清真饮食网店120多户，主要分布于宜城街道、丁蜀镇和环科园。加强基础数据调研统计，对全市25名少数民族优秀代表人士进行信息采集。加强流动少数民族人口服务管理工作，对全市常住少数民族人口、流动少数民族人口作全面统计。实施“暖心工程”，走访慰问少数民族贫困对象150多人，慰问资金约26万元。动员四大宗教团体关注和扶持病、残、困三类少数民族群体。举行少数民族优秀代表迎春座谈会。协调市教育局确保8名在宜兴的穆斯林群众子女入学、入托。共为129名符合规定的少数民族中高考投档考生提供族别证明。会同市公安局、城管局、卫计委和宜城街道等部门做好“开斋节”和“古尔邦节”的服务保障工作。全年共走访15个清真饮食网点，送法上门，提供政策咨询和服务，邀请市城管局和消防大队对清真饮食网点负责人进行依法经营宣讲和消防安全教育。

（宗希　陈敬良）

涉台工作

【概述】 把握两岸和平发展主题，做好对台湾经济、交流和涉台宣传工作。围绕经济建设中心，做好台资招商，帮助镇(园区、街道)在台湾开展经贸洽谈。持续服务好在宜兴台商，积极协调处理涉台矛盾，坚持落实每月走访制，倾听台商心声，主动为台商解决实际困难，营造出良好的创业投资生活环境。组织召开全市台侨工作座谈会和台属联谊会会长会议，听取基层统战委员和台联会会长、理事对做好对台湾工作的意见建议。协助市台商协会举办春茗酒会、中秋联谊会，组织在宜兴的台商台属开展春季采摘活动，组织台属联谊会赴无锡交流基地、句容茅山新四军纪念馆、宜兴城市规划馆参观学习。帮助台商张进财协调解决子女就读问题，协助病重台商陈日胜转院并送去慰问金5000元。全年上报各类信息12条。配合省台办开展两岸交流30年活动。拍摄微视频《一个台湾茶人的紫砂情缘》，上报征文4篇。

【对台交流】 跟进中央对台湾政策，利用在宜兴市设立的国家、省、市三级两岸交流基地的影响力，加强与台湾民间的交流交往。全年组织开展交流活动20余次，其中，赴台湾交流6批56人次，台湾到宜兴交流18批365人次。基层交流持续推进。接待台湾新北市副市长侯友宜参访团、新北市议员邱烽尧参访团、宜兰县礁溪乡议员林成功参访团、台东县副议长陈宏宗参访团等到宜兴参观基层组织建设、新农村建设以及地方特色经济发展情况。民间交流互动频繁。台北宜兴同乡会理事长吴嘉璘到宜兴寻根，台湾大学原校长虞兆中儿子虞立、台胞何景贤和朱婉清(夫妇)到宜兴祭祖和文化寻根，泰国华侨商会主席、世界台商联合总会名誉会长余声清率泰国台商到宜兴参访，上海台商协会海外乡贤到宜兴开展经贸交流，协助台湾知名茶艺师黄怡嘉到宜兴举办普洱与紫砂品鉴会，协助市医学会交流团组赴台湾开展医学交流、协调市陶瓷行业协会接洽曹安祥赴台湾参加紫砂文化交流，促成市陶瓷博物馆与莺歌陶博馆开展陶瓷文化交流等。文化交流紧扣特色。利用陶瓷、文创、茶禅、旗袍等宜兴市特色品牌在两岸掀起新的交流热潮。云湖·西渚首届国际禅文化音乐艺术节在大觉寺举办，黄慧音、齐豫、琼英卓玛等数十名禅乐艺术家到场助阵，吸引两岸观众4000余人观看；以“素食、书香、乐活”三大理念为主轴的第六届中国宜兴素食文化博览会在大觉寺举办，活动内容丰富，吸引两岸民众逾2万人；中国宜兴旗袍文创节首次举办，吸引台湾交流协会参展。青少年交流凸显效果。市环科园实验小学参加省台办组织的“2017年‘希望杯’苏台青少年棒球交流赛暨‘太湖风·两岸情’棒球嘉年华”比赛，取得软式棒垒球第二名；首次联合市教育局、体育局组织市实验中学女子篮球队、高塍小学乒乓球队赴台湾开展教育、体育交流，使两岸学生加深认知、拉近距离。在深入调研的基础上，丁蜀镇方井紫砂城“江苏省海峡两岸青年创业基地”申创成功。

【对台经贸】 2017年，响应市委、市政府推进产业强市的号召，充分利用宜兴市对台湾的资源和信息优势，联络台北宜兴同乡会、上海台商协会、全国台湾同胞投资企业联谊会、市台属联谊会、市台商协会、佛光山星云法师等人脉资源，广泛收集投资信息。搭建平台促合作。第九届中国宜兴国际陶瓷艺术节期间，组织宜台经贸文化交流合作洽谈会，为宜兴台湾两地经贸、文化交流合作搭建平台，39个台湾知名企业负责人应邀与会，促成银环控股集团旗下子公司卓澳国际贸易有限公司与鹿鸣创新集团签约，实现金门高粱酒(台湾名酒)在江苏省总经销。整合信息抓招商。先后促成副市长储红飙率团赴台湾开展文创旅游招商、官林镇政府赴台湾面向台湾国乔石化重点招商、市工商联团组赴台湾开展经贸招商；赴上海台协会拜访协会新老会长和台商等活动，促成上海台协会大唐食品董事长李政芳开展养老产业项目考察、台商黄振益开展月子中心项目考察、市民黄苡葰赴台湾考察上市项目、台湾国乔石化公司总经理杨品正到宜兴对“新材料—尼龙66项目”实地考察。主动而为送服务。严格落实每月走访制，全年走访企业60余次，帮助解决问题11条。全程参与做好台宜陶瓷(宜兴)有限公司、经典陶坊两个企业赴南京参加两岸交流30年大陆台企展销会期间的协调服务工作。

(黄芳)

机构编制管理

【概述】 市编办深化行政审批制度改革,推进承担行政职能事业单位改革、相对集中许可权改革,加快政府职能转变,严格控制机构数、编制数和职数。全年承办涉及机构编制调整事项58件,其中签批发文55件。新设立事业机构10个,更名12个,撤销19个,增核事业编制49名,增核市级机关编外用工指标62个。召开全市规范镇级编外用工管理工作会议,出台《关于规范全市镇(街道)、园区编外用工人员管理的实施意见》和《宜兴市镇(街道)、园区编外用工管理实施办法》,清理、规范全市镇(街道)、园区编外用工人员。规范机构编制管理,加强监督检查,完成人员出入编业务3300人次、部门用编申请审批169件、中层职数预审76人次、津补贴审核75人次、车贴审核328人次。实行机关事业单位网上名称管理,完成中文域名续费588个,其中公益域名501个、政务域名87个。

【行政审批制度改革】 2017年6月,全市深化行政审批制度改革动员部署大会召开。会上,市委、市政府出台《关于深化行政审批制度改革加快简政放权激活市场活力的实施意见》(市编办拟定),明确放管服改革的主要任务和时间表、路线图。围绕全省新一轮创业创新环境评价活动,市编办协调各部门优化体制机制及相关流程,尤其对开发区工业项目审批监管系统进行调研论证和流程改造,打通部门间审批流程壁垒,实现开办企业、不动产交易登记"一窗受理、集成服务",推进模拟审批和代办服务,建立预审代办制。配套出台《关于公布宜兴市首批"不见面审批(服务)"事项清单的通知》,梳理不见面审批事项116项,见一次面审批事项699项,完成市委、市政府提出的"一网审""一并评""一窗办""一章批"的改革目标要求。基本实现"3550"(企业3个工作日内完成注册开业、5个工作日内获得不动产权证、50个工作日内工业生产建设项目取得施工许可证)的改革要求,做到"围墙内的事企业做主,围墙外的事政府包办"。围绕建设市镇村三级统一、兼具"标准、管用、特色"的政务服务网,打造"纵横全覆盖、事项全口径、内容全方位、服务全渠道"的政务服务平台,开展"三级四同"(省、市、县三级权力名称、类型、依据、编码相统一)标准化权力清单编制工作,梳理宜兴政府部门行政权力6935项。

【相对集中行政许可权改革】 开展开发区相对集中行政许可权改革试点工作,出台《宜兴经济技术开发区相对集中行政许可权改革试点方案》,明确第一批划转开发区行政许可事项30项,按照机构"撤一建一"原则,设立内设机构行政审批局(挂"宜兴经济技术开发区政务服务中心"牌子),并增设下属事业单位公用事业管理服务中心。推进开发区全链审批赋权清单工作,就《无锡市部分省级以上开发区全链审批赋权清单(征求意见稿)》征求开发区意见。12月28日,开发区行政审批局正式对外挂牌,行政审批相对集中的基本框架搭建完成。

【官林镇纳入第二批经济发达镇改革范围】 7月,江苏省经济发达镇行政管理体制改革工作联席会议办公室(以下简称省镇改办)下达《关于做好第二批经济发达镇遴选工作的通知》,决定遴选第二批经济发达镇开展行政管理体制改革工作。市编办按照遴选标准中"经济实力强、产业基础好、吸纳人口多""苏锡常地区经济发达镇的一般公共预算收入不低于5亿元、常住人口不低于10万人"以及"主要经济社会发展指标列所在设区市乡镇综合排名前10位"的要求,向省、无锡市申请将官林镇、徐舍镇纳入宜兴市第二批经济发达镇行政管理体制改革范围。11月,通过对经济发达镇经济指标、常住人口、一般公共预算收入等各类指标的排名筛选综合考量,省镇改办将官林镇纳入第二批经济发达镇行政管理体制改革范围。

【事业单位改革】 2017年,作为江苏省承担中央开展行政职能事业单位改革试点6个县(市)之一,宜兴市全面开展改革试点任务,通过沟通协调、反复论证,出台《宜兴市承担行政职能事业单位改革试点方案》,并对涉及改革机构单独建立机构编制台账,确定涉改人员范围。本次改革试点涉及42个事业单位18个部门(其中部门所属事业单位1个、重点行业17个、承担行政执法的事业机构23个),涉及人员编制429名、在编人员378人,撤销或更名的事业单位18个,共置换行政编制90名,核减事业编制139名。10月底,该方案分别通过中央和省编办评估验收。

【机构编制服务保障】 统筹调控机构编制资源,保障重点领域发展和体制改革调整需求。围绕市委、市政府经济发展中心工作目标,设立市企业金融服务中心,防控金融风险,保护金融环境。围绕产业强市战略,整合内外资招商等职能,设立市投资促进中心,推进招商引资工作。推进纪检体制改革,调整设立市纪委派驻纪检机构和市委巡察机构,调剂增核行政编制85名。推进监察体制改革试点工作,成立市监察委员会与市纪委合署办公,撤销市监察局,将市人民检察院反贪污、反渎职以及预防职务犯罪职能划入市监察委员会,划转政法专项编制35名。推动全市公共资源交易平台整体建设,将农村产权交易整合纳入公共资源交易平台管理。成立市急救中心,建设市内医疗卫生系统的院前急救服务体系。

(吴伟)

市级机关党建工作

【概述】 组织机关党员学习十九大精神、习近平总书记系列重要讲话和新《中国共产党章程》。举办入党积极分子培训班和党务干部能力培训班,开展党员轮训，加强组织建设，规范党内政治生活。加强市级机关廉政文化建设。开展以创建全国文明城市为中心的文明服务。加强机关群团建设，活跃机关氛围。至年底，市级机关党工委下属党组织58个，其中机关党委2个、总支部17个、支部159个，有党员3355人。

【学习培训】 组织机关干部收看十九大开幕式，开展迎庆十九大网上答题活动，举办市级机关十九大精神专题辅导报告会。2月，会同有关部门对市级机关26名入党积极分子进行6个专题、为期3天的培训。4月10—14日，在苏州大学举办市级机关党务干部能力培训班，近100人参加。4月、11月，分别举办2016—2018年度第三、四期中层干部党员轮训班，共轮训党员700余人。7月，组织新发展党员赴嘉兴南湖进行集中宣誓。"七一"前夕，组织所属党组织开展中国共产党成立96周年纪念活动，围绕主题党课教育，召开民主生活会和组织生活会，集中开展党员"过政治生日"活动，深入基层调研走访，开展党内关怀活动，参与全国文明城市创建。积极参与"阳光扶贫"工作，机关干部结对帮扶全市6718户贫困户。会同相关部门开展领导干部"'三解三促'暨'一帮一献爱心'"活动，走访慰问困难群众400多人，资助慰问金80多万元。

【组织建设】 结合机关党建工作目标要求，完善《机关党建百分考核细则》，强化党支部书记"一岗双责"（个人职务所对应的岗位；不仅要对所在岗位承担的具体业务工作负责，还要对所在岗位承担相应的其他管理责任）、党建工作"第一责任人"意识。印发《关于在市级机关基层党组织中开展"组织生活制度落实深化年"活动的通知》，进一步规范党内政治生活。深入开展党日活动，旁听部分机关党组织专题组织生活会。对26个党（总）支部进行届中调整，指导市国税局、宜兴地税局筹备成立机关党委，选举产生机关党委委员会。年内，共发展新党员26人，按期转正预备党员20人。

【作风与纪律建设】 组织机关党员干部认真学习中央关于反腐倡廉的一系列重要精神。印发《关于进一步加强市级机关廉政文化建设的通知》，开展"八个一"（制作一批勤政廉政提示牌、设计一面廉政文化宣传墙、设立一个廉政图书角、开设一个党风廉政宣传栏、开设一个清风课堂、开展一批廉政文化活动、完善一套党风廉政建设制度，倡导有条件的直属党组织设计一个廉政文化标识）活动。举办"清风伴耳　廉洁传家"廉政诗文朗读活动，共收到朗读音频80个。为机关党员赠送《看案例学条例》读本3500本。全年共处理违纪党员3人。

【文明服务】 全力以赴参与宜兴市创建全国文明城市工作。多次召开专题会议，研究部署市级机关公共文明志愿服务活动。现场查勘道路交通，根据交通状况和各单位人数，科学制订交通志愿服务方案。为全市50多条道路提供志愿者服务（4月每天提供志愿者服务，其余月份每周提供一次志愿者服务），76个部门5万多人次参加志愿服务。配合创建全国文明城市活动，在机关中发出倡仪书，开展"机关干部作表率，文明交通我先行"交通法规知识网上答题活动，900多人参加。7月，340多名机关干部参加义务献血活动。

【群团建设】 市机关工会举办市级机关干部职工趣味运动会，650多人次参加18个项目的比赛，216人（队）获奖。市机关团工委以"最美时光"为主题，组织开展市级机关青年篮球友谊赛，12支球队、144名队员参加比赛；开展"以案释法"庭审旁听活动，40多名机关青年进法院庭审现场；开展"最美时光　青春毅行"市级机关青年助力创建全国文明城市暨万米徒步竞速赛活动，120多名青年积极参加活动。市机关妇工委围绕"悦读春天""感恩有您"主题，开展亲子朗诵、阅读交流等形式的亲子读书活动；举办宜兴市机关妇女干部专题培训。

（张夫海）

农村工作

【概述】 深化农村改革，推进农村改革试验区建设（年内宜兴市入选江苏省新一轮农村改革试验区），加快建设农村产权交易市场，试点开展农村土地"三权分置"（土地所有权、承包权、经营权分置并行）改革。加强农村土地承包经营管理，基本完成农村土地承包经营权确权登记颁证工作，规范推进农村集体"三资"（资金、资产和资源）管理，不断强化农村土地流转管理，加快构建归属清晰、权能完整、流转顺畅、保护严格的管理体制机制。全面推进城乡发展一体化示范镇和美丽乡村建设，突出农村人居环境改善，加快提升农村基础设施水平，打造农村宜居、宜业、宜游的美丽家园，培育壮大新型农业经营主体，加快经济薄弱村脱困转化步伐。

【农村产权交易市场】 按照"应进必进"原则，实现市、镇两级农村产权交易服务中心全覆盖，加快把耕地、水面、四荒地（荒山、荒沟、荒丘、荒滩等未利用的土地）、标准厂房等农村集体资产资源交易行为纳入制度化、规范化管理的轨道，更好地发挥市场在资源配置中的决定性作用，提高农村集体资产资源的利用效率和经营效益。至年底，全市所有镇均存在农村产权交易行为，全市农村集体产权交易额达6942万元，其中2017年新增交易量4196万元。

【农村承包地"三权分置"改革】 按照中央、省、无锡市关于加快农村承包地确权成果应用的部署和要求，宜兴市全面启动"三权分置"改革各项工作，确定芳桥街道、徐舍镇、丁蜀镇先行试点，致力于贷款风险基金、项目规划、土地规模流转的探索，鼓励基层积极创新实践，加快新型农业经营主体培育，大力推进农业适度规模经营，确保农村土地集体所有权的根本地位，严格保护农户承包权，加快放活土地经营权，逐步完善土地所有权、承包权、经营权的关系，努力实现富民强村目标。

【美丽乡村和城乡发展一体化示范镇建设】 2017年，在城乡一体化先导示范区建设、陶都美丽乡村建设、幸福镇村建设等创建活动基础上，按照布局优化美、绿色产业美、富民生活美、宜居生态美、乡风和谐美的“五美”乡村要求，积极参与无锡市美丽乡村示范村建设。年内，西渚镇白塔村，湖汊镇张阳村、洑西村等9个村被命名为无锡市美丽乡村示范村，数量位居无锡地区首位。丁蜀镇、官林镇、湖汊镇入选无锡市城乡发展一体化建设示范镇重点培育名单，此三镇的项目建设方案通过无锡市专家评审，将分别重点打造古镇保护型、产业集聚型、生态旅游型三类具有浓郁地方特色的现代化新型城镇。

【新型农业经营主体发展】 加快农民专业合作社规范化建设，确保数量和质量双提升，全市累计组建农民合作社1569个，培育市级以上示范社139个，其中无锡市级示范社52个、省级示范社29个、国家级示范社8个。指导和扶持家庭农场调优结构、培育品牌、提升品质、增加收益。至年底，全市拥有农经部门认定的家庭农场469个，累计创建宜兴市级示范家庭农场70个、无锡市级示范家庭农场55个、省级示范家庭农场21个，数量和质量均居无锡首位。组织农民合作社负责人、乡镇业务辅导员到扬州大学、山东农业大学进行能力素质提升培训，组织家庭农场主参加省(市)级业务培训，着力培育一批新型农业经营主体的“领军人物”，全年培训236人。

【经济薄弱村脱困转化】 围绕“2017年、2018年每年至少完成全市三分之一的经济薄弱村脱困转化、2020年经济薄弱村全部脱困转化”的目标，坚持“精准扶持、精准脱困、一村一策、注重造血”的原则，实现工作重心从单向扶持到扶限并举、从常态扶持到精准脱困、从面上扶持到“一村一策”、从资金扶持到项目支持的转变，突出加强薄弱村“造血”功能建设。全年完成25个经济薄弱村脱困转化目标，市委办出台《关于2017年扶持经济薄弱村发展集体经济的项目奖补意见》，增设扶持经济薄弱村发展专项基金1500万元，8个薄弱村“造血型”项目获市审批立项，建成后将在全市起到积极的引导示范作用。

【农村土地承包地经营权确权登记颁证】 遵循“确保确权到位、确保群众满意、确保社会稳定”的基本原则，按照“先易后难、循序渐进，规范操作、梯次推进，严格程序、民主协商，不留后患、维护稳定”的工作思路，稳妥推进农村承包地经营权确权登记颁证工作。全市17个镇(街道)的190个村、5312个村民小组，全面完成上级下达的农村承包地确权登记颁证任务，并通过省级检查验收。证书、合同发放率超95%；图解实测地块总数52.02万宗，溢出面积3.81万亩。

【农村集体“三资”管理】 在省内率先组建集“三资”信息采集、处理、监督和公开于一体的农村“三资”管理三级网络平台，将村级资金、资产、资源和村级工程等全面纳入监管范围。组织全市255个村(社区)开展村级清产核资工作，对92个行政村开展财务审计，查摆问题，立行立改。市委办公室、市政府办公室出台《关于进一步规范和完善农村集体“三资”管理工作的意见》，制订《宜兴市农村集体“三资”管理细则》，并印制成图、集中上墙。

【农村承包地流转管理】 围绕依法、自愿、有偿“三个不变”的原则和投资主体、村集体、农民得益“三个提高”的目标，探索建立公开透明、依法规范的土地流转交易平台。健全风险防范机制和流转价格增长调整机制，严格控制土地流转用途和流转期限，全面规范土地流转行为。市、镇、村三级严格落实土地流转合同审查备案制度。全面调查摸底全市土地流转现状，弄清底数，建立台账，为进一步规范管理土地流转提供依据。

(张杰)

老干部工作

【概述】 全市老干部工作以迎接党的十九大召开和学习贯彻中共十九大精神为主线，贯彻落实中共中央办公厅、国务院办公厅印发的《关于进一步加强和改进离退休干部工作的意见》文件精神。“畅谈新变化”“建言十九大”活动广泛开展，老同志爱党护党、为党和人民事业增添正能量的政治热情得到充分激发。社区离退休干部党建试点工作深入推进，离退休干部组织建设水平进一步提升。至年底，全市有离休干部236人。其中：抗日战争时期参加革命工作的51人，解放战争时期参加革命工作的185人；享受地市级政治生活待遇的5人，享受地市级医疗、乘车待遇的5人，享受县处级政治生活待遇的89人。

【老干部工作体制机制完善】 市委研究出台《关于进一步加强和改进离退休干部工作的实施方案》，明确15项刚性任务和相关责任部门，将离退休干部工作的落实情况纳入镇、园区、街道科学发展工作考核中。7月，中共宜兴市委离退休干部工作委员会挂牌成立，发挥职能作用，履行对全市离退休干部党建工作的宏观指导。市委老干部局牵头制订《关于明确机关事业单位离退休人员相关经费的通知》，离退休干部党建工作经费和支部书记工作补贴列入财政预算。在中共中央组织部老干部局及省委老干部局召开的贯彻落实中央3号文件精神座谈会上，宜兴市代表分别交流发言，老干部工作得到上级的充分肯定。

【“畅谈·展望·建言”活动】 市委老干部局在全市离退休干部中开展“畅谈十八大以来变化、展望十九大胜利召开”主题活动，引导老干部不忘初心跟党走，助推“强富美高”新宜兴的建设发展，以优异成绩献礼党的十九大。活动内容丰富多彩：举办“我眼中的美丽陶都”摄影展、“翰墨丹青歌盛事”书画展、“沐浴党恩，晚晴生辉”文艺演出等各类庆祝活动20多场次，近1万名老同志参与；组织原四套班子老领导赴丁蜀镇参观视察，引导老领导了解宜兴经济社会发展取得的新业绩、新成就；“建言十九大”专题调研活动收到各类有建设性的意见建议、心声愿望150多条；丁蜀镇、周铁镇、市财政局、市公安局等单位的基层支部紧扣“畅谈十八大以来新变化，展望十九大胜利召开”活动主题，开展各类形式多样的教育实践活动，增强老同志对党的事业高度负责、对民生福祉高度关注的政治热情。

【离退休干部党建工作】 举办离退休干部学习十九大精神专场报告会，部署各基层单位老同志学习活动，在老干部系统掀起学习热潮。提升全市离退休干部党组织建设整体水平，对各单位离退休干部党建工作实施量化考核，提升基层党建工作规范化水平。推进社区离退休干部党建试点工作，在宜城街道民主和新华社区挂牌成立离退休干部党支部，社区党建试点工作取得阶段性成效。

【老干部学习活动阵地建设】 市老干部活动中心搬迁至市老干部大学。以市老干部大学为老干部思想建设和文化建设的主阵地，组织开展“迎庆十九大”书画、摄影、征文、演讲、演唱、宣讲等多种纪念活动。市老干部大学师生踊跃投身宜兴市创建文明城市活动，开展“我承诺，我文明”广场签名活动、社区志愿服务、主题征文和摄影比赛，在老年群体中营造出浓厚的“创城”氛围。探索宜兴老年教育发展新路，加强市老干部大学师资队伍建设和特色课程建设，不断增强办学吸引力。2017年，市老干部大学获评无锡市敬老模范单位、无锡市成人教育工作先进单位等多项荣誉。

（尹颖　王博）

保密工作

【概述】 加强保密宣传教育，增强涉密人员的保密意识。从日常保密管理工作中容易出现的泄密隐患入手，每月编写1—2期保密宣传资料《保密之声》，发放至全市各级党政机关和其他涉密单位。做好涉密人员保密培训。集中培训各镇（园区、街道）、市级机关和其他涉密单位的保密干部110余人，培训以涉密文件信息资料的保密管理、信息设备的保密管理和涉密人员的保密管理为主要内容。严格涉密信息管理，开展各类保密检查。组织开展2017年度机关事业单位和相关涉密企业保密自查自评和互联网门户网站保密检查，实地检查全市30多个机关单位、企业。中高考期间，组织专门力量逐一检查全市中高考试卷存放点和各考点，并跟踪监督试卷的保管、领取、运送、分发等程序，防止试卷泄露情况发生，确保中高考保密工作顺利完成。开展对市涉密载体销毁中心的保密工作专项检查。现场审查市涉密载体销毁中心的保密组织机构、工作制度及人员管理，并通过实地查看涉密载体的存放和销毁场所，全面排查涉密载体回收、运输、分拣、监销和销毁环节的失密、泄密隐患，确保涉密载体销毁全程被监管。建设互联网出入口监测平台系统。建立重要涉密单位互联网出入口监检测平台系统，加强对重要涉密单位互联网计算机网络及信息的实时监控。全年全市没有失密、泄密事件发生。

（蔡文岫）

党校工作

【概述】 全年举办各级各类干部培训班118期，培训干部1.5万人次。其中：重点班次12期，主要包括市第十九期青年干部培训班、市管干部党的十九大轮训班、市入党积极分子培训班、军转干部培训班、初任公务员培训班、机关党员轮训班；与各镇（街道、园区）和机关部门联合开办中青年干部培训班和党的十九大精神理论宣讲班26期，参训中青年干部2820人次；做好全市各部门、各单位业务专题性培训的服务工作，年度培训班次80期。

【教学管理创新】 树立“以人为本、按需培训”的理念，加强需求调研，把党的需求和干部的需求有机结合起来，使党校的教育培训内容贴近市委要求、贴近宜兴实际、贴近学员需求。围绕党的基本理论，注重以坚定理想信念、增强宗旨观念和改进工作作风为重点的党性教育。坚持把中共十八大后马克思主义理论中国化的最新成果作为全年干部培训的中心内容，在各类班次中相继开设党的十九大精神、市十三届二次全会精神等新专题课程。根据学员层次化要求和岗位需求设置教学内容，围绕学员最想学到的知识、最想知道的事情、最想解决的问题，把理论教育、知识教育、党性教育有机统一起来，注重教学的针对性和实用性。

【科研成果】 市委党校充分发挥科研工作的支撑作用。2017年，全校共有江苏省社科联精品应用工程结项1项，立项1项；江苏省委党校结项1项；无锡市社科联立项并结项1项；环太湖发展研究中心课题结项1项，立项2项；无锡市委党校结项13项，立项15项；参与江苏省教育厅高校哲学社会科学研究项目1项。围绕重大决策部署开展深入的理论探讨，论文成果斐然。2017年，党校老师在省级期刊发表论文3篇，在《太湖论丛》发表论文4篇；有3篇论文入选江苏省党校行政学院系统学习贯彻党的十九大精神理论研讨会；有1篇论文入选中国能源与环境经济学者论坛会议；有1篇论文入选《江苏省社区发展研究会2017年年会论文》；有3篇论文入选无锡市第八届社科学术大会，其中二等奖1篇、优胜奖2篇；有1篇论文入选环太湖2017年年会；有17篇论文入选无锡市党校系统2017年年会，其中优秀论文6篇。

（范蔼珏）

编辑　吴艳

宜兴市人大常委会

YI XING SHI REN DA CHANG WEI HUI

综　述

【概述】 全年召开常委会会议8次、主任会议19次，开展视察5次，组织述职评议、执法检查、专项工作评议和专题询问各1次，听取和审议专项报告20项，形成审议意见、评议意见和建议16个。依法行使重大事项决定权，先后审查和批准2016年市级决算、2017年政府预算调整方案，作出决定7项。规范行使人事任免权，依法任免国家机关工作人员65人次，任免人民陪审员69人次。对《宜兴市网络预约出租汽车经营服务管理实施细则(试行)》《市政府关于公布部门规范性文件清理结果的决定》等4个规范性文件的合法性、适当性进行备案审查。

【基层人大工作指导】 召开全市基层人大工作会议，出台《关于2017年镇人大工作的指导意见》，指导基层人大围绕全市中心工作履职行权。坚持常委会领导和内设机构负责人分片联系基层人大机制，每季度召开片区人大工作例会，围绕工作推进情况、重点工作安排、代表建议督办、重要精神传达等内容进行交流部署，协调指导基层人大有序开展各项工作。邀请基层人大负责人参加常委会的重要会议和活动，与基层人大联动开展执法检查和专题视察，推动两级人大上下联动、同频共振。

【自身建设】 根据上级关于健全人大讨论决定重大事项制度和各级政府重大决策出台前向本级人大报告的文件精神，协助市委在全省县级率先制定实施办法，指导丁蜀、徐舍、高塍镇人大开展政府民生实事项目人大代表票决工作，落实宪法法律赋予人大的重大事项决定权。推进“两学一做”*学习教育常态化、制度化，认真学习贯彻中共十八大，十八届三中、四中、五中、六中全会和十九大精神，深刻领会习近平新时代中国特色社会主义思想，全面部署推进全市人大系统党的十九大精神学习宣讲活动。组织新一届常委会组成人员任职培训和市镇街人大干部业务培训，坚持开展机关“一月一法”法律知识学习，提升人大干部履职能力。健全完善常委会工作制度体系，修订制度33项、新增制度3项。深入开展“连心富民联企强市”大走访、“一帮一　献爱心”和“阳光扶贫”结对帮扶等活动，保持同人民群众的血肉联系。协助上级人大对农民增收致富和农村扶贫、深化医疗改革情况等6项工作开展专题调研，调研成果获省人大的肯定和表彰。开展全市人大系统工作调研和理论研究成果评选、宜兴人大好新闻和优秀通讯员评选等活动，编印《宜兴市人大常委会公报》6期、《宜兴人大》23期，坚持宜兴人大网站同步更新，“宜兴人大”微信公众号上线运行并推送微信26期。开展与韩国京畿道议会友好交流活动，进一步扩大宜兴人大工作的影响力。

重要会议

【代表大会】 1月7—10日，市第十七届人民代表大会第一次会议召开。会议听取和审议政府工作报告、市人大常委会工作报告、市人民法院工作报告、市人民检察院工作报告，书面审议市人大法制委员会工作报告、市人大财政经济委员会工作报告、市2016年国民经济和社会发展计划执行情况及2017年国民

市第十七届人民代表大会第一次会议召开　(市人大办　提供)

经济和社会发展计划草案的报告、市2016年全口径预算执行情况和2017年全口径预算草案的报告、市人民政府关于市十六届人大五次会议代表建议、批评和意见办理情况的报告，并通过相应的决议。会议依法选举产生新一届人大常委会、市人民政府领导班子，市人民法院院长、市人民检察院检察长和宜兴市出席无锡市第十六届人民代表大会的代表，产生市人大法制委员会、财政经济委员会，并组织新当选人员进行宪法宣誓。会议期间，收到代表提出的建议、批评和意见204件。会议闭幕时，市委书记沈建作《立足新起点　开启新征程　向着“强富美高”新宜兴奋力前行》的讲话。

【常委会会议】　全年召开常委会会议8次。

2月28日，常委会第一次会议召开。会议审议和通过市人大常委会2017年工作要点（草案）、《宜兴市人大常委会议事规则》等常委会制度修订草案，《宜兴市人大常委会会议及活动纪律规定》等常委会制度草案，市十七届人大常委会代表资格审查委员会名单（草案）；决定有关人事任命，并举行宪法宣誓仪式。会议结束前，市人大常委会主任刘亚民作《依法履职行权　主动担当作为　奋力谱写人大工作全新篇章》的讲话。

4月26日，常委会第二次会议召开。会议听取和审议市政府关于2017年政府投资重点项目资金预算安排情况的报告、关于深化国有企业改革情况的报告、关于2016年宜兴市环境状况和环境保护目标完成情况的报告，以及“一府两院”关于依法打击恶意逃废债务行为、切实服务宜兴经济发展工作情况的报告。

5月27日，常委会第三次会议召开。会议作出关于许可对宜兴市第十七届人大代表杭志远采取强制措施的决定。

6月27日，常委会第四次会议召开。会议审查和批准市2016年决算，听取和审议市政府关于2016年预算执行和其他财政收支情况的审计工作报告，对36名市人大常委会任命的国家机关工作人员进行述职评议，决定有关人事任命，并举行宪法宣誓仪式。会议还任免了人民陪审员。

8月28日，常委会第五次会议召开。会议听取和审议市政府关于上半年全市经济社会发展、预算执行情况及市政府投资重点项目计划执行情况的报告，关于宜兴国际旅游度假区、雅达健康生态产业园项目情况的报告，关于宜兴市农村污水治理PPP项目、城乡污水管网PPP项目实施方案的报告，市人大常委会执法检查组关于检查《中华人民共和国防洪法》实施情况的报告；决定有关人事任免，并举行宪法宣誓仪式。

10月24日，常委会第六次会议召开。第一、二次全体会议审查和批准市2017年政府预算调整方案，听取和审议市政府关于市2016年度本级预算执行和其他财政收支审计发现问题的整改情况报告、关于《宜兴市城市总体规划（2017—2035）》编制情况的报告、36名国家机关工作人员关于落实市人大常委会述职评议反馈意见整改情况的报告（书面）；决定有关人事任免，并举行宪法宣誓仪式。第三次全体会议对全市食品安全监管工作进行专项评议和专题询问。会议听取市政府关于食品安全监管工作情况的报告、评议和询问工作组关于食品安全监管工作情况的调研报告，评议人员对全市食品安全监管工作进行询问，并现场进行测评，测评结果为基本满意。

12月13日，常委会第七次会议召开。会议听取和审议市政府关于市十七届人大一次会议代表建议、批评和意见办理情况的报告，作出关于召开市十七届人大二次会议的决定、关于接受张达志等同志辞去宜兴市第十七届人大代表职务请求的决定、关于接受杭志远辞去宜兴市第十七届人大代表职务请求的决定，部分无锡市人大代表向市人大常委会报告履职情况。

12月26日，常委会第八次会议召开。会议听取和审议市政府关于2017年国民经济和社会发展计划执行情况及2018年国民经济和社会发展计划草案的报告，关于2017年市级投资重点项目及资金安排计划执行情况和2018年市级投资重点项目及资金安排计划的报告，关于2017年全口径预算执行情况和2018年全口径预算初步安排的报告；讨论市人大常委会工作报告（送审稿），市十七届人大二次会议日程安排（送审稿），各类建议名单和选举办法，2017年度人大工作调研和理论研究成果奖评选建议名单，2017年度先进市代表小组、代表活动积极分子和优秀建议、承办建议先进部门评选建议名单；通过市人大常委会代表资格审查委员会关于市十七届人大代表变动情况和补选代表资格审查的报告，作出关于接受孙海东同志辞去无锡市第十六届人大代表职务请求的决定，补选1名无锡市第十六届人大代表；决定有关人事任免，并举行宪法宣誓仪式。

【主任会议】　全年召开主任会议19次。

1月17—18日，第一次主任会议召开。会议学习传达市委十三届二次全会精神，讨论市人大常委会制度、市人大机关各项制度、市人大常委会2017年工作要点（讨论稿）。

2月9日，第二次主任会议召开。会议讨论确定市十七届人大常委会领导分工安排，市人大常委会领导和各内设机构联系镇人大、街道人大工委分片安排，2017年市人大常委会领导及委员联系市代表活动有关安排，市人大常委会兼职委员、基层人大负责人、市人大代表、选民参加2017年市人大常委会主要会议、活动有关安排，市人大常委会组成人员培训方案。会议讨论市人大常委会2017年工作要点以及需要提交市人大常委会会议通过的常委会制度，讨论通过市人大机关各项制度。

2月27日，第三次主任会议召开。会议通报市人大常委会党组会议有关精神，讨论市人大常委会第一次会议有关安排。

3月13日，第四次主任会议召开。会议听取市政府关于2017年政府实事项目实施方案的报告；讨论关于开展食品安全监管专项工作评议和询问的实施意见，关于《中华人民共和国防洪法》贯彻实施情况的执法检查方案，市人大常委会任命的国家机关工作人员2017年度述职评议实施方案，2017年主任、市长联合督办重点建议，关于2017年镇人大工作的指导意见（草案），关于2017年市人大代表小组活动的意见（草案），全市镇街人大和市代表工作会议实施方案，2017年度市人大常委会领导、委员、市镇街人大干部、各市代表小组组长培训方案。

4月21日，第五次主任会议召开。会议讨论全国文明城市创建工作情况的视察调研方案，2017年度主任、市长联合督办重点建议工作方案，2017年度述职人员履职情况调研方案；听取关于一季度人大片区例会情况的汇报；讨论市人大常委会第二次会议相关议题的调研报告和有关安排。

5月15日，第六次主任会议召开。会议讨论关于全国文明城市创建工作情况视察的相关事项，听取办公室关于宜兴市农民增收致富和农村扶贫工作调研情况的汇报。

5月26日，第七次主任会议召开。会议听取和讨论市人民检察院关于提请许可对宜兴市第十七届人大代表杭志远采取强制措施的报告，讨论市人大常委会第三次会议有关安排。

6月14日，第八次主任会议召开。会议听取"一府两院"关于市人大常委会审议意见和建议办理情况的报告（书面），讨论市人大常委会第四次会议相关议题的调研报告和有关安排。

7月5日，第九次主任会议召开。会议听取教育科学文化卫生工委关于宜兴市教育质量情况的调研报告（征求意见稿）。

7月18日，第十次主任会议召开。会议听取市政府关于市十七届人大一次会议代表建议、批评和意见上半年办理情况的报告，人事代表联络工委关于市十七届人大一次会议代表建议、批评和意见上半年办理情况的调研报告，关于第二季度人大片区例会情况的汇报；讨论园区重大产业项目推进情况视察的相关事项、代表主题实践活动部署会议方案。

8月21日，第十一次主任会议召开。会议通报有关人事任免事项，听取市政府关于市人大常委会审议意见和建议办理情况的报告（书面）、人事代表联络工委关于部分国家机关工作人员述职评议整改方案的情况通报，讨论市人大常委会第五次会议相关议题的调研报告和有关安排。

8月28日，第十二次主任会议召开。会议听取市政府关于重大旅游产业项目推进情况、关于宜兴市农村污水治理和城乡污水管网PPP项目建设实施方案的说明，传达无锡市"履职为民连心富民"代表主题实践活动动员部署会议精神、全市创建全国文明城市走访工作部署会会议精神。

9月15日，第十三次主任会议召开。会议听取市政府关于企业诚信体系建设情况的报告、财政经济工委关于企业诚信体系建设情况的调研报告，讨论转型升级科技创新工作视察的相关事项、召开基层人大规范化建设工作座谈会的方案、无锡市人大代表向原选举单位报告履职情况的实施方案。

10月17日，第十四次主任会议召开。会议通报有关人事任免事项，听取关于三季度人大片区例会情况的汇报、市政府关于市人大常委会审议意见和建议办理情况的报告（书面），讨论食品安全监管专项工作评议和询问工作方案、市人大常委会第六次会议相关议题的调研报告和有关安排。

11月5日，第十五次主任会议召开。会议听取市政府关于"263"专项行动*开展情况的报告、环境资源城乡建设工委关于"263"专项行动开展情况的调研报告，传达全省市县人大常委会负责同志学习会精神，讨论司法行政基层基础建设工作视察的相关事项、关于人大工作调研和理论研究成果奖评选方案，对市人大机关年轻干部进行民主推荐。

12月4日，第十六次主任会议召开。会议通报有关人事任免事项，讨论关于2017年度市代表先进小组、代表活动积极分子和优秀建议、承办建议先进部门评选的实施方案，关于开展镇民生实事项目人大代表票决制工作的指导意见（试行）和试点方案，关于在市十七届人大二次会议前组织市人大代表开展会前视察的方案，市预算专家组审核2018年全口径预算会议方案，市十七届人大二次会议筹备工作安排，市人大常委会第七次会议相关议题的调研报告和有关安排。

12月13日，第十七次主任会议召开。会议讨论接受有关市人大代表辞职的相关事项和市人大代表出缺补选安排。

12月14—15日，第十八次主任会议召开。各工委总结全年工作，并根据调研情况交流2018年工作思路，讨论市人大常委会工作报告（讨论稿）、市人大法制委员会工作报告（讨论稿）、市人大财政经济委员会工作报告（讨论稿）。

12月22日，第十九次主任会议召开。会议通报有关人事任免事项、补选无锡市十六届人大代表及市十七届人大二次会议有关事项，听取关于第四季度人大片区例会情况的汇报，讨论市人大常委会第八次会议有关安排和相关议题的调研报告。

监督工作

【视察活动】 全年开展专题视察5次。

5月19日，视察全市全国文明城市创建工作情况。随机抽查城东大润发、中医医院、人民医院、东山菜场、城北菜场、金三角市场等重点路段和场所，并听取相关汇报。建议要加强政策宣传、凝聚社会共识、补齐创建短板、完善长效机制，做好文明城市创建的各项工作。

7月21日，视察园区重大产业项目推进情况。实地察看丁蜀镇海翼飞机、开发区西门子、环科园沪宁钢机等项目，并听取相关汇报。建议要发挥宜兴在特色产业、生态环境、在外乡贤等方面的独特优势,以更精准的扶持政策、更完善的工作机制、更高效的服务保障提升项目招引水平,抓好重大产业项目建设,推动签约项目早落地、早投产、早见效。

9月30日,视察全市转型升级科技创新工作情况。实地察看开发区雅克科技股份有限公司、环科园中宜生态土研究院,并听取相关汇报。建议要发挥政府的主导作用、企业的主体作用、园区的主阵地作用,加快打造一批科技型龙头企业和“专精尖”科技型中小企业,加大科技创新人才的培育、引进和服务力度,通过创新驱动为产业强市注入不竭动力。

11月23日,视察司法行政基层基础建设工作情况。实地察看周铁镇司法所、高塍镇司法所,并听取相关汇报。建议要发挥基层司法行政部门在法治宣传、矛盾调处、社区矫正、法律服务等方面的应有作用,化解基础设施、人才队伍、经费保障等方面存在的问题。

12月21日,视察2017年政府实事项目实施工作情况。实地察看应急防洪工程、宜城街道老小区改造、老城区道路改造、宜兴革命纪念园“一体两馆”(革命烈士纪念馆、革命陈列馆),并听取相关汇报。要求政府统筹协调、抢抓进度,加强建设监管和建后管护,完善长效运营机制,充分发挥项目效益,让各项惠民政策落到实处、发挥实效。

【述职评议】 扩大述职范围,对36名国家机关工作人员开展述职评议;明确述职内容,要求述职人员重点汇报履行任前承诺、实施法律法规、接受人大监督、办理代表建议等方面的情况,提升述职的针对性;健全述职流程,开展述职调研,对述职人员进行无记名投票测评,逐一反馈评议情况,听取个人整改报告,并将评议及整改情况报告市委,形成全过程监督链条,提升述职评议工作成效。

6月14日,市人大常委会对《中华人民共和国防洪法》贯彻实施情况开展执法检查　　(市人大办　提供)

【执法检查】 对《中华人民共和国防洪法》在宜兴市的贯彻实施情况开展执法检查,通过开展动员部署、组织法律培训、深入调查研究、召开各界座谈会、公开征集意见、市镇人大联动执法等举措,高标准、高质量开展执法检查,督促政府坚持防洪建设和水环境综合治理相结合,强化顶层设计,理顺管理机制,提高执法效力,加强工程建设管护,提升全市防洪减灾能力,推动《中华人民共和国防洪法》的各项规定全面落实。

【专项工作评议和专题询问】 开展食品安全监管专项工作评议和专题询问,先后召开5次政府职能部门及社会各界人士座谈会,通过实地视察、听取报告、专题询问、联组审议和民主测评相结合的监督方式,督促政府突出源头治理、创新监管方式、优化产业结构,依法从严从快打击食品安全违法犯罪行为,打造全社会共治共享的监管格局。

代表工作

【概述】 启动“助推‘强富美高’服务选区选民”代表主题实践活动,动员和引导全市各级人大代表在加强学习、依法履职、推动发展、服务群众、奉献社会等方面争作表率,组织代表回选区进社区联系服务人民群众,听民声、察民情、集民意、解民忧。出台《宜兴市代表小组工作指导意见》,指导代表小组围绕产业强市、文明城市创建、“263”专项行动*等主题开展小组活动。建成代表履职信息管理平台,“宜兴代表履职”手机客户端投入运行。深入推进“两级载体　两项制度”*建设,组织基层人大规范化建设现场观摩活动,推动“代表之家”、代表工作室(接待室)健全运行机制、充分发挥作用。组织代表履职培训,及时向代表寄送重要资料,坚持开展“双争双评”*活动,并在人代会期间表彰先进,激发代表的履职热情。坚持常委会组成人员联系代表、代表联系选民“双联系”机制,31名代表、29名选民受邀列席常委会会议和活动。组织宜兴市选举产生的15名无锡市人大代表向常委会述职,增强人大代表接受原选举单位监督的意识。

附：

宜兴市第十七届人民代表大会代表名单

（共357名）

张渚镇(24名)：

王迎春	王寅大	王赛军	毛中妹(女)	朱正昊	朱旭东	苏南英(女)	李　平
李为清	杨永文	吴永全	吴耀忠	张　敏	张克强	陈　育(女)	陈发初
周晓生	单学琴(女)	徐荣生	黄　旭(女)	曹庆云	蒋永芳	蒋志良	潘冬梅(女)

西渚镇(9名)：

尹　飞	李保加	吴青峰	吴和平	何金明	余志芳(女)	欧阳华	钱　靖(女)
徐小华(女)							

太华镇(8名)：

江　峰	汤卓敏(女)	孙国强	张凡明	张琴芬(女)	陆岳勤	宗汉平	唐逸俊

徐舍镇(33名)：

丁山明	刁云(女)	马　鑫	王　俊	王　博	王玉珏	王向红(女)	卢栋梁
白福岗	华爱珍(女)	刘　琴(女)	许汉祥	严旭峰	李　伟	杨　飞	杨新民
沈　虹(女)	张为良	张立军	张达志	陈雄伟	邵树伟	范玉君	林启中
周　斌	宗　健	宗华东	莫克明	钱冬芸(女)	董国军	蒋静远	潘梅芳(女)
蹇德平							

官林镇(24名)：

王晓敏(女)	刘　霞(女)	刘云峰	刘亚民	刘军波	许凌鹰(女)	孙文华	孙春燕(女)
孙海东	芮　逸	邹益东	张　良	张永兴	张凌云(女)	宗和强	骆伟栋
钱志华	高松青	唐玉婷(女)	韩良君	储　辉	储顺芳(女)	虞仁军	薛建英(女)

杨巷镇(16名)：

王　卫	石颖娟(女)	卢　敏(女)	印德方	朱建刚	李　云(女)	李国华	杨小明
何秀春(女)	张梅香(女)	罗志平	宗　昀	钱　峰	徐益君(女)	褚东平	潘建忠

新建镇(9名)：

马红琛(女)	杨卓云	周　军	周　鑫	周佳易	郑旭东	费小雷(女)	唐　军
韩国平							

和桥镇(23名)：

王富民	方伟政	史中武	庄小锋	吴建良	沈晓红(女)	张文伟	陆　军
邵　栋	邵利平(女)	杭云艳(女)	周勤斌	赵菊明	胡松渊	俞　雯(女)	俞建新
俞新乐	钱青青(女)	倪晔玲(女)	徐凤琴(女)	殷其敏	唐文华(女)	梁仁达	

高塍镇(19名)：

王洪春	王娅娜(女)	王盘华	史华丽(女)	朱保强	羊　燕(女)	汤顺良	杜海民
杜新明	何　涛	汪传斌	周雪强	徐　畅	梅中华	蒋国君	蒋继中
蒋锡培	惠云琴(女)	谢伯军					

万石镇(9名)：

尹志华	张亚芳(女)	陈卫能	胡俊杰	袁海中	徐洪林	唐　佳(女)	黄燕群(女)
梁志娟(女)							

周铁镇(19名)：

王敏辉	朱晓晔	祁　敏	孙　骁	李　郁(女)	宋志庚	张　勇	陈亚龙
陈忠强	邵亚群	周亚定	周汶燕(女)	胡春峰(女)	崔　健	彭　锋	蒋胜军
路　翀	蔡利群(女)	颜苏静(女)					

丁蜀镇(49名)：

马　钟　王　华(女)　王开芳　王美兰(女)　尹红英(女)　田洪生　冯家迪　华　健
华学文　庄建明　刘　勇　汤小祥　汤杏明　杜其松　李国强　李洪明
闵向东　沈国强　沈跃平　张捍华(女)　陈　瑾(女)　季益顺　周中平　周玖珍(女)
周林峰　周泉荣　房暗星　姚英(女)　姚龙根　夏志平　顾法明　顾美群(女)
顾洪亮　徐　曲(女)　徐国强　徐建荣　徐福军　郭小君　曹　琦(女)　盛凤锡
葛宜翔　葛海军　蒋龙福　蒋泉龙　储　鑫　鲍晓霞(女)　管季平　戴亚芳(女)
魏洪明

湖汊镇(7名)：

马　敏(女)　宋文君　陈　珏(女)　杭文明　周　斌　贾　云　谈　兵

宜城街道(50名)：

丁　慧(女)　王小平　王伟东　王华良　石冬云(女)　史丽敏(女)　邢　娟(女)　吉振华
吕惠芳(女)　朱　敏　朱秋琴(女)　朱群锋　刘文君　江荣华　李银芬(女)　杨　巍
吴伯良　吴明超　吴新风(女)　沈　中　沈　建　沈进萍(女)　沈钰妹(女)　张美君(女)
张燕萍(女)　陈　平　陈才龙　陈国强　陈雪峰　邵小强　周　峰　周介平
周晓良　郑耀中　俞　伟　秦　峰　袁根芳　徐　俊　徐　谦　徐　慧(女)
徐双喜　徐志军　陶锦荣　曹卫华(女)　葛　瑛(女)　蒋　昊　程同孚　谢　科
潘云枫(女)　潘雪群(女)

屺亭街道(16名)：

王小龙　史息平　吕建强　庄建新　刘　英(女)　牟永花(女)　沈　琦　陈星华
邵敏薇(女)　宗伟刚　顾菊芳(女)　钱希杰　钱林明　甄峤源　雷正君　裴焕良

新街街道(19名)：

于立珍(女)　朱旭峰　朱志伟　庄雪娇(女)　杜南平　杨利民　吴雪峰　沈一舟
张建康　杭志远　欧方明　周　霞(女)　周美君(女)　胡　健　祝　梼　钱利荣
徐敏霞(女)　黄维正　蒋宝军

新庄街道(11名)：

王　东　王建平　许祥芬(女)　李长青　吴建新　陆　纯(女)　陈国隽　周　康
黄振兴　蒋益波　储红飙

芳桥街道(9名)：

任　飞　孙凤飞　杨　华(女)　吴　强　吴　燕(女)　何晓进　钱　飞　蒋仲良
虞建新

宜兴监狱(1名)：

蒋国贤

丁山监狱(1名)：

曹定良

驻宜兴部队(1名)：

叶兵华

议案建议及信访督办

【概述】 市第十七届人民代表大会第一次会议期间及闭会期间，市人大代表提出建议、批评和意见206件。常委会先后两次听取市政府关于代表建议办理情况的专题报告，确定由常委会领导、“一府两院”分管领导联合重点督办建议8件，每条建议均做到开展一次工作调研、组织一次现场推进、检查一次办理结果，确保办理落实到位。代表对办理结果表示满意和基本满意的占94.2%，“关于河道断头浜整治的建议”“关于完善设置交通设施　保障市民出行安全的建议”“关于妥善解决外地员工子女上学问题的建议”等一批涉及面广、代表关注度高的建议得到落实。牵头召开人大信访工作联席会议，健全接访、转办、督办、反馈等信访工作机制，全年受理群众来信73件、来访52次，全部依法妥善处理。

2017年度市人大代表优秀建议

表11

序号	代表姓名	建议名称
1	陈发初	关于提高教育质量，优化教职队伍的建议
2	丁山明　潘梅芳	关于加强社区卫生服务中心(站)医务人才招引，解决人才缺乏的建议
3	杨　飞	关于进一步加大打击恶意逃废债务的力度，让失信人员得到应有惩处的建议
4	陈卫能　徐洪林　胡俊杰	关于加快宜兴市农业产业供给侧改革的建议
5	陈星华　牟永花　邵敏薇　沈　琦　钱林明	关于抓农药源头品质，控农产品安全风险，实施农药采购配送的建议
6	吴新风	关于建议“引进高等院校、教育兴市”的建议
7	徐　俊	关于加快实施科学综合治水工程，提升城市防洪能力，改善水质生态环境的建议
8	张燕萍　朱群锋　王伟东	关于加强市场化小区物业管理的建议

（季俊）

编辑　杨宇彤

宜兴市人民政府

YI XING SHI REN MIN ZHENG FU

重要政务

【概述】 面对复杂多变的宏观环境，在中共宜兴市委的正确领导下，在市人大、市政协的监督支持下，市政府认真学习、宣传、贯彻党的十九大精神，以习近平新时代中国特色社会主义思想为指引，牢牢把握稳中求进总基调，深入开展“两聚一高”（省第十三次党代会提出的“聚力创新、聚焦富民，高水平全面建成小康社会”）新实践，攻坚克难、奋力拼搏，经济社会发展继续保持平稳健康态势。全年完成地区生产总值1558.25亿元（可比价比上年增长7%），一般公共预算收入111.15亿元（比上年增长2.3%），全社会固定资产投资563.9亿元（比上年增长5%），社会消费品零售额612.84亿元（比上年增长10.2%），规模工业产值2981.6亿元（比上年增长16%，增幅创2012年以后最高纪录），到位注册外资4.7亿美元（增幅居无锡首位）。产业强市开局良好，改革开放不断深化，宜居魅力更为彰显，生态保护成效显著，民生福祉有效增进，一举创成“全国文明城市”。

【经济发展】 大力推进“产业强市”主导战略，修订完善《关于促进经济和社会又好又快发展的意见》等政策，引进中环领先集成电路用大直径硅片、宜兴国际旅游度假区和雅达健康生态产业园等百亿级项目，东方环晟光伏（江苏）有限公司5吉瓦高效叠瓦太阳能电池组件、远东福斯特新能源有限公司锂电池研发及产业化等投资超50亿元项目开工建设。工业总产值突破3900亿元，完成工业投入323.8亿元；主导产业、传统产业、新兴产业规模工业产值分别比上年增长15%、25%、10%。宜兴首次跻身中国工业百强县（市）十强。税收超1亿元工业企业达14个，红牛维他命饮料（江苏）有限公司成为全市首个税收超5亿元企业。产值前150位企业占规模工业产值比重达81.5%。依法严厉打击恶意逃废债务行为，立案查处案件66起、抓获犯罪嫌疑人68人，挽回直接经济损失3.8亿元，查获隐匿资产6.1亿元。引导银行加大对上争取力度、加强自主消化，同步实施政府精准打包，处置不良贷款18亿元。年末不良贷款率降至2.3%，连续3年实现下降。成立市企业金融服务中心，合理使用政府资源调配、目标考核等手段，引导金融机构加大投放力度，扭转了新增信贷连续5年回落的不利局面，实体经济贷款余额比年初增加90亿元。

【开放合作】 坚持强攻招商不动摇，制订出台《关于促进现代服务业发展的奖励意见》《2017重点国际市场开拓计划》等政策，进一步营造便捷高效的政务环境。市投资促进中心组建成立，成为统筹全市招商引资工作的重要平台。启动“深耕上海”驻点招商活动，挂牌成立宜兴（上海）商务代表处，积极开展蹲点招商，取得较好成效。引进总投资超1亿美元项目4个，制造业到位注册外资占比达81.2%。对外贸易增速平稳，完成进出口41.01亿美元，其中出口33.77亿美元，比上年增长11.5%。江苏雅克科技股份有限公司、江苏博砚电子科技有限公司实现境外并购。鹏鹞环保股份有限公司成为全市首个A股上市的环保企业，全年新增新三板挂牌企业5个，完成股权融资33亿元。

【城乡建设】 坚持以人为本，推动城乡建设由拉框架、扩规模向增内涵、优品质转变，制订出台《关于加快推进建筑产业现代化促进建筑产业转型升级的

即将合龙的西氿大桥　（戴放一　摄）

实施意见(试行)》《宜兴市积极稳妥推进出租汽车行业改革的实施意见》等政策。主动融入(无)锡宜(兴)一体化进程,确定宜马快速通道、锡宜市郊铁路、盐泰锡常宜城际铁路、锡宜高速公路改扩建、丁蜀通用航空机场、锡溧漕河航道整治和锡宜协同发展区"6+1"重大载体,加强与无锡的互联互通互动。以列入全国城市总体规划编制试点城市为契机,以多规融合为方向,初步形成新一轮城市总体规划。狠抓市容市貌提升,开展城乡结合部、背街小巷、集贸市场整治等专项整治300多轮(次)。加快小区面貌改善,改造提升老旧小区51个,修复破损路面2.2万平方米。宁杭高速宜兴东互通主体建成,宜(兴)长(兴)高速、常(州)宜(兴)高速破土动工,对外交通格局持续优化。陶都路、宜浦路、宜北路改造有序推进,顶上桥、城西路网综合改造完工。环科大道南延段、善龙路、洑湖路基本贯通,360省道西(渚)张(渚)段、潘(家坝)西(渚)线等工程全面开工,新西氿大桥顺利合龙,和(桥)闸(口)线、周(铁)万(石)线等8条县道改造竣工;150千米农村道路、25座农桥提档升级。和桥镇、西渚镇白塔村分别创建成全国文明镇、全国文明村。

【生态环保】 坚持协同并治,启动"两减六治三提升"专项行动*,制定出台《关于开展"控源截污"两年行动的实施意见》《宜兴市燃煤工业窑炉整治三年行动计划(2017—2019年)》等政策,努力实现生态效益和经济效益协调同步、互促并进。完成4个热电企业节能减排及环保升级改造,削减煤炭消费总量36万吨,完成年计划的153.8%。排定"四个一批"(关停一批、转移一批、升级一批、重组一批)化工生产企业567个,设立总额2.5亿元的市级"减化"奖补专项资金,签约关停225个、关停到位141个。实施重点治(理)太(湖)工程59项,完成太湖湖体应急清淤76.92万立方米,推进19条重点河道综合整治,7条主要入湖河道水质达到或优于Ⅲ类水标准。"控源截污"两年行动计划加速实施,新建污水管网200千米,完成274个自然村生活污水治理主体工程;蛟桥河、谢桥河等7条城区河道清淤、截污工程完工。禁养区840个畜禽养殖场全面关停,限、适养区758个畜禽养殖场整治到位,滆湖围网养殖整治、沿太湖3千米缓冲带水产养殖污染治理实质性启动。实施两大化工园区、53个重点企业挥发性有机物治理工程,空气质量优良天数比例达66.9%。科学编制生态保护引领区建设方案及规划,高标准确立4大类31项56个建设指标。探索重点河道精准治理模式,制订市镇重点河道"一河一策",实现全市各类水域"河长制"管理全覆盖。

【民生事业】 坚持普惠共享,制订出台《关于统筹推进城乡义务教育一体化促进优质均衡发展的实施意见》《关于加快发展我市养老服务业的补充意见》等政策,城镇居民、农村居民人均可支配收入分别达49826元、25654元,均比上年增长8%。民生投入资金占一般公共预算支出比例达75%,11件43项为民办实事项目完成年度任务。全年实现就业2.9万人、扶持自主创业1974人。精准扶贫持续攻坚,25个经济薄弱村脱困转化。社保扩面新增1.1万人,城乡居民基础养老金、低保标准分别提高至每人每月185元、700元。江南大学宜兴研究生院成功签约。12个城乡义务教育学校教育集团组建到位。产教融合发展工程、周铁小学等项目进展顺利。市人民医院新院区完成开工前期准备,市精神卫生中心、急救中心、红十字会血站即将启用,医疗联合体建设实现市域全覆盖。

【自身建设】 学习、宣传、贯彻党的十九大精神,推进"两学一做"*学习教育常态化制度化,增强"四个意识"(政治意识、大局意识、核心意识、看齐意识)。自觉在市人大法律监督、工作监督和市政协民主监督下开展工作,主动接受人大专项工作评议和专题询问;全年办理人大代表建议、政协委员提案502件,满意率达95.6%。积极听取各民主党派、工商联、无党派人士、人民团体意见。修订完善新一届政府工作规则、常务会议议事规则,持续规范重大行政决策程序,加强政府涉法事项审核把关。以财政同级审、工程投资审计为重点,强化审计监督,全年开展审计项目125个,整改问题资金4亿元。政府组成部门接受纪检监察派驻监督实现全覆盖,市委巡察反馈整改意见建议刚性落实。严格执行中央八项规定和省、市委十项规定,坚持不懈纠正"四风"(形式主义、官僚主义、享乐主义和奢靡之风)问题,"三公"经费(财政拨款支出安排的出国和出境费、车辆购置及运行费、公务接待费)支出比上年下降5.3%。积极开展"连心富民、联企强市"大走访活动,"12345"政府公共服务热线办结事项达10.4万件。

重要会议

【市政府全体(扩大)会议】 4月19日,市政府召开全体(扩大)会议,部署和安排全年工作目标任务。根据政府工作的总体要求和发展目标,分解、落实年度重点工作50项,涉及农业农村、工业经济和信息化、服务业等9个方面。其中:农业农村类加快推进农业产业结构优化,强化农业科技改革、农业产品改良、设施装备应用,完善农业产业体系,优化特色产业布局,打造"丘陵山区休闲观光农业""平原圩区传统基础农业"两大全产业链板块;工业经济和信息化类建立"比项目质量、比建设进度、比产出贡献"的目标考核和政策激励体系,强化全市聚精会神抓项目的鲜明导向,确保全年引进超亿元制造业项目30个;服务业类着力强化金融支撑,完善金融机构考核机制,优化政府资源配置,引导更多信贷资金投向实体经济,确保制造业贷款规模明显增长;科技人才类强化科技创新载体平台建设,以苏南国家自主创新示范区建设为引领,突出企业科技创新主体地位,深化省企业研发机构"百千万"(研发机构总规模达10000个、省级重点研发机构1000个、国家级企业研发机构100个左右)计划,培育更多创新型增长点，做大做强高新企业集群，力争新增省级以上研发机构6个。会议要求政府全体成员强化“目标、问题、绩效、规范、责任”五大导向，全力推动全市经济社会平稳健康发展。

【市政府常务会议】 全年市政府常务会议召开8次。

1月11日，市政府第一次常务会议召开，讨论、研究《宜兴市人民政府常务会议议事规则》《宜兴市政府投资工程类项目建设管理实施细则（修订）》《关于加快推进建筑产业现代化促进建筑产业转型升级的实施意见（试行）》《关于调整我市现行户籍准入政策的意见》，听取《关于首届宜兴市市长质量奖评审情况的报告》等5项议题。

3月17日，市政府第二次常务会议召开，讨论、研究《宜兴市人民政府工作规则（修订稿）》《宜兴市制造业三年提升行动计划》《宜兴市守信示范企业评选细则》《宜兴市重大项目模拟审批试行办法》《关于进一步加强和规范宜兴市项目代办服务工作的意见》《宜兴市积极稳妥推进出租汽车行业改革的实施意见》《宜兴市网络预约出租汽车经营服务管理实施细则（试行）》《关于建立工业项目建设协调推进机制的汇报》，听取《宜兴市第22届科技节方案》《市政府2017年重点工作分解落实方案》等8项议题。

5月27日，市政府第三次常务会议召开，讨论、研究《关于宜兴市推进海绵城市建设的实施意见》《宜兴市海绵城市规划建设管理办法》《关于概念污水处理厂特许经营的情况说明》《关于签订宜兴市生活垃圾处理服务特许权协议补充协议（二）的情况汇报》《关于我市义务教育工作情况的汇报》，听取《市政府关于公布部分规范性文件清理结果的决定》《关于进一步加强和规范突发事件信息报送工作的情况汇报》等6项议题。

8月12日，市政府第四次常务会议召开，讨论、研究《关于规范全市镇（街道、园区）编外用工人员管理的意见》《关于支持湖㳇镇政府妥善处置阳羡南方水泥关停后职工安置的报告》《市政府关于加快发展我市养老服务业的补充意见》《市政府关于统筹推进城乡义务教育一体化促进优质均衡发展的实施意见》《宜兴市建设用地三项指标使用管理若干意见》《关于调整我市政府投资重点项目建设民房拆迁补贴政策的建议意见》6项议题。

9月30日，市政府第五次常务会议召开，讨论、研究《新一轮财政管理体制建议方案》《关于我市设立政府投资基金的建议》《关于设立江苏省农业信贷担保公司宜兴分公司的报告》《关于推动宜兴化学工业园转型发展的情况汇报》和《关于军民融合产业园建设情况的汇报》《关于进一步降低实体经济企业成本的实施意见》《关于我市教育用地定价政策的情况说明》《宜兴市沿太湖3公里缓冲带水产养殖污染整治方案》和《宜兴市滆湖围网整治方案》7项议题。

11月10日，市政府第六次常务会议召开，讨论、研究《关于聚焦富民持续提高城乡居民收入水平的实施意见》《宜兴市燃煤工业窑炉整治三年行动计划（2017—2019年）》《关于“控源截污”行动以奖代补实施意见》《关于宜兴市2018年水利规划投资情况的汇报》《关于东氿RBD金融商务区地块有关问题的情况汇报》《关于调整2018年城乡居民养老保险基础养老金标准的建议报告》，听取《关于实施机关事业单位工作人员上下班交通费的报告》《关于我市部分矿山宕口处置工作的建议方案的情况汇报》等8项议题。

12月19日，市政府第七次常务会议召开，讨论、研究政府工作报告，听取市政府办公室关于《政府工作报告（讨论稿）》的情况汇报。

12月23日，市政府第八次常务会议召开，讨论、研究《关于促进我市房地产企业破产处置相关工作建议的报告》《关于兑现2016年度企业代偿、承接银行债务补贴的报告》《关于建议确定2017—2018年度市定重点服务业项目计划的汇报》《关于开展第二轮农贸市场升级改造工作的情况汇报》《关于宜兴市巡游出租车运价调整方案的汇报》《关于2017年度（第二届）宜兴市市长质量奖评审情况的汇报》《关于切实加强镇（街道）水利农机站建设的意见》《宜兴市产业项目用地挂牌出让流程》《关于宜兴市教育用地管理若干意见》9项议题。

【市长办公会议】 全年市长办公会议召开5次。

1月24日，市政府第一次市长办公会议召开，讨论、研究“又好又快”政策兑现有关事项，听取市发改委《关于“2016年又好又快发展政策意见”兑现工作的情况汇报》。

4月28日，市政府第二次市长办公会议召开，讨论、研究《宜兴市医疗机构设置规划（2016—2020年）》《宜兴市计划生育公益金管理办法》《关于进一步促进房地产市场健康稳定发展的意见》《关于宜兴市关停化工生产企业奖补政策及资金测算等有关情况的汇报》4项议题。

5月27日，市政府第三次市长办公会议召开，讨论、研究文明城市创建工作，听取市创建办《关于近期我市创城工作重点问题的情况汇报》。

8月25日，市政府第四次市长办公会议召开，讨论、研究《宜兴市城乡污水管网PPP项目及农村污水治理PPP项目实施方案》《关于调整我市机关事业单位住房公积金、提租补贴缴存基数及比例的情况汇报》2项议题。

9月7日，市政府第五次市长办公会议召开，讨论、研究《市政府办公室关于建立宜兴市义务教育学校教师“县管校聘”管理体制改革联席会议制度的通知》《市政府关于表彰“宜兴市教育改革发展突出贡献奖”获奖单位、团队和教师的决定》《市政府关于表彰宜兴市第二届美丽乡村教师的决定》《市政府关于表彰从教30年优秀教师的决定》《市政府关于表彰捐资奖教突出贡献奖和捐资奖教贡献奖获奖单位与个人的决定》等议题。

【市政府党组会议】 全年市政府党组会议召开1次。

11月18日，市政府第一次党组会议召开，专题学习了党的十九大精神、十八届中央纪委工作报告、《中国共产党章程(修正案)》。

附：

市政府领导班子成员分工

张立军 主持市政府全面工作，兼管财政、人事、机构编制、税务、审计、监察方面工作。

分管市财政局、市人力资源和社会保障局(人事)、市编办、市审计局、市监察局。

联系宜兴市国税局、宜兴地税局。

何晓进 负责市政府常务工作，分管市政府办公室、接待、政策研究、政务公开、应急管理、机关事务管理、政务服务、行政审批、发展改革、企业上市、工业、工业集中区、能源、信息化、无线电管理、统计、统计调查、科技、供电、金融、证券、保险以及与市人大、市政协联络方面工作。

分管市政府办公室、市接待办公室、市政府政策研究室、市机关事务管理局、市政务服务管理办公室、市政务服务中心、市发展和改革委员会、市企业上市工作办公室、市经济和信息化委员会、市中小企业局、市统计局、市科学技术局、市知识产权局、市企业金融服务中心、市金融工作办公室、市商贸资产管理公司。

联系市总工会、市科协、宜兴调查队、宜兴供电公司、市工商联、中国人民银行宜兴支行、银监会无锡分局宜兴办事处、宜兴农村商业银行、市各金融证券保险机构。

周　斌 分管招商引资、开放型经济、口岸、服务业、市场监管、食品药品监管、市场流通、物价、外事、侨务方面工作。

分管市商务局、市投资促进中心、市口岸办公室、市发展和改革委员会(服务业领导小组办公室)、市市场监督管理局、市食品药品监督管理局、市物价局、市政府外事办公室、市外事服务中心。

联系环科园、经济技术开发区、陶瓷产业园、市台办、市侨办、市侨联、宜兴国检局、无锡海关宜兴办事处、宜兴市烟草专卖局、宜兴市盐务管理局、中石化宜兴分公司、市对外友好协会。

吴青峰 分管农林、水利农机、国土、矿产资源管理、不动产登记、民政、老龄、双拥、预备役、征兵、粮食、民族宗教、供销方面工作。

分管市农林局、市农业资源开发局、市水利农机局、市国土资源局、市不动产登记局、市民政局、市粮食局、市民族宗教事务局、市供销总社。

联系市委农办、市气象局、市残联、市人武部、驻宜部队、市老年协会、市农村经济学会、市老区开发促进会、市扶贫开发协会。

储红飙 分管环境保护、卫生和计生、旅游、文化、版权、文化遗产保护、广播电视、对口支援方面工作。

分管市环境保护局、市太湖水污染防治办公室、市卫生和计划生育委员会、市旅游园林管理局、宜兴旅游产业集团、市文化广电新闻出版局、市版权局、市文化遗产局、市广播电视台。

联系市文联、江苏有线宜兴分公司、市红十字会、市生态文明研究与促进会。

卢　敏 分管教育、司法、政府法制、体育、档案、地方志、精神文明、妇女儿童方面工作。

分管市教育局、市政府教育督导室、市司法局、市政府法制办公室、市体育局。

联系市档案局、市史志办公室、市妇女儿童工作委员会、市未成年人保护委员会、市关心下一代工作委员会。

马　钟 分管安全生产、消防、城乡规划、建设和管理、交通运输、公用事业、高铁新城建设管理、住房保障、人防、邮电通信、供电基础设施方面工作。

分管市安全生产监督管理局、市公安局消防大队、市规划局、市建设局、市人民防空办公室、市交通运输局、市城市管理局、市城市管理行政执法局、市住房保障和房产管理局、市公用事业管理局、市云湖景区建设办公室、市高铁新城建设管理办公室、市招投标管理办公室、市国土资源局(土地收购、储备和交易中心)。

联系宜兴供电公司(供电基础设施建设)、江苏宜兴海事处、宜兴邮政公司、宜兴电信公司、宜兴移动公司、宜兴联通公司、宜兴公积金管理中心、宜兴市交通产业集团有限公司。

谢海华 分管公安、信访稳定方面工作。

分管市公安局。

联系市信访局、市见义勇为基金会。

何江平 协助分管工业、金融、证券、保险工作。

唐　剑 协助分管财政、重大项目建设工作。

李秋宇 分管国有资产监管工作，协助分管环境保护、旅游、文化工作。

分管市政府国有资产监督管理办公室。

张京宁 分管人力资源和社会保障(劳动社保)工作，协助分管招商引资、投资促进中心工作。

分管人力资源和社会保障局(劳动社保)。

相关说明：2017年9月4日，市政府办公室印发《市政府关于市政府领导班子成员分工的通知》(宜政发〔2017〕116号)，明确了市政府领导班子成员分工。10月24日，经市十七届人民代表大会常务委员会第六次会议决定，任命李艳同志为宜兴市人民政府副市长(挂职)。经市政府研究，李艳同志分管科技镇长团方面工作。

实事项目

【概述】 全年市委、市政府安排实事项目11件43项，其中目标类11项、工程类32项(上年结转7项、新建25项)，分别为社会保障5项、促进就业2项、放心消费1项、方便出行6项、环境提升4项、公用事业5项、医疗事业6项、文教事业8项、平安创建1项、公共服务3项、安居工程2项。

宜兴市2017年政府实事项目进展情况

表12

单位:万元

序号	项目名称	责任单位	主要建设内容	计划总投资	累计投资	计划完成投资额	至年底形象进度	至年底进展情况
				645165	39100	268189		
1	社会保障	人社局	提高基础养老金:每人每月增加15元,基础养老金标准提高至185元	—	—	—	完成	按计划落实
		民政局	慈善救助:筹集资金3300万元,实施“助学、助医、助残、助困、助老和应急救助”六大救助	—	—	—	完成	完成
		丁蜀镇	丁山养护院建设:用地面积49272平方米,总建筑面积49751平方米	26233	—	5000	完成20%	方案优化
		残　联	提高抗险能力:为全市2.5万名持证残疾人购买团体意外伤害保险	—	—	—	完成	完成
		妇　联	妇女儿童之家建设:实施10个妇女儿童家庭公益服务项目,开展“妇女儿童之家”服务能力提升培训,评选10个宜兴市“妇女儿童之家”示范点	50	—	50	完成	完成
2	促进就业	人社局	保障就业:全市新增就业岗位3万个,全市劳动力实现就业2万人,农村劳动力转移就业8000人,城镇登记失业率控制在3%以内,农村调查失业率控制在3.2%以内,零就业家庭动态归零	—	—	—	完成	新增就业岗位29000个,实现就业24500人,农村劳动力转移就业7946人,城镇登记失业率2.19%,农村调查失业率2.83%,零就业家庭动态归零
		人社局	技能培训:城乡劳动者职业技能培训人数1500人,培训农村劳动力9500人,培养高技能人才500人	—	—	—	完成	培训农村劳动力9550人,城乡劳动者职业技能培训1372人,培养高技能人才2248人
3	放心消费	物价局	农产品平价商店:全市40个平价商店每天以低于市场均价15%以上的价格销售15个以上品种的农产品	500	—	500	完成	完成
4	方便出行	交通运输局	农村公路提档升级工程:拓宽和重建镇道、重要村道150千米,同时改造危旧桥梁20座,绿化和安保设施同步实施到位	13000	—	13000	完工	完工
		交通运输局	城乡公交候车亭建设:建设完成50个城区候车亭,10块站牌,50个农村候车亭,100块农村站牌	660	—	660	完工	完工
		城管局	公共自行车四期:增设35个公共自行车站点	140	—	140	完工	项目暂缓,与共享单车一并考虑

续表12

序号	项目名称	责任单位	主要建设内容	计划总投资	累计投资	计划完成投资额	至年底形象进度	至年底进展情况
4	方便出行	旅游局	旅游交通导引标识体系建设(一期):重点围绕国家AAAAA级旅游景区、国家级旅游度假区创建交通导引标识体系。2017年完成主要高速公路出口及国、省干线的规划布点	1000	—	1000	完成	方案调整,已立项
		建设局	城西路网提升改造:叠翠路(710米)、巷头西路(600米)道路改造、雨水系统改造、供电入地、交通工程改造及照明改造等,绿线宽度约60米	920	—	920	完工	完工
		建设局	宜北路改造:南起太滆路北至芜申运河,全长约2600米,道路红线宽度36米	11480	—	11480	完工	主车道底层沥青摊铺,正在摊铺面层沥青
5	环境提升	宜城街道	老小区改造:东虹东区地面立面改造,共和、仓屋里地面改造	1000	—	1000	完工	东虹主干道铺设,其他基本完工
		丁蜀镇	老镇区改造:①东贤新村、蛇墩新村、煤炭小区、红卫新村、纺织小区门楼改造,丁山汽车站立面改造,神鹰小区平改坡;②丁山游泳馆北侧停车场新增50个车位;③张边路、万安路、曙光路、民主路、汤蜀路、紫砂路延伸段提升改造	7193	—	4000	完成工作量60%	完成工作量20%
		建设局	枫隐广场建设:面积约4.5万平方米,主要建设广场铺装、绿化景观、跑酷、迷你球类场地等居民休闲设施	1800	—	1800	完工	完成河道驳岸,人行桥桥墩基础,公建封顶,部分园路基础
		水利农机局	农村河道清淤:农村河道清淤87条54.77千米81万立方米	1052	—	1052	完成	完成80条
6	公用事业	公用事业局	2017年农村污水治理工程:因地制宜,采用纳管、截流等多种形式对全市自然村的生活污水进行分期治理	145000	—	80000	完成55%	采用PPP方式实施,已立项
		公用事业局	城北垃圾转运站工程:新建城北大型垃圾中转站,规模600吨/天	10700	—	8000	完成80%	采用PPP方式实施,已立项
		公用事业局	2017年丁蜀集镇污水纳管工程	12000	—	7000	完成60%	第一批2000万元污水纳管工程开工,其余污水纳管工程正在设计中
		公用事业局	天然气推广:老小区入户改造3000户	1800	—	1800	完成	完成
		公用事业局	城市防洪应急工程	11000	—	8800	完成80%	新改建8千米堤防,62座排涝泵站,300处排口控制,河道清淤12万立方米

续表12

序号	项目名称	责任单位	主要建设内容	计划总投资	累计投资	计划完成投资额	至年底形象进度	至年底进展情况
7	医疗事业	卫计委	★宜兴市周铁医院暨宜兴市精神卫生中心建设:占地面积45亩,总建筑面积28369平方米	16229	6800	9429	完工	土建工程完工,内装、空调、智能化正在施工
		建设局	★宜兴市红十字会血站(扩建)和120急救指挥中心(新建)项目:总建筑面积17376.7平方米,其中血站8873.7平方米、120急救指挥中心4114平方米、其他446平方米、地下部分3943平方米	10534	2000	8534	完工	土建完成,内装正在施工
		宜城街道	宜城街道社区卫生服务中心建设:利用原图书馆改造,总建筑面积6963平方米,其中加固改造2683平方米,新建4280平方米	3000	—	3000	完工	完成工作量35%,土建开工
		卫计委	提升社区卫生服务体系医疗服务能力建设:鼓励二级以上医院医师到基层医疗机构多点执业,提升社区卫生服务机构中医药服务能力和医疗康复服务能力	—	—		完成	对246名乡村医生进行中医适宜技术培训;多点执业备案工作完成
		卫计委	宜兴市区域卫生信息平台(二期)及"银医通"推进项目:完成对全市8个区中心医院、260个社区卫生机构现有信息系统的升级改造工作,完成18个社区卫生服务中心LIS系统和区域心电系统的上线工作	390	—	390	完成	基本完成
		卫计委、建设局	宜兴市人民医院新院区:建设医疗综合楼、行政科教楼、后勤楼、感染病楼及周边道路配套工程,总建筑面积25.3万平方米	219900	15600	15000	完成工作量30%	方案完善并配合文物部门进行考古挖掘工作
8	文教事业	教育局	★特殊教育学校新建工程:学校整体搬迁,建筑面积1.1万平方米	9500	—	1400	土建开工	重新选址,方案重新设计
		教育局	东氿小学新建工程:建设四轨小学及四轨幼儿园,用地45亩,总建筑面积1.7万平方米	8500	—	2400	完成工作量30%	方案重新设计,四轨变六轨
		环科园	环科园实验小学、幼儿园新建工程:新建实验小学、幼儿园,建筑面积约18000平方米	5500	—	2750	完成工作量50%	根据全市教育资源布点规划完成选址,正推进国资转让和企业拆迁事宜
		宜城街道	融创幼儿园建设工程:建筑面积地上10493平方米,地下4100平方米	6000	—	6000	完工	完成三层

续表12

序号	项目名称	责任单位	主要建设内容	计划总投资	累计投资	计划完成投资额	至年底形象进度	至年底进展情况
8	文教事业	文广新局	“文明宜兴　文化惠民”宜兴市文化服务新行动：组织全市18个镇(园区、街道)、特色文艺团队、文化志愿者队伍互动演出	—	—	—	完成区域互动演出100场次	完成演出100多场次，受惠群众10万余人
		文广新局	“徐悲鸿美术课堂”建设：全年开展2-3个大型活动，常规性活动20次	—	—	—	完成	完成
		文广新局	城乡一体化公共阅读体系建设：2017年完成6个镇(园区、街道)20个农村书屋的数字视窗建设	—	—	—	完成	建成7个镇级分馆，30个村级分馆
		民政局、史志办	★宜兴革命纪念园“一体两馆”建设工程：新建革命烈士纪念馆，重建革命陈列馆，总建筑面积5772.5平方米，其中革命陈列馆2382.9平方米，革命烈士纪念馆3389.6平方米。并新建广场及停车场	5896	4500	1396	完工	主体建筑完工，进行内部装修
9	平安创建	公安局、综治办	2017年技防城三期工程：建设电警和卡口抓拍系统，建设加油站、封闭小区出入口简易抓拍系统，建设农村“村村通”监控，16个镇老旧小区技防改造，建立社会面监控资源共享云平台，进行视频结构化分析	2388	—	2388	完成	招投标完成
10	公共服务	供电公司	宜兴中低压配农网建设与改造：对宜兴市18个乡镇、农村中低压线路、设备进行建设与改造	43500	—	43500	完成	完成
		宜兴市宜能实业有限公司	充电桩建设：在新天地工程地面停车场(西南侧)、城北大排档停车场、沁园停车场、大觉寺停车场、新街街道办门口文化广场西侧停车场等处安装250台充电桩	500	—	500	完成	安装252台充电桩
		体育局	全民健身中心建设：建设总建筑面积1.7万平方米的健身中心。	7800	—	—	完成前期工作	市区统筹规划，重新确定建设方案
11	安居工程	环科园	堂前东区安置房：建设安置房约12万平方米。	35000	—	10500	完成工作量30%	土建开工
		宜城街道	★春雁花园安置小区：总建筑面积83291平方米，其中住宅用房47642平方米，408套；商业用房10930平方米，社区物业用房866平方米。	25000	10200	14800	完工	主体完工，外墙涂料粉刷中，室外市政工程施工

说明：带★的项目为续建项目。

（戴乐寅）

政府法制

【概述】 市法制办全年组织全市180名新领证执法人员参加执法培训，其中171人参加无锡市组织的计算机网上集中闭卷考试，通过率95%。集中检查、评查和考核全市行政机关依法行政、规范执法示范点创建等工作。开展执法案卷评查活动，集中评查25个部门报送的182卷行政处罚案卷、190卷行政许可案卷、10卷行政征收案卷和22卷行政确认案卷，对参评单位的案卷一对一进行反馈，并进行全面总结和通报。以行政审批制度改革为抓手和突破口，参与相对集中行政许可制度改革，完成《宜兴经济技术开发区相对集中行政许可权改革试点方案》《关于加快推进"不见面审批(服务)"改革的实施方案》等相关文件的审核工作。配合市政务服务管理办公室、市编办做好"多证合一""一照一码"登记制度推进工作。全年收到复议申请34件，办结33件，其中作出维持决定16件、申请人撤回复议申请3件、不予受理2件、驳回复议申请3件、以告知的形式作出答复的3件，处置行政复议诉求20余件。全年办理信访复查6件、仲裁案件7件，涉及工业品买卖、商品房买卖等方面的合同纠纷；办理11件行政诉讼案件的答辩及应诉工作。完成市领导交办的政府合同、协议、历史遗留问题处置等重大事项法制审查30多件。2017年，市法制办被省法制办确定为政府合同审查工作示范联系点，并按要求分别于半年度及整年度上报具体工作情况。同时，以政府合同管理工作向省政府法制办申报省依法行政示范项目。

【规范性文件管理】 突出重点领域建规立制，按照条件成熟、社会关注、民生需要的原则，围绕城市建设、资源保护、改善民生等热点重点领域，确定市政府规范性文件制定计划项目。强化规范性文件合法性审查，全年起草、审核、修改市政府规范性文件3件，向无锡市政府和宜兴市人大常委会报备；审核修改其他政府文件46件；完成上级立法征求意见11件；备案并通过审查镇(街道)、部门上报规范性文件3件。完成全市第四轮市政府规范性文件清理工作，清理文件355件，清理结果为继续有效的270件、废止51件、失效18件和决定修订16件，清理结果经市政府常务会议讨论通过后以政府令的形式公布下发，从源头上保障制度建设与改革发展的配套衔接。

【法律顾问履职到位】 全年组织政府法律顾问，审查把关《宜兴市生活垃圾焚烧发电二期扩建项目特许经营实施方案》及其补充协议和《底特律电动汽车(江苏)有限公司合资合同》《江南大学与宜兴市人民政府合作共建宜兴研究生院协议》《宜兴市农村污水治理PPP项目合作协议》《宜兴市城市污水管网PPP项目合作协议》等政府合同近30件，出具书面审查意见13件。对江苏金山环保工程集团有限公司太湖蓝藻打捞处置经费、城区货运机动车禁行区域调整公告、污水厂污泥处置招标方案等重大涉法事项进行合法性审查，并提出相关法制建议意见，进一步提升政府决策水平。

(陈雯)

政务服务

【概述】 5月，市政务办搬迁至宜城街道东氿大道99号，政务服务中心新增EMS、法律咨询等服务窗口。2017年业务量创历史记录，全年办结审批(服务)事项93.15万件，比上年增长21.46%。其中：即办件80.67万件，即办率达86.6%；承诺件12.48万件，按时办结率100%。完成税费收缴19.78亿元，比上年增长79.17%。群众评价综合满意度始终保持在99%以上，市政务办列全市2017年度"千人评议机关"第七位。模拟审批改革、不动产登记改革等举措，分别被《新华日报》、新华网、《宜兴日报》报道。

【"3550"改革取得阶段性成效】 为创新审批服务方式，优化审批服务流程，加快项目建设进度，6月，宜兴成立"3550"(企业3个工作日内注册开业、5个工作日内获得不动产权证、50个工作日内取得工业生产建设项目施工许可证)改革领导小组。市政务办起草《宜兴市重大项目模拟审批试行办法》，并在政务服务大厅设立模拟审批、不动产登记、企业注册开业等综合窗口，变"多窗"受理为"一窗"通办，实现部门数据共享对接，推动各审批部门间的业务联办、项目联评、多图联审、联合踏勘、联合验收。全年有总投资182.3亿元的70个项目(其中企业投资项目63个)进入模拟审批程序。同时，对企业投资项目评估内容，实行集中受理、并联操作，提升审批效能。至年底，改革取得成效：

新政务服务中心大厅 (市政务办 提供)

企业注册开业综合窗口材料由原来的22份减少到7份，环节由5个缩短到2个，时限由14个工作日减少到3个。不动产登记综合窗口将交易、缴税、登记的3个环节纳入专窗集中办理，新购商品房登记收件材料由18件减少为3件，存量房交易登记收件数由16件减少至4件。新购商品房登记加抵押由最初的15个工作日变为5个，最后到当场办结；存量房登记加抵押由最初的30个工作日变为12个，最后到5个工作日办结。市建设局窗口的施工许可证由原来涉及几个科室的8个环节，整合进驻中心窗口集中办理，收取的材料由34份减到23份，时限由15个工作日压缩到最快1个工作日办结。

【"不见面"审批改革积极推进】 6月，市政务办会同市编办、经信委、发改委等部门推动出台《宜兴市加快推进"不见面审批(服务)"改革实施方案》，建立"审批清单管理、网格陪办代办、信息平台支撑、多种途径送达"的"不见面审批(服务)"模式，梳理公布两批"不见面审批(服务)"清单。至年底，梳理涉及38个部门的"不见面"事项914项(总1054项)，占比86.72%。同时，梳理和优化"事关发展、事关民生、事关群众切身利益"三类项目办理的流程图、材料总清单、收费依据等，梳理出包括二手房交易在内的24个套餐式办理指南，编制出台《政务服务100问》，提升政务服务标准化水平。

【政务服务"一张网"建设】 9月，宜兴政务服务旗舰店作为无锡大市第一个上线的旗舰店投入使用，至年底，网站浏览量在江苏省117个市(县)区中排名第四位。江苏政务服务网APP下载量、用户注册量在全省排名第五位，实名认证量位居无锡大市之首。5月，市政务办起草《关于加快全市政务服务网建设的实施方案》，在省政务服务网总体建设的框架下，建设市镇村三级统一、部门协同、一网办理，兼具"标准、管用、特色"的政务服务网。组织各部门按"三级四同"(同一事项省市县三级名称、编码、依据、指南相同)要求，梳理"行政许可、征收、给付、确认、奖励、其他"6类政务服务事项，组织录入省政务服务网政务服务事项库，推动政务服务事项网上办。对部门进驻、事项办理、流程优化、网上运行、收费管理等提出明确要求，做好入网统一身份认证，统一公共支付、统一电子证照等统筹管理工作。至年底，全市统一认证业务数1008项，统一认证占比97.58%。同时，强化在线监管和公众评价，实现对政务服务事项的全过程实时监察监控和预警纠错、投诉处理、满意度采集等功能，把政务服务网的服务事项全部纳入监管范围，实现全过程的"一站式"监管。

【代办服务形成新的良好机制】 代办员队伍建设是实现"3550"*改革目标的重要人才支撑，市政务办不断完善代办员培训、考核、奖惩机制。3月，作为模拟审批试行办法的配套文件，市政务办牵头起草《关于进一步加强和规范宜兴市项目代办服务工作的意见》，为企业提供全程跟踪服务和无偿代办。12月，市政务办牵头举办全市项目代办业务培训班，各镇(园区、街道)分管领导、经贸中心负责人和项目代办员共计110余人参加。至年底，全市18个镇(园区、街道)有项目代办员55人，形成了"项目有人接、审批有人跑、过程有人问、结果有人盯"的良好协同机制。

(陆碧莲)

外事·接待

【外事】 全年邀请接待外宾13批、125人次，其中日韩外宾6批、42人次。4月，参加韩国闻庆市茶碗节开幕式，开展友好城市交往和中韩陶瓷文化艺术交流活动。10月，友好城市——韩国闻庆市，友好交流城市——日本备前市、常滑市、韩国利川市派代表团参加第九届中国·宜兴国际陶瓷文化艺术节。全年审核因公出国(境)团组50批、134人次。其中，宜兴组团25批、101人次，非宜兴组团25批、33人次。组团出访的国家主要有韩国、日本、德国等。

(何静)

【接待】 全年接待来宾789批、9380多人次。其中：承担二级警卫任务1批、20多人次；部省级来宾68批、800多人次，地市级来宾144批、1600多人次；有关县

2017年9月，韩国京畿道议员一行考察宜兴经济技术开发区 (何静 摄)

市党政代表团及各类考察团260批、4000多人次;商务接待130批、1000多人次;外宾28批、280多人次;其他来宾158批、1680多人次。市政府接待办参与第九届中国·宜兴国际陶瓷文化艺术节等活动期间部分来宾的接待工作。

（龚薇）

机关事务管理

【概述】 全年交换文件18.2万件,邮寄信件12.3万封,分发报刊97.1万份,提供中央空调服务262次,安装电话486部,保障会议1020次,其中承办专场会议980次。承担市"两会"、2017年中国宜兴国际素食文化暨绿色生活名品博览会、中国陶都(宜兴)金秋经贸洽谈会、第九届中国·宜兴国际陶瓷文化艺术节等活动部分保障任务。市政府大院食堂全年供餐13.4万人次;完成市老干部新春茶话会、贡献突出企业家座谈会等公务性便餐264桌(次)、自助餐4次,就餐2700人次;连续20年无饮食卫生安全事故发生。5月,市民中心食堂运转,为300名工作人员提供服务,至年底供餐4.5万人次。卫生保洁工作落实"错时"与"跟踪"服务,全时段保洁。做好基建房产维修保障工作,改造出新市信访接待中心、市民中心等办公场所1.1万平方米,新做地下车库环氧地坪2700平方米,维修市政府大院屋面琉璃瓦。11月,市涉密载体销毁中心竣工,并移交市委机要保密局。12月,完成7号楼办公用房调整,为市纪检监察部门集中调剂办公室30间。加强院外房产管理,配合做好海关原办公楼改造和市民政、财政、地税、国土资源等部门办公用房维修改造报批工作。开展党政机关办公用房清理整改"回头看",经重新登记,全市党政机关办公用房面积约24万平方米,清理腾退约2.23万平方米。加强政府大院车辆管理,严格外来人员、车辆登记制度,全年接待来访登记8500人次,盘查无通行证车辆2.4万辆(次),更换市政府大院出入通行证4500余张。加强五局大院、市民中心和原市质监局办公楼安保工作,维护更新安全设施。落实安保24小时立体交叉、全方位值班巡逻制度,负责重要会议安保工作7场次。"6110"热线24小时值守,全年出动维修2300余次。

【"两型"示范机关创建】 为创建资源节约型、环境友好型示范机关,提高机关运行效能,市机关事务管理局组织开展节能宣传周暨能源紧缺体验、节能管理培训、节能产品和技术推广应用等活动。组织5名工作人员参加由国家机关事务管理局与清华大学联合举办的公共机构远程教育培训。市政府大院升级改造自来水管道系统,年节约用水6万立方米、节约开支16.8万元。安装节能灯具,推进绿色照明,年照明用电节省10%以上。与江苏双良有限责任公司签订中央空调能源合同管理协议,全年节约开支100万元左右。开通市政府大院"绿色班车"5辆,方便工作人员上下班,减少私家车使用量。贯彻执行省、无锡市公共机构能源资源消费统计制度,完成全市334个公共机构2016年度、2017年度上半年的能源资源消耗统计网上直报工作。考评镇(园区、街道)和市级机关单位节能工作,完成公共机构节能2017年度目标任务。官林镇政府被评为省级"两型"示范公共机构,市民政局等5个单位被评为无锡市"两型"机关示范单位。

【机关公务用车管理】 落实公务用车编制管理、购置审批、经费预算管理等制度,规范执法执勤用车和事业单位用车的配备使用。继续完善公务车购置申请与审批材料、行驶证与机动车信息登记等建档工作,全年审查核定、申请更新公务用车74辆。对全市公务用车喷涂统一标识140辆,安装北斗卫星定位系统636辆。建立宜兴市公务用车及执法执勤用车保障平台,保障市四套班子及市机关部门公务用车派遣,全年保障公务出行253趟(次)、3.2万千米。全年市机关事务管理局配合市纪检监察部门抽查公务车使用情况3次,严肃车辆使用管理规定。

（周光宁）

编辑　叶绿

政协宜兴市委员会

ZHENG XIE YI XING SHI WEI YUAN HUI

综　述

【概述】 市政协把握团结和民主两大主题，履行政协主要职能，团结市各民主党派、工商联、无党派人士、人民团体和各界人士，助推全市各项事业健康协调发展。专题学习全国和市“两会”精神，迅速将思想统一到中央和市委决策部署上，将行动落实在具体工作上。举办市政协干部提升履职能力培训班，组织政协常委及机关干部系统学习“十三五”经济社会发展形势、协商民主理论和政协工作方法，围绕全市重点工作明确政协履职方向。开展“立足本职促发展，当好委员献良策”主题活动，引导和带领政协委员密切联系群众，开展调查研究，主动担当奉献，为高水平全面建成小康社会、建设“强富美高”新宜兴贡献智慧和力量。按照“三在前　三在先”*要求，就全市经济社会发展的有关重点议题和人民群众普遍关注的热点问题，开展政治协商活动。完善民主监督机制，运用建议案、视察调研、提案督办、反映社情民意等形式，开展经常性民主监督活动，促进部门提高行政效能，维护人民群众根本利益。坚持大团结大联合，畅通民主协商渠道，调动各民主党派、工商联、无党派人士参政建言的积极性和主动性，各党派团体全年提交集体提案43件，反映社情民意信息24条，形成参政议政材料13篇；加强与党外知识分子、非公经济代表人士及其他新社会阶层的团结联络，营造和衷共济、共创伟业的局面。做好市政协换届工作，选举产生新一届市政协领导集体。推进政协工作制度化、规范化、程序化建设，制定《中共宜兴市政协党组议事规则》，加强党对政协工作的绝对领导；修订《常务委员会工作规则》《主席会议工作规则》等规章制度；完善政协工作机制，多角度拓展监督渠道、丰富监督形式。加强政协委组工作，抓好政协专门委员会、工作委员会基础建设，推动各项履职活动规范有序开展。常态化、制度化开展“两学一做”*教育活动，市政协机关全体党员干部在党忧党、在党兴党的责任意识不断强化。举办“喜迎党的十九大”政协委员陶艺书画作品展，征集各类作品178件。

重要会议

【全体会议】 1月6—9日，市政协十五届一次会议召开。听取和审议《中国人民政治协商会议宜兴市第十四届委员会常务委员会工作报告》《中国人民政治协商会议宜兴市第十四届委员会常务委员会关于提案工作情况的报告》；听取和讨论市委书记沈建所作的讲话；列席市十七届人大一次会议，听取并讨论《政府工作报告》《市人民法院工作报告》《市人民检察院工作报告》等报告；选举产生市十五届政协常务委员会组成人员，梅中华当选为主席，莫克明、洪雅、芮俊燕、钱伟兴、温秀芳当选为副主席，闵曲成当选为秘书长，万年青等50人当选为常务委员；通过《中国人民政治协商会议宜兴市第十五届委员会关于第一次会议提案审查情况的报告》和《中国人民政治协商会议宜兴市第十五届委员会第一次会议决议》。

参加市政协十五届一次会议的市领导与新当选的市政协常委合影　（市政协办　提供）

附：

中国人民政治协商会议宜兴市第十五届委员会委员名单

（按姓氏笔画为序）

中国共产党

马才军 马建成 王立明 王岳国
庄建龙 庄建明 何国强 吴全良
沈建民 邵亚群 闵曲成 陈俊林
周 陶（女） 周叔军
周洪芬（女） 宗国平 宗豪杰
胡卫平 唐志忠 唐群峰 徐早其
莫克明 梅中华 彭福友
缪季华（女） 潘 峰

民主党派

王 亮（女） 史伟明
刘伯君 刘育峰
吴国平 张 静（女）
杨娟英（女） 芮俊燕（女）
周 炎 周仲明
金文鑫 俞卓军
洪 雅（女） 凌 芳（女）
唐汉中 钱 敏（女）
崔其峰 黄 兵
蒋展新 薛 强

无党派

尹 虹（女） 毛建强
朱伟斌 余尚红
吴 鸣 陈 明
孟元强 范燕慧（女）
唐志平 徐黎辉
钱伟兴 童新敏（女）
蒋新华 戴 寅（女）

工 会

刘小明 张乃明 沈 睿 沈建华
邱永斌 周 韦 谈梅琴（女）
陶荣平 董永刚 蒋庆源 谢 铭

共青团

丁叶民 毛 力 史奇明 吕翰旭
应东辉 李 莉（女） 邵黎军
陆泽文 欧彦汐（女） 赵曦鹏
袁文新 黄 力 蒋东华 蒋韵杰

妇 联

万年青（女） 王 玲（女）
王春芳（女） 李 红（女）
杜 颖（女） 汪海萍（女）
周东佼（女） 徐 芳（女）
郭丽萍（女） 钱秀敏（女）
曹碧玉（女） 潘秋芳（女）

科 协

尹祥明 王南平 王顺兰（女）
王益军 吴永来 张芳军 沈国强
苏 明 陈 鹏 陈松山 周才华
赵 远 夏 兰（女） 夏益池
徐群芳（女） 蒋朝云 谢 昕
韩彦东 缪云良

工商联

王曦昕 史志军 朱九红 牟富君
杨焕芝 沈建强 陈 园（女）
郑 伟（女） 金 勇 殷剑锋
谈岳明 顾汉章 顾伟南 章 勇
温秀芳（女） 葛伯初

侨 联

叶正泉 吴智仁
李效平 陆虹炜（女）
黄嘉堤 裴春花（女）

台 联

马亦娟（女） 王建松
芮秀芳（女） 胡国君 谈伟光

科技界

卫 平 尹利娟（女）
王惠东 史幸群
华雪琴（女） 孙国华（女）
许雪萍（女） 吴 宏（女）
吴叶美（女） 吴杏萍（女）
宋旭芬（女） 张占元
张占琦 张旭峰
张婉君（女） 李 浩
李万里 杨 俊 邵焜琨 范亚洲
俞国平 柯建君 赵小玲（女）
凌建军 徐耀兵 贾 俊 盛 俊
黄志祥 储云南 葛 超
蒋飞晔（女） 蒋晶晶（女）

谢 乾 潘文秀 蹇洪伟
瞿 洁（女）

经济界

丁顺平 王春林 王健新
王素娟（女） 石国松
任 倬（女） 刘晓燕（女）
孙国明 汤 坚 吴 莲（女）
吴岩飞 张文兰（女）
张永焦 张俊炜 李 峰 杜泽君
杨锡强 沈 飞 沈赛良 闵 亮
陈明康 陈晓明 陈朝岚
陈德明 陈毅敏（女）
周 燕（女） 罗 鹏
郑合颛 郑旭峰 胡 洁（女）
胡永新 徐卫林 徐叶培
徐雪霞（女） 殷国栋
殷建伟 秦小琪（女） 谈国祥
谈福元 郭同春 钱国伦 高天星
曹雪龙 傅仕华 葛昊翔 董国超
董燕芳（女） 蒋小青 蒋叶强
蒋达洪 蒋国群 甄仲明 路 辉
戴 峰

农业农村界

王杏芬（女） 包涛芳（女）
阮连根 杨 杰 杨来强 杜小坤
宋建法 应梅红（女） 单永根
周达君 宗春成 钱华军（女）
钱岳龙 蒋 杰 魏道远

社会福利和社会保障界

王 俊 江 娴（女） 沈 军
陈 钟 吴云峰 孟笑俊 范泽锋
胡晓斌 高敬平 蒋余平
储瑞琴（女） 鲍春明

教育界

王丽萍（女） 邓招芳 任才生
朱仁标 江庆农 吕建国 刘国祥
张 暇（女） 邵汉强 杜达文
邹丽勤（女） 周 莱（女）
岳静梅（女） 徐正彬
曹小玮 盛江军

文艺体育界

丁建惠（女） 卫江安 毛子健

王继军　史小明　孙伟荣
朱文华(女)　李守才　何　勇
杨芝琴(女)　杨丽芳(女)　汪建春
承　强　范友良　郭　昀(女)
徐　风　徐星审　黄兴南　曹亚麟
蒋琰滨　魏　敏

医药卫生界

吕军浩　许国明　许益芬(女)
汤慧芬(女)　邵　益(女)
吴可为　杨志贤　周飞琴(女)
莫飞渊　蒋　松　蒋国兴　储建明

新闻界

仇建梅(女)　纪　莹(女)
秦　洁　贾俊康　戴　军(女)

民族宗教界

王镇海(蒙古族)
朴京姬(女,朝鲜族)　李建军
宋　萍(女,苗族)
杨祖洪　福　海

特别邀请人士

王　勇　王旻明　史伟平　史俊棠
刘　胜　许　勇　李大勤　朱冠宏
陆　宁　沈　勇　张　涛　吴　健
宋立勤(女)　邱远远　杨祖良
沈鹰峰　胡金喜　郭　平　徐　敏
蒋　波　蒋宁鹏　蒋震平　喻志军
廖海丰　瞿　俊

【常务委员会会议】 市政协十五届委员会全年召开常务委员会会议4次。

3月1日,十五届一次常委会议召开。听取宜兴市创建全国文明城市工作情况汇报并进行协商讨论;协商通过《政协宜兴市委员会2017年工作要点》和修订的《政协宜兴市委员会常务委员会工作规则》《政协宜兴市委员会专门委员会组织通则》《政协宜兴市委员会工作委员会工作规则》和《政协宜兴市委员会委员管理制度》等相关工作制度;协商通过有关人事任免事项。

6月21日,十五届二次常委会议召开。视察全市"产业强市"战略实施推进情况;协商通过《依托创新驱动　提升企业核心竞争力》《加强住宅小区物业管理　提升城市人居环境品位》两份专题调研报告,并以建议案形式报送市委、市政府。会议提出:产业是立市之本、强市之基,是经济的命脉和发展的基础。市相关部门要增强责任意识、使命意识和担当意识,直面困难挑战、坚定发展信心、凝聚共识合力,通过紧扣关键、精准发力,群策群力、共创共建,创优环境、造浓氛围,一以贯之强产业、促发展,为全面建成小康社会,建设"强富美高"新宜兴提供支撑和保障。

9月23日,十五届三次常委会议召开。听取市政府关于市政协十五届一次会议后提案办理和常委会建议案落实情况的通报,协商通过委员届中调整名单和相关人事任免事项。会议提出:提案和建议案既是人民政协履行职能、助推发展的重要载体,也是广大委员围绕大局建言献计、展现作为的重要形式,要进一步重视提案和建议案工作,凝聚思想共识、强化工作举措、放大积极效应,更好地发挥提案和建议案的重要作用,促进党政科学民主决策,服务改革发展稳定大局。

12月27日,十五届四次常委会议召开。听取起草常委会工作报告、起草提案工作报告、举行市政协十五届二次会议的情况说明。协商通过《关于举行政协宜兴市第十五届委员会第二次会议的决定》,市政协十五届二次会议议程(草案)和日程安排(草案),秘书长、副秘书长名单(草案),2017年度市政协各类先进(优秀)名单,辞去和递补委员名单以及有关人事任免事项。原则上通过市十五届政协常委会工作报告(讨论稿)和提案工作报告(讨论稿)。

【主席会议】 市政协主席会议全年召开10次,其中内部会议6次。

4月28日,十五届四次主席会议召开,视察协商全市企业财务信用平台建设情况。会议提出:建设企业财务信用平台,既是推动实体经济稳健发展、健全社会诚信体系的重要举措,也是优化金融生态环境的有力举措。各级各相关部门要高点定位、强化引导,在凝聚思想共识上再发力;要立足基础建优建强、多措并举强化管理、积极推动成果运用,始终坚持建管并举、强化运用,在提升工作效能上再发力;要进一步加强组织领导、考核监督、宣传指导,始终坚持多管齐下、强化保障,在夯实工作基础上再发力,将财信平台打造成"信息可靠、性能稳定、上下贯通、网络健全、体系完备"的多功能综合服务管理平台。

5月23日,十五届五次主席会议召开,视察协商全市城区防汛应急工程建设情况。会议提出:城区防汛应急工程,不仅是防灾减灾的保障性基础项目,更是推动发展民生事业的现实需

市政协十五届五次主席会议视察城区防汛应急工程建设情况
（市政协办　提供）

要，改善提升城市品质的客观需要，维护优化发展环境的迫切需要。各级各相关部门要以更高定位、更强决心推动工程建设；要坚持应急与长效结合、重点与全局结合、效率与质量结合，突出重点关键，以更实举措、更大力度推动工程建设；要突出问题导向，多方合力推进，营造共建氛围，进一步强化统筹组织，以更强保障、更优基础推动工程建设，全力确保工程按时优质完成，真正将城区防汛应急工程打造成精品工程、百年工程。

7月18日，十五届七次主席会议召开，视察协商全市房地产市场发展情况。会议提出：房地产业与各项建设和发展事业息息相关、深度融合。市住保房管部门要统一思想认识，准确把握房地产市场管控的内涵实质；要进一步优化库存结构、加强行业监管、保障群众权益，坚持问题导向，切实提升房地产市场管控的水平成效；要健全完善组织体系、广泛深入宣传引导、持续优化政务环境、切实强化组织保障，着力夯实房地产市场管控的工作基础，在进一步促进宜兴房地产市场科学健康、规范有序发展中彰显应有担当和作为。

11月14日，十五届九次主席会议召开，视察协商全市医疗卫生事业改革发展情况。会议提出：医疗卫生是事关群众健康福祉的重大民生工程。市卫计部门要提升能力抓服务、多管齐下抓防控、立足长效抓监管，围绕群众“少发病”，科学施策，进一步筑牢公共卫生防护网；要以更健全的体制机制、更科学的资源配置、更专业的队伍力量促提升，围绕群众“看好病”“好看病”，强基固本，进一步提升医疗服务满意度；要强化投入、加快发展，强化组织、推动发展，强化宣传、引领发展，强化事业发展支撑力，为建设“健康宜兴”提供保障。

政治协商

【概述】 发挥全体会议、常委会议、主席会议、专题协商会议和专委会对口联系等协商议政的重要作用，提高政治协商成效。全体会议围绕全市工作大局和政府工作报告开展整体协商，常委会议围绕企业核心竞争力和优化小区物业管理等重要课题进行重点协商，主席会议围绕企业财务信用平台建设、城市防洪建设、房地产市场发展、医疗卫生事业改革等市政府重点工作视察协商和通报协商，形成建议案和意见建议函6件，都得到市委、市政府的重视和采纳。专委会围绕企业财务信用平台建设、金融服务体系优化、新型政商关系构建等，开展对口协商活动15次，一批意见和建议得到落实。

民主监督

【概述】 运用例会、视察、对口联系、提案、反映社情民意信息等方式，提升民主监督实效。首次邀请委员代表列席主席会议，参加视察活动并积极建言，拓展协商空间、丰富监督形式，达到深化认识、形成共识、推动落实的实际成效。召开“263”专项行动[*]政情交流会，组织委员与15个职能部门面对面协商，共同探索环境保护有效举措，合力擦亮“生态宜兴”金字招牌。召开提案办理工作民主评议会，组织委员对市经信委提案办理工作进行民主评议，充分调动委员参政议政的积极性，推动提案落到实处、发挥实效。组织委员参加“千人评议机关”活动，对有关部门的工作提出批评和意见，促进政务环境优化、行政效能提升。工作委员会围绕当地实际，就实事工程的实施情况、政府部门的工作效能和群众关注的热点问题开展民主监督活动，推动相关工作。

参政议政

【概述】 常委会议围绕加强企业核心竞争力和优化物业管理的课题，深入基层调研，形成的2份建议案得到市委、市政府主要领导高度重视，并分别作出重要批示。在市政协十五届三次常委会议上，市政府就办理落实建议案情况作了通报。建议案《依托创新驱动　提升企业核心竞争力》从加快形成全力倡导创新的行动自觉、积极探索全力推进创新的经济体系、大力构筑全力服务创新的政务环境三个方面提出了可行的思路和举措，为宜兴进一步激发企业内生动力、推动产业转型升级，实现有质量、高效率、可持续发展起到助推作用。建议案《加强住宅小区物业管理　提升城市人居环境品位》围绕明晰路径导向、强化支撑保障、凝聚工作合力、营造良好氛围四个方面，针对加快构建物管工作新格局提出对策措施，取得良好效果。各工作委员会立足当地实际，就镇级城市化管理、社区和企业文化建设、实事工程建设推进等课题开展视察调研，为推动地方经济社会平稳健康发展献计出力。

提案及社情民意

【概述】 提案委员会全年收到提案326件，立案308件。至年底，通过分管市长和分工主席联合督办、视察督查、专委会对口督办、“二次答复”等形式，深入推进“回头看”工作，多角度、多层面加强对提案工作全过程的科学管理，力促办理工作高位运行。“加强农村环境整治”“以项目带动实现精准扶贫”等一批重点提案得到重视和落实，促进相关工作取得明显成效。提案者表示满意或基本满意的297件，占96.4%。收到社情民意信息70余件，编报《社情民意》简报22期，市委、市政府领导26人次对社情民意作出批示。“规范民办幼托机构管理”“加强渎边公路交通安全管理”等信息得到市领导高度重视和签批，并首次对社情民意的办理落实情况组织联合专项督查，力促涉及群众日常生活的相关问题得到较好解决。

2017年度市政协优秀提案

表13

提案号	提案者	案　由
1	市工商联、农工党市基层委员会综合二支部	关于进一步加快对不良资产处置，激发经济发展潜力的建议
2	夏益池	关于宜兴入湖河道水质强化改善和生态修复的建议
3	民进市委五支部	关于关注和重视公办幼教工作，提高我市幼教发展水平的建议
4	民进市委丁蜀支部范燕慧、俞卓军等6人	关于加强城市防洪体系建设，构筑城市防洪圈的建议
5	民建市基层委员会民营企业支部	关于大力扶持我市中小型实体经济在供给侧结构改革中稳健发展的建议
6	政协丁蜀镇工作委员会	关于靠前服务，创新举措，进一步激发企业投资热情的建议
7	刘晓燕	关于引导推动宜兴更多企业走上市之路的建议
8	盛　俊　　余尚红	关于龙背山森林公园正大门向西开设通道的建议
9	宋　萍	关于加强社保卡推广及应用，提升智慧城市建设水平的建议
10	农工党第二人民医院支部、民盟市委丁山一支部	关于加快推行我市“医养结合”养老服务模式的建议
11	民盟市委	关于挖掘在外乡贤资源，促进经济社会发展的建议
12	陆　宁　　汪海萍　　秦小琪	关于实施太湖一级保护区内化工企业“关停并转迁”的相关建议
13	谈福元	关于在经济新常态下更加注重企业自主创新的建议
14	史俊棠	关于高度重视紫砂业态监管，有效维护城市名片声誉的建议
15	谈岳明	关于举办我市兰花博览会的建议
16	政协杨巷镇工作委员会	关于以项目带动，实现精准扶贫强村富民的建议
17	俞国平　　芮秀芳　　董国超等5人	关于建立青年企业人才培养机制的建议
18	周达君　　葛伯初　　毛子健　　葛昊翔	关于加快推进湖光路改造工程的建议
19	孙国华	关于对新建宜兴人民医院现有道路和停车场规划作微调的建议
20	政协张渚镇工作委员会	关于加快“一水三路”市政重点工程保障推进力度的建议
21	夏　兰	关于深入开展村庄环境整治，建立美丽宜居农村的建议

续表13

提案号	提案者	案　由
22	刘伯君	关于加快推进落实宜兴餐厨垃圾无害化处理的建议
23	谈伟光	关于加强历史建筑保护,留下江南水乡记忆的建议
24	傅仕华	关于食品安全要层层把关的建议
25	周才华	关于加大力度,提升宜兴中学知名度的建议
26	周东佼	关于关注教师身心健康,打造高获得感群体的建议
27	杨焕芝　章　勇	关于大力支持微商电商创业孵化、提高就业率的建议
28	史小明	关于规范、约束陶瓷从业人员的建议
29	张芳军	关于进一步拓展社区在社会管理中重要作用的建议
30	王春林	关于加强对逃废债企业主的资金审查和追缴的建议

（黄瑜）

编辑　杨宇彤

中共宜兴市纪律检查委员会

ZHONG GONG YI XING SHI JI LV JIAN CHA WEI YUAN HUI

综　述

【概述】 全市各级党组织和党员领导干部树立"四个意识"(政治意识、大局意识、核心意识、看齐意识),围绕党风廉政建设任务部署和分工要求,担负管党治党政治责任,推动党风廉政建设和反腐败工作向纵深发展。各级纪检监察组织以迎接党的十九大召开和学习贯彻党的十九大精神为工作主线,按照市委和上级纪委的反腐倡廉决策部署,加强监督执纪问责,持续正风肃纪反腐,全市党风廉政建设和反腐败工作取得新进展新成效。结合纪检监察工作实际,树立"一盘棋"思想,围绕市委、市政府重大决策和重要部署开展监督检查,护航全市经济社会发展大局。建立"四责"(清单定责、手册记责、检查督责、从严问责)联动体系,创新工作机制,推动党风廉政建设"两个责任"(主体责任、监督责任)向基层延伸。保持定力和韧劲,推进作风建设常态化、长效化,防止"四风"(形式主义、官僚主义、享乐主义、奢靡之风)反弹回潮。抓住"关键少数",坚持挺纪在前,营造"不敢腐"的氛围,全年受理信访举报427件(次),查办案件393件。注重关口前移,加大教育、制度和监督的创新力度,确保廉洁教育入脑入心。突出政治定位、坚持问题导向,将党的领导弱化、党的建设缺失、全面从严治党不力三大问题,政治纪律、廉洁纪律、组织纪律、群众纪律、工作纪律、生活纪律六项纪律以及执行中央和省、无锡市委重大决策部署等情况作为重点,完成三轮共15个单位的巡察,发现问题199个、问题线索49条,提出整改意见建议78条。按照"打铁还需自身硬"的要求,发挥标杆作用,开展专项行动,做到纪检监察干部队伍政治、作风、能力、纪律全面过硬。

重要会议

【市纪委十三届二次全体会议】 3月,中共宜兴市第十三届纪律检查委员会第二次全体会议召开。会议学习贯彻习近平总书记在中央纪委七次全会上的重要讲话精神,总结2016年全市党风廉政建设和反腐败工作情况,部署2017年反腐倡廉任务。2017年的主要工作是:落实党的十八大和十八届三中、四中、五中、六中全会精神,贯彻习近平总书记系列重要讲话特别是视察江苏重要讲话精神,按照中央和省、无锡市纪委全会以及市委部署要求,严肃党内政治生活,强化监督执纪问责,驰而不息纠正"四风",保持惩治腐败高压态势,维护风清气正政治生态,推动全面从严治党向纵深发展。

【派驻纪检机构改革工作部署会】 8月,宜兴市纪委派驻纪检机构改革工作部署会召开。会议印发《关于全面落实市纪委向市一级单位派驻纪检机构的改革方案》,将30个纪检机构、19个监察机构改为10个派驻纪检监察组,实现对66个市级机关单位综合派驻全覆盖。会议明确,改革后,派驻纪检监察组由市纪委统一管理,实行片派点、点派员,专责监督执纪问责。

监督检查

【概述】 将纪检监察工作融入全市发展大局,强化对市委、市政府重大决策部署落实情况的监督检查,确保政令畅通。转发和制定"2+3"文件(《中共无锡市委关于运用监督执纪"四种形态"的意见》《关于对党员和公职人员侮辱诽谤诬陷他人行为的查核处理办法(试行)》《关于建立容错免责机制的办法(试行)》《关于治理"为官不为"行为的

中共宜兴市第十三届纪律检查委员会第二次会体会议　(市纪委　提供)

办法(试行)》《关于运用监督执纪“第一种形态”的实施意见》),在全市机关作风效能建设大会上作专题解读,受理基层改革风险创新备案,查处为官不为行为和诬告陷害公职人员案件。加大问责力度,快查快办环境污染事件、安全生产事故等违纪违规问题,问责追责48人。坚持清单定责,完善“五张清单”(党委主体责任清单、纪委监督责任清单、领导班子成员责任清单、问题清单、整改清单)内容,协助市委制定个性化党风廉政建设责任书,进行层层签订。坚持手册记责,印发记实手册,确保全程留痕。坚持检查督责,采取年中抽查和年末集中检查的方式,对全市各部门各单位落实“两个责任”情况进行专项检查。坚持从严问责,对党风廉政建设存在薄弱环节的单位,约谈其主要负责人;对履行党风廉政建设责任不力的单位和个人,实行“一案双查”。2017年共提请市领导约谈7人,问责党员干部19人、党组织6个。

【全市2017年度重点工作督查】 制定实施《关于进一步强化对全市2017年度重点工作监督检查的实施意见》,加强对产业强市、“连心富民、联企强市”大走访、文明城市创建、维护金融生态、环保“263”专项行动*、行政审批服务改革等市委、市政府重大决策部署贯彻落实情况的纪律监督,形成专题督查报告7份,提出意见建议20余条。

【村级巡察工作】 6月,立足近年农村社会治理,尤其是扶贫领域和农村集体“三资”(资产、资金、资源)领域腐败问题易发的实际,在省内率先开展村级专项巡察,被列为全省村级巡察全覆盖试点地区。全年巡察村(社区)30个,发现问题线索100条,提出整改意见建议32条。

【“两个责任”履责记实制度】 构建网上记实机制,将市委主体责任履责情况、纪委监督责任履责情况、市委领导班子成员个人履责情况实时录入省纪委网上履责记实系统。制定实施《关于贯彻落实全面从严治党“两个责任”履责记实制度的实施意见》,编印记实手册,明确7大类22项工作内容,组织全市各级领导班子成员全程记实,以记促学、以记促想、以记促办。

作风建设

【概述】 刚性落实中央“八项规定”精神和省、市委“十项规定”要求,紧盯重要时间节点、具体问题线索和“四风”问题新动向,开展专项检查,释放越往后执纪越严的信号。对上级纪委交办的违规公款购买消费高档白酒、违规报销餐饮发票等17条问题线索,逐一调查核实,处理涉案人员6人。严明纪律要求,全程监督重大会议会风会纪。继续做好省市“政风行风热线”投诉办理工作,督促职能部门履行职责,解决人民群众最迫切的诉求,全年转办省纠风办下转的群众投诉61件,协调播放电台节目250余期,电视节目24期,督办诉求89件。牵头落实“阳光扶贫”监管系统工作,开展违规吃请专项整治“回头看”,深化群众身边不正之风和腐败问题专项治理,确保作风建设落实到位。

【违规吃请专项整治“回头看”】 5月,在全市范围内开展违规吃请问题专项整治“回头看”工作。围绕公务接待情况督查、违规吃喝隐蔽场所治理、违规吃喝等顶风违纪问题查处、健全完善落实中央“八项规定”精神制度措施等重点工作任务,组织检查14次,开展暗访5次,发现问题10个,提出整改意见10条。

【群众身边不正之风和腐败问题治理】 5月,瞄准扶贫领域、农村集体“三资”管理、惠农补贴发放等6个领域,深化群众身边不正之风和腐败问题专项治理工作,查处问题52个,问责党组织5个,给予党政纪处分20人,组织处理42人。

【“阳光扶贫”监管】 11月,召开“阳光扶贫”、农村集体“三资”监管系统建设工作部署会,牵头落实“阳光扶贫”监管系统相关工作,围绕系统建设、帮扶走访、扶贫实效等方面开展监督检查4次,发现问题397个,下发通报2期。

预防腐败

【概述】 坚持将党风廉政教育作为基础性工作,依托“清风阳羡”公众号,及时发布中央反腐决策,刊发身边违纪案例,共推送廉情148期406条。举办“追问初心　永葆清廉”专题讲座,赠发党纪条规学习读本,制作《不能触碰的纪律底线》警示教育片,筑牢全市党员领导干部思想纪律防线。深化廉政文化“六进”(进机关、进社区、进学校、进家庭、进企业、进农村)活动,开展“5·10”思廉日主题教育,新增省级廉政文化示范点1处。挖掘宜兴人文底蕴,弘扬优秀家风家训,拍摄的周氏家风专题片《朝闻夕改　执德不回》在中央纪委、监察部网站登出。组织3批37名新提拔领导干部参加任前廉政法规知识闭卷考试。

纪律审查

【概述】 坚持高压反腐,全年全市各级纪检监察组织查办案件393件。其中:自办案件130件,涉及副科级以上领导干部10人;“两规”案件5起,移送司法机关处置7人。畅通信访举报渠道,开展实名举报信息核实工作,确保全程闭环管理。按照上级纪委要求,启动委局机关留置点建设,建成基层一般性审查谈话场所17处。正确把握“树木”与“森林”的关系,全市运用监督执纪“四种形态”(让“红红脸、出出汗”成为常态;党纪轻处分、组织调整成为违纪处理的大多数;党纪重处分、重大职务调整的成为少数;严重违纪涉嫌违法立案审查的成为极少数)处理638人,“四种形态”正向结构进一步形成。

【处分决定执行情况专项检查】 3—5月,会同市委组织部、市人社局组成联合检查组,检查全市2015—2016年度机关事业单位党纪政纪案件处分决定的执行情况，发现问题30余个。6月，在全市范围内通报了检查中发现的受强制措施和判决后工资暂停和取消不及时等问题。

【实名举报核实】 4月，围绕举报人姓名、身份证、联系方式、单位或住址、是否举报五要素，对上级纪委转送的所有未经核实署名举报和本级自收的所有署名举报进行核实，并记录在案，全年核实署实名举报信访件82件。

【问题线索规范管理】 制定实施《关于进一步规范问题线索管理的实施意见》，规范重要问题线索发现、研判、流转、处置、保管等工作，实现重要问题线索由专人专管，建立问题线索管理台账，实时跟踪监督处置进度，做到底数清、情况明。全年处置重要问题线索59件。

自身建设

【概述】 推进派驻机构改革，设立10个派驻纪检监察组。在全省率先开展农村纪检监察工作室综合改革工作，在农村工作室基础上组建3个执纪监督工作室，进一步明确职责定位，细化工作职能。整合反腐败资源力量，推进市监察委员会组建工作，构建集中统一、权威高效的监察体系。继续深化"三转"（转职能、转方式、转作风）工作，清理规范基层纪（工）委书记兼职分工，落实镇、街道纪（工）委书记、副书记提名考察权。注重党性锤炼，推进"两学一做"*学习教育常态化、制度化，组织党章党规党纪、党的十九大精神以及纪检监察业务知识测试。突出教育培训，分批分层次举办10次专题业务培训班，775人次参训。落实上派下挂锻炼制度，交流锻炼31人次。深化"打铁还需自身硬"专项行动。强化权力制约，排查纪检监察岗位廉政风险，完善防控措施251条。梳理182名纪检监察干部个人信息，实现个人重大事项报告全覆盖。

【"打铁还需自身硬"专项行动】 3月，根据省纪委和无锡市纪委的部署要求，立足本地实际，在全市纪检监察系统开展"打铁还需自身硬"专项行动。以精细管理、深化"三转"、风险排查、教育培训、建章立制、强化监督等工作举措为抓手，完成了上级纪委规定的各项工作任务；制定并严格执行全市纪检监察干部"五个严禁"（严禁在任何场合发表对纪检监察工作不利的言论；严禁打听案情、过问案件、说情干预和违规接触被审查人；严禁利用职务影响力给企业和个人当掮客；严禁在非工作场合谈论案件；严禁出入与身份不相符的场所），创新开展"五个必访"（纪检监察干部婚丧嫁娶必访；纪检监察干部家庭遭遇较大困难必访；纪检监察干部思想出现波动、工作不在状态必访；新任纪检监察干部上岗必访；纪检监察干部提拔使用必访）"五个必谈"（年节假期前必谈；纪检监察干部参与重大执纪监督工作前必谈；派员参与上级纪委工作前必谈；新任纪检监察干部上岗前必谈；纪检监察干部岗位调整前必谈）"五个必查"（纪检监察系统领导干部个人事项报告情况必查；纪检监察干部工作日志必查；纪检监察干部学习笔记必查；反映纪检监察干部的信访举报必查；有不良反映的纪检监察干部八小时外社会交往活动必查）等自选动作，先后组织家访、社区访113次，谈心谈话193人次，落实"五个必查"535人次，召开基层纪（工）委书记工作交流会4次，通报基层工作情况12次。

（李梦姣）

编辑　杨宇彤

民主党派·工商联
MIN ZHU DANG PAI · GONG SHANG LIAN

中国民主同盟宜兴市委员会

【概述】 中国民主同盟宜兴市委员会(以下简称民盟宜兴市委)以教育、文化界人士为主,兼有经济、科技界人士。至年底,有盟员181人、支部10个,当年发展新盟员11人。盟员中有江苏省人大代表1人,无锡市人大代表2人,无锡市政协委员2人,宜兴市人大代表13人,宜兴市政协委员21人。民盟宜兴市委被民盟无锡市委评为2017年度社会服务先进集体。民盟中央美术院宜兴分院成立揭牌仪式暨宜兴民盟陶艺书画展被民盟无锡市委评为2017年度十佳活动。宜兴四支部、七支部和丁山一支部被民盟无锡市委评为特色支部,宜兴一支部、宜兴二支部和丁山二支部被民盟无锡市委评为优秀支部;宜兴七支部被民盟无锡市委评为"盟员之家"建设先进集体。新盟员参加由民盟无锡市委举办的新盟员培训班,丁山一支部主任吉曙强参加民盟无锡市委举办的2017年民盟基层骨干培训班并作经验交流;民盟宜兴市委主委、副主委以及骨干赴重庆大学集中培训;新盟员郭海娟参加民盟江苏省委举办的2017年新的社会阶层代表人士培训班。全体盟员学习中共十九大、民盟十二大精神以及习近平总书记关于坚持走中国特色社会主义政治发展道路的重要论述,深入开展树立和践行社会主义核心价值体系活动。组织全体盟员听取上半年经济形势专题报告、党风廉政建设情况通报会等。

【调研与提案】 全年参加中共宜兴市委民主协商会1次,与市建设局、交通局对口联系,参加情况通报会3次。民盟宜兴市委《聚焦项目招引重点　创新项目招引方式　加快推动宜兴新兴产业发展》被市政协评为调研成果一等奖。民盟宜兴市委《关于挖掘在外乡贤资源　促进经济社会发展的建议》被市政协列为重点提案,丁山一支部《关于加快推行我市"医养结合"养老服务模式的建议》被市政协列为督办提案,这两件提案及俞卓军、张乃明等撰写的《关于加强城市防洪体系建设　构筑城市防洪圈建议》被市政协评为优秀提案。俞雯撰写的《应高度重视我省农村产权交易信息服务平台运行不畅的问题》得到副省长杨岳的批示,朱敏当选江苏省第十三届人大代表,薛建英、陈才龙被市人大常委会评为代表活动积极分子,卫平、蒋琰滨被市政协评为政协活动积极分子。

【社会服务】 5月,民盟宜兴市委在上海浦东高行镇举办大师之路——宜兴民盟陶艺书画精品展(上海浦东巡回展)。10月,民盟中央美术院宜兴分院成立揭牌仪式暨宜兴民盟陶艺书画展在中超利永紫砂陶有限公司举行。盟员投身公益事业,采取捐资助学、扶贫济困、对口支援、社会妈妈工作等形式回报社会,民盟宜兴市委向浦东高行镇慈善基金会捐助部分拍卖所得。宜兴五支部副主委陈才龙赴山西、陕西慰问部队官兵,向延安八一敬老院捐资;宜兴六支部全体盟员捐资并看望生病盟友;民盟宜兴七支部主委张乃明为重症患者提供慰问金2万元;丁山一支部主委吉曙强结对甘肃舟曲2个贫困学生;丁山二支部举行第二届"情系学子　爱心永恒"捐资助学活动。一些盟员参与"文明宜兴　文化惠民"送文化下乡活动,分赴屺亭街道、丁蜀镇、张渚镇演出,为当地居民群众送去文化大餐。据不完全统计,全市盟员全年捐助慈善款93万元,其中宜兴七支部盟员潘福安每年捐款30万元。

(朱夕芬)

中国民主建国会宜兴市基层委员会

【概述】 中国民主建国会宜兴市基层委员会(以下简称民建宜兴市基层委员会)主要由经济届人士组成。至年底,有会员166人,设基层支部8个,当年发展新会员10人。范伟群被推选为中国民主建国会第十一次全国代表大会代表,并于12月在北京参加会议;薛强、钱敏于6月作为宜兴民建代表参加中国民主建国会江苏省第九次代表大会,钱敏在会上当选为民建江苏省委委员。机关支部被民建无锡市委评为2015—2017年十佳支部,建设支部被评为2015—2017年特色支部;王俊、杨焕芝、刘伯君、范伟群、乔铁成、冯训麟、陈立强和谈岳明8位会员被民建无锡市委评为2015—2017年优秀会员。6月14—15日,江苏省政协副主席、民建江苏省委主委洪慧民带领课题组,到宜兴就"加快宁杭生态经济带的发展"课题开展调研,调研组考察了远东光电股份有限公司。在座谈交流会上,中共宜兴市委常委、常务副市长何晓进,就宜兴市

"加快宁杭生态经济带的发展"作了介绍。中共宜兴市委书记沈建与调研组专家进行交流，对宜兴如何在"宁杭生态经济带"中发挥中心节点城市的作用提出设想和意见。

【调研与提案】 主委薛强代表民建在政协第十五届二次全会上作"完善体系　精准施策　以救助'深度'提高民生'温度'"的大会发言，该调研报告被市政府、市政协评为调查研究成果一等奖。在中共宜兴市委召开的"做强做优主导产业　改造提升传统产业　培育壮大新产业　全力推进产业强市战略"协商会上，提出要建设"宜兴信用大平台制度"等五条建议。与市经信委开展对口联系活动，就"宜兴市上半年工业经济发展情况"等内容，提出创优引商引智环境、加大招商引资力度、打造规范化招商干部队伍、激发招商引资热情、打造宜兴品牌效应、提高科技水平、加强资源整合共享利用、紧扣政府服务不懈怠8个方面的意见建议。与市环保局开展对口联系活动，就围绕"宜兴市二减六治三提升专项行动推进工作情况"等内容进行对口联系，提出加强宣传力度、加强重点有污染工业企业项目审批把控关、加强和帮助企业搞好转型和创新发展、加强对有污染企业的处罚力度、加强对现有企业的管理制度和对农村小河道治理对上争取补贴工作5个方面的意见建议。邹翰晞、刘伯君、李万里、尹利娟、钱敏、瞿洁六名特约会员为促进全市政风行风建设作出了努力。民建宜兴市基层委员会全年提交建议或提案35件，其中，市基层委员会和各基层支部集体提案8件，个人提案或建议26件。民营企业支部提出的《关于大力扶持我市中小型实体经济在供给侧结构改革中稳健发展的建议》和刘晓燕提出的《关于引导推动宜兴更多企业走上市之路的建议》被评为重点提案。谈岳明提出的《关于举办我市兰花博览会的建议》，刘伯君提出的《关于加快推进落实宜兴餐厨垃圾无害化处理的建议》，周才华提出的《关于加大力度　提升宜兴中学知名度的建议》个人提案，杨焕芝等2人提出的联名提案《关于大力支持微商电商创业孵化、提高就业率的建议》等被评为优秀提案。民建宜兴市基层委员会评到的优秀提案和重点提案均占全市的五分之一左右。民建宜兴市基层委员会和各支部全年提交社情民意8件。

【社会服务】 5月，民建宜兴市基层委员会在丁蜀镇开展"同心助推发展"活动，为丁蜀镇敬老院老人送去长寿面和其他日用品，同时依托会员王俊组织推拿高级技师20多人，为80多名老人按摩推拿。同月，在中国人民解放军建军90周年之际，民建宜兴市基层委员会邀请养生健康教授首次走进8690部队，为部队官兵举办一堂健康养生讲座。民营企业支部所属会员全年向社会捐款58.8万元；孙骁所在企业向周铁镇"银燕园丁奖"捐资15万元，发放困难救助金10万元；郭同春向龙泽苑小区工程捐资5万元；臧伟向新建中学捐款3.8万元；会员邵焜琨所在企业与湖北大学合作成立助学奖学金，资助贫困大学生。范伟群在中国民主建国会第十一次全国代表大会期间，向中华思源工程扶贫基金会捐紫砂壶4件；汤建林制作的超大型东坡提梁壶捐赠给四川省眉山市的三苏纪念馆。刘晓燕所在的申万宏源证券宜兴营业部名列宜兴金融服务业企业前茅，其个人获中国投资有限责任公司（省部级）颁发的五一劳动奖章；王俊被无锡市文明办评为"无锡好人"。

（蒋赦生）

中国民主促进会宜兴市委员会

【概述】 中国民主促进会宜兴市委员会（以下简称民进宜兴市委）主要由教育文化出版领域的高中级知识分子组成。至年底，有会员201人，设支部11个，当年发展新会员13人。会员中，教育文化界人士占70.1%，具有中高级职称的占87%，有各级人大代表、政协委员42人。1月，民进宜兴市委第五次会员大会召开，大会选举15名委员组成新一届民进宜兴市委。芮俊燕被选举为新一届市委主任委员，张静、刘育峰、任倬、刘国祥被选举为副主任委员，周文鹏被任命为秘书长。5月，赴"同心"基地陶都小学开展送教活动，为该校送去数学学科公开示范课；在徐舍中学建立民进宜兴市委员会"同心"实践基地，组织教育能手和骨干教师在该校开展送教下乡活动，开设语文、数学、英语、物理等课程，推动城乡教育教学质量的共同提高。6月，开展"送文化进宜兴监狱"活动，为宜兴监狱干警举行书法讲座。7月，8名新会员参加无锡市民主党派新成员培训班。8月，配合民进江苏省委在宜兴召开全省宣传员、信息员培训班。10月，艺术界会员参与"喜迎党的十九大"政协委员陶艺书画作品展，会员的9件紫砂作品、1幅绘画作品、2幅书法作品参展。10月，民进宜兴紫砂文化联谊会揭牌成立；成立7年的宜兴民进企业家联谊会在会长单位挂牌。11月，副主委张静、刘育峰、任倬和秘书长周文鹏赴重庆大学参加宜兴市民主党派领导班子成员培训班。11月，企业家联谊会赴上海与民建虹口区委开展交流活动。12月，参与主办的《超于象外——梅南频画展》在屺亭街道徐悲鸿故居举行。

【调研与提案】 围绕"我市经济产业发展情况"主题，副主委任倬带领骨干会员调研，形成题为《大力发展新兴产业　抢占新一轮经济发展制高点》的调研报告，并由任倬代表民进宜兴市委在中共宜兴市委召开的民主协商会上作发言。围绕"住房保障情况""园区城管工作"，与市住房局、市城管执法局开展对口联系，提出建议。宜兴"两会"期间，提交集体提案15件、个人或联名提案20件。其中，徐耀兵撰写的《关于关注和重视公办幼教工作　提高我市幼教发展水平的建议》和滕萍萍撰写的《关于完善防涝排水体系　促进城市健康发展的建议》分别被列为市政府、市政协重点督办提案。夏兰撰写的《关于深入开展村庄环境整治　建立美丽宜居农村的建议》被评为市政协优秀提案。张静、尹祥明、夏兰3位会员被评为政协活动积极分子。《规范民办幼托机构管理　切实解决家长后顾之忧》《加强前墅古龙窑保护利用延续我市陶文化历史传承》2篇社情民意分别得到中共宜兴市委书记沈建、市长张立军,市长张立军的批示。

【会员荣誉】 徐风编著的小说《布衣壶宗——顾景舟传》获江苏省第十届精神文明建设"五个一工程"奖;网络人气作家崔秀峰长篇小说《桃溪镇》在网络上连载;梅南频在新浪艺术频道《周末艺术周刊》出版大型专集个人画册,主办《超于象外》个人画展;范友良被评为江苏省传统技艺技能大师;高奋荣作品"琮"壶获第十届中国陶瓷产品设计大赛金奖;张静作品"凤鸣九洲"壶获第三届中国紫砂原创外观设计作品评比金奖。孙伟荣被评为江苏省优秀教练员;丁建惠被评为江苏省新闻出版广电系统先进工作者。会员单位篱笆园获江苏省五星级乡村旅游区、全国休闲农业与乡村旅游五星级示范企业。

(周文鹏)

中国农工民主党宜兴市基层委员会

【概述】 中国农工民主党宜兴市基层委员会(以下简称农工党宜兴市基层委员会)主要由医药卫生、人口资源环境领域的高中级知识分子组成。至年底,有党员136人,设基层支部7个,当年发展新党员9人。制定《农工党宜兴市基层委会支部建设规范》,调整基层支部设置,将原人民医院支部分设为两个支部,并改选各基层支部。主委史伟明作为正式代表参加中国农工民主党第十六次全国代表大会,耿加宏被农工党中央评为学习实践活动先进个人。鲍波、朱红娣获无锡市五一劳动奖章,周静霞被评选为宜兴市第七届科技英才,以周炎、周苏君、顾达民为学科带头人的人民医院肿瘤科、麻醉科创建为省级临床重点专科,以朱红娣为学科带头人的人民医院妇科创建省妇幼健康重点学科建设单位,由她主持的"COOK球囊促宫颈条件所熟"课题获江苏省妇幼保健新技术引进三等奖,莫飞渊参与编写国内第一本《医疗机构医用耗材规范化管理操作手册》,顾达民等党员担任扬州大学、江苏大学硕士生导师,范志军为董事局主席的中国艺术金融控股有限公司在中国香港上市后,共募集港币1.6亿元。全年,党员在省级以上刊物发表论文80余篇,其中SCI论文10篇以上,获宜兴市级以上奖项的20余篇。

【调研与提案】 12月,中共宜兴市委民主协商会围绕"做强做优主导产业,改造提升传统产业,培育壮大新兴产业,全力推进产业强市战略"议题,听取党外人士的意见和建议。农工党宜兴市基层委员会代表在会上就做好传统产业的提升改造作了发言。7月,与市文广新局开展对口联系活动,就"公共文化场所的开放管理"课题开展交流。9月,与市卫计委开展对口联系活动,对全市基层卫生人才队伍建设工作提出意见和建议。各支部围绕"基层中医药事业发展""特色小镇建设""综合医院专科建设""固体废物的处置"等课题开展调研,提出建议。"聚合施策　为中小学生的健康保驾护航"获市政府、市政协调查研究成果一等奖。在2017年政协宜兴市第十五届一次会议上,提出集体提案10件、个人提案16件。其中《进一步加快不良资产处置　激发经济发展潜力的建议》《关于加快我市医养结合养老模式的建议》《关于食品安全要层层把关的建议》3件提案被评为优秀提案;关于《科学设置隔离带　为创建文明城市献计出力》《积极倡导礼让行人文明风尚　全力助推文明城市创建工作》2件社情民意被评为优秀社情民意;吕军浩被评为宜兴市政协活动积极分子。

【社情民意】 全年上报社情民意信息60多条。其中:《建议加强市场管控打有机食品之鬼》的信息被中共江苏省委采纳,《建议完善退出机制　防休眠企业睡而不死》的信息被农工党中央采纳,《基层反映推进263专项行动三大难题需化解》等3条信息被农工党江苏省委采纳,多条信息被无锡市党政信息采纳。全年共有8条信息被市政协采纳,其中《建议为全市中小学生冬季提供保温午餐》《云溪大桥合理设放垃圾箱的建议》《重视生活垃圾收运工作》《在东氿大道南段设立减速提醒设施的建议》得到中共宜兴市委、市政府领导的批示。

【社会服务】 1月,组织书画艺术界党员到屺亭街道开展送文化下乡活动。3月,公卫支部为市福利中心护工进行食品安全和相关防护知识培训。4月,第二人民医院支部到丁蜀镇蜀北社区为社区群众开展义诊咨询活动,人民医院一支部到杨巷镇开展关爱妇女健康社会服务。5月,人民医院一支部组织成员到和桥镇开展健康服务活动,人民医院二支部赴西渚镇开展义诊服务,中医医院支部到太华镇为农村群众提供健康服务,综合二支部开展护士节科普宣传活动,公共卫生支部走进宜城街道和平社区开展"水与健康"宣传,综合一支部参加"全国科技工作者日"活动,在宜城街道文化广场为市民提供法律咨询、环保宣传等科普服务。12月,综合二支部组织成员到宝银特种钢管公司开展急救知识宣讲及健康咨询活动。各次健康服务累计发放宣传资料2000余份,免费测量血糖500余例,受益群众约1500人。范志军向丁蜀镇西望村特困群众捐赠3万元。人民医院一支部和二支部开展"共享一片蓝天　关爱民工子女"主题捐赠活动,向10名学生捐赠助学金1万元。

(耿加宏)

宜兴市工商业联合会（总商会）

【概述】 市工商业联合会(以下简称市工商联)发挥在市委、市政府管理和服务非公有制经济中的助手纽带作用。参与“连心富民　联企强市”大走访活动,走访5个社区(村)的160多户家庭和全市14个企业,形成调研报告2篇。4月,市工商联第十次会员代表大会召开,会议审议通过工商联第九届执行委员会工作报告,选举产生新一届领导机构,温秀芳再次当选为第十届宜兴市工商联主席。12月,市工商联十届二次执委会暨纪念宜兴市工商联成立60周年庆祝活动举行,市四套班子领导及工商联历任老领导参加活动。

【调研与提案】 市工商联结合大走访活动开展调研,提出《关于加快推进我市实体经济产业转型升级的建议》《做优地方金融监管　优化辖区金融生态》《重视本土企业家队伍建设　培育优秀“宜商”队伍》等提案和调研报告,其中《关于进一步加快不良资产处置　激发经济发展潜力的建议》被宜兴市政府评为重点督办提案。围绕中共中央、国务院《关于营造企业家健康成长环境弘扬优秀企业家精神更好发挥企业家作用的意见》的文件,形成市政协十五届二次会议参政议政材料《创新引领　优化环境　倾力打造新时代宜商特色品牌》。

12月26日,纪念宜兴市工商联成立60周年庆祝活动（市工商联　提供）

【服务会员】 5月,“纳税人之家”召开一届四次理事会议,替补选举理事会副会长;组织市工商联副主席、副会长及部分常执委举行“宜兴市工商联走进地税”活动。9月,在无锡江南电缆有限公司举行以“维护金融生态秩序　打击恶意逃废债务”为主题的与市公安局的联席会议,通报重点案件专案组侦查情况。11月,与宜兴市农村商业银行联合举办以“聚焦转型发展　增强金融服务实体经济效能”为主题的银企对接、政商互动座谈会。同月,市工商联牵头与市司法局前往周铁镇青年商会,开展法律服务现场咨询活动。

【扶贫与光彩事业】 5月,市工商联携手市紫荆科创企业商会开展“春风五月行”爱心助学社会实践活动,为“同心”实践示范基地宜兴市川埠小学捐资建造户外电子屏。6月,副主席王招大赴徐州市沛县,实地考察该县鹿楼镇杜桥村的小学迁建及魏庙镇房村村的村级文化广场两个扶贫签约项目进展情况,并带去扶贫资金。

(张云)

编辑　杨宇彤

社会团体

SHE HUI TUAN TI

宜兴市总工会

【概述】 2017年，全市各级工会始终坚持“融入中心、服务大局、维护权益、构建和谐”工作总基调，以更实的举措服务职工，以更大的步伐推动工会改革创新。弘扬“忠诚　向善　精业　超越”的职工精神，评选表彰宜兴市职工楷模100人、文明职工100人。弘扬工匠专精品质，拍摄展播《工匠风采录——首届宜兴工匠事迹》专题片。开展系列技能竞赛，引导职工开展经济技术创新。“三网一微一卡”工会服务平台*上线，精准帮扶和普惠服务打通联系职工群众的“最后一公里”。加强厂务公开民主管理，深化企业工资集体协商，和谐劳动关系建设不断深化。全年推荐评选全国工人先锋号1个、江苏省五一劳动奖状1个、江苏省工人先锋号4个、江苏省五一劳动奖章2个。年内新建独立基层工会200多个、法人企业工会800多个，新发展会员2万多人，全市累计建立工会单位总数达9000个、独立基层工会委员会2400多个，工会会员数达42万人。承办全国轻工行业推进特色区域产业集群工会建设经验交流会，宜兴“产地结合”模式在会上作经验交流。11月，市工会第十三次代表大会召开，选举产生市总工会新一届领导班子。

【职工服务平台线上线下融合贯通】 围绕全市工会加强职工服务平台建设三年规划目标要求，推进职工服务平台建设提标扩面。在上年首批10个镇、园区、街道申报无锡市工会职工服务平台建设项目，并考核合格的基础上，全市其余8个镇、街道按照建设标准，打造规范化的职工服务平台，并接受无锡市总工会2017年度的统一考核。40多个基层单位申报了宜兴市级职工服务平台建设项目，由市总工会组织统一考核。推进“互联网+工会”平台体系建设，建成“三网一微一卡”工会服务平台*，形成集信息传播、文化教育、普惠服务、互动交流、协同办公等功能于一体的工会普惠服务系统。实体阵地和软件平台在联系服务职工方面实现良性互动、有益补充。

【在职职工医疗互助保障项目】 7月，市总工会通过整合互助互济、大病救急等帮扶措施，推出在职职工医疗互助保障项目，出台《宜兴市在职职工医疗互助保障试行办法》和《宜兴市总工会职工大病医疗救助试行办法》。已参加城镇职工基本医疗保险的机关、企事业单位，均可作为投保人，为本单位在职职工集体投保。每人每年缴费60元，其中个人或者单位缴纳40元、市总工会补助20元。在一个保障年度内，对职工个人医疗自费在1000元至2万元之间的部分实行补充保险，满足相应条件的住院患病职工可享受工会慰问金、医疗互助金、大病救助金三项补助，最高补助可达2万元。全年有384个单位、5.5万名职工参保，至年底，市总工会给付金额约50万元。

【首批工会会员特约服务点签约】 为满足工会会员现实需求，推进工会会员普惠服务，丰富和拓展工会“惠工卡”内涵，市总工会与市交通运输局合作，在市中超汽车服务有限公司、市荣诚汽车销售服务有限公司、市广海元汽车销售服务有限公司等12个企业设立工会会员特约服务点，这些汽车维修企业成为全市首批工会会员特约服务点。凡是已录入全市工会组织和会员实名系统的会员，均可在这些企业享受车辆维修保养工时费五折优惠、免费上门取车送车、免收施救费、会员预约随到随修、提供51项免费检测、车辆保养年检提醒等一站式服务。

【职工素质提升工程】 2017年，市总工会制订出台《“强技能　提素质　促发展”主题劳动竞赛指导意见》。在第二届“宜兴工匠”评选中，有31名候选人年内进入网络投票和专家评审阶段。参与市政府牵头主办的宜兴市2017年职业技能大赛；市总工会与省陶瓷艺术实训基地联合举办手工制陶大赛，与市卫计委联合举办卫生应急技能竞赛。引导职工开展技术创新攻关，驰马拉链（无锡）有限公司的金属拉链制品OEKO绿色环保生产设备及生产工艺被评为江苏省职工十大科技创新成果。启动劳模（工匠）创新工作室创建三年行动，全年创建无锡市劳模创新工作室2个。以无锡市第三届职工创新创优成果展示周活动为契机，引导职工积极参与科技创新实践活动，多项劳动竞赛成果、职工科技创新成果、职工素质教育成果以及职工绝技绝活演示等项目参加了现场展示。

【工会帮扶服务】 2017年度“两节”（元旦、春节）送温暖行动中，市总工会为1200户困难职工家庭发放每户1000元慰问金和200元的爱心超市购物券，全市各级基层工会投入600余万元资助困难职工家庭7000余户。联合市人社局开展“春风送岗　助力就业”专场招聘会6场次，提供就业岗位6000余个。继续发放特困职工优惠证，全年有480户特困职工家庭享受到粮油物资、春节慰问金以及水电气资助和就学、就医等优惠政策。开展“职工大病救急帮扶行动”，上半年为71名患大病职工发放每人5000元的救助金。开展“金秋助学”活动，为284名困难职工家庭子女发放助学金近45万元。全年为47名患重病的互助互济会员发放补助款近6万元，发放劳模“四金”（特殊困难帮扶金、生活困难补助金、荣誉津贴和春节慰问金）270多万元，组织347名劳模免费体检，组织16名劳模先进参加疗养、休养。建成职工“爱心超市”，在2017年“两节”期间首次对全市困难职工开放。改善户外劳动群体的劳动条件和工作环境，新建环卫职工、市容专管员“安康·爱心驿站”2个，累计建成47个。

【职工权益保障】　规范厂务公开民主管理，启动星级职代会评选三年行动，年内，表彰二星级职代会25个。全年获评推动江苏省厂务公开先进单位1个，获评江苏省厂务公开民主管理先进单位3个。全市开展工资集体协商企业6645个，开展计件定额工价协商行业22个，覆盖职工31万人，企业覆盖率达98%。全市获评工资协商二星级企业31个、三星级企业15个。健全工会维权机制，强化普法宣传活动和法律工作培训。开展市、镇两级工会劳动法律监督联合大检查，检查企业225个，发出意见书11份，集体合同和女职工特殊保护、劳动保护专项协议签订率分别为100%和99.6%。做好劳动争议调处工作，全年受理信访159件。保障职工安康权益，全年有4300多个企业、2万多个班组、25万多名职工参与“安康杯”竞赛活动。开展安全隐患随手拍活动，分别有2件、3件、5件作品被无锡市总工会评为一等奖、二等奖、三等奖。开展夏季“送清凉　送安全　送法律”活动，给高温岗位的一线职工送去防暑降温物品折合人民币近25万元，发放劳动安全宣传册6000余本。年内，10个企业被评为宜兴市职工健康保护示范企业。

（李逸萍）

共青团宜兴市委员会

【概述】　共青团宜兴市第十九次代表大会召开，选举出新一届委员会成员。在全市共青团系统启动实施“百团创新”工程，全年确定创新课题38个，开展活动200余场。在全市团干部中开展“连心聚力、联青兴宜”大走访活动，贯彻落实团中央“1+100”（1名团干部直接联系100名普通青年）联系青年制度，全市团干部人均开展联系青年活动25场。全年新增直属团委1个，新建“两新”（新经济、新社会）团组织81个，“两新”团组织累计1369个。组织青年志愿者全力做好“中国宜兴国际素食文化暨绿色生活名品博览会”“中国宜兴国际陶瓷文化艺术节”等志愿保障工作，累计出动志愿者350余人次，服务群众20余万人次。4月，联合市发改委、市青商会共同举办“产业强市青商在行动”——宜兴市产业强市政策解读会。5月，联合市委组织部、市经信委在清华大学举办宜兴市企业经营与创新管理高级研修班，近50名青年企业家参加培训。8月，联合市委组织部举办“汇聚陶都共创宏图”——青商·青千（宜兴）创新创业联谊会，来自全国各地的34名“青年千人计划”（从2011年起，每年引进400名左右海外优秀青年人才）专家和宜兴市37名青商会企业家聚集一堂，探讨创新创业成果，共促发展。10月，联合市金融办、高塍镇、市青商会共同召开全市青年企业家“基业长青”计划——银企对接工作会议。专题召开“基业长青”——宜兴农商行、市青商会银企对接座谈会，推进银企深度合作纵深推进。全年共资助暂时贫困学生200余名，发放助学金23.4万元，捐赠助学物资3万元。

【宜兴市第十九次团代会】　11月3日，中国共产主义青年团宜兴市第十九次代表大会召开，市四套班子领导、无锡团市委领导出席大会，全市各界团员代表参加大会。大会审议通过团市委书记黄力所作的题为《激扬青春　实干担当　为建设“强富美高”新宜兴贡献青春力量》的工作报告，选举新一届委员会委员、候补委员，通过《中国共产主义青年团宜兴市第十九届大表大会关于工作报告的决议》。大会闭幕后召开十九届一次全委会，选举产生新一届常务委员、书记、副书记。

【青年志愿服务】　按照市委、市政府关于全国文明城市创建的安排部署，组织做好青年志愿者公共文明服务。营造氛围宣传创城，组织开展“点赞文明宜兴”“大手拉小手　文明齐步走”等宣传活动30余场，以点带面营造青少年知晓创城、支持创城、参与创城的良好氛围。动员青年参与创城，畅通招募渠道，动员1000多名青年志愿者在全市范围内常态化开展创城志愿活动。多次举办业务培训，促进志愿服务专业化。扎实开展公共文明服务集中行动，每天组织500多名青年志愿者在城区77条主次干道和背街小巷做好服务工作，为创城增添亮丽的青年“志愿红”。严格督查保障创城，建立完善工作督查机制，抽调精干力量组成督查队，强化实地督查，并将督查结果全市通报；实施“啄木鸟计划”，以随手拍的方式发现城市“病灶”，及时转交相关部门清除，确保青年创城工作取得实效。

【青少年思想道德建设】　继续深化“中国梦”和社会主义核心价值观教育，在建党、建军、建团、建队等重要时间节点开展“红领巾心向党”“红领巾相约中国梦”“红领巾寻访强军梦”“优秀传统文化在我身边”等活动。全市各级团组织、少工委通过举行报告会、组建宣讲团，开展主题征文、演讲比赛等形式，在团员青年中深入开展学习贯彻党的十九大精神专题活动。团市委联合市青联、市陶瓷行业协会启动第四届陶都宜兴十佳（优秀）青年陶艺家评选活动，联合市工商联开展宜兴市十大宜商新秀评选活动。打造“网络共青团”，建立完善“陶都青年汇”官方网站、微博、微信公众号、短信微平台“一网三微”宣传阵地，全年发布各类信息320条，总浏览量超10万人次。

【青年创业就业服务】 引导青年就业见习，联合高塍镇党委，在江苏新奇环保有限公司建立新奇环保青年就业创业见习基地，为高塍籍大学毕业生提供环保产业类别见习岗位。开展“职场微体验暑期莫宅家”行动，依托“前程无忧网”发布实习岗位信息400余条，近400名大学生上岗实习。指导青年就业创业，组织编撰《宜小青系列之宜兴市青年就业创业政策解读》，面向全市青年印发1000余册，宣传宜兴市青年就业创业政策；联合市供销社、市妇联，全年举办8期宜兴市农村电商带头人培训班，吸引近400名青年农民参加培训；联合江苏省宜兴丁蜀中等专业学校举办“宜兴市首届青年紫砂电商创业培训班”，增强青年紫砂电商创业技能。开展青年回乡发展家乡行活动，联合市委组织部、市教育局、市人社局，先后在省宜兴中学、省宜兴一中举办“情系家乡·筑梦陶都”2017优秀学子家乡行活动，300余名来自“985工程”“211工程”高校的宜兴籍优秀学生报名参加活动，帮助学生知晓家乡发展情况及引进人才方面的资助和优惠政策，增强学生回乡发展吸引力。

（陈滨）

宜兴市妇女联合会

【概述】 市妇联紧扣党政中心工作，围绕组织建设主题，强化项目运作，推进工作转型。坚持从严治党，推进市妇联机关党的政治建设、思想建设、组织建设、作风建设和纪律建设，不断提高党建工作的规范化科学化水平。推进“两学一做”*学习教育活动常态化制度化，开展“巾帼心向党”主题教育活动，把党的十九大精神及时传达到妇女群众之中。建立直接联系妇女群众制度，开展“连心富民　联企强市”大走访、“阳光扶贫”结对帮扶走访、“三解三促”“一帮一　献爱心”活动，举办“姐妹情深　温暖同行”关爱贫困妇女活动、“小桔灯”儿童暖冬关爱行动，为基层解难事、办实事。

【基层组织建设】 2017年是全市妇联系统“组织建设”年，各级妇联组织坚持重心下移，推动工作方式由活动型向项目化、社会化工作方式转变。开展全市基层“妇女儿童之家”示范点创建活动，举行全市“妇女儿童之家”示范点创建推进会，命名10个宜兴市级“妇女儿童之家”示范点，实地观摩丁蜀镇南河社区和宜城街道谈家干社区“妇女儿童之家”建设情况，促进全市“妇女儿童之家”建设工作的制度化、规范化。建立优秀项目培育机制，以项目做实“妇女儿童之家”建设。在全市“妇女儿童之家”征集并实施17个妇女儿童家庭公益服务项目，内容涵盖女性创业就业、家庭关系融合、妇女儿童维权、困境儿童帮扶等多个方面，重点服务对象700余人，受益对象5400余人。打造市妇女儿童活动中心新阵地，举行“宜兴市妇女儿童活动中心”揭牌仪式，下设女性社会组织指导服务中心、巾帼创客联盟、婚姻与家庭服务中心、家庭教育指导中心和修身齐家导航站5个机构和服务平台，全力服务全市妇女儿童。推进乡镇妇联组织区域化建设工作，率先在万石镇、丁蜀镇启动宜兴市级试点工作。探索向新领域、新阶层、新群体拓展和创新组织覆盖，指导西渚镇妇联在白塔乡村旅游专业合作社成立妇联组织。

【女性创业创新】 围绕市委产业强市战略，瞄准创业女性需求，依托市女企业家联谊会和巾帼创客联盟平台阵地，深入开展创业创新巾帼行动。组织女企业家赴杭州、无锡、张家港等地学习交流，调研优秀企业发展模式，引导女企业家树立实业精神，以质提效，助力企业转型发展。组织全市女能手联谊会成员赴湖州学习考察。承接省级妇女儿童公益社工服务项目——巾帼创客联盟，实施创业互助，开展培训指导、沙龙交流、项目路演等服务，重点培育扶持一批女性创客、女性电商和创业带头人。全年举办3场“三八架金桥·春风送岗位”女性就业专场招聘会，提供岗位1200余个。联合市供销合作总社举办10期农村电子商务带头人培训班，培训女性500余人。推进“巾帼文明岗”和“巾帼示范基地”创建，薛建英获“全国巾帼建功标兵”称号，顾美群获“江苏省巾帼建功标兵”称号；无锡市宜兴地方税务局第一税务分局办税服务股和宜兴市12345政府公共服务热线中心2个集体获“全国巾帼文明岗”称号，市妇联获“江苏省巾帼建功先进集体”称号，市公路客运有限公司宜兴客运总站总服务台等8个集体获“江苏省巾帼文明岗”称号，江苏辰希缘都市农业科技有限公司等7个基地获评省级各类巾帼示范基地。省妇联副主席张勤到宜兴调研妇女工作，对女性创业创新工作取得的成绩给予肯定。11月，在全省农村妇女创业就业增收行动推进会议上，市妇联作《强化精准服务　凝聚巾帼之力　在服务发展中开创妇女创业就业新局面》工作交流。

【家庭文明建设】 以创建全国文明城市为契机，发挥妇女和家庭在构建和谐社会中的重要作用，提高家庭文明素质，提升社会文明程度。联合市委宣传部开展“助力创城，巾帼添彩”百千万文明创建行动。开展“凝聚家庭正能量，家风美德润陶都”万户文明家庭寻访活动，向全市家庭发出“万户家庭齐发力，共创文明宜兴城——致全市广大家庭的倡议书”。蒋纪伯家庭获江苏省“最美家庭”称号，邵敏薇家庭、杨华家庭等12户家庭获无锡市“最美家庭”称号。组建“陶都木兰”志愿者服务队，全年开展“与奉献同在，与文明同行”千名巾帼志愿者爱心服务活动43次。编制《宜兴市家庭教育工作“十三五”规划》，成立宜兴市家庭教育公益巡讲团，开展“做智慧父母，创文明宜兴”百场家庭教育公益巡讲活动，出刊宜兴市家庭教育研究会会刊《静待花开》，联合宜兴电台“小君访谈”栏目开设“家庭·家教·家风”家庭教育专题访谈，围绕“宜兴市家校共育实践研究”课题，营造互动、开放、分享、多赢的家庭教育新局面。

【妇女儿童关爱】 从源头上推进解决事关妇女儿童利益的热点难点问题。编制《宜兴市“十三五”妇女发展规划（2016—2020年）》和《宜兴市“十三五”儿童发展规划（2016—2020年）》，为促进全市妇女儿童事业与经济社会事业同步协调发展提供了制度保障。丰富“小桔灯”儿童课外守护项目工作内涵，发挥试点单位的带动作用，由课外看护逐渐向儿童道德教育、特长培训、亲子悦读、困境儿童帮扶等内容拓展。规范“平安家庭”创建，制定“平安家庭”创建考核机制，创新工作载体，深入法治宣传教育，加大对特殊群体的关爱力度，维护家庭社会和谐稳定。加强维权队伍建设，举办全市婚姻与家庭调解员培训班，提升基层妇联干部维权能力。承接联合国儿基会和国务院妇儿工委“预防和控制儿童伤害”项目，开创宜兴“四安全干预”*模式，优化儿童安全成长环境，在2017年6月的全国性会议上进行交流。

（严烨）

宜兴市科学技术协会

【概述】 围绕“聚焦创新创业　着力提升服务”总目标，着眼服务科技工作者、服务创新驱动发展战略、服务全民科学素质提高、服务党委政府科学决策、加强自身建设职能定位，充分发挥主力军、助推器、智囊团、大家庭、扬声器作用，为宜兴市经济社会发展中心大局服务发力。市第二十九届科普宣传周期间（5月25—31日），开展科普集市、科普惠农进乡村、科普进社区、高新企业走进科技馆、无人机临展等活动，放映科普影视50场次，8000多人观看；举办各级科技培训、科普讲座30期，约2100人次参加。全国科普日（2017年9月16日）活动期间，组织举办参观智能制造企业、生态科普旅游、科学表演秀巡演、大型恐龙临展等6项活动。全年开展大型科普主题活动15场次以上，播出《科普讲座》电视节目12期，编印《宜兴科协》4期，组织科普讲座40多场次，利用微信公众平台发布信息260条，开展送科技下乡活动25次，印发科普资料8万余份，全年举办高层次学术交流活动10场次。指导宜兴市颖丰生态农业示范基地申报江苏省科普惠农兴村计划先进单位，选送宜城街道谈家干社区申报江苏省社区科普益民计划先进单位，指导宜城街道荆东社区、屺亭街道五星社区等8个村（社区）创建无锡市科普示范村（社区），推荐并指导宜兴市科技馆、爱德陶艺社、宜城街道新华社区、市林业有害生物防治实验室创建无锡市科普教育基地，指导市城北小学、丁山小学创建无锡市青少年科技创新教育示范学校，发动6个社区参加市科普示范品牌单位创建。宏兴园艺等3个单位被无锡市科协命名为2017年度科技（科普）示范基地。市母婴科学保健学会和中医养生学会成立。全市18个基层科协换届工作全面完成。

【宜兴科技馆发挥科普展教作用】 自2016年11月宜兴科技馆建成开放后，其大型科教场馆作用和功能逐步显现，作为全国县（市）中规模最大的综合性科技馆，宜兴科技馆举办恐龙临展、院士讲座等5场（次）大型主题活动；开展“流动科技馆”进校园展教普及活动，走进18所学校，5000多名中小学生参与体验并探索互动；发动全市81所中小学校1.8万名中小学生参加省“金钥匙”科技知识竞赛，选拔优秀学生组队培训；发动4所中小学校4450名学生参加首届省公民科学素养大赛、第二十八届省青少年科技创新大赛；发动12所学校参加无锡市青少年机器人暨物联网创意大赛，获70多个奖项。宜兴科技馆被评为2017年全国科技活动周暨江苏省第二十九届科普宣传周先进集体，科技馆外包运营管理模式申报为省科协示范单位创新案例。至12月底，进馆参观人数突破30万人次。

【搭建平台引才融智】 申报国家级海智基地，不断完善海智信息库，联系园区组织引智对接活动12场，签署各种合作协议8个，洽谈项目20项，引进（落地）项目3个、团队3个、人才8人，建设宜兴科协在海外的首个海外引才工作站——法国（宜兴）海外引才工作站。引进德国工业废水中磷回收技术合作项目在环科园签约，宜兴陶瓷产业园与比利时院士卢克·塔尔维在发泡陶瓷产品与高性能混凝土材料应用技术开发项目签约。全市新增江苏卓易信息科技股份有限公司、宝艺新材料股份有限

宜兴科技馆举办恐龙临展活动　（市科协　提供）

公司、百事德机械（江苏）有限公司和江苏宏鑫旋转补偿器科技有限公司4个企业科协组织，引进高端人才开展企业论坛活动。指导周铁镇科协筹建蔬菜产销专业技术协会。市土木建筑工程学会、健康管理学会、陶瓷学会、食品营养与安全学会、工程技术信息学会、中医养生学会等8个单位申报“企会协作”项目11个，其中工程技术信息学会申报项目被无锡科协评为企会协作优秀项目，探索开辟“科技协同创新基地”5个。

（吴婷婷）

宜兴市归国华侨联合会

【概述】 市归国华侨联合会（以下简称市侨联）全年接待美国、荷兰、新加坡、法国等国家的宜兴籍海外乡贤及各界朋友22批124人。开展以“真诚　热情　贴心　实在”为标准的“争当侨胞之友”主题实践活动，结合宜兴市创建全国文明城市、“连心富民　联企强市”大走访活动、“阳光扶贫”、“一帮一　献爱心”等工作，参与公共文明志愿服务，深入结对社区和结对企业，走访了解侨眷代表、困难家庭代表和企业生产经营等方面存在的困难和问题并帮助协调处理。

【拓展联谊】 1月，市侨联副主席裴春花随无锡市侨务代表团出访荷兰和英国，拜访荷兰华人友谊中心、荷兰中国和平统一促进会、荷兰无锡商会、全英华人华侨中国统一促进会等华侨社团，和单声、费玉樑、黄其昌、蒋文强等侨领代表，及宜兴籍在英留学生代表。6月，接待宜兴籍旅法资深媒体人、泛欧国际文化传媒集团董事长钱海芬，陪同其寻访钱秀玲当年在宜兴的情况与足迹。7月，联合市美术馆等单位举办“亲情中华　新丝路　中国梦”中新（西兰）文化交流——著名华人艺术家区本书画展。12月，接待到宜兴寻根的已故乡贤邵品刿的夫人及子女一行，陪同他们参观闸口邵氏故居、市博物馆分馆——邵品刿博士楼（邵品刿纪念馆），体验宜兴紫砂制陶工艺。

【为侨服务】 3月、7月，市侨联分别牵头成立市侨界专家委员会和市留学人员和新华侨亲属联谊会2个侨界专业性社团。编辑出刊《宜兴海外学子风采集》（第一辑），体现宜兴籍海外留学生和新华侨群体的现状和精神风貌。主动对接上级侨联，会同无锡市科技局、无锡市侨联、宜兴市侨界专家委员会联合举办2017“创业中华”走进宜兴——服务侨企科技创新创业面对面活动、《中华人民共和国民法总则》专题讲座等，为新侨创业人士提供服务，帮助他们搭建联络联谊平台。利用春节、中秋等传统节日，会同市留学人员和新华侨亲属联谊会及基层侨联分会，组织侨界群众开展迎新春书画交流展、迎中秋联谊会等交流互动。2017年，市侨联通过春节走访、暑期走访、重阳走访、生病探访等形式走访慰问归侨侨眷155人次，累计协调发放慰问金（品）15.8万余元。继续开展对老归侨及部分重点侨眷的送生日祝福和送健康体检活动，持续关注并做好对困难归侨王富英的帮扶工作。

（王云丹）

宜兴市文学艺术界联合会

【概述】 宜兴市文学艺术界联合会（以下简称市文联）召开第六次代表大会，总结第五次文代会后的工作，部署2017—2022年主要工作任务；动员全市文艺工作者投身“强富美高”新宜兴建设；修改文联章程，选举产生市文联新一届领导机构。市文联有作协、剧协、美协、书协、摄协、音协、民协、朗协8个文艺家协会，及荆溪诗社、楹联学会、硬笔书法等7个民间社团。市音乐舞蹈家协会成立钢琴、古筝、禅学研究会、丝弦研究会等音乐分会。全年新增国家级会员10人、江苏省级会员12人、无锡市级会员27人。其中美协有9名会员加入中国美术家协会，为历年最高，宗建成成为全省最年轻的中美协会员。至年底，市文联有会员2000多人，其中国家级会员177人、省级会员325人。徐风创作的长篇传记文学《布衣壶宗》获江苏省第十届精神文明建设“五个一”工程奖，同时获第九届《中国作家》鄂尔多斯文学奖、江苏省紫金山文学奖。朱智辉的摄影作品《地球只有一个》《小宝贝的奇梦幻旅程》入选第26届全国摄影艺术展览；程鹏的中国画《古寨》入选“逐梦·威海卫”全国中国画作品展；刘建平、樊笑、张立影的作品入选2017·中国百家金陵画展；余尚泓、袁景、汪洋的作品入选2017中国油画作品展；何勇的作品入选2017年度江苏省文联精英精品工程；周德彬的长篇小说《月亮湾往事》获无锡市“五个一”工程奖；市作协4名会员周德彬、宗彩虹、王小凤、任宣平获“太湖文学奖”。举办文艺家读书班，邀请无锡市委党校李湘云教授作“坚定文化自信　振奋民族精神”的讲座。举办星云大师一笔字书法展、“一带一路”卢禹舜个人画展、“紫砂墨象”·中国画名家精品展、江苏省青年书法家协会理事作品展、宜兴市首届青年书法展等活动，邀请范扬、沈光伟、满维起、周尊圣等一批国内一流的书画名家到宜兴交流，邀请施战军、王安忆、王干等著名文艺家到宜兴举办讲座。接待韩国大邱艺术团的艺术家到宜兴交流访问，邀请澳大利亚华人尚志博士到宜兴做插花艺术讲座。在第九届中国·宜兴国际陶瓷文化艺术节活动期间，市文联先后举办陈曼生艺术馆开馆暨宜兴市第三届“曼生杯”陶刻展、翰墨紫砂名家作品展暨70后全国油画展、壶中日月——全国书画紫砂名家创作交流作品展、东坡诗意——“百画百壶　翰墨紫玉”艺术交流展、首届中国民间传统工艺美术传承与发展论坛暨2017远东·溪隐府杯民间传统工艺美术博览会等活动。

【文艺品牌塑造】 市文联举办“五月的鲜花”——劳动者之歌朗读会暨“诗意陶都·朗读者”揭牌仪式、情满陶都·文明万家——网络文学创作活动、“小茉莉花”乐器大赛、喜迎十九大——情满陶都宜兴市文艺家走基层专场演出、喜迎十九大文明新宜兴——2017庆国庆摄影展、庆祝党的十九大胜利召开戏曲专场演唱会。与中国传统工艺标准化协会合作，成立中国标准化协会传统工艺技术委员会宜兴紫砂鉴定评估专家委员会，在宜兴博物馆举行揭牌仪式。纯文学刊物《艺界》陆续出刊春、夏、秋、冬四卷，发表50多万字的本土文艺作品及300多件书画、摄影、陶艺等作品。

【文艺惠民活动】 做好送文化下乡、向学校捐书、送春联下乡、送戏下乡、送歌舞下乡等文艺惠民活动；组织文艺家深入残联、企业、社区、村委等基层开展活动，帮助市残联及有关社区、村委做好艺术培训。举办《老宜兴》新书首发式、2017市书法家写春联活动、"文明家园　和美陶都"迎新春摄影展、新春戏曲演唱嘉年华、戏曲闹元宵大型演出、"家在太湖西岸"——夏正平作品朗读会、"湖韵诗风"——岳飞、蒋捷作品朗读会、"踏遍青山家乡好"——钱松喦作品展暨"乡愁"朗读会等活动。在宜兴新街街道铜峰社区潢潼小区居民广场举行"送戏进社区演出"等活动。与新街街道振兴社区结对，帮助振兴社区创办社区文艺基地。与市残联联合举办书法、绘画等公益性文艺培训班，与市教育局联合主办教育系统艺术沙龙书法班，与丁山成校联合举办书画陶刻高研班，与紫砂工艺厂举办清华美院——陶刻高研班。举办宜兴市书法工艺培训班，举办宜兴书法院第三届书法研修班，举办陶都文学院第二届结业暨第三届开班典礼，出版《陶都文学院第二届文学研修班作品年选》。

（吕瑞芳）

宜兴市残疾人联合会

【概述】 全市新增残疾人1071人，全年核发残疾人证870本，累计有持证残疾人2.42万人。围绕加快推进残疾人小康进程、实施残疾人幸福生活推进计划的总体目标，加快残疾人社会保障和服务体系建设。市农疗中心与市远望蔬果合作社合作，促进残疾人融合发展。市低视力康复中心建成运行。市托养中心转型探索精神智力残疾人就业新路径。市残联获评江苏省残联保障金征收先进集体，获无锡市第十二届运动会组委会优秀组织奖、第五届无锡市残疾人职业技能竞赛团体第一名。市博爱家园儿童成长中心获"中国心智障碍服务创新年会2016—2017年度中国心智服务最佳行业贡献奖"，市爱德培训学校获"无锡市成人教育协会成人教育工作先进单位"称号。组织市、镇（街道）残联换届选举。1399个单位全年入库残疾人保障金5544万元。

【助残保障政策落实】 落实困难残疾人生活补贴和重度残疾人护理补贴政策，配合做好提标扩面和新增人员审核工作。残疾人护理补贴扩大到全部类别一、二级残疾人，增加了低保非重度残疾人。一级、二级残疾人包括一级、二级视力、肢体、智力、精神、听力、言语和多重残疾所有残疾人，补贴标准为每人每月120元。困难残疾人生活补贴中低保重度残疾人补贴为低保标准的38%(304元)，低保非重度残疾人补贴为低保标准的25%（200元）。三、四级精神智力残疾人生活补贴从80元提高到低保标准的20%（160元）。全年给5428人发放护理补贴、6971人发放生活补贴。招标实施全市持证残疾人团体人身意外伤害保险政策，赔付总金额达111.8万元。完成两年贫困残疾人破旧危房修缮改造任务，投入75.82万元为75户低保残疾人家庭解决住房安全问题。全年办理爱心卡398张，全市残疾人爱心卡拥有量13649张。

【康复服务水平提升】 年内将18个康复项目纳入医保范畴。开展全市小学五、六年级及初中一、二年级青少年脊柱侧凸筛查38954人，筛查出疑似阳性3997人。实施贫困白内障患者免费复明手术539例，免费为200人安装助听器、为20人安装假肢、为500人免费体检。为800名残疾人家庭进行辅具适配1040件。康复救助残疾儿童0—6岁151人、7—14岁37人，其中外出康复救助26人。人工耳蜗植入手术救助8人，贫困精神病人门诊服药救助86人。市博爱家园农疗中心开展康复活动80多次，提供康复服务580人次。市低视力康复中心为全市21066名幼儿园在读儿童进行低视力筛查，康复训练救助47人。

【残疾人就业】 全市134个福利企业安置残疾人就业6283人。落实按比例安置残疾人就业1049人。扶持培育残疾人创业就业基地总数达52个，安置残疾人就业443人。根据远东福利基金会残疾人帮扶点项目政策，为50名创业有困难的残疾人提供三年的帮扶，每人每年帮扶5000元。注重辅助性劳动项目促就业。36个机构、基地开展辅助性就业，开展的劳动项目有10多个品种，17个企业提供劳动项目，参加辅助性就业劳动项目的残疾人436人。以爱德培训学校为阵地，举办各类培训班15期，培训各类人员792人次，其中电商培训1期27人、特种蔬果培训1期26人、职业技能竞赛培训11个项目63人、协助12个镇（街道）完成培训676人。学校另有陶艺两个班25人，盲人推拿初、中级两个班16人，工艺美术专业大专、本科学历两个班32人。举办"就业脱贫　同奔小康"残疾人专场招聘会2场，21名残疾人实现就业。市残疾人托养中心庇护工场吸纳28名残疾人从事辅助性就业，市残疾人托养中心与市沪花文具有限公司合作成立沪花文具装配福利车间，吸纳25名残疾人就业。

【展能平台搭建】 创建市文体艺展能中心。举办"大爱铺就小康路"优秀残疾人创业事迹宣讲活动。参加无锡市第五届残疾人职业技能竞赛和十二届残运会，21人参加11个职业技能竞赛项目的比赛，获团体总分第一；54人参加游泳、田径、乒乓球和羽毛球比赛，获团体总分、金牌数和奖牌数三个第一。组织残疾人参加无锡市读书征文比赛和诗歌散文朗诵比赛。王俊、范小龙、顾斌武当选"无锡好人"。推荐魏平、夏正平参加省残联主办的省首届文学创作培训班。申报省乡土人才“三带”（带政策、带信息、带服务）行动，培养对象13人。

【助残服务】 设立市残联理事长信访接待日。建立市残疾人法律援助首席律师定点联系制度。全年接待处置残疾人来电来信来访521件（次）。市法律援助中心为残疾人提供法律咨询服务287件（次），为46名残疾人办理诉讼程序时提供法律援助服务。江苏谋盛律师事务所为残疾人提供无偿法律咨询服务112件（次），为47名残疾人提供工伤、交通事故等诉讼服务。

【助残活动】 组织市美术馆走进市康复中心、市美协走进市爱德陶艺社开展爱心助残活动。开展“牵星星的手　关爱自闭症儿童”画作义卖活动。社会企业助残项目——笋芽儿烘焙坊投入运行。残疾人紫砂文化成为中国残疾人联合会扶持的特殊艺术项目，紫砂文化创业城落户市爱德陶艺社丁山基地，康辉旅游集善之家项目落户市爱德陶艺社，市爱德陶艺社电子商务平台上线并第四次受邀参加无锡文博会。

（蒋敏）

宜兴市红十字会

【概述】 以“改善最易受损害群体的境况”为工作目标，开展博爱系列救助。春节前夕，慰问贫困家庭498户，其中走访68户，发放救助金38.6万元及价值1.49万元的棉被、毛毯、食用油等物资；为年内遭遇突发事件的30户家庭发放救助款21.14万元。在市大走访活动中，为高塍镇高塍村因病致贫的50余人发放救助款共计3万元；开展2017年红十字励志助学金活动，为全市595名家庭困难学生发放助学金35.7万元。为4户特困家庭向上级红十字会申请二次救助4.17万元，为3名白血病患儿申请中国红十字总会的小天使基金。宜兴市实验小学、宜兴市善卷实验小学被评为首批江苏省红十字示范学校。全年，完成全市8800人的救护培训任务，为13个企业600余人进行救护培训。

【宣传活动】 利用“世界红十字日”“全国防灾减灾日”“世界献血纪念日”等时间节点开展集中宣传活动，在各社区红十字服务站设立宣传墙、宣传屋。开设微信公众号，解读政策法规、传播科学知识，增强红十字精神的渗透力、公信力和影响力；《宜兴日报》和宜兴电视台报道活动新闻10余条。5月，在市文化中心广场，联合市人民医院、无锡市工艺职业技术学院，开展以“携手人道精神　共践核心价值观”为主题的第70个世界红十字日纪念活动。同月，联合市地震局、消防大队、人民防空办公室等单位在新华社区开展防灾减灾、应急救护知识宣传活动。10月，分别在江苏中超电缆股份有限公司、官林医院开展造血干细胞宣传活动。全年发放宣传资料7200余份。

【无偿捐献】 市红十字会把宣传《中华人民共和国献血法》、普及献血知识、推动捐献造血干细胞和遗体（器官、组织）捐献工作作为精神文明建设的重要内容，动员和组织红十字会基层组织和会员、志愿者带头参与，形成良好的社会氛围。全年新增造血干细胞捐献志愿者67人，加入中华骨髓库江苏省分库的累计有483人，有3名遗体捐献志愿者实现了愿望，有2名志愿者完成器官（心、肝、肾）捐献，实现宜兴市器官捐献零的突破。全年无偿献血20796人次，献血782.03万毫升，获全国无偿献血奉献奖732人。

【志愿服务】 省政府将红十字会参与养老服务工作列入“2017年度十大主要任务百项重点工作”，结合市“走帮服”活动精准帮扶的要求，市红十字会成立市人民医院志愿者服务队、市中医医院志愿者服务队、市红十字会志愿者服务队养老照护小分队。服务队有养老照护师资2人，养老照护志愿者55人。全年开展养老照护知识培训8期，培训508人次；开展养老照护服务126人次，受益57户；对贫困老人家庭发放救助慰问品25人（份），价值8000余元。根据省红十字会《关于深入开展“博爱家园”工作的通知》精神要求，3月，江苏省“红十字博爱家园”试点在市宜城街道新华社区落成，市红十字会配置轮椅、担架、人体模型等价值6510元救护器材，定期对社区居民开展普及性应急救护培训，年内培训3期，受益群众163人，走访慰问社区困难老人家庭7户，发放5000元救助金和慰问品。新华社区与市人民医院红十字会签订医院志愿服务进社区双向合作协议书，与市中医医院红十字会、市药业公司红十字会签订结对共建协议。每月有志愿者上门开展送医、送药和健康宣教活动。

（张晓红）

宜兴市关心下一代工作委员会

【概述】 推进关心下一代工作委员会（以下简称关工委）组织队伍建设、校外教育阵地建设和关工委自身建设，发挥各级关工委和“五老”（老干部、老战士、老专家、老教师、老模范）积极性及独特优势，坚持服务青少年的正确方向，弘扬“忠诚敬业　关爱后代　务实创新　无私奉献”的“五老”精神，着眼于培育和践行社会主义核心价值观，深入开展青少年思想道德教育，促进青少年健康成长。积极参与社会治理创新，坚持把关爱特殊和弱势青少年群体作为重中之重。组织9万多名青少年开展法治教育“六个一”*系列活动，组织1167位老教师参与“四帮一”（集老教师、在职老师、优秀学生和家长四方之力，共同帮助一名“问题”学生）教育活动，组织199名“五老”志愿者参与社区矫正工作、248名“五老”参与网吧义务监督工作。10月，中国关工委主任顾秀莲到宜城街道谈家干社区视察校外教育辅导站工作、中国关工委常务副主任杨志海到市关工委视察指导工作，他们对宜兴关心下一代工作成效给予充分肯定。至年底，全市共建立各级关工委组织2311个，有“五老”志愿者1.36万人，其中直接参与关心下一代工作的核心层“五老”1414人，经常参与关爱活动的“五老”骨干3041人；有社区（村）青少年校外教育辅导站314个、特色家长学校10多所、老教师家庭辅导站569个，197个社区（村）校外教育辅导站建成电子阅览室，298个社区（村）实现未成年人零犯罪。市关工委被评为全省校外教育辅导站工作先进集体，蒋跃进、吴志强、姚孝忠、史顺珍被评为全省校外教育辅导站工作先进个人，宜城街道土城社区、徐舍镇民主社区、高塍镇高塍社区3个校外教育辅导站被评为全省校外教育工作优秀辅导站，丁蜀镇湖渎社区校外教育辅导站被评为全省校外教育工作示范辅导站。举办纪念市关工委成立25周年系列活动。

【“强化国防观念　志向圆梦中华”主题教育活动】 2017年是中国人民解放军建军90周年、全民族抗战爆发80周年、香港回归20周年。为了让青少年了解相关历史知识及中国维权斗争的严峻形势，认清强军固防的重要意义和圆梦中华的责任担当，教育引导青少年从小树立报效祖国的人生理想、明确建功立业的价值追求、涵养爱军习武的阳刚之气、练就敢于拼搏的坚强意志，在全市青少年学生中开展“强化国防观念　志向圆梦中华”主题教育活动。全市各级关工委围绕教育主题，发动“五老”宣讲员、在职教师、大学生村官及回乡度假的大学生深入学校和社区（村），组织青少年学生开展明理性主题宣讲、体验式寻访观摩、多样化抒情励志、竞技型文体比赛等形式多样的教育实践活动。全市关工委系统举办主题教育报告会474场次，征文演讲、知识竞赛410次，书画摄影展览96场次，文艺表演及体育比赛154场次，组织参观访问、宣誓签名、教唱军歌红歌、各类公益活动等477场次，参与活动的青少年超过10万人次。市关工委《以“五个一”助推主题教育活动扎实开展》一文获全省关工委党史国史教育课题研究二等奖。在省阳光少年网举办的“喜迎党的十九大童心向党”演讲比赛中，张渚镇龙池村学生高佳获二等奖，张渚镇茗岭村学生张世勋获三等奖。

【顾秀莲到宜兴考察关工工作】 10月，中国关工委主任顾秀莲一行到宜城街道谈家干社区考察校外教育辅导站工作。谈家干社区校外教育辅导站面积500平方米，设有电教课堂、科普室、绿色网吧、学习天地、阅读角、地震知识教育馆等多个活动区域，有“五老”辅导员8人、在职教师2人、社区志愿者10多人常年从事教育服务工作，经常参加辅导站活动的青少年200多人。该辅导站在加强青少年思想道德教育，引导未成年人健康成长的同时，注重开展多元化的特色服务，创建“小桔灯”儿童课外守护家园，依托社区“青春义工队”的志愿者及具有专业资质的“五老”组建的结对帮扶、法律护航、心理咨询、爱心公益四支志愿者队伍，拓宽未成年人教育平台，为社区未成年人打造了新型校外教育乐园，成为全市青少年校外教育的示范基地。顾秀莲一行察看辅导站的青少年活动场所，观看社区党建带动关工委建设专题展览，听取社区领导介绍关工委及校外教育辅导站工作和活动情况。

（倪锦豪）

中国关工委主任顾秀莲（左五）到宜城街道谈家干社区考察校外教育辅导站工作　（市关工委　提供）

宜兴市生态文明研究与促进会

【概述】 宜兴市生态文明研究与促进会(以下简称研促会)围绕中共宜兴市委十三届二次全会目标任务和市委、市政府2017年生态文明建设总体部署展开工作。利用和发挥研促会专业性团体优势，组织课题研究；与各基层分会构建常态化工作交流机制；利用平台和资源，宣传践行生态文明建设典型，推动研促会的工作。研促会组织会员学习十九大报告和《中国共产党章程》中对生态环境保护和生态文明建设提出的新变革、新理念、新要求、新部署、新目标。宜城街道、张渚镇、万石镇、周铁镇、环科园等分会撰写《担当新时代的新使命　开启新时代的新征程》《绿水青山就是金山银山》等学习体会文章。各分会全年撰写研究论文20余篇。研促会全年出刊《宜兴生态文明》3000份，突出报道践行生态文明的典型和学习贯彻十九大精神的体会文章。期刊刊出“美丽宜兴”精美图片30余幅，展示宜兴优美的生态环境和市民共建绿色家园、共享碧水蓝天的新风貌。

【生态文明宣教】 全年围绕《"两减六治三提升"专项行动方案》和将于2018年实施的《中华人民共和国环境保护税法》开展宣传工作，增强全市人民"坚持人与自然和谐共生""绿水青山就是金山银山"的意识和生态文明建设的政治自觉，牢固确立"坚持创新、协调、绿色、开放、共享"的发展理念，强化公众环境保护参与意识，倡导绿色发展方式和生活方式，积极参与环境保护，促进全市生态文明建设。研促会配合市环保局参与5月22日在湖㳇竹海举办的江苏省纪念国际生物多样性日暨宜兴市"六五"世界环境日系列活动启动仪式和现场环保宣传活动，为打造生态保护的宜兴模式创造更加有利的外部环境。

（周惠民）

宜兴市见义勇为基金会

【概述】 市见义勇为基金会把见义勇为事业放到服务"两聚一高"*新实践，建设"强富美高"新宜兴中来谋划，围绕"迎接十九大 忠诚保平安"主题活动，坚持服务大局，服务平安宜兴建设，发挥社会组织的功能和作用，开展对见义勇为行为的表彰奖励，先进人物不断涌现。2017年，全市表彰奖励各类见义勇为人员167人。基金会参与向上级推送伏健救人事件中协助救人的外来务工人员赵志刚的事迹，赵志刚获"江苏省见义勇为新市民"称号。12月，李彩英被授予"无锡市见义勇为模范"称号，陈超超、张建新、万军、于啸宇、金明、郭建峰被授予"无锡市见义勇为先进分子"称号，伏健、赵志刚、唐谏龙被授予"无锡市见义勇为先进群体"称号。市见义勇为基金会被无锡市公安局、基金会授予"见义勇为工作先进集体"称号。2017年，选取基础工作和硬件较好的新街街道环科园、宜城街道城南2个见义勇为工作站，作为创建见义勇为示范点进行培育。根据无锡市政府的统一部署，开展见义勇为人员权益保障的督查工作，对宜兴市获得无锡市以上表彰的23名人员全面调查摸底，对见义勇为受伤人员进行伤残鉴定和丧失劳动能力的评定，落实相关抚恤政策。

【见义勇为精神宣传】 开展多种形式的宣传活动，造浓弘扬见义勇为精神的社会氛围。市见义勇为基金会充分运用"互联网+"方式，融入大数据时代，与宜兴各媒体网络建立起联动宣传机制，扩大见义勇为工作的社会影响。依托社会管理平台烘托氛围，利用户外电子屏、出租车、巡逻车显示屏等载体，刊播见义勇为宣传标语，引导社会新风尚。利用社区警务平台向群众宣传，各级公安机关主动把见义勇为融入到"两学一做"*、"连心富民 联企强市"大走访等活动中，特别是利用上门入户宣传防范工作的时机宣传见义勇为精神。搞好重点策划深度报道，对事迹突出的见义勇为典型策划深度报道。1月，伏健等人在丁蜀镇奋不顾身跳进河中救人事件发生后，伏健等人的救人事迹被中央电视台、省电视台等各级媒体报道。9月的见义勇为宣传日，在太滆广场开展广场宣传，采取挂横幅、放撑牌等形式展示宜兴市见义勇为的成果，见义勇为先进分子身披授带到现场，向群众发放宣传资料和纪念品等，吸引近1000名市民观看，宣传效果显著。

【伏健等英勇救人】 伏健是丁蜀镇个体工商户。2017年1月11日17时许，市民周某与妻子驾车途经宜兴市丁蜀镇蜀山长安新村路段时，因操作不当导致车辆失控冲入百家滨河中，生命危在旦夕。开车途经此处的伏健发现此情景后立即停车，跳入冰冷刺骨的河中，将周某拉出驾驶室往岸边游。岸边外来务工人员赵志刚也跳入河中协助伏健，两人合力将周某救上岸。当周某说妻子还在车内时，伏健立即返回救人，救援途中因小腿抽筋，无法继续施救。岸边市民唐谏龙跳入河中接力救援，多次潜入河底，终于将被困的周某妻子救上岸，周某妻子经医院抢救无效死亡。伏健、赵志刚、唐谏龙获"无锡市见义勇为先进群体"称号。他们的英雄行为和崇高精神向全社会传递了光明正义的道德力量。

（孙解和）

宜兴市老年协会

【概述】 学习贯彻落实新的《中华人民共和国老年人权益保障法》，以实现老有所养、老有所医、老有所为、老有所学、老有所乐为目标，发挥各级老年协会参谋、助推、服务功能作用，履行反映老年人需求、维护老年人合法权益、为老年人服务职能，加强基层老年协会组织建设，活跃老年人精神文化生活，促进全市老年事业健康发展。全年，市老年协会成立教育、慈善养生2个直属分会，累计有6个直属分会；全市59个村（社区）老年协会换届，调整会长63人，新选会长46人。全市各级老年协会开展走进老人家庭"大走访"、居家养老"大结对"、尊老敬老"大弘扬"活动。全年走访慰问老人8.06万人次，发放慰问金2228.04万元；建立老年义工队伍357个，4899名老人担当志愿者；组织4846名志愿老人，结对帮扶6708名有困难的老人；组建"夕阳红"调解队306个，2160名老人担任调解员，调处涉老矛盾1157起。举办市第六届老年文艺会演，组建老年特色文艺团队514个，1.07万名老年队员参加；组织388个团队、2.08万名老人走出家门参加"银发"旅游。参加健康体检老人13.17万人，老人体检率70%以上。老人健康档案建立率68%，老年慢性病、高血压、糖尿病等管理率40%；开展健康讲座1169场次，发放健康宣传资料60多万份。市老年协会召开助推居家养老日间照料中心建设观摩会，高塍镇桃园社区、新街街道谢桥社区等日间照料中心运行。全市社会力量捐资老年活动室建设1401万元；建立孝老助老基金132个、筹资4719万元。官林镇成立8个助老基金；周铁镇老年协会动员市永信稀土贸易有限公司建立200万元助老基金；湖㳇镇老年服务中心助老基金又增庄建新基金；最美社会关爱老人之星宋仕良新晋中国好人。

【迎庆十九大活动】 2017年10月，是全国敬老月（10月28日为"老年节"），正逢市党的十九大召开，市各级老年协会抓住契机举行庆祝活动。市老年协会以"颂党恩听党话跟党走、喜庆十九大胜利召开"为主题，举行全市庆祝老年节大会；各镇（街道）老年协会紧扣"关爱老年人 欢庆十九大"主题，部署老年节活动。周铁镇老年协会举办庆祝老年节暨老年工作表彰大会，以十九大精神弘扬敬老养老助老新风。湖㳇镇老年协会以镇老年服务中心为主会场，举办15项系列活动。张渚镇老年协会利用镇老年大学和村老年学校平台，组织老年学员开展迎十九大召开、深化为老服务系列活动。太华镇老年协会依托各村老年活动室成立读报组喜迎十九大。官林镇老年协会成立"红领巾"老年服务队，将迎接十九大融汇到为老服务之中。宜城街道老年协会开展"喜迎十九大、维权老年人"广场咨询活动。

【养老文化品牌打造】 以举办市"邮政杯"第六届老年艺术节为总牵头，带动基层老年特色文艺团队建设。文化分会做好总体方案设计和安排，且深入村（社区）指导节目排练。太华、周铁、屺亭等镇（街道）做到每个村（社区）都选送节目，西渚、湖㳇、新建等镇（街道）举行书画摄影展、专场文艺演出等。其中：太华镇老年协会组建"夕阳红"红色文艺社团；徐舍镇老年协会以"一村一特色"组建和完善特色文化团队50个；丁蜀镇老年协会的特色文艺团队受邀成为第九届中国宜兴国际陶瓷文化艺术节迎宾队；湖㳇镇老年协会举办老年文艺骨干培训班，帮助村村建立特色文艺团队；新街街道老年协会根据各村（社区）地理位置和人员结构，成立合唱、锣鼓等特色文化团队。

（韦伟）

宜兴市老区开发促进会

【概述】 宜兴市老区开发促进会、扶贫开发协会和农村经济学会围绕"三农"（农村、农业、农民），全年开展专题调研3次，撰写调研报告3篇。多次接待省和无锡市等有关地区老领导到宜兴考察，做好与省"三会"（老区开发促进会、扶贫开发协会、农村经济学会）、无锡市"三会"和《苏南发展》研究所的联系。与江阴、锡山、惠山、滨湖等县(市)区"三会"进行定期交流。成立以市委副书记周中平、市老促会名誉会长戚顺元为主任的编委会及承编办公室，启动《全国革命老区县发展史·宜兴分册》编纂工作。召开"三会"理事会，选举市人大常委会原常务副主任王华良为"三会"会长，戚顺元任名誉会长。

【"三农"工作专题调研】 开展"三农"工作专题调研，为搞好"三农"工作建言献策。配合省"三会"和无锡市"三会"开展"发展高效农业""加强农村村级集体资产管理""发展农村合作经济组织"等课题调研。6月，赴湖㳇镇张阳村调研，了解张阳村美丽乡村建设情况，撰写《发展高效特色农业 建设美丽幸福家园》调研报告。9月，赴芳桥街道金兰村调研，了解土地集体经营模式的情况，撰写《创新农业经营机制 推进土地规模种植》调研报告。12月，赴杨巷镇及有关单位调研，了解农村一二三产业融合发展情况，撰写《构建新型农业经营体系 探索现代农业发展之路》调研报告。这些调研报告被《苏南发展》《江苏老区》《无锡调研与信息》《无锡农村经济》等刊物转发。

（张仲华）

宜兴市人民对外友好协会

【概述】 宜兴市人民对外友好协会（以下简称市友协）成立于1993年。市友协宗旨是认真贯彻国家外交战略，全方位开展民间对外交流合作，坚持友谊、和平、发展的工作方针，发挥民间交流渠道的灵活性，利用各方面的关系开展对外交流活动，组织代表团互访、交流，增进各国人民之间的相互了解，建立信任，发展友谊。市友协成立后，宜兴市与斯洛文尼亚的新梅斯托市、韩国的闻庆市、美国的海威市建立友好城市。2017年7月，市友协召开第三届理事会暨换届选举会议，选举产生理事53人（其中外经贸企业17户），通过新的章程，选举产生会长、副会长、秘书长9人，邵亚群当选为第三届市友协会长。9月，江苏省人民对外友好协会会长柏苏宁一行到宜兴考察。同月，无锡市人民对外友好协会在宜兴召开县（市）区友协会长会议，传达江苏省委书记李强对江苏省人民对外友好协会工作的重要批示，肯定成绩并提出要求。

【交流走访活动】 10月，邵亚群接待日本驻上海总领事片山和之夫妇一行，考察宜兴陶瓷产业，参观中国紫砂博物馆，游览竹海风景区。同月，在第九届中国宜兴国际陶瓷文化艺术节期间，市友协接待日本备前市市长田原隆雄和日本爱知县驻上海事务所首席代表所长宋克语熙一行，接待日本冈山县日中友好协会事务局局长及日本常滑市陶瓷协会理事长，接待韩国闻庆市副市长权基燮、韩国利川市福利文化局局长韩美熙一行。12月，市友协首次作为协办单位组织10名长住宜兴的外国友好人士参加宜兴市外商投资企业协会举办的年会。10—12月，邵亚群先后拜访无锡市人民对外友好协会、江苏省人民对外友好协会、全国人民对外友好协会，受到全国人民对外友好协会副会长宋敬武的接待，并进行工作沟通。

（田民康）

宜兴市新四军历史研究会

【概述】 全年工作以纪念中国人民解放军建军90周年和新四军成立80周年为重点。编辑出版纪念新四军成立80周年专辑《太滆烽火》第10辑。会长金绍尧撰写2.6万字的《新四军光辉的战斗历程》，印刷成册分发给全市各镇、街道、园区及市机关各部门。9月，召开纪念新四军成立80周年暨《大江南北》杂志发行与学用座谈会，有关单位代表、新四军老战士代表80多人参加，金绍尧作宣讲报告。老战士宣讲团到宜城、丁蜀、大浦、高塍、湖㳇以及环科园等地宣讲128场次，听讲人员8770余人。全年发行《大江南北》杂志3429份，连续被杂志社评为最高奖项特优奖。2017年，发展新会员10人，选配沈根福等人进入研究会领导班子。完善新会员入会必须亲自填表申请的手续程序，并作出“对三年以上无故不参加会内活动的会员视作自动放弃会籍”规定。根据老战士宣讲团原宣讲人员年龄偏大的情况，调整充实宣讲人员，并健全组织结构。聘请93岁的原宣讲团团长徐炳根为顾问，孙志明为团长，杨孟春、周洪发为副团长，并吸收6名有教育经验的老教师进入宣讲队伍，与原团员搭配组成4个宣讲小组。

【《太滆烽火》第十辑出版发行】 为纪念新四军成立80周年和中国工农红军长征胜利80周年，新四军历史研究会从2016年起，征集、编写《太滆烽火》第十辑稿件。2017年9月，书籍出版。全书15万字，收录稿件47篇。主要内容为记录太滆游击根据地党政军领导人浴血奋战的抗战事迹，新四军老战士及后人的回忆录，历史人物研究及中国工农红军长征胜利、新四军成立80周年的纪念文章等。该书是宜兴市新四军历史研究会成立后编撰出版的第十六本书籍，为提供爱国主义教育、革命传统教育地方读本及丰富地方党史、军史资料库发挥了积极作用。

（张澍）

宜兴市茶文化促进会

【概述】 宜兴市茶文化促进会(以下简称市茶促会)于2014年6月成立，是由茶学界、茶文化界、茶企业界、关心支持宜兴茶文化的有关企业、团体和爱茶人士发起并组成的非营利性社会组织，以茶文化引领茶产业发展，以茶产业促进茶文化繁荣。茶促会有副会长单位14个、常务理事单位9个、理事单位28个、龙头茶企会员单位21个、社会知名企业会员单位多个及个人会员60多人。6月，由茶促会编写、宜兴市委书记沈建作序的《古诗咏阳羡茶》首发式暨书法作品展在市博物馆举办。

【茶事活动】 市茶促会为重振宜兴阳羡茶的社会知名度，多方位开展茶事活动。4月，提出“赏名家壶艺　品宜兴红茶”的创意主题，与市陶瓷行业协会、宜兴壶中天地文化传媒有限公司等单位协作开展“宜兴红茶之旅”活动，分别走访阳羡茶路之南山坞茶场、百岁红茶场、兰山茶业，互动宣传宜兴茶与宜兴壶，中国工艺美术大师汪寅仙、顾绍培和紫砂名家张正中、姚志源、李群等参与活动。同月，市茶促会邀请南京市作家协会原主席、南京市文联副主席姜滇等一行5人，到市茶促会茶场会员单位采风。5月，由中国茶叶学会主办、市茶业协会与市茶促会协办的第五届茶叶感官审评研究学术沙龙在宜兴市举办。6月，市文联主席魏敏率领8名书画家，到茶促会以“茶”为主题创作书画作品。同月，市茶促会承接续办第十四次“阳羡茶会”。10月，为了让“茶为国饮　健康消费”理念被更多人关注接受，市茶促会特邀湖南农业大学教授刘仲华作《我国茶叶现状与宜兴茶产业发展战略思考》专题讲座。11月，市茶促会会长杨亚君率领“寻缘”团到湖北省天门市谒拜“茶圣”陆羽，与天门茶人进行考察交流，这次活动是2014年启动的“重走陆羽路”系列活动的延续。

【茶校培训】 3月，为迎接“三八”国际妇女节，市总工会在市茶文化职业培训学校举办“从来佳茗似佳人”茶文化培训活动，为50余名女工会干部进行茶文化普及培训。5月，市茶文化职业培训学校第八期初级茶艺师班开班，受训学员14人。7月，市茶促会茶艺课堂暑期兴趣班在市茶文化职业培训学校开班，受训学员20人。9月，首届中级茶艺师班开班，与市茶文化职业培训学校联合办学的南京农业大学园艺学院选派副教授房婉萍授课，受训学员约30人。11月，市茶文化职业培训学校第九期初级茶艺师班开班，受训学员8人。

（钱俏枝）

编辑　杨宇彤

政　法

ZHENG　FA

综　述

【概述】　围绕金融稳定大局，严厉打击恶意逃废债务行为。全年侦破恶意逃废债务案件63起，抓获犯罪嫌疑人67人，挽回经济损失3亿余元。全年审结破产案件11件，累计消化债务76.66亿元。帮助企业协调解决重点难点问题，持续推进不良贷款风险企业约谈工作。围绕十九大安保任务，深入开展“百日攻坚”行动。全年调处各类矛盾纠纷16426件，妥善处置群体性事件和重大涉稳隐患229起。开展一系列严打整治行动，推进技防城一期工程高清化改造、老旧小区技防升级、农村地区“村村通”等技防建设工程。全面实施“七五”普法，实施法治惠民实事项目10项。组织开展提升法治满意率专项宣传，法治满意率98%，居全省前列。宜兴市被省综治委评为2016年度平安县(市、区)。

【恶意逃废债务行为受到打击】　全年侦破恶意逃废债务案件63起，抓获犯罪嫌疑人67人，挽回经济损失3亿余元。开展执行专项行动，发布失信被执行人信息并限制高消费4538人次，司法拘留204人，“老赖”入拒执罪并强制执行7例，专案侦破了江苏南亚电缆集团有限公司、江苏宇杰钢机有限公司、无锡沪安电缆有限公司等一批涉案数值大、情节性质恶劣、社会反响强烈的典型案件，有力震慑了恶意逃废债务行为，市法院执行局被省高院记集体二等功。健全预防企业恶意逃废债务信息甄别制度，累计甄别信息9067条，依法查处涉嫌恶意逃债线索298起，从源头上杜绝恶意逃废债务行为。

【金融稳定得到维护】　实施风险企业破产提速，年内审结破产案件11件，累计消化债务76.66亿元。协调化解重点难点问题，全年召开专题研讨会、协调会60余次，处置张渚镇溢润新城、西渚镇云湖嘉苑、宜城街道新天地等地的服务业重点难点问题。与无锡中院、梁溪法院对接，建立宜兴市重点企业涉诉案件指定宜兴法院管辖、银行起诉案件诉前调解工作机制。帮助远东控股集团有限公司、艾特克控股集团股份有限公司、江苏宝安电缆有限公司等32个企业协调解决账户资产解封、贷款转通等难题。持续推进不良贷款风险企业约谈工作，共约谈风险企业主26人。帮助宜兴农村商业银行化解风险贷款3.2亿余元。

【社会稳定维护】　全年调处各类矛盾纠纷16426件，妥善处置群体性事件和重大涉稳隐患229起。就重点涉稳问题召开工作研判会、部署会30余次，处置第三人民医院精神病人伤人、太滆菜场故意伤人、环科园严重交通事故等重大公共安全事件。市委、市政府领导全年接待群众来访计155批318人次，包案化解重点信访突出问题27件。市信访局被评为全国信访系统先进集体。深入开展“百日攻坚”行动，主要有政治安全保卫、反恐防范、社会矛盾排查化解、公共安全管控、重点人员稳控、驻京劝返处置等工作。面向对越参战立功人员建立市级沟通平台，制定优抚政策。

【社会治安防控】　开展一系列严打整治行动，推进实施技防城一期工程高清化改造、老旧小区技防升级、农村地区“村村通”等技防建设工程，全年破获刑事案件数、抓获刑事作案人员数、现行案件破案率分别比上年提高4.8%、12.6%及6%，全市火灾事故数比上年下降69.4%，全年未发生有重大影响的公共安全事故。配合全国文明城市创建工作，加强道路交通管理，增设道路中心隔离栏，安装高清抓拍系统，开展严管执法，城区交通秩序大幅优化。路口交通增派警力执勤，发动各镇、街道平安志愿者进行覆盖全市的文明守法、安全防范宣传。

【法治宜兴建设】　全年举办法治宣传讲座100余次，开展专业法宣传200多场次，参与群众80万余人次。结合全国文明城市创建，组织开展提升法治满意率专项宣传。创新实施法治为民服务措施，组建中小微企业法律服务团、法律服务驿站、法律援助名优律师团等法律服务团队，实施10项法治惠民实事项目，以法治建设成果解民忧、惠民生。深化司法体制改革，市法院、检察院深入推进人员分类管理、办案组织设置等改革任务，法院强化简易审判庭职能，成立执行裁判庭，专门审理“执转破”(执行案件移送破产审查)案件；检察院研发检察官司法档案信息化管理平台，司法权力运行更加规范、责任更加明晰。

(史可茜)

公　安

【概述】 全面强化各项公安保卫工作，创新落实服务保障举措，切实推进职业警队建设，有效保障社会和谐稳定。全年排查、化解矛盾纠纷9900余起，妥善处置群体性事件和重大社会隐患120起。完成围绕市秋洽会、陶艺节等42批(次)重大活动。破获刑事案件2027起，打击处理刑事作案人员3096人。以“三网三机制”(技防、巡防、数据三张防控网，合成研判、联合指挥、合成打击三大工作机制)建设为重点，新建高清监控镜头2028个，高清化升级改造859个，联网接入社会面监控镜头482个、1110路。在巡逻过程中抓获嫌疑人1178人，公安检查站和治安卡口截获各类嫌疑人181人。全市的违法犯罪警情和刑事案件分别比上年降低13.7%和11.9%。采聚公安系统内部数据6900万条、社会面数据70余万条。全市道路交通事故死亡、受伤人数分别比上年下降5%和14%，火灾事故比上年减少64.5%。查获取缔流动加油车28辆，对26人采取刑事强制措施；处罚违规出租屋主39人，比对抓获在逃人员5人；收缴、销毁一批涉危涉爆物品。审批办理户口2540人，一站办理省内跨市迁移40人，为29名无户口群众办理落户。查处逃废债务案件66起，抓获嫌疑人68人，挽回经济损失3.8亿元；协助金融机构追缴恶意透支款99.8万元，回收不良贷款810万元，盘活贷款5.03亿元。

【严打整治】 组织严打整治专项行动，侦破一批案件。全年刑事案件记录在案6364起，侦破2027起；破案率31.9%，比上年提高6%；抓获犯罪嫌疑人3096人，比上年增长12.9%。侦破现行命案13起，连续12年全部侦破。“八类”(故意杀人、故意伤害致人重伤或死亡、强奸、抢劫、贩卖毒品、放火、爆炸、投毒)刑事案件记录在案131起，侦破127起，破案率96.9%。侵财案件记录在案5005起，侦破859起，破案率比上年提高3.3%。对“黄赌毒”(卖淫、嫖娼，贩卖、传播黄色信息；赌博；贩毒、运毒、吸毒)案件持续高压打击，侦破涉毒案件662起、涉案724人。滚动摸排治安问题较为突出的区域，查处娼赌案件338起、涉案1608人。打击食品药品环境犯罪，立案侦查“食药环”(食品、药品、环境)案件68起，对123人采取刑事强制措施。

【防控体系趋于完善】 以信息化为支撑，纵深推进智能化实战型指挥中心、合成作战中心、技防城三期、社会数据汇聚应用、网格化巡防、区域警务协作和相关运作机制为重点的防控体系建设，做好视频巡逻、网上巡查、街面巡逻，提升维护稳定、保民平安的能力水平。年内，农村技防“村村通”等16个信息化项目落地，高铁沿线两侧重点部位架设联网高清视频监控镜头76个，城北警务工作站建成投运，无人机空中巡逻队装备力量大幅提升，移动警务3.0、4G车载移动监控启用。

【火灾防控】 突出“抓重点、补短板、强弱项”，推广“祛火源、降荷载、强设施、畅通道”工作法，评估区域消防安全风险，查清确实存在的突出隐患和“不放心”单位，整治群租房消防隐患，制订29条硬性整治指导原则，精准治理成效初显。以宜城街道长新社区和新庄街道核心村为试点，召开现场会，推进消防安全社区达标创建工作，全市全年有42个社区完成达标创建。推广撬装式快速组合微型消防站，建成重点单位微型消防站451个。稳步推进建筑消防设施联网监测工作，指导全市重点单位开展消防大数据联网系统基础数据前期采集工作。在“农家乐”、沿街商业店铺推广安装独立式火灾报警装置2058个、简易喷淋装置88套，保护面积6.32万平方米。

【边境通行证网上审批服务】 10月，市公安部门依托微警务端在全省率先推出边境通行证网上审批服务。申请人只需登录“宜兴公安微警务”平台，即可在线填写申请内容、上传身份证照、本人近期头像照片等资料。平台运用人像比对技术认证申请人的身份，并在网上审批通过，再由市政务服务中心公安窗口将审批通过的证件邮寄上门，群众办事更为便利。至年底，通过网上审批办理边境通行证100余张。

【腰椎间盘特效药诈骗团伙被端】
2月，和桥派出所接到王某报案，称有人冒充名医向其兜售可治疗腰椎间盘突出的特效药，诈骗其29万余元。接警后，市刑警大队会同网安、技侦等部门，专门抽调警力，成立专案组，开展侦查工作。3月，专案组调遣80余名警力赴广州市番禺区，抓获杨某、吴某明、陈某雄等犯罪嫌疑人50余人，一举打掉该推销腰椎间盘突出“特效药”的特大诈骗犯罪团伙，查获涉案物价值600余万元。

【公安系统全国文明城市创建工作】
把全国文明城市创建工作作为公安系统的政治任务。城区交通管理被提到突出地位，优化既有设施，城区8条主干道加装中央隔离护栏，总长2万米；增设电子抓拍系统170套、斑马线礼让行人抓拍系统15套、行人闯红灯人脸识别违法抓拍系统2套。确定20条街道为严管街、11个路口为重点整治路口。严管严治，查处交通违法行为29.3万例。多部门联动执法，持续整治“小广告”、网吧环境，规范养犬。市公安局被市委、市政府评为全国文明城市创建突出贡献单位。

【一特大非法侵入计算机系统案侦破】
5月，市交通运管部门向警方反映，部分驾校的部分教练员私自在教练车上安装驾培仪“外挂跑马器”和电子围栏破解芯片，非法侵入驾驶员培训系统并上传虚假数据。宜兴警方掌握该情况后，随即启动大要案侦办工作机制，成立专案组。经1个多月缜密侦查后，警方掌握了该非法侵入计算机信息系统作案团伙的成员、活动规律等情况，并锁定涉案设备制售源头窝点和生产、销售企业。7月，市公安局调集警力，派遣200名干警，分两路同时在宜兴、福州两地展开收网行动，一举查扣安装非法设备的教练车32辆，抓获非法侵入计算机信息系统作案人员102人，将涉案设备制售窝点和生产销售违法企业一网打尽，现场缴获大量涉案设备及零部件。

（张荷云）

检 察

【概述】 全年受理提请批捕案件530件、766人，批捕389件、550人。受理移送审查案件1684件、2449人，审结起诉1507件、1968人。受理恶意逃废债务案件33件、38人，批捕22件、25人，分别比上年增长100%和78.6%。全年受理审查起诉案件48件、74人，审结起诉31件、49人，分别比上年增长82.4%和81.5%。起诉食品药品安全案件27件、44人。受理电信网络诈骗、“两抢一盗”等三类多发性侵财案件等危害群众财产安全的案件430件、596人。起诉“黄赌毒”、酒驾等严重危害社会治安的案件574件、639人。助力宜兴创建全国文明城市。参与“263”专项行动*。受理环保职务犯罪案件2件、3人，办理非法捕捞、狩猎等破坏环境案件59件、97人。查办贪污贿赂案件11件、12人，查办渎职侵权案件4件、5人，挽回经济损失4000余万元，其中查办科级以上干部6人。会同办理扬州市政协原副主席倪某俊（副厅级）受贿案。协同追捕在逃犯罪嫌疑人1人，协助各地检察机关查证案件33件。对应予立案而未立案的情况或立案不当的案件进行监督，办理5件、7人。对侦查活动进行书面纠违13次，追加起诉人员5人。办理监管场所提请减刑、假释、暂予监外执行监督案件2380件。对无需进行羁押的33名犯罪嫌疑人变更强制措施。办理民事行政申诉案29件，向公安机关移交线索8条。就24件公益受损案件启动诉前程序，推动复垦耕地122.75亩，督促收回土地复垦费和耕地占用税430万元。市检察院获2013—2015年度全国检察系统“文明接待示范窗口”称号。

【恶意逃废债务行为受打击】 市检察院定向把关该类案件，先后提前介入案件审理52次，补充提出侦查提纲120份，办理江苏南亚电缆集团有限公司、江苏宇杰钢机有限公司、无锡市沪安电缆有限公司等一批涉及金额大、性质严重、影响恶劣的重大案件，查办贷款企业权钱交易职务犯罪案件1件、金融机构负责人1人。在办理江苏南亚电缆集团有限公司恶意逃废债务一案中，公诉方审查卷宗68本、证据近1000份，在法定的三分之一时限内形成审查报告，计4万余字。该案就此审结并起诉，所有指控均为法院采纳，被告人未提出异议。

【青少年权益保护协会成立】 6月，市检察院建议成立市青少年权益保护协会（以下简称协会），统筹公安、法院、检察、司法、教育、民政等部门资源，形成保护青少年权益的合力，更好预防青少年违法犯罪，重点关爱不良青少年、闲散青少年、未成年行乞者、服刑人员的未成年子女、留守儿童、困境儿童等群体。9月，市民政局批复同意。12月，协会成立大会暨第一届会员大会召开。首批会员包括单位20个、个人30人，并组建一支由法律人士、教育人士、心理专家等103名专业人士组成的团队。若未成年人在需要接受询问、讯问时法定监护人不能到场，该团队即派员参与该次刑事诉讼的全过程，以维护未成年人的诉讼权益。此外，另分别组建20人规模的帮教志愿者、法治宣讲队，为未成年人提供法治宣讲服务。协会把校园欺凌的预防和惩戒列为工作重点，针对重点地区和人群，开展法治巡讲、海报巡展，提高社会各界对预防校园欺凌的关注和参与。

【检察官司法档案信息化管理平台试运行】 7月，市检察院自主研发的检察官司法档案信息化管理平台试运行。该平台依据省检察院的规定，将司法档案内容整合成“检察官基本情况”“司法技能管理”“司法办案”“司法操守”“司法考评”“检察官档案”“司法档案督查”7个部分，全面反馈检察官工作。10月，无锡市检察院召开现场会，向全市检察系统推广该平台。经该平台整合，检察官司法档案信息实现一人一档，同步记录司法办案情况。至年底，该平台初步实现对检察官、案件、办案过程的完全覆盖。

【律师参与化解和代理涉法涉诉信访案件】 3月，市检察院会同市司法局出台《关于律师参与化解和代理涉法涉诉信访案件实施办法（试行）》，聘请江苏衡立律师事务所的9名律师参与化解和代理市检察院的信访案件。律师以第三方身份参与涉法涉诉信访工作，在检察机关、律师、信访人之间无缝对接，通过接谈信访人、评析信访案件、做好释法劝导工作、引导信访人依法申诉、帮助申请救助等方式，引导信访群众依法维护合法权益，推动涉检信访工作接受社会监督。全年，律师参与化解或代理涉法涉诉信访案件19件。

【追诉漏犯判刑逾十年】 市检察院在审查徐某荣、王某辉、王某红票据诈骗及徐某荣、徐某芬伪造人民团体印章一案时，发现吕某票据诈骗的犯罪证据，而此时公安机关尚未对其采取侦查措施。4月，市检察院向市公安局发出《补充移送起诉通知书》。市公安局随即对吕某进行侦查，并于5月向市检察院移送审查起诉。6月，市检察院以涉嫌票据诈骗罪对被告吕某提起公诉。11月，市法院采纳该指控，并依法判处被告人吕某有期徒刑10年6个月，处罚款18万元。

（金晶）

法 院

【概述】 全年受理案件3.15万件（含旧存7368件），结案2.41万件，分别比上年增长6.6%、8.8%；诉讼标的额250.5亿元，比上年减少0.9%。受理刑事案件1708件，结案1527件，判处有罪1886人，分别比上年增长9.9%、9.5%和7.6%。受理民商事案件1.76万件，结案1.39万件，分别比上年增长6.1%和8%。受理行政案件176件，结案127件，分别比上年增长33.3%和39.6%；审查非诉行政执行案件178件，经裁定，准予执行案件174件。受理执行案件1.19万件，执结8420件，执结标的总额51.6亿元，分别比上年增长5.1%、7.5%和174.5%。出台文件打击恶意逃废债务行为。就企业的破产模式进行创新，开创“边破产边经营”新模式，以3.6亿元打包处置禄漪园大酒店的整体资产；开创“反向出售重整”的新模式，协助大型国企中信国安公司向处于破产程序中的江苏莱顿宝富塑化有限公司注资3.5亿元，成为其战略投资人。严厉制裁规避、抗拒执行等行为。依法审理江苏南亚电缆集团有限公司恶意逃废债务案。判决拒执案件10件，涉及人员18人，占无锡地区总量的一半以上。10月，市法院设旅游巡回法庭，化解旅游服务纠纷，保障宜兴旅游产业健康发展。年内，省高级人民法院发文确认市法院为江苏省审理“执转破”案件及探索破产案件简易审理程序示范单位，市法院司法新闻宣传工作和司法网络宣传工作再受最高人民法院表彰，市法院执行局记集体二等功，和桥法庭获“全省优秀人民法庭”称号。

【简审速裁提质效】 2月，市法院出台《关于开展简审速裁工作的实施办法》，就速裁工作的具体情况，明确范围，规范机制，简化流程，提高审判质效。3月起，恢复设立简易案件审判庭，对民商事案件繁简分流，建立8个速裁团队，对适用速裁程序的案件，将其审理程序严格控制在60日期限内。全年适用速裁程序结案2005件，平均审理周期46.27天，“小官司”不再跑“马拉松”。调整民商事案件内部立案管辖范围，突出专业化审判，优化诉讼资源配置。完善软硬件设施信息化配套建设，在无锡市率先启用文书自动生成功能。

【“执行难”有力破解】 市法院针对被执行人规避执行手段翻新、抗拒执行现象增多的现状，“执行110”24小时待命，开展常态化“夜间执行”“假日执行”等集中执行行动，最大限度维护胜诉当事人的合法权益。全年受理执行案11859件，比上年增长5.1%；执结8420件，比上年增长7.5%；执结标的额51.6亿元，比上年增长174.5%。出动“执行110”263次，动员警力805人；集中执行15次，出动警力1058人次，执结案件31件，到位现金200.5万元。集中力量开展赴外执行专项行动，20名干警组成8个执行小组，分赴青海、山西等8个省、市，总里程2万余千米，查封房产25处，冻结银行账户50个，到位现金1.2亿元。无锡电视台《智慧无锡》栏目全程直播“雷霆行动·秋收会战”集中执行，点击量110万次。集中查询各类财产信息6万余次，冻结银行存款15亿元，查控房产、土地2万宗，查扣机动车58辆。委托公安机关拘留被执行人员18人。与中国银行宜兴支行签署《司法网上拍卖企业资产贷款协作协议》，在淘宝网司法拍卖平台上线拍品773件，成交509件，变现金额23.82亿元，成交率66%。发布失信被执行人员信息9350人次并对其限制高消费，对其中197人限制离境。在城区繁华路段区域设电子大屏，公布被执行人悬赏执行公告计62个。司法拘留被执行人员229人，促使被执行人员自动履行或达成和解799件，总金额5615.2万元。建立“拒执罪”移送常态化机制，同时建立配套的绿色通道，判决拒执罪案件10件，18人入罪，其中5件入选无锡“十大拒执罪”典型，1件入选江苏“十大拒执罪”典型。

【破产资产变现取得突破】 全年通过淘宝网司法拍卖平台拍卖破产资产103次，成交60次，成交率58.3%。拍卖成交变现总额11.23亿元，其中不动产7.66亿元、动产1.29亿元，股权2.28亿元。关涉土地总面积77.17万平方米，房产总面积50.54万平方米。宜兴禄漪园国际大酒店有限公司整体资产以3.6亿元成交，刷新市司法拍卖成交价纪录。全年审结破产案件16件，其中因整体资产成功变现审结的15件(通过拍卖变现13件，变现额9.08亿元，含不动产7.35亿元、动产1.73亿元，关涉土地面积100.21万平方米，房产面积55.44万平方米；重整变现2件，总额4.24亿元)，另有4个破产及强制清算企业整体资产成功变现，成交额3.98亿元，其中不动产3.77亿元、动产0.21亿元，关涉房产总面积10.12万平方米，土地总面积4.27万平方米。标的在淘宝网司法拍卖平台公开竞拍，多次溢价成交。市泽利制冷设备有限公司整体资产在第一次拍卖中以1796.06万元拍出，比评估价高440万元，溢价率32.45%。江苏天地龙集团有限公司持有的国联人寿保险股份有限公司股权在第一次拍卖中以6490万元拍出，比评估价高1040万元，溢价率19.08%。江苏天地龙线材有限公司持有的国联人寿保险股份有限公司股权在第一次拍卖中以评估价1.64亿元拍出。协议转让处置破产房地产企业在建楼盘，无锡元成置业有限公司整体资产以9000万元出售，变现率73.1%，远超破产资产平均变现率。

【禄漪园大酒店破产及资产拍卖】 宜兴禄漪园国际大酒店有限公司在进入破产程序后声誉受损，社会评价和信用降低，员工濒临失业，不稳定因素增多。市法院组织召开专门讨论会，决定采用“边经营、边破产”“边破产、边盈利”“边盈利、边转型”的创新策略，在长达两年的持续经营过程中，充分发挥“府院联动”机制，与属地政府紧密合作，采取一系列强力“减负增值”措施：经协调，缓缴、少缴营业税；公安机关派员常驻酒店，以应对突发事件；消防部门加强对酒店消防安全工作的指导和监管；卫生部门指导酒店完善各类卫生安全设施；市旅游局、属地政府联动，对外大力宣传；以理顺内部管理为主要手段，委托具有丰富经验的专业机构为酒店的管理人。经多方努力，酒店品牌价值止损回升；设备设施的正常维护得到保证，为破产后资产最大化及顺利变现创造了条件；承办各类婚宴庆典、会议活动，营业额稳中有增；对员工进行培训、考核，整体服务水平得到提升。酒店年内获“2016年度宜兴市现代服务业十强企业”“中国宜帮菜研发中心实践基地”“2016宜兴市旅游行业先进集体”

等荣誉，在收支平衡的基础上实现盈余，酒店年营业收入超5000万元，社会评价大为好转。10月，宜兴禄漪园国际大酒店有限公司破产后整体资产以3.6亿元拍出，刷新了市法院司法拍卖成交价纪录，吸引到全国五百强企业金浦投资控股集团对酒店注资。至年底，该案进入第一次分配阶段，财产担保债权、职工债权、税收债权清偿率均为100%，无财产担保债权清偿率13.04%，最大限度保障了全体债权人的利益，成为破产企业的生产要素重新服务社会经济发展大局的良好示范。

（蒋璐）

司法行政

【概述】 全年举办法治宣传讲座100余场次，开展特色法治宣传活动，市镇两级组织专业法宣传200余场次，全市参与群众80万人次。化解各类矛盾纠纷16426件，形成规范化卷宗4499件，调解成功率98.3%。全市接收新入矫社区服刑人员363人，解除社区矫正367人，新接收刑释人员446人，后续照管人员102人。三类人员（社区服刑人员、安置帮教人员、后续照管人员）衔接率、帮教率都达100%。办理法律援助案件1012件，其中刑事案件160件、民事案件847件、行政案件5件。全市法律服务机构代理诉讼案件2563件，非诉讼案件195件。公证处办理各类公证7031件。司法鉴定所出具鉴定报告513份。4月，宜兴监狱“红飘带”志愿者帮教工作站成立。8月，由省司法厅、省法治宣传教育工作领导小组办公室、省广播电视总台影视频道联合主办，市司法局、市法治文化艺术团承办的“‘美好生活·德法相伴’2017惠民普法公益环省行宜兴站”举办，其间发放法治宣传折页3000余份。12月，国家宪法日法治宣传服务暨法治文化合唱团成立。全市45个部门设置咨询台联合宣传法治，惠及1000余人次，发放宣传资料3万余份。宜兴市被省司法厅列为标准化建设试点。全市18个司法所调整为以市司法局管理为主的管理体制。市司法局被省司法厅评为全省“四个全覆盖”体系建设先进集体。

【“真情与正义”资助项目落户宜兴】 3月，江苏省法律援助基金会（以下简称省法援基金会）和市司法局就“真情与正义”项目签订协议，省法援基金会向市司法局提供20万元专项资金，用以支持市司法局办理重大、复杂的法援案件，使基金会项目资金有效服务经济困难群众。此次合作旨在整合省法援基金会与市司法局各自资源优势，既有利于发挥省法律援助基金会购买服务的资金优势，又有利于发挥宜兴市司法局专职律师集中办案的工作优势。该项目是省法律援助基金会资助案件工作的一次重大改革，市司法局作为唯一试点实施单位，成立项目管理办公室，负责评审宜兴市的资助案件，并安排资金的使用事宜。市司法局发挥资助资金作用，2017年共办理法律援助案件72件，提高了法律援助公益事业的影响力。

【社区矫正标准化建设】 年内，市司法局被省司法厅列为全省司法行政系统社区矫正标准化建设试点单位，主要从三个方面开展社区矫正标准化建设。规范制度：对社区矫正适用前评估、衔接接收、分级管理、“双八”（一个月八小时学习、八小时公益劳动）执行、外出请销假、居住地变更、考核奖惩、撤销缓刑假释、收监执行、矫正解除等执法管理事项，逐一细化标准，明确责任部门、工作依据、工作流程、文书样式等内容，确保主体确定、内容法定、程序规范、流程固化、操作性强，确保监管质效。规范平台：按照《江苏省县（市、区）社区矫正管理教育服务中心建设标准》，建成设施完善、组织健全、运行规范、功能显著，具有管理、教育、培训、食宿、救助等多种功能的社区矫正管理教育服务中心——市方圆帮教中心（以下简称中心）。加大市级中心平台参与一线管理工作的力度，在监管关键环节上做到了统一接收、统一入矫宣告、统一入矫教育、统一社区服务、统一集中教育、统一解矫教育，中心平台规范化运作。规范程序：规范审前调查和拟假释环境评估工作，推行社区矫正审前调查评估、假释环境评估制度，建立市、镇两级双评议制度；建立完善与法院、监狱、看守所的交付衔接机制，实现中心与基层司法所的“两接收一分流”*制度；在入矫、解矫程序上严格工作流程，登记有表格、谈话有笔录、宣告有文书；按照省标准，开展监管、教育、考核奖惩等执法活动，维护程序公正；对新入矫人员和违规人员实行为期5日的集中教育；对警告及收监执行等重大执法行为的调查取证全面且及时，组织召开听证会，确保程序规范公正；社区服刑人员的考核奖惩情况定期公示。市社区矫正整体工作通过标准化建设，最大限度地控制和减少了社区服刑人员重新违法犯罪的情况，实现了特殊人群“管得住、管得牢、管得好”的工作目标。

【无锡首部法治题材微电影《路》拍摄】 市司法局与宜兴日报社合作拍摄的无锡首部法治题材微电影《路》，以市社区矫正工作中的真实案例为原型，展现一名未成年社区服刑人员从迷茫无知的彷徨少年蜕变为脚踏实地自食其力的手工艺人，真实再现了市社区矫正工作从宣告入矫到期满解矫的过程，展示了市社区矫正的工作成果，提高了社会的关注度和参与度。

【全省首个法律咨询窗口入驻政务服务中心】 9月，市司法局法律咨询窗口入驻市政务服务中心。A103号法律咨询窗口是全省首个政务服务中心法律咨询接待窗口，由市司法局统一聘用优秀志愿者律师值班接待，对市民就房地产买卖、婚姻家庭、行政审批与办理、知识产权相关法律事务等九类问题的咨询予以免费的专业解答，面对面为群众答疑解惑，多渠道解决涉法问题。至年底，法律咨询窗口接待1300人，解决矛盾纠纷170件，发放宣传资料5000份。

【人才创新创业法律服务驿站设立】 12月，无锡市司法局、宜兴市司法局、丁蜀镇联合在宜兴陶瓷产业园区设立人才创新创业法律服务驿站。首批服务团由宜兴6个律师事务所14名优秀律师和1名公证员组成，共组建民事、商事、涉外、行政、刑事5个专业团队，通过采取固定值班点+联动值班点的方式开展点对点的专项专业法律服务，为高层次创新创业人才提供风险评估和风险提示，并利用公众号、微信群、网站专栏板块等网络服务平台，对外宣传法律服务精神，扩大法律服务驿站影响力。驿站建立“线下+线上”“定时+及时+随时”的服务机制，为人才营造优质的法律环境，提供便捷、精准、专业的法律服务，服务全市人才发展战略。

（李渊）

监所管理

【概述】 省宜兴监狱连续22年未发生罪犯脱逃及重、特大案件，连续18年未发生罪犯重伤以上安全生产责任事故。依法办理减刑假释、暂予监外执行总计1019件。启用远程庭审系统，开庭审理三类罪犯（职务犯罪、金融犯罪、黑社会组织犯罪的罪犯）减刑假释案件计79件。特聘10名公正文明执法监督员开展现场执法监督活动，面向社会公众及服刑人员家属召开执法执纪通报会计4次。会同宜兴团市委挂牌成立“红飘带”志愿帮教工作站。联合南通市司法局共建“回归加油站”，成为全省监狱系统首个监地“站会共建”单位。联合昆山、张家港、启东、海安、如皋、常熟等地司法局，举办社会延伸帮教活动11场、亲情帮教10场。开展“黄丝带”关爱帮扶活动，利用“阳光帮扶”资金对50余名服刑人员的家庭予以助学帮困。

6月，省丁山监狱顺利完成整体搬迁，将原新、老监区两个关押点服刑人员安全转移至位于丁蜀镇任墅村四条岭的新址。推进信息化建设及“智慧监狱”建设试点工作，建成一卡通、服刑人员精准定位、监舍一体化智能终端系统。建立隐患排查整治工作机制，全年开展全监安全大检查5次、专项检查8次，连续19年实现“四无”（无罪犯脱逃、无狱内重大案件、无重大疫情、无安全生产责任事故）目标。强化执法过程管控，常态开展计分考核、工种调整、岗位调换检查考核，实行监区长离任执法审计。全年办理服刑人员减刑假释案件1183件，办案合格率100%。规范运行狱务公开查询、监狱外网门户系统、服刑人员教育网，与省监狱管理局“962326”狱务公开热线平台对接，主动接受社会监督，及时处理社会反映及服刑人员亲属询问。开展执法宣传，累计发放《狱务公开手册》1798本。被省司法厅评为厅直系统先进基层党组织、全省司法行政队伍“三化”（正规化、专业化、职业化）建设示范点。

省宜兴强制隔离戒毒所（以下简称强戒所）连续13年实现“六无”（无毒品流入、无戒毒人员脱逃、无非正常死亡、无所内案件、无生产安全事故、无重大疫情）目标。全年排查隐患27次，排查重点人员182人，整治安全隐患82个。规范戒毒执法，开展检察监督7次，会同常州市公安局禁毒支队召开联席会议2次，规范戒毒人员诊断评估、奖惩工作。先后与市人民医院、市肿瘤医院、解放军102医院建立合作关系，为300名戒毒人员筛查心血管疾病，邀请心血管专家到所会诊，制订治疗方案。联合常州市司法局开展“送法进所”暨法律援助活动，为20名戒毒人员提供法律援助。开展家长学校活动，让戒毒人员亲属走进戒毒所，发挥亲情的感化作用。会同苏州明德诚LD14火焰队举办“心驻阳光　心怀感恩”成长心连心大型公益活动。

（杨钦智　高先莉　王建伟）

【宜兴监狱重视教育改造】 宜兴监狱会同宜兴新华书店举办“庆国庆、读好书、奔新生”活动，购置图书4000余册，并在监内设立图书超市，监区图书定期互换，满足服刑人员阅读求知需求。加强对服刑人员职业技能培训，电工、厨师、中式面点师、创业技能培训获证率100%，80余名服刑人员获职业资格等级证书。重视服刑人员文化扫盲工作，普及小学文化水平，邀请市实验中学教师进监开设小学课程2学期；开展大专自考学历教育，为75名服刑人员提供自考服务。

（杨钦智）

【丁山监狱服刑人员教育改造】 丁山监狱重视服刑人员全方位教育改造，成立和打造新生云教育平台，常态化开展思想文化教育和个别教育加强月活动，做好顽固犯等教育转化工作，转化率60%以上。推进“法润江苏·春风行动”，利用春节、中秋节等传统节日开展亲情帮教，90余名服刑人员与300多名家属参与活动，向80名家庭困难的未成年子女发放帮扶金及帮扶物资。依托互帮共建机制，邀请泰州、苏州、连云港、盐城等地司法部门到监开展联合帮教活动，帮助解决20多名服刑人员的子女入学、低保申请等问题。运用微视频、电话走访等新形式开展帮扶走访活动，全年重点刑释人员必接必送率100%。

（高先莉）

【强戒所推进五项治本措施】 强戒所践行治本安全观，探索教育戒治规律，推进五项教育戒治措施。一是教育内容充实。利用多媒体和网络教育，提高戒毒人员参与面，增强教育普适性和趣味性；上传《社会与法》《法制与道德》《超级工程》等视频资源至网络点播平台，丰富平台视频资源。将书香戒毒所建设、“四有四声”*、工间广播操纳入教育考核。二是教育戒治项目创新创优。推进书法戒治工作，聘请市内知名书画家为“书法戒治”公益大使，到强戒所为书法戒治兴趣小组开展书法讲座、书画展示、书法指导等活动，同时开展的“三个一”（每天一张写字作业、每月一次书法之星作业展览、每季一次写字检测）活动，激发戒毒人员练习书法兴趣。三是戒毒文化营造。加强“书香戒毒所”建设，每季度购入图书充实大队图书室、宿舍图书角，全所有实体图书6000余册，人均7册；开展书市入所，过半数戒毒人员购买喜爱书籍，总金额约8万元。四是心理矫治工作跟进。开展心理测试和摄入性谈话250人，建档率100%；对心理异常和心理不健康人员分析摸排，必要时进行干预，开展团体心理讲座2次，个别心理咨询173人次、心理干预8人次，有效率100%；开展心理宣传员培训2期、20人次，协助民警开展心理宣传和心理互助；开展心理讲座、团体心理辅导活动48次，参与523人次。五是对在戒困难家庭帮扶。在传统佳节、戒毒人员子女开学季等重点时段开展摸排，及时送去关怀，全年为在戒困难家庭及后续照管对象发放扶助金、慰问品折合金额1.5万余元。

（王建伟）

信访工作

【概述】 深入推进信访工作制度改革，持续打造阳光信访、法治信访、责任信访，全面提升信访工作专业化、法治化、信息化水平，实现群众来市信访总量、重复信访量、越级进京去省上访量、信访积案存量的"四个明显下降"，经受住中共十九大、"一带一路"峰会、十八届七中全会、各级"两会"等特殊敏感节点信访保障工作考验，为建设"强富美高"新宜兴创造和谐稳定的社会环境。全年受理群众来信、来访7751件（次），比上年减少8.9%。来市信访3346件（次），比上年下降20.5%。其中：来信764件，比上年下降12.4%；来访329批、2582人次，分别比上年下降9.4%、22.6%；集体上访109批、2242人次，分别比上年下降23.2%、24.3%。发生越级进京上访151批、226人次，分别比上年增长42.5%、58.0%，其中进京集体上访6批、50人次，分别比上年增长200.0%、300.0%。国家信访局全口径登记共计38人、61人次，分别比上年下降55.3%和62.1%；非正常上访数27人、39人次，分别比上年下降46.0%和50.6%，其中通报1人、1人次，上访人数和人次数均比上年下降50.0%。发生越级去省上访88批、227人次，分别比上年增长15.8%和下降51.9%，其中去省集体上访7批、115人次，分别比上年下降30.0%、69.4%。在无锡市市（县）区科学发展年度考核评价中，信访指标名列第一。市信访局被市委、市政府记集体三等功。全市信访工作继续保持全省、无锡市领先位置，被省人社厅、省信访局授予"全省信访系统先进集体"称号，被人社部、国家信访局授予"全国信访系统先进集体"称号，在全国信访工作会议上受到表彰。

【"百日攻坚"专项行动】 市委、市政府高度重视中共十九大召开前后的信访工作，市委常委会专门听取汇报，专题分析研判。召开专题会议部署安排，制定印发《关于在全市开展"百日攻坚"行动迎接党的十九大胜利召开的工作方案》，从7月份开始，在全市开展"百日攻坚"专项行动，集中时间大排查、大接访、大化解、大督查，确保实现控增量、减存量、防变量、提质量的工作目标，以"百日攻坚"行动的过硬成果确保社会大局持续稳定。十九大召开前，通过全市各级的共同努力，特别是市委、市政府领导接访下访，对疑难复杂案件主动包案、亲自协调，排查交办的109件信访突出问题，化解40件，压降信访存量，保护信访人合法权益，促进社会和谐稳定，凝聚党心民心，密切党群干群关系，为十九大胜利召开营造良好的社会环境。

【信访工作制度改革】 以争创全省"群众满意接访窗口"为载体，全面改善提升人民来访接待中心软硬件环境，全力打造联系群众的"温情窗口"，增强窗口服务意识，转变工作作风，为群众提供更加依法有序、文明合理的诉访服务，有效吸附上访群众，促进形成良好的信访秩序。落实"互联网+信访"战略的具体行动，推进江苏阳光信访系统升级版在宜兴全面应用，建设运营信访APP，为信访群众提供更加便捷、高效、优质的服务，大大提高了信访事项办理效率，提升了群众满意度。改革信访工作绩效考核制度，把分值考核改为等级考核；非正常上访项目纳入全市科学发展考核体系；信访积案化解作为重点工作纳入考核，并根据镇、园区、街道的发展特点科学设置分值。其中：宜城街道分值上限最高，为8分；丁蜀镇、张渚镇、周铁镇、万石镇、芳桥街道分值上限最低，为3分；其他镇、街道分值上限为5分。

（钱航军）

编辑　丁林

军　事
JUN　SHI

人民武装

【概述】 贯彻省军区、无锡军分区党委及宜兴市委、市政府的决策指示，围绕实现党在新形势下的强军目标，开展思想政治教育，深化军事斗争准备，增强综合保障能力，夯实安全发展基础。推进思想政治教育、战备训练、民兵整组、基层规范化建设、兵役征集和军民融合等方面工作，市人武部被省军区评为基层武装工作先进单位。

【思想政治】 学习贯彻党的十九大精神，推进"两学一做"*学习教育常态化、制度化，集中开展"旗帜鲜明讲政治"专题辅导主题党日活动，开展"改革强军""军队规模结构和力量编成"等主题教育和"新体制新职能新使命"为核心的讨论，并以"坚定改革强军意志投身改革强军实践"为中心开展实践活动。

【军事战备】 高起点筹划、高标准建设、高质量推进，探索推进基层人武部和民兵营部战备规范化、常态化、实战化建设之路，年内完成民兵营部规范化建设。完善"四室四库"（四室指作战室、作战值班室、战备资料室、兵器室，四库指战备器材库、战备图库、作战数据库、非战争军事行动器材库）及"四网四监控"（四网指互联网、军事综合信息网、水文气象专网、电子政务网，四监控指重要目标监控、交通监控、营区监控、兵器室监控）建设，市人武部战备现代化建设作为军分区试点走在省军区前列。市合成化民兵应急连完成全国文明城市创建工作、各学校军训、十九大执勤、素食节等大型活动安保任务，累计派出人员2000余人次。分三批组织全市350余名专职人民武装干部（以下简称专武干部）及民兵营长集训，突出应急维稳、抗洪抢险、森林防火等科目，打牢遂行非战争军事行动任务的能力基础。组织全市专武干部参加军分区专武干部资格认证考核。执行整组任务，市人武部作为无锡军分区的代表队接受省军区整组检查点验，到点率100%，检查结果名列全省前茅。全市仅用半年就完成年度预定征兵任务，兵役登记率100%，高中毕业生报考军校录取14人，大专以上文化程度新兵占72.9%，大学生征集比例创历史新高。

【国防教育】 开展形式多样的国防教育活动。组织教员到高塍镇专题宣讲国防知识。联合市委组织部，邀请中国人民解放军军事科学院特约评论员杜文龙，在"陶都大讲堂"举办讲座。组织新兵集中收看庆祝中国人民解放军建军90周年朱日和阅兵式。组织100余名现役及预备役军人参加烈士纪念日祭扫活动。

（王全楼）

人民武警

【概述】 武警8690部队组织政治能力训练学习研讨，深入学习党的十九大精神。召开庆祝中国共产党成立96周年表彰大会，组织纪念中国人民解放军建军90周年暨建师80周年文艺汇演、知识竞赛、读书演讲等活动。组织冬季野营拉练、首长机关强化训练、"夺奖牌、创纪录、当尖子"军事训练考核性比武竞赛、"魔鬼周"极限训练、"舆论法理斗争和心理攻防"研讨观摩会等活动。组织基层党支部书记集中培训，落实师常委带团、团常委带营和股连挂钩经常性帮带制度，组织机关干部3批、137人下基层蹲点帮建，筹集44万余元经费救济补助特困干部和党员，建立基层风气监察联系点6个。开展"坚决维护核心严守纪律规矩"主题学习教育，制订落实组织生活制度流程表，落实民主集中制，贯彻新修订《党委工作条例》，以党委班子建设带动基层党组织建设。规范落实"一组五队"（一组即指挥组，五队即综合物资分队、给养分队、卫勤分队、运输油料分队、维修保障分队）编携配装，组织全要素应急保障力量演练，组织后勤岗位练兵考核和专业尖子比武，以推动后勤信息化"123骨干工程"（指后勤数据中心，后勤一体化指挥平台、后勤业务处理平台，军人保障卡系统、后勤物流系统、机关办公系统）建设为牵引，抓好新建军械库室信息化建设，升级油料信息系统，全面应用IC卡加油管理系统。

武警江苏省总队无锡市支队二大队（以下简称二大队）注重深化、转化《军队基层建设纲要》培训成果，集中培训党委委员，坚持每月检查所属中队落实培训成果情况和法规性制度的规范情况。每季结合按纲建队考评进行汇总讲评。通过集中学习、现场指导、岗位锻炼等手段加强所属中队干部培养帮带，提高干部综合能力。五中队连续两年被省武警总队评为基层建设先进中队，指导员濮剑翼被省武警总队评为十佳干部。开展“官兵大谈心”活动，深化一人一事思想工作。科学修订完善执勤方案，严格规范各类勤务组织，提升执勤目标安全系数，从严规范战备、训练、执勤、工作、生活秩序，部队遂行任务能力显著提升。年内，大队有3个中队顺利组建、改建和搬迁，整体面貌焕然一新。完成丁山监狱整体迁建、省武警总队第三季度“魔鬼周”保障、支队贯彻省武警总队中心工作会议精神现场会等重大任务，顺利完成近100起押解、安保等任务。会同地方开展“军营开放日”“军民联欢”等双拥活动，积极参加义务献血，配合地方搞好国家公祭日有关活动，为驻地经济和精神文明建设做出贡献。年内，接受了武警部队总部司令员王宁的视察指导，受到较好评价。12月，大队举行整编成立大会，番号由原“二大队”改为“执勤二大队”，所属各中队均完成相应改革，新番号于翌年启用。

（钱挺　陈思邈）

【武警8690部队完成金砖国家领导人厦门会晤安保任务】 8月，组织官兵参加“卫士-17·闽剑”检验性演习，重点演练高层建筑反劫持、端黑窝子、爆炸现场抢险救援、处置化学品泄露事故、巡逻分队反袭击、公共场所反凶杀、反自焚等科目，并逐级进行检讨式反思总结，达到理解任务、检验方案、提高能力、促进备战的目的，为执行第九次金砖国家领导人会晤安保任务打牢基础。8—9月，部队摩托化行军1000余千米，横跨苏、浙、皖、闽4省，机动至厦门市海沧区、翔安区、集美区、同安区，担负常态执勤、应急处突、应急反恐和应急救援任务。其间，部队按照“突出重点、周密防范，武装震慑、机动增援，整体联动、以点控面”的作战指导，集中主要兵力于环厦环岛卡点武装警戒和社会面联勤武装巡逻，部分兵力于核心圈外围机动备勤，兼顾了社会面反恐及抢险救援两个方面。至会晤结束，无任何状况发生，圆满完成第九次金砖国家领导人会晤安保任务。

（钱挺）

【武警二大队完成丁山监狱犯人转监武装押解任务】 6月，应省监狱管理局和丁山监狱请求，协同丁山监狱执行犯人转监途中武装押解任务。大队会同丁山监狱召开协调会议，了解犯情、投入警力及车辆状况，反复勘察押解路线，开展联合演练，搞好两警协同。同时，召开勤务部署会议，精心挑选执勤人员，制订科学的押解、警戒和保障方案，在沿线重要地段设置机动备勤点，随时应对突发事件。押解任务圆满完成，共动用警力近200人。

（陈思邈）

人民防空

【概述】 注重人防工程建管并进，城市防护水平不断提高。完成全年人防工程建设任务，提高人防工程建管水平和平战结合效率。注重提高指挥通信实战力，应急应战能力不断增强。完成警报试鸣工作，做好指挥系统各类设备的升级维护工作和专业队整组、训练工作。注重多种形式开展人防宣传。做好重要节点人防宣传活动和社区、学校的宣传工作。行政审批改革进一步加大，简化人防行政审批流程，不断完善行政审批制度。年初起，人防审批由市建设局把关，未办理人防审批的项目不得发放施工许可证，也不给予竣工验收，确保人防行政审批不遗漏。

【人防工程建设】 全年人防工程新开工5个，新立项8个，竣工8个。超额完成全年目标任务。跟进在建人防工程的质量监管，编制人防工程质量监督日志。注重日常维护保养。组织对全市人防工程的普查1次、巡查多次，重点检查人防工程防护设备、标识标牌及卫生情况，对个别人防工程存在的卫生状况差、管理不到位等情况及时下发整改通知书，要求限期整改，并追踪整改直到整改达标。年内全面维修悲鸿广场自建人防工程，并移交给市交通局日常管理使用。该工程不仅作为连接客运站和公交站的交通要道，同时也面向社会提供100余个停车位。人防立体停车楼、太滆人防工程等自建工程在保证战备效能不降的前提下，发挥其社会效益及经济效益，面向社会提供400余个停车位。组建宜兴人防执法队，并巡查全市项目，保证人防工程的建设。

【人防指挥通信建设】 完成全省统一组织的警报试鸣任务，全市34台电声警报器鸣响率100%、覆盖率98%，确认状态良好。3月，组织人防抢险抢修专业队二中队、应急通信专业队二中队全员60余人进行专业的人防培训，并参加“民防杯”江苏省业余无线电应急通信演练比赛，锻炼人防专业技能。添置无人机系统，初步具有全方位、多角度的应急支援能力。固定指挥所按制度每天有巡查，每周有调试，每月有联动预演，半年有维护保养，及时排除所发现的故障，确保通信畅通、指挥到位。

【人防宣传】 市人防办采用多种形式开展人防宣传。向全市各机关部门发放民防知识读本1500余本，发送防灾减灾宣传短信10万余条。会同市地震局联合开展“五·一二”防灾减灾科普宣传活动，发放宣传资料3000余册。在宜兴电视台每周滚动播出人防专题宣传片。会同宜城街道老年协会成立市人防宣传讲师团，邀请无锡市民防应急救援指导服务中心专业人员与讲师授课，讲师再到各社区作人防知识宣讲并发放宣传材料。

（赵德勇）

编辑　丁林

园区建设
YUAN QU JIAN SHE

中国宜兴环保科技工业园

【概述】 围绕千亿级产业、千亿级园区“双千亿”目标要求，中国宜兴环保科技工业园(以下简称环科园)坚持产业强市主导战略，以重大项目建设为龙头，以产业转型为主线，全力扩大开放合作，推动资源整合，强化企业服务，调升发展动能，稳增长、调结构、惠民生、促和谐等工作稳步向前，在全省48个高新区中的排名提升2位，列第二十二位。区域面积212平方千米，全年地区生产总值294.9亿元(含高塍镇，下同)，比上年增长14.9%。财政可支配收入5.82亿元。应税收入1413.3亿元，比上年增长35.3%，其中工业、流通分别为873.3亿元、540亿元。全社会固定资产投资61.7亿元。全年新批外资项目3个，完成协议注册外资4.3亿美元、到位注册外资2.5亿美元、出口总额3.8亿美元，分别比上年增长139.5%、537%、26.7%。

【重点项目推进有序】 全年在建重点项目16个、总投资约69亿元，拟建重点项目24个、总投资300亿元。以帝特律电动汽车、协鑫(宜兴)厢式电动物流车、远东福斯特电池为主的重大项目的签约入驻，实现了在新能源新兴产业上的重大突破。双盾环境科技有限公司脱除PM2.5雾霾环保装置、江苏沪宁钢机股份有限公司箱型钢板剪力墙装配式建筑产业基地、鹰普机械(宜兴)有限公司大马力发动机缸体制造等项目建成，中信产业园等项目启动报批程序并进入前期开工建设阶段，增强了园区发展动能。9月，总投资18亿美元的帝特律汽车项目实现一次性外资到账2.4亿美元，支撑了全市到位注册外资提前完成全年目标任务。

【承载能级持续提升】 围绕基础设施和实事工程建设，全年园区总投资1.8亿元，完成续建项目4个、新建项目21个。实施归径老街、岳南路、新街中学体育馆、创新创业园一期、堂前人家三期等民生工程，西花园、新城苑、丰泽园等老旧小区改造整治项目。以全国文明城市创建为抓手，开展沿街店铺经营秩序、菜场环境、犬类管理等专项整治行动，园区环境面貌显著改善。围绕环科新城建设，在高塍区块完成拆迁12.8万平方米，腾出空间近2平方千米，有力配合重点项目建设；进一步完善环保大道、科技大道等路网建设；西氿大桥、便利中心、湿地公园及环科新城基础设施项目等配套工程有序推进。

【开放合作成果丰硕】 坚持国际化、高端化取向，坚持节能环保主线，赴日本、韩国、芬兰、英国等国家开展招商活动，组织园区企业参加第十八届中国环博会、国际环保新技术大会等国际性展会，联合举办中韩、中芬、中比等节能环保技术交流会，达成一批新的合作项目。中国东盟环保示范基地、3iPET国际智汇平台建设有序推进。环科园联合国际水协会、西安建筑科技大学等合作共建国家非传统水资源开发利用国际科技合作基地，首批5个企业注册落户，着力打造清洁技术产业集群。新引进“双高”(高学历、高职称)人才45人、留学人员44人。中国工程院院士、“亚洲电动车之父”陈清泉，美国工程院院士霍夫曼和新南威尔士大学常务副校长布莱恩等领军人物相继加盟。举办中国江苏大院大所合作对接会绿色分论坛、全国第十三届非均相分离学术交流会、第五届中国环保技术与产业发展推进会暨2017世界物联网博览会智慧环保高峰论坛、中国东盟“一带一路”*产业合作研讨会等重大活动，签署了一批产学研合作项目。连续第三年举办环保创新创业大赛，成为国内环保创投领域最具影响力的赛事。

【创新体系更为完善】 新申报高新技术企业6个、省级高新技术产品52种。组织园区21个企业申报“苏科贷”(江苏省科技成果转化风险补偿专项资金贷款)项目，获得科技贷款1750万元。南京大学宜兴环保研究院有限公司的“高风险污染物环境健康危害的组学识别及防控应用基础研究”项目，获2016年度国家自然科学二等奖。省环保装备产业技术创新中心、国合环保高端装备基地“一中心一基地”建设取得明显成效，环保黑马营被评为苏南国家自主创新示范区优秀众创空间、国家级众创空间，宜兴留创园获“江苏省创新创业示范基地”称号，久力缘众创空间获批第五批省级众创空间，省人才创新创业促进会宜兴代表处落户园区，成功申报2017科技部创新型水产业集群试点，国家环保设备质量监督检验中心通过国家验收，江苏俊知技术有限公司被评为全省智能制造先进企业，江苏碧诺环保科技有限公司获第六届中国创新创业大赛总决赛优秀企业奖。

【国家环保设备质量监督检验中心通过验收】 2012年1月，国家质检总局发文批准设立国家环保设备质量监督检验中心（江苏），致力于将其打造成为服务华东地区乃至全国环保产业的集检验检测、技术咨询、科技研发等多项功能于一体的公共服务平台。至2017年，检验中心配备检验检测仪器设备700多台（套），关键仪器设备处于国际先进水平，拥有机械、电气、材料、化学分析、微生物、噪声及振动等多个专业检测实验室和特色检测平台，能够出具国家级证书的检测范围涉及机械、轻工、金属材料、声学、水质、化学助剂等领域。11月，检验中心获得由国家认证认可监督管理委员会、中国合格评定国家认可委员会颁发的资质认定、授权以及实验室认可“三合一”认证证书，标志着该检验中心的检验检测能力获得国家级认可，具备了按国际认可准则开展检测服务的技术能力，其检测结果能够被美国、英国、德国等与CNAS（中国合格评定国家认可委员会）签署互认协议的国家和地区承认。

【中国环保技术与产业发展推进会】 9月，第五届中国环保技术与产业发展推进会暨2017世界物联网博览会智慧环保高峰论坛在宜兴国际环保展示中心举行，全国各级领导、院士、专家学者，以及中国电信、诺基亚、上海新华三集团等企业负责人和专家代表约350人参加。大会以“物联世界、智慧环保”为主题，旨在集聚各方力量，积极探索用“物联网+”思维发展环保产业，推动环科园建设成为国内一流的环保产业技术创新中心和具有显著竞争力的环保产业基地。会议除了开幕式和主旨发言外，还设置了“智慧水务和物联网”“智慧监测与监管”“物联网技术应用与安全”三个主题研讨会，举办了智慧环保成果展。同时，会上举行了智慧环保物联网产业园（大厦）、国内首个创新型生态智慧工厂、宜兴—荷兰园艺装备小镇等物联网技术与环保产业深度融合项目签约仪式。

第三届环保创新创业大赛总决赛 （环科园 提供）

【环保创新创业大赛】 5月，由环科园和创业黑马（北京）科技股份有限公司联合举办2017（第三届）环保创新创业大赛。此次大赛以“寻找环保细分领域的黑独角”为主题，致力于在环保细分领域挖掘产业活力，为全球环保领域创业精英打造高端特色投融对接服务平台。参赛项目涉及水与污水、供排水、膜与水处理、废水零排放等多个细分领域，历经5个多月，20个行业最具潜力价值的项目从100多个报名项目中脱颖而出，入围总决赛。10月，大赛总决赛在北京举行。决赛延续前两届“导师+专家+投资机构”的评委阵容，最终9个项目分别获冠、亚、季军，其中宜兴的江苏裕隆环保有限公司、宜兴艾科森生态环卫设备有限公司同列季军。

【“一中心一基地”建设成效明显】 围绕苏南国家自主创新示范区建设，环科园加快推进省环保装备产业技术创新中心、国合环保高端装备基地建设。至年底，“一中心一基地”建设成效明显：创新中心的行政楼、综合服务楼、研发楼等硬件建设完成，中信环境技术有限公司、中国瑞林江苏分公司（宜兴环保分公司）、新南威尔士大学等一批科研机构和知名企业入驻。自2016年成立后，累计发布产业前沿关键共性技术项目10个、核心技术集成创新项目5个、产业化示范项目2个、环保技术装备标准项目20个，制订环保技术与装备标准10项；装备基地创新了合作模式，形成“在一中心转化、在一基地生产、在环境医院模式下推向市场”的一条龙服务体系，与12个外方企业签约合作，其中韩国恩百康斯污泥资源化利用等5个项目率先入驻。

（陆鋆）

宜兴经济技术开发区

【概述】 紧扣“产业投资增速翻倍、重大项目数量翻倍、财税收入增速翻倍”目标，开发区深入实施“项目立区、产业强区、科创兴区”战略，全力推进项目建设、产业培育、改革创新等工作，保持了经济社会平稳发展、各项事业协调并进的良好态势。全年地区生产总值161.6亿元，比上年增长11.4%。应税销售收入676亿元，比上年增长17.9%，其中工业515亿元、流通161亿元。财政总收入27.12亿元，全社会固定资产投资138.2亿元。协议注册外资3亿美元，到位注册外资1.5亿美元。进出口总额14.1亿美元。全年企业授权发明专利59件，引进国家“千人计划”*专家1人、“双创”计划（江苏省高层次创新创业人才引进计划）人才4人、“双高”（高学历、高职称）人才72人，开发区成功获批省级科技企业加速器。全面启动生态园区创建，全年完成湛渎港及沿线支河清淤，总长26千米；关停畜禽养殖场14个，全面完成市下达目标任务。开展“两减六治三提升”*专项行动，关停化工企业59个(包括芳桥街道20个),市定两年任务一年完成。

【项目建设】 全年实施无锡市重点项目4个、总投资102亿元,宜兴市重大项目16个、总投资超200亿元。3个产出超100亿元的项目推进顺利,总投资50亿元的东方环晟光伏(江苏)有限公司5吉瓦高效叠瓦太阳能电池组件项目,部分生产线建成投产;总投资30亿元的无锡中环应用材料有限公司10吉瓦晶硅切片项目,安装切片设备50台;总投资30亿美元的中环领先大硅片项目,12月开工。西门子燃气轮机部件(江苏)有限公司燃气轮机叶片、江苏宜兴德融科技有限公司砷化镓薄膜太阳能电池、宜兴硅谷电子科技有限公司PCB载板等优质项目投产。宜兴国际数据中心一期建成启用,清华科技园宜兴分园、恒大地产、朗诗集团高端住宅等项目推进顺利。

【对外开放】 持续深化战略合作,天津中环半导体股份有限公司重组国电光伏(江苏)有限公司、浙江盾安集团重组国电联合动力技术(宜兴)有限公司、江苏雅克科技股份有限公司并购四川成都科美特特种气体有限公司。举办2017动力产业(宜兴)峰会,整合资源、集聚要素的能力不断增强。无锡帝科电子材料科技有限公司获中国专利优秀奖,人均产出900万元,成为国内太阳能电池用正面银浆行业领军企业。宝银特种钢管有限公司获第二届中国军民两用技术创新应用大赛金奖。全力推进破产企业处置,与市人民法院配合,在资产评估、分割、挂拍等方面创新举措,为市场主体重组破产企业提供高效服务。全年处置破产企业8个,盘活土地54.67公顷,2017中国陶都(宜兴)金秋经贸洽谈会期间集中启动的11个工业项目中仅2个项目新征土地4公顷。

【宜兴国际数据中心落成启用】 4月,宜兴国际数据中心在开发区落成启用。该数据中心位于开发区华东光电子创新基地,由中国电信无锡分公司与园区合作共建,按国际Tier3+、国内四星级标准建设,建筑面积3342平方米,投资1.2亿元,是全省县(市)中等级最高的数据中心。数据中心面向政府、企业、客户等提供专业的服务器托管、机房资源租赁、数据存储与灾备、安全监测与防护、运维管理服务等基础IDC(互联网数据中心)业务,既可以为政府信息化资源整合提供云技术支撑和保障,也将极大提升开发区的投资环境。至年底,腾讯、爱奇艺等互联网公司达成进驻数据中心的合作意向。

【军民融合产业园开园】 7月,省商务厅批准在开发区设立江苏宜兴军民融合产业园。产业园南起庆源大道,北至湛渎港,东沿宜漕路,西至新长铁路,规划面积约4平方千米。按照“一核二区二中心”的格局规划建设:“一核”即由3000平方米展示馆、1.8万平方米综合大楼、12万平方米标准厂房组成的核心加速器,建成后将集规划展示、研发制造、信息交流、技术转移、人员培训、办公会议等功能于一体;“二区”是整个产业园以杏里路为界分为南北两个区域,南块1.8平方千米为产业示范区,北块2.2平方千米为产业集聚区;“二中心”即军民融合科技人才创新中心和国防文化展示中心。产业园开园后,将为各类“军转民、民参军”企业提供资源平台、产业扶持及配套服务等。8月,开发区通过依法破产三得利集团,收购其土地和厂房,启动军民融合产业加速器建设。11月,举行开园仪式,签约入驻项目10个,并举办了中国·宜兴军民融合产业高峰论坛。

【集成电路用大硅片研制项目落户宜兴】 天津中环半导体股份有限公司是全国半导体行业的龙头企业,浙江晶盛机电股份有限公司是专业从事半导体、光伏设备研发及制造的创业板上市企业,其研发能力与加工检测水平处于行业领先地位。无锡产业集团是无锡市政府出资成立的国有独资企业,在装备制造业、半导体、科技金融、新能源、新材料等多个领域实力雄厚。10月,无锡市政府与中环半导体股份有限公司、晶盛机电股份有限公司签署战略合作协议,共同在开发区启动建设集成电路用大硅片研发生产制造项目。该项目总投资约30亿美元,其中一期投资约15亿美元,于年底开工。该项目填补了国内在大尺寸集成电路用硅片领域的空白,将形成完整的集成电路产业链、产业生态。

【相对集中行政许可权改革试点工作】 9月,根据《关于印发南京经济技术开发区等19家省级以上开发区相对集中行政许可权改革试点方案的通知》的精神,市编制管理委员会制订《关于明确宜兴市经济技术开发区行政审批局机

军民融合产业园效果图 (开发区 提供)

构编制等有关事项的通知》。按照机构“撤一建一”的原则，组建开发区内设机构——行政审批局（挂“经济技术开发区政务服务中心”牌子），主要承担涉及开发区内市场准入、建设投资和复杂的民生服务办证等领域的行政许可事项的审批，并以开发区管委会名义行使相关行政审批职能；增设开发区下属事业单位——公用事业管理服务中心，主要承担区域内城容、秩序等综合管理工作，负责区域内绿化管护、环卫、广告、市场等管理工作。

（梅玲）

江苏宜兴陶瓷产业园区

【概述】 全年工业应税销售收入181亿元，其中规模以上企业149亿元。流通应税销售收入41.5亿元。到位注册外资1580.4万美元。自营出口创汇4.16亿美元，比上年增长6.28%。工业后劲投入32.15亿元，比上年增长3.7%。至年底，入园企业500多个，其中年销售收入超20亿元企业2个、超10亿元3个、超1亿元23个。年内，举办国家“千人计划”*专家丁蜀行活动，签约产学研项目4个。举办第八届中国宜兴工业陶瓷产业发展高峰论坛，推动工业陶瓷产业升级与转型。组织园区企业参加国内外展览，加快企业走出去步伐，促进贸易合作和市场开发。5月，中国陶瓷工业协会工业陶瓷分会把秘书处设在园区，为园区企业与国内其他陶瓷产区间的交流合作创造便捷条件。园区基础设施不断完善，完成蠡河路、通蠡路、西施路、川埠路改造提升工程。

【支柱产业】 机电、冶金、陶瓷三大园区支柱产业全年应税销售收入占比78%。骨干企业支撑有力，江苏亨鑫科技有限公司位列全市工业前50强，无锡市宇超电气科技有限公司、中耐控股集团有限公司、江苏三恒高技术窑具有限公司、市瑞弘耐火材料有限公司、市灵谷塑料设备有限公司、江苏源翔合金材料科技有限公司、江苏省陶瓷研究所有限公司应税销售收入增幅均超30%，市蓝天玻陶材料有限公司、江苏拜富科技有限公司、无锡市瑞尔精密机械股份有限公司、市科兴合金材料有限公司、江苏省宜兴非金属化工机械厂有限公司、市丁山耐火器材有限公司、江苏省宜兴电子器件总厂有限公司、宜兴汉光高新石化有限公司、宜兴摩根热陶瓷有限公司、宜兴诺伏电工材料有限公司应税销售收入增幅均超10%。成长型企业运行良好，江苏蓝星环保科技有限公司、市隆昌耐火材料有限公司、台宜陶瓷（宜兴）有限公司、无锡国威陶瓷电器有限公司应税销售收入增幅均超50%，市青龙水泥有限责任公司、信亿（宜兴）陶瓷有限公司、市海德电子有限公司应税销售收入增幅均超30%。外贸出口持续增长，江苏亨鑫科技有限公司、宜兴维多利亚家具有限公司年出口额均超3000万美元。5月，山东国瓷功能材料股份有限公司使用现金6.88亿元收购宜兴王子制陶有限公司100%股权，王子制陶公司成为国瓷材料公司的全资子公司。

【工业陶瓷产业发展高峰论坛】 5月，由丁蜀镇政府、园区联合主办的第八届中国宜兴工业陶瓷产业发展高峰论坛暨2017丁蜀科技人才周在丁蜀镇举办，国内外50多所高校、科研院所的专家教授和业内人士及丁蜀镇相关企业经营者开展研讨交流。论坛通过举办讲座、专家企业自由对接等系列活动，为产学研各方搭建交流互动的平台，助力各方洽谈协商、寻找合作共赢的机会，促进丁蜀镇工业陶瓷企业加快完善产业链、增强创新能力、提升核心竞争力。开幕式上，中国陶瓷工业协会工业陶瓷分会、宜兴市陶瓷产业发展研究会、丁蜀镇企业发展服务中心和宜兴陶瓷智能装备孵化器揭牌成立。武汉理工大学与江苏宜兴陶瓷产业园区全面合作协议、辽宁科技大学与丁蜀镇政府全面合作协议、英属哥伦比亚大学与江苏金石研磨有限公司联合建立矿物超细加工工程中心等12个合作项目签约。

【陶瓷智能装备孵化器设立】 在第八届中国宜兴工业陶瓷产业发展高峰论坛上，宜兴陶瓷智能装备孵化器揭牌成立。该孵化器是为陶瓷智能装备产业创新创业服务而设立的载体平台，以无锡市瑞尔精密机械有限公司为运行主体，以市海创工业技术研究院有限公司为服务中心，标准厂房面积约3.5万平方米，拥有智能数控设备、仪器100多台（套）及专业生产线多条，建有江苏省工程技术研究中心、智能化冶金装备实验室、博士后科研创新实践基地、“千人计划”*专家工作站等技术平台，对入驻企业提供咨询、研发、检测等技术服务和中试条件，孵化其快速成长为科技型企业，降低创业风险和成本。

（张俊）

陶瓷产业园区道路改造后俯瞰图 （丁蜀镇 提供）

宜兴市工业集中区

【概述】 围绕加快推进工业经济转型发展、科学发展和率先发展的目标，按照“科学规划、合理定位、节约集约、彰显特色”的原则，宜兴大力扶持工业集中区平台建设，鼓励支持特色产业园区和工业“园中园”的建设，积极争创省级以上产业示范基地，做强区域优势品牌，最大发挥集聚效应。全市13个镇级工业集中区全年新增企业228个，累计4782个。全年工业销售收入2306.4亿元、利税总额120亿元、利润总额76.7亿元。在建工业项目329个，年内完成投入113.9亿元，其中基础设施建设投入18.7亿元。为落实省市“两减六治三提升”*专项行动方案要求，至年底，全市工业集中区内230个化工生产企业签订关停协议的67个、通过关停验收的41个。

【工业地产项目及工业集中区规划修编】 年内，市经信、环保、规划、国土等部门共同会商万石镇华东石材市场规划修编事宜、协调杨巷工业集中区（北区）产业布局调整，对新街百合工业园规划修编工作提出建议意见，并取得初步成效。至年底，华东石材市场规划修编获市政府批准，规划修编后范围东至市场东路、西至市场西路、南至殷村港、北至市场8号路，规划建设面积4.15平方千米。规划修编后的华东石材市场产业发展定位为：石材荒料贸易、一般石材产品贸易、精品建材贸易；荒料建材加工、合成新材料生产；物流仓储、安装养护；科技研发、设计创意、文化会展、总部办公、电商物联、商旅综合等。

2017年宜兴市工业集中区基本情况

表14

名称	基础设施建设完成工作量（万元）		入区企业数（个）		项目建设		集中区产出（万元）		
	累计	2017年	累计	2017年新增	在建项目（个）	2017年完成（万元）	销售收入	利税总额	利润
合计	1226767	186998	4782	228	329	1138651	23064255	1200840	767289
张渚工业集中区	34080	710	254	17	7	18915	556874	62710	78080
西渚工业集中区	14069	400	121	0	4	5500	331766	19085	13120
太华工业集中区	14925	0	203	4	6	15100	221714	8747	6316
徐舍工业集中区	198034	51000	371	18	19	60008	1061892	76855	42437
官林工业集中区	277434	58392	451	29	69	352154	10260836	342826	261342
杨巷工业集中区	33542	7000	218	18	3	65000	310716	28971	15956
新建工业集中区	62611	7500	322	9	9	44000	1033335	56055	33979
和桥工业集中区	51427	850	321	37	5	53725	747818	252410	125414
高塍工业集中区	49727	2500	921	15	38	252429	5708410	102162	20170
万石工业集中区	149882	7646	782	48	11	74721	724781	77041	49341
周铁工业集中区	25202	500	393	8	131	130836	1156895	95841	65416
芳桥工业集中区	295844	50000	233	16	19	60263	484093	33211	25063
新庄工业集中区	19990	500	192	9	8	6000	465125	44926	30655

（谢锐）

编辑　叶绿

对外开放

DUI WAI KAI FANG

综　述

【概述】 利用外资快速增长。全年新增外资项目27个,增资转股项目13个。全年完成到位注册外资4.72亿美元,比上年增长198.61%,总量创2012年后最高纪录,仅次于江阴市、新吴区,位列无锡大市第三位,增幅列无锡首位,其中制造业到位注册外资3.84亿美元。完成协议注册外资9.83亿美元,比上年增长113.86%。完成进出口总额41.01亿美元,比上年增长10.5%。其中,出口33.77亿美元、进口7.24亿美元,分别比上年增长11.5%、6.1%。出口总额继续列无锡大市第四位,增幅列第二位。全市社会消费品零售总额612.84亿元,比上年增长10.2%。其中,限额以上企业社会消费品零售总额181.89亿元、限额以上企业批发和零售业社会消费品零售总额171.02亿元,分别比上年增长8.9%、9.3%。全年完成服务外包业务总额12.7亿美元、合同执行总额11.7亿美元、离岸合同额9.1亿美元、执行额8.8亿美元。境外投资呈现新特点,全年新批境外投资项目10个,实现境外中方投资额3791万美元。口岸集装箱进出量9887标准箱、货运量14.22万吨,分别比上年增长36.15%和71.5%。

【商务"放管服"稳步推进】 市商务局积极策应各级行政审批制度改革,着力推进商务"放管服"(简政放权、放管结合、优化服务改革)工作。外资"审改备"(审批制改为备案制)实施后,外资企业设立及变更网上办理率保持在95%以上,3个工作日即可完成备案。按照"三级四同"(同一事项省市县三级名称、编码、依据、指南相同)要求,完成商务部门审改清单编制和上报工作,并在政务服务平台上线,理清商务部门"放管服"工作路径。优化项目服务,坚持信息项目动态管理制度,跟踪推进2017中国陶都(宜兴)金秋经贸洽谈会(以下简称秋洽会)签约项目,确保随时掌握项目最新推进情况和利用外资情况,推动项目早落地、早备案。强化外资流入、存量转化、到账统计等工作机制,第一时间与板块对接、与上级沟通,确保项目备案时间最短、到账统计通过率最高,重点保障帝特律汽车、天津中环应用材料等重大项目,为实现全年目标奠定基础。

【利用外资结构优化】 全年累计批准项目40个。其中:新设协议注册外资3000万美元及以上(含单次增资3000万美元及以上)项目7个,合计新增协议注册外资8.8亿美元,单体规模1.26亿美元;重大项目到位注册外资3.64亿美元,占全市到位注册外资总量的77%。全市新设外资项目实现一二三产业全覆盖,项目数分别为1个、12个、14个,协议注册外资分别为280万美元、5.15亿美元、2.58亿美元。项目涉及新能源汽车、半导体、生物技术、节能环保、机械装备、食品加工、文化传播、农业种植等行业领域。其中,战略性新兴产业项目10个、现代服务业项目4个,项目合计数占全市新批外资项目总数的52%。9月,帝特律电动汽车项目2.4亿美元的知识产权出资获得认定。

【外资企业运行稳定】 全年全市外资企业累计完成应税销售总额538.08亿元,比上年增长6.9%,占全市应税销售总量的14.1%。累计完成外税收入21.26亿元,比上年增长3.3%,占全市税收收入总额的16.7%。西渚镇、官林镇、杨巷镇、新建镇等11个镇(园区、街道)外资企业应税销售收入实现正增长。应税销售收入前50位外资企业中,比上年增长的企业达47个,增幅超100%的企业7个。

【对外贸易回稳增长】 全面实行目标任务分解责任制,突出开发区、丁蜀镇等重点板块外贸出口主阵地作用。加强出口监测,紧盯浙江昱辉阳光能源江苏有限公司、江苏灵谷化工有限公司等重点企业20个,在结汇、报关等方面提供支持。强化"月底预测、月度通报、季度小结"的督查通报机制,力促外贸出口稳定增长。全程跟踪好东方环晟光伏(江苏)有限公司、江苏普睿司曼科技有限公司和西门子燃气轮机部件(江苏)有限公司,引导开发区、丁蜀镇、官林镇等板块引进优质外贸流通企业。实施"品牌兴贸"战略,无锡江南电缆有限公司、宜兴乐祺纺织集团有限公司等16个企业获评省级国际知名品牌。至年底,全市有进出口实绩的企业959个,比上年增加76个。

【外贸服务平台不断强化】 市商务局出台《2017重点国际市场开拓计划》,组织企业参展中国进出口商品交易会(广交会)和中国华东进出口商品交易会(华交会),落实展位190个。发挥政策的激励引导作用,开展政策宣讲会,科学制订"又好又快"外贸扶持政策。全

秋洽会集中签约项目 （市商务局 提供）

年为企业争取省级以上扶持资金2490.29万元，惠及企业300多个。召开苏南片区公平贸易预警点企业座谈会，加强公平贸易工作站建设，指导江苏森茂竹木业有限公司做好“反倾销反补贴”应对，取得近乎零税率的成果。为企业搭建服务平台，推进外贸融资资金池建设、推广旺达通外贸综合服务平台、出口退税平台建设，完成国际商会换届，在口岸通关服务上推行“三个一”（一次申报、一次查验、一次放行）、通关一体化，为外贸企业保障更优质的发展环境。

【境外投资有序推进】 按照国家对非理性对外投资倾向的管理新政，联合中国出口信用保险公司开展境外投资政策宣讲。坚持“企业主体、市场原则、国际惯例、政府引导”原则，支持有条件、有能力的企业开展真实合规的对外投资，做到应批尽批。协调跟进宜兴博砚投资有限公司在韩国项目收购中遇到的困难和问题，推动项目在规定时间内完成境外并购。全年新批境外投资项目10个，中方投资额累计3791万美元，其中非贸易项目5个、贸易项目5个。项目科技含量有新的提高，涉及新能源研发、集成电路芯片制造、铁路及城市轨道交通规划设计运营等。

【服务外包展现新亮点】 全年新增服务外包企业22个，全市累计206个。环保设计和检验检测两大特色外包业务稳步提升，新增一批从事建筑工程咨询、物流设计、水务监测等业务的企业，填补全市此类外包业务空白。做好政策帮助和对上争取工作，全年对上争取资金1256.1万元。年内，环科园被省商务厅认定为江苏省服务外包示范区，江苏卓易科技股份有限公司的外包技术平台通过无锡服务外包示范城市公共平台支持项目的验收。

【秋洽会集中签约项目64个】 10月，秋洽会在宜兴举办，会上集中签约项目64个。其中：外资签约项目20个，计划总投资12.03亿美元，协议注册外资5.59亿美元，投资方来自6个国家和地区（中国香港14个、中国台湾2个、德国1个、加拿大1个、英属维京群岛2个），项目涉及智能机器人制造、节能环保、高端装备、新能源汽车、健康旅游等领域，协议注册外资超3000万美元的项目8个；工业内资项目24个，计划总投资190.88亿元，协议引进市外资金162.68亿元，项目涉及节能环保、半导体材料、工业无人机、新能源汽车配件等领域，协议引进市外资金超3亿元的项目14个；服务业内资项目18个，计划总投资140.56亿元，项目涉及健康养生、文化旅游、房地产开发、金融服务、研发中心等领域，总投资超3亿元的项目11个。另有总投资30亿美元、一期投资15亿美元的集中电路用大硅片研发制造项目单独签约。

（章丽燕 周文虹）

利用外资

【概述】 全年新设外资项目27个、增资转股项目13个，新增协议注册外资9.83亿美元，比上年增长113.86%。到位注册外资4.72亿美元，比上年增长198.61%，利用外资总量居无锡市第三位。新设制造业项目12个，占项目总数的44.44%，协议注册外资5.15亿美元，比上年增长428.06%；服务业项目14个，占项目总数的51.85%，协议注册外资2.58亿美元，比上年下降12.97%，主要涉及环保水处理工程、咨询服务、教育咨询、旅游文化、房地产开发等行业。新增帝特律电动汽车有限公司、宜兴北控城乡污水管网有限公司、中新泓泉水务（宜兴）有限公司等协议注册外资超3000万美元（或单次增资超3000万美元）的重大项目7个。年内，世界500强企业恒大集团旗下的盛誉（BVI）有限公司独资设立的宜兴市恒誉置业有限公司落户芳桥街道。环科园、开发区、陶瓷产业园区合计到位注册外资4.19亿美元，比上年增长419.65%，占全市总量的88.77%，比上年提升29.05个百分点；合计新增协议注册外资8.95亿美元，比上年增长153.78%，占全市总量的91.04%，比上年提升14.32个百分点，省级以上园区贡献份额上升。

【全市首个外资新能源汽车项目】 2月，底特律电动汽车有限公司、远东智慧能源股份有限公司、环科园发展总公司共同出资组建帝特律电动汽车有限公司，并落户环科园。项目总投资18亿美元，注册资金6亿美元，是全市首个引进的外资新能源汽车项目，也是全市单体规模最大的外资项目，主要从事电动汽车整车、零部件和相关技术的研发、制造、销售。5月，该项目首期外资500万美元到账。9月，实现一次性外资到账2.4亿美元，成为支撑了全市到位注册外资提前完成全年目标任务。

2017年宜兴市外商投资企业行业结构

表15

行 业	当年创办数（个）	累计创办数（个）	当年协议注册外资（万美元）
合 计	27	2127	77529.40
二产小计	12	1734	51472.30
机 电	9	534	50831.08
纺 工	—	227	—
轻 工	—	392	—
冶 金	1	84	130.57
化 工	1	206	365.71
粮 油	1	43	144.94
陶 瓷	—	114	—
建 材	—	122	—
二产其他	—	12	—
一产小计	1	58	280.50
三产小计	14	330	25776.60
其他小计	—	5	—

2017年宜兴市批准外商投资企业合作国家和地区

表16

国家（地区）	当年批准数（个）	累计批准数（个）	国家（地区）	当年批准数（个）	累计批准数（个）
合 计	27	2127	毛里求斯	—	2
中国香港	11	880	马绍尔群岛	—	2
中国台湾	1	299	俄罗斯	—	2
美 国	3	247	伯利兹	—	3
日 本	1	119	瑞 典	—	2
新加坡	2	99	墨西哥	—	1
英属维尔京群岛	1	75	科特迪瓦	—	1
韩 国	4	75	图瓦卢	—	1
澳大利亚	—	54	匈牙利	—	1

续表16

国家(地区)	当年批准数(个)	累计批准数(个)	国家(地区)	当年批准数(个)	累计批准数(个)
加拿大	—	35	巴　西	—	1
英　国	1	21	塞浦路斯	—	1
德　国	1	22	柬埔寨	—	1
荷　兰	—	19	玻利维亚	—	1
萨摩亚	—	19	保加利亚	—	1
泰　国	—	17	巴拿马	—	1
马来西亚	—	16	智　利	—	1
阿联酋	—	12	约　旦	—	1
印　尼	—	11	印　度	—	1
中国澳门	1	13	伊　朗	1	2
文　莱	—	9	挪　威	—	1
意大利	—	6	哈萨克斯坦	—	1
法　国	—	7	希　腊	—	1
新西兰	—	5	津巴布韦	—	1
西班牙	—	6	土耳其	—	1
开曼群岛	—	7	尼日利亚	—	1
奥地利	—	4	塞舌尔	—	2
菲律宾	—	4	百慕大	—	1
芬　兰	—	2	丹　麦	—	1
比利时	—	2	尼泊尔	—	1
以色列	—	2	卢森堡	—	1
西萨摩亚国	—	2	—	—	—

（孟伟康）

对外贸易

【概述】 全市对外贸易工作突出精准施策、主动作为、有效服务，呈现筑底回升、健康运行的良好势头。全年完成进出口总额41.01亿美元，比上年增长10.5%。其中：出口33.77亿美元，比上年增长11.5%；进口7.24亿美元，比上年增长6.1%。全市出口实绩以美元和人民币计价，均超时序进度8.97个百分点。完成出口总额列无锡大市第四位、增幅列第二位。出口市场稳定增长，传统市场强势复苏，对美国、欧盟等市场出口份额提升，分别完成出口6.05亿美元和4.62亿美元，分别比上年增长17.06%和50.71%；新兴市场增幅明显，对西班牙、波兰、乌克兰出口分别增长

118.07%、114.2%和640.96%。企业国际化进程加快，有进出口实绩的企业959个，其中有出口实绩的企业859个、进口实绩的企业365个。民营企业规模增长较快，有出口实绩的民营企业671个，比上年增加58个，累计出口22.76亿美元，比上年增长29.44%，占全市出口总额的67.87%。一般贸易进出口增长较快，合计进出口34.98亿美元，比上年增长23.37%，占全市总额的85%。其中，合计出口29.43亿美元，比上年增长27.61%，占全市总额的87%，比上年提升5个百分点，表明宜兴自主产品出口提升，出口效率提高。

【传统行业主要商品进出口规模提升】 全市进出口六大行业全年实现正增长，化工行业超越机电行业成为全市进出口总量首位。其中：化工品进出口11.07亿美元，比上年增长16.48%；机电产品进出口9.28亿美元，比上年增长7.33%；轻工产品进出口8.82亿美元，比上年增长30.7%；纺织品进出口5.52亿美元，比上增长12.46%；五矿产品进出口5.36亿美元，比上年增长13.15%；农副产品进出口0.72亿美元，比上年增长48.81%。

【贸促服务】 市贸易促进会不断强化服务功能，做好法律知识宣传工作，向企业宣传优惠原产地证相关政策，提高原产地证申领员的操作技能，帮助企业用好用足自贸区原产地优惠政策。召开宜兴市国际商会第二届会员代表大会，完成换届工作。拓宽政策扶持渠道，针对宜兴制订"又好又快"外贸扶持政策，重点突出规模和增量、内有和外引等方面的奖励力度。全年办理一般原产地证3400多份，为全市160个企业、210名手签员办理原产地证出证认证企业年审工作。完成国家进口贴息的申报，帮助企业争取到国际市场开拓资金523.84万元（惠及120多个企业）、省商务发展专项资金1917.9万元及外贸稳增长切块资金215万元。

【企业培育】 以既有外贸企业为依托，加快新企业培育，多渠道挖掘外贸增长潜力。赴上海洽谈招商引贸，引导开发区、丁蜀镇等引进外贸流通新企业。培育出口品牌，实施"品牌兴贸"战略，上报省和无锡市国际知名品牌企业35个，其中无锡江南电缆有限公司、宜兴乐祺纺织集团有限公司等16个企业被评为2017—2019年省出口品牌企业。培育企业国际化经营理念，指导企业抓住"一带一路"*战略、自贸区建设等机遇，拓展国际市场份额，组织全市63个外贸企业参加第121届、第122届中国进出口商品交易会和第27届中国华东进出口商品交易会。

【外贸平台建设】 市商务局把外贸平台建设作为企业转型发展的重要抓手，加快推进融资资金池，针对资金池运行过程中存在问题，全年召开三次协调会议，进一步简化审批流程、缩短审批时间及加大对有订单有增量中小外贸企业的资金支持。做好公平贸易工作，增强行业预警平台效用，召开苏南片区公平贸易预警点企业座谈会，紧抓预警点网站建设，推动企业做好信息收集和网上上报工作。指导江苏森茂竹木业有限公司做好"反倾销反补贴"应对，为企业争取终裁0.23%的税率，视同为零税率，促进全市产业健康发展。协助旺达通外贸综合服务平台做好宣传、推广及整合资源工作，依托其自身优势，为全市中小微企业提供国际贸易过程中供应链管理、金融、市场拓展、业务咨询等服务。

2017年宜兴市自营出口情况（按地区分类）

表17

序号	地　区	流通企业出口（万美元）	生产企业出口（万美元）	三资企业出口（万美元）	合计（万美元）
	合　计	68901	158565	107746	335296
1	欧　洲	12002	30728	15732	58462
2	亚　洲	34941	67588	58287	160816
3	北美洲	8061	33983	22573	64617
4	拉丁美洲	7099	18461	3192	28752
5	大洋洲	1169	2898	5931	9998
6	非　洲	5630	4907	2031	12568

2017年宜兴市自营出口情况(按行业分类)

表18

序号	类　别	流通企业出口(万美元)	生产企业出口(万美元)	三资企业出口(万美元)
1	机　电	9662	22204	52283
2	化　工	10145	72601	3343
3	纺　织	10700	14012	25842
4	轻　工	21696	35657	23764
5	其中:陶瓷	5600	4444	10605
6	五金矿产	13580	12436	1460
7	农副产品	276	4676	719

说明:以上数据不包括无锡一达通企业服务有限公司返回宜兴数据

2017年宜兴市自营出口创汇超1000万美元企业

表19　　单位:万美元

序号	企业名称	出口额	序号	企业名称	出口额
1	浙江昱辉阳光能源江苏有限公司	18306	18	江苏森茂竹木业有限公司	3922
2	灵谷化工有限公司	11128	19	宜兴丹森科技有限公司	3814
3	江苏国信协联能源有限公司	9414	20	宜兴乐威牛仔布有限公司	3681
4	江苏汉光甜味剂有限公司	9401	21	江苏亨鑫科技有限公司	3322
5	江苏雅克科技股份有限公司	8898	22	宜兴市路雨通贸易有限公司	3321
6	微密科技(宜兴)有限公司	7402	23	江苏瑞佳化学有限公司	3304
7	宜兴新乐祺纺织印染有限公司	6123	24	宜兴乌子通贸易有限公司	3265
8	宜兴高青制衣有限公司	5431	25	宜兴维多利亚家具有限公司	3258
9	无锡天颂骄阳新能源材料有限公司	5329	26	宜兴市沙满贸易有限公司	3227
10	江苏立霸实业股份有限公司	5213	27	江苏傲伦达科技实业股份有限公司	3182
11	江苏兴达文具集团有限公司	5159	28	宜兴七曜国际贸易有限公司	3148
12	江苏三木集团	5108	29	宜兴市青专商贸有限公司	2899
13	鹰普机械(宜兴)有限公司	4533	30	宜兴市泥盟商贸有限公司	2839
14	江苏普睿司曼科技有限公司	4398	31	宜兴市宏甘商贸有限公司	2827
15	无锡江南电缆有限公司	4145	32	宜兴市徒步贸易有限公司	2788
16	无锡市博大竹木业有限公司	4127	33	宜兴市林德进出口有限公司	2745
17	无锡嘉瑞光伏有限公司	4031	34	宜兴市马椒贸易有限公司	2674

续表19

序号	企业名称	出口额	序号	企业名称	出口额
35	宜兴奥尚通贸易有限公司	2639	55	宜兴市旭硝子工业陶瓷有限公司	1488
36	无锡市乾翰进出口有限公司	2609	56	无锡乐峰太阳能科技有限公司	1485
37	宜兴市华泰国际集团	2548	57	宜兴中大纺织有限公司	1481
38	宜兴市舜昌亚麻纺织有限公司	2512	58	宜兴市金格纺织品有限公司	1458
39	宜兴宇星新材料科技有限公司	2487	59	宜兴市江山生物科技有限公司	1450
40	江苏威腾人造草坪有限公司	2421	60	宜兴市羽马贸易有限公司	1349
41	宜兴市尼雨子贸易有限公司	2315	61	宜兴华兴刷子有限公司	1290
42	宜兴百杰劲利进出口有限公司	2203	62	宜兴市蓝波化学品有限公司	1285
43	江苏宏远药业有限公司	2110	63	宜兴诺伊珂都进出口有限公司	1230
44	宜兴市同朋宇贸易有限公司	2105	64	江苏雷蒙化工科技有限公司	1212
45	宜兴金喜运捷进出口有限公司	2049	65	江苏共昌轧辊有限公司	1174
46	宜兴市天石饲料有限公司	2021	66	宜兴市中正化工有限公司	1156
47	宜兴市昌比贸易有限公司	2012	67	乐祺纺织实业(无锡)有限公司	1155
48	宜兴市宇龙塑胶包装制品有限公司	1915	68	江苏宇豪纺织有限公司	1152
49	西门子燃气轮机部件(江苏)有限公司	1887	69	宜兴振兴制刷有限公司	1100
50	宜兴市元宏进出口有限公司	1868	70	宜兴市恒兴精细化工有限公司	1075
51	东方环晟光伏(江苏)有限公司	1846	71	宜兴王子制陶园艺有限公司	1061
52	宜兴市创新精细化工有限公司	1711	72	宜兴长荣织造有限公司	1050
53	远东电缆有限公司	1704	73	江苏省宜兴非金属化工机械厂有限公司	1031
54	宜兴新森大竹木制品有限公司	1586	74	宜兴市王者塑封有限公司	1022

（丁玮）

对外经济技术合作

【概述】 按照国家对非理性对外投资倾向的管理新政，市商务局联合中国出口信用保险公司开展境外投资政策宣讲。主动策应“一带一路”*建设机遇，坚持“企业主体、市场原则、国际惯例、政府引导”原则，积极牵头协调，全程跟进，全力支持有条件、有能力的企业开展真实合规的对外投资。全年境外中方投资额3791万美元，位居无锡市前列。新备案境外投资项目10个(其中非贸易项目5个)，累计151个。全市累计拥有对外承包工程资质企业9个。

【境外投资项目科技含量增强】 年内，项目投资业态不断优化，涵盖新能源研发、集成电路芯片制造、铁路及城市轨道交通规划设计运营等领域。继2016年江苏先科半导体科技有限公司并购韩国UP公司项目后，宜兴博砚投资有限公司于2017年6月和11月共投资2290万美元，收购平板显示器用光刻胶领域国际知名公司韩国COTEM公司37.5%的股权(42万股)，提升了全市电子化学产业的水准。

（王斌）

服务外包

【概述】 全年完成业务合同额12.7亿美元、业务执行额11.7亿美元、离岸合同额9.1亿美元、离岸执行额8.8亿美元，分别比上年增长4.8%、20.5%、5.2%、28.8%。服务外包“多元化战略”稳步推进，服务外包业务向高端扩展，新增服务外包企业22个，全市累计有服务外包企业206个，涵盖传统信息技术外包服务(ITO)、业务流程外包服务(BPO)和较高端的知识流程外包服务(KPO)中的20个门类，覆盖全市所有镇(园区、街道)。加大对服务外包企业扶持力度，全年向上争取到扶持资金1256.1万元。重点围绕环保设计和检验检测两大特色外包产业，做好企业培育、政策倾斜、产业规划等基础性工作，培育引导其他外包产业发展，并形成了全国唯一并具有国际知名度的环保和陶瓷两大服务外包产业集群。至年底，全市有环保设计研发、检验检测类的服务外包企业62个，占全市外包企业总数的30%。

【服务外包领域扩大】 以“外引内育”为抓手，加强走访调研，通过持续性的政策引导和扶持，调动和发挥服务外包产业的智力优势，形成领域广、结构优的发展业态。依托宜兴在环保、陶瓷、线缆、精细化工、机械装备等传统领域上的优势与经验，一批生产性服务外包企业快速发展，有效推动传统制造业向高端制造、智能制造的变革，走出一条服务外包与传统制造产业虚实结合、优势互补、互相促进的可持续发展之路。全年新增服务外包企业22个，新增建筑工程咨询、物流设计、水务监测等业务门类，填补全市服务外包业务领域空白。

【外包企业发展量质并升】 服务外包重点企业运营良好，全年17个企业被列入江苏省成长型重点外包企业，获国家及省级资金扶持1256.1万元，创新纪录。11月，江苏卓易信息科技股份有限公司的卓易科技外包技术平台通过无锡服务外包示范城市公共平台支持项目的验收，是宜兴市企业首次获得该类公共平台的称号。江苏亨鑫科技有限公司获国家级外包研发创新资金最高资金扶持，创全市单项资金扶持最高纪录。

【环科园被认定为省级服务外包示范区】 近年，环科园服务外包产业重点以环保咨询、环保集成设计、环保科技研发、环保运营服务等业务流程外包为基础，提高环保服务的市场份额，构筑了集研发、制造、运营、服务于一体的环保产业链。同时，积极发展动漫、网络游戏、嵌入式软件、集成电路设计等信息技术外包业务。园区有服务外包企业53个，从业人员约3100人，年业务总额超3亿美元，占全市服务外包总量的25%以上。其中，环保工程设计、工业设计企业业务量约占全市服务外包业务总额的35%。12月，环科园被省商务厅认定为江苏省服务外包示范区。

（杜伊媛）

资本经营

【概述】 全市累计有境内外上市企业26个，其中境外上市18个、国内主板上市2个、中小板上市5个、新增创业板上市1个(鹏鹞环保股份有限公司)，首发融资合计143亿元，再融资合计73亿元。新增新三板挂牌企业5个(瑞盛环境股份有限公司、无锡双诚炭黑科技股份有限公司、江苏浙宏科技股份有限公司、江苏凯伦风能科技股份有限公司、江苏启创环境科技有限公司)，全市累计30个。上市后备企业梯队整体运行良好，江苏利通电子股份有限公司报证监会等待审核，江苏中辰电缆有限公司、江苏卓易科技股份有限公司、驰马拉链(无锡)有限公司、江苏傲伦达科技实业股份有限公司申报省证监局辅导，欧亚华都(宜兴)环保有限公司预计2018年完成韩国交易所挂牌，江苏创新石化有限公司向香港联合交易所有限公司提交材料。企业融资稳步推进，多渠道融资效果显著，全年完成股权融资项目29个，融资总额33亿元，签约总额近100亿元。至年底，全市累计批准发行债券8只，实际发行债券总额88.7亿元。

【新三板创新层数量居无锡首位】 经过宣传引导及前期积累，全市新三板挂牌企业累计30个。在持续推进企业新三板挂牌的基础上，宜兴引导挂牌企业借助平台快速发展，灵活使用新三板平台解决融资难题，增强企业综合竞争力，积极向上市门槛靠拢。5月，全国股份转让系统公布2017年新三板创新层挂牌公司1329个，占整体挂牌企业总数的11.85%。其中，宜兴的江苏远航精密合金科技股份有限公司、宝艺新材料股份有限公司、凌志环保股份有限公司、江苏联创人造草坪股份有限公司、江苏兆盛环保股份有限公司5个企业入围，总数量居无锡地区首位。

【鹏鹞环保公司成为全市首个创业板上市企业】 鹏鹞环保股份有限公司前身为宜兴县高塍环境保护设备厂，成立于1984年，经过30多年发展，逐步成长为国家重点高新技术企业、中国环保骨干企业，专注于提供环保、水处理相关的研发、咨询与设计、设备生产及销售、工程承包、项目投资及运营等一站式服务，是环保、水处理行业的全产业链综合服务提供商，拥有国内污水设计、承包、运营最高资质。2017年12月，该公司成功登陆创业板，成为全市首个创业板上市的企业。此次公开发行新股8000万股，发行价格为每股8.88元，新股募集资金7.1亿元，发行后总股本4.8亿股。

【四个线缆上市企业登上全球百强榜】 近年，全市电线电缆产业在企业做大做强、诚信质量建设、产业集聚发展等方面持续发力，电线电缆产品占全国市场份额的13%，成为宜兴上市支柱力量。其中，远东智慧能源股份有限公司产品应用于智能电力、智慧交通等领域，为国内外重大基础设施建设项目、重大电网工程建设及改造项目提供产品和服务。无锡江南电缆有限公司主持、参与起草和制订国家及行业标准40多项，获国家专利超350项，并跻身首批国家级“绿色工厂”。江苏中超控股股份有限公司将石墨烯材料应用于线缆领域，努力实现“高端装备制造+新文化”双主业驱动的多元化战略目标。睿康文远电缆股份有限公司是全国仅有的通过国家核安全局认证的8个企业之一，核电电缆是其核心产品之一。9月，这四个企业跻身国际著名研究机构英特杰(Integer)发布的2017全球电线电缆生产商百强名单,占全国入选线缆企业总数的近八分之一。

2017年宜兴市上市公司

表20

序 号	企业名称	上市地点	上市年份
1	中国稀土控股有限公司	中国香港	1999
2	中国智能集团控股有限公司	中国香港	2002
3	亚洲环保控股有限公司	新加坡	2003
4	宜兴泉溪环保有限公司	新加坡	2004
5	亚洲绢丝纺控股有限公司	新加坡	2005
6	亨鑫科技有限公司	中国香港	2006
7	升立化学控股有限公司	新加坡	2007
8	驰马拉链控股有限公司	新加坡	2007
9	中国沪安电缆控股有限公司	新加坡	2010
10	泛亚环保集团有限公司	中国香港	2010
11	科地农业控股有限公司	中国香港	2010
12	华耐控股有限公司	中国香港	2010
13	江苏华地国际控股集团	中国香港	2010
14	中昱科技集团有限公司	中国香港	2011
15	俊知集团股份有限公司	中国香港	2012
16	江南电缆有限公司	中国香港	2012
17	江苏赛特钢结构有限公司	中国香港	2013
18	中国艺术金融控股有限公司	中国香港	2016
19	远东智慧能源股份有限公司	主板	2007
20	江苏雅克科技股份公司	中小板	2010
21	江苏中超电缆股份有限公司	中小板	2010
22	江苏东光微电子股份有限公司	中小板	2010
23	新远程电缆股份有限公司	中小板	2012
24	江苏立霸实业股份有限公司	主板	2015
25	江苏高科石化股份有限公司	中小板	2016
26	鹏鹞环保股份有限公司	创业板	2017

2017年宜兴市新三板挂牌公司

表21

序号	企业名称	挂牌年份	序号	企业名称	挂牌年份
1	凌志环保股份有限公司	2014	16	江苏宝宸净化设备股份有限公司	2016
2	江苏科耐特电缆附件有限公司	2014	17	江苏联创人造草坪股份有限公司	2016
3	江苏燎原环保股份有限公司	2015	18	江苏卡欧化工股份有限公司	2016
4	江苏八达科技股份有限公司	2015	19	江苏宇超电力工程股份有限公司	2016
5	江苏中超环保股份有新公司	2015	20	江苏傲伦达科技实业股份有限公司	2016
6	江苏远航精密合金科技股份有限公司	2015	21	江苏蓝必盛化工环保股份有限公司	2016
7	江苏宏力光电科技股份有限公司	2015	22	艾特克控股集团股份有限公司	2016
8	江苏艾洛维显示科技股份有限公司	2016	23	江苏新嘉理生态环境材料股份有限公司	2016
9	江苏国信复合材料科技股份有限公司	2016	24	无锡视美乐科技股份有限公司	2016
10	无锡高拓新材料股份有限公司	2016	25	江苏浦漕科技股份有限公司	2016
11	江苏泰源环保科技股份有限公司	2016	26	瑞盛环境股份有限公司	2017
12	江苏兆盛环保股份有限公司	2016	27	无锡双诚炭黑科技股份有限公司	2017
13	宝艺新材料股份有限公司	2016	28	江苏凯伦风能科技股份有限公司	2017
14	江苏天纳节能科技股份有限公司	2016	29	江苏浙宏科技股份有限公司	2017
15	江苏沛尔膜业股份有限公司	2016	30	江苏启创环境科技股份有限公司	2017

（高雨陶）

编辑　叶绿

制造业

ZHI ZAO YE

综述

【概述】 随着宏观经济形势的逐步回暖，全市上下坚持稳中求进总基调，紧紧围绕产业强市主导战略，工业运行走势良好，主要经济指标稳中有升。全年完成工业总产值3901.52亿元，比上年增长11.1%。全市实现工业应税销售收入3808.1亿元，比上年增长10%；工业用电量73亿千瓦时，比上年增长4.2%；新登记工业企业2540个，累计14242个。电线电缆、化纤纺织、机械装备三大主导产业发展迅速，全年规模以上企业产值1298.8亿元，比上年增长15.1%，占全市规模工业经济比重43.6%。陶瓷与耐材、铜材加工、精细化工和保温建材四大传统产业，全年规模以上企业产值1032.8亿元，比上年增长23.3%，占全市规模工业经济比重34.6%。节能环保、新能源、光电子新型显示、绿色食品四大新兴产业，全年规模以上企业产值469.4亿元，比上年增长6.3%，占全市规模工业经济比重15.7%。官林镇工业销售收入超1000亿元，达1107.2亿元；环科园、开发区、徐舍镇、宜城街道、丁蜀镇、周铁镇、和桥镇、高塍镇、新建镇工业销售收入均超100亿元，分别为905.2亿元、532.6亿元、184.7亿元、176.5亿元、190.2亿元、142.8亿元、131.8亿元、643.3亿元、108.8亿元。工业应税销售收入50亿元—100亿元的有芳桥街道、新庄街道、杨巷镇、万石镇、张渚镇，分别为51亿元、52.1亿元、55.1亿元、80.5亿元、97.5亿元；10亿元—50亿元的有西渚镇、太华镇、湖汶镇，分别为37.6亿元、27.2亿元、16.8亿元。

【规上企业发展良好】 全市规模以上企业869个，全年工业产值（现行价）2981.6亿元，比上年增长16%，增幅为2011年后最高。销售收入2828.18亿元、利税总额186亿元、利润总额133.29亿元，分别比上年增长16.8%、4.6%、3.1%。工业增加值460.9亿元，增加值率比上年提升0.64个百分点，全市产值前100位的工业企业实现产值2243.2元，比上年增长19%，超过全市平均增幅7.9个百分点，拉动工业经济增长10.2个百分点，支撑作用明显。全市工业总产值超1亿元企业343个，比上年增长32个，其中超10亿元43个、超100亿元3个。对上贡献超1亿元的工业企业12个、超3000万元48个，分别比上年增加1个和13个。远东控股集团有限公司连续11年跻身"中国企业500强"，远东控股集团有限公司、江苏三木集团有限公司、江苏江润铜业有限公司、江南集团有限公司入围2017"中国制造业企业500强"。全年新增中辰电缆股份有限公司技术中心、江苏远兴环保集团有限公司技术中心2个省级技术中心，全市累计40个；新增省级智能车间2个，完成智能改造和智能装备产业投资额8.86亿元；江苏三环实业股份有限公司的产品入选省"新技术新产品推广应用"目录；江苏俊知技术有限公司、远东电缆有限公司的经验均获评江苏省"质量标杆"，无锡江南电缆有限公司和红牛维他命饮料(江苏)有限公司获2017年"宜兴市市长质量奖"。

【后劲投入】 全市完成工业投资323.8亿元，比上年增长0.9%，增幅比上年提高13.8个百分点；完成技改投入241.4亿元，占工业投资比例达75%；完成工业固定资产抵扣税金6.14亿元，比上年增长16.6%。市定重大工业项目开工67个，开工率78.8%，其中东方环晟光伏（江苏）有限公司500兆瓦单晶高效电池线项目、潞安卓泰祥和金属科技宜兴有限公司高致密铜线材及高导超细铜合金接触线生产项目等23个项目竣工投产，东方环晟光伏（江苏）有限公司5吉瓦高效叠瓦太阳能电池组件项目、江苏利通股份电子有限公司OLED/ULED显示模组产品升级及智能化改造项目等4个项目部分投产，双盾环境科技有限公司脱除$PM_{2.5}$雾霾环保装置、江苏高科石化股份有限公司年产6万吨高品质润滑油剂等项目土建完工，远东福斯特新能源有限公司远东智慧能源产业园、江苏沪宁钢机股份有限公司箱型钢板剪力墙装配式建筑产业基地等项目推进顺利。全年引进工业内资项目54个，总投资规模304.5亿元，其中协议引进资金285.4亿元，年内实际到账资金60.4亿元。2017中国陶都（宜兴）金秋经贸洽谈会期间工业内资签约项目24个，总投资规模190.9亿元，引进市外资金162.7亿元，其中投资10亿元及以上的工业内资项目7个。

【产业结构】 加速推进开发区新能源产业园、丁蜀通航产业园等平台建设，引进和培育新能源、半导体新材料等新兴产业，促进全市产业结构优化升级。组织专题调研，加大扶优限劣、资源整合、兼并重组的力度，鼓励规模以上电线电缆企业响应国家"一带一路"（丝绸之路经济带、21世纪海上丝绸之路）战略，全年电线电缆产业规模以上工业产值900多亿元。加快国合环保装备产业基地、省环保装备产业技术创新中心等创新创业载体建设，加强与北控水务集团、中国节能环保集团公司等央企开展战略合作，增强全市环保产业整体实力。依托浙江昱辉阳光能源有限公司、东方环晟光伏(江苏)有限公司等骨干企业，以及建设中的德融科技、天津中环等重大项目，形成拥有单多晶硅电池片、光伏玻璃和柔性薄膜电池等产品的完整产业链，打造拥有国内10%市场份额、全国具有影响力的产业高地。发挥陶瓷耐材产业基础优势，打造省级新型工业化产业示范基地。依托中环股份大硅片项目的签约，加快规划半导体材料工业园，有效承载半导体项目的落户，打造具有一定规模的半导体产业集聚区。

【行业整治】 按照上级"两断三清"(断水、断电，清原料、清设备、清场地)和关停企业"三个到位"(企业现有化工生产设备、储存设施拆除到位，企业原材料、半成品、成品以及废弃物或残留物等按要求处置清理到位，企业营业执照变更或注销到位)要求，至年底，全市567个化工生产企业签订关停协议的227个、通过关停验收的141个，超额完成年度工作目标。在奖补资金方面，市经信委会同市财政部门，全年预拨两批专项资金总额达9700万元。轧石企业整治取得成效，市经信委牵头，会同属地政府走访轧石企业，建立"一企一档"。至年底，全市涉及整治的36个轧石企业，除4个因具备合法审批手续、3个因水泥企业生产所需破碎设备予以保留外，其余29个企业设备拆除到位的28个。

2017年宜兴市销售收入前50位企业主要经济指标

表22

单位：万元

序号	企业名称	销售收入	现行价产值	利税总额	利润总额
1	远东控股集团有限公司	3530129	3582112	14453	-4438
2	江苏三木集团有限公司	2065467	2190451	110723	89521
3	江苏江润铜业有限公司	1586377	1805497	41006	38896
4	无锡江南电缆有限公司	896361	869973	117065	106717
5	江苏中广润新材料科技有限公司	754952	787196	48509	47825
6	浙江昱辉阳光能源江苏有限公司	743429	790856	3941	3444
7	宜兴市意达铜业有限公司	682609	834091	18747	17826
8	宜兴市金啸铜业有限公司	475879	496827	48101	46693
9	无锡凌峰材料科技有限公司	396529	433751	22116	21779
10	江苏华亚化纤有限公司	384490	379150	18761	11214
11	红牛维他命饮料(江苏)有限公司	305118	311425	145048	119945
12	潞安卓泰祥和金属科技宜兴有限公司	290929	290929	81	-888
13	灵谷化工有限公司	283870	282870	41426	33251
14	江苏俊知技术有限公司	280146	272428	29425	15150
15	无锡市天通铜材有限公司	265304	270165	11723	10692
16	宜兴乐祺纺织集团有限公司	254707	286613	8529	4297
17	江苏沪宁钢机股份有限公司	244348	445693	52528	44398
18	江苏国信协联燃气热电有限公司	243544	242922	51814	32131
19	江苏中信国安新材料有限公司	235501	275433	5255	4924
20	睿康文远电缆股份有限公司	234613	236496	16619	10977
21	江苏国信协联能源有限公司	214381	204400	26581	19981

续表22

序号	企业名称	销售收入	现行价产值	利税总额	利润总额
22	江苏中超控股股份有限公司	197833	241732	10708	6263
23	江苏中煤电缆有限公司	194227	189042	12398	8484
24	无锡市中能铜业有限公司	189034	199315	16539	16235
25	江苏亨鑫科技有限公司	183887	236297	36820	33988
26	宜兴市华建精密铜材有限公司	183858	183858	1042	714
27	中辰电缆股份有限公司	176392	165739	10501	5045
28	宜兴义源铜业有限公司	167248	167363	-3858	-4013
29	江苏利通电子股份有限公司	163018	177930	14255	9396
30	江苏辰一科技有限公司	161017	161017	485	469
31	江苏宝安电缆有限公司	159992	171497	7295	2738
32	圣安电缆有限公司	145103	153963	7356	5038
33	无锡市沪安电线电缆有限公司	144856	158562	14028	13294
34	宜兴港华燃气有限公司	142181	140517	29460	24095
35	江苏东峰电缆有限公司	138755	138755	3115	262
36	东方环晟光伏(江苏)有限公司	136499	134442	7105	6881
37	宜兴市天源铜业有限公司	135937	146845	5959	5694
38	江苏奥瑞金包装有限公司	133171	131545	58496	48483
39	江苏立霸实业股份有限公司	122221	123433	10194	9632
40	江苏明阳化纤有限公司	109116	109116	3394	2235
41	宜兴市金易合金有限公司	100459	100459	4094	3263
42	江苏俊知光电通信有限公司	96432	90137	4533	4035
43	江苏远大电缆有限公司	94964	94978	9438	7788
44	江苏金泰科精密科技有限公司	94578	94578	2468	1832
45	江苏亿光电子科技有限公司	93996	93996	761	634
46	无锡帝科电子材料科技有限公司	89422	89616	11818	9467
47	江苏海达电缆有限公司	86283	99587	7288	6809
48	江苏富陶车辆部件有限公司	85552	89703	9232	6413
49	双盾环境科技有限公司	85239	81258	11915	6912
50	江苏长峰电缆有限公司	84073	109975	4237	3759

（任卿颜）

电线电缆产业

【概述】 全市电线电缆产业以市场为导向,以创新为动力,以转型为主线,着重在企业做大做强、诚信质量建设、产业集聚、兼并重组等方面持续发力,取得显著成果。全市105个规模以上电线电缆企业工业产值906.4亿元、销售收入902.5亿元、利税总额40.1亿元,分别比上年增长15.3%、增长17.1%、下降1.6%,分别占全市规模以上企业相应总量的30.4%、31.9%和21.6%。全市电线电缆产品种类丰富,占全国市场份额的13%。其中:电力电缆年产量104.1万千米,占全国市场份额超15%;光缆年产量1118.2万芯千米。全市204个电线电缆生产企业,通过ISO 9001质量管理体系认证的150多个、线缆产品采用国际标准组织生产的113个、参与国家级行业标准标制订或修订的29个;拥有江苏省名牌产品28种、江苏省著名商标26件、中国驰名商标3件。

【骨干企业】 全市电线电缆产业有主板上市企业7个、新三板上市企业1个,是全市拥有上市企业最多的产业。有年销售收入超1亿元企业72个,全年工业产值891.2亿元、销售收入888.3亿元、利税总额39.7亿元,分别占规模以上电线电缆企业总量的98.3%、98.4%、99%。其中,年销售收入超10亿元企业14个,全年销售收入662.1亿元,占规模以上电线电缆企业总量的73.3%。龙头企业远东控股集团有限公司全年应税销售收入353亿元,比上年增长20.3%,列全市第一位、中国企业500强第433位、中国民营企业500强第163位。无锡江南电缆有限公司全年应税销售收入89.6亿元,比上年增长25%,列全市第四位。在工业和信息化部评选的第一批国家级绿色制造体系示范名单中,无锡江南电缆有限公司以全省总分第二的成绩跻身国家首批203个“绿色工厂”。在省经信委公布的2017年江苏省“质量标杆”名单中,远东电缆有限公司和江苏俊知技术有限公司成为全市首批入选企业。远东智慧能源股份有限公司、无锡江南电缆有限公司、江苏中超控股股份有限公司、睿康文远电缆股份有限公司入选全球电线电缆生产商百强。

【技术创新引领产业转型发展】 全市线缆产业拥有高新技术企业30个、省级工程技术中心20个、省级以上企业技术中心13个,拥有有效发明专利100多项、国家重点新产品6种、国家“火炬”计划项目18个,R&D(研究与开发)经费占销售收入的比重2.3%。睿康文远电缆股份有限公司是全国通过国家核安全局认证的8个企业之一,也是全市唯一有此资质的企业。该公司瞄准新能源汽车用和核电用特种电缆,新上新能源汽车充电桩和线束项目,全年公司应税销售收入3亿元,一汽集团、中国中车、江铃汽车等知名企业均成为其合作伙伴。年内,公司在成功申报核电电缆40年安全使用寿命的基础上,研发并申请认证60年使用寿命的核电电缆。

【兼并重组重塑产业格局】 为鼓励企业兼并重组和盘活闲置资产,市经信委制定出台《支持企业兼并重组和盘活利用闲置资产的实施细则》,对重组金额超200万元的项目分类奖励。无锡江南电缆有限公司作为全市线缆行业的龙头企业,通过盘活江苏广腾重工机械有限公司的闲置厂房,加速推进总投资3.5亿元的智能工厂项目。普睿司曼江苏公司重组成功后,1月开始试生产,全年出口销售收入4300万美元,成为全市电线电缆企业中出口规模最大的企业。至年底,全市电线电缆产业兼并重组或盘活闲置资产项目6个,盘活土地35.89公顷,涉及协议资金1.6亿元,分别占全市总量的27.1%、15.1%。

【电子商务推动产业融合】 近年,全市电线电缆产业出现行业内恶性竞争、原料厂商及采购商的挤压、国内外的需求降低等新困境,线缆产业需要转型升级才能够适应经济发展新常态。而“互联网+”与电线电缆行业的结合,能够优化行业内资源配置,提高整体运行效率,促进产业转型升级。远东买卖宝于2011年成立,作为专业从事电线、电缆、电缆附件等产品销售与服务的电子商务平台,交易量和复购率不断攀升。2017年6月,远东买卖宝、光电线缆商会、省装饰装修行业协会签订“双会一宝”三方OTO(线上到线下)战略合作协议,为其加快发展注入新动力。2017年,远东买卖宝交易额207.38亿元、销售收入48.68亿元,并获“2017年中国B2B企业百强”称号,位列第23名。

2017年宜兴市电线电缆产业骨干企业主要经济指标

表23

单位:亿元

序号	单位名称	销售收入	利税总额	序号	单位名称	销售收入	利税总额
	合　计	772.2	36.9				
1	远东控股集团有限公司	353.0	1.4	3	江苏俊知技术有限公司	28.1	2.9
2	无锡江南电缆有限公司	89.6	11.7	4	睿康文远电缆股份有限公司	25.4	1.7

续表23

序号	单位名称	销售收入	利税总额	序号	单位名称	销售收入	利税总额
5	江苏亨鑫科技有限公司	22.4	3.8	18	江苏长峰电缆有限公司	8.6	0.4
6	江苏中超控股股份有限公司	20.2	1.1	19	无锡新苏能电力科技有限公司	8.4	0.4
7	江苏中煤电缆有限公司	19.5	1.2	20	无锡市明珠电缆有限公司	8.2	0.3
8	中辰电缆股份有限公司	17.6	1.1	21	江苏华亚电缆有限公司	7.2	0.8
9	江苏宝安电缆有限公司	16.0	0.7	22	江苏中超电缆股份有限公司	6.9	0.0
10	无锡市华美电缆有限公司	14.5	0.5	23	江苏蓝翔线缆股份有限公司	6.7	0.1
11	圣安电缆有限公司	14.5	0.7	24	无锡市群星线缆有限公司	6.5	0.8
12	无锡市沪安电线电缆有限公司	14.5	1.4	25	江苏鑫峰电缆有限公司	6.4	0.7
13	江苏东峰电缆有限公司	13.9	0.3	26	江苏凯达电缆有限公司	6.4	0.6
14	无锡市曙光电缆有限公司	12.8	0.5	27	江苏红峰电缆集团有限公司	5.8	0.6
15	江苏海达电缆有限公司	10.0	0.7	28	江苏东南电缆有限公司	5.5	0.9
16	江苏远大电缆有限公司	9.5	0.9	29	江苏荣宜电缆有限公司	5.2	0.3
17	江苏恒峰线缆有限公司	8.9	0.4	—	—	—	—

（戴欣晔）

化纤纺织产业

【概述】 2017年全市化纤纺织产业运行情况逐步好转，产销增长较快，出口规模扩大，投资信心增长，质量效益改善。全市82个规模以上化纤纺织企业工业产值160亿元、销售收入157.5亿元、利税总额7.7亿元，分别比上年增长16.2%、16%、59.8%，分别占全市规模以上企业相应总量的5.4%、5.6%和4.1%。全年实现出口销售收入36.3亿元，比上年增长19.6%，占全市出口总额的16%。但受国内劳动力成本上升、原辅材料价格波动、中高端产品相对较少等因素影响，全市化纤纺织产业发展仍面临着用工荒和技术人才缺乏、能耗高和环保压力大、融资困难等诸多挑战。

【骨干企业】 全市化纤纺织产业有年销售收入超1亿元企业26个，全年销售收入134.2亿元，占规模以上化纤纺织企业总量的85.2%，骨干企业在行业内继续保持领先优势。其中，年销售收入超10亿元企业有江苏华亚化纤有限公司、宜兴乐祺纺织集团有限公司、江苏明阳化纤有限公司，年销售收入分别为38.7亿元、28.8亿元、11亿元，分别占规模以上化纤纺织企业总量的24.6%、18.3%、7%。企业销售收入回升明显，超1亿元企业中有18个企业实现两位数增长。其中，无锡兴盛新材料科技有限公司、无锡索力得科技发展有限公司等4个企业产能开足，年销售收入增长翻番以上。

【项目建设】 2017年全市化纤纺织产业技改投资项目增多。其中，江苏柯能新材料有限公司涤纶差别化功能性纤维生产线项目，投资1.7亿元，建成后可形成年产高强涤纶长丝9000吨、中强涤纶长丝1.5万吨的能力，可新增年销售收入2亿元。宜兴市华恒高性能纤维织造有限公司碳纤维布生产线扩能项目，投资1亿元，建成后可形成年产碳纤维布230吨的生产能力，可新增年销售收入5000万元。无锡索力得科技发展有限公司年产12万吨差别化功能化产业用丝项目，总投资7.5亿元，引进国际先进的纺丝拉伸卷绕设备，建成后可新增年销售收入10亿元。无锡兴盛新材料科技有限公司年产8万吨PBT纤维项目，总投资5.26亿元，购置国产PBT聚合装置、纺丝生产线6条，新增建筑面积3.67万平方米，建成后可新增年销售收入8亿元。

【华亚化纤公司进军工业用丝领域】 国内民用丝产能严重过剩，竞争激烈，利润空间缩小。为突破行业瓶颈，打破发展困境，2015年，江苏华亚化纤有限公司与香港丰荣亚太有限公司共同出资设立无锡索力得科技发展有限公司，进入工业丝领域，并将工业丝及延伸产品作为重点战略方向。同年，索力得科技公司投资3.25亿元建设了年产8万吨差别化功能化产业用丝项目，其生产的超高强涤纶工业丝主要用于生产吊装带、传送带、紧固带、缆绳等产品，市场需求大。2017年,该公司投资建设12万吨差别化功能化纤维项目,项目建成后将扩大公司产能,有力抢占工业丝市场。2017年,索力得科技公司实现工业产值4.6亿元、利税3300多万元。

2017年宜兴市化纤纺织产业规模以上企业主要产品产量

表24

产品名称	单位	产量	产品名称	单位	产量
布	万米	14137.29	非织造布(无纺布)	吨	25687.20
色织布(含牛仔布)	万米	4354.10	服装	万件	581.11
棉布	万米	9783.19	梭织服装	万件	299.00
棉混纺布	万米	4534.00	针织服装	万件	282.11
印染布	万米	47424.27	化学纤维	吨	643603.60
绒线(俗称毛线)	吨	3722.00	合成纤维	吨	621098.60
亚麻布(含亚麻≥55%)	万米	3594.77	锦纶纤维	吨	880.00
蚕丝	吨	258.30	涤纶纤维	吨	620218.60
绢纺丝	吨	258.30	生物基化学纤维	吨	22505.00

2017年宜兴市化纤纺织产业骨干企业主要经济指标

表25　单位:万元

序号	单位名称	销售收入	利税总额
	合　计	1342150.3	73105.4
1	江苏华亚化纤有限公司	386981.7	18760.6
2	宜兴乐祺纺织集团有限公司	287612.4	8529.3
3	江苏明阳化纤有限公司	109667.2	3393.8
4	无锡市兴盛新材料科技有限公司	85000.4	6878.4
5	宜兴中大纺织有限公司	45008.1	8887.2
6	无锡索力得科技发展有限公司	47045.2	3362.0
7	江苏天地化纤有限公司	42762.9	2543.2
8	宜兴市舜昌亚麻纺织有限公司	47686.5	1585.7
9	宜兴高青制衣有限公司	35057.9	308.9
10	宜兴华厦新锦科技有限公司	26920.8	275.0
11	江苏驰马拉链科技股份有限公司	33036.4	6181.7
12	宜兴市邦尔特化纤有限公司	8896.3	789.2
13	宜兴市百丽纺织染整有限公司	21752.0	1089.0

续表25

序号	单位名称	销售收入	利税总额
14	江苏倍力达新材料有限公司	8328.9	11.8
15	江苏爱娇实业股份有限公司	21532.1	1279.7
16	无锡迈克斯纺织品有限公司	17344.8	629.1
17	宜兴市华芸亚麻纺织有限公司	18686.0	490.5
18	宜兴市中长色织有限公司	13321.0	510.0
19	江苏优标纤维科技有限公司	9856.7	78.7
20	江苏省亚盟劳务加工有限公司	13070.2	3561.6
21	江苏琴川化纤有限公司	10832.6	400.0
22	江苏国信复合材料科技股份有限公司	11042.8	1478.9
23	江苏亨德利纺织印染有限公司	10354.9	436.8
24	江苏宇豪纺织有限公司	9972.0	1.2
25	宜兴市华阳色织有限公司	10355.5	541.1
26	宜兴市新伟隆印染有限公司	10025.0	1102.0

（朱冬妹）

机械装备产业

【概述】 机械装备产业是全市工业的主导产业之一，2017年调整产业结构、创新经营模式，产业整体呈现上升趋势，对全市工业经济支撑作用明显。产业产值、销售收入和利税总额三大指标均实现正增长，其中产值和利税实现两位数增长。全市152个规模以上机械装备企业工业产值232.3亿元、销售收入211亿元、利税总额17.9亿元，分别比上年增长13.6%、7.6%、11.6%，分别占全市规模以上企业相应总量的7.4%、6.8%和9.4%。

【骨干企业】 全市机械装备产业有年销售收入超1亿元企业49个，全年工业产值186.34亿元、销售收入166.97亿元，分别比上年增加11个、29.28亿元和19.41亿元，分别占规模以上机械装备企业总量的32.2%、80.2%和79.1%，比重较上年均有提升。其中，年销售收入超10亿元企业有江苏沪宁钢机股份有限公司、江苏立霸实业股份有限公司、宜兴市金易合金有限公司，3个企业全年工业总产值66.95亿元、销售收入49.4亿元、利税总额6.68亿元，分别占规模以上机械装备企业总量的28.8%、23.4%和37.3%，骨干企业支撑作用明显。

【项目建设】 全市机械装备产业有25个新(续)建项目被列入市重大项目库，占全市重大项目库中工业项目总量的29.4%，项目总投资达259.15亿元。鹰普机械宜兴有限公司大马力发动机缸体零部件铸造和机加工项目、斯普瑞科技汽车模具制造项目、江苏共昌轧辊股份有限公司ESP精品轧辊生产线项目等建成投产，江苏沪宁钢机股份有限公司箱型钢板剪力墙装配式建筑产业基地项目、上海中超航宇精铸科技有限公司飞机发动机机匣及精密件加工项目、江苏国能合金科技有限公非晶合金薄带生产线项目等有序推进。

【沪宁钢机公司加快建设国家级示范基地】 江苏沪宁钢机股份有限公司参与过国家大剧院、国家体育场(鸟巢)等国家重大建设工程350多个，作为全市机械装备产业龙头企业，近年来，积极投身装配式建筑领域，力争打造国家装配式建筑产业示范基地。2016年，公司启动总投资3.8亿元的钢结构装配式建筑产业基地项目，建成后预计可形成年产500万平方米装配式钢结构建筑及配套集聚化施工的能力，可新增年销售收入40亿元至100亿元。凭借其技术资源与优势，“箱型钢板剪力墙装配式钢结构体系”项目进展顺利，至2017年年底，研发大楼主体建设和总部生产区的技术改造完成，并形成装配式钢结构产能。

2017年宜兴市机械装备产业规模以上企业主要产品产量

表26

序号	产品名称	单位	产量	序号	产品名称	单位	产量
1	铸铁件	吨	53287	10	锻件	吨	48263
2	铸钢件	吨	3879	11	工业锅炉	蒸发量吨	4640
3	钢材	吨	86065	12	泵	台	53114
	冷轧薄板	吨	6493	13	阀门	吨	22
	冷轧薄宽钢带	吨	34476	14	风机	台	23934
	无缝钢管	吨	15820	15	鼓风机	台	16619
	焊接钢管	吨	29276	16	气体分离及液化设备	台	4858
4	铜材	吨	1196402	17	金属紧固件	吨	7619
5	铝材	吨	21726	18	模具	套	189269
6	钢结构	吨	22814	19	印刷专用设备	吨	1066
7	金属集装箱	立方米	4490	20	民用钢质船舶	载重吨	3120
8	钢丝	吨	37106	21	钢质机动货船	载重吨	2260
9	钢绞线	吨	40051	22	钢质机动非货船	载重吨	860

2017年宜兴市机械装备产业骨干企业主要经济指标

表27　　单位：万元

序号	单位名称	销售收入	利税总额
	合　计	1669770.9	164518.1
1	江苏沪宁钢机股份有限公司	271177.6	52528.2
2	江苏立霸实业股份有限公司	122326.0	10193.6
3	宜兴市金易合金有限公司	100459.0	4094.2
4	江苏金泰科精密科技有限公司	94577.6	2468.4
5	江苏富陶车辆部件有限公司	85552.2	9231.9
6	江苏共昌轧辊股份有限公司	61709.0	6126.2
7	江苏银环精密钢管有限公司	56378.3	1131.1
8	江苏赛特钢结构有限公司	53111.1	5696.8
9	无锡中正锅炉有限公司	52562.0	3046.5
10	鹰普机械宜兴有限公司	44117.6	6233.5
11	江苏浙宏科技股份有限公司	43891.0	4050.8

续表27

序号	单位名称	销售收入	利税总额
12	宜兴市格兰特干燥浓缩设备有限公司	42057.9	10916.2
13	江苏银环新能源科技有限公司	33080.4	-180.8
14	无锡鹏德汽车配件有限公司	30903.3	5671.1
15	江苏环宇汽车零部件有限公司	30237.0	2495.6
16	宜兴市宙斯泵业有限公司	28921.1	9546.0
17	江苏凌特精密机械有限公司	28873.7	-2581.6
18	宜兴市人防设备厂有限公司	24067.5	2544.9
19	百事德机械(江苏)有限公司	23828.7	3806.1
20	江苏巨能机械有限公司	23460.2	1958.5
21	宝银特种钢管有限公司	22497.4	3006.4
22	宜兴华威封头有限公司	20219.3	355.2
23	宜兴市灵谷塑料设备有限公司	19501.6	4695.2
24	宜兴市太平洋集装箱配件有限公司	19307.4	1348.6
25	宜兴市富丽华消防器材有限公司	18600.4	1537.7
26	宜兴市东枫电气科技有限公司	17844.8	487.1
27	江苏常工动力机械有限公司	17118.2	-1114.4
28	江苏新长宜科技有限公司	17094.4	1221.8
29	宜兴北海封头有限公司	16984.4	1848.7
30	宜兴市联丰化工机械有限公司	16756.9	1121.8
31	江苏聚丰稀土合金有限公司	16672.2	975.3
32	江苏江旭精密机械制造有限公司	14640.0	441.0
33	江苏小太阳机械科技有限公司	14041.6	308.1
34	江苏美凯龙钢业有限公司	13611.4	-426.3
35	无锡市瑞尔精密机械有限公司	13178.4	659.4
36	宜兴大平杆塔制造有限公司	12714.0	694.9
37	江苏凌飞锻造有限公司	12584.9	288.0
38	江苏恒进印染机械有限公司	12213.4	799.7
39	宜兴市金纳利机械制造有限公司	12137.2	802.4
40	无锡市宇超电气科技有限公司	11913.4	1795.5

续表27

序号	单位名称	销售收入	利税总额
41	江苏士林电机有限公司	11853.8	420.0
42	宜兴市永昌轧辊有限公司	11693.0	1060.3
43	无锡市博力合金科技有限公司	11644.8	13.5
44	江苏鸿光杆塔有限公司	11399.0	328.6
45	江苏纵横浓缩干燥设备有限公司	10772.3	741.6
46	无锡市天兴净化空调设备有限公司(宜兴市空调厂)	10631.5	518.2
47	宜兴市九洲封头锻造有限公司	10408.9	590.5
48	江苏全能机械设备有限公司	10368.3	-143.4
49	江苏锐成机械有限公司	10076.8	1165.5

（徐闻翔）

陶瓷耐材产业

【概述】 陶瓷耐材产业是宜兴传统特色产业，2017年随着全国钢铁、建材、冶金等行业的回暖，全市陶瓷耐材产业通过产能优化、资产重组、技术创新等转变，经受住了经济下行压力和环保整治压力的双重考验，各项指标均逆势上扬，增幅比上年提升。全市72个规模以上陶瓷耐材企业全年工业产值71.5亿元、销售收入68.3亿元、利税总额8.5亿元，分别比上年增长4.3%、4.3%、23.9%，分别占全市规模以上企业相应总量的2.4%、2.4%和4.6%。其中，利税增幅特别明显，体现出陶瓷耐材产业收益与贡献较高的特点。从相关产品产量来看，全年陶质砖产量54.4万平方米、耐火材料产量64万吨、天然大理石建筑板材产量64.9万平方米，分别比上年增长44.5%、增长11.3%和下降12.37%，生产订单饱和，市场前景乐观。年销售收入超1亿元企业22个，全年销售收入44.3亿元、利税总额5.9亿元，分别占规模以上陶瓷耐材企业总量的64.9%和69.4%。

【王子制陶公司实现跨越式发展】 5月，宜兴王子制陶有限公司与山东国瓷功能材料股份有限公司签订股权转让协议，国瓷材料公司以现金6.88亿元收购王子制陶公司100%股权，王子制陶公司成为国瓷材料公司的全资子公司，成为其第七大股东(持股2.63%)。王子制陶公司作为国内尾气净化催化载体的龙头企业，通过与市值达109亿元的上市公司联合，在吸收充足现金流的同时，实现了催化剂载体用高纯超细氧化铝产业链的纵向整合，拓展了拳头产品蜂窝陶瓷的应用领域，初步具备与康宁、NGK等国际催化剂载体巨头争抢国内百亿元市场的竞争实力。2017年该公司销售收入1.5亿元、利税总额9495.1万元，分别比上年增长20%、40.6%，居全市陶瓷行业榜首。

【化机厂科技创新显成效】 江苏省宜兴非金属化工机械厂有限公司(以下简称化机厂)1957年建厂，高度重视科技创新，每年研发投入占销售收入的5%以上，拥有60多人的研发团队和省级非金属材料工程技术研究中心。2017年，在英国伯明翰汽配展上，化机厂展示了其尾气净化用蜂窝陶瓷载体系列产品，承办了中国稀土行业协会催化材料分会2017年会，得到国家工信部、稀土协会等单位的认可和支持。至年底，公司拥有专利113件，牵头制定国家标准1个、国家行业标准5个，承担省级以上科技项目20多个。在强大的科技创新能力支持下，公司全年销售收入2.4亿元、利税总额5552.5万元，分别比上年增长25%、88%。

【嘉耐高温材料公司“智慧厂区”建设取得成果】 江苏嘉耐高温材料有限公司是全国耐火材料行业百强前十企业，在快速壮大的同时面临着管理模式与发展规模脱节、生产技术与客户需求不符等问题。为此，公司开始尝试“智慧厂区”建设：一方面提升管理效率，实施管理流程重组(BRP)，建立更完善的现代企业制度，大件设备维护、维修的费用降低20%，产品因质量问题产生的费用降低3%以上，回收利用各种用后产品3万多吨，全年累计节约成本800多万元；另一方面加大技改投入，全年增加投资1.1亿元，其中研发经费达9200万元，新增智能化高端功能性锆质滑板及水口产品生产线，年销售额达850多万元。通过“智慧工厂”的建设，公司全年业务总量提升30%，新增岗位需求200多人，销售收入7.1亿元、利税总额1.1亿元，列全市耐材行业第一。

2017年宜兴市陶瓷耐材产业骨干企业主要经济指标

表28 单位:万元

序号	单位名称	销售收入	利税总额
	合　计	443160.2	58992.4
1	江苏嘉耐高温材料有限公司	71478.5	11166.9
2	无锡市南方耐材有限公司	39539.6	2189.1
3	江苏正达炉料有限公司	30277.8	4301.4
4	无锡市宜刚耐火材料有限公司	26420.5	4436.0
5	江苏诺明高温材料股份有限公司	23821.4	2572.2
6	江苏省宜兴非金属化工机械厂有限公司	23578.4	5552.5
7	江苏脒诺甫纳米材料有限公司	23520.5	2038.9
8	宜兴市为杰耐火材料有限公司	16063.7	556.8
9	宜兴市苏派炉料科技有限公司	15924.4	1134.0
10	宜兴新威利成耐火材料有限公司	15622.8	-15.6
11	宜兴王子制陶有限公司	15483.1	9495.1
12	江苏君耀耐磨耐火材料有限公司	14968.9	1642.9
13	宜兴瑞泰耐火材料有限公司	14915.2	1927.0
14	华耐国际(宜兴)高级陶瓷有限公司	14531.8	1650.3
15	无锡市钢神冶金耐火材料有限公司	14008.2	211.8
16	无锡市宝宜耐火材料有限公司	13774.0	1191.0
17	宜兴市金鱼陶瓷有限公司	12924.8	881.9
18	宜兴市振球炉料有限公司	12855.4	628.8
19	江苏省陶瓷研究所有限公司	12306.9	960.7
20	宜兴市龙宸炉料有限公司	10616.1	1190.0
21	江苏省宜兴彩陶工艺厂	10340.4	2528.9
22	新嘉理(江苏)陶瓷有限公司	10187.8	2751.8

(朱潇潇　王明康)

铜材加工产业

【概述】 铜材加工产业是宜兴传统特色产业之一,发展步伐稳健,所占工业经济比重基本维持在20%以上,有力支撑全市工业经济总量规模。从2016年年末开始,电解铜价格有所回升。2017年12月,铜价为每吨5.42万元,比上年上涨16.9%。受益于价格上涨,铜材加工产业发展势头良好,全市32个规模以上铜材加工企业工业产值626.5亿元、销售收入616.4亿元、利税总额22亿元,分别比上年增长27.6%、12.9%、16.5%,分别占全市规模以上企业相应总量的21%、21.8%和11.8%。全年铜材产量119.64万吨,比上年增长13.9%。铜材加工企业由于需要储备原材料,所需流动资金和成本较大,该产业一直面临信贷规模偏大、担保互保链条复杂的风险。年内,省金融主管部门和无锡市委、市政府牵头，在宜兴召开“金融支持无锡转型发展”政银企合作恳谈会，22个金融机构与江苏江润铜业有限公司等144个企业签订119亿元的授信额度合作协议，构建绿色金融。同时，《关于2017年鼓励银行业金融机构支持地方经济发展的考核办法》《宜兴市银行业金融机构专项评议方案》等文件的出台，从银行业务指标和行风专项评议等方面明确导向，助推铜材加工产业进入良性循环。

【骨干企业】 全市铜材加工产业有销售收入超1亿元企业24个，全年销售收入613.5亿元、利税总额22亿元，分别占规模以上铜材加工企业总量的99.5%、99.9%，骨干企业支撑带动作用明显。其中，年销售收入超10亿元企业12个，全年销售收入564.9亿元、利税总额21亿元，分别占规模以上铜材加工企业总量的91.7%、95.6%。龙头企业江苏江润铜业有限公司全年工业产值180.5亿元、应税销售收入158.6亿元、利税总额4.1亿元，分别比上年增长55.4%、45.2%和42.9%。

【江润铜业公司入围中国制造业企业500强】 江苏江润铜业有限公司成立于2006年12月，是国内最大的铜导体线材研发、制造企业之一，连续多年入选中国制造业企业500强，并始终保持良好发展态势。2017年9月，由中国企业联合会、中国企业家协会主办的2017中国企业500强高峰论坛在江西南昌举行。会议发布了2017中国企业500强等系列榜单，江苏江润铜业有限公司以109.3亿元（2016年）的销售收入居2017中国制造业企业500强第416位。

【潞安卓泰祥和公司技改项目投产】 潞安卓泰祥和金属科技宜兴有限公司成立于2012年，隶属于山西潞安矿业（集团）有限责任公司全资子公司潞安宜泰国际贸易有限责任公司，是全市工业50强企业。2016年10月，公司投资建设高致密铜线材及高导超细铜合金接触线生产项目，2017年12月竣工投产。该项目总投资1.2亿元，新建车间约1万平方米，并新增连铸连轧铜杆生产线、拉丝生产线1条，将具备年产高致密铜材22万吨、高导超细铜合金接触线5万吨的生产能力，有利于提升企业的品牌价值和行业话语权。

2017年宜兴市铜材加工产业骨干企业主要经济指标

表29 单位：万元

序号	单位名称	销售收入	利税总额
	合 计	6134842.1	219920.5
1	江苏江润铜业有限公司	1586376.8	41005.6
2	江苏中广润新材料科技有限公司	757992.5	48508.5
3	潞安卓泰祥和金属科技宜兴有限公司	694866.3	81.1
4	宜兴市意达铜业有限公司	682608.8	18747.3
5	宜兴市金啸铜业有限公司	475879.2	48100.7
6	无锡凌峰材料科技有限公司	396529.2	22115.8
7	无锡市天通铜材有限公司	265303.9	11722.7
8	无锡市中能铜业有限公司	189033.5	16539.1
9	宜兴市华建精密铜材有限公司	183857.9	1041.8
10	宜兴义源铜业有限公司	167247.8	-3857.8
11	宜兴市天源铜业有限公司	135937.0	5959.0
12	江苏昊迪金属材料有限公司	113481.0	435.0
13	江苏辉宏信科技有限公司	79521.7	571.2
14	宜兴市盛牛铜业有限公司	74582.3	5599.7
15	宜兴市海鑫金属材料有限公司	59560.0	283.0
16	宜兴市恒峰材料有限公司	54057.0	458.0

续表29

序号	单位名称	销售收入	利税总额
17	宜兴市诚峰铜材有限公司	44616.6	-301.4
18	无锡市华敏铜业有限公司	37630.0	-81.7
19	宜兴市洲豪铜业有限公司	33393.6	199.3
20	无锡市和佳电工器材有限公司	27109.1	1930.1
21	宜兴金博金属材料有限公司	24527.9	-70.0
22	宜兴市同盛金属带材有限公司	18698.6	695.1
23	无锡市新奥电子有限公司	17432.1	-135.0
24	宜兴繁盛铜业有限公司	14599.3	373.4

（谢锐）

精细化工产业

【概述】 面对全省“两减六治三提升”专项行动*全面推进，尤其是宜兴“减化”工作的高压态势，全市精细化工产业攻坚克难、稳中求进，113个规模以上企业全年工业产值258.3亿元、销售收入247.1亿元、利税16.4亿元，分别比上年增长19.4%、14.4%、16.4%，分别占全市规模以上企业相应总量的8.7%、8.7%、8.8%。扎实推进化工企业关停，设立市级减化奖补专项资金2.5亿元，鼓励企业及早签约、加快关停。至年底，全市567个化工企业关停150个，超额完成年度目标任务。

【骨干企业】 全市精细化工产业有年销售收入超2亿元企业26个，全年销售收入186.2亿元，比上年增长15.2%，增速高于全市产业平均水平近1个百分点，占规模以上精细化工企业总量的75.4%。其中，年销售收入超10亿元企业2个，全年销售收入98.5亿元，占规模以上精细化工企业总量的39.9%。龙头企业江苏三木化工股份有限公司全年销售收入75亿元、利税总额2.7亿元，江苏中信国安新材料有限公司全年销售收入23.6亿元、利税总额5255万元。

【科技创新打造行业龙头】 全市精细化工企业将产品升级放在重要位置，通过产学研合作借智借力，提升自主创新能力和核心竞争力，涌现出一大批行业内领头企业，如研发出高吸水性树脂(ASP)的宜兴丹森科技有限公司、开发出高性能阻燃剂的艾特克控股集团股份有限公司、能将90%的尿素颗粒控制在2—4毫米的江苏灵谷化工有限公司、为“神州九号”研制高效减震隔热涂料的无锡市虎皇漆业有限公司。年内，江苏博砚电子科技有限公司攻克LCD(液晶显示器)生产用黑色光阻材料的配方、生产工艺等关键核心技术，其系列产品主要指标达到国际同类产品水平，其中高阻抗产品达世界领先水平，标志着中国在LCD生产用黑色光阻材料上打破了国外企业的垄断。江苏雷蒙化工科技有限公司研制的“基于微流场反应技术的生物基无毒增塑剂及其衍生物连续绿色制造”项目获2017年度国家技术发明奖二等奖，该产品的生产技术居国际领先水平，提升了国内无毒增塑剂及其衍生应用产业的国际竞争力。至年底，全市精细化工产业拥有省级工程技术中心22个、省级以上企业技术中心5个，拥有有效发明专利298项，占全市总量的24.4%，是全市拥有有效发明专利最多的产业。

【兼并重组助推产业转型升级】 3月，江苏中信国安新材料有限公司出资3.5亿元完成对江苏莱顿宝富塑化有限公司的整体盘活，新公司每月实现应税销售收入约1.2亿元。江苏雅克科技股份有限公司持续推进转型升级，在相继收购浙江华飞电子基材有限公司、韩国福瑞公司等半导体公司后，2017年斥资24.67亿元收购成都科美特特种气体有限公司90%股权、韩国UPChemical公司100%股权，成功切入半导体产业，成为国内生产规模领先的IC前驱体制造企业。收购的科美特公司专业从事六氟化硫和电子级四氟化碳生产，具备年产8500吨高纯度六氟化硫和1200吨电子级四氟化碳的生产能力，其中高纯度六氟化硫的年产能达到全球一半。全年全市精细化工兼并重组或盘活闲置资产项目7个，涉及协议资金4.4亿元，占全市总量的31.4%，是全市涉及协议资金最多的产业。

2017年精细化工产业骨干企业主要经济指标

表30　　　　单位：万元

序号	单位名称	销售收入	利税总额
	合　计	1862268	121666
1	江苏三木化工股份有限公司	749545	27459
2	江苏中信国安新材料有限公司	235501	5255
3	江苏雅克科技股份有限公司	83760	19546
4	宜兴丹森科技有限公司	76035	−1694
5	江苏宇星工贸有限公司	60174	13674
6	江苏高科石化股份有限公司	58318	4417
7	江苏天音化工有限公司	53886	3863
8	江苏瑞佳化学有限公司	45784	3258
9	江苏汉光实业股份有限公司	40213	2410
10	江苏凌飞科技股份有限公司	35931	2233
11	无锡市虎皇漆业有限公司	35114	4403
12	无锡市开来生物科技有限公司	33394	1144
13	宜兴市天石饲料有限公司	32786	2423
14	江苏傲伦达科技实业股份有限公司	32613	3785
15	宜兴市兴合树脂有限公司	30404	3040
16	江苏雷蒙新材料有限公司	26633	910
17	宜兴兴农化工制品有限公司	25999	843
18	江苏德美科化工有限公司	25930	1561
19	宜兴市恒兴精细化工有限公司	24797	4871
20	无锡双诚炭黑有限公司	24709	2251
21	江苏宏泰高分子材料有限公司	23236	6726
22	江苏国立化工科技有限公司	23040	2381
23	中铝稀土(宜兴)有限公司	22046	88
24	江苏昌吉利新能源科技有限公司	21746	3188
25	宜兴市宜州化学制品有限公司	20586	893
26	江苏鹏鹞药业有限公司	20088	2738

（戴欣晔）

保温建材产业

【概述】 保温建材产业是全市传统特色产业之一，主要包括水泥、竹木建材、五金建材、保温材料等。2017年受房地产市场回暖与国家“去产能”政策的双重影响，产业呈现总体稳中有进、部分行业萎缩的局面。全市61个规模以上保温建材企业工业产值76.4亿元、销售收入76.6亿元、利税总额8.3亿元，分别比上年增长24.6%、40.3%、278.8%，分别占全市规模以上企业相应总量的2.6%、2.7%和4.5%。从相关产品产量来看，全市水泥年产量1282.8万吨，比上年增长2.9%；铝材2.17万吨、钢化玻璃38.7万平方米、竹地板296.4万平方米，分别比上年下降34.3%、51.8%和21.4%。2017年全市保温建材产业总体发展形势较好，但依然面临产品良莠不齐、同业竞争激烈等较多制约。在兼并重组、产能淘汰中，水泥企业数量在保温建材行业中占比虽仍较大，新型建材生产企业只有7个。水泥产品中，传统低标号水泥比重仍较大；新型墙体材料、专用型特种砂浆和高性能混凝土外加剂等比重偏低，而且良品与劣品的差距越来越大。全市为数众多的传统建材企业由于科研力量薄弱、创新能力较差、技改投入乏力等因素，产品单一，行业内部同质化现象严重，引发了长期的价格战，导致行业整体利润微薄，有的企业甚至亏本经营。

【骨干企业】 全市保温建材产业有年销售收入超1亿元企业21个，全年销售收入56亿元，比上年增长67.6%，占规模以上保温建材企业总额的73.1%，支撑作用显著。无锡市金久水泥有限公司兼并收购宜兴市青龙山水泥有限公司、无锡贝斯水泥有限公司，年产80万吨水泥粉磨生产线技改项目竣工，实现总体产能的压减和自身生产能力的提升，公司全年销售收入5.4亿元，比上年增长642.5%。无锡市博大竹木业有限公司在行业整体略有下滑的背景下，依然保持稳定增幅，全年销售收入3.98亿元，比上年增长8.2%。

【建材行业市场回暖】 全市销售散装水泥950.7万吨，比上年增长11%，散装率达78.16%；生产预拌砂浆16.76万吨、商品混凝土352.5万立方米，分别比上年增长1.42%、52%。在建材行业整治和房地产市场回暖等因素影响下，建材价格上涨，企业销售形势较好，21个规模以上水泥生产企业销售收入比上年增长78.4%。其中，18个企业增幅超20%，无锡市金久水泥有限公司、无锡市天裕建材有限公司、宜兴市天平水泥有限责任公司增幅均超100%。5个规模以上混凝土企业均实现销售收入正增长，江苏金久建材集团有限公司销售收入比上年增长807.5%。6个预拌砂浆企业生产预拌浆16.76万吨，江苏大鹏科技建材有限公拥有年产50万吨干混砂浆生产线和完备先进的硅酸盐配比实验室，年内新上自动喷浆机，对外承包墙体砌筑、粉刷等业务，在全市建材企业率先实现产品营销向服务营销转变，全年销售预拌砂浆8.1万吨，占全市总量的48.3%。

2017年宜兴市保温建材产业骨干企业主要经济指标

表31　　单位：万元

序号	单位名称	销售收入	利税总额	序号	单位名称	销售收入	利税总额
	合　计	559561	76790				
1	宜兴天山水泥有限责任公司	70472	21419	12	无锡市天裕建材有限公司	21018	661
2	江苏金久建材集团有限公司	64096	5664	13	宜兴新森大竹木制品有限公司	13021	-174
3	无锡市金久水泥有限公司	54046	4209	14	宜兴市天平水泥有限责任公司	17308	1868
4	无锡市博大竹木业有限公司	39768	4337	15	宜兴市华盛环保管道有限公司	16378	330
5	江苏新街南方水泥有限公司	41086	9686	16	宜兴美联常驰石业有限公司	13985	2975
6	江苏森茂竹木业有限公司	30050	6238	17	江苏精诚山钙业有限公司	15737	1616
7	宜兴市金墅水泥有限公司	33226	7221	18	江苏省鲸龙水泥有限公司	11311	527
8	江苏宜城南方水泥有限公司	27568	4206	19	宜兴市利源钢房有限公司	10297	429
9	无锡市方力混凝土有限公司	8570	877	20	宜兴市振华预制构件制造有限公司	10871	811
10	江苏徐舍南方水泥有限公司	28989	1684	21	江苏天润管业有限公司	10016	428
11	宜兴市东运建材有限公司	21748	1778	—	—	—	—

（张文韬）

节能环保产业

【概述】 全市节能环保产业技工贸总收入630.2亿元，比上年增长6.2%。其中，144个规模以上节能环保企业全年工业产值193亿元、销售收入187.8亿元、利税总额19.6亿元，分别比上年增长13.2%、12.2%、5.9%，分别占全市规模以上企业相应总量的6.5%、6.6%和10.5%。9月，第五届中国环保技术与产业发展推进会暨2017世界物联网博览会智慧环保高峰论坛在宜兴召开。会上，一大批与物联网和“智慧环保”相关的重量级企业签约入驻环科园，成为物联网技术与环保产业深度融合的第一批样板（参见《园区建设》类目《中国宜兴环保科技工业园》分目）。

【骨干企业】 全市节能环保产业年销售收入超1亿元企业37个，全年销售收入131.74亿元，占规模以上节能环保企业总量的70.1%。全市在建总投资1亿元以上节能环保项目11个，其中包括中节能宜兴节能环保产业园、双盾环境科技有限公司脱除$PM_{2.5}$雾霾环保装置、江苏省环保装备产业技术创新中心等项目。全市具备环保工程专业承包资质企业252个，其中一级37个、二级76个、三级139个；具备环保工程设计资质企业8个，其中甲级2个、乙级6个。新增瑞盛环境股份有限公司、江苏启创环境科技有限公司2个企业在新三板挂牌上市，全产业累计13个。鹏鹞环保股份有限公司在创业板上市，成为全市首个创业板上市企业（参见《对外开放》类目《资本经营》分目）。

【科技创新】 全年新认定（含重新申报）环保类高新技术企业21个，累计96个；新增有效发明专利339件，累计828件；新增瑞盛环境股份有限公司为省级工程技术中心、江苏远兴环保集团有限公司为省级企业技术中心，环保类省级以上研发机构累计达34个。江苏江华水处理设备有限公司参与研制的“基于高能效纳晶薄膜电极的工业废水电催化深度处理技术及应用”项目获2017年度国家技术发明奖二等奖。宜兴环保黑马营在苏南国家自主创新示范区创新载体评估中，跻身苏南地区50个优秀创客空间。江苏碧诺环保科技有限公司在第六届中国创新创业大赛新能源及节能环保行业总决赛中，获得优秀企业奖。全年环保科技项目立项11个，争取上级资金1250万元。

【战略合作】 以环科园为主阵地，通过政策引导、平台搭建等举措，坚持“走出去”和“引进来”相结合，提升全市环保产业发展水平。加强国际交流，赴日本、韩国、芬兰等国家开展招商活动，组织企业参加第十八届中国环博会、国际环保新技术大会等国际性展会，联合举办中韩、中芬等节能环保技术交流会。在“一带一路”（丝绸之路经济带、21世纪海上丝绸之路）的市场机遇下，优选实力企业，承接东盟国家的区域环境治理，参与并服务“一带一路”沿线地区的经济发展。至年底，有30个企业在“一带一路”相关国家开展合作。强化区域合作，整合集聚区的技术、人才、产业、金融等资源，以环境医院为技术支撑，面向未来环境区域综合治理需求，带领宜兴环保优势企业“走出去”，探索新常态下环保产业发展的新路径。深化产学研合作，举办中国江苏·大院大所合作对接会暨第六届产学研合作成果展示洽谈会，签约产学研合作项目8个。

【品牌效应】 全市新认定环保类无锡市知名商标9件，全产业累计有环保类江苏省著名商标18件、无锡市知名商标42件。双盾环境科技有限公司的电除尘器、江苏燎原环保科技股份有限公司的硫氰酸盐被认定为江苏省名牌产品。第五届中国环保技术和产业发展推进会、第三届全国环保创新创业大赛在宜兴举办，进一步推动苏南国家自主创新示范区建设。国家环保设备质量监督检验中心（江苏）通过国家级认证，具备了按国际认可准则开展检测服务的技术能力，其检测结果能够被美国、英国、德国等多个国家和地区互认。

【省环保产业协作配套对接会】 11月，江苏中小企业环保产业协作配套对接会在宜兴召开，相关领导和行业协会、高等学校及环保产业领域的700多位嘉宾参加。此届协作配套活动以整合优势资源、促进供需双方信息交换、科学降低采购的成本、构建互利双赢合作关系为主题，通过集中展示行业优秀的设备品牌，让终端用户同环保供应企业实现无缝对接。对接会参会企业437个（其中采购企业145个），收集发布采购信息8000条，意向采购金额超40亿元，推动了供需双方的信息沟通，为环保企业协作共赢发展创造了良好的条件。

【环保黑马营跻身苏南优秀众创空间】 近年，在国家“大众创业、万众创新”的号召下，宜兴创新创业进入全新发展阶段。宜兴环保黑马营于2014年创立，以节能环保为专业方向，针对环保产业创新创业的特定问题，依托环科园的政策、产业积淀等优势资源，形成特色服务平台。先后举办污水处理概念厂创意设计大赛、环保创新创业大赛、2017苏南全球创客宜兴站等20多场环保行业专业活动，拥有入营孵化企业20个，为12个项目争取到累计达2.3亿元的融资，为多个企业提供综合服务和支撑。11月，宜兴环保黑马营跻身苏南国家自主创新示范区优秀众创空间（共50个），成为全市唯一入选单位。

2017年宜兴市节能环保产业骨干企业主要经济指标

表32

单位：万元

序号	单位名称	工业产值	利税总额	序号	单位名称	工业产值	利税总额
1	双盾环境科技有限公司	81258	11915	11	江苏省宜兴非金属化工机械厂有限公司	24788	5553
2	江苏金山环保科技有限公司	70860	17750	12	凌志环保股份有限公司	24100	5418
3	江苏一环集团有限公司	69600	7574	13	百事德机械(江苏)有限公司	23130	3806
4	无锡中正锅炉有限公司	55148	3047	14	江苏东泽环保科技有限公司	19786	2314
5	江苏兆盛环保集团有限公司	35632	8540	15	宜兴国电精辉环保设备有限公司	19237	1520
6	江苏远兴环保集团有限公司	32205	2344	16	江苏燎原环保科技股份有限公司	18688	1908
7	宜兴市宙斯泵业有限公司	30587	9546	17	宜兴王子制陶有限公司	17654	9495
8	宜兴市环球水处理设备有限公司	28582	2080	18	江苏威腾人造草坪有限公司	16928	401
9	江苏巨能机械有限公司	26989	1959	19	江苏海德节能科技有限公司	16615	-87
10	无锡泛亚环保科技有限公司	25039	-1602	20	宜兴市华盛环保管道有限公司	16100	330

（赵敏）

新能源产业

【概述】 新能源产业是宜兴重点发展的新兴产业之一，全年32个规模以上新能源企业工业产值176.3亿元、销售收入172.2亿元，分别比上年增长7.4%、17%，分别占全市规模以上企业相应总量的5.9%、6.1%；利税总额11.6亿元，占全市规模以上企业总量的6.2%。其中，位于开发区的12个新能源企业全年工业产值143.9亿元，占规模以上新能源企业总量的81.6%，以开发区为发展主阵地辐射周边乡镇的发展格局初具规模。全年光伏电池产量98.3万千瓦，比上年下降5.9%。2月，底特律电动汽车控股有限公司与环科园、远东智慧能源股份有限公司签约，投资18亿美元组建合资公司，从事电动汽车整车、零部件和相关技术的研发、制造及销售。

【骨干企业】 全市新能源产业有年销售收入超1亿元企业19个，全年销售收入168.8亿元，占规模以上新能源企业总量的98%，其中超10亿元企业4个，骨干企业在行业内优势明显。浙江昱辉阳光能源江苏有限公司全年销售收入74.3亿元，比上年增长47.7%，占规模以上新能源企业总量的43%。瞄准国家“十三五”新规划大规模重启核电站时机，宝银特种钢管有限公司立足于打造核电系列产品和超市，公司全年销售收入2.2亿元，比上年增长895.5%，呈现爆发式增长。东方环晟光伏(江苏)有限公司主要从事太阳能电池片的研发、制造、销售与相关服务，2017年引进股东SunPower独创的叠瓦组件技术，计划建设叠瓦太阳能电池组件生产线21条。该项技术加入了特有的叠瓦流程，使得单位面积下可叠放更多的太阳能电池片，组件的发电功率以及稳定性提高，弥补国内光伏制造领域的空白。至年底，3条生产线安装调试完成并投产，完全建成后将实现组件年产能5吉瓦，助推公司成为全球十大光伏产品供应商之一。

【后劲投入】 远东福斯特新能源江苏有限公司12吉瓦时锂电项目，计划总投资66.8亿元，专注于高品质软包及方形铝壳锂电池研发、制造和销售，以及新能源汽车动力电池PACK、储能系统为核心的多能互补型智能微网业务。该项目厂房采用光电一体化设计，采取以储能为核心的多能互补型智能微网，整合18兆瓦的BIPV(光伏建筑一体化)、20兆瓦的燃气发电、市政蒸汽和压缩空气，实现能源的高效综合利用，比单纯用电节约能源成本50%以上。上海北斗新能源有限公司计划总投资40亿元，在张渚镇工业集中区组建集新能源汽车研发、生产、销售、运营等一体的联合体，建立年产不少于5000辆电动商用车的生产基地。天津中环半导体股份有限公司晶硅切片项目，总投资30亿元，投产后将具备年产20亿片、10吉瓦晶硅切片的能力，可新增产出120亿元。江苏宜兴德融科技有限公司续建的MW级柔性薄膜高效太阳能电池生产线，总投资20亿元，该电池转化率世界第一，可应用于无人机、卫星等领域。无锡恩吉威新能源有限公司投资3亿元续建年产1万套的新能源汽车电池包及管理系统,其中一期投资1.2亿元。

【超薄光伏玻璃填补光伏产业空白】 2016年,在宜兴产业扶持资金助推下,远东光电股份有限公司与中建材凯盛科技集团、保利协鑫集团启动战略重组,成立了中建材(宜兴)新能源有限公司。2017年2月,公司启动建设首条超薄光伏玻璃智能生产线。4月,开发出1.8毫米、1.6毫米、1.5毫米超薄系列光伏玻璃并实现连续稳定量产,其中1.5毫米是能量产的最薄的光伏玻璃,填补世界空白,开创光伏玻璃轻量化的新局面。这一系列超薄光伏玻璃产品顺应国内外光伏产业向薄型发展、向双玻组件发展、向多层次发展的趋势,具备高透、超薄的特点,具有节省资源、降低能耗、减少排放,增加透光率、提高发电功率,减少运输成本、降低安装费用等优点,将提升全国光伏产业整体竞争力。

2017年宜兴市新能源产业骨干企业主要经济指标

表33　　　　单位:万元

序号	单位名称	销售收入	利税总额	序号	单位名称	销售收入	利税总额
	合　计	1687742	129409				
1	浙江昱辉阳光能源江苏有限公司	743429	3941	11	江苏鹏鹭电源有限公司	27759	851
2	江苏国信协联燃气热电有限公司	243561	51814	12	宝银特种钢管有限公司	22497	3006
3	江苏国信协联能源有限公司	156964	26581	13	无锡乐峰太阳能科技有限公司	21930	287
4	东方环晟光伏(江苏)有限公司	137142	7105	14	江苏佳晨铝业科技有限公司	11265	199
5	无锡嘉瑞光伏有限公司	52067	4367	15	远东光电股份有限公司	11251	283
6	华东宜兴抽水蓄能有限公司	48175	23265	16	宜兴市王者塑封有限公司	15185	206
7	无锡市普发电源有限公司	40134	928	17	宜兴法阿姆工业电池有限公司	10553	1164
8	江苏银环精密钢管有限公司	56378	1131	18	江苏聚亿智能科技有限公司	14174	-266
9	江苏银环新能源科技有限公司	33080	-181	19	宜兴华永电机有限公司	12560	3972
10	江苏开普科技有限公司	29638	756	—	—	—	—

(华欢)

光电子新型显示产业

【概述】 全市光电子新型显示产业主要包括光电产品、集成电路、电子元器件、通信元件、投影显示等领域,基本形成以环科园、开发区和张渚镇为主体、周边地区为补充的发展格局。2017年光电子新型显示产业通过技术创新,开拓国内外市场,发展态势较好。全年42个规模以上光电子新型显示企业工业产值73亿元、销售收入73.1亿元、利税总额4.6亿元,分别比上年增长17%、13.9%、8.9%,分别占全市规模以上企业相应总量的2.4%、2.6%和2.5%。全年光电子器件、电子元件产量分别为13.67亿只、3.54亿只,分别比上年下降1.68%、增长2.53%。

【骨干企业】 全市光电子新型显示产业年销售收入超1亿元企业13个,全年销售收入59.4亿元,占规模以上光电子新型显示企业总量的81.3%,骨干企业支撑作用明显。江苏利通电子有限公司是国内首个独立开发大尺寸液晶模组背板并实现量产的企业,总投资3.2亿元建设的OLED/ULED显示模组项目部分投产,公司全年销售收入18.5亿元、利税总额1.4亿元。江苏俊知光电通信有限公司2千伏及以下辐照交联型光纤复合低压线缆项目建成投产,适应市场低压线缆需求,公司全年销售收入9.6亿元、利税总额4533万元。

【产业发展】 依托于企业转型升级、重点产品市场走好、重点企业产值快速增长这三个方面的支撑,全市光电子新型显示产业规模迅速扩大,其中产能增幅达2位数以上的企业有21个。10月,天津中环半导体股份有限公司、浙江晶盛机电股份有限公司与无锡市政府合作,在宜兴启动建设集成电路用大硅片研发、生产与制造项目，总投资约30亿美元，填补了国内在大尺寸集成电路用硅片领域的空白，建成后将形成年产5万吨(10吉瓦)高纯度晶体硅材料的生产能力。江苏宜兴德融科技有限公司投资20亿元购置相关制造设备，项目完成后可形成年产1.5万平方米(5兆瓦)的超高效柔性薄膜砷化镓电池的能力。新项目的推进加快了完整的集成电路产业链、产业生态的形成，推动宜兴集成电路产业再上新台阶。

【开发区集聚和载体支撑效应显现】 开发区作为全市光电子新型显示产业发展的主阵地，产业发展初具规模，并呈现出加速集聚的态势。园区具有华东光电子创新基地、国家能源装备及材料产业园、光电子产业园、投影产业园、清华科技园、创意软件园六大平台载体，其中投影产业园是全国首个投影产业园。园区集聚特种显示相关高新技术企业20余个，掌握投影产业链的八大关键环节中的7个，形成短弧超高压汞灯、激光混合光源、鱼眼镜头等一条较完善的产业链，并填补商业生产投影光源、先进LED散热材料、超短焦高清投影、裸眼3D技术等领域的国内空白。年内，投资30多亿美元的中环领先集成电路用大直径硅片项目落户开发区，无锡视美乐科技股份有限公司打造了近140平方米的Cave空间助力宜兴军民融合产业园并携手阿米纳亮相中国澳门顶级奢侈HIFI影音展。至年底，开发区初步形成具有较强竞争力的投影、特种显示、LED照明三大光电产业集群，逐步呈现出良好的载体支撑效应。

2017年宜兴市光电子新型显示产业骨干企业主要经济指标

表34 单位：万元

序号	单位名称	销售收入	利税总额	序号	单位名称	销售收入	利税总额
	合　计	593534.9	37749.3				
1	江苏利通电子有限公司	185351.4	14254.5	8	宜兴市普利泰电子材料有限公司	18164.1	1121.8
2	江苏俊知光电通信有限公司	96444.3	4533.3	9	江苏清投视讯科技有限公司	17236.2	526.2
3	无锡帝科电子材料科技有限公司	89970.8	11817.5	10	江苏亨鑫无线技术有限公司	15218.0	-154.5
4	微密科技(宜兴)有限公司	50853.2	45.7	11	无锡市方舟科技电子有限公司	14290.7	1600.9
5	宜兴硅谷电子科技有限公司	37656.1	4123.7	12	江苏东晨电子科技有限公司	12031.0	-1646.4
6	江苏佳汇光电科技有限公司	26240.4	1918.2	13	宜兴市旭航电子有限公司	10657.3	255.0
7	无锡视美乐科技股份有限公司	19421.4	-646.6	—	—	—	—

(张文霞)

绿色食品产业

【概述】 全市22个规模以上绿色食品企业全年工业产值88.9亿元、销售收入88.9亿元、利税总额23.5亿元，分别比上年下降0.4%、1.9%、2%，分别占全市规模以上企业相应总量的3%、3.1%和12.6%。工业产值正增长的企业15个，达到两位数增幅的7个，其中宜兴市光辉包装材料有限公司、宝艺新材料股份有限公司增幅，分别为74.4%、36.6%；工业产值负增长的企业7个，跌幅最大的企业为宜兴市和润油脂有限公司，跌幅达44.1%。

【骨干企业】 全市绿色食品产业年销售收入超1亿元企业16个，全年销售收入85.8亿元，占绿色食品规模以上企业总量的96.5%，骨干企业支撑效应明显。其中，年销售收入超10亿元企业有红牛维他命饮料(江苏)有限公司、江苏奥瑞金包装有限公司，分别为30.5亿元、13.5亿元，分别占全市规模以上绿色食品企业总量的34.3%、15.2%。红牛维他命饮料(江苏)有限公司再次蝉联全市税收贡献最多企业。

【国信协联公司成为全市首个“三同企业”平台】 江苏国信协联能源有限公司是国内重要的热电企业和柠檬酸生产企业，其中谷朊粉产品通过ISO 9001质量管理体系、ISO 14001环境管理体系认证、HACCP食品安全管理体系和ISO 22000食品安全管理体系等认证，70%以上的产品销往非洲、东南亚、南美等地区。为了提升国内食品供给质量，满足差异化、高端化消费需求，国务院开展“同线同标同质”企业评定(出口企业在同一条生产线上，按照相同的标准生产出口和内销产品，使供应国内和国际市场的产品达到相同的质量水准，让消费者不出国门也能买到高品质商品)。年内，江苏国信协联能源有限公司被国家质检总局、国家认监委认定为“三同企业”，成为全市唯一获此荣誉的企业，为宜兴食品企业起到示范带头作用。

【奥瑞金公司获2017标志功能奖】
4月，全球范围的食品包装设计精英大奖赛——“2017标志大赏”颁奖典礼在上海举行，通过23名全球顶尖食品品牌及国际知名设计专家的专业评审和网络平台的公选，奥瑞金包装股份有限公司提交的参赛作品“中国尊”，以巧妙而又独具匠心的设计、强大的实用功能、金属罐身与塑料瓶盖结合的创新组合，最终获得标志功能奖。“中国尊”得到业界的肯定，代表了奥瑞金包装股份有限公司的产品设计能力向专业化迈进，是奥瑞金公司打造从产品设计、功能开发到生产制造全产业链的重要环节。

2017年宜兴市绿色食品产业骨干企业主要经济指标

表35 单位：万元

序号	企业名称	销售收入	利税总额
	合 计	858461.2	235187.7
1	红牛维他命饮料(江苏)有限公司	305188.6	145048.2
2	江苏奥瑞金包装有限公司	134531.0	58496.4
3	江苏国信协联能源有限公司	80000.0	10403.5
4	江苏汉光甜味剂有限公司	71063.8	6950.3
5	江苏汉光生物工程有限公司	56171.5	3680.0
6	江苏奥宝印刷科技有限公司	36394.6	2335.6
7	江苏申乾食品包装有限公司	31784.4	-2368.8
8	宝艺新材料股份有限公司	26108.7	3086.9
9	宜兴市华丽印铁制罐有限公司	18461.7	-132.9
10	江苏南顺面粉有限公司	17265.0	145.8
11	宜兴市前成生物有限公司	16720.7	489.0
12	无锡久滕塑料包装材料有限公司	16362.0	1539.7
13	宜兴市光辉包装材料有限公司	13783.2	1117.9
14	宜兴威尼特包装袋有限公司	13396.1	2147.4
15	江苏光辉包装材料有限公司	10889.5	-280.2
16	江苏省宜兴彩陶工艺厂	10340.4	2528.9

（吴静）

编辑 叶绿

旅游业
LV YOU YE

综述

【概述】 围绕建成长三角著名旅游城市、国内一流的休闲度假目的地、生态文化旅游胜地的目标，优化产业结构、开展宣传促销、推动跨界融合、完善配套设施，全市旅游园林业健康稳步发展。全年接待国内游客总量2358.31万人次，比上年增长7%。旅游总收入248.32亿元，比上年增长10.4%。其中，国内旅游收入248.01亿元，比上年增长10.5%。总投资210亿元的宜兴国际旅游度假区和雅达健康生态产业园签约。推进“三区同创”（全域旅游示范区、国家AAAAA级旅游景区、国家级旅游度假区），宜兴市在2017中国（国际）休闲发展论坛上获2017年度中国全域旅游创新奖。宜兴阳羡生态旅游度假区进入国家级旅游度假区公示阶段。注重乡村旅游提档升级，篱笆园农庄创建成首批江苏省五星级乡村旅游区。至年底，全市有AAAA级景区8个、AAA级景区3个，有全国特色景观旅游名镇4个、省级生态旅游度假区1个、省级自驾游基地3个，有全国休闲农业与乡村旅游示范点4个、省星级乡村旅游区（点）42个。全市有旅行社37个，其中有省四星级旅行社1个、三星级旅行社5个、二星级旅行社7个，旅行社营业收入0.87亿元，比上年增长7.3%。加强旅游项目评估，健全旅游项目信息库，全市在建项目24个（含续建），招商（信息）项目12个。对上争取获得2017年度省级引导资金项目12个，其中景区及公共服务类项目4个、省发展基金项目8个。年内，宜兴市获“全国森林旅游示范县”“2017长三角自驾游十强地区”“长三角最具魅力私家旅游目的地”等称号。中国宜兴国际素食文化暨绿色生活名品博览会获“全国优秀展览会”奖，丁蜀、湖汊、张渚、西渚4镇组成的旅游特色小镇群获“长三角最具魅力旅游特色小镇群”称号，假日旅游智慧调度信息支持系统获评2017年度江苏省智慧旅游示范项目。宜兴市旅游集散中心获“2015—2016年度‘江苏省青年文明号’”称号。

【篱笆园成为乡村旅游五星级示范企业】 篱笆园农庄（以下简称篱笆园）位于湖汊镇洑西村，创建于2005年。近年，该农庄以创建全国一流乡村旅游品牌为目标，不断加强软硬件建设。改善标识标牌、改建旅游厕所等基础设施；新增“乡村大舞台”、石头酒吧、茶吧、陶吧等体验项目；围绕农庄周边特色种植业，开发笋干、乌米、百合、板栗、茶叶等20余种农副产品，并根据不同季节推出采摘体验项目，从单一的农家乐发展成集主题酒店、特色餐厅、精品民宿、生态基地、休闲体验等于一体的综合性乡村旅游单位。2016年，在江苏省展开五星级乡村旅游区创建活动中入选。2017年4月，创建成全国休闲农业与乡村旅游五星级示范企业。

【“茶禅四月到宜兴”旅游季】 3—6月，宜兴市推出“茶禅四月到宜兴”主题品牌旅游季活动。围绕茶禅文化、素食文化、梁祝文化、陶文化、文创+、运动休闲等主题，先后推出2017中国宜兴国际素食文化暨绿色生活名品博览会、“素食无界——素食产业的未来与发展”高峰论坛、2017中国宜兴旗袍文创节、“宜兴那么美”文创书与旅游邮册首发暨“宜兴那么美”摄影大赛颁奖、“宜竹心创”文创品牌发布暨“手竹之美”全国文创设计大赛等系列活动。各景区集思广益，开展“花田茶歌”深氧踏春季、第四届芳桥目连文化节、“古镇儒风，湖韵周铁”——2017第二届宜兴·周铁古镇文

2017中国宜兴国际素食文化暨绿色生活名品博览会启幕仪式

（市旅游局　提供）

化之旅、中国宜兴国际越野行走公开赛、第四届"宏光紫气"国际陶瓷艺术文化节等丰富多彩、富有地方特色的主题活动，开创春季旅游新思路、新局面。

【"陶式生活在宜兴"旅游活动】 以"陶醉中国，筑梦宜兴；以陶为媒，同创未来"为主题，围绕"文创""宜帮菜"等内容，推出"文创宜兴"旅游驿站启用仪式暨高校文创宜兴实验基地挂牌，2017年宜兴传统"宜帮菜"名师名菜名店、最佳婚宴酒店、最佳婚宴菜单以及传承人评定，2017年"宜兴市精品园林"评选，旅游达人与网络大V"陶式生活"体验游，"助推全域旅游、共享便捷生活"全域旅游公共服务平台新闻发布会，首届"手竹之美"创意设计优秀作品展等旅游活动。根据各旅游板块自身特点，开展2017年中国张渚第二届梁祝·爱情文化节、"鲜美徐舍　咩咩芳庄"徐舍·芳庄羊肉节、中国·宜兴第二十届太湖风筝节、"孝"口常开——阳山荡景区重阳节活动等系列活动。

景区建设

【概述】 强化A级景区管理，制订出台《关于全面加强全市A级景区管理工作的意见》，指导督促云湖景区、陶瓷博物馆完成整改并通过复核，指导团氿景区整改基本完成。加快推进"智慧旅游"等政府实事工程，全市AAAA级景区监控接入国家平台，推动"一中心、三平台、七系统"（宜兴旅游服务中心；旅游资源聚合平台、旅游监管平台、旅游行业服务平台；旅游公共服务系统、一卡通系统、信息发布及展示系统、政务系统、旅游监控和预警系统、旅游投诉处理系统、客情分析系统）建设，完善15个景区（点）信号监测扇区图，完成客情分析与监测云数据平台。

【精品园林评选】 2016年12月，市旅游园林管理局、风景园林协会共同举办宜兴市精品园林评选活动，旨在全面推进全市全域旅游发展，深入挖掘园林历史文化内涵，提高园林景观质量，提升园林知名度和社会影响力。围绕评选活动，先后开展精品园林参评项目微信公众号宣传、展板巡展、专家初评、网络投票和专家终评等工作。2017年11月，在玉女潭景区举行2017年宜兴市精品园林评选结果揭晓暨授牌仪式，认定白塔文化公园、东坡海棠园、东坡书院、蝴蝶苑、镜湖寂照、历史名人馆、梁祝园、龙珠湖公园、闵惠芬文化公园、文峰塔、徐大宗祠、颐山书院、宜园、英台书院、瀛园、玉光阁、玉潭凝碧、张公仙境、忠孝文化园、周王庙、竺西书院21个项目为2017年宜兴市精品园林。

『宜兴市精品园林』评选结果揭晓暨授牌仪式（市旅游局　提供）

市场开发

【概述】 以旅游节庆为抓手，品牌塑造为重点，市场拓展为方向，媒体宣传为依托，深化旅游市场开发，打造"中国陶都　陶醉中国"城市品牌新形象。以"茶禅四月到宜兴"旅游季活动、"陶文化节"为融合创新平台，汇集茶禅文化、素食文化、梁祝文化、文创+、运动休闲等元素，打造系列特色节庆活动，形成旅游品牌效应。成功举办素博会、目连节、梁祝爱情文化节等各级各类节庆活动，持续打响宜兴旅游品牌。与主流媒体合作，拓展旅游网络营销渠道，联合市内媒体推出《云游宜兴》电视专题栏目、《天下任我行》宜兴旅游电台栏目、《宜兴日报》的《云游宜兴》旅游专版，与中央电视台合作拍摄《发现之旅——走近太湖》专题片，《华东旅游报》刊登《全域旅游示范区创建之宜兴样本》专题报道。拓展高铁沿线城市客源市场，组织涉旅企业赴台北、上海、南京、杭州、北京等城市举办旅游推广发布会，宜兴成为长三角市场周末游首选目的地之一。

【旅游园林卡发行】 10月，合作中国邮政储蓄银行创新发行中国宜兴旅游园林卡（银联卡）。该卡设计融合了宜兴文化元素，在纸质旅游年卡、陶都通市民卡所包含的8个免费景区（善卷洞景区、竹海景区、张公洞景区、陶祖圣境景区、阳羡茶文化博物馆、中国宜兴陶瓷博物馆、灵谷洞景区、玉女潭景区）基础上，新增免费景区1个（华东百畅生态园）；综合金融功能，实现全国通存通兑；联合宜兴100余个旅游企业成立联合商圈，提供涵盖餐饮、住宿、旅游购物、生活消费等范畴的优惠服务。

【《一味》获亚洲微电影"金海棠"奖】 亚洲微电影艺术节"金海棠"奖是微电影最高奖项，2013年创办后每年举办一届，旨在加强亚洲国家间的微电影艺术交流，促进微电影事业繁荣发展。2017年，为反映宜兴在旅游推动下饮食文化的发展，展现星云大师所倡导的"茶禅四月到宜兴"旅游季素食文化交流互动情况，市旅游园林管理局、旅游协会投资，北京兆禧文化发展有限公司拍摄、制作素食微电影《一味》。该微电影以宜兴素食文化为主题，巧妙地串联宜兴旖旎的山水风光和悠久的历史文化，多角度、多形式向世界展示宜兴山水环境与人文景观，是宜兴旅游、素食文化发展的一次有益尝试和创新。11月，该微电影在第五届亚洲微电影艺术节上获"金海棠"奖。

"文创宜兴"旅游驿站启用仪式 （市旅游局 提供）

旅游服务

【概述】 组织指导4个村创建无锡市美丽乡村休闲旅游示范村、13个乡村旅游区创建江苏省星级乡村旅游区，全市38个省级乡村旅游区建立乡村旅游质监网络。完成旅行社申报4个，发放旅行社分公司备案证明1个、门市部备案证明16个。导游电子导游证申请审核上网完成450个。加强假日旅游统筹协调和综合管理，"十一"黄金周期间，市假日旅游指挥调度中心上线试运行。深化宜兴市A级诚信旅游单位创建。在宜兴市创建全国文明城市工作中，推进旅游行业文明创建，注重对重点时段的督查和重点部位的安全管控，组织四项专项整治行动(旅游包车安全整治行动、高风险项目安全规范行动、景区流量控制治理行动、出境游安全提升行动)。全年检查旅游企业150余次，出动执法检查人员近500人次，发现和纠正问题20余个，联合查处无资质经营案件1起，发出行政提示书、停止违法行为通知书和无资质经营法律责任告知书6份，约谈企业3个，进一步营造诚实信用的旅游经营环境。

【全域旅游数据中心成立】 为更好地适应全域旅游发展需要，加速推进"智游宜兴"和"智慧旅游"项目建设，开通陶醉之旅网站，在淘宝网天猫商城开设宜兴旅游集散中心旅游专营店，推出前端软件"智游宜兴"APP，旅游公共服务系统、一卡通系统、政务系统、旅游监控和预警系统、客情分析系统上线使用，智慧旅游效应逐渐凸显。10月，在旅游信息中心基础上成立市全域旅游数据中心，负责全市旅游信息数据的采集和分析，集中采集各景区、酒店、民宿、农家乐等的旅游信息，形成宜兴旅游信息数据库，为宜兴市旅游产业转型升级积累数据。

【"文创宜兴"旅游驿站启用】 市旅游文创传媒有限公司自2014年底成立以后，整合资源，协调市场，指导和引领全市文创旅游商品不断提升文化创意，推广营销"文创宜兴"旅游商品和品牌，增强"文创宜兴"旅游商品品牌知名度和影响力。与多所知名高校"牵手"，依托长三角旅游商品联盟等平台以及各类文创商品赛事，培育富有地方特色的旅游文创商品，拥有涵盖陶艺、农副、文化、轻纺4类200余种旅游文创商品。2017年10月，由第九届中国宜兴国际陶瓷文化艺术节组委会主办、市旅游园林管理局承办、市旅游文创传媒有限公司协办的"文创宜兴"旅游驿站启用暨高校文创教育实践基地挂牌活动在宜兴市全域旅游服务中心大厅举行，"文创宜兴"成为南京艺术学院艺术研究院和无锡工艺职业技术学院的文创教育实践基地。"文创宜兴"在服务高校的同时，将与高校不断深化合作层次，提升旅游文创产品的文化创意水平，共同打造文创的研发、交流、合作新平台，不断推动文创事业的新发展。

【旅游巡回法庭成立】 为化解旅游服务纠纷、保障宜兴旅游产业健康发展，10月，宜兴法院首个以旅游为主题的专业巡回审判法庭龙池山风景区旅游巡回法庭揭牌成立。旅游巡回法庭主要针对旅游服务方面的司法需求，关注在旅游产业建设中容易发生的征地拆迁等纠纷，以"调判结合、调解优先"为原则，建立诉讼调解对接、巡回审判等便民服务机制，发挥法院司法职能作用，促进涉旅游纠纷的规范化解。

（蒋艺）

编辑　吴畅畅　黄文婷

金融业

JIN RONG YE

综 述

【概述】 年末全市银行机构本外币存款余额1982.37亿元，比年初增加57.04亿元，增长3%；本外币贷款余额1526.42亿元，比年初增加125.25亿元，增长8.94%；年末不良贷款率2.3%，比年初下降0.31%。全市保险机构保费收入53.43亿元，比上年增长11.9%；赔款和给付19.2亿元，比上年增长9.6%。证券、期货交易额分别完成3865.24亿元和2043.64亿元，分别比上年下降21.03%和2.2%。全市企业担保贷款27.23亿元，比上年减少1.44亿元。典当贷款余额2.99亿元。全市有境内外上市企业26个，其中境外18个、国内主板2个、中小板5个、创业板1个，首发融资合计143亿元，再融资合计73亿元。新三板挂牌企业累计30个，年内新增5个。至年底，全市有商业银行27个、小额贷款公司14个、投资担保公司5个、保险公司41个、保险中介公司2个、证券公司16个、期货公司2个、典当公司5个。

【市企业金融服务中心成立】 4月，市企业金融服务中心挂牌成立并投入运行。中心为市政府直属事业机构，正科级建制，内设综合科、银行保险科、环境建设科、资产处置科4个科室，中心主要职责为负责全市金融政策实施、金融风险防范、金融生态环境营造及与资产管理中心合作处置金融不良资产等服务协调保障工作。

【贷款余额增幅居无锡前列】 年末贷款余额较上年增加113.93亿元，增幅居无锡前列，一举扭转多年来信贷增长乏力、实体经济贷款规模萎缩的局面。对接企业融资需求，确立“讲信贷增量、重实体投放、抓履约实效”的银企授信签约总基调，搭建政银企沟通合作平台，通过召开市镇银企座谈会和组织实地走访企业活动，增进银企互信，促进金融回归实体。完善考核机制，分析银行资金投放结构，重点考核银行信贷增量、对实体经济贡献、不良贷款压降等方面，考核结果与政府资源挂钩，引导和激励金融机构支持企业发展，助推产业强市。年末表内外实体经济贷款*余额比年初增长约90亿元，增量占比约60%。

【风险处置】 建立基层板块金融工作对接机制，做到镇、园区、街道全覆盖，强化属地风险处置责任，健全风险监测预警和早期干预机制，主动防范化解区域金融风险。确立跟踪回访机制，建立风险企业管理台账，定期回访，动态跟踪服务，实时掌握企业状况与诉求，确保风险协调处置方案执行效果。立足破圈解链，创新工作思路，通过担保置换、联合授信、并购重组、引进战略合作者等方法帮助部分企业走出困境。组建13个联合授信*，授信总额40亿元。部分企业担保优化工作取得明显成效。合力推动江苏申乾食品包装有限公司化解或有负债*及引进战略合作者、推动江苏莱顿宝富塑化有限公司引进战略合作者中信国安信息产业股份有限公司，通过重组焕发生机。

【资产处置】 在联宜基金*大幅减少资产打包的前提下，着力推动和引导银行积极对上争取指标政策倾斜，通过自主打包、核销、不良资产证券化等方式实质性化解不良，全年共计化解约18亿元，不良贷款率降至2.3%，连续3年实现不良贷款余额和不良贷款率双下降。增强与资产管理公司沟通联系，组织召开座谈会，与中国信达资产管理股份有限公司、中国东方资产管理公司、中国华融资产管理股份有限公司、中国长城资产管理股份有限公司、江苏资产管理有限公司、苏州资产管理有限公司对接合作需求，成功协调重点、节点企业债务处置。创新资产打包处置方式，实施精准打包和预收款打包，探索开展优质资产“以物抵债”。

【金融生态优化】 下达金融工作任务书，充分发挥银行主观能动性；完善统计调研，走访督促常抓不懈，加强与法院沟通联络，重点推动不良“去库存”。利用公交站台、公交车体流动字幕宣传诚实守信理念，利用新闻媒体对社会广泛关注的江苏南亚电缆集团有限公司骗贷案件审理情况进行宣传，配合公检法打击“老赖”并强制执行债务，并进行网络直播，对债务逃废行为保持高压态势。同时深入开展互联网金融整治工作，打击非法集资，将维护金融稳定作为金融生态建设的前提，使社会信用环境不断改善，诚信观念深入人心。

（陆阳）

银　行

【概述】 至年底，全市银行业金融机构本外币各项存款余额1982.37亿元，比年初增加57.04亿元、增长3%，增量比上年减少16.57亿元；本外币各项贷款余额1526.42亿元，比年初增加125.25亿元、增长8.94%，增量比上年增加113.93亿元。不良贷款余额35.6亿元，比年初减少1.08亿元；不良率2.3%，比年初下降0.31%。全市银行业金融机构(含一级支行、二级支行、小微支行、社区支行、分理处、营业所)累计295个，比上年增加4个，其中中国工商银行17个、中国农业银行35个、中国银行26个、中国建设银行22个、中国农业发展银行1个、交通银行10个、中信银行2个、中国光大银行2个、华夏银行2个、广发银行1个、平安银行2个、招商银行2个、浦发银行2个、兴业银行3个、中国民生银行3个、恒丰银行1个、渤海银行1个、南京银行1个、江苏银行5个、宁波银行1个、浙商银行1个、无锡农村商业银行4个、宜兴农村商业银行84个、江南农村商业银行3个、汇丰银行1个、中国邮政储蓄银行56个、阳羡村镇银行7个。24小时离行式自助银行服务点133个，比上年减少20个。在职员工3939人，比上年减少32人。其中，正式员工有3830人，比上年增加21人。

【银行存贷结构调整】 非金融企业及机关团体贷款增加。至年底，非金融企业及机关团体贷款余额1255亿元，比上年增加89.42亿元，增量比上年增加102.97亿元；比年初增长7.67%，增幅比上年增长8.82%。新增贷款主要投向基础设施行业、租赁服务业和制造业。基础设施行业贷款比年初增加44.26亿元，比年初增长29.89%；租赁服务业贷款比年初增加20.77亿元，比年初增长25.27%；制造业贷款比年初增加16.09亿元，比年初增长2.3%。其中：铜冶炼比年初增加20.23亿元，比年初增长41.21%；电线电缆比年初增加19.24亿元，比年初增长10.9%；陶瓷制品制造比年初增加3.33亿元，比年初增长12.91%。住户存款小幅增长，非金融企业存款继续下跌。住户存款余额1003.82亿元，比年初增加36.98亿元，比年初增长3.82%，增幅比上年同期下降1.86%。非金融企业存款余额706.38亿元，比年初减少26.41亿元，比年初下降3.6%，增量比上年同期减少42.31亿元。外币存款显著增加。外币存款余额5.48亿美元，比年初增加2.3亿美元，增长72.33%，增量比上年同期增加3.74亿美元。外汇存款增加主要因年末美元汇率相对较低，大部分企业持美元观望而未结汇。

2017年宜兴市银行机构存贷款情况

表36

项　目	存款年末余额			贷款年末余额		
	本币(亿元)	外币(亿美元)	本外币(亿元)	本币(亿元)	外币(亿美元)	本外币(亿元)
合　计	1946.58	5.48	1982.37	1517.36	1.39	1526.42
中国工商银行	102.05	0.22	103.47	93.88	0.00	93.88
中国农业银行	316.13	0.78	321.24	153.46	0.10	154.13
中国银行	257.80	2.48	274.03	206.35	0.54	209.88
中国建设银行	115.63	0.54	119.14	116.57	0.09	117.17
交通银行	131.23	0.21	132.58	117.68	0.02	117.80
中国农业发展银行	10.10	0.00	10.10	36.85	0.00	36.85
中信银行	19.95	0.19	21.19	35.06	0.04	35.32
中国光大银行	19.84	0.01	19.89	43.09	0.06	43.46
华夏银行	24.95	0.01	25.00	30.37	0.13	31.22
广发银行	9.50	0.00	9.50	14.16	0.00	14.16
平安银行	10.57	0.01	10.63	15.84	0.00	15.84
招商银行	21.69	0.10	22.37	29.12	0.04	29.38

续表36

项 目	存款年末余额			贷款年末余额		
	本币（亿元）	外币（亿美元）	本外币（亿元）	本币（亿元）	外币（亿美元）	本外币（亿元）
浦发银行	35.71	0.18	36.91	27.36	0.00	27.36
兴业银行	42.66	0.06	43.02	33.65	0.00	33.65
中国民生银行	11.34	0.02	11.46	18.30	0.00	18.30
恒丰银行	17.74	0.00	17.74	20.79	0.00	20.79
渤海银行	1.33	0.00	1.33	3.98	0.00	3.98
南京银行	48.27	0.03	48.47	26.81	0.00	26.81
江苏银行	75.41	0.1.	76.03	55.53	0.33	57.69
宁波银行	27.24	0.07	27.72	19.26	0.00	19.26
浙商银行	9.30	0.00	9.30	0.00	0.00	0.00
无锡农村商业银行	14.76	0.00	14.76	28.66	0.00	28.66
宜兴农村商业银行	14.04	0.19	15.25	12.51	0.03	12.71
江南农村商业银行	441.88	0.29	443.79	326.71	0.00	326.73
中国邮政储蓄银行	118.03	0.00	118.04	22.91	0.00	22.91
阳羡村镇银行	32.05	0.00	32.05	28.47	0.00	28.47
财政和委托存款数	17.39	0.00	17.39	0.00	0.00	0.00

说明：1美元=6.53元人民币

【金融支持产业发展】 中国人民银行宜兴市支行（以下简称市人行）围绕宜兴市“产业强市”的主导战略，加强窗口指导，引导各银行加大对制造业投资项目、企业科技创新、绿色集约发展等的投入力度，并通过完善定价机制、取消不合理收费、提高企业授信资金使用率等措施减少企业融资成本。5月，市政银企合作座谈会召开，26个银行与195个企业达成合作协议，新增贷款157.78亿元。市人行、市金融工作办公室、中国银监会无锡监管分局宜兴办事处联合出台《2017年鼓励银行业金融机构支持地方经济发展的考核办法》，并对全市银行相关情况进行调查考核，跟踪分析银行投向增减结构，促进银行突出支持实体经济。

【金融惠民】 市人行积极开展支农再贷款品牌化建设，全年发放支农再贷款8.6亿元，余额达9.6亿元，创历史最高水平。中国人民银行无锡市中心支行、市人民政府、宜兴农村商业银行（以下简称宜兴农商行）签订金融助力农业供给侧结构性改革一揽子协议。根据协议内容，市人行联合市委农村工作办公室（以下简称市委农办）推进“两权”（农村土地承包经营权、农民住房财产权）抵押融资工作，协调“两权”的确权工作及推进产权交易平台建设，鼓励涉农银行加快配套信贷机制和金融产品创新，着重盘活农民“两权”资源。至年底，在西渚镇白塔村发放农村土地承包经营权抵押贷款2笔，余额38万元。市人行、市人力资源和社会保障局及市财政局联合出台《宜兴市创业担保贷款管理实施办法》，设立规模1000万元的创业担保基金，推动创业带动就业工作。

【金融助力特色小镇建设】 市人行组织辖内金融机构主动对接特色小镇的融资服务需求，开展信贷产品创新，探索构建“银镇（村）挂钩+信用建设+融资支持+政策工具引导”的服务模式，支持特色村镇建设。其间，宁波银行宜兴支行围绕湖㳇镇深氧休闲小镇推出“民宿贷”，交通银行宜兴支行围绕丁蜀镇紫砂小镇推出系列紫砂金融产品，宜兴农商行围绕建设美丽乡村推出“农信贷”“惠农贷”“阳光贷”等惠农产品。

【金融生态修复】 强化金融风险监测排查。市人行连续三年深入排查、梳理与分析全市企业金融风险状况，绘制涉险企业风险分布图，并向市委、市政府积极建言。联合政府部门和金融机构深入企业排查风险隐患，采取约谈的形式帮助企业规避隐性资金风险。加大不良资产处置力度。全年宜兴市银行机构提起诉讼案件214起，诉讼标的19.69亿元，共处置不良贷款19亿元，金融风险得到较好控制。规范执行存款保险制度。市人行对辖内两个法人银行（宜兴农商行、阳羡村镇银行）开展流动性监测和宏观审慎评估，确保稳健经营；完成存款保险评级及现场核查工作，确保保费征收准确、规范、及时。保护金融消费者合法权益。全市银行签订《金融消费者现金业务权益保护公约》，对照《金融消费权益保护实施办法》开展自查，强化金融消费权益保护制度执行。

【金融服务水平持续提升】 提升农村金融服务水平。市人行进一步加强农村金融综合服务站风险管理，严格服务站“不吸存、不放贷、不集资”的政策红线，引导中国银行宜兴支行创新打造“互联网+服务站”“服务站+益农信息社”等新型模式，促进综合服务站规范、持续、创新发展。提升地方支付服务水平。市人行引导各银行、财务公司持续推进电子商业汇票业务，支持并推动手机支付尤其是近场支付业务发展。宜兴农商行运用“光闪付”技术支持官林镇智慧菜场建设，提高了民生支付便利度。提升行政许可服务水平。市人行在市民服务中心开设服务窗口，安排专人不分时段受理银行结算账户开立申请，提高核准效率，达成“3550”（开办企业3个工作日内完成、不动产登记5个工作日内完成、工业建设项目施工许可50个工作日内完成）的改革目标。提升人民币流通工作水平。市人行开展硬币自循环试点工作，建立硬币供应主办银行制度，全年自循环硬币2113.49万枚，推进了小面额人民币畅供工程建设。提升外汇服务水平。国家外汇管理局宜兴市支局（以下简称宜兴外管局）、市商务局联合召开外贸企业涉外政策宣讲会，全市有9个片区600余个外贸企业参加培训。宜兴外管局主动对接市重点外贸企业外汇服务需求，为7个中资企业办理了11笔外债登记业务，签约金额合计1.42亿美元，促进市外向型经济的发展。

官林镇智慧菜场 （周婷惠 摄）

【农村信用体系建设】 全年召开“送金融知识与服务进社区”现场推进会14次，面向大学生村官群体宣传征信知识，聘请227名村官讲解员，把征信知识普及到农村基层。全市试行农村经济主体综合信息管理系统，至年底，完成118个行政村、13.3万户农户信息的建档工作，其中2.3万多户农户档案信息入库，已用信户数2052户，贷款余额5.55亿元。指导涉农银行建立“银行+村委”的新征信机制，出台《农户信用等级评定暂行管理办法》，引导宜兴农商行作为农户信用评级的试点，完成白塔村284户农户的评级工作，发放信用贷款30万元。市人行会同市委农办开展农民合作社信用等级评价工作，推动农民合作社诚实经营。持续开展农村青年信用示范户创建工作，至年底，有4个涉农银行参与创建农村青年信用示范户，示范户覆盖全市各镇村。累计建立农村青年信用信息档案12560户，比年初增加32户。向农村青年累计发放贷款16.17亿元，余额14.14亿元。累计向青年示范户发放贷款7.64亿元，余额7.54亿元。市人行会同各涉农银行（主要是宜兴农商行）评选出“农村青年信用示范户”795户，比上年增加18户。

（姜静晶）

保　险

【概述】 至年底，全市有各类保险机构43个，其中财险22个、寿险19个，保险中介机构2个。全年保险费收入53.43亿元，比上年增长11.94%；赔款和给付19.2亿元，比上年增长9.6%。其中：财险保费收入12.78亿元，赔款和给付支出7.65亿元，分别比上年增长4.58%和下降4.38%；寿险保费收入40.65亿元，赔款和给付支出11.54亿元，分别比上年增长14.47%和21.47%。

2017年宜兴市保险公司保费收入、理赔支付情况

表37

公司名称	保费收入(万元)	比上年增减(%)	处理案件(件)	赔偿支付(万元)
合 计	534250.00	11.94	126695	191995.95
中国人寿宜兴支公司	102242.60	24.30	11239	59402.00
太平洋人寿宜兴支公司	81553.50	33.80	7256	30861.90
泰康人寿宜兴支公司	67842.00	24.50	1394	553.00
平安人寿宜兴营销部	57203.00	20.00	1010	4832.10
华夏人寿宜兴支公司	54825.00	9.70	10725	14871.70
人保财险宜兴支公司	48578.45	12.22	20654	29208.55
平安财险宜兴支公司	28880.90	11.81	17239	16686.00
太平洋财险宜兴支公司	20958.16	3.85	18761	12626.77
前海人寿宜兴营销部	9779.50	—	—	—
中国人寿财险宜兴支公司	8518.59	7.89	10431	4875.82
太平人寿宜兴支公司	8292.50	-5.70	86	70.00
利安人寿宜兴支公司	5216.30	-70.60	119	72.00
民生人寿宜兴营销部	4663.40	-24.80	756	610.60
新华人寿宜兴营销部	4277.00	-17.10	53	69.70
国联人寿宜兴支公司	4055.10	-55.20	76	600.70
中华财险宜兴支公司	2355.00	-21.76	2987	1643.00
中国人保人寿宜兴支公司	2285.30	-19.20	1147	3106.20
华泰财险宜兴支公司	2160.56	0.33	1600	1551.00
太平财险宜兴支公司	2076.76	-31.74	1745	1446.97
阳光财险宜兴支公司	1797.00	3.97	2576	909.28
英大财险宜兴支公司	1606.18	-16.35	2411	1027.20
华安财险宜兴支公司	1547.36	-31.32	1675	1535.42
安城财险宜兴支公司	1493.65	-47.62	3783	1001.00
紫金财险宜兴支公司	1350.00	-11.59	3642	891.00
天安保险宜兴支公司	1281.36	1.76	978	621.05
华泰人寿宜兴支公司	1147.90	-17.80	23	122.40
大地财险宜兴支公司	1144.88	-23.85	790	841.28

续表37

公司名称	保费收入(万元)	比上年增减(%)	处理案件(件)	赔偿支付(万元)
安邦财险宜兴支公司	1052.43	42.78	1023	382.50
中国人民健康保险宜兴支公司	1030.90	-42.20	9	—
中意人寿宜兴营销部	955.50	-76.00	159	246.40
长安责任保险宜兴支公司	838.76	24.45	801	483.50
阳光人寿宜兴支公司	662.70	-74.00	108	25.00
都邦财险宜兴支公司	628.83	41.72	328	137.51
渤海财险宜兴营销部	582.00	4.86	564	222.90
永安财险宜兴支公司	462.00	-42.89	256	166.00
信达财险宜兴支公司	434.64	-5.51	89	289.58
东吴人寿宜兴支公司	292.40	190.70	—	—
同方全球人寿宜兴营销部	84.20	89.60	4	4.50
信泰人寿宜兴营销部	60.90	12.20	—	—
亚太保险宜兴营销部	33.02	-66.65	198	1.42

(陈慧光)

证券·期货·典当

【概述】 全年全市新开户证券、期货公司1.48万户,比上年增长15%,累计20.59万户;成交额5251.86亿元,比上年下降19.26%;营业利润7584.58万元,比上年下降38.73%。人工智能应用在证券业呈现出线上业务不断完善、移动端证券APP发展迅猛、网络精细化运营能力不断增强、智能投顾成为探索热点四个特征。典当业作为金融体系融资渠道的有益补充,以其小额、短期、简便、灵活等特点,在满足中小企业融资需求和居民应急需要、促进经济社会发展等方面发挥积极作用。全市典当公司贷款总额累计3.73亿元,比上年下降0.02%;贷款余额2.99亿元,比上年增长28.79%;当户数累计355户,比上年下降19.13%。

2017年宜兴市证券、期货公司业务经营情况

表38

单位名称	开户数(户)		成交额(亿元)	比上年增减(%)	保证金(万元)		营业利润(万元)
	新开户	累计开户			年末余额	比上年增减(%)	
合　　计	14836	205924	5251.86	-19.26	177496.73	-23.77	7584.58
国联证券宜兴人民南路证券营业部	7229	106509	1966.49	-15.17	75878.69	-39.04	6308.14
弘业期货股份有限公司宜兴营业部	6	1543	885.84	34.28	24686.32	38.13	14.79
申万宏源证券宜兴人民中路证券营业部	56	17757	619.93	-55.82	12457.06	-36.76	1185.05
广发证券宜兴解放路证券营业部	98	10063	469.25	40.99	6018.64	-51.03	36.30

续表38

单位名称	开户数(户)		成交额(亿元)	比上年增减(%)	保证金(万元)		营业利润(万元)
	新开户	累计开户			年末余额	比上年增减(%)	
国联期货有限责任公司宜兴营业部	2	110	394.43	-45.69	6501.23	-18.79	2.00
海通证券宜兴营业部	42	15377	197.52	145.16	5005.71	-32.97	-4.68
国联证券宜兴阳羡东路证券营业部	2372	10261	166.41	-17.36	5813.93	-43.05	292.01
光大证券宜兴阳羡西路营业部	19	3909	76.04	-6.72	1985.00	-41.31	-6.19
国联证券宜兴丁蜀解放路证券营业部	875	4169	67.90	11.34	1965.22	-21.61	83.69
东吴证券宜兴营业部	8	1100	59.71	3.93	—	—	-8.82
国联证券宜兴光明西路证券营业部	839	3701	46.00	-11.49	1793.17	-38.44	45.24
国联证券宜兴解放东路证券营业部	846	908	34.46	2076.07	1047.18	185.40	-67.94
国联证券宜兴和桥西横街证券营业部	798	3201	30.57	-14.09	1425.47	-34.57	5.78
国联证券宜兴张渚桃溪路证券营业部	746	3331	29.20	-11.62	1546.61	-37.37	25.05
国联证券宜兴官林官新街证券营业部	673	3341	27.97	-27.99	1281.14	-57.51	10.81
华泰证券宜兴氿滨大道证券营业部	105	8193	4.61	-28.56	19147.00	-23.36	-117.92
南京证券宜兴教育西路证券营业部	5	1330	0.83	-55.09	415.59	-47.59	3.05
中国中投证券宜兴阳羡东路证券营业部	3	1708	61.04	46.50	1320.35	-42.75	-76.81
国信证券宜兴东山西路营业部	16	2104	31.75	72.17	1039.52	72.89	-21.76
招商证券宜兴营业部	12	1699	18.28	7.09	2136.00	7.12	4.00
中泰证券宜兴氿滨南路证券营业部	38	4447	7.26	-15.55	2976.66	-14.70	-61.99
银泰证券宜兴宜北路证券营业部	29	931	54.81	—	3056.24	—	-7.06
华创证券宜兴人民中路证券营业部	19	232	1.57	—	—	—	-58.16

2017年宜兴市典当公司业务经营情况

表39

单位名称	年末当户数(户)	典当人数(人)	营业利润(万元)	累计贷款金额(万元)	年末贷款余额(万元)	质押贷款余额(万元)	抵押贷款余额(万元)	绝当贷款余额(万元)
合　计	355	704	57.04	37340.70	29925.60	17813.00	12102.50	608.20
宜兴市和信典当有限公司	218	345	129.70	33805.00	16938.10	14438.00	2500.00	—
宜兴市振达典当有限责任公司	58	254	0.14	464.77	2795.99	34.49	2751.50	10.00

续表39

单位名称	年末当户数（户）	典当人数（人）	营业利润（万元）	累计贷款金额（万元）	年末贷款余额（万元）	质押贷款余额（万元）	抵押贷款余额（万元）	绝当贷款余额（万元）
宜兴市九龙典当有限责任公司	11	36	-1.50	—	2342.00	1812.00	530.00	598.00
宜兴市华夏典当有限责任公司	52	52	-30.00	3005.00	3005.00	886.00	2119.00	0.20
江苏和顺典当有限公司	16	17	-41.30	65.95	4844.51	642.51	4202.00	—

（史卫东）

投资担保

【概述】 至年末，全市投资担保公司注册资金12亿元，累计为全市3775个（户）中小企业担保贷款3842笔、58.78亿元。年末担保贷款余额121.49亿元，比上年增长12.81%。年末风险准备金余额1.52亿元，比上年年末下降13.46%。

2017年宜兴市投资担保机构经营情况

表40

单位名称	注册资本（万元）	其中政府出资（万元）	营业利润（万元）	全年担保		年末担保余额（亿元）	年末准备余额（万元）	代偿情况		
				户数（个）	金额（万元）			代偿笔数（笔）	代偿金额（万元）	代偿损失额（万元）
合　　计	120000	50000	921.28	3775	587800	121.49	15237.36	276	5767.62	10.81
无锡置业担保宜兴支公司	13000	—	615.02	3161	164673	93.96	600.83	272	3135.62	10.81
宜兴市科创投资担保有限公司	50000	50000	162.00	466	313251	16.33	5354.00	4	2632.00	—
无锡九龙投资担保有限公司	10800	—	98.00	56	41793	4.09	230.00	—	—	—
无锡瑞信投资担保有限公司	16200	—	40.00	68	46748	4.03	6079.00	—	—	—
宜兴市广汇投资担保有限公司	10000	—	0.52	19	12870	2.16	2844.33	—	—	—
宜兴市华丰农村小额贷款公司	20000	—	5.74	5	8465	0.92	129.20	—	—	—

（史卫东）

小额贷款

【概述】 通过现场检查和系统非现场检查两种方式监管检查小额贷款公司（以下简称小贷公司）；对小贷公司评级指导，引导合规经营、规范发展；督促小贷公司全力压降不良，提升资产质量。发展普惠金融，支持小微企业、“三农”（农业、农村、农民）等经济发展的薄弱环节。至年底，全市小贷公司累计14个，总注册资本23.75亿元；贷款余额22.93亿元，存量客户1124户,全年累计纳税603.3万元；4个小贷公司开展担保业务，担保余额3.38亿元。

2017年宜兴市农村(科技)小额贷款公司经营情况

表41 单位:万元

单 位	注册资本	实收资本	本期贷款余额	担保贷款余额
合 计	237520	212620	229287.40	33805
农贷合计	217520	202620	218850.40	33805
宜兴市万源农村小额贷款有限公司	36000	36000	46048.60	2930
宜兴市联丰农村小额贷款有限公司	33900	33900	24795.20	20790
宜兴市永丰农村小额贷款有限公司	20000	20000	23595.20	—
宜兴市华丰农村小额贷款有限公司	20000	20000	21352.90	9210
宜兴市万达农村小额贷款有限公司	15120	15120	18758.80	—
宜兴市富陶农村小额贷款有限公司	16000	16000	15622.00	—
宜兴市明阳农村小额贷款有限公司	10000	10000	15408.50	—
宜兴市大明农村小额贷款有限公司	12000	12000	13551.00	—
宜兴市新天地农村小额贷款有限公司	10000	10000	12257.50	—
宜兴市陶都农村小额贷款有限公司	12500	12500	11443.30	—
宜兴市中合华惠农村小额贷款有限公司	11000	6600	9374.00	875
宜兴市中联农村小额贷款有限公司	10000	5000	5480.50	—
宜兴市瑞信农村小额贷款有限公司	11000	5500	1163.00	—
宜兴市中超利永紫砂互联网科技小额贷款有限公司	20000	10000	10437.00	—

(陆阳)

编辑 丁林

房地产业

FANG DI CHAN YE

综　述

【概述】 全市房地产业平稳发展，呈现量价平稳上升、库存持续下降的良好态势。市民积极入市，改善性需求成为市场主导力量，尤其是对新建商品房热情较高。其中，6月商品房成交20.45万平方米，创历史单月最高水平。全年全市商品房（不含定销房，下同）销售167.47万平方米、成交金额150.12亿元，全市商品住房均价每平方米9009元，比上年上涨15.31%。

全市有房地产开发企业165个，其中一级资质1个、二级资质137个（含暂定二级）、三级资质25个（含暂定三级）、四级资质2个（含暂定四级）。全年征收房屋建筑面积53万平方米，比上年增长76.7%。安置房施工面积49万平方米，比上年下降42.4%。其中：新开工31万平方米，比上年增长10.7%；竣工交付20.64万平方米，比上年增长21%。全年房地产开发投入70.87亿元，比上年下降20.1%。全年在建工程面积281.82万平方米，比上年增长7.45%。其中，新开工101.82万平方米、竣工81.01万平方米，城区（宜城街道、环科园）在建148.06万平方米、竣工45.19万平方米。虹亚房地产开发（集团）有限公司被评为2017年度江苏省房地产企业综合实力50强，连续第十四年进入省50强行列。围绕推进房地产市场“主体诚信、行为规范、监管有力、发展稳定”的管理目标，市建设局会同市住房保障部门落实各项制度，遏制房地产开发企业在开发经营过程中的违法违规行为。加强征收管理，完善房屋征收补偿配套政策，编制房屋征收与安置房建设年度计划，调研起草《关于宜兴市国有土地上房屋征收与补偿工作推行“八公示一监督”*制度的通知》和企业搬迁相关文件，规范征收与补偿实施行为，保障被征收人的合法权益。推进群众身边不正之风和腐败问题专项治理工作，检查各镇（园区、街道）集体土地房屋征收执行无锡市“八公示一监督”制度和新增房屋征收安置项目实施情况。加强开发管理过程指导，前移监管关口，强化事中监管，建立健全巡查、整改回复的督查档案，推动商品房开发项目市政配套建设管理工作制度化、规范化。

（胡媛媛　周晓东）

商品房销售

【概述】 商品房市场持续升温，商品住宅成交量和成交价格平稳上升，库存持续下降。至年底，宜兴存量商品住宅去化周期为15个月，其中主城区（包括宜城、环科园、开发区）商品住宅去化周期为9个月，处于良好供需态势，库存相对合理。全市全年批准预售商品房项目（不含拆迁安置房）38个、面积101.1万平方米，比上年增长42.39%。其中，批准预售商品住宅房面积88.3万平方米，比上年增长78.02%。商品房累计成交145.67万平方米，比上年增长7.8%；成交金额137.53亿元，比上年增长31.7%。其中：商品住宅房成交131.31万平方米，比上年增长12.1%；成交金额122.39亿元，比上年增长38.4%。主城区成交面积102.23万平方米，比上年下降0.61%；成交金额105.25亿元，比上年增长15.7%。主城区商品住宅销售面积91.11万平方米，比上年下降4.25%；成交金额94.5亿元，比上年增长14%。商品住宅均价为每平方米9009元，比上年

宜兴城东新城一角　（丁焕新　摄）

上涨15.31%;主城区商品住宅均价为每平方米10372元,比上年上涨19.05%。全市普通商品住宅均价为7804元,比上年上涨16.89%;主城区普通商品住宅均价为每平方米9017元,比上年上涨21.3%。

【主城区房价引导合理】 年内,市住房局以"稳市场、控房价"为工作重点,加强与有楼盘上市的相关公司联系,合理加快预售许可审批流程,加快楼盘入市节奏,引导开发公司合理定价,定期公开新建商品房市场数据,做好正面宣传。加强对商品房,特别是新办预售商品房销售明码标价的管理,杜绝开发企业恶意哄抬房价,保障房价稳定。

(胡媛媛)

保障性住房建设与管理

【概述】 市住房局坚持"保障民生,服务发展"的理念,做好住房保障建设管理工作。全年审核保障性住房2批(次),新增廉租住房实物配租55户、公共租赁住房实物配租78户,发放廉租住房租赁补贴275户、46.74万元,发放退休职工住房补贴424人、745.34万元。审批新职工住房补贴1983人次,核准备案职工已购公有住房上市交易950套(间),交易面积7.41万平方米,交易金额3.28亿元;清退重复房改房31套,清理住房面积1717平方米,回收51.14万元。办理经济适用住房上市交易39户,回收土地收益金250.33万元。发放渔民上岸租房补贴75户、40.69万元,购房上岸补贴2户、4.8万元。

【公租房租赁合同续签】 针对尚福公寓保障小区前四批入住家庭合同于2016年12月陆续到期的情况,2017年初,市住房局制订续签方案,严格续保家庭审核,依规清退不符合保障条件的家庭,对不符合保障条件应该退出的家庭给予3个月的腾退期,过期仍有困难不能退出的,根据上级部门要求,以收取市场租金形式退出保障,完成合同续签工作。前四批住户中续签保障家庭397户、腾退51户、收取市场租金形式退出保障33户。

【棚户区改造工作】 2017年,省政府下达宜兴市棚户区改造年度目标任务为4500套(户),货币化安置比例90%以上。市棚改项目全部采用"房地产企业建设+政府回购"的模式,签订合同购买丁蜀镇洛涧祥苑、和桥镇大树人家二期、张渚镇溢润新城及福地桃溪、新庄街道临泽人家等住宅小区的住宅房,共计4692套,完成目标任务的104.27%。全年拨付棚改资金10.5亿元,融资5.44亿元。2月,完成2017年中央财政补助城镇保障性安居工程专项资金和基础配套设施投资申报。4月,获批云溪花园住宅小区基础配套设施投资1000万元、棚改专项补助资金2400余万元,全部用于对应项目建设。

(蒋益新)

住房公积金

【概述】 全年归集住房公积金15.19亿元(含新职工住房补贴0.26亿元),比上年增长18.9%;累计归集总额98.86亿元(含新职工住房补贴),比上年增长18.3%;新增开户单位1196个,比上年增长73.8%;新增缴存职工约2万人;有16.1万人次(含委托还贷14.71万人次)支取公积金10.09亿元,支取额比上年增长21.7%,年提取额首次突破10亿元;年末住房公积金余额48.48亿元(含新职工住房补贴),比上年增长11.8%。率先在无锡公积金系统中设立了不动产办理直通点,实现了一次性办结贷款业务手续的便民惠民服务。全年向3161户职工家庭发放住房公积金贷款11.94亿元,贷款发放创历史新高。放贷额比上年增长16.4%。累计放贷总额66.01亿元、贷款余额35.09亿元,资金使用率72.38%,实现增值收益5299.49万元。至年底,全市有建立住房公积金制度的单位6214个、职工19.63万人,分别比上年增长23.31%和7.15%。

【制度扩面】 以缴存养老金人数50人以上的未开户企业及公积金缴存人数占养老金缴存人数30%以下的已开户企业为重点,通过政府推动、社保共管、银行协助、依法行政四方面组合发力,精准推进制度扩面。市政府将扩面任务下达至各镇(园区、街道),任务完成情况列入年终综合考评内容。与社保部门全力配合,宜城、和桥等地在办理退工手续时,力推公积金企业开户和缴存,开发区、丁蜀、高塍等11个镇(园区、街道)实现了公积金开户与养老金参保同步办理,各承办银行充分利用自身信贷资源推进扩面工作,建行、农商行、中行公积金扩面人数均超1500人。宜兴公积金分中心全年向713个企业邮寄《缴存登记告知书》,向68个重点企业邮寄律师函,其中办理单位新开户企业129个、办理职工新增企业97个,通过依法行政新增公积金缴存职工5252人。年末,公积金缴存人数占养老金参保人数的53.39%。

【政策宣传】 年内,利用报刊、简报等登载相关政策12次,网站发布通讯49篇,接受电视台采访3次,走进电台1次,走访镇园36次,深入企业37次,下乡开展驻点服务312次,在售楼处、受托银行开展现场培训16次,通过QQ群与1600个单位实时互动,推广新增微信公众号关注人数6133人,住房公积金政策知晓度大幅提升。

【归集管理】 从完善基础信息、规范缴存标准、推广网厅平台,加强催缴力度等入手,促进归集工作步入规范化、电子化、科学化轨道。全年变更单位信息1.22万条,新增开通手机短信服务1.91万人,短信开通率约92%。全年网厅开通单位2619个,应缴人数11.2万人,小额托收单位数3891个,占缴存单位的92.77%。全年共发出催缴通知书541封,补缴单位157个,补缴职工613人,补缴率约30%。7月起规范基数调整为每月1770元—19500元,缴存比例标准8%、10%、12%三档,相应缴存额调整为每月284元—4680元。推进业务转型，新增农商行乡镇网点9个，接入全国住房公积金异地转移接续平台，推广使用微信个人业务7666人。

（张欢）

不动产登记

【概述】 市不动产登记局以优质服务、便民利民为宗旨，实现不动产登记工作平稳过渡。全年累计发放不动产权证书2.96万本、不动产首次登记证1.11万份，开具不动产登记证明1.69万份。办理新购商品房登记1.06万件，面积150.9万平方米；办理存量房转移登记1.2万件，面积142.58万平方米；办理商品房抵押业务1.63万件，抵押面积353.99万平方米，抵押金额297.43亿元；办理企业不动产抵押827件，涉及土地面积2.79万亩，房产面积553.23万平方米，抵押金额215.35亿元；办理查解封业务1.26万起，提供权属信息查询服务3.4万次。

【一窗受理集成服务】 6月，根据省、市关于“3550”改革*工作要求，不动产登记正式实现交易、缴税、登记“一窗受理、集成服务”。市政务服务中心不动产登记窗口设立综合受理窗口6个、登记窗口10个、实体经济企业绿色通道2个，另设引导、查询和咨询、公告等六大类窗口；市公积金中心设立不动产登记综合办理直通点，市国土局、住房局、地税局及5个商业银行派员进驻，一站式办理网签（交易）、审贷、缴税、登记等相关业务；宜兴农商行设立不动产抵押登记便民服务点；丁蜀镇综合服务网点开通运行。

【登记业务流程优化】 市不动产登记局按照权由法定原则，逐项研究登记业务收件清单，法律没有规定的一律予以清理，平均每项业务的收件材料精简约75%；与市住房局、地税局联合出台《关于合并办理不动产交易登记相关业务的意见》，合并办理部分交易登记业务，优化流程、压缩时限。不动产登记业务实现5个工作日内办结，其中新购商品房转移登记、商加抵合并业务（新购商品房转移加抵押合并登记）、抵押权注销、查解封登记、预告登记、异议登记、登记信息查询七大类业务事项享受窗口受理、审查、缮证一站式服务，实现现场办结、立等可取。

【服务模式推陈出新】 市不动产登记局与移动运营商合作建立短信服务平台，向不动产登记当事人实时发送登记结果并提醒及时领取不动产权证；窗口设置自助查询机，方便群众自助查询、自助打印；针对部分小区短时间内集中办证的特点，提供上门集中办理服务；在市政务服务中心窗口开通2组实体经济企业绿色通道，提供一条龙“保姆式”服务；针对市人民检察院、市人民法院查询不动产信息的需求，开设专用账户，案件相关不动产信息均可自助查询；与市人民法院联合出台《关于集体经营性建设用地使用权司法拍卖的若干意见（试行）》，为集体经营性建设用地使用权处置提供依据，促进闲置资产盘活、业主权益维护，提升不动产登记的服务质量与水平；与市住房局、地税局共建信息交互平台，实现登记、交易、缴税等信息部门间共享，为优化流程和提高效率奠定技术基础。

【便民惠民措施】 市不动产登记局从“一窗受理、集成服务”实施之日起，不再收取不动产登记费。8月起，推出不动产权证（登记证明）EMS快递免费送达服务，申请人办理不动产登记时一并申请证书邮寄服务，将收到EMS快递直接送达的证书。

（许淞）

市场监管

【概述】 市住房局围绕“去库存、稳市场、控房价”三大目标，立足行业管理，强化市场监督，促进房地产市场健康稳定发展。完善数据监测分析，建立分楼盘库存数据和分乡镇分楼盘价格曲线图，做好月度数据上报工作。对问题楼盘开展专题调研，加强政策宣传，引导购房人依法理性维权，会同市建设局等有关部门和属地政府妥善处置社会矛盾，维护房地产市场稳定。5月，《市政府办公室关于进一步促进房地产市场健康稳定发展的意见》出台，加强商业房地产市场调控、房地产市场管理，拓宽商品房去库存渠道。

【房地产估价及经纪机构管理】 8月，根据住建部、省住建厅关于开展房地产估价师和房地产经纪专业人员证书挂靠集中治理工作的通知要求，市住房局对全市范围内从事房地产估价和经纪工作的房地产估价机构和经纪机构展开检查，未发现有证书挂靠现象。12月，《宜兴市政府投资项目评估服务中介库动态考评管理暂行办法》出台，对入库中介机构及其从业人员的基本情况、履约行为和信用状况进行日常考评，加强对房地产评估机构的监管，规范机构从业行为，促进房地产评估行业健康发展。

【房地产市场管理业务培训】 8月，市住房局组织以委托代理方式销售的房地产开发企业和代理经纪机构的工作人员以及主城区部分楼盘的销售工作人员进行房地产市场管理业务培训，解读《关于进一步规范房地产开发企业经营行为维护房地产市场秩序的通知》《关于加强房地产中介管理促进行业健康发展的意见》，集中学习无锡市物价局、无锡市住房和城乡建设局联合下发的《关于进一步规范新建商品住房销售明码标价及“一价清”*制度的通知》，增强从业人员法律意识和业务水平，进一步规范商品房市场销售行为。

（胡媛媛）

【房屋征收补偿配套政策】 市建设部门规范征收与补偿实施行为，调研起草《关于宜兴市国有土地上房屋征收与补偿工作推行“八公示一监督”制度*的通知》，保障被征收人的合法权益，确保房屋征收与补偿活动顺利进行。开展调研学习，起草关于企业搬迁的相关文件。多次与各职能部门、各镇（街道、园区）以及各评估公司等交流，收集汇总相关意见和建议，规范全市企业搬迁工作。

【征收业务管理】 市建设部门编制房屋征收与安置房建设年度计划，按照《江苏省贯彻实施〈国有土地上房屋征收与补偿条例〉若干问题的规定》的要求，加强征收评估机构准入备案工作，做好从业人员业务培训工作，指导和帮助各有关单位从业人员破解难点、疑点，寻求良好的解决途径。指导各镇（园区、街道）做好重大项目前期房屋征收（拆迁）工作，妥善处理信访咨询和其他涉稳问题，实行不稳定因素定期排查，及时排查信访重点户、信访老户。全年未新增信访老户，未发生群体性上访事件。

【蠡河花园安置房代建项目完成】 总投资9000万元的宜城街道蠡河花园F地块安置房建设项目于2016年3月开工建设，由市建设部门负责代建。按照市委、市政府的总体部署和工程建设管理的相关要求，市建设部门会同指挥部，督促开发建设单位严格执行各项制度，加大工程推进力度，确保手续规范齐全、施工安全文明、质量可控可靠，确保工程按时完成和交付。2017年7月，项目竣工交付，解决了范蠡大道、原山林南园村地块400户被拆迁居民的住房问题。

【商品房开发项目投诉纠纷处理】 市建设部门坚持“实事求是、合法合规”的原则，认真处理商品房开发项目中因设计、质量、合同等问题引起的矛盾纠纷，与市各其他相关职能部门和开发企业及时答复处理各类信件，帮助业主解决问题。全年办结信访、热线等投诉案件20余起，满意率100%，避免了商品房开发竣工交付后矛盾的激化，从源头上减少了群访事件的发生。

（周晓东）

房屋安全管理

【概述】 市住房局围绕住房安全，加强工作研究，创新管理举措，开发建设危旧房屋安全管理系统并投入使用，开展政策法规宣传，加大行政执法监管力度，构筑房屋安全防线，实现全市房屋安全无事故。全年共排查危旧房屋265幢、3.4万平方米。其中，危险房屋116幢、3.24万平方米，解危整治房屋148幢、1.48万平方米。重视直管公房安全管理，整治危旧公房，改善公房住户居住环境，全年投入维修资金611万元，维修3090户、1.48万平方米。做好白蚁防治工作，取消新建房屋白蚁预防收费，全面推广氟虫腈毒饵粉剂防治新方法，保障房屋安全。全年白蚁防治工程项目签约92个、合同面积131万平方米，竣工项目70个、预防竣工面积145.14万平方米，入户灭治276户、面积7449平方米。

【危旧房屋管理系统投用】 市住房局运用“互联网+房屋安全管理”方式，研发的宜兴市危旧房屋管理系统投用，宜兴房屋安全管理微信APP上线运行。系统利用现代信息技术，构建全市危旧房屋信息数据库，实现对全市危旧房屋的排查、巡查、解危、鉴定、管理、查询等内容的全方位管理，对危旧房屋的现状、治理和解危情况实时掌握。系统推广至全市行政村级以上使用，基本实现区域全覆盖。该系统被无锡市住建局列入2017年度无锡市建设系统科技项目，多次在省厅作经验交流。

【房屋安全检测管理】 市住房局制订出台《宜兴市房屋安全检测机构名录管理办法》，严格房屋安全检测机构的资格审核，建立健全房屋安全检测机构备案制度和考核机制，对检测报告实施质量抽查，确保检测数据科学客观，有效规范房屋安全检测行为，8个符合条件的房屋安全检测机构列入《宜兴市房屋安全检测机构名录》。依规开展房屋安全鉴定，严格规范鉴定工作流程，提高鉴定报告质量，全年受理委托鉴定78起。

【房屋安全政策法规宣传】 市住房局全年对镇一级和社区的房屋安全管理员开展房屋安全政策法规业务培训2次。开展房屋安全政策法规宣传，利用“3·15广场宣传日”“文化活动下乡”“走进社区为民服务”“文明志愿者服务”等活动契机，组织宣传活动20余场次，发放宣传手册3000余份。依托局政务网、微信公众号等媒体，向群众传播房屋安全使用政策法规知识，增强群众房屋安全使用意识。

（蒋文杰）

房屋交易管理

【概述】 4月，根据《财政部、国家发展改革委关于清理规范一批行政事业性收费有关政策的通知》，取消房屋转让手续费等行政事业性收费。5月，住房窗口迁至新的市政务服务中心，增设经济适用房、房改房上市备案业务。推进落实“3550”改革*，完成与地税、不动产登记部门的共建平台建设，达成各部门数据互通共享，实现业务“一窗受理 集成服务”。联合市国土、税务部门，在市公积金中心设立业务综合办理点。做好备案业务向镇（街道）延伸工作，设立丁蜀综合中心窗口并展开业务。建立完善房屋交易楼盘表，客观反映房屋交易情况。探索开展存量房资金托管业务，11月，存量房资金托管业务在市政务服务中心住房窗口上线运行。全年完成各类交易备案4.25万起，涉及房屋面积3859.68万平方米。其中：租赁备案3124起、抵押备案1.23万起、存量房交易备案1.85万起、商品房合同交易备案8601起；完成首次登记12起，涉及房屋面积45.96万平方米。

（周婧）

物业管理

【概述】 深化属地管理机制，市住房局出台《关于进一步规范物业管理工作的意见》，指导督促属地政府全面参与小区物业管理，做好物业管理区域划分、前期物业管理招投标、物业早期介入、承接查验等工作，建立属地政府(社区)应急反应和业主委员会、物业服务企业联席会议制度，联合调处物业矛盾纠纷。制订下发《2017年度宜兴市物业服务企业综合考核办法》，将全市市场化小区、安置小区、老旧小区纳入物业管理范畴进行差别化考核。按照“分片管理，下沉服务”模式，将镇(街道)市场化小区物业管理业务下放至六镇(丁蜀、张渚、徐舍、官林、和桥、周铁)住房所实施就近管理，为群众和企业提供便捷服务。开展“宜兴物业服务之星”评选活动，宣传树立行业服务标杆。择优选拔“恒立物业”等3支物业队伍代表宜兴市参加无锡市住建局“物业技能竞赛”活动，获团体第二名。全年完成前期物业管理招标项目4个、面积41.3万平方米，前期物业服务合同备案项目43个、面积161.08万平方米，委托合同备案11个、100.18万平方米。指导6个小区成立业主大会、6个小区换届选举。归集维修资金1.21亿元，实施维修项目890个，使用维修资金利息958.5万元。发出行政提交书7份、整改通知书29份，处理投诉560件。

【物业管理招投标】 规范前期物业管理招投标活动。对符合公开招投标条件的新建项目实行公开招投标，已成立业主大会的小区解聘与选聘物业服务企业必须征求业主大会同意，参照前期物业管理招投标程序，采用公开招投标的方式选聘物业服务企业。推行物业小区经营性用房公开竞拍招租，落实小区公共收益单独建账社区代管制度。

【物业服务行业“双随机”检查】 根据无锡市住建局《关于开展2017年度全市物业服务行业“双随机”检查的通知》精神，成立物业服务行业“双随机”(在监管过程中随机抽取检查对象、随机选派执法检查人员)检查组，检查组由物业管理条线上人大代表、政协委员、行风监督员、物专委专家、街道分管物业负责人和社区书记等21人组成，从市物业项目库312个项目中随机抽取项目76个，确定为2017年“双随机”检查对象，结合年度项目达标活动进行逐项检查评分，发现问题要求企业限期整改，并对整改情况组织复查，促进行业服务水平提高。

【“宜兴物业服务之星”评选】 4—7月，市委宣传部、市住房局、市广播电视台联合举办首届“宜兴物业服务之星”评选活动。活动以“诚信服务 美好物业”为主题，旨在宣传树立物业行业服务标杆。经全市物业公司推荐、专家评委评审、市民网络投票、媒体公示等环节，在全市98个物业服务企业推荐的144位优秀职工中，评选出“保安之星”“保洁之星”“技工之星”“客服之星”共58人。活动得到社会各界的广泛关注和大力支持。

(姚海燕)

编辑 吴畅畅 丁林

建筑业
JIAN ZHU YE

建筑队伍

【概述】 至年底，全市有施工资质的建筑业企业710个(建筑642个、市政68个)，其中建筑工程施工总承包特级企业1个、一级企业12个、二级企业40个、三级企业61个、其他专业施工总承包企业508个。全市有建筑业从业人员约11万人；有注册建造师6379人，其中一级注册建造师1028人、二级注册建造师4917人、一级临时建造师155人、二级临时建造师279人，一、二级建造师的数量基本满足全市建筑施工企业的资质要求，能保证企业的正常经营。全市有江苏沪宁钢机股份有限公司、华仁建设集团有限公司、江苏宜安建设有限公司等骨干建筑业企业，其中江苏宜安建设有限公司、江苏沪宁钢机股份有限公司名列2016年度中国建筑业双200强企业(竞争力200强企业、最具成长性200强企业)，江苏宜安建设有限公司、江苏沪宁钢机股份有限公司及江苏赛特钢结构有限公司名列江苏省建筑业百强企业。全市年总产值超1亿元的建筑业企业增至51个，形成“总承包、专业承包、劳务分包配套成龙”的专业结构体系。

【建筑业稳步发展】 全年全市建筑业总产值353亿元，比上年增加41亿元。稳健的发展势头巩固了宜兴“建筑强市”“建筑之乡”的地位。龙头企业发挥示范及引领作用，全市有具有建筑工程施工总承包资质的企业85个，其中建筑工程施工总承包特级资质1个、建筑工程施工总承包一级资质12个、建筑工程施工总承包二级资质40个，各建筑业企业共取得各类一级专业承包资质83项。取得建筑工程施工总承包资质的企业占全市建筑业企业总数的16.06%，所创产值占全市建筑业总产值的67%。华仁建设集团有限公司、江苏宜安建设有限公司、华虹建筑安装工程集团有限公司、江苏伟丰建筑安装集团有限公司等企业，纷纷把业务由单一的土建施工总承包向建材业、服务业、金融业等领域拓展，深耕地基基础、钢结构、设备安装、环保、防腐保温、窑炉等细分专业领域，走专业化发展道路，在全国建筑界形成了一定的影响力。推进装配式建筑示范基地建设及试点的应用，江苏沪宁钢机股份有限公司被住建部授予“国家装配式建筑产业基地”称号，华仁建设集团有限公司及江苏沪宁钢机股份有限公司入选江苏省首批装配式建筑施工企业名录。

2017年宜兴市建筑业骨干企业主要情况

表42

企业名称	资质等级及类别	建筑业产值（万元）		利润总额（万元）		上缴税金（万元）	
		产值	排名	利润	排名	税金	排名
江苏沪宁钢机股份有限公司	建筑工程施工总承包一级	303093	1	24155	1	11206	1
华虹建筑安装工程集团有限公司	建筑工程施工总承包一级	214894	2	9648	3	1516	6
华仁建设集团有限公司	建筑工程施工总承包特级	205322	3	15271	2	3202	3
江苏宜安建设有限公司	机电工程施工总承包一级	179152	4	4487	4	3350	2
江苏伟丰建筑安装集团有限公司	建筑工程施工总承包一级	151360	5	4102	5	2422	4
江苏地基工程有限公司	地基基础专业承包一级	142203	6	3437	6	1645	5

2017年宜兴市建筑业获省级以上荣誉

表43

荣誉名称	企业名称
全国建筑业AAA级信用企业	江苏静远建设工程有限公司
中国建筑业竞争力200强企业	江苏沪宁钢机股份有限公司
江苏省建筑业优秀企业	江苏宜安建设有限公司
	锦汇建设集团有限公司
	江苏地基工程有限公司
2014—2015年度守合同重信用企业	华仁建设集团有限公司
	无锡市盛达建筑安装工程有限公司
	江苏伟丰建筑安装集团有限公司
江苏省建筑业百强企业	江苏沪宁钢机股份有限公司
江苏省住房和城乡建设系统“安康杯”先进集体	无锡市盛达建筑安装工程有限公司
江苏省优秀装饰企业	江苏江南艺术装饰有限公司
	无锡长城装璜有限公司
	新日源建设集团有限公司
	江苏京城装饰工程有限公司
	江苏静远建设工程有限公司
江苏省建筑业最具成长性百强企业	华虹建筑安装工程集团有限公司
	建基建设集团有限公司
	江苏伟丰建筑安装集团有限公司
江苏省建筑业竞争力百强企业	华仁建设集团有限公司
	江苏沪宁钢机股份有限公司
江苏省标准化文明示范工程	中弘泰建设集团有限公司
	锦汇建设集团有限公司
	江苏富源广建设发展有限公司
	江苏伟丰建筑安装集团有限公司
	江苏嘉力电力建设有限公司
	宜兴市锦城建设有限公司

建筑施工

【概述】 顺应国家宏观经济形势和投资方向的变化，抓住国家深入推进“一带一路”*及建设雄安新区的机遇，制订一批更为科学合理的人性化扶持政策和文件，引导企业“走出去”，鼓励和支持宜兴建筑企业与央企、国企以及其他建筑业强企互惠合作，为建筑企业的发展创造更好的外部环境。全市有建筑施工企业710个，有年产值超1亿元的企业51个，其中年产值超20亿元的3个、超10亿元的10个。有专业建筑企业（含设计、施工一体化）508个，施工领域涉及16个门类，数量占全市建筑企业总数的71%，产值占全行业总产值的41%。全年建筑业总产值353亿元，其中钢结构、环保、防腐保温、地基基础等传统专业企业的建筑业产值123亿元。全市有建筑机械设备4.4万台，总功率145万千瓦，总净值23亿元。全年房屋建筑施工面积1443.2万平方米，其中新开工工程603万平方米。承建高层建筑工程441个、大跨度结构工程5个。全年建设工程项目中，获国家和省级优质工程奖11个，获省级标准化工地22个、宜兴市级标准化工地43个。全市有全国优秀施工企业1个、全国建筑业AAA级信用企业1个、中国建筑业竞争力百强企业1个，省建筑业双百强企业3个。

【省外施工产值高达149亿元】 围绕国内外重点区域、重点专业领域和重点工程项目，采取“走出去、请进来”的方式，发展壮大全市对外承包工程龙头企业集团，推动具有比较优势的建筑企业与金融机构合作，承建境内外隧道、地铁、机场、高等级桥梁等高端领域的施工项目。全市建筑施工企业外埠施工主要分布在浙江、上海、山东、云南、辽宁、北京、河南等地，全年完成省外建筑业产值149亿元，占全市建筑业总产值的42%。

【绿色低碳城市建设】 贯彻落实《江苏省发展新型墙体材料条例》《江苏省建筑节能管理办法》等文件，市建设局出台《关于全面推进宜兴市绿色建筑发展的实施意见》《关于加快推进建筑产业现代化促进建筑产业转型升级的实施意见（试行）》等规范性文件，将绿色生态理念贯穿于城市建设的始终，打造全国一流生态示范城。全年推进墙材革新工作，全市完成墙材产量18亿块(标砖)，其中非黏土新墙材产量17.64亿块（标砖），占墙材总量的98%以上。城区所有新建工程禁止使用黏土多孔砖，各镇（园区、街道）限制使用黏土类制品。建筑节能取得进展。新建及既有建筑改造严格执行建筑节能65%的标准，全年完成节能建筑165万平方米，太阳能、地源热泵、外遮阳技术、窗料断桥隔热、中空玻璃、窗框一体化和新型围护结构体系在建筑节能中得到广泛应用，全年返退墙改基金项目58个，返退资金988.65万元。绿色建筑取得突破，围绕创建江苏省建筑节能和绿色建筑示范城市的目标，拍摄完成创建宣传片《生态宜兴绿色家园》。打造宜兴市绿色建筑和新型建材展示厅，全面展示绿色建筑和新型建材的发展成果，完成市文化中心绿色建筑运行二星级标识的评审工作及宜兴市科技孵化园低碳楼绿色建筑运行“三星级”标识的申报和评审工作。全年累计建成绿色建筑示范项目11个，总面积76.55万平方米，其中二星级及以上68.29万平方米。绿色建筑在新建城区民用建筑中占比61%，新型墙材的使用比达99%。

建筑业管理

【概述】 推进依法行政，履行各项职责，规范各方主体行为，落实工程建设五方（承担建筑工程项目建设的建设单位、勘察单位、设计单位、施工单位、监理单位）主体责任，彰显建设行政管理工作的法治化思维和实践，促进宜兴市建筑市场健康有序发展。“3550”改革*成效显著，市建设局出台《市工业项目50个工作日办理施工许可证办法（试行）》，促进施工许可办理提速增效。至年底，有6个工业项目实现50天内取得施工许可证的目标。建筑行业转型速度加快，市建设局出台《关于扶持宜兴市建筑业企业发展的实施意见》，优化发展环境，鼓励“走出去”，助力宜兴市建筑业企业做大做强。市建设局出台《关于加快推进建筑产业现代化促进建筑产业转型升级的实施意见》，推进装配式建筑示范基地建设和试点应用工作。全行业以诚信为基石，管理稳定有序。依据修订后的《宜兴市建筑业企业信用评价考核办法》，从市场行为、质量行为、安全行为等方面对建筑业企业进行严格公正考核。诚信评价体系作用充分发挥作用，促进宜兴市建筑市场健康稳定发展。以质量监管为主线，落实项目负责人质量终身责任制。整治商品混凝土，狠抓检测、监理等中介机构，严厉打击虚假检测报告等不法行为，保持高压监管态势。以安全生产为红线，持续开展落实企业安全生产主体责任专项行动，深入推进各级各类现场观摩活动，对建筑起重机械和危险性较大分部分项工程保持高频率的督查，推动安全生产持续向好。

【建筑业企业信用管理】 将施工建设参与方的信用纳入考核，推进建筑行业诚信体系建设。市建设局出台《宜兴市建筑业企业信用管理实施办法》《宜兴市建筑业企业信用评价考核办法》《建筑业企业信用评定标准及考核办法》等规范性文件，规范建筑市场各方主体行为。升级宜兴市建筑业企业信用平台，实现就市场、质量、安全和其他四个方面对建筑业企业的综合评价，评价结果在网上公示，并纳入建设工程招投标评分体系，加强“两场”（建筑市场、施工现场）联动强化与市招投标管理部门的沟通和衔接，扩大建筑业企业信用在招投标评分中的权重。

【预拌砂浆管理】 履行行业主管部门职责，督查并解决预拌砂浆问题，市建设局会同地方政府查处非法经营行为，推动预拌砂浆行业健康发展。加大对预拌砂浆企业的源头监管力度，市建设局印发《关于我市推广使用预拌砂浆的实施意见》，严格要求在建工程使用预拌砂浆；出台《关于进一步加强预拌砂浆使用管理的通知》，规定竣工验收必须提交预拌砂浆用量统计表，不符合要求的不得竣工验收；建立健全预拌砂浆企业质量管理体系，完善企业检验试验手段，实施差异化管理，实现质量监管全过程覆盖。专项整治和日常管理相结合，确保预拌砂浆管理的常态化。所有工程的建设单位都必须提供经监理方确认的工程预拌砂浆预算使用量和实际使用量的证明，作为竣工验收的必备资料。如发现实际使用量明显少于预算用量，按规定处罚并督促整改。监管重点从工程主体向开工前临时设施建设、工程收边阶段等使用自拌砂浆的环节延伸，打击使用自拌砂浆等非法行为。把提供预拌砂浆使用合同作为办理施工许可证的必要材料，规定施工现场不得使用水泥、黄沙、自拌砼及自拌砂浆。检查时把是否使用预拌砂浆作为重点内容，持续高压巡查和抽测。对未按要求使用预拌砂浆的工程，一律取消其评优资格。执行严格的备案登记制度，企业须持有省散装水泥管理办公室颁发的备案证书，并经市散装水泥管理办公室、市墙材革新管理办公室审核备案和市质监站登记公示，才可在宜兴地区从事预拌砂浆的生产和销售。

【安全管理制度建设】 执行2014年颁布的新《建筑工程施工许可管理办法》，健全“一库二组”（建设工程施工方案专家论证审查库，质量检查专家组、安全检查专家组）。落实各级责任，围绕落实建筑施工企业安全生产主体责任“一必须五到位”（企业必须依法生产经营，安全责任到位、安全投入到位、安全培训到位、应急救援到位）专项行动的总体部署，提升企业安全生产保障能力，真正形成“全行业立体化、一级促一级”的安全生产监管格局。深化安全文明施工标准化建设管理，落实安全文明施工措施费考评和文明工地评审挂钩、专家方案论证与实体验收一体化管理、危险性较大分部分项工程专项施工方案专家论证等制度，加强事前防控和重大危险源监管，将日常检查与专项整治、隐患排查相结合，构建预防安全生产事故的长效机制。高效推动各类检查常态化。坚持狠抓关键、纲举目张，全面加强事前防控和重大危险源监管，做到日常检查与专项整治、综合大检查相结合，重点加强建筑起重机械、危险性较大分部分项工程的管控，定期检查租赁、装拆企业起重机械，强制性执行预防高处坠落专项施工方案，将施工企业的生产经营行为置于主管部门的严密监控之下，切实构建预防安全生产事故的长效机制。全年累计检查工地1219次，发出整改通知单444份，发出停工或局部停工单31份，整改到位率100%。将每季度综合执法大检查和专项整治检查相结合，集中整治安全管理和安全设施上存在的突出问题，狠抓问题的整改闭合，及时消除各类隐患。全年发出建筑施工现场隐患限期整改通知单41份、提出整改意见484条，确保了安全生产态势的持续稳定，事故数和死亡数连续第五年实现双下降。

【扬尘污染防治】 将建设工地扬尘污染防控作为文明施工管理的首要任务，连续第七年组织开展“文明施工提升年”活动，推进安全文明施工管理。强化源头控制，将文明施工、绿色施工和施工现场扬尘管控列为年度主要考核内容，修正《宜兴市建筑安全文明施工标准化图集》，对工地现场道路硬化、裸土覆盖，防扬尘措施等方面作出详尽要求。将扬尘防控列为工程开工建设的必要条件，严格制订扬尘污染控制专项方案，达到“五个必须”（施工现场必须围挡、场内道路必须硬化、散装物料堆放必须苫盖，出入工地车辆必须冲洗、拆迁工地必须洒水降尘）后方可开工建设。创新管理举措，深入开展市、局两级层面的文明施工观摩活动，提升建设工地文明施工和扬尘污染管控水平。严格把好项目开工关，所有建设工地在开工前，须重点检查施工现场的布置、主要道路的硬化、出入口的冲洗设施、道路两侧喷淋的设置等方面。易抛、撒、滴、漏材料的运输全程封闭覆盖，建设工地裸土绿化覆盖率达100%。建成区工地塔吊吊臂全部装设高空喷淋系统，定时进行施工区域喷洒作业，有效抑制工地扬尘。部分工地还在主要施工道路两侧设置自动洒水装置和临时消火栓。建设工地现场扬尘和噪声在线监测系统，探索利用信息化手段对扬尘和噪声污染状况进行实时监测控制。1月起，全市建筑施工面积在2万平方米以上的新开工工程，以及任何场界距离学校、医院、敬老院、居民住宅区等敏感建筑物小于50米的新开工工程，全部安装噪声扬尘在线监测系统。加强督查管理，坚持将日常扬尘防控和关键时间节点的扬尘污染控制相结合，加大对在建工地的巡查督查力度。按照应急预案分级响应，对部分处于易扬尘施工阶段的建设工地采取增加洒水频次、局部停工、全面停工等措施，对检查中发现的不文明行为以及不落实扬尘管控措施的行为下发整改通知单，情节严重的实施行政处罚。

【建筑质量管理再上新台阶】 落实住建部“工程质量治理两年行动方案”，以示范样板引路为重点，推进建筑工程质量管理。强化工程质量终身责任制，在“精品工程建设提升年”“以质量为核心的建设工程管理年”等活动的基础上，落实建筑施工企业主体责任，健全责任追究制度，强化工程质量终身责任制，推行工程质量巡查督查制度，提高工程质量监管水平。推进工程质量信息化管理，建立健全建筑市场和工程质量监管一体化平台，实现建筑市场和现场的联动。实行质监证办理网上申报，公开中介机构管理信息，检测机构报告纳入信息化系统，杜绝虚假检测报告。提升工程质量专项检查内涵，推行分类监管和差别化监管，突出对质量管理薄弱项目，重点工程，质量管理行为不规范、社会信用较差的责任主体的监管。专项检查求深求细，严格工程审图备案，严查违反强制性规定的行为。加强工程质量创优管理，坚持示范引领、典型引路，强化项目过程管控和跟踪督查，健全项目负责人质量终身责任信息档案，加大质量责任追究力度,健全建筑原材料进厂(进场)试验、跟踪抽测及质量回访制度,有效防治工程质量通病。年内,全市建筑业企业承建、参建工程获中国建筑工程“鲁班奖”5个、中国土木工程“詹天佑奖”1个、国家优质工程奖1个、江苏省“扬子杯”优质工程奖10个。

2017年宜兴市建筑业获奖工程名单

表44

创优等级	序号	工程名称	承建单位	参建单位
中国建筑工程鲁班奖	1	杭政储出〔2007〕55号地铁办公、商业金融用房	—	江苏沪宁钢机股份有限公司
	2	上海中心大厦	—	江苏沪宁钢机股份有限公司
	3	奥林匹克公园瞭望塔	—	江苏沪宁钢机股份有限公司
	4	中国国学中心工程	—	江苏沪宁钢机股份有限公司
	5	苏州国际博览中心三期、花桥国际商务城博览中心新展馆	—	宜安控股江苏建设有限公司
江苏省“扬子杯”优质工程奖	1	徐舍创业中心大厦工程	华虹建筑安装工程集团有限公司	—
	2	无锡市展鹏科技有限公司年产变频门机4万台(套)综合楼工程	华仁建设集团有限公司	—
	3	宜兴八佰伴购物中心	华仁建设集团有限公司	—
	4	南京农大风雨操场	华仁建设集团有限公司	—
	5	官林小学教育楼、实验室工程	江苏伟丰建筑安装集团有限公司	—
	6	宜兴农商行新大楼智能化工程	宜安控股江苏建设有限公司	—
	7	宜兴市城市污水处理厂一期安装工程	宜安控股江苏建设有限公司	—
	8	宜兴市大地春篱笆园旅游接待中心工程	江苏静远建设工程有限公司	—
	9	宜兴金月汇月子中心装饰工程	江苏翰云建设工程有限公司	—
	10	公安局信息中心升级改造工程	宜安控股江苏建设有限公司	—

(周晓东)

编辑　丁林

商贸流通业

SHANG MAO LIU TONG YE

综　述

【概述】 围绕“区域性商贸中心城市”和“幸福宜兴”两条主线，按照“合理布局，提升功能，繁荣市场，可持续发展”的总体要求，着力“优管理、提档次、拓规模、惠民生”，全市商贸流通业呈现“发展有序、量质并举、潜力凸显”的良好局面。消费品市场保持平稳增长。全年商品销售额1748.39亿元，比上年增长14.1%。住宿和餐饮业营业额43.01亿元，比上年增长13.5%。社会消费品零售总额612.84亿元，比上年增长10.2%，略低于无锡市平均水平，消费规模名列全省县(市)前茅。城镇消费品零售额408.78亿元，比上年增长10.1%；农村消费品零售额204.06亿元，比上年增长10.3%。批发和零售业零售额584.68亿元，比上年增长10.1%；住宿和餐饮业零售额28.16元，比上年增长3.2%。限额以上企业(以下简称限上企业)零售总额181.89亿元，比上年增长8.9%。市场贸易平稳发展。全市有贸易市场94个，市场成交额352.73亿元，其中年成交额超1亿元的商品交易市场18个。以“调优结构、培育增量”为目标，做大做强限上企业库，各板块新增限上企业49个，宜城街道、开发区、环科园完成全市76%以上的限上零售额。60个重点商贸流通企业和住宿餐饮服务企业销售额112.5亿元，占到限上企业销售总额的61.9%，支撑作用明显。其中16个重点商贸流通企业、21个重点住宿餐饮服务企业销售额保持增长。至年底，全市有星级宾馆9个，其中五星级3个、四星级2个、三星级3个。宜兴连续第十年入选长三角商业十强县(市)榜。主要商品销售价格涨跌互现。全市销售额前十大主要商品中有9类商品销售额呈增长态势。其中：金银珠宝类比上年增长46.2%，增速较快；粮油、食品类商品销售额31亿元，比上年增长7.3%。经市政府批准发布《宜兴市商业规划(2015—2030)》，以立足打造区域性商贸中心城市为目标定位，完善全市商业网点、商品交易市场、特色街区等规划，发挥商业规划的引领作用，促进商贸流通业健康稳步发展。电子商务稳步发展。示范创建继续扩面，向全市57个电子商务进农村示范项目兑现拨付；载体建设成效明显，布局紫砂电商产业园、农村电商产业园等电商产业园4个；产业电商加快发展，“材多多”、江苏麦乐多科技、宜兴国际环保城“团购宝”项目等产业电商平台有序运行。

【电子商务】 作为国家级电子商务进农村综合示范县，通过继续扩大示范创建面、建设特色园区、加快产业电商发展、频繁资源对接等工作，电商发展进入特色鲜明的新时期。年内，宜兴市被江苏省商务厅评为省2016年度农村电子商务十强县，湖汶镇创建成省级电子商务示范镇(全市累计3个)，湖滨村创建成省级农村电商示范村(累计5个)，远东买卖宝网络科技有限公司创建成2017—2018年度电子商务示范企业，恒隆紫砂电子商务园区创建成2017—2018年度电子商务示范园区。围绕特色园区建设，布局恒隆紫砂电子商务产业园、农村电商产业园、市跨境电子商务产业园、宜兴卓易创业软件园4个配套较为完善、企业初步集聚的电商产业园。年内，组织电子商务企业参加由商务部、工信部和国家网信办指导的2017中国国际电子商务博览会和由浙江省政府指导的2017第四届中国国际电子商务博览会(杭州)。

(李畅)

批发和零售业

【概述】 全市批发和零售业完成社会消费品零售额584.68亿元，比上年增长10.1%，占社会消费品零售总额的95.4%。宜兴市中心商圈业态种类齐全，功能配套不断完善，整体销售额保持稳定增长。

2017年社会消费品零售总额限上部分完成情况

表45　　　　单位：万元

序号	板块名称	全年实绩	比上年增减(%)	完成计划比(%)
	合　计	1818900.1	8.9	93.4

续表45

序号	板块名称	全年实绩	比上年增减(%)	完成计划比(%)
1	开发区	629477.9	3.7	98.0
2	宜城街道	599293.3	16.4	92.9
3	环科园	155569.8	4.3	74.0
4	丁蜀镇	80091.8	5.2	80.5
5	官林镇	57716.2	24.1	118.3
6	高塍镇	46371.3	8.0	87.0
7	徐舍镇	44813.6	16.0	99.8
8	周铁镇	41497.2	17.8	110.4
9	张渚镇	38383.3	12.4	101.5
10	太华镇	37282.9	0.5	93.9
11	新庄街道	26162.8	7.9	114.2
12	万石镇	19207.0	-2.0	114.3
13	湖㳇镇	18998.6	7.5	103.3
14	新建镇	18870.3	49.4	125.8
15	芳桥街道	18456.1	10.8	104.9
16	西渚镇	16974.1	4.1	95.9
17	和桥镇	13426.0	-0.4	75.4
18	杨巷镇	2679.2	-64.9	17.9

【流通企业销售总体平稳】 全市流通企业年国税应税销售收入999.25亿元，比上年增长24.3%，其中年销售收入超2亿元的流通企业50个(含10亿元以上7个、5亿元以上14个)。市中心商业区业态种类齐全，功能配套完善，继续引进高端百货品牌，实现品牌升级。宜兴华地百货有限公司、宜兴新苏南商厦有限责任公司、宜兴新东方百货有限公司、市和信广场有限公司四大商场全年销售额19.63亿元。大统华、大润发两大品牌超市年销售额12.8亿元。

2017年宜兴市重点零售企业销售情况

表46　　单位:万元

序号	单位名称	销售收入	比上年增减(%)
-	合　计	1081975.6	16.2
1	宜兴市和信广场有限公司*	113012.2	140.7
2	宜兴融通商贸有限公司	68050.8	438.5
3	宜兴大润发商业有限公司	59953.2	-4.8

续表46

序号	单位名称	销售收入	比上年增减(%)
4	宜兴利星汽车销售服务有限公司	57185.2	15.6
5	宜兴宝利丰汽车销售服务有限公司	55752.9	14.0
6	宜兴市瑞德蔬菜果品批发市场有限公司	54749.1	10.0
7	宜兴新苏南商厦有限责任公司	54467.2	-8.0
8	宜兴市鹏龙汽车销售服务有限公司	51703.4	42.0
9	宜兴德同汽车有限公司	45231.8	-6.7
10	宜兴路德行汽车有限公司	39254.2	-19.9
11	远东买卖宝网络科技有限公司	37053.8	12.8
12	宜兴市宜通汽车销售服务有限公司	36940.9	0.0
13	江苏湖丰特种水产品科技有限公司	33149.6	32.9
14	宜兴新苏南丰田汽车销售服务有限公司	31836.2	-1.0
15	宜兴市天健医药连锁有限公司	30185.5	-0.5
16	江苏宜客隆商业管理有限公司	29288.5	-20.0
17	宜兴新东方百货有限公司	28777.6	-11.5
18	宜兴市嘉嘉生态农业专业合作社	26523.0	2.9
19	宜兴市华源汽车销售有限公司	22935.8	13.2
20	宜兴市兴通汽车销售服务有限公司	22925.4	0.1
21	宜兴市德森汽车销售服服务有限公司	22623.9	-4.0
22	宜兴盛众汽车销售服务有限公司	20954.5	-12.8
23	宜兴市中油石油有限公司	20147.1	15.7
24	宜兴日晨汽车销售服务有限公司	18280.3	45.4
25	宜兴市粮油集团大米有限公司	17572.9	13.5
26	宜兴市瑞尔汽车销售服务有限公司	17174.4	-3.8
27	宜兴新苏南通和汽车销售服务有限公司	17130.9	-1.4
28	宜兴市太华镇乾元茶场	16854.7	0.1
29	宜兴市盛燕商贸有限公司	16341.9	56.8
30	无锡汇全物流有限公司	15918.7	-4.0

注:含和信广场及华地广场

（李畅）

住宿和餐饮业

【概述】 年内，全市住宿和餐饮业营业额43.02亿元，比上年增长13.54%；住宿和餐饮业社会消费品零售额28.16亿元，比上年增长10.43%。30个重点住宿餐饮企业社会消费品零售额4.3亿元，比上年增长6.5%。16个企业社会消费品零售额超1000万元，其中宜兴大酒店、宜兴陶都紫砂宾馆有限公司、宜兴国际饭店有限公司社会消费品零售额均超3000万元。

【宜兴餐饮产业链亮相江苏国际餐饮博览会】 10月，2017江苏国际餐饮博览会在南京国际展览中心举行，市商务局组织江苏乾元茶业有限公司、江苏省陶瓷研究所有限公司、宜兴市陶都优品土特产有限公司、宜兴市藏壶天下紫砂陶有限公司、宜兴焦家园食品有限公司5个行业代表企业参展。乾元茶业醇厚的乾红茶、陶研所精美的陶餐具、陶都优品浓郁乡土气息的特产小吃、紫砂电商藏壶天下平民化紫砂产品及焦家园传统工艺制作的葱油饼吸引了众多南京市民及专业采购商驻足。

【2017宜兴传统“宜帮菜”评定大赛】 10月25日，第九届中国宜兴国际陶瓷文化艺术节开幕期间，由市旅游协会、市烹饪协会主办的2017宜兴传统“宜帮菜”评定大赛在万达艾美酒店举行。大赛包含名师名菜名店评定大赛、最佳婚宴酒店评定大赛、最佳婚宴菜单评定大赛、“宜帮菜”传承人认定四部分。全市共38个酒店选送近100道菜品，菜品均采用宜兴市的特色食材原料。专家评审团现场依次按照菜肴原料质感与创新、菜品色泽、菜品口味、菜品形状、菜品配器和卫生效果五个方面对参赛菜肴打分评比。经过角逐，叶祖仁、卢华堂、李小宝、陈达勤、周敏杰、任骏、戴浩、王胜被评为为“宜帮菜”传承人。通过比赛，展示和推介传统“宜帮菜”美食，提升了宜兴婚宴酒店服务水平，达到了餐饮促旅游、以旅游带餐饮的目的。

2017年宜兴市重点住宿餐饮企业社会消费品零售总额完成情况

表47　　单位：万元

序号	单位名称	营业收入	比上年增减(%)
	合　计	43461.2	6.5
1	宜兴大酒店	4878.6	-1.7
2	宜兴陶都紫砂宾馆有限公司	4562.6	33.2
3	宜兴国际饭店有限公司	3679.5	0.7
4	宜兴氿滨凯悦大酒店	2654.2	-4.9
5	宜兴竹海国际会议中心有限公司	2486.7	18.1
6	宜兴禄漪园国际大酒店有限公司	2387.8	1.0
7	宜兴宾馆	2078.1	-25.0
8	宜兴丁山国际大酒店有限公司	1640.0	-4.0
9	宜兴花园酒店有限公司	1465.2	-23.0
10	宜兴爱琴岛大酒店有限公司	1383.0	-0.6
11	宜兴市安顿酒店	1355.0	6.4
12	宜兴市天鸿开元精舍酒店有限公司	1269.0	68.1
13	宜兴市老地方酒店	1264.4	12.5
14	江苏悦友酒店管理有限公司	1237.1	-13.3
15	宜兴荆溪宾馆有限公司	1136.2	89.6
16	宜兴市兴望农业休闲文化园	1051.4	-16.3

续表47

序号	单位名称	营业收入	比上年增减(%)
17	宜兴竹海天元酒店管理有限公司	998.3	114.8
18	宜兴市水墨田园温泉度假酒店有限公司	905.4	101.2
19	宜兴市湖㳇绿缘山庄餐饮有限公司	869.0	5.3
20	宜兴市顶峰酒店	796.7	7.0
21	宜兴市正中假日酒店	654.3	2.0
22	宜兴市世纪王朝酒店有限公司	597.1	16.9
23	宜兴市新芙蓉大酒店有限公司	590.4	2.5
24	宜兴氿悦沐心香村酒店有限公司	578.9	46.0
25	宜兴市和桥大酒店	548.9	50.1
26	宜兴市陶都大饭店有限公司	548.1	3.9
27	宜兴市明星大酒店有限公司	509.1	-17.8
28	宜兴市金云庄酒店有限公司	478.3	17.3
29	宜兴市天水花园大酒店	443.9	26.9
30	宜兴市外婆人家饭店	414.0	2.8

（李畅）

2017年宜兴市星级宾馆(饭店)名单

表48

序号	饭店名称	星级	评定时间	地　址	客房(间)	床位(张)	餐位(个)
1	宜兴宾馆	★★★★★	2008.07	宜城街道人民中路2号	264	421	1000
2	宜兴大酒店	★★★★★	2012.07	宜城街道东山西路70号	275	389	1350
3	宜兴花园豪生大酒店	★★★★★	2013.01	宜城街道陶都路109号	220	300	721
4	宜兴国际饭店	★★★★	2002.12	宜城街道通真观路52号	236	341	1300
5	荆溪宾馆	★★★★	2010.08	宜城街道龙潭西路290号	121	211	700
6	宜兴大亚达酒店	★★★	2001.12	宜城街道阳泉西路388号	79	148	350
7	陶都大饭店	★★★	2003.08	宜城街道人民中路134号	79	143	500
8	静乐宾馆	★★★	2004.05	宜城街道阳羡西路88号	227	130	430
9	公路宾馆	★★	2001.05	丁蜀镇北郊	35	75	300

（薛东明）

商品交易市场

【概述】 全市有各类商品交易市场94个，其中专业市场19个、农副产品批发市场5个、农贸市场70个。市场成交额352.73亿元，其中年成交额超1亿元的商品交易市场8个、超10亿元的7个、超50亿元的2个、超100亿元的1个。全市农贸市场安全生产责任全面落实，安全生产责任状签订率100%，属地责任、主体责任清晰明确。林凯物流园二期建设启动，丁蜀镇西山市场、徐舍镇芳庄市场实施迁建，张渚镇花园市场、官林镇官林市场实施整体的升级改造，巷头、兴隆等众多市场实施局部提档升级，不断刷新市场面貌。出台《宜兴市第二轮农贸市场升级改造三年行动实施方案》《宜兴市第二轮农贸市场升级改造奖补资金实施意见》，为新一轮升级改造作准备。

【商贸市场整顿】 12月，市商务局联合市场监管、农林、安监、城管、公安、消防等部门，检查考核全市89个商品交易市场，对重点薄弱环节进行专题反馈、限期整改。贯彻落实上级“双打”(打击侵犯知识产权、打击制售假冒伪劣商品)精神，在各领域开展打击侵犯知识产权和制售假冒伪劣商品工作，形成全市统一部署、部门依法监管、各方联合行动的工作格局。

2017年宜兴市成交额10亿元以上商品交易市场

表49　　单位:亿元

市场名称	市场成交额	经营范围
中国宜兴国际环保城	123.74	环保产品、环保设备零配件、市场设施租赁、市场管理服务
宜兴融达汽车城	53.95	汽车汽配，汽车维修、市场设施租赁、市场管理服务
江苏融达建材装潢市场有限公司	44.47	市场设施租赁、市场管理服务
江苏省华东石材市场有限公司	32.60	石材、石材机械、石雕工艺、市场设施租赁、市场管理服务
中国陶都陶瓷城	30.37	日用陶瓷、艺术陶瓷、市场设施租赁、市场管理服务
宜兴瑞德蔬菜果品批发市场	16.02	蔬菜、果品、粮油、水产、干货批发、市场设施租赁、市场管理服务
宜兴市和桥轻纺建材装潢市场有限公司	15.20	市场设施租赁、市场管理服务

(丁阿强)

石油贸易

【概述】 加强成品油市场运行监测，强化市场监督检查，保障成品油市场供应。至年底，全市有成品油经营企业164个，其中批发企业5个、加油站(点)159个。加油站(点)中，按经营状态分，在业105个，非在业54个；按企业性质分，外资企业15个，国有企业69个，民营企业69个，集体企业4个，个体2个；按位置信息分，城区型26个，镇(街道)型105个，网点型5个，岸基型4个，公路型4个，加油船15个。中国石油天然气集团公司、中国石油化工集团公司、荷兰皇家壳牌集团分别在宜兴有加油站(点)34个、32个和15个。全年销售成品油34.8万吨，比上年增长0.9%。其中：批发7.3万吨，比上年下降9.9%；零售27.5万吨，比上年增长4.2%。全年销售汽油19.7万吨，比上年增长9.4%；全年销售柴油15万吨，比上年下降9.1%。

(李畅)

盐业专营

【概述】 江苏省苏盐连锁有限公司宜兴分公司全年供应盐产品1.89万吨，其中小包装食盐6022.63吨、小工业盐(含食品加工用盐)1.42万吨；实现销售收入4154.32万元。针对餐饮业、熟食加工业涉盐违法案件出现爆发式增长的情况，市盐务局开展专项执法行动，加强整治食盐运输、销售等重点环节，加强食品腌制行业用盐管理，加大对边界村镇、农贸市场的稽查力度，维护食盐市场秩序。开展专项行动11场次，联合市公安、卫计等开展联合执法行动7场次，开展大型广场宣传8场次，进社区、农贸市场宣传减盐行动40场次。全年未发生食盐安全事故，未发生行政复议与诉讼案件，未收到盐政执法投诉案件。全市碘盐覆盖率、碘盐合格率、合格碘盐食用率均达到全省食盐放心消费创建标准。

【食盐市场专项整治】 坚持打、防、管、控相结合，坚持日常巡查和专项执法相结合，对省际边界乡镇、城郊结合部、农副产品加工集散地等涉盐违法案件高发地区开展不定期专项整治。组织开展“两节”(元旦、春节)、“五一、端午”、“中秋、国庆”及“雷霆行动”等专项执法行动。加强与各职能部门的合作，对重点地区、环节开展专项执法，提高市场监管合力。结合盐业市场实际开展专项执法。针对全市饲料企业较多、有个别不法企业或商贩向饲料企业上门推销饲料添加剂氯化钠作为饲料用盐的情况，适时开展饲料用盐专项检查活动，登记跟踪有该情况的饲料加工企业购盐记录，确保均从市盐业公司购进饲料用盐。完善边界执法协作机制，持续做好与接壤县市的盐政管理协调沟通工作，主动联系接壤边界县市盐务局开展边界地区食盐安全联合执法行动。

【盐业法规宣传】 加强盐业法规宣传，营造“人人关心食盐安全、人人维护食盐安全”的良好氛围。结合日常监管开展盐业法制宣传工作，在对零售终端、行业用盐户和工业盐生产企业开展日常巡查的同时，对经营者进行盐业法规规章宣传，提升其守法意识。对涉盐违法案件多发的区域，针对性开展“食盐安全访万家”活动，全年累计走访600个家庭。以“3·15”国际消费者权益保护日、“5·15”防治碘缺乏病日、食品安全宣传周等活动为契机，开展食盐安全科普知识、防治碘缺乏病、全民减盐等相关宣传工作。宣传盐政执法典型案例，在《宜兴日报》刊载盐业法规、食盐小知识，在宜兴电视台全频道投放滚动字幕宣传减盐行动、盐业知识。

【食盐质量监管】 维护食盐生产、流通秩序，强化食盐质量监管工作。配合市卫计委、省盐业质检站等单位对盐业批发企业贩卖的食盐进行质量抽查，一旦发现存在质量问题，第一时间向无锡市盐务局汇报。加强对配送中心购进食盐质量的监管，将市内每批次食盐的质量合格证明报送市盐务局备案。将查出存在质量隐患的食盐退回生产企业，对已经销售的实施追回，杜绝问题食盐流入市内食盐市场。通过宜兴人民广播电台向全市人民介绍选购合格碘盐的方法。节假日期间，做好各项应急处置准备工作，重点加强对食盐批发企业库存食盐的检查，及时补充必要库存。

【全省销售的食盐1月起可电子回溯】 根据省政府规定，1月起，在江苏省销售的食盐应当具备电子追溯功能。每包食盐包装袋背面有二维码，手机扫描后会显示该批次食盐的生产日期、生产厂家等信息。电子追溯功能可有效防止造假，可对食盐更好的进行监管。

(陈宫)

烟草专卖

【概述】 全年实现利税5.7亿元，上缴税收7892.5万元，其中国税6900万元、地税992.5万元。销售卷烟4.82万箱(每箱5万件)，平均每条卷烟批发价167.6元，比上年增长2.64%。市烟草局自主研发的卷烟出样展示架获实用新型专利。在省质量管理协会、中国质量协会主办的第二届省质协杯QC(质量管理)小组成果交流会上，市烟草局的“突破自我”QC小组被评为年度全国优秀质量管理小组；市烟草局客户服务科被评为年度全国质量信得过班组。市烟草局蝉联“江苏省文明单位”称号。

【卷烟市场监管】 坚持依法行政，打击售卖假烟、走私烟，打击卷烟非法流通，强化与毗邻市、县的联合执法监管合作机制。先后开展“冬季会战”“天价烟治理”“闪电21号”等专项整治行动打击各类涉烟违法行为，严管违法违规卖烟大户，清理烟草专卖许可证。规范执法行为，现场执法全程录像。全年查获涉烟案件445件，查获违规卷烟60767条(1215.34件)，收缴罚没款88.9万元，四次受省烟草专卖局通令嘉奖。

【烟草许可证管理】 建立健全烟草许可证管理制度。优化许可受理、核查、审批、发放流程，从法定时限的20个工作日提速到10个工作日。免费办证、送证上门，全年受理行政许可2363宗，其中新办287宗、延续1039宗、变更77宗、注销439宗、停业447宗、恢复74宗。市烟草局被无锡市依法治市领导小组评为无锡市规范执法示范点。

(曹庆贵)

拍卖业

【概述】 至年底，全市有拍卖企业12个、注册拍卖师21人。全年拍卖企业申报拍卖备案90次，委托拍卖合同77份，委托拍卖金额1.73亿元，拍卖成交确认书232份，成交金额1.06亿元。全市未发现拍卖行业存在违章违法行为，拍卖市场比较平稳。全市拍卖行业标的物总价比上年增长33%，但是单体金额不大。拍卖资产大多是自然人及私有企业的资产，国有、集体资产占比较上年有所减少。以房产为标的拍卖活动较多，集体和私有公司等房产租赁和出卖占比较高，成交额约占总成交额70%。拍卖企业按照《中华人民共和国拍卖法》《拍卖监督管理办法》的要求，认真审核委托人的资格及拍品的条件，拍卖过程按规范程序操作。拍卖企业都按照拍前、拍后备案的要求，按时到市监管理部门备案。根据《拍卖监督管理办法》，11月起拍卖企业不再向市监管部门报备。

(周士明　顾良松)

物流和邮政业

【概述】 全年全社会物流总额4181亿元，比上年增长9.6%；物流业增加值82亿元，比上年增长7.5%。货物运输量平稳增长，全市交通运输、仓储及邮政业增加值22.62亿元，可比价比上年增长5.8%；全社会货运量3933万吨、货运周转量31.8亿吨千米，分别比上年增长3.2%和3.3%；港口吞吐量3185万吨，比上年下降9.9%。全市初步形成以公路货运为主，水路、铁路货运为辅，运输、仓储、流通、配送等功能齐全的多元化发展布局。至年底，全市有省级物流企业（基地）5个、无锡市重点物流企业5个。

（吴静）

市邮政公司全年业务总收入2.89亿元，比上年增长12.73%；代理金融类业务收入1.89亿元（不含邮政储蓄银行业务收入），比上年增长15.82%；邮务类业务收入9000万元，比上年增长11.12%，其中函件、发行、集邮、包裹快递、信息、分销物流业务收入分别为1411.26万元、1555.54万元、1737.3万元、2396.14万元、682.07万元和430.56万元。7月，市邮政公司调整机构编制，全市设城南、城北、丁山、和桥、官林、张渚、周铁、徐舍共8个投递分部。经省文明办审查，保留“江苏省文明单位”称号。

（吴婷）

【物流企业运行稳健】 无锡汇全物流有限公司（以下简称汇全物流）、宜兴市林凯物流基地有限公司（以下简称林凯物流）分别完成物流主营业务收入7.7亿元、1167万元，分别比上年增长3.25%和37.97%。宜兴市旺达物流有限公司（以下简称旺达物流）全年完成进场总集装箱量9887个标准箱，比上年增长36.15%；完成经营性收入392.46万元，比上年增长40.14%。

【重点项目有序推进】 年内，林凯物流投资1亿元建设的林凯物流中心二期（包括停车场、物流仓储用房等附属设施）、汇全物流投资2.5亿元建设的生鲜冷链物流加工中心、中国储备粮管理集团有限公司投资1.1亿元在新庄街道建设的3万吨仓储库竣工；宜兴市佳讯物流货运有限公司投资1.1亿元建设的综合物流项目进入设计方案阶段，设计年中转货物能力200万吨。

【宜兴物流业问题明显】 宜兴市现代物流业处于起步发展阶段，加快转型升级的要求十分紧迫。全市物流业产业层次较低，物流企业总体布局少、小、散。至年底，宜兴市有省重点物流企业（基地）5个，江阴市、无锡新区分别有9个、8个，差距明显。宜兴大多数物流企业服务功能单一，局限于运输、仓储等低端基础内容，较少涉及包装、加工、配货等中端增值内容，基本未涉及物流资讯、方案设计、供应链管理等高端增值内容。第三方物流和生鲜冷链物流发展缓慢，无法满足社会化的物流需求。全市物流企业大多规模较小，缺乏专业人才，大部分从业人员不具备如操作原理、各业务环节衔接、作业流程、行业标准、服务规范、现代信息技术应用等相关专业知识。物流企业在前期资金压力大，存在融资难问题。基层缺乏招商热情和积极性，土地制约也可能影响项目建设进程。宜兴市多数物流企业采用传统运作方式，电子数据交换技术和货物跟踪系统未得到普遍应用，信息化水平不高。商流、物流、信息流不能及时传达，降低了效率，增加了成本。

（吴静）

【邮票展出与发行】 1月，市邮政公司联合市委宣传部在市美术馆举行《丁酉年》生肖邮票发行仪式，以该套邮票设计人韩美林为主题的《美林紫砂情》生肖纪念邮册同步发行。8月，市邮政公司联合市委老干部局举行“庆祝中国人民解放军建军90周年”主题邮展，90岁的郑小荣编组的《英雄的军队　钢铁的长城》专题邮集7框、展出贴片63个，向全市集邮爱好者及广大市民宣传建军历史和集邮文化。10月，“砥砺传承　匠心筑梦”《陶都宜兴大师集》邮票珍藏册发行签售活动举行。

【邮政协同税警工作】 年初，宜兴邮政电子商务运营中心税邮合作点建立，全年代征税额604.52万元，为市民就近办税提供了便利。5月，在宜城街道人民路、和桥镇、官林镇、张渚镇、徐舍镇建立5个网点，设置警邮合作点，受理互联网平台用户窗口注册、变更，及机动车抵押登记、解除抵押登记等业务，至年底累计办理136次。

【邮政网运支撑流程优化】 深化网运转型升级改造，处理中心扩建场地300平方米，满足了“双十一”旺季邮件周转场地需求。提升作业效率，确保邮车准点率，新增平坡皮带机1台、大型笼车10台、接发PDA扫描枪15把。优化投递网，合并投递网点14处，内部整合5处，建立机动车专段29条。以普邮投递网为基干、商务投递网为机动、普专结合的新型投递模式基本实现。

（吴婷）

编辑　丁林

农业
NONG YE

综述

【概述】 全市现代农业建设坚持稳中有进，全年实现农业总产值87.39亿元，比上年增长0.9%，其中农业50.5亿元、林业3.4亿元、牧业6.12亿元、渔业19.76亿元。农业供给水平稳定，全年粮食播种总面积83.37万亩，粮食总产量35.81万吨；全市蔬菜播种面积33.37万亩，产量53.92万吨；对茶果等林业特色经济作物进行产业结构调整，通过提升优质农产品供给水平和调整增加高品质产品比重等方式，实现农业提质增效，全年茶叶产量6029吨，果品产量2.38万吨。畜禽产业受环保政策约束和H7N9型禽流感疫情影响，产业规模进一步缩减，全市能繁母猪存栏0.87万头，生猪出栏17.5万头、存栏8.87万头，家禽出栏399.63万羽、存栏202.58万羽。全市水产养殖面积17.68万亩，水产品产量9.17万吨。落实农业供给侧结构性改革，创建张渚镇茶旅文化小镇、湖汊镇深氧休闲小镇2个特色小镇。全市拥有张阳村苗木、后洪村水芹、省庄村茶叶、洋溪村萝卜4个“一村一品”*示范村；改善农业基础设施，新增高标准农田2万亩、高效设施农业（渔业）面积1.2万亩；“宜兴红”牌红茶获国家地理标志；全年新增“三品”（无公害产品、绿色产品和有机农产品）农产品116个，“三品”种植业产量占种植业总产量48.8%，比上年增长6.6个百分点；全市农产品抽检合格率99%；完成农业一二三产业融合杨巷稻米试点项目高标准建设任务、完成禁养区畜禽养殖场关停拆除任务。加强典型流域农业面源污染治理，加大对农业废弃物综合利用，全区域推进畜禽污染治理，探索秸秆综合利用途径，通过科学还田、稳妥收贮等措施，提高秸秆利用率。启动水产养殖污染治理工作，滆湖围网整治和沿太湖三千米缓冲带水产养殖污染治理实现实质性启动；整治非法围网养鱼行为。创新监管手段和风险防控举措，全年未发生重大森林火灾、重大动物疫病和重大农产品质量安全事故，宜兴市被评为全国森林旅游示范县。调整产业结构，全市新增无锡市级农业龙头企业12个、省级农业龙头企业2个。湖汊镇张阳村被评为全国最美休闲乡村。

【农业特色小镇创建】 5月，张渚镇“茶旅文化小镇”、湖汊镇“深氧休闲小镇”入选江苏省农业委员会公布的江苏省农业特色小镇名单。张渚镇、湖汊镇在宜兴自古有“金张渚、银湖汊”之称。张渚镇是江苏省著名商品茶生产基地，同时是苏浙皖交界地区首个设立规模茶叶市场的重镇，全镇茶叶种植面积1.7万亩，是江苏省连片面积最大的茶叶基地。拥有苏南地区首个慢行公园——龙池山自行车公园，集自行车运动、山水风光及阳羡茶文化等特色于一体，2015年9月入选中国十佳茶旅路线，成为全省茶、游有机结合的典型案例。近年，张渚镇依托区域内优越的自然生态环境、良好的农业资源、丰富的旅游业态，通过整合茶文化、茶历史、茶产业、茶品牌等资源，着力打造以原生态休闲游为特色的茶旅文化小镇。湖汊镇生态条件优越，森林覆盖率超过镇域面积的82%，空气中负氧离子含量较高，全区域水质常年保持国家一级标准。近年，湖汊镇坚持把“深氧蓝”作为转型发展的重要标志，统筹推进精品民宿集群、休闲观光农业等各类创建规划，打造以绿色为底色的宜居、宜业、宜游新湖汊，彰显区域生态优势。

龙池山自行车公园 （马治 摄）

【农村一二三产业(稻米)融合试点项目建设】 2016年,宜兴市经国家发改委等7部委批准列入全国农村产业融合发展"百县千乡万村"试点后,根据国家发改委《关于进一步做好农村一二三产业融合发展示范点工作的通知》要求,推进杨巷镇农村一二三产业(稻米)融合发展试点项目建设。该试点项目由杨巷镇人民政府负责实施,市百粮农业科技有限公司、市中川米业有限公司及市金裕穗农业产业发展有限公司等市场经营主体负责建设,主要包含水稻生产能力提升、稻米加工能力提升、现代物流体系建设等工程。2017年,总投资1580万元的杨巷镇农村一二三产业(稻米)融合发展试点项目建设完成。项目实现8000亩稻米种植、加工、销售全产业链经营,促进农业生产规模化、标准化、绿色化、品牌化。项目通过稻米产业融合经济体建设,建立公司+基地+农户的利益联结机制,健全耕地承包者利益保障机制等,促进农业增效和农民增收,为宜兴乃至江苏省农村产业融合发展工作提供借鉴。

【耕地轮作休耕制度项目实施】 选择芳桥、万石、新庄、丁蜀、周铁5个镇(街道)辖区内的24个行政村开展耕地轮作休耕制度试点,实施总面积1万亩。休耕轮作试点区域统一采用"休耕培肥"方式,即在秋熟水稻收获后冬季实施休耕,稻秸秆全量还田,休耕区域在增施有机肥后进行耕翻作业,实现耕地质量有提高、生态环境有改善和资源永续利用。项目总投资280万元,项目实施范围内承担轮作休耕任务农户可享受每亩280元的补贴,其中每亩200元为基础补贴(省级财政补贴每亩100元、市财政配套每亩100元,用作休耕后农田收入补偿)、每亩80元为叠加补贴(每亩40元用作冬季耕翻晒垡补贴,每亩40元为商品有机肥物化补贴)。该项目实施期限为1年,时间为2017年10月—2018年7月。通过项目实施,进一步培育太湖一级保护区内耕地的地力,同时有效降低项目实施区域化肥、农药等农业投入品的使用量。

现代农业

【概述】 以推动农业供给侧改革为目标,紧扣现代农业发展基础设施、物质装备、经营主体、融合发展关键着力点,全年新增高效设施农业面积1.2万亩,全市高效设施园艺总面积14.68万亩,占耕地总面积的18.5%。规模化经营面积66.86万亩,比上年增长0.8%;农业园区化率50.6%,比上年增长2%。全年实现"三资"(工商资本、民间资本、外商资本)投入3.84亿元。新增省级龙头企业2个、无锡市级龙头企业12个。至年底,全市拥有无锡市级以上龙头企业66个、省级以上农业龙头企业18个,规模以上农产品加工值240亿元。新增万石镇后洪村为全国"一村一品"示范村,全市拥有省级"一村一品一店"(以村为单位,一个村培育1种特色农产品,以特色农产品做响一个网店,以一店致富一片)示范村3个。全年生物农业企业完成销售收入30.5亿元,位列无锡市第一。主要种植业保费1916万元,高效农业保费722万元,全年理赔支付金额533.29万元,受益农户1030户。

【农业园区建设】 对照省级园区监测六大指标体系,对重点园区深入调研分析,邀请南京农业大学区域农业研究院专家为丁山、徐舍、杨巷3个镇的农业园区出谋划策,重新修订园区规划,以适应新时期现代农业发展要求。杨巷镇完成兴杨农业园区规划修编,并创建成为第一批省级现代农业产业示范园,获得省级3年共计5000万元的财政资金支持。丁蜀镇在对外宣传、科技展示、品牌建设方面补齐短板,加大园区基础设施改造力度,建成太湖亲水平台、游客服务中心各1个,完成定跨、双桥等5个排灌站的一体化改造和6千米主干道路路面铺设沥青混凝土工程。徐舍镇请专家为田浪农业园区编制以优质稻米、绿色芦笋、生态藕塘、水韵白莲、清水龙虾5个产业为基础的融合发展之路新规划。

【兴杨现代农业产业示范园】 10月,杨巷镇兴杨现代农业产业示范园入选由省农业委员会、省财政厅、省海洋与渔业局联合组织评选的首批江苏省现代农业示范园创建名单,该园区是无锡市唯一入选单位,全省仅12个单位入选。兴杨现代农业产业示范园始建于2005年,园区拥有核心区耕地面积约1.2万亩,依托园区内的兴杨现代农业示范园农业综合服务中心,实现园区日常管理、科技服务、技术培训等功能,并形成优质稻米生产区、精品果蔬种植区、特种水产养殖区3个区域,及稻米一二三产业融合园、冷链仓储初加工物流园2个产业园。

【农业电子商务发展】 实施电子商务培育,制订宜兴市2017年农产品电子商务培训方案,全年培训130人,提升10多个农业企业的电子商务运行能力。拓宽农产品网络营销渠道,结合无锡市农产品进城工作,联合中国邮政集团公司、宜兴市陶都优品土特产有限公司、宜网电子商务有限公司对接全市农业企业开展农产品网络销售工作,中国邮政集团公司与TOM集团联手打造的线上与线下相结合的购物新平台邮乐网,先后为老潘水蜜桃合作社等5个农业生产经营主体销售水蜜桃(梨)750箱、百合2.3吨、大米67吨、小番茄1500箱。扶持乾红茶厂有限公司、市杨巷镇三品农产品销售有限公司、市生锋生态河蟹养殖专业合作社等农业企业、电子商务企业以市场为导向,扩展上线产品,提升网店运行水平,市杨巷镇三品农产品销售有限公司、乾红茶厂有限公司全年网上销售总额均比上年增长20%左右,均并被省农业委员会确定为2017年农业电子商务示范企业。

(章鹤)

林特产业

【概述】 全年林特产业总产值13.72亿元(涵盖林业、茶产业、果品)。全年市农林部门协同其他单位完成全市义务植树50万株。围绕年度造林目标任务,按照造林绿化"三化"(珍贵化、彩色化、效益化)工作要求,全年完成造林绿化面积4036亩,其中成片造林面积3024亩(新增2494亩、更新530亩),四旁植树折算面积1012亩。年度成片造林中,珍贵用材树种造林1886亩,彩色树种造林182亩,经济树种造林671亩,其他树种造林285亩。茶产业方面,全市拥有茶园7.5万亩,茶叶总产量6029吨,比上年下降1.5%。其中:绿茶3135吨,占总产量的52%;红茶2894吨,占总产量48%。名茶810吨,比上年下降1.7%。实现茶叶总产值3.2亿元,比上年增长7.2%。果树生产方面,全市有果树10.1万亩,其中水果5.5万亩、干果4.6万亩,果品总产量2.38万吨,比上年增长8.4%。全市果品产值2.17亿元,比上年增长4%。强化林业有害生物防控,全市松材线虫病发生面积及死亡株数均实现双下降。保护林业资源,全年未发生大的森林火灾和人员伤亡事故。

【湿地保护工作】 市农林局围绕生态增绿、治水增绿,按照保护优先、科学修复、适度开发、合理使用的原则,完善宜兴市湿地保护机制,新建湿地保护小区1个(宜兴市丁蜀镇太湖湿地保护小区),湿地建设规划面积7379.46公顷,全市自然湿地保护率上升至47.5%。开展太湖、滆湖湿地芦苇的冬季收割与资源化利用工作,开展春季芦笋禁挖、禁售专项行动,年内收割芦苇7000亩,清除芦苇8000吨,全市湿地资源得到保护。

【绿化示范创建】 市农林局编制《2017年宜兴市村庄绿化工作指导意见》,全年新创建省级绿化示范村14个,其中5个为省级“三化”示范村。累计投入资金500万元,栽植绿化树种近3万株,其中道路绿化8000株、水体绿化3000株、农田林网1200株、村片林7000株、公共绿地6500株、宅前屋后3800株,打造多个村级精品公共绿地,合计面积5000多平方米,实现良好生态环境。

【宜兴市获评全国森林旅游示范县】 9月,在上海世博展览馆举办的2017中国森林旅游节上,宜兴市被国家林业局评为全国森林旅游示范县。宜兴拥有丰富的森林旅游资源及便利的交通、完善的设施,全市拥有森林旅游地10处,其中国家级森林旅游地1个——宜兴国家森林公园,省级森林旅游地4个——宜兴云湖省级湿地公园、宜兴竹海省级森林公园、太华山省级森林公园和宜兴龙池山省级自然保护区。宜兴市古树名木众多,其中有1700多年的“中国最美银杏树”、唐代的七叶树、东坡海棠、植物界的“活化石”银缕梅等。

茶园一景 (曹婧雯 摄)

【茶叶感官审评研究学术沙龙举办】 5月,第五届茶叶感官审评研究学术沙龙在宜兴市举办。该沙龙由中国茶叶学会主办,中国茶叶学会茶叶感官审评与检测专业委员会、江苏省茶叶学会和宜兴市农林局承办,宜兴市茶叶协会和宜兴市茶文化促进会协办。全国16个省、自治区、直辖市的15个高校、8个研究所、4个检测机构和多个主管部门、地方学会、代表性企业单位的共70多位代表应邀出席。沙龙聚焦于红茶的感官品质审评研究,并采用审评+交流的模式,对江苏(宜兴)、浙江、福建、广西、云南、海南、台湾等省市具有突出代表性的24个红茶茶样进行交流和研讨,加深对红茶的了解。会议期间与会代表考察了市阳羡茶产业园,对宜兴在茶产业、茶文化、茶健康三产融合发展取得的成效予以肯定。

(章鹤)

种植业

【概述】 受不利气候条件影响,夏秋两季粮油生产均受到不同程度影响,全年粮食总产量35.81万吨,比上年下降3.3%。蔬菜生产对接市场需求,调优品种结构,产值略有增加。全年蔬菜播种面积33.37万亩,比上年增长1.3%;总产量53.92万吨,比上年增长2.79%;总产值23.2亿元,比上年下降1.4%。全市蔬菜保护地栽培面积6.61万亩,比上年增加1698亩。其中,大棚面积1.88万亩,中、小棚面积1.75万亩,地膜覆盖面积2.98万亩,分别比上年增加1077亩、315亩、306亩。全市喷滴灌面积6000亩,遮阳网、防虫网覆盖栽培面积1.3万亩,分别比上年增加793亩、864亩。全年新增“三品”(无公害农产品、绿色食品、有机农产品)农产品企业35个,新增“三品”农产品116个。全市“三品”农产品总数达532个,拥有“三品”企业总数190个,其中种植业“三品”总产量56.2万吨,“三品”种植业总产量占全市种植业总产量的48.8%。开展全市2013—2016年种粮补贴工作实施情况专项治理,处置关于惠农资金政策落实方面的人民来信1次、来访30人次、来电咨询50多次,化解惠农政策落实过程中的矛盾,确保政策落实绩效最大化。

【农业支持保护补贴政策落实】 落实耕地地力保护政策,以全市范围内二轮承包耕地中粮食种植面积为补贴对象，确定补贴标准为每亩120元。全年全市农业支持保护补贴（耕地地力保护）共涉及农户12.4万户、粮食种植面积39.64万亩，下发补贴资金4756.46万元。落实粮食适度规模经营政策，结合实际，制订宜兴市粮食适度规模经营补贴实施方案，明确补贴对象为2017年度在全市承包种植30亩（含30亩）~500亩（超过500亩以上的按500亩计）的粮食规模经营户；补贴标准为每亩75元，其中种子补贴占40%、肥料补贴占60%；补贴资金用于支持水稻主推品种、测土配方肥料等物化补贴；补贴方式为粮食规模经营户在当地种子与肥料生产企业或经营单位购买时索取生产企业或经营单位正式有效的当地税务登记发票，补贴资金通过“一折通”（发放给农户的专用存折）发放。全市粮食适度规模经营补贴涉及农户1188户、粮食种植面积18.8万亩，补贴资金合计1315.81万元。

【化肥、农药减施工程】 围绕《关于加快推进“263”专项行动*涉农领域工程的实施意见》，全市开展化肥、农药减施工程。通过测土配方施肥技术应用、有机肥替代工程实施、推广种植绿肥等措施，进一步缩减农业生产过程中化肥、农药使用量。实施耕地质量提升项目建设，通过政府补贴的方式，对使用政府采购有机肥的农户，政府每吨补贴400元、农户支付每吨50元，全年推广使用商品有机肥5671.5吨。完成沿太湖5个镇（街道）的1万亩耕地休耕轮作试点工作。全市有化肥农药减排项目示范基地和耕地质量提升综合示范区项目示范基地各26个。至年底，全市绿肥种植面积8700亩，高效低毒低残留农药和生物农药使用占比85%；全市农药使用量比2015年下降5.66%（75.2吨），其中太湖一级保护区农药使用量比2015年下降10.02%（43吨），完成主要农作物化肥、农药减量的任务。

【2个绿色食品获绿博会金奖】 8月，在内蒙古自治区包头市举办的第十八届中国绿色食品博览会上，参展的宜兴市三洞桥农业服务专业合作社的“莲花牌”大米和宜兴市华康茶场的“大觉”牌金豪茶均获金奖。博览会吸引全国34个展团的近2000个绿色食品企业参展，其中江苏省共有38个绿色食品企业代表江苏展团参展，在最终获奖的10个企业中，宜兴市参展企业获奖数量在江苏省各市（县）中位居首位。

（章鹤）

养殖业

【概述】 全年养殖业发展着力改变传统养殖模式，强化养殖监督执法力度，提升疫病防控能力，提高养殖产品质量安全水平。畜禽养殖通过环境整治，全市规模化畜禽养殖程度提升。至年底，全市拥有规模猪场259个、规模禽场122个，分别占总养殖量的72%、58%。全市能繁殖母猪存栏8700头，生猪出栏17.5万头、存栏8.87万头，家禽出栏399.63万羽、存栏202.58万羽，羊出栏1.73万头、存栏1.52万头，兔出栏1.83万只、存栏2.24万只，中蜂1834箱、蜂蜜73吨。全市实现渔业产值19.76亿元。至年底，水产养殖面积约17.68万亩，其中成蟹10.6万亩、常规鱼5.5万亩。全市养殖水产品总产量约7.06万吨，其中鱼类5.84万吨、河蟹9200万吨、青虾等3000吨。全市新增设施渔业面积3200亩，新增稻渔综合种养面积1000亩，新申报“三品”水产品4个，新增农业部健康养殖示范场4个、省级示范家庭渔场1个，全年水产品监督抽检合格率100%。

【动物疫病防控】 动物疫病防控工作以内防外堵和风险评估相结合为手段，降低疫病风险，保障公共卫生安全。开展重大疫病免疫工作，实行规模养殖场按备案程序自免、散养生猪常年免疫、其他畜禽春秋集中免疫的强制疫病分类免疫办法，全年累计免疫生猪20万头（次）、家禽460万羽（次），羊1.5万头（次）；年内检查养殖场（户）178个，查处有违规行为养殖场（户）5个。在完成全市牛羊存栏摸底的基础上，对辖区内牛羊布病开展基线调查检测工作，检测羊血清样品576个，经过初筛，未发现阳性样品。开展血吸虫病易感家畜查病与监测工作，通过省血吸虫病消除计划验收组的验收。落实家禽H7N9型禽流感剔除计划，在制订家禽规模养殖场H7N9流感监测工作方案的基础上，通过限制家禽由高风险区向低风险区调运、加强重点区域的监测和流行病学调查等方式，阻断病原传播路径，全年监测103个养殖场的1327个血清样品，未检出阳性。建立宜兴市畜禽生产和质量安全追溯系统，提升动物防疫信息化管理水平，了解畜禽出入栏、死亡、无害化处理、防疫物资管理等情况，为指导生产和领导决策提供科学依据，促进畜牧业稳定发展。

【稻渔综合种养技术推广】 开展粮经复合经济示范基地建设工作，与中国农科院水稻所开展稻渔共作试验，在6个镇（街道）开展“稻—虾共生”“稻—蟹共生”及“稻—甲鱼共生”等模式的综合种养试验，发放高秆稻稻种150千克，试验推广面积500多亩。稻渔综合种养技术研究与集成示范项目申报开展省级水产“三新”（新技术、新业务、新方法）工程，在徐舍镇奖墅村试点建设单季稻和黄鳝综合种养示范基地120亩。

【水产养殖品牌建设】 利用农产品交易（展）会平台，加强优质水产品的推介、营销工作，组织全市“三品”认证水产企业参加第三届江苏国际水产品暨休闲渔业展销会（南京）和第十五届中国国际农产品交易会（北京）。在“宜兴大闸蟹”地理标志准用证续签工作的基础上，组织授权企业参加“王宝和杯”全国河蟹大赛，高塍滆湖渔场和市鑫洋水产专业合作社均在比赛中连续第三年获“金蟹奖”。

（章鹤）

农业技术推广

【概述】 促进以农业物联网技术、生物组培技术为代表的智慧农业和生物农业规模的扩大。全年生物农业企业销售收入30.5亿元，继续列无锡市第一位。年内农业物联网新增覆盖基地面积200亩，全市智能农业应用面积累计有4.17万亩，占全市规模设施农业面积的23%，超出江苏省平均水平9个百分点，并继续被农业部确定为全国农业农村信息化应用示范基地。加快农业"四新"（新技术、新产业、新业态、新模式）步伐，通过农技推广工作促成惠农政策的落实，开展农业良种的引进、试点、推广工作，累计引进蔬菜新品种30多个，水稻良种覆盖率95%。培育典型流域主要农业源污染物入湖负荷及防控技术研究与示范、设施蔬菜化肥减施关键技术优化等中国农业科学院新技术推广应用示范基地。信息进村入户列全省前列，宜兴市被确定为江苏省信息进村入户整省推进示范县。继续加强对新型职业农民的培育力度，培养懂经营、善管理、有技术的新型职业农民，年内新增职业农民3713人，全市新型职业农民总数4.2万人。与高等院校展开地接，稳步实施挂县强农富民工程，充分利用高等院校在技术和人才方面的优势，年内开展果树产品加工技术集成和推广、水产养殖和加工技术集成和推广2个技术推广工作，助推全市农业产业发展。

【粮油良种良法推广】 坚持种植良种，年内基本淘汰在产量、抗性等方面逐渐下降的原有老品种，全市粮油优良品种覆盖率95%以上。在栽培技术推广上，坚持试验与示范相结合，推广应用优质高产、绿色高效栽培技术和模式。稻麦油种植合计推广16个主要关键技术。水稻生产在下半年不利气候条件影响下，通过有效控制机插秧龄、合理设置播种密度、提升水直播比例、扩大适期播种面积等途径，提高水稻播栽质量，成为获得较高产量的技术保障；小麦生产推广精确定量高产栽培技术、套播麦秸秆机械化还田配套集成栽培技术等5个技术；油菜生产推广稻板茬育苗移栽技术、移栽油菜"一穴双株"高产高效配套集成技术等4个技术。

【蔬菜产业技术推广】 围绕高效绿色蔬菜产业发展，打造江苏省现代农业（蔬菜）产业技术体系宜兴推广示范基地、省级蔬菜品种（无锡益健）展示中心，开展新品种、新技术、新模式、新装备的引进、示范和推广，蔬菜生产水平逐年提高。全年引进"玉女"樱桃番茄、"美绿一号"黄瓜、"贝塔"甘蓝等30多个新品种，推广"千禧"樱桃番茄、"湖月"甘蓝、"白玉春"萝卜等10多个主推品种，示范推广防虫网、杀虫灯、性诱剂、粘虫板、生物农药等绿色防控技术，绿色防控面积7000多亩，蔬菜水肥一体应用面积1000多亩，水生蔬菜氮磷拦截控制面积1000亩。

【农业科技项目实施】 年内农技推广项目克服项目任务下达时间晚、任务重等困难，结合宜兴产业实际，确定茶叶、蔬菜、水稻和水产4个产业为实施对象，配备产业专家5人、责任指导员89人、产业基地4个，涉及示范户1200户。在项目实施过程中，为确保惠农政策落实，在制订实施方案上重点调整农业推广服务补助和农业科技示范补助两项内容。农业推广服务补助率由原来的35%下调至25%，农业科技示范补助率由原来的45%上调至55%，农业科技示范户的物化补贴由2016年的28万元增加到2017年的54万元。

【新型职业农民培训工作】 提升全市新型职业农民培训质量，结合2016年培训情况，对承担培训任务的成人学校办班成效进行评估，确定与宜城、高塍2所成人学校签订培训协议，其中宜城成人文化技术学校承担省级任务1150人、市级任务600人；高塍成人学校承担省级任务1150人、市级任务500人。按照市场需求优化培训课程，将培训对象定位于下乡返乡人员、大学生和退伍士兵，扩大农业实用技术培训力度，突出"物联网+农业"的理念，开设网店培训、农产品经济人等课程，提高新型职业农民培训质量。重视培训成效，加大培训监督力度，督促培训机构明确培训计划，全年全市累计完成新型职业农民培训任务3713人。

【农业物联网应用示范】 利用省市信息化项目资金以及宜兴市又快又好物联网奖励政策，引导规模农业生产经营对象开展农业物联网生产应用工作。开展农业物联网应用普及工作，建立农业物联网建设信息项目库，为农业企业开展农业物联网建设提供咨询，利用南京农业物联网博览会、农业部苏州双新双创博览会重要物联网展示平台，组织农业生产企业参观学习各地农业物联网情况和智能化发展趋势，提高基层对农业物联网的认识。做好农业物联网建设技术服务工作，无锡市益健生态农业有限公司实施的大棚生产和肥水一体物联网应用建设工程被确定为无锡市农业物联网综合示范点。同人生物科技有限公司的铁皮石斛物联网应用基地被江苏省农委评为2017年江苏省农业信息化示范基地；丁蜀镇结合园区建设工作，在莲花荡农场实施水产、大田、茶叶生产物联网集成应用工作，构建农业物联网展示平台，并制订农业物联网特色小镇发展规划，成为江苏省第一个农业物联网小镇。

【信息进村入户】 推进信息进村入户工程建设，至年底，全市拥有210个益农社服务点，实现全市农村全覆盖。构建信息服务体系，组建"12316"为农服务专家团队，每年解答、解决农户生产技术问题6万余条（次）；开设《宜兴农林》电视专题，方便农户学习农业生产技术，拓展经营思路，提升生产水平；通过"农技110专家服务团"短信平台，每年发送实用农技、答复农户问题2万多条，解决实际生产问题3000余个。应用信息技术服务农产品质量安全监管，开通蔬菜质量监管和动物防检疫"微平台"，建立农产品质量安全监管与追溯系统。建立宜兴市农产品电子商务公共服务平台，在京东电子购物平台、天猫电子购物平台上开设宜兴特色馆。开发农业物联网服务系统，水产物联网技术使养殖效益亩均提高150元—300元；蔬菜物联网技术在生产上实现节本增效的同时，大幅度降低农业面源污染。协调宜兴广播电视台、宜兴邮政等涉农服务部门，在全市各益农社开展公益服务、便民服务、电子商务、培训体验服务，农民共享发展能级提升。

（章鹤）

农业资源开发

【概述】 全市农业资源开发以提高农业综合生产能力和促进农民增收为目标，全年立项建设农业综合开发项目10个，总投资5732.5万元，比上年增长26.5%。其中，建设高标准农田项目3个，总面积2万亩（徐舍镇1万亩，杨巷镇、屺亭街道各5000亩），总投资3032.5万元。按照镇村推进、整体开发的思路，全年投资2700万元建设省级丘陵山区开发项目7个，总面积1.87万亩，建设范围包括茶亭村、茗岭村、烟山村。放大农业产业集聚效应，在加强生态保护的基础上，发展林果茶和林下经济，形成张渚镇茶产业、西渚镇禅文化、太华镇竹制品加工、徐舍镇主要农产品生产、丁蜀镇花卉林果、湖㳇镇民居民宿集聚镇等产业集聚形态。

【农业资源开发项目管理流程规范化】 农业资源开发工作确立科学开发的理念，确立由镇政府、村集体作为开发主体的主要思路，并结合区域主导产业发展，系统化建设农业基础设施。加强项目的可行性论证，由市农林局组织对申报项目区进行实地考察，筛选出基本符合指南要求的备选项目，并成立农业、水利、建设、财务等方面专家组，评审拟入选项目，采取专家评审意见一票否决制，为项目的实施奠定基础。抓好现场勘察设计，督促项目建设单位科学设计建设工程，确保所建设施满足产业发展需要。在项目建设坚持做到与产业发展、新农村建设、示范引导结合，把项目建设成为可推广的示范典型。强化工程建设质量监督，建立健全的工程质量监管体系，通过公开招投标的方式确定设计单位、监理单位、全程跟踪审计单位、施工单位等，建立市、镇、村三级管理单位，落实监管手段，为打造优良工程创造良好的条件。完善项目台账，明确专人负责项目档案的收集与整理，下发档案整理目录，要求项目单位“缺什么、补什么”，由专业人员进行现场审核，及时发现问题，及时纠正，确保各类档案资料规范、手续齐全，档案资料通过上级检查验收。做好后期工程管护，秉承“谁受益，谁管护”的原则，与项目单位签订管护移交协议，由项目单位落实管护人员，明确管护责任，提供管护经费，确保项目工程的正常运行。

【农业基础设施建设】 加大农田基础设施建设，通过新建（扩容）水库、修建蓄水池、配套沟渠建设等手段确保旱涝保丰收。建设田间道路工程，强化休闲观光农业为主导的农业融合经济基础设施建设。张渚玫瑰产业园（二期）道路提档升级为柏油路，沟渠设计为鹅卵石贴面。太华镇砺山生态种植基地通过项目硬件设施建设后，有机稻亩产比上年提高60千克。完成高标准农田项目建设，项目区以往季节性干旱缺水、雨季涝渍和田间道路不畅等问题得到解决，粮食产能及生产效益得到提升。

【美丽乡村建设】 落实绿色生态发展新理念，开展高标准农田配套建设农业污水净化工程，通过在河中布置人工浮岛、栽植水葫芦、近岸栽植水生植物美人蕉等，营造良好的水生生态系统，净化水质。坡岸铺种草皮，栽植垂柳、红叶石楠等观赏性植物，形成沿岸绿化带。秉承以农为本、以旅富农的理念，打造休闲观光农业新亮点，申报全国休闲农业与乡村旅游星级示范企业2个、省级主体创意农园2个、江苏省休闲农业示范村2个，省级特色小镇2个。组织参加走在乡间的小路上——回味乡愁乡村行、首届江苏省创意休闲农业设计大赛等活动，提升宜兴休闲观光农业的知名度。编绘印制宜兴市休闲观光景点导览图，整合全市休闲农业资源。

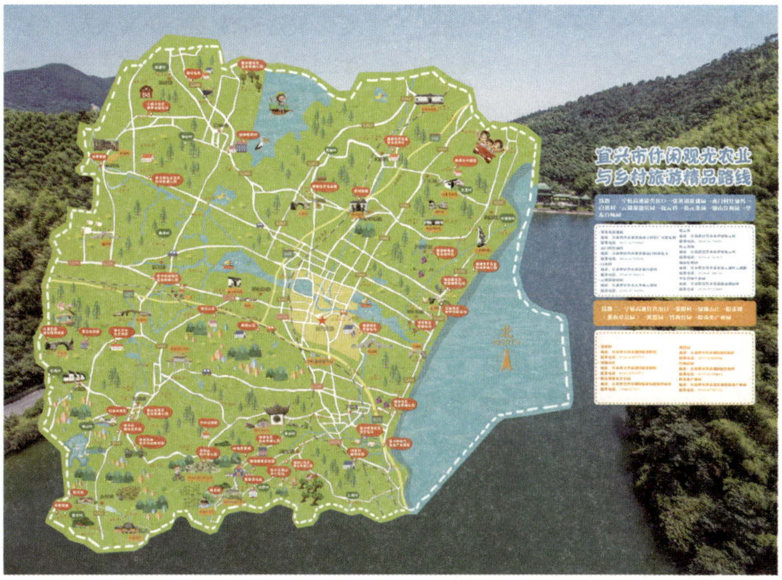

宜兴市休闲观光景点导览图　（市农林局　提供）

（章鹤）

农业环境保护

【概述】 全年农业生态环境保护工作紧扣“绿色生态”理念，推进涉农领域整治工作，完成禁养区畜禽养殖场关闭搬迁任务。开展全市域规模畜禽场治理，完善养殖设施设备，建设美丽生态牧场，全市规模畜禽场治理率78.4%。通过冬休晒垡、结构调整、绿色防控、水肥一体、调肥替代等举措，降低全市域化肥、农药等农业投入品施用量。在2万亩高标准农田建设区配套完善相应的尾水净化工程，减轻农业废水所带来的水体富营养化风险。构筑生态防护林、生态湿地、氮磷拦截等生态屏障体系，优化农业生态环境。加大对农膜、秸秆、粪便等农业废弃物的综合利用程度。

【畜禽养殖综合整治】 加快农业供给侧结构性改革步伐，转变传统农业生产经营模式，加强全市域农业面源污染治理力度。8月，全市禁养区退养关停任务提前完成，全年关停养殖场82个（累计关停840个），退养生猪11.8万头，占全市存栏量的50%；退养禽95万羽，占全市存栏量的20%；拆除养殖房舍38万平方米，投入资金超4亿元。严格执行《畜禽养殖业污染防治技术规范》《无锡市畜禽养殖污染防治管理办法》等文件精神，限适养区畜禽养殖污染整治成果显著。市定946户畜禽养殖场中有800户签订退养关停协议，643户完成退养关停，99户基本完成养殖场整治提升，另有3户正在施工建设，完成率78.4%；省定120个整治任务中有58个完成拆除关停任务，43个完成综合整治工作，完成率84.2%。

【秸秆综合利用】 加强典型流域农业面源污染治理，加大对农业废弃物综合利用，探索秸秆综合利用途径，通过科学还田、稳妥收贮等措施，保持秸秆利用率较高水平。加强秸秆收贮体系建设，在屺亭街道屺亭村、前亭村、后亭村、虞山村继续开展秸秆收贮试点工作的基础上，稳步推进秸秆收贮站点配套建设。推广适量还田技术，落实机械深翻还田措施，不断提高全市秸秆综合利用水平。全年全市秸秆总量约31.69万吨，全年秸秆综合利用量约30.53万吨，综合利用率96.34%。其中：秸秆机械化还田量14.36万吨，机械化还田秸秆利用率45.3%；多种形式利用秸秆量16.17万吨，多种形式秸秆利用率51.04%。

【水产面源污染治理】 开展全市湖荡围网和沿太湖3千米范围水产整治工作。拆除下裴荡、摆布潭养殖围网；调研滆湖宜兴市域围网情况，开展滆湖围网退养签约工作，指导督促沿滆湖各镇着力推进整治。牵头制订《宜兴市太湖3公里缓冲带水产养殖污染整治方案》，并协调沿太湖4个镇（街道）做好工作方案的细化和基础数据的核准工作。完成《宜兴市养殖水域滩涂规划（2017—2030）》和《宜兴市渔业养殖规划（2017—2025）》的编制工作，科学划定禁止养殖区、限制养殖区、养殖区，为确保渔业生态安全和生态环境安全奠定基础。

（章鹤）

农产品质量安全

【概述】 全年农产品质量安全监管工作落实标准化生产模式，强化农产品日常抽检力度，建立健全农产品监管体系，全市农产品质量水平稳定。开展产地环境监测工作，全市布设60多个监测点，对土壤重金属风险源开展监测，全年化验土样、产品50个，建立食用农产品环境指标数据库。推进农业生产标准化落实，提高优质产能，发展"三品"农产品生产，年内新增"三品"农产品116个，至年底，全市拥有"三品"农产品532个，总产量占食用农产品总量的48.8%。健全质量检测体系建设，采取检测关口前移，在提升基层管理部门的检测能力的同时提高生产基地自检频次和数量。全年完成定性监测29万余批次、定量监测600批次，实现省市抽检合格率99%。强化监管责任落实，通过责任状的形式将食用农产品质量监管的任务、要点、责任落实到镇、村、企、户，并强化基层监管人员的培训和绩效考核，增强各级的监管能力和监管意识。

【水产品质量安全监管】 开展水生动物病害测报工作，通过全市6个镇（街道）的8个病害测报点开展大宗水产养殖品种病害监测，及时开展重大疫病预警。对8个企业、18批次水产苗种的白斑综合征（WSD）和鲫鱼造血器官坏死病等重大疾病开展专项监测，检测结果全部阴性。继续开展药敏试验，科学指导养殖户科学选择抗菌素类药物，从源头保障水产品质量安全。强化水产投入品监管，重点检查全市的水产无公害基地和农业部水产健康养殖示范场，并逐一签订质量安全承诺书。落实水产品例行抽检监测工作，全年开展水产品抽检91批次，开展孔雀石绿和呋喃唑酮代谢物残留快速检测509批次，全年各级例行抽检监测以及水产品药残快检合格率100%。

【畜产品质量安全监管】 夯实畜禽投入品管理，以监督检查为主、许可把关为辅，强化兽用投入品生产、经营、使用三个环节的全链条监管，全年检查兽药、饲料生产企业和兽药经营企业180余场次，查获销售假劣兽药案3起、非法添加原料药案1起。按照畜产品质量安全可追溯要求开展兽药经营企业审核工作，严把兽药经营门槛，全市仅余兽药经营企业27个，比上年下降65%。定期开展养殖环节监管工作，开展"瘦肉精"抽检1900份、兽药残留抽检128份，抽检合格率100%。完成畜禽屠宰清理整顿工作，年内关闭屠宰企业4个、整改屠宰企业3个。

【蔬菜质量安全监管】 建立健全蔬菜监管队伍，依据属地管理的原则，完善市、镇、村三级监管网络，全市有镇级检测员18人、村级检验员201人、基地检验员23人、经纪人和运销户担任检验员47人、合作自检检验员56人。突出重点检查对象，主要针对重点蔬菜基地、全市自产自销户及菜配送企业开展监管工作，全年累计检查生产企业、合作社、家庭农场、种植大户102个，抽查自产自销户1481个，检查涉及学校配送的企业

10个、其他配送企业6个。创新监管工作方式,创新探索"互联网+监管"模式,通过GPS定位,后台地图核对,拍照上传核实,杜绝实地采样检测的造假问题,减少监管中存在的盲区,同时有效降低蔬菜质量安全监管过程中因人力和交通造成的成本问题,提升蔬菜监管工作效率。强化抽样检测工作,通过增加抽检频率,扩大抽检范围,提高抽检覆盖率,提升监测成效,全年蔬菜检测样本数32万个,合格率99.9%以上。加强监管绩效考核,市蔬菜办公室通过日常抽查、月度检查、年终考查的形式,年内累计出动252人次,督查基地、镇、村528个,对全市蔬菜质量安全监管、蔬菜质量监督抽检、安全示范基地建设等工作开展考核。

【农药监管】 6月1日,国务院公布新修订的《农药管理条例》。新条例调整了农药管理的体制、制度、措施等内容,强化了主体责任,加大了处罚力度。为落实新修订的《农药管理条例》,市农林局全面调查摸底全市农药生产经营单位,并在此基础上,根据《农药管理条例》内容组织培训管理对象,广泛开展法律宣传,确保全市农药生产经营者严格按照新要求落实责任。加大农药经营许可审核力度,严格对照相关要求,规范对农药生产经营单位的许可审查工作,进一步规范农资生产经营市场。强化对农药生产、销售、使用各环节的监管,严厉打击假冒伪劣、违规生产销售违禁农药、违规添加禁用成分等行为,做到农业生产的源头控制。

（章鹤）

农林行政执法

【概述】 着重对农产品质量安全、生态资源保护、农资市场监管等方面开展工作。在农资打假上,累计出动执法人员500余人次,发放宣传资料3000余份,检查门店300多个(次),检查农资100多批次,销毁废旧农资2500千克,抽取样品60多个,抽检合格率为95%。立案查处15起,结案10起,协调举报投诉8起,维护农民利益30多万元。打击非法电捕鱼行为,全年非法捕捞举报电话比上年下降35%。在林业资源执法上,调查处置涉林案(事)件线索102起,放生或救护国家重点保护野生动物。开展执法监督工作,对行政执法履行合法性审查,确保实现依法行政。履行行政许可和行政处罚信息双公开,及时公布行政许可和处罚信息。开展农林执法案卷评查工作,整改反馈问题,提高农林行政执法水平。

【农资打假活动】 市农林局根据《2017年宜兴市农资打假专项治理行动方案》的相关要求,开展放心农资宣传,组织农资打假活动。3月,在万石镇举办"放心农资下乡进村宣传周"活动。4月,组织春季种子执法大检查,对全市70多个种子经营单位、3万多吨种子进行全面专项执法检查。8月,组织开展农资打假夏季百日行动,检查50多个门店、20多批次的农药产品。11月,组织农资打假秋冬季行动,重点检查全市兽药市场。

【渔业执法】 打击非法捕捞行为,充分利用法制宣传活动、服务民众业务咨询等时机,张贴标语150条,悬挂横幅38条,发放宣传资料750份。加大执法巡查密度、突出区域保护,全年开展专项行动8次,配合无锡渔政支队行动3次,日常巡查60余次,共查处非法捕捞102起。其中,电捕鱼46起,没收电捕工具46台(套),收缴违章丝网、地笼梢226条。打击在团氿、东氿翘嘴鲌国家级水产种质资源保护区的非法捕捞行为,配合市公安局、检察院追究13人刑事责任。加大渔业安全生产工作,结合船渔检验对全市1570个渔船和附属船只进行安全在航情况普查,针对住家船及集中停泊船开展抽检2次。组织渔民安全生产培训830人次,发出安全整改通知书28份,全年全市渔业生产实现零事故。

【林业执法】 年内林业执法工作共调查处置涉林案(事)件线索102起,移送或协助公安机关办理涉林刑事案件8起、11人,移交其他部门行政案件9起,直接立案行政处罚7起、12人,责令补种树木7470株、恢复林地现状372.2平方米,放生或救护猕猴、猫头鹰等国家重点保护野生动物12只以及乌梢蛇、青蛙、夜鹭等省级、三有保护野生动物242条(只),清除捕鸟网11处、1026平方米。推进全面禁猎工作,全市全境范围被纳入禁猎区,全年为禁猎期,明确禁猎的对象、工具、方法、职责等,成为江苏省第一个颁布"禁猎令"的市(县),遏制非法狩猎行为,全年查处非法狩猎行为1起。加大法律宣传,根据2017年1月起施行的新《中华人民共和国野生动物保护法》,提升全社会对野生动物保护的意识。

（章鹤）

编辑　张璐瑶

水利·农机
SHUI LI · NONG JI

综述

【概述】 围绕"规划为要、建设为重、生态为先、民生为本、管理为基"的工作理念,以加快水利现代化和农业机械化建设为目标,推进水利农机重点工作。全年水利投入约10.5亿元,重点实施防洪保安、农田水利、河道环境综合整治、太湖应急清淤、新孟河延伸拓浚等水利工程。完成无锡市定31条河道综合整治(主支河121条、总长144.3千米、清淤土方245.1万立方米)、农村河道清淤(87条、54.77千米、81万立方米)、太湖应急清淤(76.92万立方米)等工程。完成小型水利工程管理体制改革和创新运行管护机制改革。推进农业水价综合改革,成立用水合作组织58个,安装计量设施287台。新改建泵站153座,新增省级规范化管理小水库5座,华东百畅生态园创建为国家级水利风景区。至年底,全市拥有省级规范化管理小水库16座,国家级水利风景区3个、省级水利风景区3个。深化河长制工作,建成莲花荡、大村河、阳山荡等一批亮点示范河道。落实水政水资源管理,宜兴市2016年最严格水资源管理制度考核结果位列无锡第一。全市农业机械化水平为90%。水稻、小麦机械收割率99%以上,水稻生产全程机械化80%以上。发放农机购置补贴1039.45万元,100%用于农机购置。至年底,全市农业机械保有量为插秧机1914台(高速插秧机451台)、大中型拖拉机1008台、联合收割机685台、高地隙喷杆式植保机56台、无人植保机15台、粮食烘干机553台(6501吨)。杨巷、徐舍、和桥、芳桥、新街创建为无锡市粮食生产全程机械化示范镇。

(张姗姗)

水稻机械化生产 (龚平 摄)

工程建设与管理

【概述】 工程建设扎实推进。全年水利投入约10.5亿元(含新孟河延伸拓浚工程)。其中:防洪工程取得历史性突破,完成山区库塘除险加固、圩区达标等重点项目建设任务,除险加固圩156只,土方加固加高296.7千米、401.5万立方米,库塘除险加固、配套整治29座,治理涧河43条、跌水40座等;建设完成高塍、万石、丁蜀3个项目区重点水利工程,项目区内旱涝保收面积新增4000亩,比上年增长11.2%,灌溉保证率95%以上;完成无锡市定31条河道综合整治工程(主支河121条、总长144.3千米、清淤土方245.1万立方米)、太湖应急清淤工程(76.92万立方米);开展移民后期扶持工程,落实省级以上全额资金项目8个,总投资1628万元,重点解决部分移民村的道路升级改造,村庄环境综合治理,村民活动广场等配套设施建设;推进新孟河延伸拓浚工程征地拆迁工作。

工程管理水平明显提升。推进水利改革,为全市2964条河道工程、46个圩区工程、2869座泵(闸)站工程、33座库窖5万立方米以上的重点塘坝颁发宜兴市小型水利工程所有权证、宜兴市小型水利工程使用权证,并与每个工程逐个签订管护协议书,实现"两证一书"齐全(宜兴市小型水利工程所有权证、宜兴市小型水利工程使用权证,《管护协议书》)。农业水价综合改革推进工作处于全省前列,全市拥有计量设施646台(套),用水合作组织61个,改革完成灌溉面积27.8万亩。新建、改建泵站153座,新增省级规范化管理小水库5

烧香港及其支河河道清淤工作现场 （芳桥街道水利站 提供）

座，全市有水库19座，其中大型水库1座、中型水库1座、小型水库17座，水库规范化管理率94%。华东百畅生态园创建为国家级水利风景区，竹海水利风景区被水利部选为唯一的景区智能化管理系统综合服务平台试点。全市现有国家级水利风景区3个、省级水利风景区3个，水利风景区数量名列全省前茅。加强全市范围内重点水利工程维修养护工作，全年投入省级资金813.6万元、无锡市级资金149.78万元、宜兴市级资金2323万元。

【农村水利建设】 2016年，宜兴遭受重大洪涝灾害，全市水利工程发生险情700多处。为确保人民群众生命财产安全，2017年，全市完成除险加固圩156只，土方加高加固296.7千米、401.5万立方米，新建防洪护坡50.98千米，老护坡固基14.8千米。新建、改建防洪水闸94座、防洪墙53.1千米、灌排泵站188座、涵洞386座。库塘除险加固、配套整治29座，润河治理43条、16.3千米。全年建设市级农田水利项目区4个，河塘清淤主支河87条、总长54.77千米、81万立方米。

【太湖应急清淤】 为确保太湖连续第十年安全度夏，防止大面积湖泛发生，根据省水利厅《关于尽快实施太湖间江口符渎港等水质异常水域应急清淤的通知》，2017年，投入4518万元开展针对性的应急清淤工程。2017年度应急清淤主要针对师渎港至沙塘港部分水质异常区域，范围从近岸向湖区延伸，东西宽度1000米左右，局部2000米，南北长约5000米，呈块状分布，疏浚总面积2.89平方千米，平均清淤深度0.27米，清淤土方量76.92万立方米，淤泥采用自然干化，后期用以复耕、绿化等。6月，清淤开始；10月底，清淤完成。工程实施后，大量污染底泥清除，太湖底质环境变清洁，水体自净能力提高，环境改善。

【中央小型农田水利重点县第九期项目投运】 中央小型农田水利重点县第九期项目（高塍、万石、丁蜀3个项目）总耕地面积2.86万亩，灌溉面积2.32万亩。工程建设主要包括整治灌（排）渠道73.88千米；更新改造灌（排）溉泵站49座，其中灌溉站47座、排涝站1座、闸站1座；建设智能灌溉面积50亩；疏浚河（塘）8.54千米；修建桩木护岸2.87千米、生态驳岸2.4千米；新建机耕路2.9千米；安装量水设施117座；新增高效节水灌溉面积2240亩。概算总投资4840.12万元，其中中央及省级补助资金2100万元、市镇自筹资金2740.12万元。12月，项目区建设完成。新增旱涝保收面积4000亩，项目区内旱涝保收面积占耕地面积83.1%，规划项目区灌溉保证率不低于95%，渠灌区灌溉水利用系数平均不低于0.7，渠系水利用系数达0.8，项目区排涝能力达十年一遇标准。

【新孟河延伸拓浚工程】 年底，完成新孟河延伸拓浚工程的建设用地报批、拆迁、评估、设计、部分项目招投标等工作。工程建设用地得到国土资源部批复；农户签约房屋拆迁371户（签约率99.5%）；中国移动通信集团江苏有限公司宜兴分公司等管线单位完成工程涉及区域的管线迁移方案编制，河道I标所涉管线进场迁移；完成苗木等地面附属物评估；开展施工图设计、部分项目招投标等主体工程开工前的相关准备工作。新孟河延伸拓浚工程在宜兴境内涉及漕桥河、太滆运河、北干河三条河道疏拓，总长19.67千米，需新建、改建跨河桥梁17座，涉及和桥、万石、周铁、新建4镇、11村，工程永久征地2610亩，临时占地2848.53亩，拆迁居民房屋8万平方米，涉及企事业单位32个。工程总投资约13.3亿元（概算批复投资9.4亿元、征地拆迁地方标准高于批复标准部分3.9亿元），其中省级以上投资6.9亿元、市级配套资金6.4亿元。新孟河延伸拓浚工程建设实施后可以调引长江水，提高流域和区域防洪排涝能力和水资源配置能力，改善流域水环境。

【农业水价综合改革】 农业水价综合改革立足农村水利改革大局，把握不增加农民负担和节能减排的主旨，在计量设施安装上推行计时器、电磁流量计等不同设施，全年安装计量设施646台套。在用水户协会成立上推行民政、工商登记“双管齐下”，全年成立用水合作组织61个。完成《宜兴市农业水价综合改革实施方案》的编制和审批，出台《关于加强农业用水价格管理的通知》《关于印发<宜兴市农业水价综合改革试点项目区水价精准补贴及节水奖励实施细则（试行）>的通知》《关于深入推进全市农业水价综合改革的通知》3个文件。建立水价核定、精准补贴和节水奖励、监督考核和绩效评价等相关机制。完成杨巷镇芝果村农业水价综合改革试点工作，以点带面推进改革工作。杨巷镇、新建镇成立用水协会，完成计量设施安装，其余各镇按计划推进农业水价综合改革。

【河长制工作改革】 深化河长制工作，强化水环境综合治理，促进河道水域环境质量提升。全市各镇(园区、街道)深化河长制工作方案，出台河长制验收、考核、督察、联席会议、检查巡查、水质通报、信息报送、信息共享八项制度。健全组织体系，调整河长制工作领导小组，设立河长制工作办公室，确定总河长、副总河长。全市河道、水库、湖荡按照不同等级设立河长，建立市、镇、村三级河长制管理体系，实现河长制管理工作全覆盖。优化工作机制，在市水利农机局设河长制工作办公室，为常设机构，承担全市河长制工作日常事务。各相关挂钩成员单位分别明确1名业务科长作为联络员，联络、参与市河长办工作；各镇(园区、街道)建立镇级河长办，承担河长制工作日常事务。完善一河一策，完成市、镇两级河道一河一策编制，启动村级河道一河一策编制工作。完成市、镇、村三级河道公示牌更新。强化河长制考核，坚持属地负责，分工包干的原则，以河道水质、综合整治、长效管理为内容，对各镇(园区、街道)的河长制管理工作开展考核，全年考核2次。创建亮点河道，各镇(园区、街道)完成暨定河道综合整治工作，形成一批有特色、有亮点，具备一定生态功能的示范河道。

(凌寅　殷俊伟　潘栋飞　夏从轩　王强　杨威武)

水政水资源管理

【概述】 严控水资源管理“三条红线”*，启动河湖健康评估工作，出台《宜兴市(2017年度)重要河湖健康评估报告》。首次开展45个水功能区、3个地表水饮用水源地、12个主要入河排污口的水质监测工作，编制监测报告。完成费用征收任务，到账水资源费、水利工程水费、河道占用补偿费1800多万元，创历史纪录。创建成省级节水型企业、省级节水社区、省级节水灌区、省级节水单位各1个。落实水行政执法工作，开展“冬季鱼塘清淤专项执法检查活动”“非法取用地下水行为执法检查活动”等专项执法活动，规范水事行为。落实饮用水源地保护工作，坚持对横山水库、油车水库及西氿备用水源地实施不间断执法巡查，确保全市人民吃上放心水、安全水。办理取水许可审批88件，河道堤防占用审批26件，水土保持实施方案审批6件。编发《宜兴市水资源公报》，定期向社会公告水资源情势、开发利用保护情况和重要水事活动。

【水行政执法】 全市水事秩序稳定，水行政执法环境始终保持良好态势。提高水政监察队伍的执法管理能力和水平，全年开展业务培训活动11次，参训人员356人次。严格落实水行政执法日常巡查制度，依法查处水事违法行为。全年开展执法巡查活动1003次，出动执法人员3665人次，查处违法行为45起。开展水行政专项执法检查活动3次，检查取水企业280个、河占企业276个，清除历史圈圩72余亩，拆除乱搭乱建3300余平方米，清除乱垦乱种820余亩，迁移河道管理范围内坟墓469座，拆除渔网渔簖42处、网箱26个，清除沉船61艘、地笼12条，拔出各类桩木竹竿30余根，处置河道筑坝行为8起，下发限期补办水行政许可通知书24份、限期清障通知书5份。

【水源地保护】 加强饮用水水源地的管理保护，全市日常饮用水水源地全部通过省集中式饮用水水源地达标建设验收。对水源保护区实行24小时不间断执法巡查，确保第一时间发现、第一时间处置水源安全隐患。全年开展饮用水源地联合执法巡查18次，水库日常巡查1820次，出动巡查人员4832人次，发现处理影响水源安全行为180次，收缴各类捕鱼工具350余套，处置重大水源隐患3起，全市饮用水源地管理秩序良好，水源水质长期安全、可靠、达标。

【河湖健康评估】 为加强水资源管理，推进水资源管理现代化，结合《无锡市河湖健康评估工作实施意见(试行)》文件精神，全面启动河湖健康评估工作。组织实施《宜兴市(2017年度)重要河湖健康评估报告》，评估了北溪河、孟津河、厍溪河、张渚西河—桃溪河4个河流和临津荡、徐家荡2个湖泊。北溪河、孟津河、厍溪河、张渚西河—桃溪河河流健康综合评价值分别为0.72、0.78、0.7、0.81，河流健康水平均为“良—健康”。临津荡湖泊、徐家荡湖泊健康综合评价值分别为0.75、0.73，湖泊健康水平均为“良—健康”。河湖健康评估包括河流的自然属性和社会服务功能两方面，涵盖自然及水文、水质、生态特征和社会服务等功能，可以通过建立评估体系，评价河湖的健康状况，建设有效控制、河湖健康的水生态保护体系，实现水资源的综合管理和流域生态系统良性循环。

(陈静　周青)

农机应用与推广

【概述】 提高农机作业水平，全市水稻作物生产全程机械化水平80%，其中耕整地机械化水平100%、高效植保机械化水平90%、水稻机插秧水平80%、秸秆机械化还田水平70%以上、粮食烘干机械化水平74%。秸秆机械化还田面积54.9万亩，其中夏季36.9万亩、秋季18万亩。开展粮食全程机械化示范区建设，建立2000亩以上示范区32个。杨巷、徐舍、和桥、芳桥、新街5个镇(街道)通过无锡市粮食生产全程机械化示范镇验收。建设烘干中心3个、育插秧中心8个。优化农业机械装备结构，全市农业机械新增高速插秧机118台、大中型拖拉机83台、联合收割机　52台、高地隙喷杆式植保机53台、粮食烘干机178台(2700吨)，小麦条播机45台，其他各类农业机械700多台(套)。全市累计有插秧机1914台(高速插秧机451台)、大中型拖拉机1008台、联合收割机685台、高地隙喷杆式植保机56台、无人植保机15台、粮食烘干机553台(6501吨)。提高农机社会化服务水平，引导和支持农机合作社、家庭农场和农机大户等农机经营服务主体规范化发展。提升农机安全

农民使用农机进行耕种 （金利君 摄）

质量水平，利用“平安农机”“打非治违”等媒体平台宣传、推进农机安全生产工作，牢固构筑农机安全防线。

【农机购置补贴工作】 按照《2015—2017年江苏省农业机械购置补贴实施办法》要求，全市农机购置补贴工作发挥补贴政策效应，推动主要农作物生产全程机械化，促进农业机械化又好又快发展，提高农业综合生产能力。农机购置补贴惠全市，直接受益农户415户，补贴金额1039.45万元（其中中央补贴1014.3万元、省补贴9.9万元、报废补贴15.25万元），带动农民直接投入4843.35万元。补贴机具904台（套），其中耕整地机械317台（套）、种植施肥机械114台（套）、田间管理机械161台（套）、收获机械50台（套）、收获后处理机械168台（套）、其余94台（套）。补贴资金全部用于农户购机，为推进全市粮食生产全程农机化建设和农民增收奠定基础。

【农机实用技术培训和服务】 全年开展农机推广宣传活动11次，发放宣传资料4000余份，宣传品1000余份。开展农机技术培训11期（育秧培训1期、操作培训3期、获证奖补培训3期、其余4期），培训农机人员367人。各镇（街道、园区）开展培训34场次，印发农机实用技术规范及技术简介等资料1000余份。围绕购机补贴，采取多种形式开展有针对性的农机具操作手培训，让农民懂得新购置补贴机具的构造原理，做到会安全操作，落实购机补贴工作的重要环节。围绕就业需求，开展新型职业农民培育培训。出动服务车辆，深入农村进行现场指导，维修调试农机具，保障新机具、新技术的推广和作业效益。

【农机安全生产】 全市农机安全生产工作以规范建设和优质服务为着力点，强化源头管理，提高农机“三率”（持证率、挂牌率、检审率）水平。全年完成上道路拖拉机年检1185台，拖拉机、联合收割机注册登记151台。插秧机、微耕机、机动植保机等主要农业机械备案登记率95%以上。构筑安全防线，开展打击非法违法生产经营专项行动、安全隐患排查治理和安全大检查等活动。组织50多名农机执法人员、200多名村农机安全管理员，对投入夏忙作业的农机具，特别是跨区作业农机具进行安全作业巡查，及时查纠违章作业，将安全隐患消除在萌芽状态，保障农机作业安全。全年开展道路执法检查40天（次），查纠违章违法行为232人（台）次。全市共排查出隐患92个，隐患整改率100%。

（夏鹏飞）

防汛·防旱·防台

【概述】 全年水情、雨情总体平稳，全市没有出现大范围强降雨过程或遭受台风。全市汛期降雨量仅613毫米，比上年下降超55%，且明显低于常年正常水平，尤以梅雨季节雨量下降明显。2017年度，宜兴市6月19日入梅，7月11日出梅，历时23天，其间仅有7天出现明显降雨过程，梅雨量仅61毫米，不到上年的10%，不足常年正常水平的25%。7月中旬至8月上旬，全市持续出现高温天气。受高温少雨影响，全市河湖库塘水位下降的速度和幅度明显，部分山区涧河出现断流，部分小型水库、塘坝、水窖蓄水量不足。南部山区出现轻微旱情，苗木、果树等部分经济林生产用水及部分山区居民生活用水受到影响。

【汛前工程安全检查】 按照“早查早处理、严查严处理”的要求，组织开展汛前工程安全大检查，对全市水利工程进行拉网式检查，重点开展对圩堤和库塘大坝的涵洞、主要航运河道沿线圩堤及镇村结合部的防洪工程的检查，查出河道堤防险工15处、4858米，病闸1座，病站1座。为确保病险工程处理到位，全市落实除险加固责任人，优化除病灭险方案，保障人民群众生命财产安全。

【防汛抢险救灾保障】 为保障防汛抢险救灾工作，全市开展建设防汛抢险队伍和机械化应急队伍，储备抢险物资，全面检查维护防汛信息系统，成立防汛抢险队324个、7836人，机械化应急抢险队伍17个、149人，购置机械设备129台（套），储备防汛编织袋126.95万只、木材458立方米、毛竹2.87万支、桩木3.25万根、铁丝4320千克、元钉765千克、柴油51吨、块石4469吨、土工布彩条布18.24万平方米等。确保水雨情遥测系统稳定运行，为防汛防旱决策提供数据支持。

（屠飞翔）

编辑 张璐瑶

交通运输
JIAO TONG YUN SHU

综 述

【概述】 按照市"十三五"交通运输规划，交通部门围绕"一小时深度融入沪宁杭、半小时无缝对接苏锡常、十分钟快速进入公交网"中心目标，坚持高起点谋划、高标准实施，着力打造公路、铁路、水运、航空四种交通运输方式统筹发展，构筑现代交通运输网络，实现宜兴"公铁水空"大交通新格局。公路方面，推进常宜和宜长高速公路、（无）锡宜（兴）高速改扩建、范蠡大道北延快速路等工程，加快建设省道262、263、341、360等线，完成国道104线城区段改线和城区外围主要节点改造，构建市域、城市两条快速环线；加密宜南山区旅游公路，提档升级农村公路，完善旅游公路路网结构，改善农村道路通行条件；加快推进城区主要路口的公交专用道建设，推行"大站快线""定时快车"等快速化模式公交，改善"掌上公交""Wi-Fi公交"等公交智能化服务，进一步扩大智能电子站牌覆盖面积、提升新能源公交车占比；完善城乡公交线网、延伸农村校车线路，让农村群众在1000米范围内、城市居民在500米范围内乘上公交、往返城乡。铁路方面，推进盐（城）泰（州）（无）锡常（州）宜（兴）城际铁路和锡宜市郊铁路S2线的各项前期工作，助推"（无）锡宜（兴）一体化"。水运方面，按芜申运河、锡溧漕河，以"怡心港湾"品牌为标准，建设航道服务区。航空方面，加快推进通用机场建设，实现宜兴航空运输零的突破。建设城市候机楼，全面实现与南京禄口、上海浦东、上海

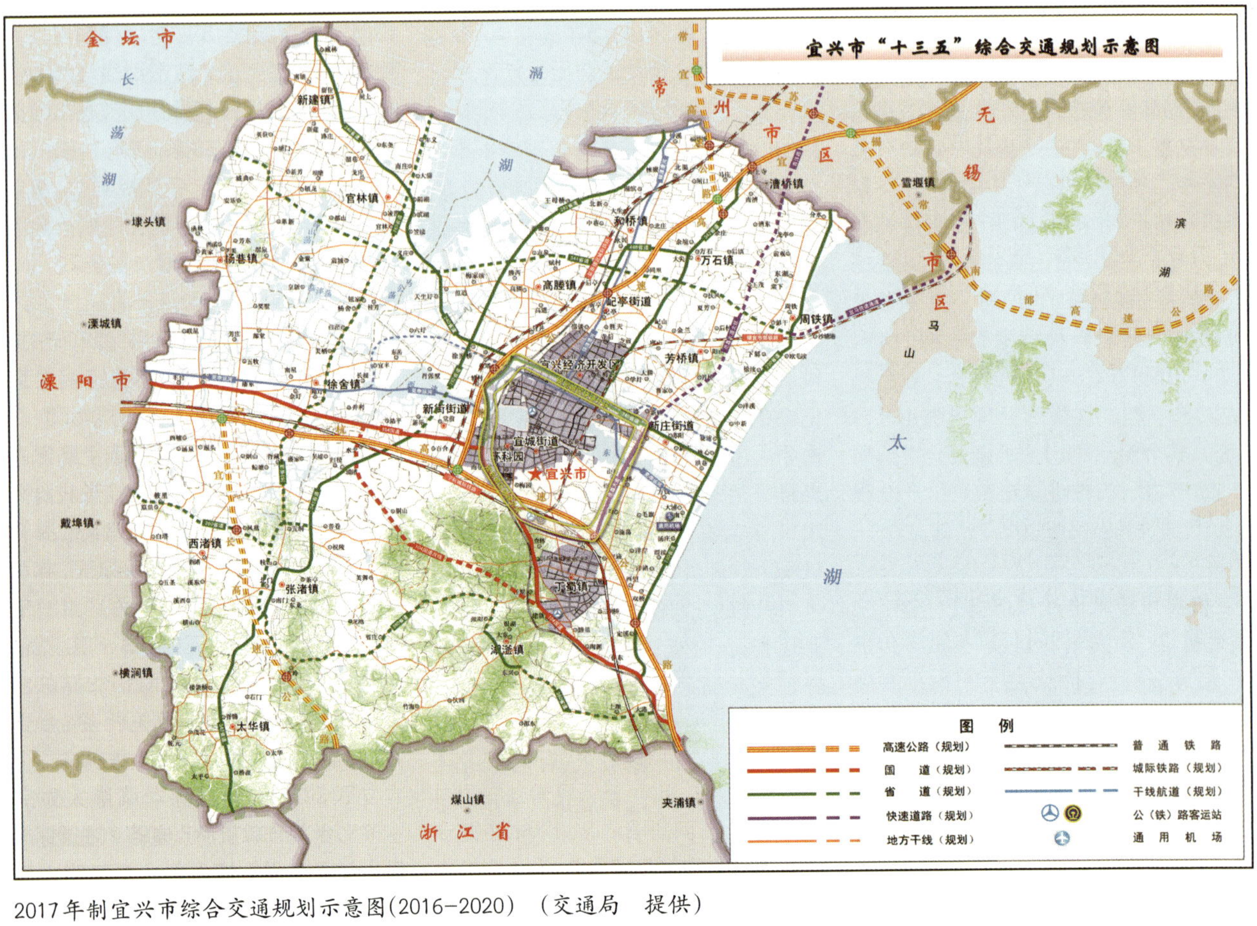

2017年制宜兴市综合交通规划示意图(2016-2020) （交通局 提供）

虹桥、杭州萧山、无锡硕放五大机场的陆空联运。至年底，全市有高速铁路线1条，高速公路2条，国道104线、省道342线、省道240线、省道230线、省道262线（滆湖东路+环科大道段）、省道263线和省道448线国、省干线7条，芜申运河和锡溧漕河等级航道2条；全市公路总里程2376.29千米，其中高速公路78千米、一级公路199.59千米、二级公路449.22千米、三级公路444.99千米、四级公路1204.49千米，公路密度为每100平方千米公路135.17千米；有城市公交站场13个、公路客运站场20个；航道总里程604.6千米，其中四级航道45.17千米、五级航道25.51千米、六级航道53.8千米、七级航道66.84千米、等外航道413.28千米；有码头泊位381个，码头总长14972延米；有铁路里程101千米。

【交通产业集团挂牌成立】 2016年全市财税工作会议提出在市交通运输局系统开展全市国有企业改革的试点工作。改革前交通系统有企业主体23个（其中市交通运输局局属国有全资或控股企业18个），投资参股企业7个。由交通运输局直接考核管理的18个企业中正常经营的14个，4个已处于停歇业状态。至2016年末，注册资本7.21亿元，资产总额32.48亿元，净资产9.77亿元。有在职职工3174人，其中事改企人员326人（含收费站的121名事改企职工）。年营业收入约10亿元，净利润2000多万元，对上贡献4000多万元。2017年，市委、市政府出台《关于深化国有企业改革的实施意见》和《关于组建宜兴市交通产业集团有限公司的意见》等相关文件。2017年9月，市交通产业集团挂牌成立，职级参照正科级建制，性质为国有企业，下辖全资子公司10个，投资参股公司7个。交通产业集团的成立，为解决全市国有企业数量多、体量小、业务散、效益低的问题，探索了经验。

【中铁路通工程设计咨询江苏有限公司成立】 12月，市路通交通规划设计院有限公司与中铁第五勘察设计院集团有限公司合作成立中铁路通工程设计咨询江苏有限公司。市路通交通规划设计院有限公司成立于2004年，是市交通产业集团下属子公司，主要承担公路和市政行业道路、桥梁工程的设计以及工程咨询等技术服务。中铁第五勘察设计院集团有限公司是央企中国铁建旗下核心子公司，拥有工程设计、勘察、监理等方面20余项甲级资质，承担过国内20多条新建高速铁路、客运专线、长大干线的勘察设计咨询工作，具备强大的资源和市场优势。中铁路通工程设计咨询江苏有限公司成立后，围绕“观念现代化、管理规范化、技术信息化、队伍专业化”的目标，以承揽勘察、设计、咨询及工程总包、项目管理等业务为主攻方向，在原公路和市政工程勘察、设计、咨询业务基础上，拓展轨道交通、建筑工程和水工等新领域。

（徐云飞）

宜兴市交通产业集团揭牌仪式（市交通局 提供）

工程建设

【概述】 全年交通基础设施建设投资20亿元。开工交通基础设施建设项目36个。其中：续建项目13个，宁杭高速宜兴东互通、省道262线环科大道南延段及西氿大桥等项目基本贯通；新建项目23个，和（桥）闸（口）线、周（铁）万（石）线等8个县道改造工程完工，宜长高速公路、常宜高速公路和省道360线洑湖段等工程开工建设，锡溧漕河屺亭段、锡溧漕河大桥升级改造工程启动。全市全年完成新建、改建城区公交站台70个、农村候车亭50个、城区电子站牌32个。新庄公交首末站全面完工。按照《农村公路提档升级工程的实施意见》，投资1.3亿元提档升级农村路桥，全年新建、改建镇（村）道170千米，农村危旧桥梁29座。制订出台农村公路“建管养”一体化方案。

【竹海交通战备公路滑坡段修复工程完工】 2016年10月下旬，竹海交通战备公路“1K+720”路段发生山体滑坡，路面下方路基被掏空，坍塌长度30多米。山体滑坡发生后，为保证人民群众出行安全，湖汊镇农路办立即采取临时封路措施，并上报至市农路办。市交通运输局会同湖汊镇联系浙江省长兴县煤山镇相关部门，将发生滑坡的路段挖断，对该道路全线交通封闭，在地方报纸上发布公告，联系设计单位专家到现场进行灾害评估，确定塌方产生的原因及后续发展情况的可能性，并委托相关单位在滑坡区域稳定后对该地质灾害节点进行地质勘探，确定坍塌路段的处置方案。2017年7月，竹海战备路“1K+720”路段修复工程开工，9月底工程完成。

【国道104线梅膝段涵道改造工程完工】 位于丁蜀镇湖光路与国道104线交叉口附近的两个桩号为“1282K+850”“1283K+250”的涵洞在降雨后，上游雨水汇集至该路段，经过涵洞及湖光路排水系统进入河流。在国道104线拓宽改造和新长铁路修建后，原区域地形水系改变，当短时间雨量剧增时，原涵洞暴露出尺寸偏小、阻塞严重等问题，泄水能力无法达到要求，极易形成溢水，造成国道104线路面大量积水，阻碍交通。5月，宜兴市公路管理处组织人员在“1282K+850”“1283K+250”两地各新增一个涵洞。新涵洞均为排水能力更强的箱涵。其中一个内宽约4米、高2.2米，另一个内宽2.5米、高2.2米。7月底，工程结束。

【新西氿大桥钢结构桁梁吊装接近合龙】 2016年4月，新西氿大桥完成施工图设计，8月，开工。新西氿大桥总投资约3亿元，是环科大道南延段工程上的重要节点，新西氿大桥桥梁长1247.52米(含耳墙长度)，主桥面全长333.4米，桥宽39米。大桥汽车荷载等级设计采用公路-I级，上部结构主桥为三跨连续钢桁架桥，引桥为预应力砼组合箱梁；下部结构主桥采用三角形墩，引桥采用柱式桥墩、桩柱式桥台、钻孔灌注桩基础。该桥主桥面钢结构桁架总重近1.2万吨，共设78个吊装节段，单体最大节段重量达到215吨，施工难度大。大桥建成后，北接滆湖东路、南至宜(兴)广(德)线，连通宜兴市西部快速主干道路的“最后一千米”，有助于缓解国道104线宜兴西氿段、环科园段的交通压力，进一步优化西部路网整体布局。至2017年年底，新西氿大桥完成总工程量的70%，完成吊装节段21个，主桥面右幅钢结构桁梁吊装接近合龙。

【常宜高速公路开工】 12月，常宜(常州—宜兴)高速公路(无锡段)工程进场施工。常宜高速公路(无锡段)起点位于宜兴市与常州市交界处福巷桥村，向南跨越县道203线、新长铁路，终点与锡宜高速交叉。路线长度3.94千米，项目按照双向六车道高速公路标准建设，设计时速每小时120千米，工程概算10.21亿元，建设工期3年，路基施工单位为江苏捷达交通工程集团有限公司，主体监理单位为江苏纬信工程咨询有限公司，主体设计单位为中设设计集团股份有限公司，中心试验室为苏交科集团股份有限公司。

【宜长高速公路开工】 9月，宜长(宜兴—长兴)高速公路路基施工第二标段进场施工，11月，第一标段进场施工。宜长高速公路起点与宁杭高速公路对接，设堰南枢纽，向南经宜兴市徐舍镇、张渚镇，与省道360线交叉，穿越梅子岭，上跨省道342线，经太华镇穿越庙山和葡萄岭，与浙江省杭州市至长兴高速公路北延段衔接，路线长度25.45千米。项目按照双向六车道高速公路标准建设，设计时速每小时120千米，批复概算总概算39.78亿元，建设工期四年，路基施工分两个标段，第一标段由中交一公局第二工程有限公司负责，第二标段由中交二公局第三工程有限公司负责。

(徐云飞)

运输市场监管

【概述】 全面落实江苏省“263”专项行动*，按照省、无锡市《交通干线沿线环境综合整治五项行动方案》，开展公路、铁路、航道等板块的生态治理，履行河长制、治太工程、西氿水源地保护等职责，加大主干航道通航秩序的预控调节。改善水陆运输秩序，为重点涉水工程建设投入人力2362人次、出艇1020艘(次)、进行一般交通维护510天(次)。组织无人机航拍巡查全市200余千米的省市干线航道，为两条省干线航道上的13座桥梁安装倒水尺，检修辖区内航标4次，航标正位率和发光率99%，投入625万元用于航道养护。在全市公交、客运、出租行业开展“做文明使者，树城市形象”主题活动，举办“最美驾驶员”评选、“千人看出租”等系列活动。

【交通干线沿线环境综合整治五项行动】 按照省、无锡市《交通干线沿线环境综合整治五项行动方案》，宜兴市政府成立综合整治五项行动办公室，召开全市交通干线沿线环境整治工作会议，7月底，基本完成全市交通干线沿线环境现状调查工作，编制形成方案和计划，下发整治工作目标任务书。至年底，国省干线方面，迁移公路用地范围垃圾箱(筒)670个，清理公路用地范围堆积物93处、47立方米，清除公路两侧白色垃圾113处、283平方米，清除公路两侧非法种植物116处，清理侵占路基路肩损坏边坡边沟行为113处，整治占用桥下空间堆放的危化品等堆积物、迁移非法利用桥梁附着管线设施等11个，规范公路沿线企事业单位指示引导标志设置，清理私设、乱设的指示牌115个；维修路肩边坡68千米、翻修路缘石3500余米、处理路面裂缝1.2万余米，修补路面坑塘5000余平方米，更换护栏400余米，完成路面清扫保洁2万余千米。高速公路方面，清除沿线垃圾1803平方米，清除高速桥涵下方空间范围非法堆积物1276平方米，清除高速桥涵下方空间范围非法搭建物230平方米，非法种植物计200平方米、非法搭建物570平方米；高速沿线建筑物立面出新9.48万平方米，完成城市出入口绿色通道提升116万平方米。港口码头方面，完成干线航道非法码头整治1个，干线航道公用码头可绿化区域绿化率100%；编制完成《宜兴市港口船舶污染物接收转运及处置设施建设方案》(试行)和《宜兴市港口码头港容港貌提升评定标准》(试行)。内河航道方面，清理干线航道内停泊区存放的垃圾及沿线厂矿企业居民排放丢弃的生产生活垃圾及废弃物52处，清理乱停乱靠和非法靠泊点8个，治理桩基围网10个。铁路方面，完成建筑物外墙装饰出新1100平方米，清理安全隐患点2个。

【千人看出租活动】 4月，市交通运输局推动交通系统文明城市创建工作，开展“千人看出租”活动，1000多人参与，监督出租车行业文明行车、服务质量、卫生情况、安全措施等情况，打击出租行业中陋习、恶习，规范出租车行业的经营行为。该专项整治活动持续至9月底。其间，累计暗访出租车1379辆(次)，查出存在问题出租车319辆(次)，其中公司教育整改187辆(次)、出租办追责处理132辆(次)。

【客运行业文明创优活动】 市运输管理处为使广大客运司机自觉养成文明行车、优质服务的良好习惯，树立榜样标杆充分发挥先进典型的榜样引导作用，开展向"最美司机"学习，争当文明服务标兵系列活动，挑选一批青年团员组成"最美司机"宣讲团，引导客运行业从业人员从身边典型学起、向先进人物看齐。活动中涌现出许多助人为乐、拾金不昧、优质服务的先进典型。至年底，在客运行业中发生好人好事1140余起，拾得现金及财务折合人民币30余万元，收到表扬信、锦旗24份。同时，发放告知书倡议书。和所有驾驶员签订承诺书，并公开聘请20名行风监督员开展明察暗访。至年底，收到意见、建议287件，查处和纠正相关问题后满意率达100%。12月，评选出客运行业文明服务学习标兵30人，其中公交司机10人、客运司机10人、出租车司机10人。

【宜漕收费站撤站】 宜漕收费站位于省道342线，1991年12月建站开征，2004年移至万石镇南漕村，并实行一站两点双向收费(其中渎边点位于周铁镇分水村)，设有12个收费车道。2017年12月31日，宜漕收费站于停止运营，终止收费，撤销收费站点。

(徐云飞)

交通行政执法

【概述】 公路方面，处罚抛洒滴漏车辆300辆，查处违法超限超载车辆832辆，开展非现场处罚并寄出函告101份，办结许可21件。运政方面，持续开展针对长途客运、旅游包车、危货运输、驾驶培训等领域的非法营运整治行动，针对矿产品运输车辆，开展常态治超、集中治超、联合治超等专项治超行动，常态化巡查宜兴连接溧阳市、安徽省广德县等地路段，协助配合市公安、公用事业、市场监督等部门开展流动加油车、瓶装液化气运输车整治行动，查处非法营运"黑车"452辆(次)，其中非法网约车318辆(次)；查处其他各类运政案件575起，其中非法危险品运输车24辆(次)、长途班车和客运包车违章101辆(次)、非法驾培1辆。地方海事方面，全年巡航时间1.04万小时，巡航里程8.12万千米，巡航人员9000多人次，出艇3156艘(次)。现场检查船舶2.71万艘(次)，纠正违章船舶1.21万艘(次)，法定安全检查船舶220艘，实施太湖封湖62次，水上接处警194起，救助船员33人，救助船舶32艘，及时处理各类小事故81起。航道方面，全年组织巡航5000多千米，上航巡航1000多人次，受理航政许可4起，处理轻微违章行为14起。

【矿产品运输整治】 开展矿产品整治行动，新增码头视频监控设备3套、防破坏枪机5只，完成所有码头监控设备的技术升级；通过实时监控视频，发现并处置30余起违规码头问题。深入安徽省广德县石料生产基地，利用"江苏运政在线"车辆管理平台，借助太华收费站自动拍照系统，查处违规运输车辆53车次。对张渚镇白云洞宕口及江苏精诚山钙业有限公司进行重点监管。开展24小时流量流向调查4次。针对市翔宏建材有限公司、市张渚镇晓华建材经营部投资公司、市徐舍镇国浩建材经营部等企业的违规装卸行为，向地方政府及其他职责部门提送函告单27份。至年底，外来矿产品运输车辆途经太华收费站日均流量552车次，日均超载车辆1.5车次，超载率0.3%，无超限运输行为。

【水上污染专项整治行动】 市地方海事处针对水上污染，在辖区内开展挥发性有机物污染专项治理行动。以中石油、中石化的标准柴油品质为基准，抽检辖区内货运船舶、港作船舶、水上加油站点的船舶燃油。至年底，完成船舶燃油抽检66艘(次)(由海事执法人员进行抽样，江苏中联检验有限公司出具检测报告)，同时公示辖区13处水上加油站点的燃油情况，并督促不合格的站点限时整改，从市场源头杜绝不合格燃油的流入。8月起，开展船舶运载固体废物专项行动，加大对非法转运污染物的打击力度，丁蜀、官林、徐舍、和桥镇设置4个管控点，至年底，检查船舶490艘(次)，出动人员980人次，查处船舶非法转运固体污染物6起。

(徐云飞)

编辑　张璐瑶

财　税
CAI　SHUI

财　政

【概述】 2017年，全年完成一般公共预算收入111.2亿元，比上年增长2.3%。其中，税收收入89.31亿元，税收占比80.4%，剔除一次性税收因素，常规性税收增幅达15.5%，为近5年的最高增幅。一般公共预算可支配财力82亿元，比上年增加16亿元，摆脱近3年基本无增长的局面。坚持"突出重点、民生优先"原则，持续压减政府一般性支出，重点保障政策性增支、民生类支出和市定重点项目。一般公共预算支出123.64亿元，比上年增长5.3%，各类民生支出占比达75%。其中，教育、文化、社保、医疗等八大类支出78.8亿元，比上年增长3.9%。年内，宜兴市被财政部评为全国财政管理先进市县，获国务院表彰；宜城街道财政所被确定为全国财政系统法治财政建设示范点。

【收入量质新提升】 加大综合治税力度，围绕"稳存量、拓增量"，形成财税部门牵头、各部门协调配合、市镇上下联动的综合治税新格局。一般公共预算收入摆脱连续9个月负增长的颓势实现正增长，18个基层板块均实现正增长，同口径比上年增长20.1%，超过全市平均值2.8个百分点。制造业稳步提升、支撑有力，制造业税收比上年增长15.4%，占全市比重61.3%；房地产业逐步回暖、势头强劲，增收6亿元，比上年增长30%；外贸出口扭转上半年连续下降的颓势，同口径比上年增长4.4%。全市税收贡献超1亿元企业19个，红牛维他命饮料(江苏)有限公司成为全市首个税收超5亿元企业；税收超过2000万元的企业共113个(比上年增加1个)，其中制造业企业68个(比上年增加5个)。68个制造业企业完成全口径收入占113个企业的66.6%，比上年提高4.05个百分点。

【财政助推经济产业发展】 围绕产业强市主体战略，打好产业扶持、减税降费、对上争取、金融服务的"组合拳"，市财政会同发改部门不断优化完善又好又快政策，以"突出导向、强调贡献、创新途径、注重绩效"为重点，扶持企业加快发展、做大做强。年内，市财政安排预算资金6亿元，重点扶持企业"工业投资、科技创新、做优做强、互联网+、绿色集约发展"等13个领域。落实结构性减税降费优惠政策，为企业减负近20亿元。确立"争项目就是争资金，争资金就是增财力"的理念，对上争取力度不减，全年对上争取资金12亿元。其中：涉企项目资金3亿元；省级治太(湖)专项资金1.87亿元，占全省的15.6%，比上年增长76%；省污染物排放总量统筹资金分派中，宜兴市在总量和减煤、减化、畜禽养殖污染治理等重点项目上均排在全省前列。金融协调更主动，市企业金融服务中心和市科创科技投资担保公司，一手抓风险预警及时化解，一手抓跟进服务协调保障，连续第二年实现不良贷款余额与不良率双降，不良贷款率压降至2.3%；信贷指标稳定回升，全年新增贷款125亿元，其中90亿元注入实体经济，扭转实体经济新增信贷连续5年明显回落的局面。

【财政管理稳步实施】 强化科学化、规范化、精细化的财政管理理念，预算管理改革稳步实施。年内，按照"成熟一个、推进一个"的思路，推进建设、公用事业、旅游等产业集团的组建工作。政府投资审核持续加强。建立政府投资工程项目库制度，对未列入项目库的项目，一律不进行概算审核、不安排资金。按照"集中管理、统一核算、专款专用、监管分离"的管理模式，在项目申报、项目审核、资金拨付、资金使用等方面，健全管理制度、优化资金拨付流程、提高资金拨付效率，财政专项资金使用效益明显提升。创新采购载体、完善采购工作机制，按照"统一规划、安全至上、积极推行、分步实施"的原则，启动实施国库集中支付电子化管理试点工作，开通网上商城与电子竞价系统，提升财政性资金的安全性、规范性。扩大政府采购范围、提高采购上限标准，启动政府与社会资本合作的PPP(公共私营合作制)模式，全年累计上报省入库项目4个。市农村污水治理PPP项目和城乡污水管网PPP项目双双落地，总投资67亿元，为全国最大的分散式治污项目和盘活存量管网资产项目。坚持以改革的思路抓队伍建设，开办财政大讲堂，组织多轮(次)培训，提升干部知识结构。财政监督管理采取"纵向借势配合"和"横向牵头组织"相结合的方式，加大对外监督检查力度，大监督格局逐步形成。

【民生保障有力】 坚持"突出重点、民生优先"的原则，强化预算执行刚性，严控一般性支出和预算追加，推行绩效管理和预决算公开，全面提升资金拨付效率，支出结构不断优化，民生支出占比逐年提升。全年全市支出规模123.6亿元，比上年增长5.3%，民生占75%。其中：教育经费27.3亿元，比上年增长21.6%，位居无锡各板块前列；新增社保扩面1.1万人，城乡居民基础养老金、低保标准每人每月分别提高至185元、700元，城乡居民医保人均财政补助标准提高到每人每年480元；为全市2.4万名持证残疾人购买人身意外伤害保险，实施残疾人生活补贴和护理补贴政策。市财政局会同市相关部门制订《特困家庭深度救助政策》，统筹安排资金2860万元，围绕因病致贫、因病返贫这一困难群体最需解决的医疗难问题，对重点保障群体、低保边缘家庭、突发急难对象开展精准帮扶，实施分档按比例累进救助标准。市财政安排扶贫资金2800万元，用于弥补全市91个无锡、宜兴两级经济薄弱村的收支缺口。专项安排1500万元，设立经济薄弱村发展专项资金，用于支持薄弱村“造血”项目的奖补，壮大村级集体经济。市财政对批准立项的村项目，按实际投资的30%给予奖补，每个项目奖补资金上限为200万元。

2017年宜兴市财政收入情况

表50

收入项目	2017年收入数（万元）	比上年增减（%）	收入项目	2017年收入数（万元）	比上年增减（%）
增值税	449132	54.32	土地增值税	45632	50.55
所得税	154223	–0.70	城镇土地使用税	47375	11.43
城市维护建设税	60546	–5.30	契税	57275	67.33
房产税	46763	16.69	非税收入	218374	25.23
土地增值税	45632	50.55	公共财政决算收入小计	1111500	2.30

2017年宜兴市主要财政支出项目执行情况

表51

支出项目	2017年支出数（万元）	比上年增减（%）	支出项目	2017年支出数（万元）	比上年增减（%）
一般公共服务	102313	23.58	科学技术	34029	17.33
公共安全	70648	18.44	社会保障和就业	133822	21.94
教育	272950	19.96	节能环保	87956	17.35
文化体育与传媒	16398	–19.09	农业水事物	155764	–7.87
医疗卫生与计划生育	67562	17.37	资源勘探信息	22403	–41.18
城乡社区事务	141210	20.24	金融监事等事务	—	—
交通运输	48070	5.95	国土海洋气象	8760	36.26
商业服务业	30658	–43.94	粮油物资储备	8311	21.74
援助其他地区	5173	8.63	国债还本付息	11311	31.37
住房保障	11785	–4.27	其他支出	7008	–85.63

（蒋颖　褚霁雯）

国家税务

【概述】 全年组织国税收入112.6亿元，比上年增长25.9%，首次突破100亿元。完成一般公共预算收入51.6亿元，比上年增长47.9%，占全市公共财政收入的47%，有力保障地方财力收入。加强税收宣传，运用“互联网+”思维方式，创新咨询方式，实现全天候的政策咨询服务。市国税局在全市“千人评议机关”活动中名列第三。

【国税服务地方发展】 围绕供给侧结构性改革，全面落实小微企业、高新技术企业、福利企业等税收优惠政策，发挥杠杆作用。全年办理减免退税44亿元，比上年增长26.2%，有力支持创新富民、推动“产业强市”战略。实现出口退税14.3亿元，出口退税全面提速，从每月受理1次改为每月受理5个工作日办结，加快出口企业资金周转。开展政策宣传辅导，帮助企业享受改革红利，全市小微企业受惠面100%、营改增新扩围行业税负上升企业辅导面100%。开展“强企富民 税收同行”大走访工作，帮助基层群众解决增收致富过程中的涉税问题；走访基层单位、企业、社区家庭1358个（户），形成工单1121条，对660个企业和160个重点工业项目开展税源跟踪服务，跟踪辅导企业充分享受政策红利。联合宜兴地税局成立市重大项目税务专家辅导团，为全市重大项目建设提供全程涉税咨询服务。打造《税眼看宜兴经济》分析品牌，开展金融、线缆等行业分析和国地税联合分析，全年向市委、市政府报送《宜兴国税专报》4篇，以税资政献计经济转型发展。

【税收营商环境优化】 推进“放管服”*改革，开展便民办税春风行动，落实“3550”*改革任务、减负增效增强企业活力。创新“不见面”等纳税服务新模式，降低纳税人制度性交易成本，助力优化营商环境，激发市场主体活力。推行网上办税、移动办税、电话办税、邮递办税和自助办税“五位一体”非接触式服务，非接触式办理比例87%。推广“新办企业综合套餐”服务，将新办纳税人可能涉及的12个办税事项整合成一个线上办税流程，将原先可能需填写的24张申请表单整合成一套综合申请表，极大地缩短了办税周期，最大限度减少了纳税人的往返次数和窗口排队等候时间。新办企业业务线上办理率100%，户均用时不到2小时，比省国税局标准提高50%。加大发票配送服务力度，领用发票线上办理率93%。落实国家税务总局税务行政审批目录，全年近2万条行政审批申请均按要求办理，未有超过法定时限情况发生。持续推行商事制度改革，“三证合一”换证面93%。

【依法治税】 加快推进税收法治化进程，建设宜兴国税特色的尚法、学法、执法、用法、普法“五法一体”法治基地，以风险管理为导向，堵漏增收、挖潜增收，维护公平、公正、公开的税收经济秩序。严格落实自由裁量基准和《全国税务稽查规范1.0》，完善大要案审理办法，全年审结大要案88件，涉及查补罚3139万元。加大防治和打击虚开骗税的宣传、管理和打击力度，制订《增值税发票管理工作指南》，稽查查处票案30件，涉及虚开金额7.44亿元、税额1.26亿元，全年稽查实现查补总收入3757万元。加大欠税管理力度，累计清缴欠税超1亿元。以“守信激励、失信惩戒”为导向，公布纳税人“红黑榜”及相关信息，对15户纳税人的违法案件进行的曝光；提升纳税遵从意识，对A、B级纳税人取消发票认证，联合江苏银行、宁波银行推出“税易融”“退税贷”融资征信平台，89户B级以上小微企业获信用贷款5235万元；举办宜兴市首届“最美纳税人”评选表彰。

开展税政调研 （市国税局 提供）

【国地税合作】 根据中央《深化国税、地税征管体制改革方案》要求，按照市委、市政府《深化国税、地税征管体制改革落实方案》安排，5月，市国税、宜兴地税部门的办税服务厅联合进驻市政务服务中心，成立集“线上与线下、人工与自助、国税与地税”功能于一体的宜兴税务大厅。整合原办税服务厅、环科园延伸点、原市民中心国税窗口，纳税人所有涉税事项都可一厅办理。大厅设国税窗口28个、地税窗口16个，实行统一管理、叫号，纳税人“只需进一个厅、就能办好两家事”。推出绿色通道，为跨区企业的申报受理、税收优惠备案、变更登记、发票真伪鉴定等业务提供全省通办。设置自助办税区、线上办税体验区、咨询辅导区等功能区域，既有传统实体办税厅的基础业务受理功能，又提供自助办税、现场辅导、预约办理等新型办税方式体验。

【税收共治】 推动落实《宜兴市税收征管保障及税收遵从引导实施办法》，牵头在15个涉税成员单位间建立涉税信息交换与共享系统，通过综合治税保障平台获取涉税信息2.8万余条，数据分析应用实现税收收入4032万元。横向部门协作取得新进展，完善与市人民法院联席会议机制，全年追征欠税1436万元；成立公安驻国税联络机制办公室，形成税警统一指挥、合成作战的新模式；开展税务邮政合作，邮政发票代开网点全年代征税款521万元。提高社会化征收水平，组织协护税示范点评比创建，开展建筑业综合治税，全市建筑业税款预缴面超94%，全年预征国税1.23亿元。

（陈力）

地方税务

【概述】 全年组织地税收入107.09亿元，比上年增长7.13%。其中，地方税收51.05亿元，比上年增长11.37%，占全市公共财政收入的45.93%。征收社保费49.55亿元，比上年增长3.52%。征收公共财政收入43.09亿元，占全市公共财政总收入的38.76%，保障地方财力需求。税收收入增长有力。个人所得税12.49亿元，比上年增长0.31%，占市级税收的24.47%。在稳增长政策的扶持下，工资薪金和利股红两个税目分别入库4.48亿元、2.58亿元，比上年分别增长26.3%、196.2%。制造业基础扎实、平稳增长，全年入库税收19.73亿元，比上年增长12.9%。房地产业逐步回暖，入库12.52亿元，比上年增长31.89%，占第三产业税收的45.6%。全面落实税收优惠政策，减免各项税费6.36亿元(不含住房类减免)。其中，鼓励高新技术类3.36亿元，支持金融资本市场类6512万元，节能环保、转制升级类2722万元，促进小微企业发展2617万元，其他各类优惠1.81亿元。营造优化税收营商环境，打造实体办税、网上办税、自助办税、掌上办税相结合的便利化办税服务体系。与宜兴国税共同打造宜兴税务大厅，开启“一人一窗一机双系统”(进入一扇门、直面一个窗，办好两家事)联合办税模式。推广财务信用平台应用，开发以全市865个规模以上企业为统计对象的规上企业财务运行报表。宜兴地税局在全市2017年度“千人评议机关”活动中获评第一名，实现四连冠。第一税务分局办税服务股获全国“巾帼文明岗”称号。

【企业财务信用平台成功申请著作权】 2月，宜兴地税局开发的企业财务信用微信平台获国家版权局颁发的计算机软件著作权登记证书，是宜兴地税局首次成功申请到著作权。此平台拥有受《中华人民共和国著作权法》保护的发表权、发行权等16项权利。企业通过财信平台可自查补税，填写报表后打印盖章、拍照上传至地税部门审核通过后，直接网上扣款，全程“不见面”，减轻纳税人跑窗口排队的负担。全年平台推送风险疑点12.47万条，全部得到反馈，自查入库税费5169万元。同时，在上年基础上，不断拓展个性化、精准化服务，又开发出以全市865个规模以上企业为统计对象的规上企业财务运行报表，全年平台生成各类财务运行报告76份。4月，财务信用平台建设在全省地税工作会议上予以肯定并全省推广，营造良好的税收治理环境。

【简政放权力度加大】 精简流程，落实《办税事项“最多跑一次”清单》，对5大类、105个办税事项梳理简化，确保纳税人资料完整且符合法定受理条件的前提下，最多到税务机关跑一次。深化“3550”*改革，出台不动产登记“一窗受理、集成服务”举措，加强与市国土局、住房局、公积金中心的合作，实现新购商品房登记1个工作日办结、存量房3-5个工作日办结，使不动产登记“只跑一次”成为现实，平均办税时间减少35%。推动不动产综合登记业务入驻公积金中心，为市民提供地税、国土、房管、公积金和商业银行“五方联办”的综合性服务，办理网签、审贷、缴税、登记等业务更快捷。在丁蜀镇等乡镇设立不动产交易登记综合服务网点，将“一窗通办”下沉到重点乡镇。

【国地税合作】 以《国地税合作工作规范3.0版》为依托，联合打造宜兴税务大厅，开设办税体验区，开启“一人一窗一机双系统”，减少纳税人的来回“奔波”。推行稽查“黑名单”制度，提升稽查威慑力。联合举办《宜兴税务谱新篇》《办税服务厅的故事》《廉洁从税铸辉煌》等节目，开展税收宣传。12月，改变传统模式启动实施“一次性体检”式联合评估，解决多头重复税务检查问题，减轻纳税人负担。由两部门联合一次性约谈纳税人、一次性上门实地核查，共享涉税信息、联合评定处理，减少对纳税人正常生产经营活动的干扰，提升风险管理的成效。张渚、和桥两个国地税共管纳税户，被确定为无锡市首批国地税“一次性体检”式联合评估试行单位，率先接受宜兴国地税部门联合实施的风险管理举措。推进“税银合作”工作，通过“税银贷”为56个企业提供贷款超3亿元。开展国税、地税联合检查，全年联合稽查省级重点税源户6个。

【数据治税提质增效】 通过“互联网+税务”打造立体化的办税服务体系，创新服务方式，提升服务质效。全年围绕“网上办税为主，自助办税为辅，窗口办税兜底”，推动网上办税、“掌上”办税，确保办税服务提质增效。年内，社保费“三方联网”系统上线，解决信息在人社、财政、地税部门之间传递不及时、资料共享不充分等问题。地税、国土、房管软件项目上线，房管备案数据、地税入库数据、国土权证数据实现互联互通。推动股权建档平台(二期)上线运行，建立金税三期—财信平台—股权建档平台的数据通道。参与无锡市地税局集成化平台项目建设，整合各平台业务功能。推广应用“电子税务局”，纳税人在线就能办理申报缴税，查询企业基

纳税人体验新的自助办税服务 （宜兴地税局 提供）

础信息，登记、修改房土信息。新推企业大礼包，新办企业工商登记信息自动导入，税银协议"不见面"办理。新增"支付宝快速登录"功能，自然人用支付宝账户实名登录，可在线办理个税申报并完成缴费。引入微信、支付宝等第三方支付，关注"江苏地税"生活号，规定两处及两处以上个人所得税、年所得12万以上个人所得税的申报都可"掌上"办税。针对丁蜀镇陶艺专技人员个税申报期集中，业务高峰期人流量大的问题，开通"宜兴陶艺支付平台"，陶艺专技人员通过微信即可网上申报、纳税，让纳税人体验到指尖上的便利。

【企业涉税风险化解】 为增加税务部门的服务功能，宜兴地税制作地方税费年度自查操作指引，方便纳税人了解自查内容、方式和要求。加强市企业财务信用平台与金税三期系统的相关对接，完善个人所得税明细建档申报，坚持以"会计人员之家"为载体，针对服务对象需求开展各类专题辅导39场次。制订重点服务对象走访制度，依托市企业财务信用平台，成立涉税数据风险分析团队，利用大数据资源，对220余个重点服务对象上一年度的涉税数据进行分析，向全市纳税人推送，及时提醒涉税风险疑点12.7万条。全年累计收集问题44个、意见建议221条，其中即知即帮问题建议228个、经转交会办问题建议35个，问题建议及时处理率100%。

【税收环境优化】 推进优化税收营商环境的政策落地，制订工作任务措施58条。整合资源，打造实体办税、网上办税、自助办税、掌上办税相结合的便利化办税服务体系，推进二维码一次性告知，推广掌上APP办税服务。推进"电子税务局"应用升级，实现网上涉税事项申请、国税电子办税厅申报地税附加税费等功能。依托入驻市政务服务中心，与市国税部门联合打造宜兴税务大厅，开设办税体验区，开启"一人一窗一机双系统"联合办税模式。落实"放管服"改革要求，优化税收营商环境。创新宣传，利用纳税人学堂、"税蓝"税宣服务团队、"税官进社区"、税收体验日、"小小税宣员"等方式，让人民群众走近税务、认识税收。利用网络、微信公众号、企业财务信用平台及时推送涉税资讯，通过"局长课堂"为企业家们阐述政策，确保政策执行到位。市工商联、国税、地税部门联合搭建"纳税人之家"第三方维权平台，倾听纳税人诉求，维护纳税人权益。组建宜兴市纳税人之家咨询服务团，为企业"一带一路"☆、股权激励和技术入股、环保税等方面的涉税疑问进行"多对一"式的专门辅导。

（童琳）

编辑 朱敏

服务与监管
FU WU YU JIAN GUAN

发展与改革

【概述】 围绕"稳中求进",突出建设产业强市、稳定金融生态、保障促进民生等重点,统筹兼顾、优化服务,稳步推进各项发展改革工作。强化宏观调控,市发改委每月编印《经济和社会发展主要指标完成情况综合汇总表》,督促推进考核情况。市委、市政府修订出台《关于促进经济和社会又好又快发展的意见》,安排政策奖励资金6亿元,用于推进现代产业发展和社会事业发展。强化目标管理,市委、市政府下发《2017年镇、园区、街道工作考核意见》,构建反映区域特色和各地科学发展要求的差别化考核体系,官林镇、丁蜀镇、和桥镇、新建镇、周铁镇、芳桥街道年终考核综合考评列前六位。

【宏观调控】 加强目标管理。印发全市国民经济和社会发展年度计划及主要目标任务书,调研监测全市经济运行情况、计划执行情况,每季度形成经济社会发展情况分析材料。对镇、园区、街道下达半年度、季度、月度经济指标分解任务,逐月编印《经济和社会发展主要指标完成情况综合汇总表》。加强绩效考核。紧扣任务、各项重点工作以及无锡市科学发展考核意见,形成《2017年各镇、园区、街道工作考核意见》。开展市级机关部门考核工作,制订《2017年度市级机关部门工作考核意见(讨论稿)》。加强政策引导。围绕产业强市,结合全市经济和社会发展实际,编制《2017年度关于促进经济和社会又好又快发展的意见》及各板块的奖励细则,实施产业扶持资金实施细则、环保产业扶持资金实施意见等政策。减轻全市企业负担,规范项目审批,修订完善《降低实体经济企业成本实施意见》《宜兴市产业投资指导目录(2017年本)》等文件。

【项目建设】 实施固定资产投资动态管理,印发《全社会固定资产投资计划》,引导对新兴产业、现代服务业等领域的投入。对基本建设项目实行审批、核准、备案制分类立项,完善1000万元以上在建项目、意向项目动态监管机制,加强固定资产的跟踪管理。加快重大项目建设进度,坚持重大项目重点保障,保障土地、资金等重点要素,加大重大项目在镇园考核中的占比。全年列入无锡市重大项目投资计划的项目16个,计划总投资323.7亿元,年度计划投资62.5亿元;实际完成投资63.5亿元,完成年度目标计划的101.6%。规范政府投资项目管理,安排政府投资项目,提高政府资金使用率,开展政府投资项目论证和审查。全年列入政府投资项目151个,总投资215.7亿元;年度计划投资76.8亿元,实际完成投资41.5亿元。11件、43个政府为民办实事项目进展顺利。

【服务业发展】 加强政策扶持,编制《关于促进现代服务业发展的奖励意见》,明确服务业奖励内容及操作细则。全年服务业增加值699亿元,服务业后劲投入239.94亿元。加强科学管理,制订全市2017年度服务业主要经济指标任务并分解到各镇、园区、街道;修订完善《2017年服务业工作考核细则》,突出差异性、特色化考核,发挥考核导向作用;加强服务业运行情况监测分析,建立实施信息"月报"机制。加强项目建设,按照《关于进一步加强宜南山区开发项目和农业配套设施建设管理工作的通知》精神,完成市隐龙谷温泉度假村有限公司、市伟达开心农场休闲度假中心扩建等7个宜南山区服务业项目的前期论证工作,规范办理立项手续。抓好项目管理,梳理完善"服务业项目库",将计划投资额5000万元以上的在建、拟建、储备项目纳入项目库统一管理,滚动更新,了解项目推进情况。加强招商引资,编制《2017年宜兴市服务业招商项目手册》,举办宜兴(沪杭)服务业专题招商活动,签约合作项目8个,签约总额30亿元。在中国陶都(宜兴)金秋经贸洽谈会集中签约仪式上,签约服务业内资项目18个,签约投资140亿元。

【综合改革】 推进行政审批制度改革,开展"模拟审批",按照"3550"*改革目标的审批要求,推行"多图联审、多评合一、不见面审批",优化项目审批流程。推进"互联网+政务服务",建设运行投资项目在线审批监管平台,建设健全横向连接审批部门、纵向贯通四级政府的网格式审批监管体系。推进特色小镇申报,对全市各镇、园区、街道摸底调研。年内,湖汊茶旅小镇入选省旅游特色小镇名单,西渚镇禅居小镇入选无锡市级特色小镇名单。深化政府购买服务工作,围绕农业、农村、农民"三农"主题,组织起草《2017年政府购买社会组织公共服务工作方案》,发动涉及民生、社会服务、社区建设领域的社会组织积极参与，确定20个社会组织购买20项相关服务事项。

【积极争取上级项目】 把握宏观经济政策，向上报批项目、争取资金，落实项目报批手续。全年办理项目审批、核准和备案手续436个，为一批重大项目办妥向上转报手续，落实项目报批手续，宁杭高速宜兴东互通工程建设、宜兴省道341线、周杨公路初步设计通过省发改委审批，省道360线宜兴段、宁杭高速宜兴东互通连接线可行性研究报告通过省发改委审查。配合无锡市发改委做好“推进市域重大交通基础设施建设 加快锡澄宜一体化发展”工作，加强与无锡市区的对接，促进宜兴旅游业的发展。准确把握产业扶持方向，积极对上争取扶持资金，对上争取省级治太湖项目(十期)切块资金1.88亿元，申报保障房徐舍镇云溪花园基础设施配套中央预算1000万元、无锡市重大产业基金7000万元，为西渚镇粮管所、鲸塘粮管所、无锡九如城养老综合体等申报补助资金600万元。

【企业融资渠道拓展】 构建多层次、多元化的企业融资体系，拓展企业融资渠道。全年新增上市企业1个，累计26个，其中境外18个、国内主板2个、中小板5个、创业板1个，首发融资136亿元，再融资73亿元。全年新增江苏浙宏科技股份有限公司、江苏凯伦风能科技股份有限公司等新三板挂牌企业5个，累计30个。其中，创新层企业5个，创新层数量位居无锡地区第一。按照“培育一批、辅导一批、上市一批”的指导方针，储备重点拟上市(含拟新三板挂牌)企业近100个。债券融资有序推进。全市累计发行债券项目8个，发行总额88.7亿元，环科园积极筹备环科债三期，丁蜀镇筹备拓业债三期。股权融资再上台阶。全年新增股权融资项目29个、总额33亿元，签约总额96亿元，全市累计有股权融资项目221个、总额262.56亿元。

(陈滨)

国有资产管理

【概述】 全市有国有企业75个，总资产293.48亿元，比上年增长4.09%；净资产68.6亿元，比上年减少8.59%。资产主要集中在交通、建设、公用事业三大系统，三大系统资产分别占总资产的17.02%、7.19%、42.93%；净资产分别占总量的10.17%、9.77%、37.78%。全年收缴全市49个盈利国有企业2016年国有资产收益1919.98万元。全市行政事业单位资产917亿元，负债659.62亿元，净资产257.38亿元。其中，市级行政事业单位资产182.19亿元、负债106.75亿元、净资产75.44亿元，镇级行政事业单位(含融资平台)资产734.81亿元、负债552.87亿元、净资产181.94亿元。随着国有企业改革的深入，7月，国有企业资产管理科更名为产权管理科，以产权登记为基础，以资产评估、产权转让管理为重点，完善产权管理制度和管理办法，确保企业国有资产保值增值。增设国有企业改革发展中心，配强监管力量，加强对深化国企改革的服务指导。完善国有企业财务管理信息系统，及时准确反映财务运行状况。

【国企改革】 年初，市国资办出台《关于深化国有企业改革的实施意见》，以市场化改革为方向，坚持分类改革、强化监管、依法依规的原则，指导全市国有企业改革。9月，完成交通产业集团的组建，挂牌宜兴市交通产业集团。该集团为市属国有独资企业，按照职能、人员、工作“三到位”要求，健全组织架构、配备人员力量，建立完善党委会、股东会、董事会、监事会、办公会等会议制度，规范劳动用工、薪酬分配、考核奖惩等制度建设。形成协调运转、有效制衡的决策、执行和监督体系。至年底，交通产业集团收入9.8亿元，利润总额4165万元，上缴税收4060万元，净资产收益率2.65%，集团效应明显。积极开展战略合作，与中铁五院集团有限公司、葛洲坝南京电力设计院等单位签订协议；全力打造新能源经济，加快推进天然气发电厂项目，对接分布式能源项目，参股新能源汽车公司，通过多元投资、实体运作，夯实集团创新转型的发展基础。积极推进城建、公用产业等集团的整合重组，坚持审慎原则，召开专题会议，探讨组建事宜。通过分析四大产业现状，理清关联子公司的股权关系，明确企业内部人事情况等一系列具体事务。至年底，城建、公用产业集团的组建方案初步确定。

【国资监管制度与考核】 市国资办拟订国有企业董事会、国有企业监事会、国企负责人经营业绩考核、国企负责人薪酬管理、国企投资监督管理和国企负责人履职待遇、业务支出管理6个配套文件，构建“1+6”的制度体系。加强国企考核监管，与建设、交通、旅游等6个重点国有企业签订经营目标责任状，坚持“一企一策、分类考核”，采用专项审计、企业自评、现场考评相结合的方式，分四个阶段进行考核。完善国资监管制度，年内，市国资办制订《宜兴市国有企业董事会暂行办法》《宜兴市国有企业监事会暂行办法》，修改《企业国有资产经营绩效考核管理暂行办法》，出台《国有企业领导人员管理暂行办法》《国有企业负责人薪酬管理暂行办法》。

【国企公务接待“回头看”专项检查】 根据《关于认真开展违规吃喝问题专项整治“回头看”的通知》《关于开展公务招待专项整治“回头看”的通知》要求，为进一步巩固公务接待专项整治成果，市财政局联合市审计局、机关事务局、国资办等部门开展专项检查。6月，市国资办重点抽查市顺达城市照明工程有限公司、市大贤岭林场、市公用环卫有限公司、江苏宜兴国家粮食储备库分库，采取听取情况汇报、查阅资料及会计凭证、实地检查、抽查等方式，重点检查2016年1月—2017年4月期间公务接待活动情况。经检查，4个单位全部合格。

(蒋颖)

国土资源管理

【概述】 完成“十三五”土地整治规划编制，完成《宜兴市土地利用总体规划(2006—2020年)调整方案》；编制出台《宜兴市建设占用耕地耕作层剥离和再利用工作实施意见(试行)》，首先在张渚、新建、杨巷等镇开展试点并逐步推开。会同市农林部门编制《宜兴市2017年度高标准农田建设方案》，新增高标准农田3.7万亩。加大土地复垦整理力度，完成耕地占补平衡复垦项目26个、新增耕地941亩，完成挂钩和工矿废弃地复垦项目6个、新增耕地106亩。全年供应土地173宗、6330亩。其中：工业用地出让40宗、1651亩，出让金4.46亿元；经营性用地出让39宗、1555亩，出让金48.27亿元；划拨供地47宗、2701亩；国有土地租赁22宗、225亩，集体土地租赁25宗、198亩。编制完成《宜兴市低效(产业)用地再开发专项规划(2016—2020年)》，盘活利用存量土地6925亩。制订出台《宜兴市建设用地三项指标使用管理若干意见》，推进建设用地预留区指标、土地利用计划指标及耕地占补平衡指标统筹管理和有偿使用。推进被征地农民社会保障工作，全市新增1702人纳入社保体系。开展全市违规违法用地专项整治行动，《宜兴市人民政府办公室关于加强国土资源执法监管落实共同责任的实施意见》出台，与市人民检察院建立行政执法与检察监督联动机制。加大动态巡查力度，巡查督查新建、在建项目193宗，巡查矿山宕口130次，查扣机械设备和车辆13台。深化“3550”*改革，梳理和简化批地、供地、不动产登记的审批流程，登记业务5个工作日内办结，部分业务3个工作日内或当场办结。规范矿产资源管理秩序，出台《宜兴市采矿权出让流程》《关于进一步规范和加强矿产资源开采许可后执法监管的意见》，丁蜀镇、太华镇2个地质环境治理项目通过竣工验收，云觉路矿山环境恢复治理工程完工。加强地质灾害防治，开展汛前排查，组织地质灾害应急演练，治理上年发生险情的重要隐患点7个。

【耕地和永久基本农田保护】 按照“总体稳定、局部微调、应保尽保、量质并重”的要求，完成宜兴市全域永久基本农田划定和“上图入库、落地到户”工作，划定城镇周边范围内基本农田4957亩，确定城市的开发边界；落实上级77.97万亩耕地保有量任务和76.67万亩永久基本农田保护任务，签订永久基本农田保护责任书5083份，设立县级永久基本农田保护宣传牌1个、保护标志牌200个、保护界桩1339个。建立健全“划、建、管、护”长效机制，实现基本农田保护管理信息化、网络化、常态化。杨巷镇被江苏省国土资源厅评为耕地保护激励单位，徐舍镇土地整理项目获省土地整治项目科技创新奖。

【全省首次四方同步传输突发地灾应急演练】 6月，全省首次卫星四方同步传输突发地质灾害应急演练举行，60余名现场应急救援队队员参加演练，省国土资源厅、省国土资源厅地质灾害应急技术指导中心、宜兴市国土局、太华镇演练现场通过卫星实现四方同步现场直播。演练现场共设人员撤离分队、医疗救护分队、人员安置分队、安保警戒分队、应急技术调查分队、应急抢险分队6个分队，演练模拟太华镇襄阳村地质灾害隐患点因持续降雨，山体出现滑坡险情，村群测群防员立即将险情逐级上报至省国土资源厅地质灾害应急技术指导中心，中心迅速启动Ⅳ级应急技术响应，开展救援，安排群众避险，处置险情。此次演练加强了地质灾害调查监测新技术的应用，提高了地质灾害现场应急处置和抢险避灾效率。

【集体经营性建设用地租赁】 2014年，宜兴市被省国土资源厅列为全省农村集体经营性建设用地流转试点地区。此后，宜兴市根据试点工作要求，健全完善机制措施，扎实开展试点工作。2016年，市国土资源局出台《宜兴市集体经营性建设用地租赁办法》，制订集体经营性建设用地使用权价格体系和流转收益分配比例，将集体经营性建设用地纳入统一的建设用地市场体系，实行全程监管。集体经营性建设用地租赁制度对增加集体经济组织资金来源、促进农村非农产业的发展、提高农民收入水平、加强集体建设用地规范管理、盘活存量建设用地等方面意义重大，促进了土地有偿使用意识的形成，土地管理方式从侧重资源管理转变为资源、资产管理并重。2017年12月，该项目通过省国土资源厅验收。

全省首次卫星四方同步传输突发地质灾害应急演练在太华镇举行

（市国土局　提供）

【农村建设用地调查】 7月，贯彻省国土资源厅《关于开展农村建设用地调查工作的通知》，根据省厅统一部署，市政府办公室出台《宜兴市农村建设用地调查工作实施方案》，成立农村建设用地调查工作领导小组，采取多乡镇同时推进、多部门协同配合、多层级分级负责的方式，细化调查全域范围内农村建设用地。9月，农村地籍调查和农村建设用地利用状况调查工作完成，通过省、无锡市阶段性验收。共调查宅基地24.8万户、面积5.2万亩，调查农村建设用地面积34.4万亩，调查用地潜力7.6万亩，为全市土地综合整治、农村存量建设用地盘活、土地节约集约利用、农村不动产统一登记等工作提供数据支撑。

（许淞）

市场监管

【概述】 围绕“保障质量安全”总要求，制订《宜兴市质量强市建设五年行动计划》《宜兴市深化质量强市建设实施意见》，构建政府重视、行业自律、部门监管、舆论监督的社会共治格局。组织开展电线电缆产品质量专项整治和提升行动，强化质量安全监管职能，突出服务产业强市和民生关注的重点领域，无锡远东电缆有限公司、无锡江南电缆有限公司、江苏亨鑫科技有限公司获无锡市市长质量奖，无锡远东电缆有限公司和江苏亨鑫科技有限公司获首届宜兴市市长质量奖。建立品牌培育储备库，倡导马德里商标国际注册，推动商标品牌工作重心由增量向提质转变，全年组织申报江苏省名牌产品14个、复评6个，申报江苏省高端制造品牌7个、江苏省日用消费品优质品牌3个，申报江苏省质量信用AAA级企业3个、AA级企业8个，申报无锡市知名商标11件、江苏省著名商标17件。“杨巷大米”获地理标志证明商标，组织地理标志证明商标“宜兴紫砂”相关方参加世界地理标志大会。宜兴市计量检定测试所改名为宜兴市产品质量和食品安全检验检测中心（以下简称检验检测中心），通过中国合格评定国家认可委员会（CNAS）委派专家的评审确认，整体搬迁至位于高塍镇的科技大道100号。国家环保设备质量监督检验中心（江苏）获国家“三合一”认证证书，可向社会出具证明作用的数据和结果。

2017年宜兴市被新认定的江苏省著名商标

表52

序号	商标名称	企业名称
1	宙斯ZS及图	宜兴市宙斯泵业有限公司
2	万能达	无锡远东电缆有限公司
3	圣安东SHENG AN DONG及图	圣安电缆有限公司
4	AITEKE	艾特克控股集团股份有限公司
5	火轮HUOLUN及图	无锡市南方耐材有限公司
6	雅克	江苏雅克科技股份有限公司
7	协联UNION及图	江苏国信协联能源有限公司
8	凌飞及图	江苏凌飞科技股份有限公司
9	宇星YUXING及图	江苏宇星工贸有限公司
10	飞月神马及图	江苏神马集团有限公司
11	铁明TIEMING及图	无锡三友化工有限公司
12	盛道及图	宜兴市盛道茶业有限公司
13	冲超	江苏中超控股股份有限公司
14	Nanfang及图	江苏南方涂装环保股份有限公司
15	虹亚及图	虹亚房地产开发（集团）有限公司

续表52

序号	商标名称	企业名称
16	隆元及图	宜兴市粮油集团大米有限公司
17	宇皇	宜兴市宇龙电炉成套设备有限公司
18	项珍及图	宜兴市茗岭项珍茶厂

【简政放权】 实施简政放权，深化商事制度改革，创新“互联网+政务服务”，推进不见面审批改革，全程电子化登记全面推开，不断提升注册便利化。助推丁蜀镇强镇扩权，丁蜀分局行政许可审批业务进驻丁蜀镇便民中心。全市全年办理各类市场主体名称预先核准6951件；受理新登记内资企业6846户，比上年增长23.69%；新增注册资本514.28亿元，比上年增长32.21%；新登记外资企业42个；新登记个体工商户1.11万户，比上年增长22.04%；新登记农民合作社121个。

【“双随机”抽查工作】 下发“一单两库”（随机抽查事项清单和市场主体名录库、执法检查人员名录库），在全市范围内启动“双随机”抽查工作。全市市场主体完成企业年报8.02万户，年报率91.4%，比上年增长6%，居无锡前列。清理长期未年报企业，吊销证照企业588户，清理沉淀个体户5754户，注销企业1030户，有1401户企业主动整改问题后申请移出经营异常名录。准确报送和甄别预防企业恶意逃废债务信息1万多条，其中恶意逃废债务线索300多条，营造良好的生态环境。

【质量强市】 年初，组织召开全市质量工作会议，下发《质量工作目标任务书》，层层签订责任状。4月，举办首届宜兴市市长质量奖颁奖活动，启动第二届市长质量奖评审，无锡远东电缆有限公司和江苏亨鑫科技有限公司获第一届市长质量奖。组织企业申报江苏省省长质量奖2个、无锡市市长质量奖3个。加强《质量管理成熟度评价准则》《卓越绩效评价准则》的宣传力度，组织全市骨干企业和执法人员培训，参观走访质量标杆企业，提高绩效管理水平。扎实开展标准计量工作，推动江苏沪宁钢机股份有限公司、江苏宏力光电科技国家标准立项，江苏菲力环保工程有限公司等3个企业行业标准立项。组织相关企业参与制（修）订国家行业标准10个，296个企业产品标准完成网上公开自我声明。天乙生态茶叶公司“茗鼎生态茶园循环农业标准试点”和市社会福利中心“社会福利标准化试点”获省农业标准化试点立项。

【计量保障】 落实惠民政策，强检保障医疗，筹集15.25万元购置彩色多普勒超声诊断仪校准装置，利用医院的空档期，集中免费检定全市医疗卫生系统45个医疗单位在用医疗设备，完成检定X光机、心电图机、多谱勒彩超、多参数监护仪等医疗计量器具2638台，减免医疗机构费用43.5万元。组织开展“5·20”世界计量日活动，免费检定全市18个社区卫生服务中心、16个计划生育指导站、10个社会福利机构在用的血压计870台、B超机17台和全市65个集贸市场在用的电子秤4845台，其中电子秤受检率100%。坚持“检定不收费、服务不缺位”的理念，加大燃油加油机强制检定和监督管理力度，依据《燃油加油机检定规程》，检验检测中心坚持示值误差趋近于零的原则，免费检定全市145个加油站的1278支加油枪，并规定一年检查两次，确保检定过程科学规范、检定记录追溯可查、检定结果准确可靠。

【食品安全监管网络】 推进全市食品安全基层责任网络建设，在各行政村（社区）设立食品安全工作站，聘请食品安全协管员399人、食品安全信息员1226人，实现“一镇（园区、街道）一办一分局一信息员”的模式。新增9个食品生产企业加入省食品药品监督管理局追溯体系建设，设立3个食品流通企业和2个餐饮服务单位为电子追溯系统建设试点。完成食用农产品快检3.6万批次，销毁退市食用农产品约25.5吨；完成其他各类食品抽检5050批次，合格率99.2%，不合格产品启动后处置程序。组织开展各类食品安全示范创建活动，全年创建食品流通示范店90个、小作坊示范店16个、百家餐饮安全示范店89个。全年全市农贸市场食品快速检测设备和食品安全网络监控基本实现全覆盖。

【江苏省食品安全示范城市创建】 制订《宜兴市食品安全五年行动计划》，为食品安全工作提供有力保障。在市级层面上，投资近3000万元组建产品质量和食品安全检验检测中心；在基础设施建设上，投入改造资金3.23亿元、组织实施29个农贸市场“农改商”三年行动计划；在基层层面上，全市各镇、园区、街道成立食品安全委员会办公室，建成食品科普宣传站27个，实现“一镇（园区、街道）一办一分局一信息员”的模式。制订农产品批发市场、农贸市场和商场超市完善食用农产品快速检测工作制度，食品安全责任链实现全覆盖，为全市7个大型超市、21个农贸市场配备快检设备。制订《宜兴市食品小作坊登记管理办法》《宜兴市第一批允许小作坊加工的食品目录》，先后开展节日食品、包装饮用水、校园食品、进口食品等专项检查18次及春风行动、净源行动、扫雷行动等专项行动，出动执法人

执法人员在检查食品安全公示 （市市场监管局 提供）

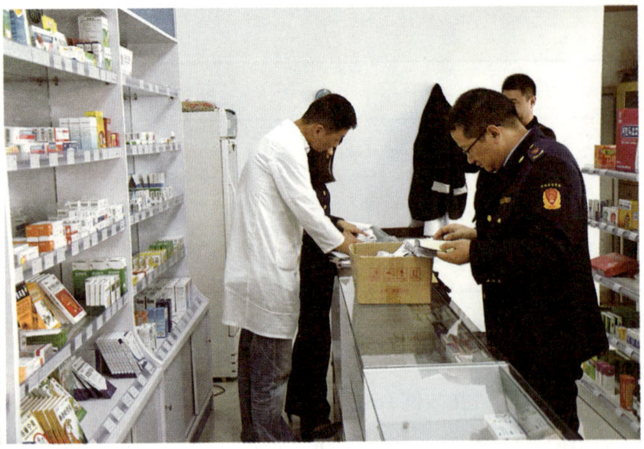

执法人员抽查药品药械现场 （市市场监管局 提供）

员5.6万人次，检查流通食品单位8000多个(次)，发出责令整改通知书574份，立案68件，移交司法部门制售假酒案件4起，净化食品市场环境。年内实现食品安全人防与技防相结合，按照1000人4批次抽检标准，监督抽检各个环节的食品，全年完成市级食品监测5299批次；在全市建成市级快检中心1个、市场监管分局快检室17个、农贸市场自检点21个和超市自检点7个。在全市65个农贸市场配备多功能食品快速检测仪器23台，全年检测1.96万批次，其中不合格320批次，合格率98.06%，销毁、退市不合格食用农产品约35吨。利用各类媒体，结合食品安全宣传周、“3·15”消费者权益日、质量月等活动开展食品安全宣传。7月，宜兴市获“全省首批食品安全示范县(市、区)”称号。

【药械保化市场整治】 加大对药品、医疗器械、保健品、美容美发等化妆品市场的监管力度，狠抓源头质量管理。全年开展中药提取物、委托检验等专项整治行动3次，开展冷链药械产品、美容美发场所化妆品等专项检查行动6次；开展医疗器械使用质量、学校卫生室、农村诊所等规范性检查活动4次。强化中药饮片、疫苗、无菌植入器械等产品的监管力度，全年累计检查企业702个(次)，提出整改意见600多条；审核药品不良反应报告1194份、医疗器械不良事件报告1002份、药物滥用报告393份，报告数量和质量始终位于无锡市前列。开展保健食品、化妆品市场抽检200批次，处置不合格产品12批次。组织开展“星级药店”评定工作，评出五星级示范药店42个；发放过期药品回收箱392个，收回过期药品3000多盒(包)，确保用药安全。宜城街道蛟桥河步行街获“江苏省化妆品市场安全治理示范街区”称号。

【特种设备安全监管】 持续强化特种设备安全监管，开展电梯安全深化年和大型酒店电梯安全应急演练活动，强化各级责任落实。突出重点时段、重要季节、重要区域的安全稳定，不断强化特种设备安全监察工作，组织开展电梯96333应急处置平台建设，深化叉车安全专项整治、瓶装液化石油气安全管理专项整治，开展客运索道专项行动，检查特种设备使用单位814个(次)、检查设备1286台(套)，发现一般事故隐患890条，严重事故隐患123条，发出《特种设备安全监察指令书》89份，督促完成21台检验不合格设备和29台超期未检设备的整改复检。

【消费维权】 完善申投诉举报中心工作处置流程，营造安全放心的消费环境。加大“诉转案”“抽检办案”办理力度，全年受理申投诉2551起，办结2455起，办结率96.24%，涉案金额541.27万元，挽回消费者经济损失390.18万元，受诈消费者获加倍赔偿32.13万元，通过消费者投诉发现违法行为立案查处49起、罚没金额107.18万元；受理举报719起、办结687起，办结率95.55%。在全市范围内组织开展“网络消费　诚信无忧”“3·15”主题活动和全市农贸市场放心消费创建活动，评出放心消费创建示范市场4个、放心消费创建先进市场9个。在无锡市放心消费环境建设民意调查中，宜兴市连续两年综合得分列第一位。

【重点产品检验检测】 全市全年开展电线电缆、环保设备、紫砂陶、耐火材料等重点产品质量监督抽查1507批(次)，整改查处2个省级抽查、22个市级抽查质量不合格产品生产企业。开展全市电线电缆质量提升示范项目活动，现场检查企业800多个(次)，建立“一企一档”215个，抽取样品262批(次)，发现存在质量问题企业53个，立案查处案件23起，移送司法机关案件2起。全年依法抽检珠宝、汽车线束、眼镜、床上用品、成品油等42个品种、427批次，其中31个品种、73个批次不合格，不合格率18.16%。

【行政执法有权威】 全年办结违法违章案407件，案值1000多万元，罚没1266多万元。有违反《中华人民共和国产品质量法》21件、新《中华人民共和国商标法》29件，新《中华人民共和国反不正当竞争法》18件；查处广告案13件、特种设备案28件；查处不合格药品及不符合技术规范经营案78件、经营不合格食品案114件。移送公安部门10件，联合公安部门查处假药案16件。聚焦市场经济秩序和民生热点，开展虚假广告、医疗器械、电线电缆、特种设备、地条钢等专项执法行动，严厉打击传销、非法添加剂等违法行为，下发责令整改通知书178份，取缔关闭问题突出的食品经营场所13个。配合相关部门做好"263"专项行动*，整治关停"砖瓦窑"12座，梳理化工生产单位812个。采用在全省范围内率先推行行政执法办案系统上线运行。成立行政处罚案件审理委员会，实行案件集体审理制度和临时案审会制度。全年处理行政诉讼案件9件、行政复议案件1件，无一起败诉和撤诉案件。

（高耐洪）

审计工作

【概述】 全年完成审计项目69个，促进增收节支3.85亿元，查出管理不规范资金2.62亿元。其中，核减政府建设项目工程款3.68亿元，核减率7.88%。审计后作出移送处理13起，182篇（次）审计信息被系统内媒体（刊物）采用。出台《关于改进完善政府建设项目审计职能岗位设置及人员分工的办法(试行)》，改进工程审计人员分工，明确由编制内人员负责跟踪审计过程监管，由聘用人员负责结算审计过程监管。修订《宜兴市政府建设项目协审工作考核办法》，调整中介机构协审考核重点，强化考核工程审计管理平台运用、结算审核质量、被审计单位反馈情况等，突出对协审质量的监管。优化协审机构库招标的办法，选出前20个机构入库，实现优胜劣汰、遏制投机的效果。提高审计信息化管理的覆盖面，建立工程审计管理平台、手机应用、对账室监控系统，实现工程现场、审计资料、审计人员等内容的互通，实时全面记录工作痕迹。年内，市审计局被市委、市政府记集体三等功，被评为宜兴市作风和效能建设争先进位优胜单位。

【同级财政审计】 以摸清本级预算执行和其他财政收支的基本情况，健全完善财政预算体系为目标，针对薄弱环节，分析原因，提出意见和建议，促进财政部门规范管理、完善制度，提高财政资金使用效益。加大对财政预算收支执行、部门预算执行、税收征管情况、问题整改情况等方面的审计力度，加强对科技专项资金和薄弱村扶贫资金使用和管理情况的审计监督；编写资金流向商场、超市、酒楼、酒店、茶场等可能涉及"三公"经费和违反"八项规定"精神的事项一键生成查询语句，运用大数据分析，对数据异常的10个部门及其下属单位，作为重点对象开展延伸审计，查出管理不规范资金4639万元；强化整改，改"审计发现问题整改情况纳入审计结果报告反映"为"列出整改清单，在人大常委会作审计发现问题整改情况专题报告"，将整改力度不够的部门名单提交市人大督查，促进审计整改事项落实到位；税收审计延伸12个重点税源户企业，查出应入未入库税收1482万元，6个企业税收问题移送宜兴地税局处理，在22个经济薄弱村的市县两级帮扶发展资金专项审计中揭示在村级资金、资产、资源管理中存在的七大类"顽瘴固疾"和100多个关键问题，向市委、市政府提出相关建设性审计建议，向市纪委移送违纪违法问题线索6件。

审计人员在宜城街道南仓新村检查『天眼』工程（市审计局 提供）

【经济责任审计】 坚持以监督制约权力，严格执行审计程序，实行"五项清单制度"，针对审计项目的计划管理、现场实施、问题查找、整改跟踪和成果运用五个环节的所有节点，以清单形式进行个性化定制，量化和细化项目操作流程，实现对项目质量全过程无缝管控；加强与市纪检、检察、信访等部门的资源共享，全面实施审前征询，提高审计工作的效率和效果；坚持边审计、边规范、边整改的工作方式督促被审计单位对内部控制和财务管理等方面的问题即知即改、边审边改，促进被审计单位规范日常管理行为。全年完成市公用事业局、市财政局、市环保局、丁蜀镇、官林镇、周铁镇等经济责任审计项目13个，查出管理不规范资金2.82亿元、违规资金207万元，审计收回财政管理资金786万元，督促被审计单位收回应收款844万元。审计结果报告被市领导签批11次，向有关单位移送违纪问题线索1起。开展自然资产资源离任审计，结合湖汉镇原党委书记离任审计，将自然资源资产管理保护利用情况纳入审计监督范围，通过与相关部门的沟通学习，初步编制普遍性和个性化指标体系，重点审计生态环境保护约束性指标和生态红线考核指标完成情况、产业结构调整和淘汰落后产能任务完成情况、水库水源地保护情况、土地资源保护和开发利用情况等。

【政府建设项目审计】 转变审计管理模式，完善政府建设项目审计中介机构预选库制度，从原有直接审、组合审、委托审并存向以委托审为主的形式转变，实现对审计风险的有效管控；通过自主开发和运用工程信息化监管平台和对账监控系统，实现从书面考核向信息化考核、从对项目监管向对人监管的转变；实行第三方审计监督，对市审计局完成的政府投资审计项目实施再审计、再监督，实现从审计项到审计监督全覆盖的转变。年内，市审计局投入近40万元，完成审计信息化建设的提档升级，开发固定资产投资审计对账室监控和工程现场图像传输系统，全程监控工程项目实施现场和对账现场情况，实现对政府建设项目审计的痕迹管理。全年实施审计项目129个(决、结算审计78个，跟踪审计38个，抽复审9个，预算4个)，其中完成项目35个、在审项目94个，涉及工程投资107亿元。全年送审46.73亿元，审定43.05亿元，核减3.68亿元，核减率7.88%；提出审计建议118条、节约资金412.62万元。

【拆迁评估审计】 通过前移监督关口，全年拆迁补偿款核减率及核减额大幅下降，财政资金使用绩效作用明显；加大跟踪审计力度，拆迁实施单位虚报情况大幅减少；重视审计成果转化，提出的审计意见建议得到市政府高度重视；聘请第三方审计机构，开展新孟河、桃花水库、重点工程等项目审计，缓解国家审计人力不足的问题。全年实施建设拆迁审计项目15个。其中：拆迁安置补偿成本审计项目5个，报审财政应补贴资金29978.93万元，审定29723.35万元，核减119.02万元，核减率0.4%；重点道路建设工程拆迁补偿成本审计项目5个，核减财政补贴资金264.08万元，核减率2.9%；拆迁评估审核项目3个，报审评估补偿6951.17万元，审定5925.37万元，核减969.56万元，核减率13.9%；其他交办项目2个，核减安置面积2.5万平方米，核减率4%。

（戴金禾）

统计管理

【概述】 全年撰写统计分析35篇、统计信息188篇，完成统计专报5篇、统计课题2个，被各级领导、有关部门、新闻单位和网络媒体采用137篇(次)，2篇专题得到市委书记、市长批示。全年完成对1500多个联网直报企业的行政指导和800多个投资项目年报、季报、月报报表上报、审核工作。完成GDP(国内生产总值)核算、富民监测、名录库维护等统计任务。组织开展限额以上贸易、月度劳动力调查、人口抽样调查、成本费用调查、紫砂文化产业调查、省级机关绩效管理社会公众满意度调查等调查。年初印发《关于继续实行对口联系制度的通知》，选择太华镇、周铁镇统计站与市统计局经济统计科、投资统计科建立对口联系。帮助镇(街)统计站解决人员配备、经费保障、网络建设等问题。加强联网直报企业统计基础规范化建设，复查100个联网直报单位的基层基础规范化建设情况。组织召开全市联网直报企业增减变动工作布置会议，联合市相关职能部门，指导镇(街)统计站，联合排查1458个准联网直报单位。

【统计法治】 根据《2017年宜兴市统计执法检查工作计划》要求，根据问题导向和“双随机”原则，抽取4个镇(街)28个企业(项目)，对涉及的工业、贸易、服务业、房地产、建筑业企业和投资项目开展统计行政指导工作，实地检查企业统计工作规范、主要经济指标的数据质量、统计台账的设置等。集中执法检查经济开发区、芳桥街道，对上年执法对象环科园进行执法检查“回头看”。创新统计法制宣传和告知方式，利用微信公众号“宜兴统计”宣传统计法律法规，突破纸质媒介传播速度慢、传播范围小的束缚，改进签收界面和后台管理方式，新增镇(街)板块的管理权限。印刷“坚持依法统计，服务科学发展”为主题的统计法治宣传知识折页2000多份，发放至全市1531个联网直报企业及村(社区)、居委。开设“统计法律法规小讲座”，制作法制视频进行法律法规宣传讲解。

【统计数据质量】 实事求是、应统尽统，确保“数出有据”，做到“先入库、后有数”，把好企业入名录库关，核查企业上报的申报材料、逐项指标。对每月上报的5000万元以上投资项目做到“一上报一核查”。按照《无锡市建设领域统计工作全程质量管理体有系》的要求，调研全市18个建设单位，上报各类投资统计数据。9月，通过省统计局对宜兴固定资产投资项目数据质量抽查。对网上直报单位即报即审、全程监测。举办全市统计法治业务培训班，有近100名统计人员参训。

【第三次农业普查】 2015年6月，国务院发文在全国范围内开展第三次全国农业普查，跨度3年，涉及全市农户普查表登记对象约17.8万个、规模农业经营户0.18万个、农业经营单位0.17万个。制订《第三次全国农业普查现场登记数据质量控制办法》《关于开展宜兴市第三次全国农业普查工作全面检查的通知》，为PDA操作员造册登记、下发操作手册，与其签订保管使用协议，确保农业普查数据的准确性、完整性。加强普查宣传，悬挂横幅500余条，张贴宣传画200多张，编写农业普查微信推送文案12篇，发放公开信20万份，在《宜兴日报》出刊农业普查宣传专栏两期。按照《关于开展宜兴市第三次全国农业普查工作全面检查的通知》要求，由市农普办带队，抽调9个镇、街道农普办的业务人员，组成3个工作小组，检查全市农普工作质量，涉及18个镇(街道)、36个村(社区)、108个普查小区的500多户农户(规模户)、50多个农业生产经营单位。在数据复审整改阶段，抽调4个镇(街道)业务骨干，配合市农普办业务人员，集中组成审核复查工作小组，对全市规模农业经营户表和农业经营单位表进行全覆盖审核复查。至2017年底，第三次全国农业普查任务完成。

【统计服务】 规范统计产品数据收集、排版、核对、付印、发布流程，统一对外发布格式，使统计产品更规范统一，形成一整套系列产品，提升"数库"新活力。《宜兴统计》《季度统计分析》等统计核心产品启用2017年新版本，调整和改进指标体系、数据内容等。强化信息分析，推动"智库"再升级。建立月度进度分析、季度综合研判、年度走势预测，向市委、市政府和相关部门提供更优质信息分析服务。改革发布方式，渠道拓展求转变。做好"宜兴统计"微信公众号平台数据加载和维护更新，突破纸质媒介传播速度慢、传播范围小的束缚，提高宣传效果。定期发布《经济运行分析报告》和《年度统计公报》，分析解读统计数据，提高信息服务水平。

（储蕾）

安全生产监管

【概述】 市安监局加强安全执法检查，深化安全隐患排查整治，强化重点领域专项整治，推进安全生产各项工作，安全生产形势保持平稳。做好危化品（化工）企业"智能二道门"（有效管控出入生产区域人员和车辆，设置在非防爆区域的门禁）建设，开展粉尘涉爆、有限空间、非煤矿山等行业企业专项治理，组织开展职业卫生示范企业评选，推进企业安全生产标准化建设，开展安全生产宣传教育。组织开展安全生产大检查、安全生产重大隐患挂牌督办。严管事故企业监管，制订《事故单位严管工作流程》《关于实施责令（暂时）停产停业整顿及复工复产安全生产行政行为的规定》。推进"263"专项行动*，出台《关于切实加强关停化工生产企业安全环保管理工作的通知》，指导危化品企业关停工作平稳开展。推进智慧安监建设，改造全市重大危险源及危险工艺企业监测系统，与国家安监总局研究中心合作开展城市安全风险评估，建设安全生产诚信管理平台。加强应急救援管理，举办2017年宜兴市燃气管网泄漏事件应急抢险演练，向重点企业发送警示短信19万余条。加强安全生产专家库建设，有专家库成员46人。全年全市发生生产安全事故20起，死亡23人，全年未发生较大以上事故，非煤矿山行业连续十三年保持零死亡。

【安全生产执法检查】 组织开展日常安全执法检查，全年执法检查2214次，开具整改指令书894份、现场检查记录2214份、复查意见书691份，事前处罚立案197起，处罚金额412万元。开展专项检查，检查铸钢企业27个、粉尘涉爆企业65个、有限空间作业企业27个。开展夜间突击检查，检查企业31个。开展风景区、教育行业安全联合检查和异地交叉执法检查。处置安全生产举报53起。开展安全生产委托执法，与各镇、园区、街道签订安全生产委托执法协议，实施行政处罚24起。加强行政执法证管理，27人取得无锡市安全生产监督管理员资格，91人通过江苏省行政执法证复训，45人通过国家安监总局网上考核。全年接收并答复"12345"政府热线工单50件，梳理部门行政权力清单302项，完成江苏政务服务网部门行政权力基本信息录入，受理行政处罚当事人陈述申辩10件。

【重点行业（领域）安全监管】 深化重点行业领域专项治理。制订《2017年宜兴市工贸行业粉尘涉爆企业安全生产专项整治方案》，摸排工业企业8000余个，确定粉尘涉爆企业120个，涉及9个行业类别。举办6期粉尘涉爆安全管理培训班，培训企业主要负责人和安全管理人员300人。在金属粉尘、静电喷墨粉尘、木质粉尘和亚麻粉尘4个行业中进行试点，取得成功。印发《宜兴市安监局关于做好2017年度矿山企业复工审查工作的通知》。对3个安全生产许可证到期的非煤矿山企业实施停产。行政处罚1个存在重大安全隐患的非煤矿山企业，责令限期整改。组织开展烟花爆竹经营单位专项检查，检查烟花爆竹经营单位244个，发现并整改隐患77条，实施行政处罚1起，打击取缔无证摊点1个，收缴烟花爆竹80余箱。排查工贸行业有限空间作业企业，确定有限空间作业企业152个，建立一企一档。普

安全生产大检查 （市安监局 提供）

查工业煤气企业，确定工业煤气企业16个，填写《工业煤气企业普查表》16张。开展冶金等工贸企业较大危险因素辨识管控，提升防范事故能力行动，组织无锡天山水泥有限公司、中鼎环境科技股份有限公司等6个建材、机械行业的骨干企业试点建设。开展宜兴市高层建筑消防安全综合治理，对已建成投入实用的建筑高度大于24米的非单层厂房、仓库和其他民用建筑摸底，排查出高层建筑34栋，发现隐患34条，建立排查清单和隐患底册。

【危化品领域安全监管】 在危险化学品生产企业、使用危险化学品从事生产的化工企业、有危险化学品储罐的经营企业中开展“智能二道门”建设，206个企业建成“智能二道门”。加强危险化学品企业安全生产标准化延期复评、规范运行和提档升级工作，督促97个企业进行三级标准化延期换证，检查57个企业的标准化运行情况，评审13个企业的标准化申请，指导8个三级标准化企业创建二级标准化。做好危化品建设项目安全审查工作，审查7个新改扩建项目安全设施设计。做好危险化学品企业安全生产许可证和经营许可证换领证的初审工作。受理审核危险化学品许可证换领证申报材料12份，现场核查80份危险化学品经营许可证换领证申报材料。推进危险化学品安全专项整治隐患整改，督促上年专项整治期间无锡市安全生产监督管理局提级挂牌督办的6个企业，按要求完成整改。深化危险化学品企业安全隐患专项排查治理，开展加油站安全专项检查、化工(危险化学品)企业重点部位、重点作业环节专项安全检查、化工和危化品重点企业集中检查、化工(危险化学品)企业危险化学品重大危险源专家会诊检查、危险化学品装卸作业场所安全专项排查等危险化学品安全专项检查。加强对非药品类易制毒化学品的安全监管，107个企业按时填报“非药品类易制毒化学品综合管理信息系统”年度报表。

【职业健康安全监管】 夯实职业健康监管基础。专项整治154个存在较重职业病危害的企业，采用工作会议、逐一上门指导等形式，专项整治申报率100%，职业健康体检、检测率98.3%。开展建设项目职业卫生“三同时”(同时设计、同时施工、同时投入生产和使用)，评审项目8个。开展职业病危害项目申报，全市有4万余名职工参加体检，420个企业开展检测，职业病危害申报和备案企业增加至4619个。开展职业病诊断现场调查，督促用人单位按时、如实提供劳动者职业病诊断、鉴定所需资料18次，立案调查5个。组织开展职业卫生管理示范企业评选，评选出宜兴市职业卫生管理示范企业10个、江苏省职业卫生管理示范企业2个。开展2015年和2016年职业健康整治“回头看”专项执法检查，督促用人单位开展职业危害评价和职业健康监护，督促生产经营单位建立健全职业卫生管理体系。

【安全生产宣传教育】 深化与传统媒体合作，发挥主流媒体优势，在《宜兴日报》出刊《安全生产专版》8版、在宜兴电视台播出《关注安全》电视专题节目4期。强化现代传媒作用，在市安监局官方网站发布信息79条，官方微博发布微博251条，官方微信推送信息101条，宜兴日报手机报发布新闻230条。拓展户外传媒形式，在市区重要路口电子大屏循环播放安全生产公益广告，在关键位置的高楼炮台悬挂安全警示标语。组织“安全生产月”活动，开展安全文化巡演22场，举办安全生产宣传咨询活动，发放安全生产宣传资料2万余份。开展“一把手讲安全”活动，全面推行企业主要负责人讲安全课。开展“企业安全生产主体责任”主题和学校安全两项征文活动，收到征文4000余篇。做好安全生产教育培训，重新规划安全培训中心内部结构，合理布局实操考试场地、集中授课教室和学员停车场地。升级硬件设施，规范培训流程，充实培训内容，严格考试程序，严肃考试纪律，提高培训质量，全年培训1.5万余人。

(张琦)

粮食工作

【概述】 全年保障粮食安全、促进农民增收，坚守“不打白条”、不出现“卖粮难”两条底线，推动粮食产业发展。修订《宜兴市地方储备粮管理实施办法》，开展全社会粮食收购许可证核查、粮油储藏技术规范等专项整治。先后组织开展粮食收购政策业务培训、“一卡通”结算系统操作、“满意苏粮”APP手机应用等培训；部署收购设备检修、衡器校验，安全生产检查；提前准备好资金测算，通过企业自筹、市粮食局提供应急资金及贷款担保等落实收购资金；及时申报、审核委托收储库点，合理布局仓容，落实惠农政策。完善应急保供体系，全市有粮食应急加工企业3个、应急运输企业1个、应急供应企业21个。军粮供应安全稳定，市粮油集团大米有限公司、福新面粉(宜兴)有限公司成为无锡地区军粮定点供应企业。严格执行政策。制发小麦、粳稻收购样品各70个，统一印制《小麦、粳稻收购质价公示表》500多份，在收购现场醒目位置张榜公布质量标准、粮食收购价格和计斤扣量办法，做到政策上墙、样品上柜、挂牌收购、验粮公开。全年粮食销售22.34亿元、利润8465.8万元，分别比上年增长22.2%和17.3%。至年底，全市有政策性存粮企业35个，涉及库点40个，存储各类政策性粮油40.97万吨，其中中央储备粮3.89万吨，托市粮27.93万吨，一次性存储大豆0.77万吨，临储菜油0.52万吨，各类地方储备8.28万吨。

【粮食收购】 两季收购前夕，市粮食部门及早做好仓容、资金、设备、人员和政策宣传等收购准备工作。夏收前，备足仓房60个、仓容近8万吨，秋收前备足仓房117个、仓容13万吨，确保两季粮食收得进、储得下。鼓励未入托收储企业通过自筹、代购代销等途径筹集两季收购资金，加强与有关单位和部门协调，确保收购资金及时到位，杜绝打“白条”现象。运用报纸、广播、电视、网络等媒体宣传强农惠农富农政策，向农民宣传国家粮食收购政策、“一卡通”结算办法、“满意苏粮”APP的运用及推广等，指导农民清杂、整理、晾晒，实现优质优价，增加种粮农民收入。全年夏粮入库19.43万吨，有6个托市点最低保护价收购3.63万吨；秋粮入库6.36万吨，有13个托市点最低保护价收购6万吨。

【粮油品牌创建】 重视特色和知名品牌培育，发挥示范带动效应。年内，市粮油集团大米有限公司“隆元”牌大米、市和润油脂有限公司“源源”牌食用油通过江苏省著名商标复审，市百粮农业科技有限公司的新兴米业、市中川米业有限公司的晨露米业、市和桥米厂有限公司的安乐米业通过无锡市名牌复审，新增为无锡市名牌产品。至年底，全市有“隆元”牌大米、“宜皇”牌大米和“金像”牌面粉、“美玫”牌面粉4个省级名牌产品，“隆元”牌大米、“宜皇”牌大米和“源源”牌食用油3个江苏省著名商标，“苏馨”牌大米、“西溪”牌大米、“晨霞”牌大米、“红云香”牌大米、“晶溪”牌大米和“泥蛙”牌大米6个无锡市名牌产品。全市有市粮油集团大米有限公司、市和润油脂有限公司2个省级龙头企业，市和桥米厂有限公司、中谷粮油有限责任公司、百粮农业科技有限公司、安乐米业有限公司、市中川米业有限公司、市建国米业有限公司和市鸿翔米业有限公司7个无锡市级龙头企业。

【粮食企业改革】 坚持做强做大、统筹兼顾、分类指导原则，按照“大稳定、小调整、重完善”的要求，10月，全市推进第四轮粮食购销企业改革。坚持分类处置，强化资源整合，规范改制行为，强化风险防控，确保企业改革工作依法、规范、有序进行，确保国有资产的安全和保值增值。至年底，全市有购销企业24个。其中：国有直属企业宜兴国家粮食储备库和川埠军供站实行目标管理经营；市屺亭国家粮食储备库有限公司实行混合所有制经营；通过租赁国有粮食购销企业，实行自主经营、自负盈亏的民营粮食企业21个。

【粮油市场监管】 执行两季收购监管。开展全社会粮食收购许可证核查、粮油储藏技术规范、粮食流通统计制度执行情况、“打白条”和“转圈粮”等专项整治检查。做好国家粮食库存检查和产前质量调研、粮质测报以及两季收购质量的把关，开展食用油脂清查、政策性粮油的质量监管。8月，市粮食局按照“全覆盖、零容忍、快整治、严执法、重实效”原则，召开全市粮食安全隐患“大快严”集中行动，启动全市企业进行自查；联合市财政局、市发改委、农业发展银行宜兴市支行组成检查小组分片抽查，抽查单位25个，发现、整改问题26项，涉及企业14个。严把准入关、监管关和复审关，全市有“放心粮油”示范企业29个，其中省级1个、无锡市级8个、宜兴市级20个，形成规模适中、分布合理、诚实守信的放心粮油消费格局。推行信用承诺，强化信用产品应用，提出信用管理推进措施和工作方案，建立健全工作会办机制。全市有省级诚信守法企业34个、无锡市级粮食安全信用企业23个。

【仓储建设】 加快规划库点改造和资产整合步伐，实施处置、终止、改造“三个一批”计划。处置长期闲置或者地方城建规划发展涉及的库点，公开拍卖、终止不在规划布点内的粮食购销企业，改造列入改造规划的库点。年内，闸口粮管所1.5万吨仓储改建及每日200吨烘干项目和智能化建设竣工。全年争取省财政和中央资金支持，申报中央投资西渚、鲸塘、川埠3个项目，省财政补贴4个项目，争取到省以上财政资金1234万元。市粮食局先后投入资金600万元打造“数字粮库”，对粮库的仓储设施、粮食仓储数量、出入库信息、结算信息等进行远程监管并实时查看，每一粒粮食从运输、入库保存至出库销售，都能跟踪查询。至年底，全市完成“数字粮库”建设项目6个。先后投入2500万元推进低温烘干设施建设，添置适用的清理、输送、补仓、平仓、散粮接卸等仓储作业设备300多台（套），实现电子称重、机械输送、低温保粮、环流熏蒸、自动检测等粮食仓储作业全流程机械化、自动化。宜兴国家粮食储备库分库、宜兴国家粮食储备库分库杨巷粮库、新庄粮管所粮库、芳庄国家粮食储备库、屺亭国家粮食储备库等粮库配置烘干设施，全市低温烘干设施装机容量达日处理2000多吨。

（付学伟）

物价工作

【概述】 按照“稳增长、防风险、调结构、优环境、惠民生、促改革”的要求，突出监管重点，化解价费难点，打造服务亮点，各项工作取得明显成效。全年全市居民消费价格指数（CPI）涨幅为1.3%，涨幅比全省低0.4个百分点。突出服务发展，取消和停征一批行政事业性收费项目，取消自来水价格中的城市公用事业附加费，降低蒸汽价格中的脱硫脱硝除尘费用，下调非居民用管道天然气销售价格，全年减轻企业和群众负担近1亿元。规范价费行为，稳妥推进巡游出租车运价、机动车停放服务收费、物业服务收费等民生价费改革，化解价费矛盾。严格平价商店管理，全年全市40个平价商店共销售平价蔬菜3.69万吨，平均让利幅度20%。组织开展民生价费专项检查，查处价格违法案件1起，没收违法所得89.95万元。开展涉案、涉税、涉纪等价格认定工作，全年完成价格认定业务644件、2.64亿元。畅通价格维权渠道，全年受理价格举报投诉397件，责令退还群众5600元。年内，市物价局被省人社厅、物价局联合表彰为2012—2015年度全省价格系统先进单位。

【调控价格】 围绕全年价格调控目标，召开宜兴市2017年度价格工作会议，制订《2017年度价格调控目标责任制》，与各镇（园区、街道）签订《价格调控目标责任状》，完善《2017年度物价工作考核意见》，下达价格调控任务、实行量化考核和评比，确保全市价格基本稳定。全年全市居民消费价格指数低于省、无锡市水平。落实价格监测预警制度，每月3次采集上报九大类、91个品种民生商品价格，分析预测和上报宜兴市重要商品价格变动情况及趋势，服务政府决策参考。全年采集上报价格监测数据2.75万条、监测分析材料24篇。开展民生价格信息公布工作，每月3次通过报刊、电视、网站等媒体发布民生价格信息，引导市民合理消费。依法行使成本监审职能，组织开展出租车营运成本、玉女潭景区票价等5个项目的成本监审。扎实做好农本调查工作，推广"农本调查"应用，为10户农户配发数据报送手机，实现农本数据智能传输和即时审核。按照"及、早、精、准"的要求，及时完成农户种植意向、农户存售粮情况、农户购买农资情况等调查任务。

【收费减负政策落实到位】 落实国家、省、市减负政策，年内取消、停征行政事业性收费项目63个(涉及宜兴35个)，转出8个，降低2个；取消、降低经营服务性收费项目11个，放开11个，全年减轻企业负担近4500万元。开展收费统计审核工作，集中审核2016年度全市行政事业性收费单位收费情况，专项审核针对取消、免征、降低的收费政策落实情况，重点巡查巡访涉企收费项目多、取消或降低项目多的市场监管、房管、环保等9个单位，确保收费优惠政策落实到位。组织开展自来水、天然气价格优惠政策落实情况专项督查，督促执收单位全面兑现优惠政策。降低用能成本，4月1日起，取消自来水价格中的城市公用事业附加费，自来水到户价格每吨降低0.05元；第二季度起，蒸汽价格中的脱硫脱硝除尘费用由每吨12元降低到8元，全年减轻蒸汽用户负担1000多万元；9月1日起，非居民用管道天然气销售价格每立方米下调0.12元，全年为企业减负近4500万元。打造阳光价费，实行收费目录清单制度，公布宜兴市行政事业性收费项目、政府定价经营服务性收费、涉企、涉民、涉房、涉车等目录清单8个，向全社会公布，并督促执收单位严格执行。贯彻落实省物价局《旅游价格行为规范》文件精神，专项督查全市旅游景区门票，规范全市旅游价格行为。

【价费改革】 化解价费矛盾，针对宜兴市创建全国文明城市要求和停车难实际，7月，出台《宜兴市机动车停放服务收费管理办法(试行)》，全面规范车辆停放服务收费行为，缓解停车难矛盾。推进全市巡游出租车行业价格改革，根据成本监审结论，规定2018年1月1日起实施《宜兴市巡游出租车运价调整方案》，促进全市出租车行业持续健康发展。全年市场煤炭价格持续上涨，实施煤热价格联动机制，调整四个季度蒸汽价格，化解供需双方矛盾。稳妥推进价费改革，加强物业服务收费管理，修订《物业服务收费管理实施细则》，全年办理前期物业服务收费备案32件，及时协调解决物业服务收费矛盾和纠纷。加强医疗服务收费和药品价格管理，每月上报中药饮片价格，审核医院病床位价格，会同卫生部门督查全市13个公立医院综合改革价格政策执行情况。按照《宜兴市养老机构服务管理暂行办法》的精神，在做好成本监审抽样调查的基础上，提出公办养老机构护理费、床位费调整建议方案，理顺养老收费政策。加强幼儿园收费规范和疏导，调整普惠制幼儿园收费标准，规范民办幼儿园收费调整幅度和调整周期，确保幼儿园收费政策执行到位。调整玉女潭景区门票价格，印发并执行《旅游价格行为规范》，规范宜兴市旅游价格行为。

【平价商店发展】 强化平价商店准入、巡查、考核、退出等机制，完善长效管理机制，修订完善《宜兴市平价商店考核办法》，突出以网络考核为主，实地巡查考核和不定期抽查为辅，实行直销区和直销店分类管理和倒扣分制度的考核方式，鼓励平价商店多销售、多让利。升级完善宜兴市平价商店监管服务平台，加大网络实时监控力度，确保平价商店经营规范有序。增加平价商品品种，全市平价商店每天经营的平价蔬菜品种平均保持在18个以上，有三分之一商店的平价蔬菜品种达20个以上，部分商店平价蔬菜品种达23—25个，让利品种大大增加。5月1日起，将粮油肉蛋品种列入平价商品经营范围，规定零售价格低于市场同品种平均价格5%以上。严格实施日常巡查暗访、月度考核、半年度考评制度，全年共劝退并按规定递补平价商店6个，保证平价商店建设质量。全年向平价商店下发奖励资金464万元。全年全市40个平价商店共销售平价蔬菜3.69万吨、粮肉蛋7450吨、油42万桶，给市民让利8907万元，平均让利幅度23%(其中蔬菜让利33%、粮油让利13%)，有效稳定"菜篮子"价格。

【价格监管工作】 围绕民生价格热点问题，组织开展旅游景区服务价格、商品房明码标价、天然气、电力价格等10多个专项检查，出动检查人员546人次，检查单位125个，及时纠正部分单位存在的价格收费不规范行为。立案查处省物价局交办的价格违法案件1起，涉案金额89.95万元。加大市场监管力度，针对节日消费旺季，组织开展市场检查工作，重点锁定城区大型商场、超市、车站、停车场等8个行业领域，累计出动检查人员680余人次，检查单位682个，全面规范商家节日促销价格行为。针对市内旅游景区的部分"农家乐"饭店，特别是中小型"农家乐"饭店明码标价意识不强，价格行为不够规范的实际情况，创新工作思路，推进旅游餐饮行业"菜单式"管理工作，以丁蜀、湖汊、太华、西渚4个镇的100多个"农家乐"饭店为试点，归纳出试点所在区域具有代表性的特色菜及市场参考价，会同价格监督站通过制作发放样本菜单及桌面立牌，分片集中开展价格行为指导培训，引导"农家乐"饭店明码标价、诚信经营。全年未发生因旅游消费价格矛盾而引发的举报投诉案件。重视价格维权，应对新媒体时代的舆论环境，制订《价格突发舆情应急处置预案》，成立应急值班小组。针对网络电商价格投诉举报不断增加的情况，召集全市相关网络电商以及部分商场超市、餐饮酒店、汽车销售等经营单位，开展商品(服务)明码标价规定专题培训，提升商品服务行业明码标价规范化水平，规避价格欺诈行为发生。重视群众价格诉求，全面畅通价格维权渠道，快速处理群众的举报投诉，全年办理价格举报投诉397件，责令退还群众5600元。

【价格服务提升】 持续开展“阳光物价”建设，改版物价网站，办好《宜兴日报·物价专版》《宜兴物价简报》等信息服务载体，通过“3·15”消费者权益保护日、法制宣传日、政风行风热线等活动，传递物价声音。围绕阶梯水气价格、停车服务收费等新出台政策，市物价局会同报社、网络公司等媒体单位开展政策解读和宣传报道。加快实施“互联网+物价”战略，推进“价费通”价格信息服务平台建设，开发“价费通”“市民菜篮子”手机应用程序，方便群众查询菜篮子价格和各行各业商品价格及政策信息。稳步推进价格认定机构转型，逐步退出市场竞争领域和民事案件领域，巩固涉税、涉纪、涉案财产价格认定业务主导地位。全年完成价格认定业务644件、2.64亿元。协同地方政府、市人民法院妥善调处英伦尊邸340余户业主退房和装修损失价格认定。在全市18个镇、园区、街道挂牌设立价格争议调解办公室，分别聘请36名司法所长(或综治办主任、信访科长)为兼职价格争议调解员，基本实现价格争议调处工作网络基层全覆盖。衔接市人民法院推进诉前、诉中价格争议调解工作，探索建立价格争议调处与司法调解相衔接的工作机制。全年办理车损类争议调处1起，涉案金额3万元；涉诉讼价格争议3起、涉案金额30余万元。拓宽价格诚信创建领域，全市有113个单位参与价格诚信单位创建工作，宜兴大润发商业有限公司、锦江麦德龙现购自运有限公司宜兴商场、宜兴华地百货有限公司等83个单位被评为为2017—2018年度宜兴市价格诚信单位。

(夏婷)

招投标管理

【概述】 全年政府投资工程招投标575个标段，中标价46.85亿元，比工程预算价节约8.11亿元，资金节约率14.76%；政府投资货物和服务类招投标133个标段，中标价3.8亿元，比招标控制价节约0.58亿元，资金节约率13.31%。政府采购155笔，中标价3.69亿元，比采购预算价节约3116万元，资金节约率7.79%。产权交易269宗，交易金额0.85亿元，比转让参考价增加324.04万元，增值率3.97%。7月，市招投标中心更名为市公共资源交易中心，增设国土资源交易科，市国土资源交易中心增挂市公共资源交易中心国土资源交易分中心牌子，增加负责收集、存储、定期发布土地使用权交易行情、宜兴地区地价水平以及有关政策法规信息，为交易双方提供信息咨询服务等职责。产权交易科增挂市农村产权交易中心牌子，增加涉及市农村产权交易过程的职能职责。

【信用体系稳步构建】 为引导企业诚信经营，实现“招标市场”和“工程现场”联动，3月，市招投标管理办公室和市建设局联合发布《关于2017年度在建设工程施工招标中应用信用评价结果的通知(试行)》，把投标行为、标后履约行为以及职能部门的行政管理结果等记录运用到招投标环节，该办法首次将施工企业的信用评价结果应用于招投标活动中。全年共有66个项目招标中运用企业综合信用分，信用分高的企业中标概率明显提升。年内，完善2016年《宜兴市招投标市场信用评价考核办法(试行)》，对60个单位投标行为考核扣分，累计扣分75次，规范全市招投标市场行为。为提高招标代理机构的综合素质和业务水平，12月，出台《宜兴市工程建设项目招标代理机构动态考评管理办法(试行)》，做好代理机构及其从业人员基本情况、市场行为和信用状况的记录、发布、考核评价及差别化管理等。

【招投标市场秩序监督】 依法处理各类投诉，严肃查处违法违规行为，实施行政罚款、限制市场准入、诚信评价扣分等处罚。全年共处理投诉信访案件3件、行政处罚案件立案11件，行政处罚违规投标企业23个。6月，为规范政府投资项目招投标行为，根据江苏省统一部署，开展全市政府投资房屋建筑和市政工程项目招投标专项整治活动，至年底，该项工程全部结束。落实《工程招标造价编制考核管理办法》和《工程评标专家考核管理细则》，按照“一标一考核”和年度考核相结合的办法，及时发现、纠正问题，加强对代理业务、评标工作的动态考核管理，全年对11个工程招标代理机构进行代理业务考核扣分，累计扣分76人次。

【招投标服务】 通过积极向省住房和城乡建设厅争取，宜兴列入省建设工程招投标改革试点地区。对无需编制技术评审内容的项目，投标文件编制时间由原不少于20天压缩至不少于10天。1月起，试行招标人入会员库，强化招标人责任，项目注册改为由招标人注册并分配招标代理，招标人可进入系统查看招投标各环节备案材料和进度情况，对中标人进行标后履约评价，全年有95个招标人注册入会。改变现场审核企业诚信信息库要求，采取网上审核诚信库资料入库，为外地投标单位提供方便。改变人工计算抽签球方式，使用电子磅秤计算抽签球数量，提高精确度，节约开标时间。优化抽签项目开标流程。根据投标单位网上递交投标文件顺序进行抽签，按从大到小排列，保留前十个投标单位。6月，印发《关于调整工程建设项目施工招标评标办法中“评标基准价”计算方法的通知》，减少原小型项目“抽签法”的做法，调整“评价基准价”的选择和计算方法，提高招投标工作效率，实现价格竞争，节约政府建设资金。8月，发布《关于调整我市非国有资金投资工程发包管理有关事项的通知》，调整非国有投资工程发包管理方式，明确9月1日起非国有资金项目由发包人自行决定是否进入招投标中心交易。10月，使用宜兴政府采购文件新范本，设置不同格式受理书，提前告知采购人准备材料，采购人可随时查看项目受理情况，在标书终稿时一并提交材料，实现“最多跑一次”的目标。推行电子化招投标，全年工程施工、监理、货物招标、交通工程、水利等项目全面实行电子化招投标，全年电子化招标率达95.9%。开发宜兴市公共资源交易网，方便社会各方参与公共资源交易活动。政府采购、国土资源信息由各系统自动推送至网站页面，实时同步显示，实现全市公共资源交易信息“一网公开”。全年网站日均访问量9776次。

（黄烨）

供销合作

【概述】 以改革创新为动力，实现全市供销经济的持续发展和为农服务能力的提升。至年底，市供销合作总社下辖直属公司4个、股份制公司10个、基层供销合作社15个，有在职职工46人、内退职工11人、退休职工2500人。年内，市供销合作社在无锡市供销系统综合考评中获一等奖，获“全国供销系统百强县级供销社”称号。

【农业社会化综合服务】 年内，市供销合作总社整合资源，加大对农业综合服务的扶持力度，农业社会化综合服务迈出新步伐。市供销总社与杨巷镇政府签订农业社会化服务协议，由杨巷供销合作社与杨巷镇三品农产品销售有限公司、宜兴百粮农业科技有限公司等6个单位联合成立市金裕穗农业产业发展有限公司，并承建杨巷现代农业综合服务中心，下设育秧中心、机械中心、烘干中心，配有农业机械设备60多台(套)、烘干机设备32台(套)、自动化育秧生产线2条，自动化育秧能力2万亩，全年完成托管服务农田面积8230亩。扶持宜兴天信综合服务中心，开展农技农机培训8期、920人次。天信中心全年销售化肥农药6.12万吨，供优良种30吨；新建5500平方米粮食烘干、集散中心，新增烘干设备35台（套），日烘干能力1500亩；新建900平方米飞防中心，添置飞防设备10套，社会化服务能力3万亩。依托区域农机服务的优势，组建和桥现代农业综合服务中心，该中心占地16亩，添置烘干设备10台（套）、粮食加工生产线1条、育秧中心面积3000平方米；有大中型拖拉机32台、高速插秧机14台、育秧成套设备5套、收割机12台、粮食烘干设备13套、农用运输车辆5辆，以及水稻病虫害防治自走式、机动式等植保机械26台（套），服务能力8000亩。

【农村电子商务稳步推进】 年内，市宜网农村电子商务公司（以下简称宜网公司）加快引进和培育一批带动能力强、市场前景广的农产品加工龙头企业，扩大农产品“线上、线下”销售量，提高本土农产品附加值和产业竞争力。参加义乌国际电商博览展销会和省供销总社组织的海峡两岸农展会，推广宜兴农特产品。6月，宜网公司自营店铺宜兴陶也紫砂店在淘宝网开业，主营具有地域独一性的特色紫砂产品及其衍生产品，并从市场实际需求出发，通过产品定位、成本核算、包装设计、营销策划等手段，打响网点品牌，确保成功运转。宜网公司全年实现线上、线下销售额960万元。主动对接市委组织部、市妇联、团市委，制订培训计划，提升农村电商水平，聘请淘宝大学专业讲师到宜兴授课，全年举办培训12期，培训学员515人。全年新开网店32个，孵化成功率16%。加快村级电商站选点建设，完善示范县建设的网络工程，全年新建村级电商服务站50个。宜城、丁蜀、官林等7个供销社有序推进农村电子商务服务站建设，组织区域内农产品经纪人、农民专业合作社理事长及有意从事电商的年轻人参加宜网公司培训；官林供销社与官林镇团委举办镇级电商培训专场，为该区域有志青年提供创业平台。

【社有经济继续完善】 不断完善社有资产和参股企业管理制度，确保全系统资产的保值增值和参股企业的稳定发展。规范管理程序，提高资产运行质量，修订完善《市社资产管理制度》《关于社有资产公开招租的基本程序及定价程序》《社有资产零星工程维修招标办法》《社有资产零星工程第三方审计实施办法》，确保社有资产修理、租赁等方面的公开、公平、公正。加大资产维修力度，根据全系统房屋资产现状，对部分危旧房屋制订修缮计划，提升资产的完好率，全年修缮张渚供销社办公楼、丁山供销社老办公室、钮家供销社二层楼屋面等危旧房屋。强化参股管理，建立参股企业经营情况定期报告、重点决策会商等制度，定期召开参股企业经营情况分析会，听取情况汇报，为企业发展出谋划策。加强与市有关部门沟通协调，更好地解决企业经营管理中的问题，促进企业健康稳定发展。

【基层组织体系建设有力推进】 大力推进镇级供销合作社组织、经营、管理能力，增强镇级供销合作社的内在动力。推进薄弱社改造和基层社“三体两强”（自主经营实体、农民社员主体、合作经济组织联合体和综合实力强、为农服务能力强）建设，按照建设标准，制订创建方案，创新体制机制，杨巷镇、湖㳇镇2个薄弱基层社完成改造，官林供销社创建成功。围绕以农民为主体、综合性、合作性三大特征，推进农民综合性合作社试点建设，因地制宜，拟订建设方案，有序推进张渚供销社、周铁供销社农民综合性合作社试点规划建设工作，促进基层社服务机制和经营机制的有效转换。通过开设一站式服务窗口，设立农业生产资料服务部、农产品购销对接服务部、农村金融服务部（小贷担保）、农村电商服务所、农民生产合作服务部以及便民公益服务部，使基层供销社更好地为农民服务。促进市中合华惠农村小额贷款有限公司、市华惠三农贷款担保公司、市宜网电子商务有限公司等公司延伸经营服务功能，吸纳农民成员和合作经济组织入社参与，发放社员证。拓展功能，供销合作社系统的华惠公司、中合华惠小贷公司农村惠农金融服务中坚持稳中求进，严格担保贷款审查过程，实行贷前审核、贷中监管、贷后跟踪的中风控措施，华惠公司、中合华惠小贷公司分别为农民专业合作社、涉农企业、个人提供担保贷款资金2825万元和9406万元。

【**农民专业合作社稳步发展**】 近年，全市加快转变农业发展方式，推进农业现代化，探索农业经济融合发展新机制、新模式。湖㳇镇篱笆园农庄，致力于开发文化农业产品，以农业科普教育为新的融合目标，将茶叶的制作和鉴赏、乌米饭的制作等制成宣传栏，传播绿色食品理念，弘扬传统文化。徐舍镇美栖村建成美栖花田150亩，成功举办灯海艺术节2届，共接待游客近30万人次。太华镇的江苏乾元茶业有限公司大力发展第三产业，打造采茶制茶体验区，并组建专业电子商务团队，全年实现网上销售500余万元。9月，市篱笆园农庄、美栖村、江苏乾元茶业有限公司入选2017年度无锡市农村一、二、三产业融合示范点名单，入选数量居无锡各板块首位。至年底，全市有农村股份合作经济组织79个，各类农业专业合作组织和经纪人年合计销售农产品近13亿元，农村居民年人均可支配收入增幅有2万余元，增幅连续多年超过城镇居民收入增幅，城乡居民收入差距持续缩小。

（殷明）

口岸管理

【**概述**】 全年口岸综合保障能力、口岸服务效能提升，口岸运行安全高效。完成口岸集装箱进出口量9887标准箱(20英尺长的集装箱用来表示船舶装载集装箱的能力)，比上年增长36.15%。其中：陆路910标准箱，比上年下降2.26%；水运8977标准箱，比上年增长41.79%，占总量90.8%。完成口岸集装箱货运量14.22万吨，其中：陆路运输1.14万吨，比上年增长6.5%；水路运输13.08万吨，比上年增长81.16%。宜兴旺达保税仓库完成业务3票、3标准箱、保税货值12.49万美元；出口监管仓库完成业务2票、4标准箱、货物监管货值17.3万美元。走访无锡市磊泰进出口有限公司、宜兴升平石业有限公司等5个重点石材经销商，向市政府上报《关于石材进口交易中心发展情况的报告》，分析宜兴进口量少的原因，提出提升宜兴进口量及改善市场功能的建议意见。强化口岸各部门服务理念，促进查验部门、仓储运输、报关代理、场站作业之间的协作交流，实现各个通关环节的“无缝对接”。

【**通关服务优化**】 推进全国通关一体化、无纸通关、“三个一”(一次申报、一次查验、一次放行)等，优化查验工作机制，降低企业通关成本，宜兴口岸通关效率不断提升，进口平均通关9.9小时(含上海口岸转关至宜兴时间)，出口平均通关0.68小时。加大水路相关政策宣传力度，优化服务，下调全市总体运价，从宜兴港发出的每标准箱货物的综合水运费下调100元。7月，新辟“宜兴—太仓”航线，增加1艘30标准箱的集装箱船投入“宜兴—上海”内外贸航线。至年底，宜兴口岸30标准箱的集装箱船增至4艘，水运航班密度由原每周3班增加至6班，“宜兴—上海”航线实现“天天班”，宜兴口岸水运箱量创新纪录，月均总箱量突破1000标准箱。开创就地还箱新模式，解决空箱紧缺难题。

【**进出口食品查验场所建成**】 随着进口食品在宜兴市场的需求日益增加，进出口食品量不断增多。宜兴旺达物流有限公司建造全市首个进出口食品查验场所。仓库拥有各类仓储机械设备和专业仓储管理操作人员，配备24小时全天候监控系统和联动型防火系统，运用最新的仓储管理软件系统，提供各类进口食品的存储、刷唛贴标、代理报关及储运业务等。

（丁玮）

海关监管

【**概述**】 全年外贸进出口276.06亿元，比上年增长13.2%。其中：出口227.12亿元，比上年增长14.2%；进口48.94亿元，比上年增长8.7%。无锡海关驻宜兴办事处(以下简称办事处)审结报关单2399票，无纸通关率97.5%；监管进出口货运量8.43万吨，货值3.54亿美元，监管进出口集装箱5553标准箱；税收开单金额2.81亿元，税费电子支付比例95.3%。加工贸易一体化手册设立363份，数量比上年下降11.03%；备案金额5.72亿美元，比上年增长46.1%，办理加工贸易现场验证17笔。新注册企业247个。

【**进出口监管**】 提升通关现场管控能力，强化安全监管意识，规范监管场所管理，切实消除安全隐患。严格执行查验“双随机”要求，随机布控率100%、随机派单率100%；保持查验威慑力，配备专人细化查验指令，实施移动单兵作业系统，综合查验率3.6%；加大对疑似固体废物的监控分析和排查力度，严密防控固体废物等“洋垃圾”入境。加大综合治税力度，加强对重点税源企业的通关辅导，依托全国一体化通关改革，积极拓展税源；统一规范归类、审价、原产地等涉税要素认定，做好重点税源商品的进口纳税业务，确保应收尽收，其中审价补税147万元，比上年增长66.2%。保持打击走私高压态势。开展打击走私“国门利剑”联合专项行为，增强分析研判能力，挖掘案件线索，完成移交一般案件3起，现场办理“两简”(简单案件和简易程序案件)案件18起；加强法制宣传，提升监管场所和报关行业业务规范水平，有效防控违规违法事件；参加无锡海关缉私小分队集中行动，提升全员打私意识。提高加工贸易监管水平，强化报核催报、内销归类审核，确保手册报核及时率和结案及时率100%；加强手册风险分析，加大中期核查力度，开展保税核查9起，发现问题2起，核查有效率22%。

【**机制改革**】 依托区域一体化通关成果，7月1日起，办事处贯彻实施全国通关一体化改革，通关模式切换成“一次申报、分布处置”。年内自报自缴、单一窗口、财关库银联网、查验单兵作战系统等改革试点项目的顺利实施，巩固了关检“三个一”(海关与出入境检疫检验部门实行“一次申报，一次查验，一次放行”的通关作业模式)改革成效，提升了通关效率，降低了企业通关成本。紧密衔接加工贸易监管一体化改革。办事处加强与上级职能处室、作业中心以及企业间的联系沟通，及时反映解决企业问题，同时大力推进以企业为单元的监管模式改革。年内，辖区内的宜兴高青制衣有限公司进入关区首批试点企业名单，内销集中申报企业增至3个，2个企业顺利实施加工贸易自核单耗管理。在企业管理领域推进“放管服”改革，落实“三证合一”(工商营业证照、组织机构代码证和税务登记证三证合为一证)要求，推进海关注册登记制度向统一社会信用代码制度的衔接过渡，全年现场审核企业“三证合一”后注册信息变更265个。

【海关服务】 落实“压缩通关时间三分之一”的重大决策部署。通过加强对宜兴通关业务监控分析，对报关企业的业务辅导、与企业的沟通联系，提高现场工作效率，最大限度压缩现场作业时间，平均通关时间进口6.35小时、出口0.76小时。助推对外开放载体建设。助力宜兴二类水路口岸拓展功能，支持内支线航班开辟新航线，帮助外贸企业用好内支线航班，降低外贸物流成本，做好查验无问题相关费用财政支付的政策落实工作，扩大水路口岸货运量；促进旺达保税仓库、万石国际石材交易中心、旺达通中小外贸企业综合服务平台业务发展；探索利用“保税+”政策推动外贸产业链向研发设计等高端领域延伸。加强进出口数据分析和信息报送，全年编发《统计月报》12期、《海关专报》6期，为地方党委、政府提供决策参考。加强与相关部门信息沟通，依法依规严控虚假贸易。年内，实地巡查企业12个，依法报请通关锁定信息失实企业4个。

(聂文杰)

出入境检验检疫

【概述】 宜兴检验检疫局全年接受报检1.7万批，货值7.5亿美元，分别比上年降低7.52%和7.19%。其中：出境报检1.68万批，货值6.89亿美元，分别比上年降低7.21%和5.62%；签发优惠原产地证书1.83万份，货值7.88亿美元。随着关税、汇率、产地证和绿色通关等措施的出台，宜兴检验检疫局推出无纸化、小微企业定点扶持等措施确保出口危险化学品快速通关，主要产品销往美国、日本、韩国、俄罗斯、北欧等国家和地区；全年出口化学品及添加剂1.01万批(次)、4.16亿美元，比上年分别增长2.93%、13.04%，再创历史新纪录。帮扶优势产业发展，服务特色小镇建设，助力“湖汶杨梅”和“猴子岭”杨梅成为全省首批获得国家生态原产地保护评定的杨梅产品。打造口岸查验、联防联控、群防群控三道防线体系，守护国门安全，建成国门生物安全展馆和宜兴市林业有害生物防治实验室。营造诚实守信的社会氛围与信用环境，帮助企业申报质量诚信企业，至年底，全市有中国质量诚信企业11个、省级质量诚信企业286个。

【检验检疫监督力度加强】 加强对重点敏感商品的检验监管，全年共检出出口不合格产品131批、货值833万美元，进口不合格商品32批、货值626万美元。推进口岸查验、联防联控、群防群控三道防线，全年入境报检集装箱62批、817标准箱，货值3233万美元，截获有害生物10种、15种(次)，其中检疫性昆虫1种、检疫性杂草1种。持续开展宜兴毛竹有害生物当地调查，诱集有害生物标本2万余个，收集虫种1000余种，发现江苏新纪录200余种。配合市食品安全委员会开展进出口食品检测，全年完成155批(次)，检测结果全部合格。首次检出宜兴化工企业出口苏丹辛酸亚锡不合格，勒令企业返工处理；检验出宜兴电缆企业进口法国、货值97万欧元的电缆生产线设备残损。加强进口汽车召回监管监督，定期更新清理召回信息，筛选宜兴相关内容79条，督促4S店按要求召回，全年出动监管人员78人次，涉及4S店13个。首次现场监督销毁普利司通(中国)投资有限公司3C免办进口汽车轮胎4个。部署目录外商品监督抽查工作，抽取10批进口商品，其中进口机电2批(汽车刹车片1批，榨汁机1批)、轻纺8批(文具4批，儿童牙刷4批)，检出不合格产品7批(文具4批、儿童牙刷3批)，首次发现除标志和使用说明项目外的强制性项目不合格。

【检验检疫服务地方经济】 开展宜兴紫砂质量安全评价体系研究，利用陶瓷实验室检测优势，推出紫砂安全检测二维码合格证，让消费者通过手机扫一扫就可查看紫砂产品检测报告，为丁蜀紫

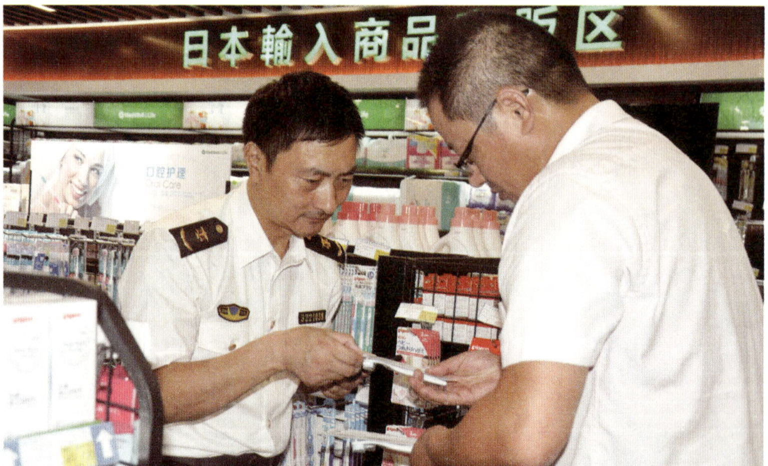

宜兴检验检疫局在商场对进口儿童牙刷进行抽查 (宜兴检验检疫局 提供)

砂小镇建设提供技术保障。服务“优进优出”，促进贸易便利化，会同市商务局等部门开展涉外新政宣讲，受惠企业200余个，为企业争取进口国关税减免1.54亿元，实现全市各镇(园区、街道)全覆盖。加快推进检验检疫全程无纸化改革，试点推广原产地证无纸化申报，全年出境无纸化申报率94.51%。开展流程时长清理，入境货物平均全流程时长压缩28.37%，出境时长压缩25.48%。实施“审单放行”模式，在对货物风险和企业信用实施分类管理的基础上，采用审核信息和“双随机”(随机抽取检查对象，随机选派执法检查人员)抽查，对未抽中的货物，凭企业合格保证实施审单放行，大幅缩短企业检验检疫通关时间。助推地方经济发展，检疫放行赴西班牙比赛的4只杜高犬，是欧盟新规后宜兴首次同时放行出境宠物伴侣。打破贸易技术壁垒，帮扶宜兴首批出口大闸蟹顺利抵达中国香港。开拓“宜兴造”食品添加剂海外市场，柠檬酸首次出口巴林地区；开展出口食品生产企业“逐一帮扶”“一厂一策”等活动，加大“三同”(同质、同标、同线)示范企业培育力度，至年底，宜兴乐祺纺织集团有限公司、江苏中讯电子科技有限公司、江苏宜兴国信协联能源有限公司3个公司上线“三同”公共服务平台。

【远东电缆获出入境检验检疫最高信用等级】 信用管理AA级是国家质量监督检验检疫总局授予的信用管理最高级别，助力企业享受优先办理进出口货物报检、查验和放行手续，拥有优先安排检验检疫优惠政策的先行先试等便利。宜兴远东电缆有限公司是全国重点高新技术企业、全国重合同守信用企业、中国质量服务信誉AAA级企业，从事架空导线、电力电缆、电气装备用电线电缆、特种电缆四大类线缆产品，其产品应用于电力、交通、新能源、国防等领域，为“天宫二号”与“神舟十一号”火箭的成功发射作出贡献。6月，宜兴远东电缆有限公司获评国家第六批出入境检验检疫信用管理AA级企业。至年底，全市有江苏国信协联能源有限公司、无锡华燕新电源有限公司、江苏瑞嘉化学有限公司、远东电缆有限公司4个公司获全国出入境检验检疫最高信用等级。

【宜兴杨梅贴“新标签”】 生态原产地产品，是指产品生命周期中符合绿色环保、低碳节能、资源节约要求，并具有原产地特征和特性的良好生态型产品。生态原产地产品经评定合格并获保护后，可使用PEOP(生态原产地保护产品)标志，受国家行政保护。宜兴“湖汶”杨梅种植面积1万余亩、种植户1000余户，成为湖汶农业旅游的一大品牌。宜兴张渚猴子岭杨梅生态园占地3000多亩，杨梅品种以“东魁”和“荸荠”为主，果大色鲜，杨梅产品拥有全程质量安全可追溯体系。6月，“湖汶”杨梅和“猴子岭”杨梅分别通过国家级生态原产地产品保护评审组评审，成为江苏省首批获国家生态原产地保护评定的杨梅产品。至年底，宜兴累计有获国家生态原产地保护产品4个。

(杨敏)

海事管理

【概述】 江苏宜兴海事处以水上安全监管为中心，依法履行海事监管职责，服务辖区航运发展，全年辖区安全无事故。全年服务进出港船舶331艘(次)，进出港箱量9334标准箱，征收港口建设费8.32万元，分别比上年增长44%、47%和47%。排查整改隐患，做好事故预防预控，确保辖区水上安全监管精准有效。组织开展汛期百日安全活动、专项整治违法行为、“平安交通”创建等行动，践行“12345”科学安全监管体系*，运用“网管”管控水上服务区风险，落实水上交通安全生产风险分级管控和隐患排查治理双重预防机制。根据《中华人民共和国内河交通安全管理条例》，3月22日起，取消内河航行船舶进出港签证，实施船舶进出港报告制度。加强执法装备管用养修，40米趸船改造项目竣工，17米级海巡艇上坞检验完成。年内，江苏宜兴海事处获省级机关“青年文明号”、直属海事系统“先进职工之家”“江苏省青年书香号”等荣誉。

【船舶污染防治】 2月，江苏海事局响应“两减六治三提升”专项行动*，降低船舶污染水域环境风险，保障辖区安全与防污染形势稳定。宜兴海事处组织人员向船舶发放《告船员书》，检查船舶的防污染设施、设备的运行情况。船舶残油水、含油污水、生活垃圾等船舶污染物处置情况，防止船舶污染物排放入水。现场巡航检查西氿备用水源地，未发现污染物和任何异常情况，保障枯水期人民群众饮用水安全。10月，宜兴海事处首次对辖区旺达码头集装箱班轮“皖巨龙598号”开展生活污水抽样送检工作，实施船舶生活污水标准化、程序化、科学化监管，保障辖区水域环境清洁。11月，牵头市公安局，开展辖区流动车船非法对船舶供油作业的专项整治。年内，查处溢油污染违法行为1起，实施行政处罚和船员违法记分。

(储云)

编辑　朱敏

科 技
KE JI

综 述

【概述】 高新技术产业规模持续扩大。全年高新技术产业产值911.35亿元，占规模以上工业总产值的30.6%。全年新增高新技术企业89个，累计291个；新增省高新技术企业培育库入库企业66个，位列无锡各板块第一；新增省科技企业上市培育计划入库企业3个，累计40个；新增省高新技术产品253种。自主创新能力稳步提升。全年引进产学研合作项目147个、国际技术合作项目11个；发明专利申请1922件，获专利授权444件，万人有效发明专利拥有量达18.51件。江苏江华水处理设备有限公司、江苏雷蒙化工科技有限公司获国家技术发明二等奖；宝银特种钢管有限公司获国家科学技术进步奖二等奖；无锡帝科电子材料科技有限公司获中国专利优秀奖。载体平台建设提质增效。新增国家级众创空间1个、省级众创空间3个，省级以上孵化器、众创空间累计13个；新增省级工程技术研究中心7个，累计124个；新增省企业研究生工作站7个，累计61个。人才集聚效应更加凸显。新增省"双创博士"2人，累计50人；新增省"科技副总"6人，累计31人；4名科技镇长团成员携高校资源与宜兴企业合作，带动实施合作项目累计超过60个。创新创业环境优化。全社会研发投入47.53亿元，占地区生产总值的3.05%。231个企业累计获得省研发奖励资金3384.77万元，奖励资金数位列全省县(市)第二。对193个高新技术企业落实2016年度税收减免3.4亿元，对60个科技型中小企业发放"苏科贷"(江苏省科技成果转化风险补偿专项资金贷款)贷款1.5亿元。新增省级以上科技计划项目11个，争取资金8373万元。

【省级财政奖励资金数额高】 为充分发挥财政资金对企业研发投入的引导和扶持作用，9月，省财政厅、科技厅、国税局、地税局等部门出台《江苏省企业研究开发费用省级财政奖励资金管理办法(试行)》，采用事后奖励的方式，对根据税务部门提供的当年自主申报享受研发费用加计扣除优惠且当年未享受高新技术企业所得税税收优惠的企业进行奖励。12月，在省财政厅和省科技厅联合发布的公示名单中，宜兴市231个企业获得奖励资金共计3384.77万元，奖励资金数位居全省县(市)第二。其中，浙江昱辉阳光能源江苏有限公司、东方环晟光伏(江苏)有限公司、江苏俊知光电通信有限公司、新远东电缆有限公司获省级研发奖励资金最高额100万元。近年，市科技局发挥行政引导作用，深入企业调研，向企业宣传各级科技创新政策，引导企业申报高新技术企业和省、市科学技术研究和发展计划等科技项目，帮助企业争取国家科研经费支持，助推企业科技创新能力不断提高。

【宜兴企业获三项国家科学技术奖】 为奖励在科技进步活动中作出突出贡献的公民、组织，国务院设立五项国家科学技术奖：国家最高科学技术奖、国家自然科学奖、国家技术发明奖、国家科学技术进步奖和中华人民共和国国际科学技术合作奖。国家自然科学奖、国家技术发明奖、国家科学技术进步奖合称为"国家三大奖"。2018年1月，2017年度国家科学技术奖励大会在北京人民大会堂举行，宜兴企业获两项国家技术发明奖二等奖和一项国家科学技术进步奖二等奖。江苏江华水处理设备有限公司参与研制的"基于高能效

宜兴市政府奖励获得国家科技奖项的企业代表 (市科技局 提供)

纳晶薄膜电极的工业废水电催化深度处理技术及应用”项目由教育部推荐，获国家技术发明奖二等奖。该项目属于水污染控制技术领域，在7种行业工业废水深度处理工程中应用，获授权发明专利28项。江苏雷蒙化工科技有限公司参与研制的“基于微流场反应技术的生物基无毒增塑剂及其衍生物连续绿色制造”项目由中国石油和化学工业联合会推荐，获国家技术发明奖二等奖。该公司实现生物基无毒增塑剂及其衍生产品的产量化，年产量约8万吨，居国际领先水平。宝银特种钢管有限公司参与研制的“压水堆核电站核岛主设备材料技术研究与应用”项目，由中国钢铁工业协会推荐，获国家科学技术进步奖二等奖。项目获授权发明专利25项，应用于山东石岛湾核电站、巴基斯坦卡拉奇核电站等。至2017年，全市累计拥有“国家三大奖”10个，在同类县(市)中处于领先地位。

高新产业

【概述】 全年高新技术产业产值911.35亿元，占规模以上工业总产值的30.6%。完成全社会研发投入47.53亿元，占国内生产总值的3.05%。推进环科园苏南国家自主创新示范区建设，协助申报“2017年国家创新型产业集群试点”。持续深化高新企业培育发展三年行动计划，组织江苏启创环境科技股份有限公司、宜兴硅谷电子科技有限公司等123个企业申报高新技术企业，申报成功89个，全市累计291个。东方环晟光伏(江苏)有限公司、江苏环宇汽车零部件有限公司等66个企业进入首批省高新技术培育库，入库率及入库总数均居无锡各板块第一。无锡帝科电子材料科技有限公司等3个企业成为省科技企业上市培育计划入库企业，全市累计40个。全年新增省高新技术产品253种，通过率达85.76%。推动企业开展研究开发活动，全市231个企业累计获得省企业研究开发费用省级财政奖励资金3384.77万元。国家火炬计划宜兴电线电缆产业基地通过复核。

【省高新技术产品“产量”高】 近年，宜兴积极引导企业加大科技创新投入，加快创新平台建设，加速科技成果转化，通过构建日趋完善的科技创新服务体系，推动企业加速自主创新步伐，不断开发具有自主知识产权和自有品牌的高新技术产品。全市全年累计申报江苏省高新技术产品295种，获得批准认定253种，比上年增长10%。新增产品主要集中在新材料、新能源与环保、光电子、生物与医药等产业，这些产品大多处于国内领先或国际先进水平、技术含量和经济附加值高，有效提升了企业品牌知名度和经济利益。

2017年宜兴市被认定的国家级高新技术企业

表53

序号	企业名称	属地	序号	企业名称	属地
1	江苏明轩环保科技有限公司	环科园	16	建基建设集团有限公司	周铁镇
2	锐嘉(宜兴)科技有限公司	环科园	17	无锡市诚天诺执行器制造有限公司	周铁镇
3	江苏中宜金大环保产业技术研究院有限公司	环科园	18	江苏华达环境工程有限公司	和桥镇
4	江苏鲲鹏环保工程技术有限公司	环科园	19	江苏环球环境工程集团有限公司	和桥镇
5	无锡昊阳新能源科技有限公司	开发区	20	江苏立业环境科技有限公司	和桥镇
6	宜兴硅谷电子科技有限公司	开发区	21	无锡市新都环保科技有限公司	和桥镇
7	江苏德威节能有限公司	开发区	22	江苏三井环保股份有限公司	高塍镇
8	东方环晟光伏(江苏)有限公司	开发区	23	江苏中威环境工程有限公司	高塍镇
9	江苏源盛环保设备有限公司	开发区	24	宜兴市苏嘉环保设备有限公司	高塍镇
10	江苏浙宏科技股份有限公司	太华镇	25	无锡国威陶瓷电器有限公司	丁蜀镇
11	江苏天乙生态茶业科技有限公司	太华镇	26	江苏江能新材料科技有限公司	丁蜀镇
12	江苏宜净水处理化学品有限公司	徐舍镇	27	江苏中鼎环境工程股份有限公司	丁蜀镇
13	宜兴市阳洋塑料助剂有限公司	官林镇	28	无锡顺佳特种陶瓷有限公司	丁蜀镇
14	宜兴市华龙塑木新材料有限公司	新建镇	29	宜兴市锦龙陶瓷有限公司	丁蜀镇
15	宜兴市普利泰电子材料有限公司	万石镇	30	江苏启创环境科技股份有限公司	芳桥街道

知识产权

【概述】 修改《宜兴市专利资助经费管理办法》,适时调整专利资助政策。增加专利工作考核比重,实行目标任务完成情况月通报制度。无锡帝科电子材料科技有限公司的发明专利获中国专利优秀奖,无锡江南电缆有限公司、无锡帝科电子材料科技有限公司的发明专利获江苏省专利优秀奖,远东电缆有限公司、江苏俊知技术有限公司等4个企业的发明专利获无锡市专利优秀奖。全市申请专利6037件,其中发明专利1922件、专利授权3576件,每万人有效发明专利拥有量达18.51件。新增省高价值专利64件、专利保险13单。新增江苏省企业知识产权管理贯标备案企业16个。查处侵权专利96件,结案率100%。宜兴陶瓷产业园通过省知识产权试点园区验收。培源小学获"江苏省中小学知识产权教育试点学校"称号。全年组织省知识产权工程师培训、省知识产权总监班培训、企业知识产权管理规范培训等多场培训活动。

【专利资助政策调整】 为适应国家专利费用减缴新政,进一步鼓励发明创造,提高全市企事业单位自主创新能力和知识产权运用能力,推进国家知识产权示范城市建设,2017年,市科技局结合政策调整和发展需要,重新修改《宜兴市专利资助经费管理办法》(以下简称《办法》)。与2015年、2016年的资助政策相比,新《办法》主要有3点变化:取消专利大户资助政策;单位发明专利进入实审后资助费用进行四档分类资助,分档依据是企业是否享受减缓政策、是否有专利机构代理等情况,降低企业专利申请和维护负担;强化资助经费的监督管理,加强对申请专利的审查,对非正常专利申请、与单位主营业务明显不相关的专利申请等不规范专利申请行为不予资助,并在两年内不受理其专利资助申请,杜绝单位和个人弄虚作假骗取资助经费的行为。

帝科电子中国专利优秀奖产品——太阳能电池电子银浆料

(市科技局　提供)

【帝科电子获中国专利优秀奖】 "中国专利奖"是中国唯一的专门对授予专利权的发明创造给予奖励的政府部门奖,设中国专利金奖及中国专利优秀奖、中国外观设计金奖及中国外观设计优秀奖。12月,国家知识产权局公示第十九届中国专利奖评审结果,无锡帝科电子材料科技有限公司报送的"一种多元纳米材料的制备方法和含有该多元纳米材料的太阳能电池电子银浆料"专利获中国专利优秀奖。该项专利改变传统制备方法,利用该专利技术制备的多元纳米材料用于太阳能电池正面导电银浆的制备,能有效提高太阳能板的光电转换率,人力成本下降20%。这项专利技术打破银浆产品被国外垄断的技术壁垒,填补国内行业空白,为国家太阳能行业的升级换代及健康发展提供保障。帝科电子成为国内太阳能电池用正面银浆行业的领军企业。

成果转化

【概述】 全年新增省级以上科技计划项目11个,争取科技资金8373万余元。江苏博砚电子科技有限公司获批国家重点研发计划项目,争取科技资金1560万元。远东复合技术有限公司、江苏沛尔膜业股份有限公司等4个企业获批省重大成果转化专项资金项目,争取科技资金1800万元。2个企业获批江苏省重点研发计划(产业前瞻与关键共性技术)项目,争取经费240万元。4个企业获宜兴市科技成果转化项目立项,17个企业获宜兴市重点研发计划项目立项。江苏江华水处理设备有限公司、江苏雷蒙化工科技有限公司获国家技术发明奖二等奖;宝银特种钢管有限公司获国家科学技术进步奖二等奖。江苏共昌轧辊股份有限公司、江苏亨鑫科技有限公司获江苏省科技进步奖三等奖,9个企业获无锡市科技进步奖,41个项目获宜兴市科技进步奖。

【两企业获省重点研发专项资金】 8月,江苏浦漕科技股份有限公司和市华恒高性能纤维织造有限公司的2个项目,被列入2017年省科技计划(产业前瞻与共性关键技术计划类别)项目,两年内将分别获得省级重点研发专项资金120万元。江苏浦漕科技股份有限公司的"耐油耐腐蚀高阻燃海工平台用特种电缆关键技术研发"项目,通过研究海洋石油平台用电缆生产工艺,增强阻渗防腐技术等,提高石油装备的国产化水平,填补国内空白并替代同类产品。市华恒高性能纤维织造有限公司与南京航空航天大学合作的"航天用碳纤维蜂窝状整体三维立体复合材料关键制造技术研发"项目,通过高精度结构控制、蜂窝容重与强度关联等技术,在航空航天结构上实现减重,带动国内碳纤维蜂窝织物及其复合材料的技术不断创新。

【全自动连续拉晶晶体生长炉研制成功】 7月，江苏拜尔特光电设备有限公司研制出全球新一代全自动连续拉晶晶体生长炉。江苏拜尔特光电设备有限公司是一个专业从事晶体生长炉研发和制造的高新技术企业，公司在2015年研发出国内最大投料量的单晶炉基础上，引进“千人计划”*专家——北京航空航天大学闫鹏团队，攻克关键技术难题，研制出全球新一代全自动连续拉晶晶体生长炉。两年内，该产品攻克设计、工艺、自动控制、制造等方面的技术难题，机械性能和生产效率通过各项测试，优于国际拉晶晶体生长炉，标志着中国光伏材料生产装备技术进入国际先进行列。该生长炉在机械设计、热场设计、自动化控制系统编程等方面实现全面创新，减少晶棒冷却时对拉晶时间的影响；把投料、化料、分离杂质、拉晶有机结合，同步进行，实现连续拉晶的晶体生长方式；采用能相互切换的双真空泵装置，设计炉内自动清尘装置，在不停炉的情况下清理结灰，满足长时间拉晶产生的自挥发物的清理，确保晶体正常生长。该项成果在第九届中国(无锡)国际新能源大会暨展览会上进行展示。江苏拜尔特光电设备有限公司形成年产800台的生产能力。此项目申报专利19项，其中发明8项。

2017年宜兴市被立项的省重大成果转化项目

表54

项目名称	承担单位
高效廉价催化燃烧催化剂及配套系列装备研发及产业化	江苏安琪尔废气净化有限公司
基于3S膜组件的高效智能MBR平板膜装备研发及产业化	江苏沛尔膜业股份有限公司
轨道交通减振降噪综合治理技术与装备的研发及产业化	江苏远兴环保集团有限公司
智能电网特高压输电工程用碳纤维复合芯节能系列导线研发及产业化	远东复合技术有限公司

2017年宜兴市获评的无锡市级以上科技进步奖项目

表55

项目名称	完成单位	奖项类别
基于高能效纳晶薄膜电极的工业废水电催化深度处理技术及应用	江苏江华水处理设备有限公司	国家技术发明二等奖
基于微流场反应技术的生物基无毒增塑剂及其衍生物连续绿色制造	江苏雷蒙化工科技有限公司	国家技术发明二等奖
压水堆核电站核岛主设备材料技术研究与应用	宝银特种钢管有限公司	国家科技进步二等奖
基于MIMO技术的新一代移动通信天线研发与产业化	江苏亨鑫科技有限公司，东南大学	江苏省科技进步奖三等奖
薄宽带钢高效精密热连轧用高性能轧辊装备关键技术研发与产业化	江苏共昌轧辊股份有限公司，南京工程学院	江苏省科技进步奖三等奖
茶茗陶都，韵美紫玉——首批中国特色小镇宜兴丁蜀	宜兴市丁蜀镇人民政府	无锡市腾飞奖
35KV及以下石墨烯复合高半导电屏蔽交联聚乙烯绝缘电力电缆	江苏中超控股股份有限公司	无锡市科技进步奖二等奖
超薄宽带钢热连轧用高性能轧辊关键技术研发与产业化	江苏共昌轧辊股份有限公司，南京工程学院	无锡市科技进步奖二等奖
苏南地区汉族无症状平均风险人群大肠癌发病风险评分系统的建立与临床应用	宜兴市人民医院	无锡市科技进步奖三等奖
大屏幕液晶模组显示用金属结构外观件的设计研发	江苏利通电子股份有限公司	无锡市科技进步奖三等奖
智能电网用新型节能导线系列产品的研发与应用研究	新远东电缆有限公司	无锡市科技进步奖三等奖
高效难降解高盐份工业废水处理与恶臭治理耦合技术与装备产业化	江苏三强环境工程有限公司	无锡市科技进步奖三等奖

续表55

项目名称	完成单位	奖项类别
静音多联式管网叠压给水设备	无锡康宇水处理设备有限公司	无锡市科技进步奖三等奖
高效低耗型管式链板输送机的研发及产业化	无锡市兴盛环保设备有限公司	无锡市科技进步奖三等奖
消化系统肿瘤分子标志物及潜在临床价值的研究	宜兴市人民医院	无锡市科技进步奖三等奖

惠民科技

【**概述**】 加快国家可持续发展实验区和省现代农业科技园建设，推进农业科技创新引导计划工程，发挥科技创新对农业、民生发展的支撑作用，促进城乡统筹发展，提升科技服务现代农业、改善民生的能力。南京大学宜兴环保研究院承担的“水处理产业创新发展科技保障体系研究及示范”、江苏中奕博环境科技有限公司承担的“印染污泥协同园林废弃物资源化利用关键技术及成套装置研发与工程示范”均获省重点研发计划(社会发展)立项，争取科技资金340万元。市人民医院承担的“基于多模态MRI的失独所致创伤后应激障碍神经环路异常的研究”获批省级自然科学基金项目。新建镇的“宜兴特种水产产业分店”“宜兴主要农作物产业分店”，实现宜兴农业科技服务超市分店零突破。“首批中国特色小镇宜兴丁蜀”项目获无锡市腾飞奖。

【**农村科技超市实现零突破**】 9月，省科技厅确认第八批江苏农村科技服务超市分店、便利店，“宜兴特种水产产业分店”“宜兴主要农作物产业分店”及其便利店通过认证，正式挂牌，实现宜兴在科技超市领域的零突破。科技超市是农村科技服务体系建设的一种新模式，借鉴现代商品超市的理念，将成果、技术、信息等科技要素整合到科技超市平台，成为可看能及的商品，提高农民对科技的认知度与接受度，加快科技成果转化与新技术新产品的示范推广。科技超市以有店面、队伍、网络、基地、成果、品牌“六有”为主要模式，形成总店、分店和便利店三级科技超市网络，提高农业生产现代化水平，促进农民增收致富。2017年，全市2个农村科技超市分店、便利店累计开展主要农作物栽培技术服务等培训30多次，为水产养殖、主要农作物种植提供技术平台支撑。

政产学研

【**概述**】 全年引进产学研合作项目147个、国际合作项目11个。新增省“双创博士”2人，累计50人；新增省“科技副总”6人，累计31人；4位科技镇长团成员携高校资源与宜兴企业合作，镇长团带动实施合作项目累计超60个。与江南大学、华东师范大学、南京工程学院签署全面合作协议，分领域开展多场产业技术对接洽谈会，累计签订40多个校地合作项目，全市签约高校院所达26个。开展“陶都企业高校行”走进华东师范大学、辽宁科技大学、华南理工大学等政产学研活动，组织各镇、园区、街道和科技企业赴北京、上海、深圳、东三省等地的重点高校院所开展科技成果对接和人才交流。组织“中韩智能制造技术对接交流会”“德国青年创新创业合作项目对接会”等国际性交流合作活动。3月，国合环境研究院在中国宜兴环保科技工业园启动建设。7月，环科园和新南威尔士大学签署签署《新南威尔士大学环境技术转化中心》合作协议，成立新南威尔士大学环境技术转化中心(宜兴)。10月，签署《江南大学与无锡宜兴市人民政府合作共建宜兴研究生院协议》，合作共建江南大学宜兴研究生院，实现宜兴全日制高等院校教育新突破。

【**宜兴与江南大学第三次签订全面合作协议**】 3月，宜兴市政府与江南大学第三次签订全面合作协议，宜兴市、镇、企三个层面与江南大学签约，深化宜兴与江南大学政产学研合作，推动宜兴的产

宜兴市与江南大学开启第三次全面合作 (市科技局 提供)

业、政策、平台优势，与江南大学的人才、科技、智力优势相结合，解决制约地方产业发展的技术瓶颈。此次全面合作，协商共建江南大学宜兴研究生院及江南大学宜兴研究院，打造合作共赢的新典范。江南大学是无锡地区唯一的综合性大学，办学历史悠久，学科特色明显，技术底蕴深厚，被誉为“轻工高等教育明珠”。宜兴与江南大学保持稳定、良好的合作关系，在人才培养、平台搭建、产学研合作等多个领域取得丰硕成果。2015—2017年，宜兴市和江南大学累计实施合作项目27个，共建研究生站12个，帮助宜兴大批企业化解技术制约、突破创新瓶颈，为推动宜兴经济社会平稳健康发展提供智力和人才支撑。以合作签约为契机，市校双方全面深化交流、开展合作，助力产业强市主导战略。

【宜兴与南京工程学院签订全面合作协议】　10月19日，在2017中国陶都（宜兴）秋季经贸洽谈会举办期间，宜兴市政府与南京工程学院签订全面战略合作协议，在节能环保、智能制造、新能源等领域加强交流合作，签约“ESP高性能轧辊的关键技术研发”等10个校企产学研合作项目，并为南京工程学院技术转移中心宜兴分中心、南京工程学院继续教育人才培养基地、南京工程学院节能与环保产业协同创新基地、南京工程学院智能制造装备产业协同创新基地、南京工程学院陶瓷产品设计协同创新基地揭牌。南京工程学院是一所以工学为主的高等工程应用型本科院校，合作协议的正式签署，标志着双方在文化、科技、教育、人才等方面建立长期、紧密、务实的全面合作关系，促进区域经济社会发展。

【两项目在中国创新创业大赛获奖】　中国创新创业大赛是由科技部、财政部、教育部、国家网信办和全国工商联共同指导的国内规模最大、规格最高的双创赛事，旨在进一步提高全国创新创业水平，加强科技和金融的结合，创新科技投入方式，弘扬创新创业文化，营造良好的创新创业氛围。10月，在第六届中国创新创业大赛总决赛中，江苏博砚电子科技有限公司凭借“高饱和光刻胶的研发及产业化项目”，获新材料行业优秀企业奖；江苏碧诺环保科技有限公司凭借“污泥减量资源化成套设备的研发及产业化”项目，获新能源及节能环保行业优秀企业奖。江苏博砚电子科技有限公司是国内光阻产品行业的领潮者，主要为国内外大型面板制造商提供光刻胶。公司从日韩和中国台湾引进行业专家，组建一支高水平的研发团队，建设完成年产1500吨的生产线，公司与京东方科技集团股份有限公司、上海仪电（集团）有限公司、乐金显示（广州）有限公司等国内大型面板企业签订供货协议，实现国家此类核心电子化学品材料的弯道超车。江苏碧诺环保科技有限公司拥有先进的固废处理经验，引进日本专家合作研发出最新污泥处理设备，用于土壤改良和污水处理吸附，可把危害大、处理难的污泥变为生物炭颗粒，其污泥干化、碳化技术在国内处于领先地位。公司在波兰、美国、马来西亚、加拿大、越南等国拥有独家代理，产品远销38个国家和地区。

科技金融

【概述】　提升科技金融服务。在原有江苏银行1个合作银行的基础上，拓展农业银行宜兴支行为江苏省科技成果转化风险补偿专项资金贷款（以下简称“苏科贷”）合作银行。稳步推进“苏科贷”业务。全年累计向60个企业发放贷款1.55亿元，在贷企业54个，贷款余额1.4亿元，资金池利用率88%。自2010年宜兴市在全省率先试点实施“苏科贷”至2017年，累计向117个企业发放科技贷款234笔，贷款6.02亿元，为企业节省利息支出约800万元，持续保持“零代偿”。宜兴市获评2016年度全省“苏科贷”A类合作地区。2017年年内，试点启动“苏科贷II”业务。

【三企业入选“最具成长性高科技企业”百强】　市科技局积极谋划科技企业融资工作，开展多种银企金融推介、政策培训及对接活动，为科技型中小企业搭建融资服务平台。8—10月，江苏省生产力促进中心、江苏省生产力促进协会、江苏银行、南京银行、中国农业银行江苏省分行、中国银行江苏省分行、中国建设银行江苏省分行共同举办2017年度“最具成长性高科技企业”百强评选活动，遴选出创新实力强、成长性高的科技型企业100个。宜兴市科技局组织推荐9个创新能力强、有较高成长性的科技型中小微企业参加评选，涉及新能源、节能环保、互联网电子信息为主的多个领域。经企业申报、技术评审、现场答辩、实地考察评审等程序，宜兴市无锡视美乐科技股份有限公司、江苏蓝必盛化工环保股份有限公司、瑞盛环境股份有限公司获2017年江苏省最具成长性高科技企业评选奖。

创新载体

【概述】　建设省环保装备产业技术创新中心。整合开发区光电子产业园平台资源申报省级科技企业加速器，推动形成“苗圃—孵化器—加速器”一体化创新链条。宜兴陶瓷新材料孵化器、陶瓷智能装备孵化器启动建设。环科园成功申报省科技服务业特色基地。江苏沪宁钢机股份有限公司等5个省级研发机构在省绩效评估中获优秀等次，合格率100%。年内，新增国家级众创空间1个、省级众创空间3个，省级以上孵化器、众创空间累计13个。分别新增省、无锡市、宜兴市工程技术研究中心7个、18个、15个，累计124个、110个、118个。新增省企业研究生工作站7个，累计61个。市军达浆料科技有限公司、市亚美水景工程有限公司入围省首批优秀研究生工作站。

【2017苏南全球创客大赛宜兴站】　10月，由市科技局主办，宜兴环保黑马营、宜兴众创空间、清力源众创空间、卓

易众创空间、壶乐汇众创空间、蒲公英众创空间联合承办的2017苏南全球创客大赛宜兴站比赛在国际环保展示中心举行，11个项目团队参加比赛。比赛旨在促进科技和产业发展，激发宜兴创业激情，打造健康的创业生态，展示宜兴优质创业项目。宜兴站比赛评选出6个项目参加无锡市决赛，宜兴艾科森生态环卫设备有限公司的太阳能自循环生态厕所项目获宜兴站比赛一等奖。

【麦客加众创空间晋级国家级众创空间】 众创空间是顺应网络时代创新创业特点和需求，通过市场化机制、专业化服务和资本化途径构建的低成本、便利化、全要素、开放式的新型创业服务平台的统称。位于开发区128创新产业园的麦客加众创空间成立于2015年6月，是一个为创客群体实现梦想而打造的开放式创业生态系统，针对创业团队在不同成长阶段提供差异化服务，有专门的基金公司、金融机构为创业团队提供资助和补贴，形成从创意到产品、从技术团队到实体公司的全过程全要素的创新创业孵化体系。至2017年，麦客加众创空间建设面积达4700平方米，入驻企业(团队)达50余个，累计开展创业辅导培训50余次。12月，科技部公布2017年度国家备案众创空间名单，宜兴众创空间科技发展有限公司建设的“麦客加众创空间”入选。至此，全市有获得认证的众创空间8个，其中国家级2个、省级5个、无锡市级1个。

麦客加众创空间晋级国家级众创空间 （市科技局　提供）

【省级工程技术研究中心新增7个】 11月，省科技厅公布2017年江苏省工程技术研究中心建设项目，无锡帝科电子材料科技有限公司、宜兴市星光宝亿化工有限公司等7个企业的工程技术研究中心建设项目获批立项，占全省立项数的3%。至此，宜兴市省级工程技术研究中心增至124个，涉及新材料、节能环保、现代通信、电子信息、生物科技等现代产业领域。至年底，全市建有无锡市级工程技术研究中心103个、宜兴市工程技术研究中心105个。

2017年宜兴市被认定的省级工程技术研究中心

表56

中心名称	企业名称	属　地
江苏省(帝科)电子材料工程技术研究中心	无锡帝科电子材料科技有限公司	开发区
江苏省能源化工添加剂工程技术研究中心	宜兴市星光宝亿化工有限公司	开发区
江苏省(恒兴)绿色催化工程技术研究中心	宜兴市恒兴精细化工有限公司	开发区
江苏省超细旦多孔复合涤纶长丝工程技术研究中心	江苏天地化纤有限公司	新建镇
江苏省低压铸造轮胎模具工程技术研究中心	无锡蕾菲赛尔机械科技有限公司	万石镇
江苏省气浮滤池工程技术研究中心	瑞盛环境股份有限公司	和桥镇
江苏省超细研磨工程技术研究中心	江苏金石研磨有限公司	丁蜀镇

2017第五届中国环保技术与产业发展推进会　（市科技局　提供）

科技活动

【概述】 举办宜兴市第二十二届科技节，召开市科技创新和人才工作会议、全市专利工作会议，举办“第八届中国宜兴工业陶瓷产业发展高峰论坛”“2017年江苏双创能源环保高峰论坛”等重大活动，邀请潘伟、周延春、曲久辉等多名两院院士及清华大学、新南威尔士大学等国内外大院大所专家教授到宜兴开展主旨演讲和技术推介，提升产业区域影响力。组织和参加创新创业赛事，首次举办2017苏南全球创客大赛（无锡）宜兴分站赛，连续三年承办环保创新创业大赛，汇聚金融、创投及创业服务方面的优质资源，挖掘潜力企业，打造创新创业宜兴特色品牌。

【中国环保技术与产业发展推进会】 9月，由科技部、省人民政府主办，省科技厅、无锡市人民政府、省产业技术研究院协办，宜兴市人民政府和环科园承办的第五届中国环保技术与产业发展推进会暨2017世界物联网博览会智慧环保高峰论坛在宜兴国际环保展示中心举行。大会主题为“物联世界、智慧环保”，旨在集聚各方智慧力量，积极探索以“物联网+”思维推动环保产业转型升级，打造国内一流的环保技术创新中心和环保产业示范基地，为环保事业发展和生态文明建设作出贡献。开幕式上，举行智慧环保物联网产业园项目、国内首个创新型生态智慧工厂——云鲸生态工厂项目、德国KIT磷回收智能装备项目、生态农业物联网示范区战略合作、中国—荷兰（宜兴）园艺装备小镇合作以及上海诺基亚贝尔股份公司、新华三集团入驻智慧环保物联网产业园的签约仪式。大会上，国内外环保领域的专家学者、企业精英、政府领导等约350人共同探讨如何推进物联网技术与环保产业的深度融合。大会设置智慧环保主题研讨沙龙、智慧环保成果展示等一系列同期活动。在“部省合作计划”的推动下，环科园抢抓环保产业发展机遇，承接高端资源，深化对外合作，创新发展模式，搭建省环保装备产业技术创新中心、中新水科技城等一批高层次的创新载体，形成水污染防控、土壤治理等一批具有核心竞争优势的技术成果，吸引中国节能环保集团有限公司、中信环境投资集团有限公司等一批海内外知名环保企业落户，打造中韩环保产业基地、中德专利技术产业园等一批国际化的特色园区。

（钱洁尘）

编辑　吴畅畅

教　育
JIAO　YU

综　述

【概述】 全市全年教育事业投入24亿元，比上年增长5.45%。实行公办(集体办)幼儿园、义务教育、普通高中、职业学校公用经费管理制度，公办(集体办)幼儿园、小学、初中、高中、职业学校每生每年公用经费标准保持不变，分别为350元、700元、1000元、1000元、1000元。实行特殊教育学校公用经费倾斜政策，每生每年公用经费标准5500元(含省级专项补助每生每年1000元)。实行农村义务教育小规模学校财政保底政策，小学每校每年18万元，初中每校每年24万元。落实国家、省、无锡市家庭经济困难学生补助政策，义务教育经济困难学生生活补助标准保持不变，分别为小学每生每年1500元、初中每生每年2000元。校舍维修经费保持每平方米10元。全市学前三年教育入园率100%，义务教育巩固率100%、高中阶段教育毛入学率99.1%，18周岁人口高等教育入学率65%。

强化教学质量管理。深化课程教学改革，出台普通中小学课程建设指导意见，分别召开小学、初中、高中课程建设提升会暨质量提升工作会议，加强交流研讨，推广经验做法，引领学校以课程建设带动学校内涵发展。出台课堂教学观察评价基本要求，明确课堂教学底线要求，全市各校课堂教学效率不断提升。高质量完成省教育现代化建设及省义务教育学校标准化建设监测工作。实行中心校与村校(办班点)一体化管理制度，开展村校(办班点)调研，加强村校(办班点)管理。

改善学校办学条件。出台关于统筹推进城乡义务教育一体化促进优质均衡发展的实施意见，部署落实义务教育改革发展各项任务。修编义务教育布局规划、学前教育布点规划，研究制订义务教育学校标准化建设工程实施方案，推进教育资源布局。完成市第二实验小学加固改造工程、丁蜀中专学生创业中心新建工程。加强教育装备和信息化建设，全市全年投入3500万元，建成标准化机房11个、数字化校园电视台3个、自动录播教室2个、实验探究室8个、音美专用教室23个、创客空间4个、智慧课堂2个、数字化书法教室2个，配备交互式电子白板268套、教师电脑923台。

加强教育常规管理。规范中小学办学行为，开展中小学校办学行为集中检查，保持对节假日补课等违规办学行为高压态势。规范义务教育招生行为，明确免试入学、均衡分班等招生规定，执行招生工作纪律和规定。执行规范教育收费、规范办学行为、廉洁从教各项规定，加大监督检查力度，查处违规收费、违规办学和违反师德规范的行为。加强学校后勤管理，修订“满意食堂”评比细则，出台学校食堂主要原材料集中配送招标方案，实施新一轮食堂原材料公开招标，试点推行学校食堂“五常法”(常组织、常整顿、常清洁、常规范、常自律)安全管理，省宜兴中学等55所学校食堂被评为满意食堂。出台直属学校大宗物品采购管理办法、教育系统图书采购办法。

加强学校安全管理。落实校园安全管理责任，健全中小学校舍安全长效机制，完善校园安全人防、物防、技防体系，强化校车运行安全管理，深化平安校园建设，保障校园安全稳定。开展依法治校示范校和平安校园创建活动，市阳羡高级中学等22所学校被评为无锡市平安校园示范校，市荆溪小学等9所学校被评为宜兴市平安校园示范校，市第二高级中学等5所学校被评为无锡市依法治校示范校，市外国语学校等22所学校被评为宜兴市依法治校示范校。实施学生上下学接送工程，新开通丁蜀镇紫砂小学、正新小学校车线路7条，新增制式校车4辆，新增接送学生257人。年内，全市13个镇(街道)、41所学校、4772名义务教育学生实行上下学校车接送，546个站点、147条接送线路、92辆制式校车安全运行，基本实现农村义务教育学校校车接送全覆盖。

加强助学帮困工作。落实教育惠民政策，构建教育惠民体系，对农村家庭经济困难和城镇低保家庭子女接受学前教育予以资助，落实普通高中家庭经济困难学生国家资助制度，完善中等职业学校、高等职业学校家庭经济困难学生资助政策体系，做好大学生生源地贷款工作。全年发放学前教育家庭经济困难儿童助学金、义务教育阶段家庭经济困难学生生活费补助、普通高中国家助学金、中职国家助学金、技工学校励志奖学金和国家助学金296.19万元，惠及学生3404人次。全年免除中等职业学校学生学费1492万元，惠及学生8035人次；免除普通高中建档立卡家庭子女及经济困难学生学费19.39万元，惠及学生229人次；免除普通中等专业学校、技工学校、高职五年制本科一二三年级学生学费1546万元，惠及学生1.4万人次。

教育机构设置实施到位。6月，中共宜兴市委教育工作委员会成立，负责指导全市各级各类学校兴建工作。8月，宜兴市教育局行风建设领导小组成立。行风建设领导小组下设办公室，为宜兴市教育局常设机构，负责统筹宜兴教育系统党风政风行风建设。同月，中共宜兴市教育局纪律检查委员会、宜兴市教育局纪监室撤销。

【教育督导】 为深入推进中小学校责任督学挂牌督导工作，4月，宜兴市人民政府教育督导委员会成立，研究制定全市教育督导的政策意见，指导全市教育督导工作，聘任专职兼职督学29人、责任督学38人。落实各级政府教育工作责任，修订完善乡镇教育实绩考核办法，推进全市教育事业科学发展。年内，全市共设督学责任区19个，每个责任区配备责任督学2人。

【创建工作成效显著】 市第二高级中学、桃溪中学、培源中学、大浦中学、东域小学、和桥二小、高塍小学、城西小学创建为全国青少年校园足球特色学校。市实验中学、西渚小学、新芳小学创建为全国青少年校园篮球特色学校。市周铁中学被评为全国生态文明教育示范学校。市第二实验小学、高塍小学创建为江苏省体育传统项目学校。市城北小学、官林小学创建为江苏省小学珠心算教育实验学校。在省健康促进学校评比中，城南实验小学、湖滨实验学校、广汇小学和张渚小学被评为金奖。省宜兴中学、市和桥二中等16所学校创建为无锡市传统项目学校。市外国语学校“学科教学渗透国际理解教育的策略探索”、市实验小学“在多元体认中回归核心价值——国际理解教育项目实践”、市第二实验小学“基于国际理解的异域文化体验”列入无锡市首批中小学国际理解教育特色品牌项目。

2017年宜兴市各级各类教育事业情况

表57

校园类别＼数量		学校数（所）	班级（个）	毕业生数（人）	招生数（人）	在校学生数（人）	毕业班学生数（人）	教职工（人）	
								共计	其中：专任教师
高等院校	无锡工艺职业技术学院	1	209	2675	2370	7220	2482	486	325
	宜兴开放大学	1	68	466	823	1782	295	30	27
中等专业学校	普通中等学校	4	252	2473	2552	7892	2700	1138	903
普通中学	高中	8	293	4607	4447	13156	4321	1719	1497
	初中	34	640	8801	9895	28058	8544	2918	2644
小　学		56	1399	10099	10696	60800	9582	4028	3765
特殊教育学校		1	16	15	31	222	48	45	40
幼儿园		92	862	10205	10965	30529	10786	3178	1879
成人学校		19	402	5017	7638	17512	5304	157	130

学前教育

【概述】 贯彻落实学前教育三年行动计划意见，实施宜兴市第二期学前教育五年（2016—2020年）行动计划，全面提升学前教育内涵发展水平。加快发展公办幼儿园，加强普惠性民办幼儿园扶持管理，出台关于加强民办幼儿园及早教机构管理的意见，修订普惠性民办幼儿园认定管理办法，引导民办幼儿园向社会提供普惠性服务，全市公益普惠性学前教育资源进一步扩大。规范早期教养机构登记注册，批准设立早教机构8所。年内，新建成市城西小学附属幼儿园，新增市悲鸿艺术幼儿园分园、金色年华幼儿园、金色童年幼儿园、玛丽娅蒙特梭利幼儿园、英伦幼儿园，市官林实验幼儿园、和桥中心幼儿园设立分园。全市有注册幼儿园92所，其中公办和集体办幼儿园38所、民办幼儿园54所，有省优质幼儿园46所。全市3—6岁在园幼儿3.05万人，全市户籍适龄幼儿入园率100%。全市有专任幼儿教师1879人，其中专科及以上学历的1818人，占96.75%；在编全额拨款专任教师189人，占专任教师总数的10.06%。

【幼儿园课程改革】 落实《幼儿园教育指导纲要》和《3—6岁儿童学习与发展指南》，加强《3—6岁儿童学习与发展指南》实验园建设，宜城中心幼儿园被认定为无锡市指南幼儿园，全市累计有无锡市指南幼儿园2所。加强幼儿园课程游戏化项目建设，官林实验幼儿园滨湖分园、市进修幼儿园入选无锡市幼儿园课程游戏化建设项目园，全市有省级课程游戏化项目园1对、无锡市课程游戏化项目园2对。年内，全市获无锡市课程游戏化展示一等奖3个、无锡市课程游戏视频评比一等奖3个，宜城中心幼儿园游戏视频《过山车》参加省课程游戏视频展示。

【早期教养指导站设立】 根据《关于规范管理和加快发展全市0—3岁婴幼儿早期教养工作的实施意见（试行）》文件精神，按照各镇（园区、街道）人口分布、幼儿园园舍规模、前期早教活动开展成果等情况，11月，市教育局印发《关于设立第一批宜兴市"0—3岁婴幼儿早期教养指导站"的通知》，设立实验幼儿园、宜城中心幼儿园等24个首批早期教养指导站。宜兴市早期教养指导站是以农村、镇（村）和在城社区居委为依托，以幼儿园和早教机构为阵地，以优质幼儿园和优质早教机构为骨干，灵活多样的早期教养服务网络，在宜兴市0—3岁婴幼儿早期教养指导中心指导下开展工作，配备早教活动室，承担相应地区0—3岁婴幼儿早期教养服务工作。年内，全市开展0—3岁婴幼儿早期教养公益服务活动2次，参与公益服务幼儿园46所，服务婴幼儿家庭2500户。

基础教育

【概述】 加强中小学德育工作，开展"日行一善"学雷锋、"缅怀革命先烈"、"青春五月"、"争做文明人"、"向国旗敬礼"、"同建文明城喜迎国庆节"等主题教育活动。推进文明校园创建，开展培育践行社会主义核心价值观"三进"（进校园、进课堂、进头脑）活动，召开文明礼仪养成教育成果展示会，开展"八礼四仪"*展示活动。开展文明创建系列主题教育活动，组织学生参与"小手拉大手　共创文明城"、"童眼看创城　小手绘文明"、争当"文明交通小卫士"、"小小志愿者进社区"等文明创建主题活动。聚焦学生核心素养提升，举行宜兴市核心素养主题活动展示，开展星级学生社团评比，建立中小学生心理动态档案库，认定首批学生社会实践基地6个，评选第三批宜兴市美德好少年，完成义务教育阶段文明礼仪养成教育指导用书编印工作。组织班主任分级培训，开展"我最喜爱的班主任"评选，举办心理咨询实务操作培训班，组织班主任培训和基本功比赛，获省班主任基本功大赛一等奖1个。推进新优质学校培育，召开培育建设交流会，2所无锡市级培育学校名列无锡大市考核前列。全市外来务工人员随迁子女公办义务教育学校就读率保持95%。全市高考报名4588人，比上年减少343人；本科录取3301人（上年3260人），录取率83.02%（上年76.69%）；专科录取526人，录取率13.23%；普通类本二以上进线3660人，进线率92.05%（上年53.83%）；体育、艺术类考生省定文化和专业成绩本科双过线511人（上年282人）；全市录取北京大学1人、清华大学4人。

【城乡义务教育学校教育集团成立】 为巩固宜兴市教育共同体建设成果，深化学校发展共同体建设，缩小校际办学质量差异，按照重点扶持、试点先行、阶段推进思路，坚持共享、联动、互补、协调和尊重原则，8月，市教育局印发《关于组建城乡义务教育学校教育集团的实施方案》，成立市实验中学、外国语学校等12个城乡义务教育学校教育集团。城乡义务教育学校教育集团办学采用"1+N"模式，由龙头学校牵头，选择1—2所学校作为龙头学校分校，龙头学校为集团总校，加挂"××教育集团"的校牌，分校保留原有校名，加挂"××教育集团××分校"校牌，集团总校、分校法人不变，学校核定编制不变，人事关系不变，人、财、物保持相对独立。龙头学校和分校之间呈现管理互通、师资互派、研训联动、质量同进、文化共建、考核同步的紧密型关系。

【校园文化建设】 加强学校文化建设，推进"一校一品"（一个学校根据自己的师资、地域等特点创建一个属于自己的品牌）特色建设，市树人中学、高塍中学、城中实验小学、城南实验小学、官林小学、洋溪小学创建为宜兴市AAA级特色学校，徐舍中学、陶城小学等10所学校创建为宜兴市AA级特色学校，阳羡高级中学、大浦中学等10所学校创建为宜兴市A级特色学校。整合校园文化资源，加强文化载体建设，制订实施"书香校园"建设推进方案，分学段开展中小学生经典诵读、演讲、辩论比赛，市和桥高中等34所学校被评为首批宜兴市"书香校园"建设先进学校，市官林二中等38所学校被评为宜兴市第二批"书香校园"，市荆溪小学、桃溪小学被评为书香江苏"书香校园建设示范点"。

【学校特色建设成效显著】 市树人中学、湖滨实验学校、广汇小学、悲鸿小学、洑东小学获中国青少年啦啦操精英赛全国冠军，市和桥高中、第二高级中学获无锡市高中啦啦操街舞示范套路一等奖。市少体校在省县组田径比赛中总分位列县市组第二。在无锡市第十二届运动会中，宜兴一中获高中女子组第一名，市实验中学获乒乓球比赛初中女子组、男子组第一。市南漕小学获省软式棒垒球锦标赛一等奖。市环科园实验小学获无锡市青少年校园棒垒球联赛软式垒棒球一等奖，市洋溪中学、悲鸿小学、洋溪小学获无锡市青少年校园棒垒球联赛软式垒棒球一等奖。市城北小学获中国青少年斯诺克系列赛第三名、中国青少年斯诺克比赛第三名、浙江省斯诺克竞标赛亚军。市和桥二小获省青少年国际象棋锦标赛第一名。市周铁小学、万石小学获无锡市校园足球冠军赛综合技术技能展示大赛第一名。市大浦小学获无锡市青少年部小学组排球比赛第一名。市新芳小学、新建小学、西渚小学、张渚小学、湖滨实验学校获无锡市青少年部小学篮球比赛第一名。市茗岭小学获省毽球锦标赛一等奖。市高塍小学获省少年儿童乒乓球传统校和俱乐部比赛团体第一名。市南漕小学获2017届世界机关王大赛一等奖。在无锡市“百灵鸟”艺术展中，省宜兴中学和市和桥高中、实验中学、高塍中学、实验小学、第二实验小学、丁山小学、官林小学、和桥二小、西渚小学、太华小学、新庄小学获金奖。在无锡市第28届中学生现场绘画比赛中，市实验中学、外国语学校获团体一等奖。在无锡市第六届“小红梅奖”评选中，市第二实验小学获金奖。市外国语学校、太华小学、新芳小学获无锡市中小学创客大赛团体一等奖。市培源中学获省青少年机器人嘉年华中学创新应用组一等奖。市实验小学、荆溪小学获中国青少年机器人竞赛江苏赛区团体一等奖。市城北小学获省青少年科学调查体验活动团体一等奖。

【官林小学获评中国书法特色学校】 市官林小学秉持“书道立德，墨香育心”教育理念，积极探索书法文化教育，营造书法特色教学氛围。学校坚持以写字课和少年宫书法组练习为载体，常态化进行硬笔、软笔书法比赛，开展优秀作业展、寒暑假主题书法作品展、师生百米书卷展、家长优秀作品展等活动，定期组织学生参加书法考级活动，不断锤炼学生书法技能。年内，学校1名教师获省书法教学优质课一等奖，多名师生获省、无锡市、宜兴市书法比赛一等奖。4月，市官林小学被省教育学会书法专业委员会授予“中国书法特色学校”称号。

特殊教育

【概述】 贯彻党中央、国务院关于办好特殊教育要求，落实《残疾人教育条例》、国家及省《第二期特殊教育提升计划（2017—2020年）》和《无锡市残疾人保护条例》，推进特殊教育改革，为残疾儿童提供高质量特殊教育服务。建立特殊教育联席会议制度、特殊教育指导中心制度，研究制订第二期特殊教育提升计划。实行特殊教育支持保障政策，继续实行残疾儿童少年15年免费教育，全年资助残疾儿童教育经费120.61万元，比上年增加22.7万元。推进特殊教育优质融合发展，实行家长或学生自主选择特殊教育学校或普通学校随班就读机制，加强随班就读工作指导，举办高中职业教育班，深入推进残疾儿童送教上门工作，惠及学生41人，全市残疾儿童少年均能平等接受义务教育。全市有特殊教育学校1所，听障教育、培智教育教学班16个，学生（幼儿）222人。全市残疾儿童少年入学率保持100%。有特殊教育专任教师40人，均拥有专科以上学历。

【“博爱”文化建设】 市特殊教育学校坚持“博爱兼济天下，奠基幸福人生”办学理念和“让每个孩子获得最优发展，让每个孩子都能走向成功”教育理念，推进“博爱”文化建设，促进师生自主发展和学校内涵发展。深化课堂教育改革，推进课题研究，在第三届无锡市特殊教育青年教师基本功比赛中，学校获一等奖1个、二等奖1个、三等奖1个；在省“师陶杯”幼教与特教教育科研论文评选中，获二等奖2个；在省陶研会第九届“行知杯”优秀论文评比中，获一等奖1个、二等奖2个；在无锡特教论文评比中，获一等奖3个、二等奖3个；在无锡教育学会年度优秀教育科研论文中，获一等奖2个、二等奖5个、三等奖15个。学校获评第三届无锡市特殊教育青年教师基本功大赛、宜兴市优秀教育论文评比优秀组织奖。推进对外展示和竞赛活动，在江苏省第七届特殊奥林匹克运动会暨2017年江苏省残疾人锦标赛中，学校获金牌2枚、银牌3枚、铜牌2枚；在无锡市第十二届运动会（残运会）中，获金牌2枚、银牌1枚、铜牌3枚。戏曲节目《摘石榴》获无锡市第三十七届“百灵鸟”文艺汇演金奖，并参加无锡市教育电视台助残日庆祝活动节目录制。年内，2名学生被评为江苏省好少年，3名学生被评为无锡市“追梦好少年”，1名学生被评为无锡市美德少年。

官林小学开展书法教育　（市教育局　提供）

宜兴特殊教育学校戏曲节目《摘石榴》荣获市中小学生文艺汇演金奖　（市教育局　提供）

职业教育·成人教育

省宜兴中等专业学校项目获全国职业院校技能大赛金牌　（市教育局　提供）

【概述】 完善政府主导、行业指导、企业参与的职业教育办学机制，推进教育教学改革，加快现代职业教育体系建设，全市职业教育服务能力不断提升。实施职业学校管理水平提升三年行动计划，推进职业学校科学、规范、精细管理。出台《宜兴市中等职业学校教学诊断与改进工作实施方案》，形成学校自主诊改、教育行政部门复核的人才培养质量评价机制。改善学校办学条件，全年投入1800万元，为省宜兴中等专业学校、省宜兴丁蜀中等专业学校等添置设备、改造校舍。全市职业学校全年招收新生2570人，岗位培训6万余人次，获证奖补培训0.52万余人。宜兴中、高等学历教育在籍学员1.6万余人，职业学校对口单招本科过线率20.28%，专科过线率保持100%。11月，市丁蜀中等专业学校通过无锡市人民政府教育督导室综合督导并获优秀等级。职业院校技能竞赛成果丰硕。在全国职业院校技能大赛中，省宜兴中等专业学校“工程测量”和“通信与控制系统集成与维护”项目获金牌。在省职业院校技能大赛中，全市获一等奖10个、二等奖26个、三等奖45个。在全国啦啦操锦标赛暨江苏省职业学校啦啦操锦标赛中，市张渚中等专业学校获团体二等奖并获道德风尚奖。在省教学成果奖评选中，省宜兴丁蜀中等专业学校获一等奖。在省职业学校课堂教学大赛和信息化教学设计比赛中，宜兴获一等奖2个、二等奖2个、三等奖11个。在无锡市第九届职业教育创新大赛中，宜兴获一等奖13个、二等奖19个、三等奖27个。省宜兴中等专业学校电子与信息技术实训基地、省宜兴丁蜀中等专业学校工艺美术（紫砂陶）实训基地、市和桥中等专业学校信息技术实训基地被评为无锡市产教融合现代化实训基地。省宜兴中等专业学校与张公洞景区管理有限公司的合作项目“宜兴中专旅游商贸系与宜兴市张公洞景区管理有限公司校企合作的探索”、省宜兴丁蜀中等专业学校与宜兴爱宜艺术陶瓷有限公司的合作项目“‘爱宜陶瓷’发展与合作中心”被评为无锡市校企合作示范组合。省宜兴中等专业学校“电子商务平台‘陶滋味’的经营运作”、省宜兴丁蜀中等专业学校“基于现代学徒制的紫砂陶电子商务专业创新创业教育”、市张渚中等专业学校“DIY创业训练”、市和桥中等专业学校“创新创业教育建设体系方案”被评为无锡市职业院校创新创业教育重点项目。省宜兴中等专业学校数控技术应用专业创建为省职业学校现代化专业群，省宜兴中等专业学校建筑工程施工专业、省宜兴丁蜀中等专业学校机电技术应用专业、市和桥中等专业学校数字媒体技术应用专业创建为无锡市职业教育现代化品牌专业；省宜兴中等专业学校烹饪专业、省宜兴丁蜀中等专业学校陶瓷设计与工艺专业、市张渚中等专业学校机电技术应用专业、市张渚中等专业学校电子技术应用专业、市和桥中等专业学校电气运行与控制专业创建为无锡市职业教育现代化特色专业。省宜兴中等专业学校会计和机电一体化专业、省宜兴丁蜀中等专业学校机电技术应用专业、市张渚中等专业学校机电技术应用专业（工业机器人方向）、市和桥中等专业学校服装专业被评为无锡市现代学徒制重点项目。11月，宜兴举办国家级农村职业教育和成人教育示范县产业对接洽谈会暨学习型农村建设现场会。制订印发全民终身学习活动周实施方案，周铁社区教育中心丁国强、宜城社区教育中心汤建琴被评为江苏省社区教育先进工作者，周铁镇岳仲荣、张渚镇韦鸿亮被评为江苏省社区教育优秀志愿者。年内，丁蜀镇社区教育中心被评为全国优秀成人继续教育院校和全国首批城乡社区教育特色学校。

【丁蜀中等专业学校创建为省优质特色职业学校】 2016年4月，省教育厅、省财政厅印发《关于做好江苏省现代化示范性职业学校江苏省优质特色职业学校建设工作的通知》，启动创建工作。5月，省宜兴丁蜀中等专业学校完成省优质特色职业学校创建申报工作。6月，省宜兴丁蜀中等专业学校接受省教育评估院现场考察。7月，通过省优质特色职业学校创建答辩论证。8月，省宜兴丁蜀中等专业学校创建为省优质特色职业学校。省宜兴丁蜀中等专业学校秉承“以陶载文，以技传人”的办学理念，以地方传统陶文化为精髓建设学校文化。将特色文化——“陶文化”融入教育教学，将特色专业——紫砂陶艺专业做大做强品牌，通过文化引领促进学生发展。

【现代职教体系试点项目建设】 宜兴中等专业学校首次开展中外合作办学，与韩国明知大学合作开设商务韩语专业中职与本科分段培养“3+4”项目（在宜兴中等专业学校学习3年，后凭中专毕业证书和韩语成绩进入韩国明知大学学习4年，本科专业可自由选择）。宜兴中等专业学校与无锡工艺职业技术学院合作开设电子商务专业中职与高职分段培养“3+3”项目（在宜兴中等专业学校读中专3年，后在无锡工艺职业技术学院读大专3年），和桥中等专业学校与江阴职业技术学院合作开设服装设计与工艺专业中职与高职分段培养“3+3”项目，和桥中等专业学校与常州纺织服装职业技术学院合作开设美术设计与制作专业中职与高职分段培养“3+3”项目，和桥中等专业学校与无锡工艺职业技术学院合作开设网络安防系统安装与维护专业、电气运行与控制专业中职与高职分段培养“3+3”项目。全市累计有高职与本科“5+2”分段培养项目2个、中职与本科“3+4”分段培养项目5个、中职与高职“3+3”分段培养项目8个。

高等教育

【概述】 宜兴开放大学是宜兴开展学历继续教育、非学历继续教育以及终身学习支持服务的重要基地。学校有成人学历教育在籍学员1782人，开设会计学、工商管理等本科专业66个，开设学前教育、建筑施工与管理等专科专业56个。全年培训各类人员2万人次。

无锡工艺职业技术学院(以下简称无锡工艺学院)拥有80多年办学历史，设有陶瓷学院、数字艺术系、环境艺术系、服装工程系、机电工程系、电子信息系和经济管理系7个院系。学院以艺术类专业为主，以陶瓷类专业为特色，开设专业38个。学院面向全国招生，年内招收高中起点专科生1304人，对口单招中职生1066人。至年底，有全日制在校普通专科生7220人、成人专科生779人，有教职员工486人，其中专任教师325人。年内，获江苏省教学成果奖一等奖、二等奖各1个；获首届中国轻工业职业教育成果奖一等奖2个、二等奖1个；3本教材获第二届中国轻工业教材评选优秀教材奖；5本教材立项中国轻工业“十三五”规划教材等；陶瓷制造工艺、室内艺术设计、服装与服饰设计、电线电缆制造技术4个专业被立项为省高水平骨干专业；主持编制的全国高等职业学校“陶瓷制造工艺”“陶瓷设计与工艺”专业的新版国家专业教学标准，通过教育部专家组验收评审；室内艺术设计、电线电缆制造技术专业被评为无锡市职业教育现代化品牌和特色专业；服装与服饰设计专业与江苏新雪竹国际服饰有限公司合作的现代学徒制项目入选无锡市现代学徒制重点项目；获江苏省高等职业院校信息化教学大赛二等奖、三等奖各2个。学院全年职业技能鉴定所开展培训及鉴定达5350人次，其中校内学生3694人次、校外人员1656人次、高级工及技师培训鉴定达703人次。新增成人高校招生校企合作改革专业试点项目1个，累计4个。年内，学院师生参加各类职业竞赛。获全国职业院校技能大赛服装设计与工艺赛项一等奖；获第三届全国陶瓷职业技能竞赛总决赛暨全国职业院校陶瓷类专业学生职业技能大赛一等奖2个、二等奖3个、三等奖4个；获第四届“紫金奖”文化创意设计大赛金奖1个、铜奖2个、优秀奖2个；获第三届中国服装创意设计与工艺教师技能大赛拓展设计奖二等奖、三等奖各1个；获全国职业院校艺术设计类作品“广交会”特等奖1组、一等奖8组、二等奖7组、三等奖7组；获“2017工美新力量暨长三角工艺美术新人新作大赛”金奖5个、银奖1个、铜奖3个；学生团队作品获大学生计算机设计大赛特等奖；获“奥科美杯”第一届江苏省大学生休闲农业线路创意设计竞赛二等奖；获“2017江苏大学生书偶作品大赛”银奖。

（王伟平　蒋才锋）

【无锡工艺学院推进产学研】 无锡工艺学院不断推进产教深度融合。动漫设计专业与无锡致炫文化传媒有限公司校企共育动漫人才的实践与探索项目入选“无锡市校企合作示范组合”。学院共计发表论文400余篇，其中中文核心期刊以上49篇，获授权专利85项。完成横向课题68项，到账经费217万元；纵向课题39项，到账经费27.7万元。江苏省哲学社会科学基金项目立项10项；江苏省哲学社会专项立项8项，完成结题13项；江苏省自然科学面上项目立项1项；江苏省高等教育教育改革研究课题立项2项。“宜兴陶瓷传统手工艺‘非遗’项目传承人培养研究”课题获“2017年度无锡市哲学社会科学界联合会精品课题”立项。4月，无锡工艺学院举办第四届“宏光紫气”国际陶瓷艺术文化交流专家讲坛，20多个国家的近70名著名陶艺家参加。5月，举办全国职业院校陶瓷专业学生技能竞赛，竞赛项目设陶瓷工艺和陶瓷产品设计两

第四届“宏光紫气”国际陶瓷艺术文化交流专家讲坛

（无锡工艺职业技术学院　提供）

大类别，包括陶瓷釉料配方、陶瓷检测、陶瓷器型设计、陶瓷装饰4个项目，评审出一等奖12人、二等奖24人、三等奖26人。10月，举办江苏省工艺美术“艺博杯”第五届陶艺创新作品展暨陶艺论文评比活动（第九届中国·宜兴国际陶瓷文化艺术节的活动之一），共收到来自行业和高校的陶艺创作者的陶艺创新设计作品596件、陶瓷艺术设计与创新研究论文42篇，作品评出金奖35件、银奖72件、铜奖108件、优秀奖86件，论文评出一等奖3篇、二等奖5篇、三等奖7篇。

首届师生作品双年展 （无锡工艺职业技术学院 提供）

【首届师生作品双年展】 6月，无锡工艺学院举办的首届师生作品双年展在市美术馆举行。该作品展是该校首次以师生艺术作品为主体的大型对外艺术展览，也是学院毕业设计（成果）展的重要活动之一。作品展将每两年举办一次，旨在为学院师生搭建一个展示创意、设计和交流的平台，推广学院师生的设计成果，鼓励原创性和本土化表达，探索设计在跨文化语境下与社会各界的交流与合作，启发和推动设计及设计教育的共同发展。作品展共展出60余名师生新近创作的作品180余件，涵盖国画、油画、漆画、陶艺、雕塑、书法、视觉传达设计、服装设计等多个门类。这些作品通过师生独特视角和艺术笔触，挖掘本土文化内涵，吸收西方文化成果，作品呈现出绘画和设计的多元、传统与现代的互补、创意与构思的独特，彰显出无锡工艺学院师生对艺术传承的深层坚守和对艺术创新的执着追求，是学院艺术教育成果的一次集中展示。

（蒋才锋）

教学科研

【概述】 规范教育科研工作管理，优化教学科研激励评价机制，出台《宜兴市教科研先进学校评比办法》《宜兴市教科研先进个人评比办法》《宜兴市教科研优秀成果奖评比办法》，完成科研网络管理信息平台建设方案设计。建立健全中小学课堂教学改革评价模式，出台示范课、优质课评价标准、宜兴市课堂教学听课评课基本要求、学业水平测试备考冲刺建议备忘。评选首批宜兴市教科研能手，开展初中学科教师命题竞赛。深化教育教学协作联盟和教育共同体建设，开展结对帮扶、交流研讨、课堂比武等活动，促进区域学校同步进步。构建质量监控体系，优化教学质量管理，分学段、分专题开展教学调研，实施高中学情诊断分析系统。完善质量评价体系，强化监测数据的分析、诊断和考核运用，促进全市各校提高教育教学质量。深化有效教学实践研究，强化教科研成果提炼，编印《高考动态》43期，出刊《教学理论与教学经验选编》2期，编制《课题研究指导手册》1本。全市获省“教海探航”征文特等奖1个、一等奖18个、二等奖15个、三等奖29个，市教育局获先进集体奖。全市教师获省、无锡市教师优质课和基本功比赛一等奖27个、二等奖48个。全市教育系统有国家级课题（子课题）6个、省级课题164个、无锡市级课题185个。

2017年宜兴市教育机构承担的国家级课题和子课题

表58

领题单位	课题名称	课题级别
宜兴市丁蜀高级中学	提高高中物理课堂教学效益的实践与研究	国家级课题
宜兴市官林中学	高中物理高效课堂教学的实践与研究	国家级课题
宜兴市第二实验小学	走向智慧的语文教学研究	国家级课题
宜兴市教育局	生命教育	国家级子课题

续表58

领题单位	课题名称	课题级别
宜兴中等专业学校	县域中等职业学校发展现状调查研究	国家级子课题
宜兴市张渚中等专业学校	纵横信息数字化学习与中职学生信息综合运用能力提高的研究	国家级子课题

【陶都小学获省教学研究课题一等奖】 为充分发挥教育科研先导功能，市陶都小学坚持以科学研究为载体，以学科课堂教学为平台，以课题研究为抓手，坚持"校本教研""课堂教改""课题研究"三位一体，强化理念反思，突出行动研究，打造活动优化的课题研究特色。2013年11月，学校课题"智慧陶冶：小学生课堂学习活动优化行动研究"被省中小学教学研究室评为省中小学教学研究2013年度第十期重点课题。该项课题研究过程中，严格执行《江苏省中小学教学研究2013年度第十期课题管理办法》，选拔课题组成员，按课题管理办法组织研讨活动，以学生为主体，以课堂为依托，开展研究，课题研究成果丰实。课题研究开展三年中，380人次在宜兴市级以上书画、陶塑、文娱、体育等项目比赛中获奖，14名教师获宜兴市、无锡市教学新秀、教学能手、学科带头人称号，34篇教育教学论文在无锡市级以上教育刊物发表，2014年、2015年、2016年学校被评为宜兴市教育科研先进学校和宜兴市教科研先进集体。2017年5月，课题"智慧陶冶：小学生课堂学习活动优化行动研究"顺利结题。12月，该课题被省中小学教学研究室评为省中小学教学研究第十期课题一等奖。

教师队伍

【概述】 加强教师职业道德建设，围绕《做一个学生喜欢的老师：我的为师之道》开展师德专题培训。常态化开展市校两级"师说讲堂"，举行师德主题演讲活动，评选表彰宜兴市第二届"美丽乡村教师"和从教30年优秀老教师，加大正面典型宣传力度，引导教师践行高尚师德。汇聚社会监督力量，聘请20名教育行风监督员，保持治理有偿家教高压态势。加强校长队伍建设，落实完善学校领导干部管理规定，加大新提拔及异地交流校长调整力度，与新任校长签订任期目标任务责任书，举办首期中学校长高研班、近三年新任校长实务培训班，首次举办新任校长三年期满汇报交流会，组织全市中小学副校长赴华东师范大学培训，校长教育教学改革及管理能力有效提升。选派12人参加市委组织部举办的青年后备干部培训班，提升后备梯队专业素养。强化师资队伍管理，启动义务教育教师"县管校聘"（全体公办义务教育学校教师和校长全部都实行县级政府统一管理）管理体制改革，建立联席会议制度，优化完善乡村教师向城区学校流动管理办法，出台研训员动态管理意见、副高级职称资格以上女性教师延迟退休管理办法，全市师资管理科学化、规范化水平不断提升。公开、公平做好新教师招录分配工作，单列幼儿专任教师招录计划，笔试与无锡市首次同步推进，尝试性开展体育教育专业技能考查，全年招录新教师271人，其中硕士研究生34人。按照"农村学校为主，兼顾城区"思路，做好新教师分配工作，义务教育阶段学校199名新教师中167名分配至农村学校。完成46名乡村定向师范生招录计划。按照"符合流动原则、规范操作程序、严格审核标准"思路，做好教师校际流动工作，全市全年教师自然流动175人。加大教师专业培训力度，制定实施"十三五"中小学教师培训工作意见，召开全市教师培训工作会议，举办后备特级教师研修班，组建乡村骨干教师培训站2个。制定出台学历学位提升工程实施意见，开展校本研修、继续教育等培训活动，教师队伍整体素质不断提升。实施名师培养工程，制定"陶都英才"教育人才引育工程实施办法，实行名师工作室、骨干教师动态考核，1人被评为"江苏人民教育家"培养对象，1人被评为正高级职称教师，3人被评为"无锡市教育名家"培养对象，新增省职教名师工作室1个、无锡市名师工作室8个。至年底，全市有教职工1.3万人，其中专职任课教师1.12万人、教授级（正高级）教师6人、高级教师2089人、中级教师5120人。

【新教师考核管理】 为加强上岗三年内新教师教育业务达标考核管理，促进新教师快速成长，5月，市教育局印发《宜兴市上岗三年内教师考核工作意见（试行）》，要求初入职的青年教师在三年时间内，须通过参加各级培训和自主发展，逐步做到教育规范、教育能力和教学技能全面达标。上岗三年内教师是指在宜兴各中小学、职业学校、幼儿园、特殊教育学校和在其他教育机构任职，上岗三年内的所有在编在职教师。上岗三年内教师考核工作分三年进行，每学年考核分校级考核和市级考核，考核等第分优秀、合格和不合格。强化考核结果运用，学年考核为优秀的上岗三年内新教师，在教师聘任、晋级、职评、考核评优、骨干评审等同等条件下优先；三学年考核均为优秀的上岗三年内新教师，第三学年度考核为优秀等第；上岗三年内新教师在试用期考核不合格，当年度不得转正、定级，试用期延长一年；上岗三年内新教师在上岗第二年、第三年考核有一次不合格，不得参与职称晋级；上岗三年内新教师在参加专项培训和补考后仍不合格，不予聘用。

（王伟平）

编辑　吴畅畅

文　化
WEN　HUA

综　述

【概述】 以"全国一流、省内领先"为目标，以满足人民群众精神文化需求为出发点和落脚点，学习、宣传、贯彻《中华人民共和国公共文化服务保障法》，推进重点文化工作落实，宜兴文化竞争优势不断彰显。文化中心优质运行。随着市博物馆开馆，文化中心全面开放，各馆到馆总人流量突破174万人次，接待参观团体1100多批、15万多人次。中心广场举办"东氿之夜"系列文化活动32场，保利大剧院承办演出140多场，图书馆文献流通量65万册，博物馆组织宣教活动80多次，美术馆举办各类展览40多场。文化服务扎实开展。推进村(社区)综合文化服务中心建设，89个村完成年度建设任务。推进城乡一体化公共阅读体系建设，宜兴市被评为无锡市农家书屋提升工程示范县(市、区)。承办第三届中国歌剧节宜兴分会场演出5场，观看群众6000多人。举办第三届中国(宜兴)梁祝戏剧节，完成戏曲演出16场。开展"文明宜兴、文化惠民"文化服务新行动，完成演出170场、惠及10万群众。"与文明同行——梦想舞台"推出第二届村(社区)村歌村谣大赛、新故事讲演大赛等系列活动20多场。完成第五届"书香宜兴"读书节阅读推广活动248场。全年送戏曲下乡105场、送电影下乡3008场，市文化馆小剧场奉献不同剧种演出300余场。春秋两季公益培训班开设辅导科目13个、培训600多人次。精品创作持续升温。举办创作培训班5期，完成以《海棠花开》《阳羡风华》为代表的群众文艺作品420余件。完成中国宜兴陶瓷博物馆基础设施建设与环境提升工程，走出宜兴举办"运河陶·丝路情"系列陶瓷文化展，陶瓷文化对外影响日渐扩大。"非遗"工作扎实有效。宜兴市被文化部设立为"非遗"保护传承观察点，2位传承人被列入第五批国家级"非遗"代表性传承人名单。新增市级"非遗"示范基地12个。以"乡愁·记忆"为主题，举办《老家宜兴》新书首发仪式。推进文物保护和村史村志编纂工作，文昌阁建筑维修和展陈改造工程全面完成，市人民医院新址考古发掘收获丰硕，漕东村、沙塘港村、湖㳇社区的村(社区)志完成编印，村史馆同时建成开放。市文广新局获无锡市第一次全国可移动文物普查先进集体。市博物馆、美术馆分别与故宫博物院、中美协等文博机构战略合作，举办故宫博物院珍藏宜兴紫砂回乡展、"荆邑之光"全国巡展、西部少数民族青年美术家作品展宜兴巡展等特色展览50多个。拓展"徐悲鸿美术课堂"社会服务职能，开设"宜博历史课堂"等公益培训课程，惠及群众近4000人次。

（李传云　房茜）

文化产业

【概述】 实施"文化强市"战略，拓展产业内涵，创新发展业态，全市文化产业保持稳健发展、提质增效的良好态势。至年底，全市拥有文化产业单位1750多个、从业人员6万多人，其中"三上"文化企业(制造类、贸易类、服务类规模以上文化企业)107个，年营业收入超1亿元企业25个。基本形成紫砂陶艺、书画收藏、文化旅游、文化娱乐、印刷包装、投影光电、影视演艺、广告传媒等具有宜兴特色的文化产业群体。江苏卓易信息科技股份有限公司获得"江苏省重点文化科技企业"称号。

【重点文化产业项目】 5月，中超利永紫砂博物馆开馆，标志着总投资10亿元

5月22日，中超利永紫砂博物馆开馆　（市文广新局　提供）

的集博物馆、龙窑、紫砂工作室及创客空间等功能于一体的中超利永紫砂艺术创意产业项目建成开放。10月，总投资1亿元的全国首个由知名艺术大师姜昆发起建设的综合文化场馆姜昆笑剧场·姜昆艺术收藏馆项目在西渚镇开工奠基。11月，总投资13亿元的文化综合街——阳光100凤凰街盛大开街；总投资3.5亿元的小宇宙影视基地基本建成投入使用，由香港导演杜琪峰执导的电影《追梦男女》在宜兴取景、开拍。一大批文化产业新项目签约。8月，市政府与北京雅达资本管理有限公司、和谐雅达投资管理有限公司签约，分别在张渚和湖㳇镇共建宜兴国际旅游度假区、雅达健康生态产业园两个文化旅游项目，投资总额超200亿元。10月，在2017中国陶都(宜兴)金秋经贸洽谈会上，芳桥街道的总投资5000万美元的"文化旅游特色小镇"、太华镇的投资52亿元的"乡村旅游综合体"等一批项目集中签约，展现产业发展的良好态势。

【多个项目获省级专项资金支持】 宜兴日报社的"全媒体新闻生产系统平台建设"、宜兴新华书店有限责任公司的"宜兴书城转型升级"项目分获江苏省新闻出版广播影视产业发展专项资金奖励80万元、60万元。宜兴市中超利永紫砂陶有限公司的"紫砂艺术创意产业"、江苏紫玉金砂茶艺有限公司的"紫砂创意设计、研发、推广新模式"、宜兴市葛盛陶庄文化艺术有限公司的"紫砂+文创产业平台——宜兴紫砂文化体验馆"项目分获江苏省现代服务业(文化)发展专项资金奖励150万元、150万元、120万元。

【服务促进文化产业发展】 提升服务质量，优化产业发展环境。结合省"连心富民　联企强市"大走访活动，深入江苏省宜兴彩陶工艺厂等文化企业，倾听诉求建议，解决企业难题。在"促进经济和社会又好又快发展"政策体系中专项设置支持文化产业发展的内容，在文化企业重点项目建设、鼓励文化企业做大做强、扶持民办艺术场馆建设、鼓励原创文化产品生产、支持企业参加各类展会等方面明确奖励内容。组织文化企业参加第12届义乌文交会、第二届宁波特色文化产业博览会、第七届无锡文博会等大型活动。协助宜兴市旗袍协会举办2017首届中国宜兴旗袍文创节。发动文创企业(单位)和人才参加第四届"紫金奖"文化创意设计大赛和第三届无锡文化创意设计大赛。在杭州举行的宜兴服务业交流合作恳谈会上，开展宜兴文化创意产业专题推介。

(郭昀)

群众文化

【概述】 围绕建设"强富美高"新宜兴的目标，以宜兴市创建全国文明城市为契机，增强服务手段，拓展服务渠道，壮大文化志愿服务队伍，推动宜兴文化发展，实施文化惠民工程。3—7月，完成市图书馆评估定级工作。4—12月，完成2017年省定行政村和社区综合文化服务中心建设的考核验收工作。在品牌活动基础上改进群众文化活动。1月，举办"阳羡之春"2017宜兴市迎新春音乐会。3月，组织举办2017年宜兴市文化艺术培训班，全市150名镇(园区、街道)文化站长、非遗传承人，市美术馆、博物馆、图书馆、陶博馆等场馆的文化志愿者以及市优秀歌手参加培训；3—11月，配合市委宣传部完成"湖韵周铁杯"宜兴市第三届网络文化节活动。4月，举办宜兴市2017年全民阅读启动仪式。4—5月，配合"茶禅四月到宜兴"旅游节举办中国宜兴第三届梁祝戏剧节、中国宜兴首届旗袍文创节及第四届"宏光紫气"国际陶艺节等相关文化活动。4—11月，开展"文明宜兴　文化惠民"文化服务新行动。5—9月，配合宣传部完成宜兴市首届诗词大会开闭幕式演出活动。6—12月，举办宜兴市第八届社区文化艺术节。7月，举办宜兴市庆祝建军90周年暨武警8690部队成立80周年文艺晚会。8—9月，组织参加"江苏邮政杯"社区广场舞大赛。8—11月，完成第十九届中国上海国际艺术节宜兴分会场相关展览、专场演出及特色文艺团队展演活动。此外，以"三节"(元旦、春节、元宵)、中国宜兴国际素食文化节等为契机，举办民间特色文艺展演。编印月刊《公共文化服务指南》，及时预告当月全市范围内的书画艺术展览、公益文化活动、送戏送电影情况、电影上映预告以及最新书讯等资讯，并在"宜兴文化网"同步预告公示。全年为农村送戏225场、电影3022场、图书5533余册。整合基层公共文化资源，在全市行政村(社区)建成标准的综合性公共文化服务中心147个。

【"文明宜兴　文化惠民"新行动】 2017年，"文明宜兴　文化惠民"市文化服务新行动在原有文化区域互动的基础上，继续深化服务形式、丰富服务内容、提升服务品质，提升全市文化发展影响力，推动宜兴市创建全国文明城市工作。4—9月，全市18个镇(园区、街道)、市民间团队联合会、市文化志愿者联合会等演出单位，以170余场次的互动演出，2000多个节目(节目原创率达85%)，近2万名参演人员的阵容，把丰富多彩、群众喜闻乐见的作品送进全市镇村。

【陶艺节开幕式群众文艺演出】 10月26日，第九届中国宜兴国际陶瓷文化艺术节在中国陶都陶瓷艺术博览中心开幕。开幕式以宜兴陶都历史为背景，以"陶醉中国 筑梦宜兴 以陶为媒 同创未来"为主题，以群众文艺节目为主体，穿插非遗表演类项目，纵向展示陶都宜兴的陶瓷文化发展成果。开幕式演出分为"我为陶都醉""从初溪山好""共圆陶都梦"三个篇章。其中：舞蹈《陶火的向往》、歌曲《陶醉》《这里别有洞天》等节目以"骆驼踏雪、范蠡陶范、筱王鸣镝、供春抟砂、黄龙风华、古街长影"为创作背景，集中展示陶都宜兴厚重的历史文脉、旖旎的自然风光；组合表演《山水总相宜》、舞蹈《水墨阳羡》等节目通过集中展示宜兴非遗特色文化项目，凸显宜兴非遗文化项目的传承与发展，展现宜兴文化发展的独特魅力。在开幕式现场组织特色文艺迎宾团队表演与

“非遗”展演。迎宾团队有男欢女喜表演队、木兰扁鼓队、陶韵扁鼓队、腰鼓队等，分为4个方阵，分时段分区域表演。“非遗”展演由50余名手艺人共同呈现，为参加陶艺节的中外来宾展示国家级非遗代表性项目宜兴紫砂陶制作技艺、宜兴均陶制作技艺，省级非遗代表性项目宜兴彩陶装饰技艺、宜兴青瓷制作技艺和无锡市级非遗代表性项目宜兴阳羡茶制作技艺5个非遗项目。

【社区文化艺术节】 为展示社区文化发展新成果，浓厚全国文明城市创建氛围，6—12月，市委宣传部、市文广新局、市民政局联合举办宜兴市第八届社区文化艺术节。艺术节共收到全市各镇（园区、街道）及相关责任部门的广场文艺作品14件、舞台文艺作品52件、书画摄影作品555件，其中舞台文艺作品经过3天3个分赛区的复赛决出23个作品参加决赛。评出广场文艺作品金奖4件、银奖6件、铜奖4件；舞台文艺作品金奖11件、银奖12件、铜奖22件；书画摄影作品金奖6件、银奖9件、铜奖15件。

【“文华奖”获奖成果】 6—9月，江苏省文化厅举行第三届江苏省文华奖评选工作，史晴峰的中国画《巡防救援》获第三届江苏省文华美术提名奖。8—12月，首届无锡市文华奖·艺术展演月活动举行，宜兴市锡剧团的锡剧《醉县令》获舞台艺术类大型剧目优秀剧目奖，余尚红的油画作品《小山村》获文华美术（书法）奖，徐勇、赵静获无锡市首届青年锡剧演员大赛铜奖，严晓君、余萍获优秀表演奖，宜兴市文化广电新闻出版局获优秀组织奖。

（沈玉云）

9月12日，宜兴市第八届社区文化艺术节开幕式暨广场文艺比赛在东氿文化中心广场举行　　（市文广新局　提供）

非物质文化遗产

【概述】 不断推进非物质文化遗产名录建设、传承人群研培、文化遗产宣传推广等工作。至年底，全市有国家级非物质文化遗产项目4个、省级项目13个、无锡市级项目21个、宜兴市级项目28个；国家级非物质文化遗产项目代表性传承人3人、省级传承人12人、无锡市级传承人81人、宜兴市级传承人108人。

【“非遗”保护与宣传】 7月底，启动第三批宜兴市级非物质文化遗产示范基地的推荐评选工作，确定宜兴市中超利永紫砂陶有限公司、宜兴均陶工艺有限公司等8个单位为宜兴市非物质文化遗产生产性保护示范基地，宜兴市周铁城隍庙道教活动点、宜兴市昌华陶艺有限公司等5个单位为宜兴市非物质文化遗产传承示范基地（点）。12月，宜兴市被认定为全省唯一一个非遗保护传承观察点。同月，宜兴紫砂陶制作技艺项目传承人周桂珍、宜兴均陶制作技艺项目传承人李守才入选第五批国家级非物质文化遗产代表性项目代表性传承人推荐名单。开展主题鲜明的宣传推广活动。在全市范围内举办“文化与自然遗产日”首届宜兴非物质文化遗产代表性传承人陶瓷艺术作品展、第九届陶艺节开幕式期间的非遗展等6个展览。组织项目参加第十二届中国（义乌）文化产品交易会、第二届长江非物质文化遗产大展、海上丝绸之路非遗大展等7个大规模展会。

宜兴市非物质文化遗产名录

表59

序号	项目名称	项目类别	申报地区或单位	级别	公布时间
1	宜兴紫砂陶制作技艺	传统技艺	宜兴市陶瓷行业协会	国家级	2006
2	梁祝传说	民间文学	宜兴市华夏梁祝文化研究协会	国家级	2006
3	陶器烧制技艺（宜兴均陶制作技艺）	传统技艺	宜兴均陶工艺有限公司	国家级	2014
4	道教音乐（无锡道教音乐）	传统音乐	无锡道教协会（宜兴市周铁城隍庙道教活动点）	国家级	2008

续表59

序号	项目名称	项目类别	申报地区或单位	级别	公布时间
5	男欢女喜	传统舞蹈	张渚镇	省 级	2007
6	剪纸(宜兴刻纸)	传统美术	徐舍镇	省 级	2007
7	宜兴观蝶节	民 俗	宜兴市阳羡风景区旅游发展有限公司	省 级	2009
8	宜兴青瓷制作技艺	传统技艺	丁蜀镇	省 级	2011
9	制陶技艺(宜兴彩陶装饰技艺)	传统技艺	丁蜀镇	省 级	2011
10	宜兴丝弦	传统音乐	徐舍镇	省 级	2015
11	盾牌舞	传统舞蹈	官林镇	省 级	2015
12	小热昏	曲 艺	宜兴市戏剧曲艺家协会	省 级	2015
13	十番音乐(十番锣鼓)	传统音乐	宜兴市文化馆	省 级	2015
14	宜兴陶传统仓储技艺	传统技艺	江苏省供销社陶瓷公司	省 级	2015
15	宜兴龙窑烧制技艺	传统技艺	宜兴市丁蜀镇三洞桥村村民委员会	省 级	2015
16	锡剧	传统戏剧	宜兴市锡剧团	省 级	2015
17	中医肝病疗法(汤氏肝病疗法)	传统医药	新建镇	省 级	2015
18	宜兴乌饭	传统技艺	宜兴市收藏家协会	无锡市级	2007
19	和桥豆腐干	传统技艺	和桥镇	无锡市级	2007
20	梨膏糖制作技艺	传统技艺	宜兴市戏剧曲艺家协会	无锡市级	2010
21	踩裼莽	传统舞蹈	新庄街道、宜城街道	无锡市级	2010
22	马叉舞	传统舞蹈	太华镇	无锡市级	2010
23	猴棍	传统舞蹈	宜兴市新街小学	无锡市级	2010
24	马灯舞	传统舞蹈	杨巷镇、屺亭街道	无锡市级	2010
25	车水号子·易木牌	传统音乐	徐舍镇	无锡市级	2010
26	唱春	曲 艺	宜兴市戏剧曲艺家协会	无锡市级	2010
27	三跳道情	曲 艺	新庄街道	无锡市级	2010
28	徐舍小酥糖制作技艺	传统技艺	徐舍镇	无锡市级	2013
29	高塍猪婆肉制作技艺	传统技艺	高塍镇	无锡市级	2013
30	官林荤油糕制作技艺	传统技艺	官林镇	无锡市级	2013
31	风筝制作技艺(周铁鹞笛(灯)风筝制作技艺)	传统技艺	宜兴市风筝协会	无锡市级	2013
32	大刀舞	传统舞蹈	徐舍镇、官林镇、万石镇	无锡市级	2013
33	狮舞(西乡狮子舞)	传统舞蹈	徐舍镇	无锡市级	2013
34	宜兴阳羡茶制作技艺(岕茶制作技艺)	传统技艺	无锡市茶叶协会	无锡市级	2013 2014

续表59

序号	项目名称	项目类别	申报地区或单位	级别	公布时间
35	滆湖渔歌	传统音乐	官林镇	无锡市级	2014
36	宜兴绿苎头团子制作技艺	传统技艺	宜城街道	无锡市级	2014
37	烧饼制作技艺(杨巷葱油饼制作技艺)	传统技艺	杨巷镇	无锡市级	2014
38	江南羊肉烹饪技艺(宜兴芳庄羊肉烹饪技艺)	传统技艺	徐舍镇	无锡市级	2014
39	打夯歌	传统音乐	张渚镇	宜兴市级	2009
40	官林野鸭制作技艺	传统技艺	官林镇	宜兴市级	2009
41	酱汁雁来蕈烹饪技艺	传统技艺	西渚镇	宜兴市级	2009
42	腌笃鲜制作技艺	传统技艺	湖㳇镇	宜兴市级	2009
43	黑膏药制作技艺	传统医药	万石镇	宜兴市级	2009
44	牌楼花船舞	传统舞蹈	西渚镇	宜兴市级	2009
45	滆湖的传说	民间文学	高塍镇	宜兴市级	2009
46	烙画(烫画)	传统美术	官林镇	宜兴市级	2009
47	宜兴节场(官林节场、分水节场)	民　　俗	官林镇、周铁镇	宜兴市级	2009
48	宜兴庙会(分水庙会、屺山庙会、万石庙会、竺山庙会)	民　　俗	周铁镇、屺亭街道、万石镇、宜兴市竺山民间文化研究会	宜兴市级	2009
49	长圩赛龙舟	传统体育、游艺与竞技	宜城街道	宜兴市级	2009
50	宜兴说大书	曲　　艺	周铁镇	宜兴市级	2009
51	田螺姑娘的传说	民间文学	宜兴市收藏家协会	宜兴市级	2014
52	王氏月饼制作技艺	传统技艺	新街街道	宜兴市级	2014
53	杨巷焦老苏制作技艺	传统技艺	杨巷镇	宜兴市级	2014
54	官林米酒药丸制作技艺	传统技艺	官林镇	宜兴市级	2014
55	豆腐花制作技艺	传统技艺	宜城街道、周铁镇	宜兴市级	2014
56	万氏针灸	传统医药	宜兴市新建镇社区卫生服务中心	宜兴市级	2014
57	宜兴道教音乐	传统音乐	宜兴市周铁城隍庙道教活动点	宜兴市级	2016
58	小六合拳	传统体育、游艺与杂技	张渚镇	宜兴市级	2016
59	宜帮菜烹制技艺	传统技艺	宜兴市旅游协会	宜兴市级	2016
60	折扇制作技艺	传统技艺	太华镇	宜兴市级	2016
61	宜兴糕粽团圆制作技艺	传统技艺	丁蜀镇	宜兴市级	2016
62	太湖扯蓬船制造技艺	传统技艺	宜兴市竺山民间文化研究会	宜兴市级	2016
63	小龙扎制技艺	传统技艺	湖㳇镇老年服务中心	宜兴市级	2016

续表59

序号	项目名称	项目类别	申报地区或单位	级别	公布时间
64	纸狮扎制技艺	传统技艺	湖汊镇老年服务中心	宜兴市级	2016
65	贾氏接骨疗法	传统医药	太华镇	宜兴市级	2016
66	马灯舞(高塍马灯舞)	传统舞蹈	高塍镇	宜兴市级	2016

（潘晴）

文　博

【概述】 宜兴市博物馆开馆并加入国际博物馆协会，全年接待团体参观544批次、参观总数逾26万人次，策划组织大型展览19个、宣教活动81次，参加人数逾5万人次。

市文物管理委员会办公室(以下简称市文管办)完成文昌阁、里塘渎桥、吴仕楠木厅等建筑的修缮、展陈改造和验收工程。创办“宜兴文物讲堂”，全年举办六期专题讲座。市文管办与南京博物院、无锡市文化遗产和考古研究所联合开展下湾遗址的考古发掘工作，出土玉器、石器、陶瓷等各类文物数百件。完成近现代革命文物移交和调拨工作，向市博物馆移交75套、345件文物，向宜兴革命陈列馆移交120件(套)革命文物。宜兴陶瓷博物馆被表彰为江苏省“一普”(第一次全国可移动文物普查)先进集体，宜兴市文广新局被表彰为无锡市“一普”先进集体，蔡述亮、邵芸和朱轩林分别获“江苏省和无锡市先进个人”称号。完成全市古碑刻拓片工作，全市记录在册的古碑刻有586方(件)，其中包括2017年新发现的古碑刻28方，已进行拓制的碑刻达371方。

至年底，全市拥有各级文保单位135处、156个点。其中，全国重点文物保护单位6处、11个点，江苏省文物保护单位13处、23个点，宜兴市文物保护单位116处、122个点。另有文物控制单位65处，红色革命遗址24处。

（梅荔　谢苏芸）

【市博物馆展览活动有特色有亮点】
1月，市博物馆与故宫博物院联合举办开馆大展“紫泥清韵　皇家品位——故宫博物院珍藏宜兴紫砂回乡展”，促成故宫博物院与县(市)博物馆的首次合作。在国际博物馆日期间举办“踏遍青山家乡好——钱松嵒作品展”，第九届陶艺节期间举办“观自在——徐汉棠紫砂大展”“笔墨的欢歌——方召麐书画作品展”“一带一路——紫玉金砂国礼紫砂艺术展”和“此生只为均陶醉——方卫明均陶精品艺术展”，引进“流金溢彩　国粹新颜——当代景泰蓝精品艺术展”“黑白物语——泰州博物馆藏古代碑帖展”“八百年不熄的神灯——祭祀成吉思汗的鄂尔多斯蒙古族历史文化展”等展览。先后赴河北秦皇岛、廊坊，内蒙古包头、鄂尔多斯举办“荆邑之光——宜兴历代精品紫砂全国巡展”。

【市博物馆典藏研究拾遗补缺出新】
举办“传与承——宜兴均陶技艺学术研讨会”和方卫明宜兴均陶技艺知识讲座。征集到徐汉棠、方卫明、徐安碧、谈志坚等捐赠的作品、藏品113件。举办费玉樑藏品捐赠仪式，接收其无偿捐赠和定向征集的藏品120件。派专人进驻人民医院新址开展考古发掘工作。完成吴昌硕对联的修复、11幅吴冠南捐赠作品的装裱。

【市博物馆宣教活动接地气】 举办“历史文化之旅——宜博少儿夏令营走进故宫”“宜博新春雅集音乐会”“义务讲解员选拔”“七夕雅集”等社会宣教活动，举办“学画年故事”“亲手做汉服”“别样的历史实践课”“创意均陶DIY”等“指尖上的宜博”社会教育品牌活动，创新开设“宜博历史课堂之古琴季”公益课程和“能鉴宝的宜博讲坛”公益活

8月7日，市博物馆举办“历史文化之旅”——宜博少儿夏令营走进故宫活动　（市文广新局　提供）

动。与故宫博物院签署战略合作协议，与8693部队、中超利永紫砂陶有限公司、实验小学、宝东社区等13个单位签订共建合作协议。加入中博协社教专委会、市场与推广专委会、展览专委会。开发“宋代银座金佛”书签、“舌尖上的宜博”、“宜博的心意”等系列文创产品，并推介参与省文物局举办的文创联展。

（梅荔）

【文物维修】 3月，市文管办完成前进窑部分损坏窑棚的抢修。4月，完成里塘渎桥维修工程。6月，完成文昌阁建筑维修、展陈改造、防雷等工程，完成吴仕楠木厅改造工程及政府立项古桥梁修缮工程综合验收。8月，完成周王庙戏楼厢房南侧东西护碑亭建设。9月，配合市建设局完成徐氏宗祠辅助用房建设和景观绿化工程。11月，完成14座古桥树木杂草的清理维护和局部加固工作。

【文物开放点发挥作用】 依托阵地优势，做好周王庙、太平天国王府、文昌阁、瀛园、卢忠肃公祠5个文物点的正常开放服务，全年各文物开放点共接待游客19.37余万人次。先后在宜兴太平天国王府举办“锡宜非遗情”无锡优秀非遗项目区域联展、迎新春楹联作品联展等12个展览。周王庙文物保护管理所与周铁城隍庙合作创办“回云山房周王庙传统文化研修基地”，开设少儿国学亲子共读、古琴、茶道、花艺、中医养生等公益课程。周王庙、瀛园等文保单位举办锡剧、京剧、昆曲等传统戏曲表演活动。

【文物宣传形式多样】 宜兴文物网（www.yxww.cn）是市文管办对外宣传、发布消息的重要窗口，累计访问量227.92余万人次。全年出刊《宜兴文物通讯》（季刊）4期、1200份。主题展览“回眸历史　走进文物——宜兴文物图片展”活动先后走进丁蜀镇紫砂村、新街街道谢桥社区、丁蜀高级中学、8690武装警察部队、无锡江南电缆有限公司等10余个单位。1月，开展全市中小学“走进历史文物　感受遗产魅力”征文比赛活动。2月，创办“宜兴文物讲堂”，全年举办文物讲解、文物摄影、古代钱币、档案管理、宜兴历史与文物专题讲座6期。9月，结合共建单位市实验中学开展“游历史古迹　绘家乡名胜”活动，组织学生到全国重点文物保护单位周王庙、江苏省文物保护单位文昌阁参观学习。此外，在市丁蜀高级中学、城南实验小学、市实验中学举办“古风流韵——宜兴文物知识”“感知历史，传承文化——宜兴文物知识”等讲座。国际博物馆日和文化遗产日之际，市文管办联合市博物馆、宜兴陶瓷博物馆等文博单位，开展展览、鉴宝、讲座、文物捐赠等主题系列活动。

宜兴市省级以上文物保护单位

表60

名　称		时　代	级　别	地　址
全国重点文物保护单位				
国山碑		三国(吴)	全国	张渚镇善卷村国山顶
骆驼墩遗址		新石器	全国	新街街道陆平村塘南自然村
宜兴窑址	小窑墩遗址	晋	全国	丁蜀镇建新村
	涧 淤窑遗址	唐	全国	丁蜀镇陶渊村
	真武殿窑群	唐宋	全国	新街街道水北村
	筱王村窑群	宋	全国	西渚镇五圣村
	前墅龙窑	明至今	全国	丁蜀镇三洞桥村前墅自然村
	前进窑遗址	清	全国	丁蜀镇白宕社区
西溪遗址		新石器	全国	徐舍镇邮堂村西溪自然村
周王庙及碑刻		唐至清	全国	宜城街道东庙巷
蜀山窑群		明至民国	全国	丁蜀镇蜀山社区

续表60

江苏省文物保护单位				
名　　称		时　代	级　别	地　　址
太平天国王府及壁画		太平天国	省级	宜城街道通真观路南侧
新四军标语		1945年	省级	张渚镇祝陵村
文昌阁		明	省级	宜城街道任昉公园
徐氏宗祠(徐大宗祠)		明	省级	宜城街道溪隐路北侧
东坡书院		清	省级	丁蜀镇蜀山社区
张公洞石刻		唐至民国	省级	湖㳇镇张阳村孟峰山
宜兴古桥梁	茭渎桥	明	省级	新庄街道茭渎村
	大浦桥	明	省级	丁蜀镇大浦村
	东仓桥	明	省级	宜城街道解放东路东风巷
	新　桥	明	省级	新街街道堂前社区
	步龙桥	明	省级	西渚镇篁里村
	永安桥	明	省级	高塍镇塍西村
	扶风桥	明	省级	芳桥街道夏芳村
	阳溪桥	明	省级	杨巷镇杨巷居委河西街
	鲸塘桥	明清	省级	徐舍镇鲸塘村鲸塘老街
	福田桥	明清	省级	徐舍镇芳庄村
	张泽桥	清	省级	丁蜀镇张泽村
螺蛳墩遗址		新石器时代	省级	杨巷镇杨巷居委
龙头岕窑址		汉~晋	省级	丁蜀镇建新村周家自然村
黄龙山紫砂泥矿井(台西井、五号井、大水潭)		明~1979年	省级	丁蜀镇潘南社区
徐义庄祠(阁老厅)		明	省级	宜城街道荼东新村内
瀛园		清	省级	宜城街道青云巷3号
周培源故居		民国	省级	芳桥街道后村

(谢苏芸)

书画

【概述】 市美术馆全年举办展览42个，其中国家级展览10个、省级展览6个，接待观众18.06万人次，接待团体350余批，开展公益培训70课时，公益讲座12次，举办爱心义卖活动3次，举办关爱未成年人及帮助残障儿童等其他活动6次。宜兴日报书画院全年举办展览18个。至2017年年底，全市累计有中国美术家协会会员39人、中国书法家协会会员25人、省美术家协会会员60人、省书法家协会会员173人。

【“壶中日月”全国书画名家紫砂创作邀请展】 1—2月，由江苏省书画院、市委宣传部主办，市文联、市文广新局承办的“壶中日月——全国书画名家紫砂创作邀请展”在市美术馆举行。展览展出全国书画名家和宜兴紫砂艺术家的书法、国画和陶刻拓片作品137件，其中包括书画名家与紫砂艺术家合作创作的作品。此次活动是当代书画界与紫砂界的一次交流与合作，促进宜兴紫砂书画艺术的发展，弘扬中国陶都宜兴文化品牌，增强社会影响力。

（吕瑞芳）

7月8日，在美术馆举办“七彩夏日、让爱走动”——暑期青少年艺术作品义卖活动　（市文广新局　提供）

【“东方既白”书画陶艺作品联展】 1月，由宜兴日报社、市文联主办的“东方既白——北京、江苏、福建三地书画陶艺作品联展”在宜兴日报书画院举办。此次展览共展出23名与宜兴有密切关系的书画陶艺家作品100余幅（件），包括程伟、魏敏、吴鸣、李伟、周长海、周林平等江苏当代优秀书画家的精品力作，以及葛明宏、蒋贵鹏等宜兴书画工作者的作品。作品艺术风格包括书法、国画、油画、陶艺，从更广阔的视角展现书画和陶艺的独特气质，给市民带来艺术美的体验和熏陶。

（杨鋆）

【“牵星星的手”画作义卖活动】 3月，由市残联、市文广新局联合主办的“牵星星的手”关爱自闭症儿童画作义卖活动在市美术馆举行。活动展出城南实验小学、进修幼儿园、宜兴博爱家园儿童成长中心的儿童和教师所作的儿童画以及宜兴籍名画家捐赠的书画作品120件。共卖出画作113件，筹集的2.95万元善款全部捐给市博爱家园儿童成长中心，用于自闭症儿童帮扶治疗项目。

（杨素璞）

【“法润陶都”法治书法作品展】 为推进法治文化繁荣发展，打造本土特色法治文化品牌，3—4月，由市委宣传部、市委市级机关工委、市司法局联合主办的“法润陶都——宜兴市第三届机关工作人员书法作品展”在宜兴日报书画院举办。共征集机关事业单位工作人员提交的书法作品近200件，评选出获奖作品10件，入展作品58件。作品内容以法治文化为主题，通过诗词对联、格言警句，传播风清气正的正能量。同时展出书法名家的祝贺作品和特邀作品。活动以书法为媒，推动宜兴特色文化品牌创建，弘扬法治精神。

（杨鋆）

【西部少数民族青年美术家作品展】 5月，由中国文联、中国美术家协会、中国文学艺术基金会主办，市文广新局承办的“西部少数民族青年美术家作品展宜兴巡展”在宜兴市美术馆举行。参展作品有中国画、油画、版画等百余件，在技法的运用、题材的涉猎、构思的创新性上体现西部少数民族画家的新水平，作品同时还具有独特的民族气质和时代特色，体现了中华民族多元文化糅合的魅力所在。

（杨素璞）

【“铭记历史　强国强军”老年书画展】 7月，由市民政局、市文广新局、宜兴日报社主办的“铭记历史　强国强军”纪念中国人民全面抗战八十周年、中国人民解放军建军九十周年老年书画展在宜兴日报书画院举办。展览共展出市老年书画协会会员的书画作品150余幅。老同志、老干部以书画为载体追忆历史，作品缅怀革命先烈，讴歌抗战精神，用书画的形式向社会传递正能量。

（杨鋆）

【“一带一路”人类文明——卢禹舜作品展】 8月，由中国国家博物馆、中国美术家协会、环球人物杂志、中国国家画院、中央数字电视书画频道、市文广新局、市文联主办的“一带一路”人类文明——卢禹舜作品展在市美术馆举行。绘画作品生动再现了“一带一路”沿线国家的自然风光与人文风貌，凸显“一带一路”所蕴含的人文精神，从而与观众产生最普遍且深刻的共鸣，使相距甚远的众多文明在一幅幅作品中得到认知与融合，以艺术为媒介深刻诠释了习总书记提出的“人类命运共同体”的价值宗旨。

（杨素璞）

【江苏省美术馆藏新金陵画派精品展巡展】 9月，由江苏省美术馆、市文广新局主办的“江山多娇——江苏省美术馆藏新金陵画派精品展巡展”在市美术馆举行。展览展出49幅包括画派孕育期、崛起期、从低沉到复苏、拓展期等各个阶段的精品力作，展示了“新金陵画派”的发展历程与艺术特色。画派的主要代表人物包括傅抱石、钱松喦、亚明、宋文治、魏紫熙等。“新金陵画派”是江苏现代标志性的绘画流派，是中国现代美术史上的继承传统、实现创新的标杆。此次巡展是市美术馆充分引入国家公共美术馆的典藏资源的一次有力举措，让广大社会公众不出远门能欣赏到重量级的书画典藏精品。

（杨素璞）

【“翰墨紫砂”名家作品展暨70后全国油画展】 10—11月，由江苏省文联、市委宣传部主办，市文联、市文广新局、市陶瓷行业协会承办的“翰墨紫砂”名家作品展暨70后全国油画展（第九届中国宜兴国际陶瓷文化艺术节系列活动）在吴冠中艺术馆举行。展览展出徐秀棠、吕尧臣、鲍志强等紫砂大师和吴冠南、吴俊达等宜兴本土画家合作的艺术精品130件，以及陈光龙、余尚红、宋冲等70后油画公社青年油画家代表的优秀画作80件，吸引众多书画爱好者参观。

（吕瑞芳）

【“紫砂·墨象”中国画名家精品展】 11月，由市委宣传部、市文联、宜兴日报社、市陶瓷行业协会主办的“紫砂·墨象”——中国画名家精品展在吴冠中艺术馆举行。众多书画名家和上海、南京、无锡等地的书画爱好者们出席开幕式。此次展览展出刘大为、沈光伟等11名书画家的近100幅书画精品，题材涵盖山水、人物、花鸟，其中包括部分紫砂作品拓片。这些作品展示了传统紫砂文化与书画文化紧密结合的成果。

（吕瑞芳）

【省国画院书画作品巡展】 2017年12月，由江苏省国画院、市委宣传部、市文广新局主办的“意写新时代、丹青鉴初心——践行十九大精神·江苏省国画院书画作品巡展”在市美术馆开幕（展览为期1个月）。展览共展出37名省国画院在职书画家的作品60余件，描绘新时代的新气象、新景观，书写人民的生活之美、劳作之美，传递中国精神、弘扬中国价值、凝聚中国力量，展示艺术家们卓越的才华、深厚的功力和非凡的创造力，彰显中国传统书画艺术的独特魅力。

（杨素璞）

影　剧

【概述】 至年底，全市有注册电影放映单位15个，流动电影队9个，总座位1.14万张。市人民剧院全年接待文艺演出团体12个，其中省级5个、地市级4个、县市级3个，剧目30个、剧种10个，演出50场，观众3万多人次。

【电影惠民工程基本实现全覆盖】 市影剧有限公司9个流动电影放映队全年送电影进农村、进社区3006场次，放映科教电影3400多场、校园爱国主义教育电影400多场。为20所敬老院巡回放映敬老电影4轮、152场。开展“电影进军营”活动，送电影到市消防大队、宜兴监狱16场。全年制作宣传展板15块、宣传横幅40多条、宣传视频20个，公益电影真正成为农村公共文化服务体系中的主力军。

【戏曲舞台精彩纷呈】 设立“戏曲传承发展”专项资金，出台《戏曲传承发展专项资金考核办法》。通过政府购买服务等方式，引进一批优秀戏曲剧目。1月，举行2017“天健杯”迎新年锡剧展演，市锡剧团表演两场新戏《花烛泪》《中秋月》，由省锡剧团国家一级导演王锡春指导，各演3天。3月，常州锡剧团的《天要下雨娘要嫁》演出2场。4月，上海木偶剧团《三毛流浪记》《美人鱼》演出4场。5月，上海肖雅文化艺术有限公司、浙江舟山小百花越剧团的《盘妻索妻》《新巡按斩父》演出2场。6月，浙江嘉兴越剧团的《梁山泊与祝英台》《新狸猫换太子》《花中君子》《三看御妹》演出4场。10月，举行第十三届宜兴戏剧节，无锡市锡剧院献演《珍珠塔》《玉蜻蜓》《五女拜寿》5场。为吸引更多观众感受传统戏曲文化，让戏曲艺术真正走进市民的生活，推出一系列低价票及惠民戏

12月13日，市锡剧团大型传统锡剧《夜明珠》走进徐舍镇芳庄村

（市文广新局　提供）

曲演出优惠,观众能以超低价格看到最精彩的戏曲演出。

（张俊辉）

图　书

【概述】 市图书馆全年新增图书2.5万册、报纸174份、杂志582份,办证读者1万人,图书流通量65万册(次),到馆81万人次。开展读者活动250多场,包括举办讲座39场、培训20次、展览15场、影视展播50场、"小飞屋绘本故事会"40多场。建成镇级分馆6个、村级分馆20个,完成"八个一"〔一个标志牌、一个宣传栏、一个县(区)级图书馆分馆(或图书室)、一个多功能室、一个中老年文体活动室、一个妇女儿童文体活动室、一套文体设施设备、一个公益性文化岗位〕工程建设农家书屋44个。完成宜兴地方文化视频数据库、宜兴非物质文化遗产数据库、宜兴陶瓷艺术数据库3个自建资源库的建设方案、页面设计及内容填充。市图书馆被评为江苏省古籍保护单位。8月,文化部办公厅开展第六次全国县级以上公共图书馆评估定级工作,市图书馆连续六次被文化部评为国家一级图书馆。

【全民阅读活动】 4—11月,市委宣传部、市文明办、市文广新局、市委市级机关工委、市教育局、宜兴日报社等13个单位主办宜兴市2017年全民阅读启动仪式暨第五届"书香宜兴"读书节。读书节分为主题活动、阅读·分享、e阅读、阅读志愿、书香阵地5个主题。其间,举办宜兴市首届诗词大会、"一起阅读吧"亲子悦读、名家阅读讲座、"文明之光·朗读者"系列访谈活动等25项子活动。启动仪式上,中国作家协会会员徐风、宜兴惠人书友会创办人周乐秾等被评为荣誉领读者,宜兴日报社社长程伟等10人被评为优秀领读者。市图书馆围绕宜图讲堂、宜图培训、"书香宜兴"读书节、小飞屋绘本故事会、义务小馆员、周末影院等品牌活动,开展阅读推广活动250多场。

【城乡一体化公共阅读体系建设】 城乡一体化公共阅读体系建设工作被列入宜兴市2016—2018年为民办事项目,要求每年完成6个一级分馆、20个二级分馆的建设任务,三年完成公共图书馆总分馆制和数字图书馆等阅读体系建设。2017年,按照计划,完成张渚、周铁、官林等6个镇级分馆和北新村、大尖村、美栖村等20个二级分馆的建设任务,联合分编图书14万多册。完成60个农家书屋的数字视窗建设,包括720台电子阅览室终端设备的安全软件及服务器安装对接工作,60个农家书屋共享工程流媒体资源服务对接工作。

【数字图书馆建设】 升级图创集群图书馆管理系统2.0版本为3.0,解决2016年馆内图创业务系统的整体运行出现的问题和需求。完成宜兴市数字图书馆APP(IOS和安卓版本)的开发测试,于2017年读书节开幕式上正式上线。完成市图书馆智慧数据墙建设,即时显示馆内人数、读者借还情况、馆内通知公告、新书推荐等各项功能。完成自建资源库方案、页面设计以及部分内容填充。改版市图书馆微信公众号,设资源服务、微服务大厅、公共信息三大栏目和云图有声、书目检索、读者借阅、图书续借等11个子栏目。2017年,微信公众号共发布活动预告、宜图资讯、新书推荐等消息300多条。

（高亮）

文化市场管理

【概述】 全市新增文化市场经营主体31个,其中出版物经营单位13个、歌舞娱乐场所4个、印刷企业4个、网吧10个,累计有文化市场经营主体1084个。全年处罚文化市场违规经营行为21起,其中网吧业15起、歌舞娱乐业4起、游艺娱乐业1起、其他行业1起。

【"扫黄打非"集中行动】 贯彻落实省、无锡市"扫黄打非"会议精神,市文广新局对全市校园周边、车站、乡镇节场等地开展不间断检查。开展"护苗""秋风""净网""清源"行动。2月,对全市中小学校园周边开展拉网式检查,取缔无证出版物经营1户,收缴盗版教辅材料200多册。8月,以宜兴市创建全国文明城市为契机,全方位、多轮次排查全市书报亭,先后收缴违禁报纸2000多份。全年收缴各类非法音像制品盗版出版物1000多册,净化全市社会文化环境,营造出有序健康的文化市场经营秩序。

【网吧专项治理】 为维护未成年人合法权益,市文广新局对网吧实施专项督查。对全市网吧市场开展6轮(次)巡查,依法立案处罚11次,有效遏制网吧违规行为上升趋势。开展绿色网吧创建活动,以宜兴市创建全国文明城市为契机,重点加大网吧禁烟和环境整治工作力度。多次召开网吧业主大会,宣传网吧禁烟对全市创建文明城市的重要意义。与公安机关密切配合,多次开展网吧夜场和不定期巡查,重点检查网吧禁烟情况,先后对23个禁烟不力的网吧依法予以停业整顿,对7名在网吧抽烟人员进行行政教育。

（高松龄　任荣）

编辑　吴畅畅

史志·档案·文史

SHI ZHI · DANG AN · WEN SHI

史 志

【概述】 市史志办履行部门职能，在服务中心、志鉴编纂、党史征编、新馆建设、宣教育人等方面完成目标任务。《宜兴年鉴(2017)》按时出版，在编纂思路、条目设置、图文设计等方面继续保持全国、全省领先地位。弘扬优秀传统文化、彰显宜兴文化软实力，明万历《重修宜兴县志》、清嘉庆《增修宜兴县旧志》、民国《光宣宜荆续志》三部旧志点注本和影印本系列丛书出版。推进名镇名村志编纂工作，《祝陵村志》完成终审，成为全省第一个完成终审的名村志。加强乡镇志、专业志业务指导力度，《徐舍镇志》出版发行，《和桥镇志》《宜兴市残疾人联合会志》完成终审，《新街街道志》《新建镇志》等进入资料征集、初稿编写阶段。新时期宜兴地方党史专题征编工作有序推进，《新时期中国共产党宜兴历史大事记(1978—2016)》完成初稿编纂。宜兴革命陈列馆新馆基本完成装修，进入布展阶段。

【党史专题征编工作有序推进】 继续做好新时期宜兴地方党史专题征编工作，围绕全市各部门、镇(街道、园区)提供的122个专题材料，正确处理好党性、个性、可读性三者关系，严把审稿质量关。调整加强专题审稿力量，派员参加省、无锡市党史三卷本编撰业务培训，提高编辑审稿水平。坚持每月至少召开一次编审例会，集体讨论重要专题，会商难点问题，全年修改审核一类专题50篇，编辑印发《宜兴改革开放历史综述》《迎着朝阳前进的高塍环保产业》《无中生有——万石华东石材市场的演变》等优秀党史专题至全市各部门、镇(街道、园区)，发挥资政作用。

【《宜兴年鉴(2017)》出版】 7月，《宜兴年鉴(2017)》由方志出版社出版。全书94.3万字，设特载、概况、陶艺·书画、政治建设、经济建设、"美丽宜兴"建设等大部类11个，记载全市2016年度的经济、政治、社会、文化和生态文明等方面的基本情况和年度大事、要事、新事、特事，展现宜兴特有的地情特点和宜兴人民的精神风貌。年鉴封面印有二维码，读者可通过手机扫描二维码阅读年鉴。8月起，《宜兴年鉴(2017)》赠送至各镇(街道、园区)、机关单位和其他相关单位。

【革命陈列馆新馆筹建全面推进】 坚持把"工匠"精神、精品意识贯穿于陈列馆新馆筹建的全过程。精心修改展陈大纲和脚本，召开审定会，通过无锡市史志办和宜兴市委审查。集中全办力量组织开展图片、史料、文物征集和老战士(手印)寻访工作，从市文管会、博物馆调拨(借展)革命文物242.5件(组)。至年底，累计征集党史实物、史料1000余件(组)，照片近800张。完成布展设计施工一体化招标工作，督促中标单位做好布展内容的深化设计工作，严格审查设计方案并广泛征求专家与有关部门意见。做好开馆前期准备工作，在队伍建设、建章立制、业务培训、设施配置、现场监管等方面制订详细方案。至年底，新馆办公区域装潢工程基本结束，主展厅布展工程进场施工。

【"精彩宜兴"2016年度照片征集评选】 "精彩宜兴"2016年度照片征集评选活动自2016年12月启动，至2017年1月底结束，累计收到市内外127名作者的参赛作品1348幅(组)，其中手机照片50幅(组)、航拍照片12幅(组)。作品题材涵盖面广泛，内容涉及转型发展、自然生态、城乡面貌、人民生活、公益事业、抗洪救灾等方面，展示了"富强美高"新宜兴建设的最新成果。5月，经评审，选出入围作品88幅，评出优秀奖作品29幅，获奖作品将汇编成册，并收录进《宜兴年鉴(2017)》。

(龚樱)

档 案

【概述】 市档案局全年接待查档1.19万人次，免费复印资料4.7万张。为应对查档高峰时期，采取每天提前半小时开馆、启用电子叫号系统等方式，保证市民有序查档。查档窗口服务工作保持零投诉纪录。档案数字化率不断提升，全年完成各类档案数字化257.72万页，整理视频档案(目录输入、视频切割挂接)7027条，整理纸质档案1.07万卷，馆藏档案数字化率从2016年的72%提升至75.6%。为做好馆藏档案信息化和查档高效化，数字档案管理平台完善多媒体档案管理、专业档案查询功能，新增人口出生、环保、审计业务档案管理模块。继续推进基层档案信息化建设，年内新增基层数字档案室9个，实现档案资源在线进馆、资源共享、网上指导。年内招标采购一台专用服务器和一组50T(太字节)容量的存储设备，确保档案信息数据的安全存储及系统正常运行。制作两套近30T容量的移动硬盘备份数据，分别送交湖南省档案馆和浙江省余姚市档案馆进行异地备份更新。经市政府批准，与江苏卓易信息科技股份公司合作，利用政府云平台数据资源，完成档案资源的同城同步应急备份项目。与市丁蜀高级中学、丁蜀实验中学、丁山小学合作，开展主题为“宜兴籍两院院士”“百名宜兴籍大学校长风采录”专题展览以及“宜兴历史文化概观”“宜兴陶瓷及紫砂艺术源流”专题讲座。

《岳飞在宜兴》《宜兴家谱提要》首发及赠书仪式 （市档案局 提供）

【馆藏档案突破百万】 全年接收市卫生局、统计局、环保局等10个单位的文书、业务、会计、照片、光盘档案计3522卷又5.13万件。征集到22名在外乡贤及陶艺大师的名人档案材料111件。征集到纸质家谱18部159册、电子家谱46套373册，家谱中新增虞、纪、欧、吉等6个姓氏，家谱总量涵盖105个姓氏524套4861册。征集到市陶瓷行业协会捐赠的“国家级非物质文化遗产——宜兴紫砂陶制作技艺”和“宜兴紫砂商标注册证”2件国家级荣誉奖牌(状)进馆。至此，年末馆藏档案总量达到100.45万卷(件)，宜兴的档案资源建设继续走在全国县市档案馆的前列。

【基层档案工作】 完成17个单位的星级档案创建测评工作，其中创建省三星级单位12个、省二星级单位3个、省一星级单位2个。完成市检察院、市粮食局、城东社区等95个单位的星级档案复查验收工作。协同市委农办推进农村土地承包确权材料的整理归档工作。检查部分镇、村的承包确权发证档案及其数字化情况，及时反馈问题，确保档案质量。协同市民宗局推动宗教场所档案星级创建工作。完成官林基督教堂、大潮山福源寺等11个单位的星级创建，其中创建省三星级单位8个、省二星级单位3个。协同市建设局推进建设系统下属单位档案规范化管理，指导相关科室做好各类档案归档整理工作，推进镇(园区、街道)建管所档案的规范化管理。根据企业需求，为江苏协联热电有限公司、江苏亨鑫科技有限公司、江苏振球集团公司等7个企业进行档案业务指导服务，其中江苏协联热电有限公司档案工作通过江苏省三星级考评。完成紫砂非遗传承人汪寅仙档案的整理工作，形成文字性档案材料77盒2176件、照片档案9册、录音录像28盘、光盘档案5张、实物档案28件。完成市陶协档案的整理工作，形成文书档案1380件、书刊124本、个人证书166件。

【《宜兴科举考》出版】 围绕“宜兴究竟有多少位进士”课题，市档案馆开展《宜兴科举考》一书的编撰工作。全书从历代宜兴县志中登载的科举情况出发，对历代各科宜兴进士及第情况进行重新调查、核实、汇总，对散见于新旧唐书、宋元明史、清史稿，古人各种登科记考、诗文、笔记、杂谈，历代墓志铭和各大家族家谱中所记载的进士进行综合考证，得出一个可考、可信的宜兴古代科举的基本结论。通过考证汇总，由唐迄清，宜兴共诞生进士548人，其中包括明清武进士14人、清博学宏词科4人、清明通榜进士2人。该书请在外乡贤南京大学历史系教授、博士生导师夏维中作序，12月由中国国际广播出版社出版。

【《宜兴家谱提要》发行】 4月，借助周铁镇举办第二届“宜兴·周铁古镇文化之旅”平台，举行《宜兴家谱提要》一书首发式。该书是市档案馆馆藏的宜兴各大家族320部家谱的简介和索引，涉及家谱总数近4000册，涵盖姓氏99个。全书约30万字，配有图片上百幅。6月，召开《宜兴家谱提要》座谈会，邀请宜兴家谱姓氏祠堂文化研究会、市政协文史委、市史志办等单位及蒋、周、储等大族宗亲近20人参加会议。11月，该书被江苏省档案局评为江苏省2017年度档案文化精品二等奖。

（丁燕平）

文　史

【《宜兴山水》(上卷)出版】 为全面展示宜兴的山水资源，研究和挖掘宜兴自然地理、山水文化、人文历史，发挥文史资料“存史、资政、团结、育人”作用，2月，市政协学习文史委员会组织编写文史资料《宜兴山水》。至12月，第四十五辑文史资料《宜兴山水》(上卷)出版发行。该书以“史实性、乡土性、可读性”为宗旨，采用白描的记述体裁，从自然风貌、开发历程、人文典故等角度全面展示了宜兴的山脉资源和相关人文历史。全书约30万字，收录宜兴名山250余座、历代赞美宜兴山水诗词近150首、珍贵图片280余张，图文并茂、内容详实，为全市各地建好优美生态环境、显化生态人文优势提供了指导和帮助。

（黄瑜）

编辑　龚樱

新闻传媒
XIN WEN CHUAN MEI

报　业

【概述】　宜兴日报社拥有多种媒介平台，涉及报刊、出版、会展、网络、新媒体等领域，媒体融合发展步伐加快。《宜兴日报》全年出版300期，刊登宜兴地区新闻8000多篇、新闻图片3000多幅。向社会各界代表人士发送《新闻通联》《宜兴日报评读意见》各12期。全年《宜兴日报》发行量1140万份。全年经营收入3780万元，其中报纸广告收入2400万元。微电影拍摄步入正轨，全市首部青少年法治微电影《路》、太华镇非遗申报宣传片《宜兴折扇制作技艺　第五批无锡市非物质文化遗产项目申报片》、庆祝第十八个记者节微电影《和〈宜兴日报〉一起成长》等作品均广受好评。连续第十一年开展"'隆元杯'记者走基层·听民声"新闻竞赛活动；先后开展"宜兴日报社首届首席记者、首席编辑"评选活动、全媒体新闻记者"走进宜兴公路""走进宜兴教育"新闻竞赛等活动。《宜兴日报》获第五届(2017)传媒中国年度盛典暨百强指数发布会"2017传媒中国融合创新十大品牌影响力区域报"奖，社长程伟获"2017传媒中国年度创新人物"奖。

【新闻报道主题鲜明】　坚持与时俱进，推动全媒体融合发展，提高新闻精品率。报社编委会紧扣创新发展理念，聚焦产业强市战略下宜兴产业发展新动向，主动思考、超前策划各阶段的宣传报道主题，使每个阶段的报道中心更为突出、主题更加鲜明，基本做到周周有策划、月月有主题。在明确宣传主题、突出报道重点的同时，创新主题报道形式，加重相关报道的分量。先后推出《坚持产业强市　实现强富美高》《工业税收大户快速发展探秘系列报道》《探寻强村富民之道系列报道》《贯彻落实全市企业发展大会精神系列评论》《文明城市创建》《喜迎十九大》等专栏，刊发稿件120余篇，为建设"强富美高"新宜兴营造良好的舆论氛围。

【创城宣传掀热潮】　年内，为配合创城工作，宜兴日报社在《宜兴日报》新闻版面推出《创文明城市　做文明市民》《陶都先锋在行动》《创城一线冲刺进行时》《微景观·大实事》《我在创城现场》《来自创城"啄木鸟"的报道》等专栏和系列报道，累计刊发创城稿件近300篇，重点宣传宜兴街巷里温暖有爱的平常人和事以及创城过程中机关干部、党员先锋、普通群众的先进典型。为配合创城工作省级检查，头版推出《你好宜兴》栏目，以图片的形式展示宜兴秀美的风景和百姓的幸福生活；民生版推出《曝光台》专栏，加大新闻监督力度，曝光市民生活中的不文明行为；重要版面刊登创建全国文明城市公益广告，保证每月不少于4个整版的刊登量；7月14日、15日、17日在《宜兴日报》头版头条推出《宜兴全力推进创建全国文明城市纪事》上、中、下三篇全景报道，展示创城工作的探索、成绩和亮点。同时，在宜兴城区主干道上的90个公共阅报栏、路名牌设置最新一期的《宜兴日报》和创建文明城市的公益广告，并通过宜兴网、宜兴日报手机报、宜兴日报微信、微博等新媒体宣传报道文明城市创建，引导市民支持创建全国文明城市。

【诗词大会吸引万余人参与】　7—9月，宜兴日报社与市委宣传部、市文广新局、市教育局、丁蜀镇政府、周铁镇政府联合举办市第三届网络文化节子活

宜兴市首届诗词大会总决赛现场（宜兴日报社　提供）

动——"中国农业银行杯"宜兴市首届诗词大会，吸引1万余人参与。活动初期公布500首诗词的题库，包括为人熟知的唐诗宋词和宜兴诗人所写或关于宜兴的诗词。通过微信对诗、全城寻诗、互动猜诗谜等系列活动，历经8个分赛区的激烈角逐，8名分赛区冠军在丁蜀镇青龙河广场进行决赛。市城中实验小学的11岁学生汤蕙尔获总决赛冠军，新街街道46岁的新市民郭绍森获总决赛亚军。

【春博会销售汽车300余辆】 4月29日—5月1日，由宜兴日报社和市商务局联合主办的2017第六届宜兴春季博览会在市体育中心举行。会场总面积约8000平方米，吸引汽车、家居、置业、美食等行业的50多个商户参展，其中有奔驰、宝马、奥迪、路虎等34个汽车品牌参展。参展商通过提供购车优惠、订车送礼、购车砸金蛋、一站式服务等方式，吸引6万余人次参观选购，销售汽车300余辆。

【江苏·宜兴餐饮博览会】 9月26—28日，由宜兴日报社、市总工会与市商务局联合主办的第六届江苏·宜兴餐饮博览会暨第八届江苏乡土风味烹饪大赛（宜兴专场）在宜兴万达广场举办，120余个星级酒店、农家乐和名点小吃商家参赛，吸引群众10万余人次。26个酒店、农家乐共带来招牌美味100余道，其中楠涧特色生态土鸡、阳羡湖原生态砂锅鱼头、三色蒸太湖白鱼等主打食材本味的原生态菜肴受到观众和评委的青睐，获特金奖。

2017年《宜兴日报》获省级以上奖作品

表61

奖项名称	等级	获奖作品	类别	作者
2016年度全国报纸副刊获奖作品	三等奖	太湖人家的鹞笛	通讯	冯乐心
		从炼狱来　从诗歌的溪流来	通讯	程　伟　徐沭明
	优秀专栏	手艺阳羡	专栏	徐沭明　叶慧珠
	优秀版面	2016年1月22日5版《阳羡纪录》——棋盘街往事　一坛陈年的老酒	版面	戴　军
第八届全国报纸副刊论文获奖作品	三等奖	从孝德文化谈话题类副刊的社会担当	论文	许　娟
		建立以用户为中心的副刊全媒体编辑策略	论文	徐沭明
2016年度江苏省报纸优秀作品	二等奖	宜兴太湖蓝藻变废为宝出口美国	消息	赵　辉
		从炼狱来　从诗歌的溪流来	副刊	程　伟　徐沭明
		太湖人家的鹞笛	副刊	冯乐心
		3月26日　特刊	版面	程　伟　李　丽　张　杰　叶慧珠
	三等奖	中宜环境医院"治愈"海外土壤病患	消息	耿　蕾
		美丽乡村，让城市无限向往	副刊	冯乐心　张　胤
2016年度江苏省报纸系统副刊获奖作品	一等奖	太湖人家的鹞笛	散文	冯乐心
	二等奖	美丽乡村，让城市无限向往	散文	戴　军
	三等奖	一个陶工的紫砂矿源研究苦旅	散文	任宣平
2016年度江苏省县市报新闻奖	一等奖	中宜环境医院"治愈"海外土壤病患	消息	耿　蕾
		战士！勇士！(组照)	图片	仇洪生　翟霄帆　范召武
	二等奖	远东控股捐资1.2亿元重奖优秀教师和学生	消息	陈　娇
		道乐声中那些飘逝的音符	通讯	冯乐心
		破除"熟人魔咒"需各方合力	言论	李　丽

续表61

奖项名称	等级	获奖作品	类别	作　者
2016年度江苏省县市报新闻奖	三等奖	宜兴紫砂率先唱响"一带一路"陶文化乐章	消息	史志强
		蒋医生，湖汊有名的"好耐心"	消息	徐卿尧　曹　瑜
		单车卖报汉	摄影	蒋　瑜
		奔跑吧，垒球小子！	摄影	翟霄帆
		画说宜兴	专栏	集　体
		3月27日要闻版	好版面	贾俊康　杜　晶
		秋阳微现匆匆去　细雨复还绵绵来	好标题	李　丽　杜　晶
		宜兴太湖蓝藻变废为宝出口美国	消息	赵　辉
		从炼狱来　从诗歌的溪流来	通讯	程　伟　徐沭明
2016年度中国城市党报新闻奖获奖作品	一等奖	宜兴太湖蓝藻变废为宝出口美国	消息	赵　辉
		蒋医生，湖汊有名的"好耐心"	通讯	徐卿尧　曹　瑜
	二等奖	宜兴首例污染环境罪案昨审结	消息	徐　鹏
		宜兴紫砂率先唱响"一带一路"陶文化乐章	消息	史志强
		用"肩墙"扛起了万亩联圩的"坚强"	通讯	李　震　郑莹媛
		焦老苏，一生做好一只饼	通讯	冯乐心
		官道亦壶道	言论	李　丽
		"一匠一情怀"全媒体系列报道	系列报道	赵　辉　耿　蕾　徐　鹏 陈　丽　郑　钊
	三等奖	宜兴超200位市民荣登好人榜	消息	郑　钊
		68年党龄老党员交纳1万元"特殊党费"	消息	陈　丽
		张涛为何把1.4万斤葡萄做肥料	消息	余文桂
		一面铜锣照亮党性　一面铜锣振奋人心	通讯	王凌珏　赵　辉 李　震　徐　鹏
		从炼狱来　从诗歌的溪流来	通讯	程　伟　徐沭明
		莫让网络投票变了味	言论	杜坤强
		能发电的车棚	摄影	丁焕新
		单车卖报汉	摄影	蒋　瑜
		奔跑吧，垒球小子！	摄影	翟霄帆
		2月8日　要闻版	版面	贾俊康　杜　晶　叶慧珠
		8月6日　相约里约	版面	王　彤
		画说宜兴	名专栏	集　体
		智慧瞻瞩未来	副刊	岳　鹏　徐沭明

续表61

奖项名称	等级	获奖作品	类别	作　者
2016年度中国城市党报新闻奖获奖作品	三等奖	大姆妈做龙凤	副刊	冯乐心
		美丽乡村，让城市无限向往	副刊	戴　军
		金牌工人	副刊	宗彩虹
2016年度中国县市传媒新闻奖优秀作品	一等奖	因受损获5.8万元赔付款	图片	仇洪生
	二等奖	台湾9岁小精灵　宜兴滑水夺冠军(宜兴网)	图片	丁焕新
		水中路	图片	丁焕新　马　超
	三等奖	全民网络直击共破法院“执行难”	图片	翟霄帆
		留学生“感知中国·宜兴行”	图片	丁焕新
		“校车妈妈”谈玉琴	图片	翟霄帆
		2015第六届太湖国际公路自行车赛第6赛段在宜兴举行	图片	丁焕新
		来！一起包饺子	图片	仇洪生
		锁“医生”毛建强	组照	丁焕新
		江南，一个铁匠铺子	组照	徐沭明
		聚焦客家文化	图片	程　伟
	总编辑类(组照)	寻访克拉克瓷“足迹”	组照	芮占良
	版面类	头版类组合(2.8、3.27、4.7、12.2、12.5)	版面	贾俊康　张　杰　叶慧珠　杜　晶　张云芳
		2月18日3版	专版	贾俊康　张　杰
		6月2日3版	版面	张　杰　叶慧珠
		7月6日3版	版面	贾俊康　张云芳　叶慧珠
		5月13日3版	专版	张云芳　叶慧珠
2016年度中国地市报新闻奖摄影作品	一等奖	全现场直播集中执行　今天“老赖”终于赖不了了！	图片	翟霄帆
	二等奖	西瓜吊着长　效益顶呱呱	图片	仇洪生
		荷兰养母四度来宜为养子宜鸿寻根	图片	丁焕新
		放飞快乐	图片	蒋　瑜
		寻访克拉克瓷“足迹”	图片	芮占良
		携手抗洪　协力救灾	图片	翟霄帆
	三等奖	台湾9岁小精灵　宜兴滑水夺冠军	图片	丁焕新
		把课堂搬到大自然	图片	蒋　瑜
	新闻摄影论文二等奖	简论新闻摄影作品的影响力	论文	丁焕新

续表61

奖项名称	等级	获奖作品	类别	作　者
2016年度中国县市区域报新闻奖获奖作品	一等奖	中宜环境医院“治愈”海外土壤病患	消息	耿　蕾
		从炼狱来　从诗歌的溪流来	通讯	程　伟　徐沭明
		探访宜兴“小众款”非遗系列报道	系列报道	张　胤　张云芳
		战士！勇士！	摄影	仇洪生　翟宵帆　范召武
		2月8日要闻版	版面	张　杰　贾俊康　叶慧珠
		寻亲大姐吕顺芳	网络新闻专题	杨　洁　鲁乾青　丁焕新
	二等奖	宜兴太湖蓝藻变废为宝出口美国	消息	赵　辉
		“最美眼睛”，是你生命的延续	消息	张　胤　倪　晶
		乡村做酒	副刊	冯乐心
		单车卖报汉	摄影	蒋　瑜
		奔跑吧，垒球小子！	摄影	翟霄帆
		画说宜兴	专栏	集　体
		老杜说事	专栏	杜坤强
		“网红”蒋医生终于现身！好脾气的他原来长这样！	微信公众号、新闻客户端	徐卿尧　杜　晶　贾俊康
		从宜兴特大水灾谈水灾新闻摄影	论文	丁焕新
	三等奖	四成华为手机“皮肤”宜兴造	消息	王凌珏　何洁蕾
		五洞村成立全省规模最大村慈善基金	消息	郑　钊
		蒋医师，湖汊有名的“好耐心”	通讯	徐卿尧　曹　瑜
		一面铜锣照亮党性　一面铜锣振奋人心	通讯	王凌珏　赵　辉 李　震　徐　鹏
		“一匠一情怀”全媒体系列报道	系列报道	赵　辉　耿　蕾　徐　鹏 陈　丽　郑　钊
		莫让网络投票变了味	言论	杜坤强
		美丽乡村，让城市无限向往	副刊	戴　军
		能发电的车棚	摄影	丁焕新
		宜兴籍将军宗顺留回乡拜会恩师	摄影	仇洪生
		“大格局　新征程——回眸‘十二五’，展望‘十三五’”系列访谈	网络新闻专题	童　洁　庄李达 盛天义　万方鸣

（杨鋆）

广　电

【概述】 市广播电视台有广播电台、电视台、各类新媒体、《陶都》杂志、广电传媒文化有限公司等宣传平台，广电大厦建筑面积2.33万平方米、电视演播大厅面积1000平方米，配有10+2讯道高清电视转播车、广播电台应急直播车、全套数字装备等设备，实现媒介立体覆盖。自办广播频率1个、电视频道4个，分别全天候播出节目16.5小时、4小时，全年播出自采广播、电视新闻2.6万余条(次)。主办"阳羡茶馆""宜兴交通台"等9个微信公众号，"宜兴广播电视台陶都传媒""宜兴交通台"等3个微博和陶都传媒网1个网站；承办"宜兴发布""文明宜兴""宜兴组工"等6个微信公众号，"宜兴发布""宜兴文明"2个政务微博，宜兴文明网1个网站，总粉丝数达36万。3月，与江苏省广播电视总台进行战略合作、共同建设的"宜兴发布"移动客户端正式上线运行，成为全省第一个县级广电携手省总台的融合创新发展试点项目。年内，一批作品分别获多个省政府、无锡市政府优秀广播电视节目奖。

【新闻宣传主业】 坚持正确的政治方向、舆论导向、价值取向，围绕市委、市政府中心工作，做到"月月有主题、周周有重点"，做好贯彻落实党的十九大精神、产业强市、全国文明城市创建、优化金融生态、"263"专项行动*、大走访等主题主线宣传。坚持以人民为中心的创作导向，围绕"喜迎十九大　砥砺奋进的五年"主题，在电视中开设"砥砺奋进的五年宜兴篇章""我的这五年""讲述我(我们)的故事"等专栏；在广播中开设喜迎十九大系列"微访谈"；在新媒体中开设系列"H5"等子版块。围绕产业强市主题，在电视、广播《宜兴新闻》中开设"强企业、促发展"等6个专栏，制作全市企业发展大会专题片，对2017全省重大项目集中开工现场推进会宜兴分会场活动、2017中国陶都(宜兴)金秋经贸洽谈会暨项目集中签约仪式、第九届中国宜兴国际陶瓷文化艺术节等进行直播。围绕创建全国文明城市宣传，增设开机创城公益广告、加密宜兴元素公益广告投放，新媒体平台加大公益广告承载，广播、电视创作一批创城公益广告，其中"中国好人""丁俊晖"等公益广告深受社会好评。开设电视《政风行风热线》创建全国文明城市特别访谈栏目，连续播出4期。外宣工作提档升级，在中央电视台《新闻联播》发稿3篇，全年分别被中央电视台、省广播电视总台、无锡电视台录用新闻24条、135条(其中广播录用36条)、50条；在电视、广播、微信中等开设"政风行风热线""263宜兴在行动""曝光台""随手拍"等专栏，开展建设性舆论监督和新闻评论，积极稳妥做好太滆菜场持刀伤人案、龙池路交通事故等新闻报道，澄清谬误、明辨是非，疏导情绪、稳定人心，承担好地方主流媒体的社会责任。

【全媒体平台矩阵】 按照"一体化采集、中央厨房生产、多平台播发、新媒体首发"的全媒体联动理念，加快媒体深度融合，做强"两台一网一刊两微一端"(广播电台、电视台、网站、杂志、微博、微信、移动客户端)全媒体平台矩阵，着力打造立体多样、深度融合的现代传媒集团。强化品牌意识，突出"宜兴发布"两微一端(微信、微博、客户端)。"宜兴发布"在全市新媒体中牢牢确立龙头地位，年内"宜兴发布"微信公众号单条阅读量突破10万共计3条，其中《总投资210亿！宜兴有史以来投资体量最大的项目今日签约》3小时阅读量突破10万、24小时阅读量突破30万。"宜兴发布"微信公众号在"两会"期间推出喜迎"两会"7个系列"H5"，创建全国文明城市时期推出《@全体宜兴人，让我们一起为创城接力》等微信，形式新颖、内容活泼。"宜兴发布"年内先后被评为2016年度无锡市十佳政务微信号、江苏省2016年度"文明办网"创建活动先进单位，并在2017"锡观指数"年度榜单中获"政务总榜"特别组织奖。在报道宜兴获评全国文明城市的新闻时，"宜兴发布"移动客户端在全市新媒体中都抢得第一速度，当天晚上发布习近平总书记接见市委书记沈建的完整视频新闻和无锡创成首个全国文明城市群的庆祝活动情况，确保消息的权威、准确、快速发布；传统电视、广播立足自身优势，当天即时播出相关内容，形成立体化、全覆盖传播。在举办各类活动时，运用"宜兴发布"微信公众号和客户端等进行网络直播。广播融合发展步伐快速推进，实现听众通过社交媒体广泛参与和互动，抢占收听份额，增强节目的服务性、互动性以及可听性。遵循"整体规划，分步实施，重点突破，稳步推进"的原则，实施2017—2019高清电视建设工程，计划在三年内总投资3000万元。年内共投入事业建设资金达1020万元，完成6讯道高清录制及导播总控系统、虚拟演播室系统、演播室群设计装潢、灯光等项目建设。

【产业经营不断拓展】 坚持把社会效益放在首位，强化互联网和全媒体思维，加强活动营销、合作经营、自主营销等全新领域的探索。1月，举办2017"金鸡报晓"宜兴市广播电视台首届"年货大街"活动。3月，举办市第三届网络文化节开幕式、市首届喜博会、宜兴东氿第四届风筝节、首届"荧屏之星"评选暨少儿艺术培训成果展演。4月，举办第三届宜兴广电家博会、市首届"最美纳税人"评选活动、"阳羡茶馆"开播十周年主题活动、市首届茶文化艺术节。6月，举办市"'两聚一高'争先锋"微党课决赛。6—10月，举办市首届"最美护理员"评选活动。7—10月，举办紫砂壶十大经典及传统器型手工制作大赛作品展。10月，举办"小君访谈：文明之光·朗读者"活动。11月，举办市第三届网络文化节闭幕式暨庆祝第十八个中国记者节晚会。新开设"健康宜兴""宜兴商务""绿色发展行"等栏目。探索"广播+旅游"新思路，推出"越南越美"高端定制旅行线路，开创宜兴大型包机活动先例。"广游天下"探索线上线下联动模式，直接销售旅游产品，其中学生暑期夏令营招募情况良好。发挥高清电视转播车的装备优势和团队技术力量，开展对外技术服务保障活动，与江苏省台、上海台以及湖南等台合作，外出服务录制体育赛事、综艺活动等活动20多场。

2017年宜兴市广播电视获无锡市级以上奖项主要作品

表62

序号	标题(栏目)	类　别	奖　项	主创人员
1	狐狸一家的“快活林”(广播中心)	广播文艺儿童剧	省政府二等级、无锡一等奖、无锡市优秀文艺作品奖	沈　婧　杨绪赵　许　琦 朱铭韬　蒋欣瞳
2	“连心桥”，连民心(广播中心)	广播新闻长消息	无锡一等奖	史银娟　叶丹玲
3	西渚镇连夜紧急疏散群众600多名(新闻中心)	电视新闻短消息	无锡一等奖	吴　琪
4	“网红”医生引无数人点赞(新闻中心)	电视新闻长消息	无锡一等奖	王　科　朱琳俊 李尚静　江一军
5	宜兴城市形象艺术短片系列(专题文艺中心)	电视文艺艺术片	无锡一等奖	魏　斌　周奕兵 田宝山　王滔滔
6	对话“中国好人”徐芳(广播中心)	广播播音主持社教类	无锡一等奖	吴军霞
7	粮食安全无小事　莫让种粮者“无利可图”(新闻中心)	电视新闻评论	无锡二等奖	李宁人　黄　烨
8	让青春挺起不屈的脊梁——重视青少年脊柱侧凸问题(广播中心)	广播社教知识性节目	无锡二等奖	傅　强　黄　芳　吴云燕
9	听得见的美好——“小君访谈”七周年联谊会(广播中心)	广播社教特别节目	无锡二等奖	吴军霞　纪　莹　杨绪赵
10	洪水中不屈的脊梁(社教中心)	电视社教专题片	无锡二等奖	吴　霄　夏　涛 李长根　孙锦恒
11	锡剧在宜兴(节目中心)	电视社教科普节目	无锡二等奖	张云衢　邵云林 曹妍骏　凡玉军
12	创建全国卫生文明城市(丁俊晖篇)(专题文艺中心)	电视社教公益广告	无锡二等奖	夏旭峰　田宝山 王滔滔　邵佳程
13	宜兴首部原创有声书籍〈从青石板的小巷走来〉赏析(广播中心)	广播文艺文学节目	无锡二等奖	纪　莹　孙锦恒
14	万众同心在一起(专题文艺中心)	电视文艺音乐节目	无锡二等奖	周奕兵　魏　斌　宋　源
15	中国陶都　陶醉中国(专题文艺中心)	电视文艺专题节目	无锡二等奖	周奕兵　魏　斌 田宝山　邵佳程
16	宜兴市国土资源局全力服务奉献社会工作纪实(社教中心)	电视主持社教类	无锡二等奖	李雪巍
17	“天南地北宜兴人——闵惠芬：用生命演奏的当代二胡皇后”(社教中心)	电视主持社教类	无锡二等奖	李雪巍

续表62

序号	标题(栏目)	类　别	奖　项	主创人员
18	西渚镇今晨紧急转移六百多名受困群众(广播中心)	广播新闻短消息	无锡三等奖	史银娟
19	进企业、看项目(广播中心)	广播新闻连续(系列)报道	无锡三等奖	史银娟　朱琳俊
20	桃花水母银缕梅,宜居宜游陶都美——百万宜兴人乐享生态红利(广播中心)	广播社教公众性节目	无锡三等奖	许　洁　许　琦　夏　滨
21	早安宜兴(广播中心)	广播主持新闻类	无锡三等奖	黄　芳　姚袁建
22	进企业　看项目(新闻中心)	电视新闻连续(系列)报道	无锡三等奖	朱琳俊　王　科

(李滔)

网络媒体

【概述】 加强阵地建设。"宜兴发布"客户端上线试运行,"宜兴发布"两微一端(微博、微信、客户端)全面建成。"宜兴发布"政务微信公众号全年发布信息约1250条,总阅读量近360万次,其中单篇阅读量最高达33万次,运行质量在无锡市政务新媒体中名列前茅。宜兴日报社、广播电视台稳步推进媒体融合,巩固主流舆论阵地,建设并安全运行网站、手机客户端、微信公众号、微博、手机报等新媒体平台近20个。加强内容建设。宜兴网、陶都传媒网等分别在首页开设"治国理政进行时""砥砺奋进的五年"等大型新闻专题,展示宜兴发展新成就、新变化、新面貌,为党的十九大召开营造良好的网络舆论氛围。"宜兴发布"两微一端和报社、广电旗下各新媒体平台加大策划力度,推出产业强市系列专题"文明创建在行动""创城,我们在行动"等栏目,以及"大走访　心贴心""连心富民　联企强市""'263'宜兴在行动"等一系列重大主题类专题,全年发布重大新闻信息7800余条(次)。两会期间,"宜兴发布"首次采用"H5"和动漫形式丰富宣传手段,先后刊出《温暖一座城》《幸福在这里》等"H5"系列7个;宜兴日报社、广播电视台分别对陶文化节、秋洽会、芳桥目连文化节、2017中国宜兴国际越野行走公开赛、宜兴首届诗词大赛等活动进行网络现场直播。加强媒体合作。与人民网、新华网、中国搜索、中国江苏网、新浪、腾讯、网易、今日头条等市外重点新媒体互动沟通,建立合作机制,提高二次传播质量。全年通过市外网络媒体实现新闻信息二次传播3000余条(次),其中50多条(次)新闻进入主流网媒的"双首页"。

【宜兴市第三届网络文化节】 3月,由市委宣传部主办,新华报业传媒集团、江苏广播电视总台等32个单位协办的宜兴市第三届网络文化节举行,交汇点客户端、中国江苏网等36个媒体平台积极参与。此次网络文化节以"文明让宜兴更美好"为主题,探索"互联网+文明创建"新模式,通过新媒体、新技术开展线上线下互动。围绕文明之约、文明之行、文明之光、文明之美四大篇章,开展"我为文明宜兴代言""我出行、我文明"驾驶员文明承诺等主题活动42项,其中"了不起的城市——中国陶都宜兴"网络推广、"文明让宜兴更美好"微博话题、宜兴文化小镇全景地图等作品获得数百万点击量。围绕文明创建的主题,宜兴网民创作文学、绘画、歌曲等文艺作品1100余件,摄影和视频作品3382件。活动发布信息550余条,点击互动数超1900万次,通过网络文化节这一平台参与文明创建的网民达44.5万人次。

【宜兴市微媒体联盟成立】 3月,市委宣传部牵头,宜兴发布、文明宜兴、宜兴日报等51个微博、微信及客户端新媒体共同发起成立宜兴市微媒体联盟,签署《宜兴微媒体联盟公约》。宜兴市微媒体联盟是一个非营利性的公益联盟,旨在服务市民、引领舆论、弘扬正气、净化网络,实现联盟成员互助、共享、协作、共赢,同时探索"互联网+文明创建"新模式,开展线上线下互动,为创建全国文明城市营造良好的网络舆论环境。

(马彦彬)

编辑　龚樱

卫生·计生

WEI SHENG · JI SHENG

综　述

【概述】 卫生和计划生育事业融合发展，推进“健康宜兴”建设，推动医药卫生体制改革、推动区域医疗联合体建设，实现市域内全覆盖。完善公共卫生服务体系建设，规范实施基本和重大公共卫生服务项目，公共卫生服务均等化水平显著提高。宜兴市创建为国家慢性病综合防控示范区和国家级妇幼健康优质服务示范市，市卫计委被省爱卫会、省卫生计生委评选为爱国卫生工作先进集体。市人民医院在第五届全国医院品管圈大赛中获二等奖，其中妇科创建为江苏省妇幼健康重点学科建设单位。整合妇幼保健和计划生育技术服务资源，市妇幼保健院正式揭牌成立。推进创建爱婴医院、标准化产科医院、现代化妇保门诊等，提档升级各妇幼健康服务机构。重大妇幼卫生服务项目有序实施，住院分娩补助、“两癌”（宫颈癌、乳腺癌）筛查、母婴阻断、叶酸补服项目开展效果良好。卫生应急保障能力持续加强，卫生应急组织体系建设不断完善，有力保障各个重大活动顺利开展。卫生监督执法力度加大，开展公共场所卫生、传染病防治、学校卫生、爱国卫生等监督执法和专项整治工作。至年底，全市有各级各类医疗机构495个，其中三级甲等综合医院1个、三级乙等中医医院1个、二级医院10个（含肿瘤医院1个、骨科医院1个、康复医院1个、眼科医院1个）、一级医院16个、民营医院17个、疗养院1个、社区卫生服务中心18个、社区卫生服务站240个，编制床位数5296张，基本形成以市级医疗机构为龙头、区中心医院和社区卫生服务中心为骨干、社区卫生服务站为基础、民营医疗机构为补充的三级医疗卫生服务网络。全市注册执业医师3252名、执业助理医师402名、注册护士4019名。

（钱丽莎）

【信息化建设提档升级】 市卫生信息中心更名为宜兴市卫生计生信息中心。加强卫生计生信息化建设，市区域卫生信息平台和健康云平台暨基层医疗信息系统改造项目基本建成，完成江苏省区域健康信息平台互连互通三级成熟度测评。升级并完善计划生育综合信息系统，改造“村村通”用户端网络安全拨号网路318个，实现内、外网隔离。按照办件规范的要求，完成计生卫生业务科室的办理系统与市互联网+政务服务平台的数据对接。“银医通”项目顺利实施，缩短患者就医排队时间，简化就医流程，缓解老百姓就医难的矛盾，为实现实名制诊疗打下基础。基于健康卡（身份证号）为主索引的健康档案浏览器广泛应用于市内11个主要医疗机构和242个社区卫生服务中心。家庭医生签约服务电子化全面建成，“宜兴健康云”APP和微信公众号对外正式发布，集预约挂号、健康管理和家庭医生签约服务为一体的自我管理应用平台为群众提供高效和便捷的工具。“一卡双云”健康云平台为全市“医联体”建设提供技术支撑，云心电、双向转诊系统为分级诊疗打下基础。市人民医院在全院推开移动护理信息管理系统，实现医嘱闭环管理，配合“三大救治中心”（胸痛中心、卒中中心、创伤中心）建设，完成胸痛中心信息化建设，于12月通过国家胸痛中心验收。市中医医院免费无线网络投用，自主开发与实施自动分诊系统，保障“一医一患一诊室”制度的落实，改善就诊的秩序。市第二人民医院以“提高医院工作效率、保障医疗安全、提升管理水平”为目标，完善医院的微信查询功能，住院医技申请单在全院推开使用，完成药品和器械不良事件上报功能等工作。市第四人民医院新院区的智能化综合布线系统完成，新的信息系统根据《医院数字化建设项目实施方案》分步实施建设。

（盛建明）

【医学会建设】 加强学术建设，提高学术交流质量。全年主办、承办学术会议及学习班38期，其中国家级继续教育项目1期、省级继续教育项目3期、无锡市级继续教育项目26期，参加各级各类学术会议及继续教育培训约7000余人，有效提升医护人员服务能力。按照《宜兴市优秀学术成果奖励办法》标准，经个人申报、单位初审、学会学术专家委员会评审并经公示，对110个2016年宜兴市优秀学术成果实施奖励，其中国家发明专利3个、新型实用专利8个、省级课题立项3个、省级科技进步奖3个、省级新技术引进8个、省部级专著2个、SCI收录的论文35篇、中华级论文15篇、宜兴市级及以上行业技能竞赛奖励31个。以“卫生与健康”为主题，发挥报纸、电视、网络等媒体作用，加强健康科普知识宣传，提升公众健康素养。主动走进宜城街道、万石镇开展医学科普讲座，在市科技馆和老干部大学开展义诊及健康咨询活动，累计接受群众现场咨询600余人次，发放健康处方等宣传资料1800余份。

（虞雪燕）

医政管理

【概述】 全市各医疗卫生机构不断深化医药卫生体制改革，持续提升医疗服务水平和服务质量，落实医政管理各项工作措施，医政管理工作不断加强。开展“平安医院创建”活动，制订《2017年宜兴市平安医院创建工作方案》，加强医患纠纷的预防和处理。一级以上医疗机构形成较完善的医患纠纷处置管理档案，二级以上医疗机构全部设立医患沟通办公室（中心）。至年底，全市各级医疗机构配备保安人员197人，现场处理扰乱医疗机构正常秩序事件52次；全年组织开展安全防范培训138次，培训4957人次。继续依法、合理、合情开展医患纠纷与矛盾的调解，客观公正保护医患双方合法权益，全年未发生重大恶性群体性医患纠纷事件，全市全年发生医疗纠纷及投诉178起，医疗机构内部受理的医疗纠纷及投诉数量154起，医疗机构自行处理的医疗纠纷113起，卫计委行政部门受理并处理医疗纠纷42起，调解成功率为95%。

【等级医院创建】 市中医医院接受三级乙等中医院的周期复核评审；市第二人民医院、十里牌医院分别接受二级甲等、二级乙等医院的周期评审；市张渚人民医院、市官林医院接受二级乙等医院的定等评审；市徐舍医院接受二级综合医院的定级评审。

【医疗质量管理】 规范开展病历质控工作。市病历质量控制小组，对全市具有住院功能的医院开展病历质量检查，强化各医院的病历质量管理意识，促进医疗服务质量的提升，保障医疗安全。加强医务人员“三基”训练。完成全市3061名执业（助理）医师进行定期考核工作以及216名报考医师资格考试考生的现场确认工作。制订护理院感质控方案，规范开展质控活动。每季度组织质控组成员对各个基层医疗机构进行质量检查和现场指导并建立月度监测机制，二级以上医院每月定期上报护理、院感的相关指标和检测数据，统一上报后汇总分析，查漏补缺。深化优质护理服务内涵，提升护理服务水平。在全市各级医疗机构开展优质护理服务，完善护理不良事件上报制度，建立护士分层次能级管理体系与绩效考核的薪酬制度，加强专科护士的培养，不断丰富专科护理服务内涵，提升临床专科护士的工作能力。加强营养性辅助性药品的使用管理。对全市各医院采购量较大的30种营养性辅助性药品进行临床应用重点监控，有效提高营养性辅助性药品使用。开展抗菌药物备案管理。对二级以上医院抗菌药物品种、品规进行了备案，在医院内部使用实行分级管理，提高医院抗菌药物临床合理使用水平。加强精神药品和麻醉药品使用管理。组织全市各医院的190余位处方医生参加精麻药品合理使用的培训班，对考核合格的医务人员颁发培训合格证书，并授予精麻药品处方权限。

【医政监督管理】 加强医疗质量医疗安全检查，成立各类医疗质控组织，对全市主要医疗机构进行医疗质量与安全的全面检查。委托无锡市医院协会对全市一级医院、门诊部、个体诊所负责人开展常见存在问题、依法执业、医疗质量管理、医院感染的业务培训，全年培训568人次。卫生监督所加强医疗机构依法执业监督管理，对全市医疗机构进行依法执业的抽查，全年出具监督意见书38份、检查表138份，进入行政处罚一般程序1件、简易程序1件。开展打击非法行医医疗美容专项行动，突击检查生活美容单位8个，未发现非法从事医疗美容的行为。开展医疗机构临床用血专项检查3次，累计检查医疗机构20个。加强医疗废物处置执法监督检查，对部分医疗机构医疗废物分类收集不到位、未使用专用医疗废物容器包装袋的情况给予当场行政处罚，全年处罚7起。

（张跃峰）

疾病防控

【概述】 坚持“预防为主”的工作方针，开展疾病预防控制各项工作，提高突发公共卫生事件处置能力，完善疾病预防控制体系。全市传染病发病水平保持稳中有降，全年报告法定传染病18种、4415例。其中，甲类传染病未发生，乙类传染病12种、1569例，丙类传染病6种、2846例。建立健全政府主导、部门协作、动员社会、全民参与的慢性病综合防控工作机制，宜兴市创建为国家慢性病综合防控示范区。组织实施食品安全风险监测工作，完成食源性疾病病例监测300例，调查处置可疑食源性疾病暴发事件14起。皮肤病防治、牙病防治工作水平进一步提升，美沙酮门诊运行良好，麻风病、性病监测点任务顺利完成；在全市37所小学开展二年级学生口腔保健（龋齿填充和窝沟封闭）服务，累计接受口腔保健学生3089人次。

【国家慢性病综合防控示范区创建成功】 2013年建成江苏省慢性病综合防控示范区后，宜兴市严格按照示范区建设的标准要求推进各项工作，建立了以市疾控中心、二级及以上医疗机构、社区卫生服务中心及服务站上下联动的慢性病防控体系，慢性病综合防控水平显著提高。2017年初，宜兴市正式申报创建国家级慢性病综合防控示范区，同时对照新的管理办法和指标体系进行梳理和自评，扎实推进示范区创建的各项任务。10月，宜兴市通过国家卫计委专家组的考核验收，成功创建为国家慢性病综合防控示范区。

【重大疾病防治】 推行艾滋病PITC（医务人员主动提供HIV检测咨询）工作，实现二级以上医疗机构全覆盖。全年累计检测HIV抗体13.57万人次，未发生因职业暴露而感染艾滋病毒事件。实施结核病分级诊疗综合防治服务模式工作，开展学生结核菌素试验工作，学校结核病疫情防控力度不断加大。全年完成血防查螺面积2579万平方米、灭螺面积418万平方米，规划实施高塍镇志泉村背墩浜历史有螺条块环境改造综合灭螺工程。接受“湖区五省”（湖南、湖北、江西、安徽、江苏）血吸虫病联防联控工作督导，通过“消除血吸虫病”省级考核评估。

【预防接种单位设置】 贯彻落实省卫计委关于规范设置预防接种单位的指导意见，对全市预防接种单位实行分类分级管理。经宜兴市和无锡市验收复核，确认全市一般预防接种单位（A类单位）18个，其中一级门诊4个、二级门诊14个；医院产科预防接种室（B类单位）14个；狂犬病暴露预防处置门诊（C类单位）19个，其中一级门诊18个、二级门诊1个；成人预防接种单位（D类单位）18个。

【健康宜兴建设】 贯彻落实“实施健康中国战略”重大部署，扎实推进健康宜兴建设。与中国健康管理协会签订“健康宜兴”建设合作协议，开展全民健康管理试点工作。在试点镇（村）积极推广健康管理适宜技术和方法，在现有的基本医疗和基本公共卫生服务的基础上，创新社区全民健康管理服务模式，广泛开展健康干预，构建智慧型健康管理体系。

（丁超）

基层卫生

【概述】 年内，湖汊镇社区卫生服务中心创建成全国群众满意乡镇卫生院，杨巷镇社区卫生服务中心创建成省级示范卫生院，官林镇都山村、湖汊镇阳羡茶场、丁蜀镇建新村、杨巷镇坝塘村和张渚镇五洞村、犊山村6个社区卫生服务站创建成省示范村卫生室。开展基本药物目录遴选工作，及时供应廉价基药，定期开展社区卫生服务机构处方点评。全年农村订单定向免费培养52名学生，与人社局、编办协调争取事业编制41个，进编率79%。家庭健康医生制度逐步完善，全年实施重点人群签约服务31.2万人，签约率67.94%，签约对象服务内容知晓率100%，服务对象满意率90%以上。组织社区卫生机构医技人员开展岗位练兵和技能竞赛活动，选拔优秀参赛队员参加无锡市级竞赛，个人和团体均获佳绩。国家基本公共卫生服务项目从12大类、46项增加到14大类、55项，各项目服务数量、质量稳步提高。社区卫生服务机构服务能力不断提升，全市社区卫生服务机构门诊总数158.99万人次，比上年增长6%；医疗总收入9614.08万元，比上年增长14%；基本药物销售8034.08万元，比上年增长16%。中心和服务站门诊均次费用分别为87元、54元，群众就诊费用明显减少。

【国家基本药物制度规范实施】 按照《医疗监管药品集中采购工作规范》《药品集中采购监督管理办法》文件规定，加强药品采购使用的日常监督和管理，加大对价格相对较高、限制级抗生素、激素、中成药以及辅助用药品种采购使用的监管，制订药品使用动态监测和超常预警制度，降低抗生素使用比例，加大用药行为的监督力度。市卫计委出台《关于调整及补充社区卫生服务机构部分增补特殊用药的通知》，将原目录（187个品规）中涉及停产、涨价等原因无法供货的品规进行调整及补充，其中调整品规7个、调价品规79个、补充品规5个、新增麻醉药品品规9个，调整及补充后共计品规201个，每月1次网下采购。全市社区卫生服务机构基本药物品规1233个，其中急（抢）救、妇儿专科非专利药品带量采购目录品规203个，增补廉价药品品规201个。

（袁俊）

妇幼健康

【概述】 全市孕产妇死亡率18.01/10万，婴儿死亡率2.16‰，出生缺陷率4.58‰，5岁以下儿童死亡率3.42‰。新生儿访视率93.1%，儿童健康管理率99.31%，儿童系统管理率96.63%，新生儿疾病筛查率99.48%，新生儿听力筛查率98.97%，托幼机构卫生保健合格率100%。孕产妇早孕建册率89.36%，产前健康管理率91.61%，产后访视率92.32%，产前筛查率89.31%，高危妊娠与体弱儿规范管理率100%，孕产妇住院分娩率100%，剖宫产率为41.22%。10月，宜兴市创建为国家级妇幼健康优质示范市，市妇幼保健院获江苏省妇幼健康服务工作突出贡献集体三等功。

【妇幼健康服务体系建设】 以机构整合为契机，筑牢网络，有效整合妇幼保健和计划生育技术服务资源。9月，市卫计委、编办、人社局、财政局联合出台《关于优化整合妇幼保健和计划生育技术服务资源整合的实施意见》，明确市、镇（街道）、村三级整合的主要任务、机构主要职责等相关规定。在各级妇幼健康服务机构设置妇幼健康服务科，健全服务网络。推进爱婴医院、标准化产科医院、现代化妇保门诊等创建，各妇幼健康服务机构提档升级。在市人民医院急危重症孕产妇救治中心和市人民医院、中医医院的危重新生儿救治中心开展急救能力建设，急救能力得到加强。

【妇幼健康服务项目】 做好孕前优生健康服务项目。全市全年参加婚检5200对人，婚检率96.58%；3719对夫妇参加孕前优生健康检查，查出阳性病例均规范随访。做好重大妇幼健康服务项目。全市3146名农村孕产妇享受住院分娩补助政策，补助金额702.48万元。全年叶酸服用8921人，发放叶酸6321瓶，经随访叶酸服用依从率96.5%、知识知晓率96.1%。超额完成宫颈癌筛查及乳腺癌筛查任务，全年宫颈癌筛查3.373万例、乳腺癌筛查3.263万例，对所有确诊病例进行系统随访。做好基本妇幼健康服务项目。全市孕产妇建卡率、产前5次健康检查率、产后访视率、儿童健康管理率等指标值均达到目标任务要求。做好避孕药具不良反应监测项目。为全市4万名余育龄妇女提供免费避孕药具，上报避孕药具不良反应事件1023例，首诊登记1613例。

（潘迎霞）

卫生监督法制

【概述】 1月，无锡市编办审核批准市卫生局卫生监督所更名为宜兴市卫生监督所（以下简称市卫监所）。全年受理公共卫生许可申请1052户，现场审核1094户次，发证995户（公共场所970户、放射诊疗25户），复核校验427户（公共场所392户、放射诊疗35户），注销13户，归档1423份；开展建设项目卫生审查8户，建设项目职业病防护设施竣工验收4户。监督检查各类单位6489户次，检查合格5942户次，监督覆盖率达100%。提出限期整改432户次，复查合格341户次，复查不合格63户次；组织开展专项检查19次，书写现场笔录546份、监督意见书1898份、其他文书4594份；监督抽检样品1827件、合格1774件，现场快速检测样品1536件、合格1535件。实施行政处罚91起，其中简易程序36起、一般程序55起，罚没款金额25.86万元，取缔非法行医27户，没收药品器械1208件（箱），移送司法案件3件，强制执行6起，证据先行登记保存24户；受理投诉举报129件，办结129件。卫生监督全程记录获无锡市法治惠民实事工程项目一等奖；2份执法微课参加全省、全国卫生监督系统执法微课评比，1份获国家级卫生计生执法监督微课优秀作品执法类鼓励奖。

【医疗服务监督】 全年检查各类医疗机构1008户次，查处非法行医87户次，处理非法行医投诉举报87起，立案查处非法行医案件27起。全年检查医疗机构违规使用抗菌药物213起，查处内科诊所违规行为1起。1—6月，对全市174个医疗机构进行依法执业专项检查，对个别医院使用未变更执业地点的护士开展执业活动的责令限期改正。4—6月，对175个医疗卫生机构开展医疗废物处置管理情况专项检查，对检查发现的违法行为实施当场处罚并整改到位。9月，对8个中医医疗机构开展依法执业内容检查。10月，对20个医疗机构的临床用血情况开展专项监督检查，对部分医疗机构存在病例中缺乏输血前评估和输血后疗效评价、输血病程记录不齐全等问题提出整改意见；对4个医疗美容机构及8个生活美容单位开展专项检查，未发现违法违规行为。10—11月，开展计划生育技术服务和人类辅助生殖技术监督检查，从依法执业情况和打击“两非”（非医学需要的胎儿性别鉴定、非医学需要的选择性别的人工妊娠）行为方面抽查计划生育服务机构1个、医疗机构4个，对违法行为给予行政处罚；对市人民医院人类辅助生殖技术准入开展检查，情况较好。

【传染病和消毒卫生监督】 全年检查医疗机构202个、学校和托幼机构214个、消毒产品生产企业1个、集中式供水单位5个、涉水产品企业20个，查处医疗机构未定期开展消毒灭菌效果检测工作以及医疗废物未按照规定分类收集的违法行为1起。3月，抽检商场超市等单位15种、45件卫生用品，均合格。每季一次监督抽检餐饮具集中消毒单位的消毒餐具120套，均合格；立案查处餐饮具集中消毒单位未按规定检验合格并随附消毒合格证明等行为1起。全年对39个医疗卫生机构进行传染病防治分类监督综合评价，优秀2个、合格37个，对部分单位未进行病原微生物实验室备案和传染病防治、疫情报告、生物安全等相关制度不齐全，未按规定开展综合评价自查，以及预检分诊工作未正常开展、传染病分诊点记录不全、未配备必要的卫生防护用品等问题的单位提出整改要求，召开实验室备案工作会议。9—10月，对医疗机构消毒灭菌效果（口腔科车针、内镜、灭菌包、透析处理水的消毒灭菌是否规范，消毒灭菌效果是否符合要求）进行监督监测，共抽检血液透析处理水5份，胃镜内腔洗脱液和消毒液各10份，消毒供应室无菌包53份、牙科车针43份，均合格。

【学校卫生监督】 全年监督检查学校和托幼机构214所。对存在未定期开展防控突发公共卫生事件应急演练、因病缺勤网络监测报告不及时、未按要求设立卫生室和配备卫生专业技术人员、教

卫生监督员开展课桌面照度检测 （市卫计委 提供）

室课桌椅与学生身高不匹配等问题的学校，督促其整改或制定整改计划。6月，完成中高考期间考点、住宿点及考点周边公共场所的环境卫生、空气质量、生活饮用水卫生、中央空调消毒、病媒生物防控情况等卫生监督保障工作，开展快检43项，抽检11户、113件，均合格，未发生突发公共卫生事件和传染病暴发疫情。

【职业、放射卫生监督】 5—10月，对全市67个放射诊疗机构、1个放射卫生技术服务机构进行检查，对发现问题的19个单位提出整改意见，完成整改16个。5—8月，开展职业健康检查机构专项监督检查，给予行政处罚并限期改正违法行为1起，责令限期整改2个。4月25日—5月1日，开展"健康中国，职业健康先行"职业病防治法宣传周活动，发放职业病防治法律法规和科普知识等资料1000余份，接受现场咨询200余人次。

【公共场所卫生监督】 2月，检查恒温游泳场所7个。4月，召开住宿业"五常法"（常整理、常整顿、常清扫、常清洁、常自律）培训座谈及现场观摩会，增加"五常法"管理单位20个。6—10月，监督检查集中空调通风系统使用单位54户，责令限期整改3户，监督采样6户、样品41件，不合格1件。10月，开展爱国卫生行动"深化年"卫生监督工作，对各级医疗卫生机构禁控烟工作开展督查，对存在问题的6个单位提出整改要求；结合宜兴市创建全国文明城市工作，开展公共场所禁控烟宣传；对220余户大型公共场所单位开展病媒生物预防控制专项检查；接受省市爱卫办对病媒生物密度控制效果评估，高标准通过省级考核验收。10月，完成公共场所单位"双随机"（随机抽取监管对象，随机选派监督人员）监督155个。11—12月，整治湖㳇镇竹海村"民宿"（旅店）经营单位94户，查出无卫生许可证的民宿经营单位85户，提供上门受理办证服务，至年底已受理办理卫生许可证60余户。

【饮用水卫生监督】 全年检查集中供水单位和涉水产品生产企业符合卫生规范要求情况。对全市5个集中式供水单位进行每季1次现场检查和量化分级评价（1个A级，4个B级）；开展现场六项快检，计120项（次）。10月，对11个二次供水、2个分质供水单位进行专项检查和现场快检，计64项（次），均合格；对二次供水单位进行量化分级评价，优秀3个、良好7个、合格1个。涉水产品生产企业使用二维码管理，其中2个企业产品外包装标识上印有二维码。5月，对全市20个涉水产品生产企业进行培训（计23人次），布置涉水产品生产企业信用评价工作。7—8月，开展全市涉水产品生产企业专项检查，按照信用体系评价表逐项打分，监督采样输配水设备5件、化学处理剂12件，均合格。10月，会同无锡市卫监所对9个涉水产品生产企业进行卫生信用评价，优秀2个、良好4个、一般3个。12月，作为试点地区接受省卫生监督所工作调研，得到好评。

【卫生系统全国文明城市创建工作】 全年围绕全国文明城市创建和国家卫生城市复审等中心工作，专项整治"四小行业"（小旅店、小浴室、小美容美发店、小歌舞厅）。5—6月，召开创城工作会议3次，分析难点和重点，落实具体工作措施，30名卫生监督员分成12组对全市经营性公共场所单位和学校周边非法行医现象强化监督，按片区、路段进行网格化检查，对各单位亮证经营、持证上网、环境卫生、消防通道、文明礼貌等情况进行检查指导。6月，开展"月光行动"，利用夜间集中整治公共娱乐场所。9月，召开全国文明城市国家测评迎检会，组成16个行动小组，以三星级以下的宾馆、客房为重点单位，以社区、背街小巷为重点区域，以单位门前三包、环境卫生、禁控烟工作、亮证经营、社会主义核心价值观宣传等为重点内容，全方位进行"拉网式""网格化"检查，开展志愿者服务，配合完成各项工作、各项指标考核达到国考要求。

【卫生监督执法信息化】 全面试行执法全过程记录制度、执法信息公示制度、重大执法决定法制审核制度三项制度。市卫计委被省卫计委选为省卫生监督所协作单位，试行国务院执法全过程记录制度试点工作，升级更新手持执法终端软硬件，通过二维码管理方式实现"宜兴卫监移动执法系统"APP、执法记录仪视频关联、公众信息查询功能。利用手持执法终端开展现场监督1442户次，使用执法记录仪摄录1746段。在宜兴市政府网卫计委门户页面设立信息公开页面，规范化公示行政许可、行政处罚、"双随机"抽检结果、公共场所卫生监督抽检结果等信息。做好与政务服务网、诚信平台等数据交互工作，实现卫生许可项目网上受理和办理、与政务服务网等信息系统的数据自动推送。

（王云霞）

爱国卫生

【概述】 市卫计委被省爱卫会、省卫计委评选为爱国卫生工作先进集体。参加无锡市爱国卫生65周年知识竞赛和演讲比赛，官林社区卫生服务中心的郑佳荣获演讲个人三等奖、市卫计委获优秀组织奖。开展爱国卫生活动，促进城乡环境卫生管理的长效化、规范化和制度化，新建镇、徐舍镇、湖㳇镇、周铁镇、芳桥街道、西渚镇、太华镇被全国爱国卫生运动委员会重新命名为国家卫生镇。坚持长效管理，宜兴市创建国家卫生城市工作高分通过全国爱卫会暗访。卫生镇、村复审成效明显，张渚、高塍、杨巷3个国家卫生镇顺利通过全国爱卫会暗访复审，55个省卫生村通过省级抽查复审，万石镇大尖村、周铁镇东湖村、宜城街道南园村等省卫生村在无锡市的检查中受好评。官林镇创建为江苏省健康镇。18个镇、街道启动健康村（社区）创建，实现全覆盖，83个村（社区）被命名宜兴市健康村（社区）；41个村通过省级验收，被命名为江苏省健康村（社区）。农村饮用水水质卫生监测工作在各镇（街道）全覆盖，农村集中式供水采集样品136件，合格率100%；监测4624项(次)，合格率100%。周铁镇、万石镇、湖㳇镇、徐舍镇和新庄街道完成2017年度省级生态改厕项目300个。

【病媒防制】 组织全市各镇(街道)、各成员部门和有关单位及群众开展卫生死角大清理，集中开展环境卫生整治活动412次，整治重点场所1291处，清理垃圾3022处，清洁水体565处，清除死角2026处，绿化环境1036处，市病媒生物防制巩固工作综合防制方法科学，“四害”控制水平鼠类A级、蜚蠊A级、蝇类B级、蚊虫B级，明显高于国家卫生城市C级达标的要求。

【健康促进】 4月，在全国第二十九个爱国卫生月和江苏省第二十一个健康教育宣传月期间，全市开展以“历史与展望——为了人民健康的65周年”为主题、环境卫生综合整治为重点的爱国卫生月活动。各地、各单位配合协作，利用悬挂横幅、出刊专栏、黑板报、楼道小黑板、发放宣传资料等宣传方式，加强爱卫宣传和健康教育宣传。开展宣传活动157次、受众9.35万人，专家讲座(巡讲)139场、受众1.25万人；刊登宣传报道99条、受众13.48万人，发放宣传材料7.33万份、受众12.28万人。新建健康步道31条。开展控烟活动，新命名宜城街道文峰社区、土城社区等6个市级“无烟单位”，对医院、车站、网吧等重点单位开展控烟宣传，印制控烟海报2000份、宣传手册20万份、五小行业禁烟标识3万张、卫生制度2万张。

(王骊)

计划生育

【概述】 倡导实施全面两孩政策，优化计生服务管理，深化帮扶关怀计生特殊家庭及计生困难家庭。全年新生儿出生总数约1万人，二孩占一半，全面两孩政策效应不断扩大。巩固计划生育“新国优”创建成果，彰显计生工作“民生情怀”，计生家庭获得感、满意度继续提升。

【奖励扶助金额发放破1亿元】 至年底，全市有符合奖励条件的持证退休(退职退养)灵活就业人员7447人，发放一次性奖励金2680.92万元，督促企业随退随发；全市符合计生奖励扶助政策条件的对象累计6.14万人，发放奖励扶助金5461万元；符合计生家庭特别扶助的对象累计3400人，发放特别扶助金2290万元，并实施特别扶助金按月发放制度。三项奖励扶助金合计发放1.04亿元，首次突破1亿元，再创历史新纪录。

【计生特殊家庭关怀获点赞】 对计生特殊家庭和计生困难家庭实施精准帮扶关怀。对全市64户生活特别困难的计生特殊家庭开展结对帮扶献爱心活动；动员镇村干部资源，全市18个镇、街道建立由党政领导领头的面向计生特殊家庭的“2+N”联系宣传和志愿帮扶机制，265名村(居)干部担当主要联系人，招募志愿者868人，联系计生特殊家庭1235户；彰显医疗资源优势，8个医疗服务机构为计生特殊家庭就医开辟绿色通道，向计生特扶对象发放就医服务卡，享受优先挂号、优先就诊、优先检查、优先取药、优先住院便利服务，并对计生特扶对象优先提供家庭医生签约服务；发挥社会志愿力量，开展“点亮眼睛—计生特殊家庭老人全眼健康免费筛查和治疗”公益慈善活动，80名70岁以上的计生特殊家庭老人接受免费眼底筛查，7名老人在市眼科医院接受公益性白内障复明手术。

(王维娟)

流动人口管理

【流动人口服务均等化】 围绕流动人口健康服务年活动要求，突出“人口流动，健康同行”主题，推进流动人口基本公共卫生计生服务均等化工作。以官林镇社区卫生服务中心作为示范点，组织召开全市流动人口基本公共卫生计生服务均等化工作现场推进会，加快推进流动人口基本公共卫生计生“一站式”服务平台建设。至年底，全市18个镇、街道流动人口“一站式”服务平台建设已实现全覆盖。11月，流动人口基本公共卫生计生服务均等化工作通过省级考核评估。

【健康教育促进行动】 流动人口健康促进示范企业、学校和健康家庭建设活动有序推进，联合无锡市卫计委在江苏中超控股股份有限公司举办“7·11世界人口日”主题宣传活动，制作“婚育新风进万家，文明健康你我他”“公民健康素养66条”等主题的健康促进宣传品1万余份。

【流动人口动态监测】 通过信息共享、服务互补，融合卫生计生资源，每季度核对孕产信息、出生信息、预防接种等信息，全市共核对2.6万条信息。反馈省内外协查、避孕节育通报、生育服务通报3528条，信息提交、接收和反馈及时率100%。年内，宜城街道、屺亭街道、丁蜀镇、和桥镇、徐舍镇的12个样本点高标准完成问卷调查任务539份，社区问卷零出错，问卷质量位列全国三甲。

【流动人口受关爱】 全年为流动人口提供宣传倡导服务3520次(含宣传资料)，开展健康讲座29场次，重点宣传“流动人口健康教育核心信息”等健康手册。开展免费咨询、义诊、技术服务1698人次，办理各类证明611份。开展流动人口困难家庭关怀关爱活动，慰问流动人口困难家庭23户，合计金额2.3万元。“快乐暑期健康同行”流动人口关怀关爱活动创新做法连续开展两年，收到较好的宣传效果和群众的广大好评，在无锡大市全面推广。

(唐伟芬)

编辑　龚樱

体 育
TI YU

综 述

【概述】 贯彻落实《宜兴市全民健身实施计划(2016—2020年)》。继续实施“又好又快”发展政策,推进“一馆一池一中心”建设,巩固城乡、社区“10分钟体育健身圈”建设成果,推动公共体育服务城乡均衡发展。全年开展大型群体活动和赛事近500项(次)。加强体育社团组织社会化、实体化、规范化建设。组织一线社会体育指导员参加上级社会体育指导员技能培训、再培训,引进省、市有关部门到宜兴举办社会体育指导员培训,提升科学健身指导水平。巩固、扩大学校体育场馆设施开放成果,新增体育场馆设施对外开放示范学校10所。全市41个体育场馆、文体中心免费或低收费向社会开放。完成国民体质测试超1万人。印发《宜兴市国家高水平体育后备人才基地运动队共建管理办法(试行)》,推动竞技体育后备人才培养工作,实现全市竞技体育成绩稳中有升。参加省64县(区)田径锦标赛,获体育道德风尚奖,团体总成绩居全省第四名,高中组成绩居全省第一名。举办国际风筝邀请赛、国际越野行走公开赛等6项国际级赛事和中国乒乓球俱乐部超级联赛等7项全国性赛事。体育彩票年销量稳定增长,列全省县(市、区)第五名。首次自主组织申报省级体育产业发展专项资金,4个项目获省体育产业发展专项资金250万元。宜兴市被命名为“国家体育产业示范基地”“2017中国体育旅游精品目的地”“全国老年气排球之乡”“国际越野行走联合会中国分会宜兴基地”;周铁镇被国家体育总局评为“2013—2016年度全国群众体育先进单位”“中国风筝之乡”;龙池山自行车公园被评为“2017中国体育旅游精品景区项目”“江苏省十佳体育公园”“江苏省体育旅游示范基地”;龙背山森林公园跑步线路被评为“2017江苏最美跑步线路”;湖汊深氧体育旅游线路被评为“江苏体育旅游精品线路”;宜兴炫宇风暴水上运动培训中心被评为“江苏省特色运动项目基地”;市体育局获评“江苏省县级体育工作先进单位”“2016年全国千村健身气功交流展示系列活动大赛二等奖”。

【宜兴市被命名为国家体育产业示范基地】 为充分发挥体育产业的聚集效应、规模效应和区域辐射效应,2013年,对照《国家体育产业基地管理办法》的要求,市委、市政府明确提出创建国家综合类体育产业基地的目标,成立创建国家体育产业基地工作领导小组,由分管副市长担任组长,12个市级相关职能部门、各镇(街道)为成员,负责对体育产业发展的宏观指导和统筹协调。市政府出台《加快发展体育产业 促进体育消费的实施意见》,把对体育的扶持纳入市政府“又好又快发展”政策,每年拨专项资金予以扶持。市体育局与省社会科学院、省现代体育产业研究服务中心开展合作研究,编制《宜兴国家体育产业基地建设、管理与发展规划》,立足宜兴自然禀赋、产业基础、区位优势、城市定位,确定体育资源富集和体育产业发展的重点区域。2016年,宜兴国家体育产业示范基地创建工作高标准通过国家体育总局专家组验收。2017年3月,宜兴市被国家体育总局命名为“宜兴国家体育产业示范基地”。

【宜兴市被评为中国体育旅游精品目的地】 9月,由国家体育总局、中华全国体育总会主办的2017中国体育文化·体育旅游博览会(以下简称两博会)在包头举行。两博会期间,专家对全国31个省(区、市)推选的各类体育旅游项目进行评选,2017年首次增设“中国体育旅游精品目的地”评选,宜兴市获评该称号。近年,宜兴依托山水与人文资源优势,加大基础设施投入,建设龙池山自行车公园、湖汊深氧健身公园等10多个体育公园,园内设大量运动休闲类、参与体验类的健身运动项目;先后在东氿、芳桥阳山荡、团氿建成炫宇风暴水上运动俱乐部和水恩思迪水上运动中心,在城东新区新建东氿水上运动综合基地,经常开展各类比赛、培训和表演;制定全市慢行系统规划,建有二百多公里健身步道和自行车道。宜兴凭借区位优势和体育场馆基础设施优势,承办各类国际、国内高水平赛事,先后承办环太湖国际公路自行车赛、世界斯诺克巡回赛宜兴公开赛、四国女排邀请赛、国际越野行走公开赛、中国式摔跤国际邀请赛、国际滑水公开赛、中国摩托艇俱乐部联盟大奖赛、中法男篮奥运热身赛等,赛事吸引中央电视台等主流媒体、网站报道,带动市民参与体育运动,拉动市民体育消费。宜兴体育旅游产业多元化发展,促进本地经济效益、社会效益、生态效益的共同提升。

【全国旅游产业发展大会代表到宜兴观摩】 7月，由国家体育总局、国家旅游局主办的首届全国体育旅游产业发展大会在无锡市举办。根据会议安排，国家工信部、国土部、住建部、交通部、水利部、民航局、林业局等体育旅游相关管理部门的与会代表(300多人)到宜兴观摩调研体育旅游产业发展情况。代表们先后在宜园(团氿)风景区、龙池山自行车公园实地考察宜兴水上运动、体育旅游休闲运动等，听取宜兴在结合山水人文资源和群众运动习惯，推动体育与旅游、体育与文化融合发展方面做的工作。会议期间，市体育局以《建体育产业强市　展美丽陶都活力》为题，向全体参会人员介绍宜兴体育旅游产业发展现状及主要做法。

群众体育

【概述】 巩固提升公共体育服务示范区建设，体育公园体育馆改造工程完成并投入使用，全民健身中心完成选址和初步设计，体育中心新增五人制足球场2面，龙池山自行车公园二期工程新增健身步道4千米，新街中学体育馆封顶，高塍镇鹏鹞乒乓球馆建成投用，丁蜀镇文体公园建设有序推进。向基层捐赠健身路径98套、移动式篮球架30副、室内乒乓球台22张、室外乒乓球台20张、体质测试机器2套。按照"年初有计划、每周有活动、每月有重点"的思路，开展全民健身运动。继续举办元旦全民健身长跑、春节送体育下乡、太湖风筝节、老年人体育节等固定市级品牌活动。依托22个市级单项体育协会举办各类大型群体赛事活动。市保龄球协会承办省保龄球排名选拔赛，市老年体协承办2017年江苏省老年人气排球比赛，市台球协会举办华东地区斯诺克比赛，市乒乓球协会举办"中侨杯"全市乒乓球比赛和全市全民健身乒乓球俱乐部联赛，市羽毛球协会举办市第二届羽毛球单项赛、市第十二届羽毛球业余俱乐部赛。继续推进乡镇群体活动"一镇一品，一地一特"建设。湖㳇镇举办深氧湖㳇山地半程马拉松，宜城街道举办全国千村健身气功交流展示系列活动大赛宜兴大赛暨江苏省老年人体育节宜城街道分会场启动仪式，丁蜀镇举办"2017春季·陶都乐跑活动""共创文明城市　骑享低碳生活"自行车慢骑大赛，太华镇举办苏浙皖三省毗连镇篮球友谊赛、环龙珠湖迎新年健康徒步赛、"竹运会"，周铁镇举办第二十届太湖风筝节，张渚镇在龙池山自行车公园举办微马和七夕爱情节等。全年举办各级各类大型群体活动500多项(次)。市老年体协、门球协会、羽毛球协会举行换届改选。选拔159名一线社会体育指导员参加国家级、一级、二级社会体育指导员培训。宜兴承办省一线社会体育指导员培训班(柔力球、健身气功、风筝项目)3期，承办二级社会体育指导员培训班(石锁项目)1期。市老年体协组织承办第十套健身球操培训班1期、第十一套柔力球教练员培训(全国柔力球总教练莫光平授课)2期、无锡市可乐球项目培训班(全国可乐球发明人高锡庚授课)1期。市木兰拳协会组织全市木兰拳协会技能培训暨市木兰拳协会三级社会体育指导员技能培训。继续开展国民体质测试(监测)。在无锡市第十二届运动会闭幕式上，周铁镇、丁蜀镇等11个单位被评为"2013—2016年度无锡市群众体育先进集体"，谈寅华、夏维明等16人被评为"2013—2016年度无锡市群众体育先进个人"。

【周铁镇被命名为中国风筝之乡】 周铁镇的风筝运动历史悠久，种类繁多，鹞笛风筝独树一帜、制作精良，制作技艺入选无锡市非物质文化遗产。近年，周铁镇加大投入，斥资建造江苏省太湖风筝基地和太湖风筝博物馆，该馆是太湖流域第一座以风筝文化为主题的博物馆，馆内典藏、陈列太湖精品风筝和有关风筝的文史资料，以实物、图片、文字、多媒体等形式展示太湖风筝的发展历史、代表作品、制作工艺等。周铁镇连续举办太湖风筝节20届，举办过江苏省风筝公开赛6届、全国风筝精英赛和国际风筝邀请赛，带动民间风筝爱好者参与风筝运动，提升风筝运动水平和制作技艺。在中国·宜兴第20届太湖风筝节暨2017年全国风筝精英赛开幕式上，国家体育总局社体中心授予周铁镇"中国风筝之乡"的称号，并授牌。

【宜兴市被命名为全国老年气排球之乡】 市老年体协于2008年首次引进气排球运动，先在张渚、西渚镇等地推广老年人气排球项目。至2017年，全市18个镇(街道)成立气排球专项委员会；拥有气排球队伍70支，骨干120人；建立气排球队的行政村、街道27个；有活动场地31片，其中室内活动场20片；有教练员70人，裁判员30人(一级14人、二级16人)；每年举办气排球骨干培训班2次，每次培训80人；每年镇(街道)参加

宜兴市第二十届太湖风筝节　(市体育局　提供)

展示交流活动6次，每次12支队伍；每年举办气排球经验交流活动2次，每次50人。市男、女气排球队参加“全国第二届快乐气排球交流”活动，女队获优胜奖，男队获优秀奖；参加省创建“气排球之乡”展示交流活动，男、女队获优胜奖；参加“第十二届环太湖老年人体育圈气排球交流展示活动”，男队获优胜奖。11月，全国老年气排球之乡创建验收组到宜兴检查、验收。12月，宜兴市被中国老年人体协命名为全国气排球之乡。

全国千村健身气功交流展示系列活动大赛宜兴大赛暨宜兴市宜城街道第六届社区健身气功比赛 （市体育局 提供）

【全国千村健身气功交流展示系列活动】 宜城街道新增健身气功注册站点6个，全市站点累计25个，每天坚持习练健身气功市民2500多人，有健身气功指导员骨干100多人。根据《关于在全省组织开展2017年全国百城千村健身气功交流展示系列活动大赛的通知》文件精神，市委办公室、市体育局、市老年人体育协会共同组织开展系列活动。3月，在市老干部大学举办宜城街道各社区健身气功骨干培训班；4月，举办宜城街道各社区健身气功交流展示活动，在氿滨广场展示健身气功“八段锦”“大舞”等，市老干部大学第五期健身气功班开设4个班、学员200人左右；5月，举办江苏省老年人体育节开幕式宜城街道分会场暨启动仪式暨宜城街道第六届健身气功比赛，19支队伍参与“大舞”展示和“导引养生功十二法”比赛；6月，组队参加在溧阳的健身气功比赛；8月，组队参加无锡市第十二届运动会健身气功比赛；11月，组队参加无锡市健身气功站点联赛。

2017年宜兴市体育单项协会参加上级体育比赛获奖情况

表63

协会名称	竞赛名称	获奖情况	举办时间、地点
市保龄球协会	2017江苏省保龄球锦标赛	杨莉艳：女子全能季军	3月23—26日 江苏省南京市
	2017江苏省保龄球精英赛	杨莉艳：女子第二名	5月8日 江苏省苏州市
	2017中国职业保龄球巡回赛（成都站）	杨莉艳：男女混合第三名	4月11—14日 四川省成都市
	2017年江苏省保龄球选拔排名赛	杨莉艳：女子第四名	5月20—21日 江苏省宜兴市
	2017年中国职业保龄球巡回赛合肥站	杨莉艳：男女混合第五名	8月4日 安徽省合肥市
	2017年全国保龄球邀请赛上海公开赛	杨莉艳：男女混合第一名	8月6日上海市
	2017亚洲室内与武道运动会	杨莉艳：女子队际第三名	9月17—27日 土库曼斯坦
	全国保龄球邀请赛苏州公开赛	杨莉艳：男女混合第一名	10月 江苏省苏州市
	全国保龄球锦标赛	杨莉艳：双人第二	11月19日 广东省广州市
		杨莉艳：精英赛个人第一	

续表63

协会名称	竞赛名称	获奖情况	举办时间、地点
市保龄球协会	全国保龄球锦标赛	杨莉艳:四人队际第二名	11月19日 广东省广州市
		杨莉艳:女子团体第三名	
市羽毛球协会	2017年全国东西南北中羽毛球大赛(宜兴站)	赵夏:B组男子单打第二名	4月15—16日 江苏省宜兴市
		盛小芳、许旭:C组女子双打第二名	
		谢勤芳、任军:D组混合双打第三名	
	2017年全国东西南北中羽毛球大赛总决赛(郑州站)	赵夏:B组男子单打第三名	11月25—29日 河南省郑州市
市风筝协会	2017年江苏省风筝邀请赛	裴秋明:龙串类第二名	5月5—6日 江苏省南通市
		濮全法:最大类第三名	
	中国宜兴第二十届太湖风筝节暨2017年宜兴国际风筝邀请赛全国风筝精英赛	陈国强:体育道德风尚奖	10月27—29日 江苏省宜兴市
		陈国强:龙串类最佳表演奖 孙伟强:滚地龙第四名	
		裴秋明:软体造型挂件类第五名	
		裴秋明:夜光风筝第六名	
		闵莹强:特色风筝最佳人气奖	
	中国宜兴第二十届太湖风筝节暨2017年江苏省风筝公开赛	宜兴风协表演队:体育道德风尚奖	10月27—29日 江苏省宜兴市
		吴小富、李小霞:体育道德风尚奖运动员	
		宜兴风协表演队:双线运动风筝团体芭蕾第一名(李小霞,沈红芳,闵虹,周萍)	
		邵友君:广告类风筝第一名 张炳良:广告类风筝第六名	
		周　萍:动态类风筝第一名	
		濮全法:动态类风筝第二名	
		李小霞、沈红芳:双线双人运动风筝第二名	
		万锡华:串类最长类第二名 李顺民:串类最长类第四名 沈加大:串类最长类第六名	
		陈彦民:软体造型风筝第二名	
		陆孝彬:软体风筝第三名	
		沈红芳:板类风筝第三名	

续表63

<table>
<tr><th>协会名称</th><th>竞赛名称</th><th>获奖情况</th><th>举办时间、地点</th></tr>
<tr><td rowspan="6">市风筝协会</td><td rowspan="3">中国宜兴第二十届太湖风筝节暨2017年江苏省风筝公开赛</td><td>濮全法：板类风筝第四名</td><td rowspan="3">10月27—29日
江苏省宜兴市</td></tr>
<tr><td>蒋乾生：板类风筝第六名</td></tr>
<tr><td>李小霞：翅串类风筝第四名冯其南：滚地龙风筝第六名</td></tr>
<tr><td rowspan="3">2017年国际风筝邀请赛</td><td>宜兴风协表演队：双线团体运动风筝芭蕾第二名</td><td rowspan="3">11月3—6日
江苏省如东县</td></tr>
<tr><td>李小霞、沈红芳：双线双人风筝芭蕾第六名</td></tr>
<tr><td>闵莹强：硬翅串类风筝第七名</td></tr>
<tr><td rowspan="3">市老年体协</td><td>2017年第三届全国柔力球网络视频比赛</td><td>特等奖第一名</td><td>8月10日
江苏省连云港市</td></tr>
<tr><td rowspan="2">2017年江苏省老年人柔力球比赛</td><td>1个优胜奖</td><td rowspan="2">4月14—16日
江苏省南京市</td></tr>
<tr><td>7个优秀奖</td></tr>
<tr><td rowspan="2">市木兰拳协会</td><td>第二届东方明珠全国广场舞电视大赛</td><td>团体二等奖</td><td>10月21—25日
天海游轮魔都剧场</td></tr>
<tr><td>第十八届中国木兰拳暨民族传统文化展示国际大赛</td><td>集体大金奖</td><td>10月20—25日
江苏省南通市</td></tr>
<tr><td>市乒乓协会</td><td>省首届乒乓球球王城市争霸赛</td><td>俞敏浩：少年组冠军
韦　中：女子中年组冠军</td><td>11月25—27日
江苏省无锡市</td></tr>
<tr><td>市棋类协会</td><td>第七届环太湖6市（县）围棋</td><td>团体第五名</td><td>11月18—19日
江苏省苏州市</td></tr>
<tr><td rowspan="8">市游泳协会</td><td rowspan="6">无锡市第十二届运动会职工部</td><td>阙韵：女子青年组50米蛙泳第二名</td><td rowspan="6">9月17日
江苏省无锡市</td></tr>
<tr><td>阙韵：女子青年组100米自由泳第三名</td></tr>
<tr><td>陈潇潇：女子青年组50米自由泳第三名</td></tr>
<tr><td>陈潇潇：女子青年组50米仰泳第三名</td></tr>
<tr><td>张棵：男子青年组50米蛙泳第五名</td></tr>
<tr><td>张棵：男子青年组50米仰泳第五名</td></tr>
<tr><td rowspan="2">2017江苏省第二届冬泳邀请赛</td><td>团体总分第二名</td><td rowspan="2">3月11日
江苏省常州市</td></tr>
<tr><td>拉力赛第二名</td></tr>
</table>

竞技体育

【概述】 以市青少年体育运动学校（简称市少体校）为基础，加大共建学校管理力度，制订实施《宜兴市国家高水平体育后备人才基地运动队共建管理办法（试行）》，完善国家级高水平后备人才基地建设。市少体校设田径、举重、游泳、篮球、乒乓球5个运动项目，组队参加省、市举办的竞赛活动和无锡市十二届运动会，参赛均获佳绩。全年向上级单位输送运动员12人。举办第八届小学生招生选材测试赛及寒暑假短期集训，完成2017年全市学校体育竞赛的注册管理工作，注册运动员2372人。加强对省、市、县（市）三级体育传统项目学校及青少年俱乐部的业务指导工作，抓好实验中学女子篮球项目（无锡市队校办项目）、高塍小学乒乓项目（宜兴市队校办项目）。联合市教育局，举办全市学校体育竞赛16项（次），抽调裁判员400余人次，参赛运动员3000余人次。学校体育竞赛新增小学生轮滑比赛，7

所学校近200名运动员参赛。学校体育竞赛的跳绳踢毽、棋类、乒乓球、篮球、排球等项目比赛交由基层学校承办，推动学校业余训练工作。组织相关项目的裁判员晋级业务培训工作，全年申报国际二级裁判员1人（举重），国家一级裁判员3人（篮球2人、足球1人）。1人入选保龄球女子国家队。

【杨莉艳入选国家女子保龄球队】 7月1日至3日，亚洲室内运动会国家保龄球队在上海昊至保龄球馆举行选拔赛，宜兴籍运动员杨莉艳以排名第二的成绩，入选国家女子保龄球队。选拔赛是按照2016年全年积分及参加重大赛事取得的成绩进行选拔，共有11名运动员获得参赛资格。9月，杨莉艳随队参加在土库曼斯坦举办的第五届亚洲室内与武道运动会，获队际第三名。年内，宜兴保龄球爱好者杨莉艳获江苏省保龄球锦标赛女子全能季军、江苏省保龄球精英赛女子第二名、中国职业保龄球巡回赛（成都站）男女混合第三名、江苏省保龄球选拔排名赛女子第四名、中国职业保龄球巡回赛合肥站男女混合第五名、全国保龄球邀请赛上海公开赛男女混合第一名、全国保龄球邀请赛苏州公开赛男女混合第一名、全国保龄球锦标赛双人第二名、个人第一名、四人队际第二名、女子团体第三名。

【宜兴市在无锡市运动会中获佳绩】 4—10月，四年一届的无锡市第十二届运动会在无锡举办。运动会由无锡市政府主办，无锡市体育局、教育局、总工会等部门承办。宜兴市派员参加青少年部、职工部、老年部和残疾人部的比赛，参赛教练员、运动员960人，其中残疾人运动员54人。经过7个月的角逐，宜兴市青少年部（小学组）26个代表队获团体总分第三名、综合金牌数居第二位；老年部10个代表队获团体总分第五名、综合金牌数居第四位；残疾人代表团以总团体分586分、46金、34银、12铜的成绩，获团体总分、金牌榜、奖牌榜第一。

【举办高水平赛事13项】 全年举办6项国际赛事和7项国家级赛事。4月，国际滑水公开赛在芳桥阳山荡水域举办，来自中国及日本、加拿大、新加坡、马来西亚等国60多名选手参赛。5月，2017国际越野行走公开赛暨世界越野行走日中国主会场活动在龙背山森林公园举办，芬兰、俄罗斯、美国、法国、德国、加拿大、孟加拉国、赤道几内亚等20个国家和国内19个省市60个俱乐部的1000多名越野行走选手同场竞技。5月，2017动力冲浪板国际赛中国站在华东百畅生态休闲旅游风景区举办，中国、中国香港以及捷克、法国、加拿大、墨西哥、斯洛伐克等国的动力冲浪选手参赛。5月，2017美国、尼日利亚国际篮球明星挑战赛（宜兴站）在市体育中心举办。10月，中国·宜兴第二十届太湖风筝节暨2017年国际风筝邀请赛在周铁镇风筝广场举行，中国、中国香港、中国台湾以及俄罗斯、法国、卡塔尔、新加坡、西班牙、乌克兰等14个国家和地区的300名选手参赛。11月，深氧湖㳇山地半程马拉松在湖㳇镇举办，设山地半程马拉松组、亲子组2个组别，来自12个国家的1000多名选手参赛。此外，举办2017年全国乒乓球超级联赛、2017全国东西南北中羽毛球大赛、2017年全国青少年艺术体操锦标赛及全国青少年艺术体操夏令营、全国风筝精英赛（宜兴站）、江苏省青少年帆船联赛等国内高水平赛事。

2017国际越野行走公开赛暨世界越野行走日中国主会场活动现场

（市体育局　提供）

2017年宜兴市参加江苏省比赛获奖情况

表64

序列	姓名	组　　别	赛次	名次	比赛名称	地点
1	曹振宇	男子丙组跳远	决	第三名	2017年江苏省青少年田径锦标赛暨县组田径比赛	昆山体育中心

续表64

序列	姓名	组　别	赛次	名次	比赛名称	地点
2	董丽云	女子丙组垒球	决	第三名	2017年江苏省青少年田径锦标赛暨县组田径比赛	昆山体育中心
3	刘泽东	男子甲组10000米竞走	决	第二名	2017年江苏省青少年田径锦标赛暨县组田径比赛	昆山体育中心
4	刘泽东	男子甲组5000米竞走	决	第二名	2017年江苏省青少年田径锦标赛暨县组田径比赛	昆山体育中心
5	李恩基	男子甲组1500米	决	第二名	2017年江苏省青少年田径锦标赛暨县组田径比赛	昆山体育中心
6	李恩基	男子甲组3000米	决	第一名	2017年江苏省青少年田径锦标赛暨县组田径比赛	昆山体育中心
7	高雅婷	女子甲组200米栏	决	第一名	2017年江苏省青少年田径锦标赛暨县组田径比赛	昆山体育中心
8	丁悦琪	女子甲组五项全能	决	第二名	2017年江苏省青少年田径锦标赛暨县组田径比赛	昆山体育中心
9	祝　彬	男子乙组跳远	决	第一名	2017年江苏省青少年田径锦标赛暨县组田径比赛	昆山体育中心
10	刘莹莹	女子乙组800米	决	第二名	2017年江苏省青少年田径锦标赛暨县组田径比赛	昆山体育中心
11	刘雨彤	女子乙组800米	决	第三名	2017年江苏省青少年田径锦标赛暨县组田径比赛	昆山体育中心
12	潘益成	男子17-18岁组110米栏	决	第一名	2017年江苏省青少年田径锦标赛	常州奥体中心
13	陈先科	男子17-18岁组跳高	决	第二名	2017年江苏省青少年田径锦标赛	常州奥体中心
14	陈先科	男子17-18岁组十项全能	决	第一名	2017年江苏省青少年田径锦标赛	常州奥体中心
15	潘益成	男子17-18岁组十项全能	决	第三名	2017年江苏省青少年田径锦标赛	常州奥体中心
16	高雅婷	女子17-18岁组200米	决	第二名	2017年江苏省青少年田径锦标赛	常州奥体中心
17	柳静晨	女子17-18岁组200米	决	第三名	2017年江苏省青少年田径锦标赛	常州奥体中心
18	高雅婷	女子17-18岁组400米	决	第二名	2017年江苏省青少年田径锦标赛	常州奥体中心
19	蒋　暄	女子17-18岁组400米	决	第三名	2017年江苏省青少年田径锦标赛	常州奥体中心
20	蒋　暄	女子17-18岁组800米	决	第一名	2017年江苏省青少年田径锦标赛	常州奥体中心
21	谷进平	女子17-18岁组800米	决	第三名	2017年江苏省青少年田径锦标赛	常州奥体中心
22	陈梓佳	女子17-18岁组1500米	决	第三名	2017年江苏省青少年田径锦标赛	常州奥体中心
23	葛　格	女子100米栏	决	第二名	2017年江苏省青少年田径锦标赛	常州奥体中心
24	李恩基	男子15-16岁组1500米	决	第一名	2017年江苏省青少年田径锦标赛	常州奥体中心

续表64

序列	姓名	组　别	赛次	名次	比赛名称	地点
25	李恩基	男子15-16岁组3000米	决	第一名	2017年江苏省青少年田径锦标赛	常州奥体中心
26	钱文泽	男子15-16岁组七项全能	决	第一名	2017年江苏省青少年田径锦标赛	常州奥体中心
27	祝　彬	男子15岁组跳远	决	第一名	2017年江苏省青少年田径锦标赛	常州奥体中心
28	仲家振	男子15岁组跳远	决	第一名	2017年江苏省青少年田径锦标赛	常州奥体中心
29	舒　颖	女子15岁组100米	决	第三名	2017年江苏省青少年田径锦标赛	常州奥体中心
30	刘雨彤	女子15岁组800米	决	第二名	2017年江苏省青少年田径锦标赛	常州奥体中心
31	刘莹莹	女子15岁组1500米	决	第二名	2017年江苏省青少年田径锦标赛	常州奥体中心
32	梅晓倩	女子15岁组100米栏	决	第二名	2017年江苏省青少年田径锦标赛	常州奥体中心
33	刘雨彤	女子15岁组400米栏	决	第一名	2017年江苏省青少年田径锦标赛	常州奥体中心
34	刘雨彤	女子15岁组800米	决	第二名	2017年江苏省青少年田径锦标赛	常州奥体中心
35	周学康	男子12-14岁组跳高全能	决	第二名	2017年江苏省青少年田径锦标赛	常州奥体中心
36	张家明	男子12-14岁组五项全能	决	第一名	2017年江苏省青少年田径锦标赛	常州奥体中心
37	周芊烨	女子16岁组100米栏	决	第一名	2017年江苏省青少年田径锦标赛	常州奥体中心
38	李恒秀	女子16岁组400米栏	决	第二名	2017年江苏省青少年田径锦标赛	常州奥体中心
39	丁　叶	男子甲组200米	决	第三名	2017年江苏省传统项目学校夏令营	宜兴市体育中心
40	陶雨凤	女子甲组400米	决	第三名	2017年江苏省传统项目学校夏令营	宜兴市体育中心
41	陶雨凤	女子甲组800米	决	第二名	2017年江苏省传统项目学校夏令营	宜兴市体育中心
42	董丽云	女子甲组铅球	决	第一名	2017年江苏省传统项目学校夏令营	宜兴市体育中心
43	徐开顺	男子乙组200米	决	第一名	2017年江苏省传统项目学校夏令营	宜兴市体育中心
44	冯健鑫	男子乙组400米	决	第一名	2017年江苏省传统项目学校夏令营	宜兴市体育中心
45	冯健鑫	男子乙组800米	决	第一名	2017年江苏省传统项目学校夏令营	宜兴市体育中心
46	徐鸿静	女子乙组100米	决	第一名	2017年江苏省传统项目学校夏令营	宜兴市体育中心
47	徐鸿静	女子乙组100米	决	第一名	2017年江苏省传统项目学校夏令营	宜兴市体育中心

续表64

序列	姓名	组　别	赛次	名次	比赛名称	地点
48	张琪尉	女子乙组400米	决	第二名	2017年江苏省传统项目学校夏令营	宜兴市体育中心
49	迎面接力	混合团体	决	第三名	2017年江苏省传统项目学校夏令营	宜兴市体育中心

（张东红）

体育产业

【概述】 成功创建国家体育产业示范基地，首次自主申报省级体育产业发展专项资金，江苏中超电缆乒乓球俱乐部有限公司的"乒乓球俱乐部职业化运作"项目、江苏威腾人造草坪有限公司的"生产线扩能建设，拓展国内市场"项目、江苏炫宇风暴体育发展有限公司的"东水上体育运动表演旅游基地"项目和龙池山自行车公园有限公司的"运动休闲配套扩展"项目通过省体育产业发展专项资金领导小组的评审，四个项目获省体育产业发展专项资金250万元。配合省体育产业指导中心，对2011—2015年度省体育产业发展专项资金项目开展绩效评价。全国首届体育旅游产业发展大会的代表到宜兴观摩调研。加强体育产业基础统计，增加入库单位，完善全市体育产业名录库建设。高危险性体育项目经营的市场监管实现自查与联合执法检查的常态化，会同市市场监督管理局、卫计委等部门，对全市高危险性体育项目经营单位开展联合行政执法检查32项（次），单独开展行政执法检查33项（次），发出问题整改清单23份，向6个企业发放《高危险性体育项目经营许可证》。组织游泳救生员和水质处理员的培训和考证2次，首次聘请上海蓝宇水处理公司对全市相关业主和水质管理员进行专项培训和操作示范。体育彩票年销额5.93亿元，创历史最高水平。

【体彩销量创历史新高】 拓展升级体彩销售渠道，创新体彩销售方式，实现彩民群体和彩票销量齐增长，全年体彩销售占市场份额61.59%，销售总额5.93亿元，比上年增长15.4%，竞彩销量3.19亿元，列全省县（市、区）第一名。"传统概率"彩票占市场份额59.64%，"有纸即开"彩票占市场份额55.17%，市场优势凸显。全市体彩网点的基础工作、渠道建设、服务和保障继续保持全省领先，在国家和省级专项业务检查评比中被评为示范性区域。全年筹集体彩公益金和发行费4800万元，市体育彩票管理中心再次被省体育局评为全省体彩工作先进单位。

（尹文君）

编辑　龚樱

生态环保

SHENG TAI HUAN BAO

综 述

【概述】 紧扣产业强市战略，围绕“263”专项行动*部署，结合全市生态文明建设和环境保护工作目标任务，坚持以环境质量为前提，以生态引领为目标，推动环境监管、监测规范化建设，开展环境治理与保护工作，不断提升生态文明建设水平。开展生态环境综合整治，改善全市生态环境质量。完成省环保督察、党的十九大期间环境质量保障等重要工作任务，确保宜兴环境质量持续好转。编制完成《宜兴市生态保护引领区建设方案》，提出建设“环境治理的样板区、绿色发展的示范区、生态宜居的典范区、制度创新的先行区”目标，细化31个类别、57项建设指标，其中引领性指标20项、基础性指标27项。改善全市9条入(太)湖河流水质，其中Ⅱ—Ⅲ水标准水质7个、Ⅳ类水质2个，氨氮、总磷浓度分别比上年下降21.2%、16.7%。太湖连续第十年实现安全度夏，横山、油车、龙珠3个水库(饮用水水源地)水质全部达标。完成《宜兴市省定主要入湖河流综合整治方案》，为实施精准治太工作提供指导性意见和理论支持。加强湖泛巡查和湖体内蓝藻打捞工作，建立完善蓝藻、湖泛的监测预警和应急机制。启动宜兴市太湖治理综合管理信息系统建设，建立网格化水环境监管体系。16个国家、省考核断面达到或者优于Ⅲ类水标准，其中殷村港、漕桥河、洪巷港、官渎港4个断面水质比上年提升一个类别。全市空气质量总体好转，未出现重污染天气。全年空气质量指数AQI达标率为67.6%，比上年增长15.2%。空气污染因子中，二氧化硫、一氧化碳、PM10、PM2.5、臭氧浓度比上年下降16.7%、1%、4.9%、7%、9.8%，空气质量优于无锡市区和江阴。

（吴笛）

治太保源

【概述】 全年完成省、无锡市下达的年度目标任务59项，其中省目标工程54项。5个国家考断面中，4个断面达标，达标率80%，其中3个断面达到或优于Ⅲ类水标准；19个省考断面中，17个断面达标，达标率89.5%，其中13个断面达到或优于Ⅲ类水标准。无锡市定31条整治河道中，10条达到Ⅲ类水标准，达标率32.3%，比年初计划达标率高出9.7个百分点。全市9条主要入(太)湖河道中，7条达到或优于Ⅲ类水标准，其余2条为Ⅳ类，与上年相比，4条好转1个类别，其余5条持平。氨氮、总磷总体浓度比上年下降21.2%、16.7%。42个市控河流断面中，27个为Ⅱ—Ⅲ水标准，占比64.3%，比上年增长11.9%。围绕“确保不发生大面积湖泛、确保饮用水安全”要求，每月监测分析横山、油车和龙珠3个水库水源地及西氿备用水源地上游入境断面水质，全程监管氿滨水厂制水、出厂水工作。横山、油车和龙珠3个水库的饮用水质全部达标。年内，市太湖办牵头相关部门修编《入湖河流综合整治方案》。完成《宜兴市省定主要入湖河流综合整治方案》，为实施精准治太(湖)工作提供指导性意见和理论支持。

【蓝藻打捞及利用】 加强湖泛巡查和湖体内蓝藻打捞工作，建立完善蓝藻、湖泛的监测预警和应急机制。沿湖镇、街道开展每日观测藻类工作，掌握周边水域水色、气味、藻类聚集等情况。全市组建蓝藻专业打捞队伍20支、370人。建立应急打捞队伍3支，配备应急打捞船只53艘，人员240人。配备固定蓝藻机械化打捞作业平台52座，建设藻水打捞线、分离站、移动式分离车各1个，藻泥干化设施1套，藻渣资源化利用设施1套，储藻池31只。全年处理陈藻5.26万吨。更新改造蓝藻机械化打捞作业平台8个、蓝藻打捞管理用房4座。新建储藻池2个、电力线路2千米，购置增氧曝气船7艘。全年出动蓝藻打捞人员约6.2万人次，打捞太湖藻水约163万吨，比上年增长16.4%；处理蓝藻约152万吨，比上年增长28.8%；藻水处理率93.6%，比上年增长9.3%；生产藻泥3万吨，生产藻渣1.65万吨，藻泥资源化利用率100%。

【太湖治理综合管理信息系统建设】 7月，市太湖办牵头市河长办、市“263”办，启动宜兴市太湖治理综合管理信息系统建设，建立网格化水环境监管体系，加强对重点污染企业、河道和水源地的监控力度。系统按照统一规划、统一平台、统一接入、统一建设、统一维护的原则，整合现有基础数据、监测数据和监控视频，用于管理治太和治河项目、督办督查治太事件、监控蓝藻和水质等具体工作，形成河道管理问题发现、处置和监控一体的网格化管理系统。

【河道专项综合整治工作】 加强全市水环境综合整治力度，市政府印发《宜兴市河道环境综合整治工作方案(2016—2020)》(以下简称《方案》)，计划分年度、有步骤地实施河道专项综合整治。《方案》提出，前四年综合治理无锡市定31条重点河道，其中2016、2017、2018和2019年分别整治15、14、18和7条(含跨年整治河道数)。按照《方案》，全年投资2.01亿元，实施控源截污、清淤疏浚、调水引流、河岸整治和生态修复五类(55项)工程，涉及镇(园区、街道)11个，完成漕桥河、社渎港、中干河、烧香港、武宜运河等26条主干河段和支浜的生态清淤、畜禽养殖整治、工业点源污染治理工程。

(胡云飞)

生态保护

【概述】 按照"科学治理、精准治污"的新思路，根据大数据分析结果，全面开展水、气、土环境污染治理，推动全市环境质量持续改善。实施水环境治理专项行动，整治工业点源、农业面源、生活污染源，实施控源截污、河道清淤、生态修复等治理工程。加强排水企业的执法监管，做好重点断面水质异常波动处置工作，查处不正常运行污染处理设施以及偷排、超标排放等环境违法行为。全市24个国家、省考核断面中，21个达标，达标率87.5%。开展饮用水源地环境整治，建立从水源地到水龙头的安全屏障。开展大气污染防治工程，制订实施大气污染防治行动计划。推动煤炭清洁使用，优化能源结构，推动新能源规模化应用；控制废气、尾气和扬尘排放，实施重点工业行业废气治理提标改造，实施机动车和非道路移动源污染控制工程，落实秸秆全面禁烧，推进秸秆综合利用。完善土壤污染防治工作方案，强化土壤环境综合监管，防控污染土壤风险。加强危险废物管理，通过优化调整产业结构、加强项目产废环节的环评及审批、推广低产废清洁生产技术，从源头上减少工业固体废物的产生，打击偷排偷埋、违法倾倒等行为。

绿刃专项执法行动　(蒋科伟　摄)

【排污控制】 通过节能减排、项目审批，把控污染源头，削减污染总量，优化发展空间。市环保局全年审批建设项目253个，项目总投资463亿元，否决、劝退不符合环保政策要求的建设项目38个，环保"三同时"(建设项目中防治污染的设施与主体工程同时设计、施工、投产使用)执行率100%。对照无锡市下达的2017年总量减排任务，重点实施热电行业超低排放改造、城市污水处理厂中水回用和小锅炉关停工程。COD(化学需氧量)、氨氮、总氮、总磷、二氧化硫、氮氧化物分别减排448.8吨、69.6吨、230吨、35吨、2209吨、1213吨。推进科学治河、精准治水，开创环境监测大数据分析工作模式。按照"科学布点、水样分析、汇总研判、对策建议"的工作流程，对全市入湖河道沿线水环境实施专项研究，通过数据的分类分析、交叉比对，找到环境污染的根本因子，完成对殷村港、中干河、社渎港、漕桥河等河道水环境的精准监测和分析，科学治理河道。全年，结合水流方向、流速和河道深度，设置河道采样点位48个，采集水样标本800多个，获得监测数据3万个，对流域内的水质异常点提出治理对策建议20多条。经过精准治理，无锡市定31条河道中，有10条河道水质达到或优于Ⅲ类水，达标率为32.3%，超过无锡市定22%的年度达标要求。42个市控河流断面中，Ⅱ—Ⅲ类的断面27个，占64.3%。

【污染防治】 实施以"绿刃"为代号的两期专项执法行动，抽调精干力量组成多个检查组，通过异地对调、交叉检查，昼夜突击，对企业环保基础信息、污染治理设施运行、污染物排放情况、环境应急设施及措施落实情况等方面开展检查。其中："绿刃一号"专项执法行动对印染行业和新丰河、中干河两侧49个企业实施集中突击检查，发现环境问题192个，对15个违法企业实施行政处罚；"绿刃二号"专项执法行动对中央环保督察组交办的43个信访问题、"263"办公室曝光的18个环境问题实施再次检查，发现环境问题163个，对7个违法企业实施行政处罚。同时，梳理汇总141个环境突出问题，细化161项整改措施，推动问题整改，消除环境隐患。

(吴笛)

环境监管

【概述】 以省级环保督察为契机，开展环保专项行动，解决影响群众生产生活的突出环境问题。采取多形式、多渠道的检查方式，对企业实施高压监管，对违法行为按照新环保法的要求实施立案查处。加大对重点企业在线监控设施的检查力度，打击数据弄虚作假等违法行为。督促维护公司加强对在线监控仪的维护保养，确保在线监控设施的正常运行，保证数据的真实性和准确率。完善"自下而上、纵向到底、横向到边”的信访排查网络，排查可能因环境污染而引发的矛盾纠纷，在第一时间将苗头性、倾向性信息纳入工作视线，提前把问题解决在基层，解决在初始。完善以预防为主的环境风险管理制度，实行环境应急分级、动态和全过程管理，依法科学妥善处置突发环境事件。建设更加高效的环境风险管理和应急救援体系，定期组织培训、演练，提高环境应急处置能力。

【环境执法保持高压】 根据“263”专项行动*部署，加强日常环境执法监管，市环保部门组织大规模夜间或节假日突击检查50多次，保持执法检查的高频高密。实施双随机抽查，建立专门管理平台，分层次、分频次检查企业655个，加强对企业环境行为的事中、事后监管。全年对188件环境违法案件进行立案处罚，其中实施查封扣押15件、停产整治2件，全年移送涉嫌环境犯罪司法案件8件，对15名犯罪嫌疑人采取刑事强制措施。

【环境信访案件处置】 化解重点、难点信访问题，严格执行环境信访接访24小时值守制度，及时处置环境信访案件，化解环境纠纷。定期分析研究信访案件，对重点区域、重点行业信访处置执行领导包案、带案下访制度。秉承“一案一策、包干到人”原则，全年处置环境信访1958件（领导接访14批次、带案下访49批次），其中噪声325件、废气1228件、废水243件、固体废弃44件、建设项目14件、其他104件。

江苏省纪念国际生物多样性日系列活动启动仪式 （蒋科伟 摄）

【环境突出问题处置】 梳理、汇总、细化上级环保督察反馈的330个环境突出问题的整改措施，制作督办推进表，下发至各部门和各镇（园区、街道），集中精力推动问题整改，消除环境隐患，保障群众环境权益。省环保督察期间，全市接到交办信访92件，数量为无锡地区最少。在省环保督察到基层检查期间，对省环保督察组发现的问题第一时间会同属地政府、相关职能部门调查处理，对调查属实的环境违法行为，依法依规处理。下发整改通知书34件，立案处罚24件，取缔关闭企业3个。对存在环境违法行为的企业主要负责人约谈27人，诫勉谈话8人。

【环境保护宣传教育】 以报纸、电视、电台、刊物、微博、微信为载体，以纪念环境日为契机，开展环保宣传活动，注重舆论引导，组织公众参与，构建良好环境公共关系。全年出刊《绿色家园》报纸专版12期，制作播出《宜兴环保》电视专栏8期；结合“六·五”世界环境日，围绕“保护生物多样性·共创生态新文明”主题，承办江苏省“世界生物多样性日”活动。通过宣传环境保护与生态文明建设理念，引导社会各界参与生物多样性保护及生态文明建设，自觉践行绿色低碳生活。运用网络新媒体加大环保宣传力度，全年发布宜兴环保官方微信信息150多篇，微博5000多篇，宜兴环保官方微博被人民网评选为2017年“江苏省十大环保政务微博”第二名，成为提高公众互动，凝聚社会共识，集聚环保力量的重要窗口。

（吴笛）

编辑 张璐瑶

城乡规划
CHENG XIANG GUI HUA

综　述

【概述】　发挥城乡规划的统筹引领作用，完善规划编制体系，优化城市空间布局，全年组织完成重大规划编制20余个。完成《宜兴市城市总体规划（2017—2035）》《东氿新城控制性详细规划》《宜兴打造宁杭生态经济带功能中心的战略研究》等规划编制项目，组织完成张渚镇、湖㳇镇2017—2035年总体规划及13个重点村、特色村的村庄详细规划编制工作。严格审批流程，修订完善《项目方案审批会签制度》等管理制度，提高规划管理的规范化和制度化水平。全年办理“一书两证”1128件，其中办理建设项目选址意见书56份、建设用地规划许可证121份、建设工程规划许可证951份。7月，启动历史建筑补充普查及确定工作。8月，总投资210亿元的宜兴国际旅游度假区窑湖小镇、雅达·田园颐养小镇两大旅游度假目的地项目在南京签约。市规划展示馆全年接待团队120批（次），接待社会参观7000余人次。规划信息网全年进行规划公示、答复咨询535条。

规划编制

【东氿新城控制性规划】　12月，《东氿新城控制性详细规划》编制完成。东氿新城规划范围东至东氿、芜申运河，南至大溪河，西至荆邑路，北至芜申运河，规划范围面积10.53平方千米，规划城市建设用地面积747.62公顷，规划人口9.82万人。东氿新城定位为城市副中心、市级商务商业、文化服务中心、现代滨氿宜居新城区。规划形成“一核一园、两轴三带”的景观风貌结构。一核是集文化、酒店办公功能于一体的东氿文化商务中心，一园是东氿及沿岸绿地组成的东氿滨水公园，两轴是太湖大道城市景观轴、东氿大道城市景观轴，三带是芜申运河滨水景观带、太滆河滨水景观带和大溪河滨水景观带。规划重点对该区域部分公共服务设施配套不足、不均衡的现状作全面总结和深入分析，并进行有针对性的补充完善。

【宁杭生态经济带战略研究】　为充分发挥宜兴在宁杭生态经济带的作用，促进宜兴成为宁杭生态城镇群功能中心，12月，市规划部门完成《宜兴打造宁杭生态经济带新兴中心城市规划战略研究》编制。经研究，宜兴生态优先的发展传统、厚积薄发的文化魅力、日益释放的旅游潜力、蓬勃发展的新经济和联动区域的交通区位是宜兴成为宁杭生态镇群功能中心的五大优势条件，同时提出推进宜兴功能中心成长的六大战略：优化市域格局，打造网络都市；融入区域交通，打造新型网络；提升旅游功能，提供品质体验；推动产业创新，引领绿色发展；赋能生态资源，彰显生态魅力；形成战略共识，寻求高位支持。

【环团氿健康步道详细规划】　针对团氿沿岸各公园板块之间连接不顺畅，环团氿健康步道的舒适度、美观度和引导性较差等问题，12月，市规划部门编制完成《环团氿健康步道详细规划》。规划在现有条件基础上建设一条长7.5千米、在公园内部顺畅连续的健身步道，

东氿新城凤凰街实景图　（市规划局　提供）

环团氿健康步道示意图 （市规划局 提供）

串联团氿东南西北四个方向。同时，在宜园北侧与氿北湿地公园之间建设一条跨越团氿水面及小岛的步行栈道，沿世纪大桥北侧建设一座步行桥，实现健身群众沿团氿一圈跑步或慢行时与机动车的人车分离。规划为保证健身步道本身的舒适度、美观度和导向性，新建部分的步道采用塑胶材质，色彩更加鲜艳明快，标识标志更加有趣活泼。

【全市历史建筑补充普查及确定工作完成】 为挖掘潜在的历史建筑资源，促进历史文化遗产保护与发展，7月，市规划部门启动历史建筑补充普查及确定工作。在丁蜀镇重点调查陶文化遗产，普查建于20世纪50年代的陶瓷企业（如均陶厂、彩陶厂、大新厂等）、丁山大街、陶研所、陶博馆、大师故居等相关建筑，及厂区大门、烟囱、陶瓷照壁等陶文化相关的构筑物。在周铁镇重新调研普查、分析甄别古镇历史建筑资源。在历史风貌建筑比较集中的归径、鲸塘、杨巷等老街区域，深入挖掘历史建筑的文化、科学、艺术等方面的潜在价值并进行科学评估。初步筛查出有一定保护价值、具有历史建筑潜力的资源点56处，并根据资源点的历史价值和保护迫切性，遴选出23处具有公布条件的历史建筑，作为全市第二批历史建筑报市政府批准公布。至年底，全市公布历史建筑2批、73处。

【雅达·田园颐养小镇】 雅达·田园颐养小镇项目位于宜兴市湖汊镇阳羡湖南侧，规划用地约4.1平方千米，总建设用地面积约100万平方米，总投资80亿元。小镇规划有阳羡湖景区游览区、小镇中心区、颐养社区、田园村庄和休闲度假设施区五大功能片区，以“精致、唯美、健康的颐养生活目的地”为定位，集养生养老、文化艺术、休闲农业于一体。至年底，小镇已形成完整的概念规划方案，计划于2020年建成使用。

【宜兴国际旅游度假区窑湖小镇】 项目选址在张渚镇茗岭山区，规划总面积约13.23平方千米，总投资130亿元。项目以建成全省最优、长三角知名、国内外游客向往的休闲旅游度假目的地为目标，围绕竹、茶、山、水、陶等宜兴特色文化内涵元素，通过重点打造以东岭水库为基础的窑湖核心景观湖，南北向的山谷特色景观轴，串联整个小镇主要景点的小火车风光带，以及亲子主题体验区、特色亲水休闲区、茶园体验度假区、乡村风情度假区和文化艺术街区五大区域，形成竹园、茶园、森林、花海、溪沟、亲水六大景观。到年底，该项目完成概念规划方案。

规划管理

【“规划一张图”信息系统建设完成】 为加强规划审批图文管理，提升规划编制质量与审批、监察效率，1月，市规划局启动“规划一张图”信息系统建设，制定了数据标准，收集数据资源入库。12月，项目完成。该系统是集一体化平台框架、规划审批、CAD图形编辑、效能监控、综合查询统计、会议管理、规划电子资料管理、规划空间数据综合分析、地形图快速建库、规划编制空间成果更新管理、移动一张图等功能模块于一体的综合性应用平台，对规划业务、基础地理、各种控制类规划成果档案进行统一管理和集成展示，实现了规划业务的全面信息化。

【模拟审批顺利进行】 为最大限度提高审批效率，指导重大项目模拟审批，市规划局制订出台《宜兴市规划局模拟审批工作相关操作规定》（试行）和“3550”*工业项目规划相关手续办理流程说明等文件，完善《建设项目总平报审规范》等报审文件，拟定《规划方案模拟审查意见通知书》《规划施工图模拟审查意见通知书》等审查表格，确保模拟审批顺利进行。同时，创新采用提前介入、主动对接、信息共享、并联审批等方式，推进“不见面”“见一次面”审批、网上审批、许可证快递邮寄等改革措施，压缩办事流程。至年底，累计办理模拟审批案件16个，有效解决各审批事项之间互为前置、审批时间长的问题，为建设项目的顺利推进提供了保障。

（许健）

编辑 吴畅畅 黄文婷

城乡建设

CHENG XIANG JIAN SHE

综述

【概述】 遵循"强功能、提品位、优环境"要求，快速推进市人民医院新院区、周铁医院、革命纪念园"一体两馆"等重点工程建设，全年完成投资13.2亿元。加快村庄环境提升改造，推进特色田园乡村试点申报工作，大力整治宁杭高铁宜兴段沿线环境。加强市政管护，全年投入维修管护资金1.33亿元。加强绿化和照明管护，开展专项维护活动。严格依法行政，贯彻实施破坏性地震应急预案，开展综合应急救灾演练。市文化中心获中国建设领域最高奖"詹天佑奖"，市人民医院(新院区)合同能源管理工程招标工作成为全国能源合同管理工程公开招标的第一标；宜兴市高水准通过"中国人居环境奖"复查，被评为全省市县防震减灾工作综合考核(县级)优秀单位。

【市政及景观绿化建设】 宜北路工程完工，陶都路、宜浦路工程按照年度节点任务优质高效推进，城西路网、巷头西路等支路改造提升工程完工，城区道路通行能力进一步提升。范蠡大道景观绿化、枫隐路西侧景观、枫隐广场等工程有序实施，城区人居环境实现持续提升。完成湖滨公路、宜广公路(太华段)、张灵慕线等路灯工程建设，解决了一批宜兴"两会"关于照明亮化的建议提案。

【行业管理水平有新提升】 有序推进"3550"*改革工作。做好审批流程再造、多图联审、代办员培训等工作，制定《市工业项目50个工作日办理施工许可证试行办法》，促进施工许可办理工作提速增效。以诚信建设为基础，修订全市建筑业企业信用评价考核办法，从市场行为、质量行为、安全行为等方面对建筑业企业考核，发挥诚信评价体系作用，促进全市建筑市场的健康稳定发展。以质量监管为主线，落实项目负责人质量终身责任、全面推行质量终身责任制度。强势开展商品混凝土专项整治行动，狠抓检测、监理、造价等中介机构管理，严厉打击虚假检测报告等不法行为，保持质量监管的高压态势。以安全生产为红线，持续不断开展落实企业安全生产主体责任专项行动，推进各级各类观摩活动，推动安全生产进一步持续向好。进一步完善房屋征收补偿配套政策，积极为全市重大项目征收工作提供科学指导和优质服务，推动全市房屋征收工作有序开展，全年完成征收房屋面积53.12万平方米。完善商品房市政配套建设管理，规范竣工交付使用备案工作，有效减少涉房矛盾。创新工作思路、严格落实要求，人防审批和抗震设防审批工作实现规范和效率的同步提升。市地震局再获"全省防震减灾工作综合考核优秀单位""全省防震减灾应急救援先进单位"称号。

【建设系统创建全国文明城市工作】 围绕宜兴市创建全国文明城市工作，深入开展市政、绿化、照明"三个专项维护"和建筑工地、菜场公园、公益广告"三个专项达标"活动。优化完善市政设施快速维修机制，全年修复破损路面2.2万平方米；加强盲道管理与无障碍通道优化管理，为市民营造良好的出行环境。推进第二期"林荫大道三年行动计划"，完成东氿大道、阳泉东路等道路的林荫路改造；组织开展城区绿化提档升级和交通干线沿线绿化整治工作，补植各类色块地被面积约2万平方米，清理绿化带杂物、垃圾及绿化园林废弃物等6800多吨。推进年度城市照明大修，启动背街小巷路灯查漏补缺工作，基本消灭了城区背街小巷"无灯区"。整治城区菜场和公园环境，制作公益广告牌近1000块，在150多个建筑工地设立文化围墙，为成功创建全国文明城市作出贡献。市建设局被市委、市政府评为"创城"突出贡献单位。

【美丽宜居乡村建设】 立足特色整治村庄环境，农村环境面貌有新提升。以长效管理为主线、改造提升为重点、突出特色田园乡村建设为主题，深入开展美丽宜居乡村建设。突出以查促管，健全完善"随机抽签、以点定面"检查机制，通过暗访、新闻媒体跟踪及专项考核等方式，增加督查频率、加大曝光力度，镇、村长效管理工作保持稳中有升的良好势头。实施村庄环境提升改造，"被撤并乡镇老集镇提升改造三年行动计划"收尾，高铁沿线村庄环境整治工作取得阶段性成效。

(周晓东)

重点工程

【概述】 全年实施政府投资工程29个，完成投资13.2亿元，市人民医院(新院区)工程完成初步设计概算评审、总平规划审批等前期工作，市红十字会血站和120急救指挥中心项目完成计划任务，周铁医院（精神卫生中心）竣工；市民中心、徐氏宗祠景观改造、市第二实验小学（南校区）加固改造、革命纪念园“一体两馆”等实事类项目相继建成；海关大楼改造、市福利中心颐养院、宜兴中专“创新创业孵化园”、阳羡中学体育馆等工程开工建设。宜北路、城西路网、巷头西路改造工程完工，陶都路、宜浦路工程完成年度节点任务；范蠡大道景观绿化、枫隐路西侧景观、枫隐广场等工程有序实施。完成湖滨公路、宜（兴）广（德）公路（太华段）、张（渚）灵（谷洞）慕（蠡洞）线等路灯工程建设。文化中心获中国建设领域最高奖“詹天佑奖”，市人民医院（新院区）合同能源管理工程招标工作成为全国能源合同管理工程公开招标的第一标。

【市人民医院新院区开工建设】 市人民医院（新院区）建设工程是“十三五”规划期间市委、市政府为民办实事重点工程，建设地点位于环科园东南，北至潢潼路，南至南一路（暂定名），西至兴业路，东至新城路；建设用地面积14.13万平方米，总建筑面积25.3万平方米，设置床位1600个，总投资估算21.99亿元。主要建设医疗综合楼（地下2层、地上18层）、行政科教楼（地下1层、地上4层）、后勤保障楼（地下1层、地上5层）、传染科楼（地上4层）以及附属用房（垃圾污水站、液氧站、地下锅炉房等）。至年底，完成现场考古挖掘、空调采暖系统合同能源管理招标及内装修施工图设计招标；土石方基础工程进场施工，施工图设计进展顺利，各专项设计工作有序开展。

【周铁医院（精卫中心）迁建工程竣工】 为满足区域内群众就医需求，更好发挥周铁医院的技术优势和医疗潜能，提升全市城乡医疗救助体系，促进全市卫生事业的可持续发展，2015年11月，周铁医院（精神卫生中心）迁建工程开工建设。工程建设地点位于周铁镇，西临解放路，东濒渎边公路，北至南环路；建设用地面积3.02万平方米，建筑总面积3.03万平方米；其中地上建筑面积2.92万平方米、地下建筑面积0.11万平方米。建筑密度23.5%，绿地率42%，设置床位520个（基本医疗床位120张、精神科床位400张），总投资1.57亿元。建设主要门诊楼3层、普通病房6层、精卫中心9层、后勤楼3层。2017年，该工程被列为2017年度市委、市政府为民办实事工程，于12月竣工交付。

【城东派出所暨应急中心城东分中心竣工】 项目于2016年8月开工建设，建设地点位于宜城街道学府北路南侧，南临省宜兴中学；建设用地5333.33平方米，建筑面积0.66万平方米（地上面积0.47万平方米、地下面积0.19万平方米），总投资约4500万元。工程结构形式为框架结构，层数为整体二层、局部四层、地下一层，建筑高度20.3米，建筑密度25.5%，绿地率20%。项目于2017年底竣工交付，有效提高了城东片区的公安应急能力，满足了该区域的基层治安需求。

城东派出所暨应急中心城东分中心全貌 （市建设局 提供）

【丁蜀中等专业学校实训基地、创业中心竣工】 项目于2016年12月开工建设，总投资1386万元，建设学生创业中心实训工场、创业创新工作室、电子商务营销室等，建筑面积0.38万平方米。项目于2017年11月竣工交付。

【市场监管局办公楼改造升级完成】 市市场监督管理局于2015年由原无锡市宜兴工商行政管理局、原无锡市宜兴质量技术监督局和原宜兴市食品药品监督管理局合并重组而成，办公地址在原无锡市宜兴工商行政管理局原址。为确保市市场监督管理局高效有序运行，优化办公环境，2015年12月，市委、市政府决定对建于20世纪90年代的办公大楼改造升级，加固改造原有建筑，拆除和重建部分不满足加固改造条件的建筑，由市建设局负责代建，工程项目被列为2016—2017年度市级重点工程。2016年5月，工程开工建设。项目分三步立项、划为三个标段：办公楼加固改造工程，投资额1795万元；市政改造工程，投资额1119万元；智能化系统工程，投资额442万元。2017年8月，工程竣工交付。

【教育局办公楼升级改造完成】 工程于2016年11月开工建设，立项总投资811万元。主要建设内容为对该建筑进行整体加固改造，包括室内装饰、外墙出新、水电消防、智能化等设施改造、外窗更换和抗震设防加固等，增设电梯、管道井及前室，屋面实施“平改坡”。2017年12月，工程整体竣工交付。

【第二实验小学（南校区）加固改造完成】 项目于2016年7月开工建设，总投资约2700万元。主要建设内容为改造原东山中学、建成第二实验小学南校区。改造内容包括加固教学楼梁柱墙面结构(面积约9200平方米)、校内建筑屋面实施"平改坡"、新建卫生间和连廊、市政配套实施改造等。2017年7月，项目竣工交付。

【张渚中专综合改造完成】 项目于2016年5月开工建设，总投资1127万元。主要建设内容为拆除C级校舍6500平方米，建造食堂及实训综合楼3200平方米，改变校门位置，改造运动场地。项目对原有建筑进行了优化改造，并在建筑改造的基础上新增了市政改造工程量，建设资金得到最大程度的利用。2017年12月，项目竣工交付。

【革命纪念园"一体两馆"竣工】 革命纪念园"一体两馆"建设项目位于革命纪念园原址，于2016年8月开工建设，项目总投资5896.86万元。主要建设内容为原址重建宜兴革命陈列馆(以下简称陈列馆)，新建宜兴革命烈士纪念馆(以下简称烈士馆)、停车场和广场公园，总用地面积3.47万平方米、总建筑面积0.54万平方米(其中烈士馆面积0.3万平方米、陈列馆面积为0.24万平方米)。工程于2017年底完工。

【宜北路综合改造工程建成通车】 针对宜北路行车难、停车难等交通管理难题，市委、市政府决定对宜北路实施综合改造。改造工程于2017年7月开工建设，范围为南起太滆西路，北至红塍桥，全长约2.42千米，工程总投资约1.39亿元。主要建设内容包括公交站台港湾化、交叉口渠化拓宽、道路黑色化加铺、燃气与给排水管线改造、电力杆线入地、交通工程改造和照明改造等。至年底，工程建成通车。

【城西路网改造提升工程竣工】 为提升城西路网通行能力，优化道路设置，改善出行环境，满足周边群众日益增多的停车需求，2017年3月，城西路网改造提升工程开工建设，工程总投资909万元。工程范围包括叠翠路、巷头西路同步拓宽、改造和优化。叠翠路北起巷头西路、南至阳泉西路，道路全长710米；巷头西路东起红塔路、西至氿西路，道路全长600米。巷头西路由14米拓宽至34米，新增非机动车道、人行道各宽4米，拓宽慢车道，修复道路断面，优化交通组织，提升绿化和照明，健全叠翠路与雁行路、巷头西路的交会路口功能。同时，补植和完善两条道路侧分带等地绿化，科学搭配种植黄山栾树、香樟等乡土树种，打造更加绿色宜人的林荫大道，改善市民出行环境。10月，工程竣工。

【顶上桥南堍景观改造工程完成】 工程于9月开工建设，总投资约200万元。建设地点位于巷头东路下穿顶上桥北侧，总面积约1.62万平方米，建设内容包括广场、园路、绿化等。公园设计坚持以人为本，在入口处及西侧设置两个广场，供周边居民开展健身及文体活动。东侧偏重于休闲，在保留原有树木的前提下，因地制宜增添色叶树种和开花植物，旨在营造安静、和谐的自然环境，为市民创造一个生态的绿色空间。12月，工程高质量建成。

【新源路建成通车】 为完善城东沿线路网的功能，提高宜官路和太湖大道的通行能力，加强新庄街道与东氿新城的沟通与衔接，2016年10月，开工建设新源路，项目总投资约3000万元。建设地点位于王婆桥以东地块，新源城市花园东侧，呈南北走向，工程实施范围南起太湖大道，北至宜官路，全长817米。道路规划全宽为36米，设计标准横断面为4米(人行道)+4.5米(非机动车道)+2米(机非分隔带)+7.5米(机动车道)+7.5米(机动车道)+2米(机非分隔带)+4.5米(非机动车道)+4米(人行道)，设计速度每小时40千米。2017年8月，工程建成通车。

【尚东路建成通车】 工程于3月开工建设，项目总投资960万元。建设地点位于城东"湖滨御景"小区西侧，东起"湖滨御景"西侧道路，西至规划中F地块的西侧道路，全长360米，红线宽度17米；南起洑溪路，北至解放东路，全长253米，红线宽度17米。9月，建成通车。

【亿达大厦西侧道路建成通车】 工程于7月正式开工建设，总投资约300万元，旨在完善城东亿达大厦西侧市政配套设施。工程南起洑溪路，北至解放东路，全场285米，红线宽17米，其中机动道车宽12米，两侧人行道各2.5米。12月，工程建成通车。

【学院路(二期)工程建成通车】 学院路(二期)工程位于城东王婆桥西南侧，南起学院路(一期)，北至芜申运河黄婆桥下，呈南北走向，道路全长265米，道路规划红线全宽14米，项目总投资420万元。工程于4月开工建设，11月建成通车。

【阳泉路绿化改造工程竣工】 阳泉路绿化改造工程(阳泉路与104国道交叉口导流岛改造)总投资246.91万元，占地面积约4万平方米，其中有绿地2万余平方米、旱溪1万余平方米，有机融入了海绵城市的设计理念。工程于1月开工建设，4月建成。

【湖滨公路路灯工程竣工】 工程是2017年度宜兴市政府重点工程之一。该工程是在2013年实施的宜兴常州交界处至周铁镇下邾街路灯工程的基础上，往南延伸，全线拓展，对周铁镇下邾街至老洑东收费站之间安装路灯，全长24.7千米。项目总投资2073.88万元，共计安装12.3米高路灯611基、15米高中杆灯18基、路灯控制箱18个。工程于2017年7月开工建设，10月竣工，湖滨公路全线实现路灯全覆盖，为市民和车辆的夜间出行提供了安全保障。

【宜广公路(太华段)路灯工程竣工】 宜广公路(太华段)路灯工程是2017年度宜兴市政府重点工程之一，建设范围为丁(蜀)张(渚)公路至环湖公路长4千米的路段以及华东路至省界标牌处长5.1千米的路段。项目总投资1269.04万元，共计安装12.3米高单叉灯449基、15

米高4火中杆灯4基、路灯控制箱6个。工程于8月开工建设,11月竣工。

【张灵慕线路灯工程竣工】 工程是2017年度宜兴市政府重点工程之一,于8月开工建设。建设范围为张公洞至竹海附近长约14.78千米的路段。其中,张公洞至汤省公路段为道口节点补灯;驮龙桥至竹海景区段因沿线绿化较为密集,路灯高度降低至6米和9米。项目总投资799.21万元,安装6米、9米高单叉路灯333基,10米高LED路灯、15米高中杆路灯29基,路灯控制箱10个。10月,工程竣工。

(周晓东)

镇村建设

【概述】 围绕"加快提档升级,打造美丽宜居乡村"目标,以环境提升、长效管理、特色田园乡村推进为契机,坚持"完善制度、严格考核、点面结合、整体推进"管理办法,确保农村环境长久整治。坚持以考促管,建立量化分类、动态考核机制,通过暗访、新闻媒体跟踪及专项考核等方式,增加督查频率、加大曝光力度,村庄环境长效管理工作稳中有升。加快村庄环境提升改造,"被撤并乡镇老集镇提升改造三年行动计划"收尾,制订出台《宜兴市村庄环境改善提升行动实施方案》《宜兴市美丽宜居乡村建设实施意见》。推进特色田园乡村试点申报工作,结合全域旅游规划,按照"突出重点、彰显特色"的原则,上报无锡市特色田园乡村建设试点村庄11个、省级试点村庄5个。组织申报国家级"2017年度人居环境改善示范村"项目1个、省"美丽乡村"项目2个、省"传统村落"5个、省城镇建设发展项目2个。年内,太华镇太平村、张渚镇祝陵村和徐舍镇洴浰村3个2016年度江苏省美丽乡村以及2015年江苏省美丽乡村——和桥镇大生村通过省住房和城乡建设厅示范创建验评。

【村庄环境长效管理】 坚持制度建设、加快创新驱动、突出以考促管,按照"全覆盖"要求推进村庄环境长效管理常态化。全年先后组织专项督查12次,通过暗访、新闻媒体跟踪及专项考核等方式检查行政村214个、自然村985个,通报不合格村庄100个。按照长效管理常态化、督查考核制度化、管护模式探索市场化要求,拟订《宜兴市村庄环境改善提升行动实施方案》《宜兴市美丽宜居乡村建设实施意见》,力促各镇(园区、街道)扎实开展村庄环境整治提升和长效管理示范创建工作,提出在"十三五"期末建设20个左右美丽宜居示范村的目标。

【高铁沿线环境整治】 宁杭高铁宜兴段西起徐舍镇西墟村,东至丁蜀镇前龙村,路线总长47.36千米,涉及徐舍、新街、环科园及丁蜀四个镇(园区、街道)的22个行政村、69个自然村。为严格贯彻落实省、无锡市《交通干线沿线环境综合整治五项行动方案》及市府办、市综合整治领导小组办公室关于《宜兴市铁路沿线环境综合整治专项行动工作方案》的精神,确保铁路用地红线外侧至100米范围内全面达到"六无一有"〔无违法私搭乱建的建(构)筑物及其附属物、无破旧建筑及残墙断壁、无乱堆物料、无暴露垃圾渣土及"白色污染"、无违法及破旧广告牌匾、无河塘漂浮物,有绿化隔离带或隔离墙〕标准,市村庄环境整治长效管理办公室督促协调沿线镇(园区、街道)及相关职能部门按照"拆、整、绿、清、遮、管"要求,综合治理铁路红线外1千米范围内的建筑物和村庄、农田林网、道路网、河湖水系网和企业烟囱。至年底,完成阶段性目标任务,达到了美观、整洁的标准。

(周晓东)

市政管护

【概述】 健全和优化快速维修的管理模式,加强道路管理、开放式场地常态化管理以及盲道管理与无障碍通道优化管理,全年投入维修管护资金1.33亿元,与宜城街道各社区建立微信群,组建"市政处社区心连心"合作平台,高效快速解决居民合理诉求。全年修复侧石8958米、砼路面0.43万平方米、沥青路面0.46万平方米、道板砖1.56万平方米、花岗岩1.9万平方米。接收东氿一号、前曲坊路与广汇南路开放式场地,城区有开放式场地44个、15.3万平方米。完成岳堤、茶东、茶西、龙潭、下漳等81个防汛工程开挖点的修复。优化老小区基础设施,提升环境配套和创建标杆,新建茶西、茶东小区健身活动场地,改造土城社区旧广场。

【盲道与无障碍通道管理】 联合市城管部门排查、整改主城区迎宾路、东山东路、龙潭东路等盲道存在问题的市政道路32条,整改与清理盲道1.13万米。联合市公安交警部门排查城区"断头"斑马线通道,打通解放路、氿滨路、荆邑路等城区主干道"断头"斑马线。配合市公安交警部门在城区主道路中央隔离带开设道口36个,配合市城管部门在人行道设置无障碍坡道49个,为市民营造了更好的休闲和出行环境。

(周晓东)

绿化管护

【概述】 开展绿化"专项维护"活动,成立党员模范先锋队,定员定岗定片区,排查整改绿地内黄土见天、损绿等现象。重点排查城区绿地和公园,及时补绿存在人为踩踏、车辆碾压、空缺地块等现象的绿地,做到日常管理和综合治理并举。重新补植长势不良、冠形不佳的行道树,清除和重新补植因上年洪涝灾害死亡的苗木绿地以及常年因界线不清养护失管空缺的绿地。全年共计补植行道树近500株,中侧分带及公园绿地补植色块地被面积约2万平方米,安装绿地护栏5015米。制订清理绿地内垃圾计划,全区域共计清理绿化带杂物、垃圾及绿化园林废弃物等约7.44万余立方米、6800余吨。

【"林荫大道三年行动计划"有序推进】 "林荫大道三年行动计划"进入实施阶段的第二年,按照"科学化建设、精细化

老小区路灯改造 （市建设局　提供）

管理、园艺化管护”的总体思路，有序推进林荫大道改造。完成城区叠翠路、桃源路、阳泉东路、东氿大道等道路的林荫化改造，营造出“春有繁花、夏享阴凉、秋观彩叶”的园林美景和城市景观。至年底，全市建成林荫大道17条，覆盖城区50千米里程，林荫大道占比提升到72%。

（周晓东）

照明管护

【概述】 开展照明“专项维护”活动，推进城市照明大修，总投资近1200万元，对全市范围内20个路段、17个小区的路灯以及城区范围内12个区域的亮化进行大修，更换各类灯具5527套，年内全部实施到位。对背街小巷路灯查漏补缺，全年对阳泉新村、西木路、仓浜新村西侧道路、谢桥菜场周边道路等17个区域亮化大修，安装路灯228套，基本消灭了城区背街小巷暗区，为市民群众夜间出行提供了更可靠的保障。

【绿色照明管理】 加强对合同能源管理(EMC)模式应用的节电器、LED路灯的日常监管，利用监控系统平台管控路灯智能节电器60余台，确保正常运行及故障及时维修。做好节电率的测试与节能款的按时返还工作，分批拆除停运的节电器50余台，从源头上消除安全隐患。组建绩效考核小组，监管省道342线亮化LED节能改造项目，年末测试光照度，运行状况良好。对利用合同能源管理(EMC)模式推广应用LED路灯的阳羡东路、袁桥路、诸桥路，加强现场照明质量、节电率的测试，并及时退返节能款。

（周晓东）

防震减灾

【概述】 保护地震监测台(站)设施和观测环境，定期维护数据处理中心设备，地震监测仪器、信息处理和发布系统运行正常。坚持震情速报管理，确保辖区及周边地区发生有感地震第一时间报出震级、时间、地点。严格依法行政，将抗震设防管理纳入建设工程审批程序，全年完成建设工程抗震设防审查项目171个、190.04万平方米。贯彻实施《宜兴市破坏性地震应急预案》，在市应急避难场所(龙背山森林公园)进行应急救灾综合演练，开展防震减灾教育培训31批(次)，培训学生1.41万人。年内，宜兴市被评为全省市县防震减灾工作综合考核(县级)优秀单位。

【科普宣传】 “5·12”防震减灾宣传日和科普宣传周系列活动期间，开展地震知识广场宣传活动和防震减灾知识讲座17场，印发《地震应急小知识》《地震科普小常识》2万本，《防震减灾科普宣传折页》1万份，发放雨伞、鼠标垫等宣传用品2万余件。在全市178个居民小区的广告牌和24个民防多媒体警报终端投放防震减灾公益广告和横幅210条。全年在《宜兴日报》、宜兴建设信息网、国家地震局和省地震局网站等媒体发表防震减灾宣传文章50余篇。

（吴文）

编辑　黄文婷

“5·12”防震减灾科普宣传活动 （市建设局　提供）

城市管理

CHENG SHI GUAN LI

综　述

【概述】 市城管局坚持问题导向，组织薄弱环节攻坚，化解突出矛盾问题，通过持续发力整治、联合条块管治、实施工程性措施、停车收费改革等手段，有效遏制街头路面车辆停放无序、菜场周边占道经营多发、背街小巷环境落差等影响市民安居生活的市容环境问题。推进城市环境综合整治行动、建成区违法建设整治行动，保持非法矿产品运输码头管控力度，制止共享单车无序投放行为，配合"263"专项行动*。围绕产业强市战略，落实重大发展项目跟踪保障服务措施，完成陶文化节、素博会、中高考、重大项目开工等保障任务。通过清理整治、完善优化，城市管理总体质效进一步提升，各项工作成效名列全省前茅。全市城管系统20余人获"无锡好人""陶都好人""市见义勇为积极分子"等荣誉称号。

（徐俊）

市容秩序管理

【概述】 开展队伍集中教育培训、分层次轮训，以"721工作法"（70%的问题用服务手段解决、20%的问题用管理手段解决、10%的问题用执法手段解决）发展新理念推行"不见面"审批方式，强化行政执法与司法衔接联动。招考录取编制人员33人（参照公务员法管理事业性质人员8人、全民事性质人员25人），加强跟踪管理培育，充实队伍新生力量。会同市人大专委会、编办等部门，赴浙江省的改革试点城市和江阴市调研，阐明改革目标路线图，为推进执法体制改革提供决策依据。12月，完成城管行政执法队伍制服换装和标识更换。

【路容路貌管理】 3月起，以维护主次道路沿线市容秩序为重点，组织实施道路清洁行动，采取"巡、管、治"管理措施，集中拆除乱设撑牌广告300余块，规范书报电话亭65个，清除乱张贴小广告3万余处，清理饭店门前乱堆放餐具盒3000余个。联合市公安、通讯营运部门，首次对乱张贴小广告的违法当事人实施行政拘留处罚，对违法当事人的通讯联系手机号码实施永久封停处理，加大违法成本，遏制违法空间。以长效管理为根本，建立落实小撑牌广告报批备案、书报电话亭审核登记、饭店门前餐具盒定时督促清理等长效管控制度，强化"一店一档""门前三包"等管理基础工作，城市路容路貌总体环境得到改善。

【共享单车管理】 近年，共享单车作为新生事物，存在盲目扩张、大量丢弃、保证金退还困难等问题，社会矛盾纠纷频发。2017年4月，广州悦骑信息科技有限公司运营的小鸣单车未经批准在宜兴市城区街头投放大量单车，占据人行道板、侵占公交站台，对城市运行秩序造成严重干扰。市城管局安排属地中队进行动态跟踪、调查取证，约谈公司负责人，责成自行清理。但至月底，街头占道共享单车数量不减反增。为保障"五一"假期路面交通秩序顺畅，市城市管理局指令属地中队对违规投放的单车实施代为清理，清理单车约1000辆，有效阻止违规事态蔓延扩大。按照"有发现、即查处"的要求，加强路面巡查，依法查处北京拜克洛克科技有限公司（ofo）、江苏永安行低碳科技有限公司（Hello bike）等共享单车公司随意投放经营行为。加大公共自行车管理力度，加强设施检修维护，调整站点车辆投放，提高运行效率质量，进一步方便群

清理零散违规广告（市城管局　提供）

众借车骑乘，满足市民出行需求，使高质量的公共服务产品有效替代共享单车经营空间。

（徐俊　杨正叶）

城区停车管理

【概述】 坚持多措并举、标本兼治的方针，集中整治城市车辆停放秩序。通过集聚条块合力、集中管理资源、集成治理措施等综合管理办法，改善车辆停放秩序，“车停入位”“停车顺向”的停放意识成为市民的自觉行为、文明习惯。4月起，会同市公安部门规范施划道板停车位，调整划设、重新漆线道板停车泊位1.7万个，设定非机动车停放区域5000余处，同步实施停车指引设施、盲道保护装置、禁停区域挡车器设置等配套工程项目建设，明确标示、醒目警示，确保可停区域规范有矩、禁停场所阻挡有度。在临溪路、天禧花园店铺周围等路段，推行路边夜间至清晨时段限时停放措施，避让行车高峰防止路面拥堵，缓解临近居民小区泊位紧缺困境。针对叠翠路、蓝天祥和花园一带货运车大量集聚的情况，配合公安禁行区域调整等管控举措，借助社会货运车辆停放场所，以优惠、免费的停车扶持政策疏导车辆入场规范停放，解决货运车在此区域无场可进、随意停放扰民的难题。协助宜城街道整治老旧小区车辆停放问题，无偿支援施划小区停车泊位6000余个，清理“僵尸车”200余辆，推动小区环境秩序改善。实施路面联防联控，联合公安交巡警，不间断开展机动巡查，提高违法停车查处时间覆盖广度，将严管措施由主干道路推广至次级道路，启用背街小巷违停电子抓拍系统，组织现场整治行动。针对非机动车乱停现象，设定可停区域，实施现场清理，强化规范意识，全年查处违法停车近12万起。

【停车收费管理】 针对城区停车泊位供需矛盾突出，中心城区乱停车、常拥堵、秩序乱等问题，7月，将计时收费由既往试点推行至城区所有政府收费管理公共停车场，分别按车辆类型、停放区域、停放时间、服务条件等因素，采取计时、计次或包月的计费办法。发挥价格杠杆调节作用，引导机动车从中心城区向非中心城区转移，从路内停车向路外停车转移。继续实施半小时停放免收费政策，减少长时间滞留停放，提高停车泊位使用周转率。探索实施停车收费管理领域“管办分离”模式，试点解放广场等7处停车场点社会化收费服务管理。

在剧院停车场试点实施停车计时收费改革
（市城管局　提供）

（徐俊）

违法建设治理

【概述】 按照“坚决遏制增量、逐步消除存量”的总体目标，以宜南山区、新建小区等易发违法建设行为区域为重点，强化违法建设治理管控。完善中队、大队、局三级立体式管控体系，布设管理网格216个。坚持重点防控区域巡查每天一遍以上、其他区域巡查每周三遍以上的路巡制度。实行“一户一档”“周报告”等基础性管理制度，建档资料涵盖所有镇村，形成可供追溯的信息情报库。落实巡查发现、查处拆除、结果反馈等环节的责任要求，实行违法建设管控责任问责制，实施重大执法行动跟踪督查。注重联防联控、群防群治，发挥物业管理前哨作用，堵截混凝土等可疑施工物料随意出入小区通道。会同市住房局，组织召开物业公司约谈会，明确物业管控违法建设责任标准，对城区107个物管小区实施联合考评，将违法建设预防责任纳入考核指标，定期通报，考核结果与绩效奖惩挂钩。建立跨部门执法协作机制，加强与市规划、国土、农林等职能部门之间的互通联动，协助镇（街道）实施拆除行动，在涉违案件查办上通力协作。根据重点项目实施要求，做好建设地块违法建设清理及预防监管等工作任务，为项目推进创造良好的基础条件。将违法建设发现、报备和查处等环节纳入中队目标管理绩效考核，运用激励奖惩手段，调动管理积极性，引导各中队主动作为，提高违法建设管控水平。全年拆除各类违法建筑748起、面积3.68万平方米，其中宜南山区违法建设191起、面积1.08万平方米。

【违法建设专项整治】 开展化工、砖瓦、畜禽养殖、燃煤炉窑等专项整治，排查、清理目标企业的违建项目，完善相关法律手续，同时配合属地政府，抽调城区执法力量，开展强制拆除清理行动。加强非法矿产品运输码头管控，强化盯防巡查措施，协同属地及主管部门，组织拆除清理涉及违法建设项目的码头基础，报告移交相关违法线索。10月，组织新一轮违法建设专项整治，以龙湖紫云台、融创氿园、中星湖滨城等36个节点防控区域为重点，集中拆除一批典型违法建筑。

（徐俊）

编辑　吴畅畅　黄文婷

信息化建设

XIN XI HUA JIAN SHE

综　述

【信息化基础设施建设】 按照省政府办公厅统一部署和无锡市相关要求，宜兴市实施电子政务外网升级改造。至年底，完成政府网络中心改造、市级部门分批割接、乡镇和村社区网络割接、各部门应用逐步迁移等工作。市政务云计算中心完全实现资源虚拟化、可视化、集约化的管理模式，并通过国家信息系统安全等级保护三级测评，提升了运行环境的可靠性、稳定性。按照无锡市经信委要求，组织有关部门和专家验收《宜兴市通信基础设施专项规划》。

【智慧城市基础工程建设】 牵头实施宜兴市大数据平台、经济运行综合信息服务平台等智慧城市基础支撑系统建设。宜兴市大数据平台建设完成软件开发和系统部署工作，并梳理形成47个部门1867条政务信息资源目录、2.46万个数据元，部门目录数据对接工作进展顺利。宜兴市经济运行综合信息服务平台项目，以"一库七平台"（经济专题数据库，一体化业务平台、企业绩效综合评价平台、统计分析平台、经济运行监测平台、企业服务平台、领导驾驶舱和移动服务平台）为主要建设内容，汇聚发改、经信、国土、住房、建设、商务、环保、安监、统计、国税、地税、市场监督、海关、供电、公用事业、水利等部门的经济运行数据数据资源，服务经信、发改、统计、商务、金融办等部门业务工作，全面提升本市经济工作整体水平。

【各领域各部门信息化系统建设】 推进市国土局智慧宜兴时空信息云平台项目、市教育局智慧教育云平台、市公用事业局智慧公用综合管理平台、市卫计委宜兴市区域卫生信息平台（二期）、市旅游局智慧旅游项目、市水利农机局物联网与信息化项目、市太湖办宜兴市太湖治理综合管理信息系统、市环保局业务系统升级集成项目、市公安局和综治办技防城三期等信息化系统建设（详见附）。

附：

各领域、各部门信息化系统建设项目（平台）

市国土局智慧宜兴时空信息云平台项目：依托云计算、物联网和大数据技术，建设智慧宜兴时空基础设施，整合宜兴基础地理时空数据成果、政务专题地理空间信息数据和互联网、物联网开放数据，构建以矢量地图、遥感影像、地名地址、地理实体、地下空间设施、物联网节点及其历史数据等信息资源，开展时空信息大数据分析挖掘，健全全市时空大数据的应用模式和服务体系。项目主要建设统一时空基准、时空大数据、时空信息云平台、支撑环境、智慧时空应用等内容。

市教育局智慧教育云平台：通过运用互联网、物联网、云计算、大数据等新兴技术，创建"人人皆学、时时能学、处处可学"的智慧教育开放服务体系，以适应全省新高考模式变革，改革传统教育模式，提升教育管理水平，促进优质教育资源普及共享，进而提升全市教育发展整体水平。项目主要建设教育基础平台、教育资源服务平台、智慧学习空间、教育评价平台、教育研训平台、智慧教学平台、教育管理平台等系统。

市公用事业局智慧公用综合管理平台：按照统一标准集成城市给排水、污水管理、防洪排涝、环卫、燃气等业务应用系统，实现各项业务的数据流通和协同工作，进而提升各项公用事业运营、管理、决策和服务能力。项目主要建设智慧公用综合管理平台、智慧供水管理系统、智慧排水管理系统、智慧环卫管理系统、燃气管理系统升级等内容。

市卫计委宜兴市区域卫生信息平台（二期）：该项目将在全市医疗服务机构推广应用银医通项目建设成果，并将基于已建的区域卫生信息平台，搭建区域卫生信息共享与交换平台及全程健康档案数据中心，全面提升市内医疗服务机构医疗服务、医疗保障、业务协同水平。项目主要建设银医通应用拓展、区域卫生信息平台改造、社区检验系统及心电系统、大众健康云平台等内容。

市旅游局智慧旅游项目：该项目整合全市旅游信息化资源，提升旅游业管理水平，适应高速增长的游客需求，开拓旅游客源市场，推动个性化产品开发，获取旅游业创新发展新动力。主要建设"一中心三平台七系统"，即：宜兴旅游服务中心；旅游资源聚合平台、旅游监管平台、旅游行业服务平台；旅游公共服务系统、一卡通系统、信息发布及展示系统、政务系统、旅游监控和预警系统、旅游投诉处理系统、客情分析系统。

市水利农机局物联网与信息化项目：通过建设全市水利农机系统的"统

一平台、统一标准、统一地图、统一门户、统一网络”，实现水利农机应用系统、信息资源、通信网络的整合共享和综合利用，提升全市防洪治涝、水资源高效利用、水生态环境保护以及现代化水利农机行业管理服务等领域的预测预警、指挥调度能力。项目一期建设对象为市水利农机局、太华镇、官林镇、杨巷镇、丁蜀镇及横山、油车水库管理所，主要建设内容为改造全市水利系统现有信息化设施、市级视频会商指挥中心和部分乡镇视频会商分中心、统一的业务平台和标准体系、水利监测点信息采集等。

市太湖办宜兴市太湖治理综合管理信息系统：整合现有各类治太基础数据、监测数据和监控视频，用于管理治太和治河项目、督办督查治太事件、监控蓝藻和水质等具体工作，形成河道管理问题发现、处置和监督的完整闭合的网格化管理系统。项目主要建设治太综合管理应用、河长制管理应用、“263”专项行动*应用等内容。此外，项目选取社渎巷10千米水面作为试点区域，共5个点位(每两千米)各放置一组氨氮和总磷监测，用作水质波动智能分析。

市环保局业务系统升级集成项目：通过环保应用一体化平台建设和部分业务系统升级改造，实现环保业务的统一规划、统一标准、统一门户，实现环保局的信息系统整合、业务数据共享、环境管理闭环联动等功能，项目建设内容主要为污染源在线监测平台升级、手机端APP查询系统改造、环保应用支撑平台(含单点登录)。

市公安局、综治办技防城三期：进一步强化全市社会治安管控能力，提高人民群众安全感。主要建设内容：继续深化“3·20”工程建设、加油站封闭小区出入口简易抓拍建设、监控资源共享云平台建设、宜城和丁蜀老旧小区监控汇聚、视频结构化分析项目建设、全市老旧小区技防改造建设、农村地区技防监控(“村村通”)建设、全市学校技防网建设、公安局信息中心二期建设等。

【政务信息资源整合共享】 按照全市大数据平台建设要求和省政府关于开展政务部门信息系统自查和审计工作要求，建立宜兴市政务信息资源目录体系，逐步完善人口库、法人库、空间地理信息库、宏观经济库等基础数据信息库，为政务信息资源通过市级数据交换平台统一共享打好基础。宜兴市大数据平台将按照无锡市经信委统一部署，做好与无锡大数据平台的对接工作。

【信息安全保障】 推进宜兴市政务网络安全云平台项目，为政务云计算中心各租户统一提供云WEB应用防火墙、云数据库审计系统等基础服务，并满足租户个性化的安全管理服务需求。电子政务外网实现全网实名制认证上网，各级用户均须通过PPPOE拨号认证方式访问政务外网或互联网。按照省电子政务外网安全建设指南要求，逐步将非涉密应用全部迁入电子政务外网，并针对电子政务外网内的业务系统的互联网访问需求，研究制订DMZ安全区域建设方案。

【两化融合】 优化全市两化深度融合(互联网与工业融合创新)行动纲要，组织企业申报两化融合和两化融合贯标示范试点，引导企业对标诊断，推进组织实施一批互联网与工业融合创新项目。江苏俊知光电通信有限公司通过两化融合管理体系贯标，中建材(宜兴)新能源有限公司、无锡江南电缆有限公司入选国家级两化融合管理体系贯标(试点)企业；新增省级互联网与工业融合示范、试点企业各3个，累计分别达7个和40个。

【信用体系建设】 至年底，全市企业信用信息基础数据库、宜兴诚信网和宜兴市公共信用信息服务平台涵盖企业8.2万多个，信用信息数量超72万条，平台查询超2.2万次，企业申请办理信用核查53次。定期多点发布企业信用红黑榜单，在宜兴诚信网上发布失信被执行人企业名单6期、59人。为激励诚实守信行为，市政府出台《宜兴市守信示范企业评选细则》，开展守信示范企业的评选工作。在“万企贯标，百企示范”评选活动(全省创建省级信用管理示范企业100个、培育全省信用管理贯标企业1万个)中，全市259个企业通过省企业信用管理贯标验收，4个企业入选省级信用管理示范企业名单，35个企业入选无锡市信用管理示范企业名单。

(任卿颜)

有线传播

【概述】 江苏有线宜兴分公司继续优化经营要素，保用户、快转型、练内功，培育新的增长点。立足本土文化，通过广场舞、公益广告短视频大赛等制作视频产品，把优秀的作品搬上荧屏丰富内容。对接政府部门，通过社会渠道条线寻找资源充实智慧社区内容。同时根据各地实际为各镇、村量身订做虚拟频道，做到“一村一品”。改进电子支付方式，优化微信支付界面，增加产品订购服务功能，同时在屏显催交上增加微信、支付宝二维码，方便用户扫码支付。首个标杆网点宜城站教育西路营业厅投入使用，实现营业网点由业务办理、安装维修向服务管理效能提升转型，将营业厅打造成体验中心、服务中心、销售中心。举办“我爱广场舞”大赛，承办第八届施坦威全国少儿钢琴比赛，与电视台共同举办“江苏有线”杯紫砂壶十大经典器型传统制作大赛，均可通过智慧社区平台“看宜兴”板块观看现场实时画面；助力第二十届太湖风筝节，为赛事场地提供无线Wi-Fi全覆盖。与市委宣传部和市创建办、网宜办、书法协会等单位对接，组织开展“一带一路”宜兴刀笔陶瓷艺术作品展、“喜迎十九大、全景看宜兴”短视频大赛、“爱文明、爱公益、爱宜兴”公益广告大赛等活动，利用电视投票环节，让用户对自己喜爱的作品进行投票，拉动高清互动覆盖率，提升公司品牌影响力。

【智慧社区建设】 加快与地方党委、政府对接，实现智慧镇村落地。1月，公司举行“有线视联 智慧宜兴”云媒体电视智慧社区上线发布会，与20个村集中签约，为平台推广打下坚实基础。7月，湖汊镇大东村智慧社区平台上线，大东村综合管理中心揭牌成立，全市首个智慧镇——万石镇成功签约。至年底已覆盖用户14.2万户，建成智慧村19个，建设村级监控26个。

【安全播出万无一失】 安全播出是广电网络的首要任务，完成“元旦”“春节”“两会”“一带一路”“十九大”等共计62天重要保障任务，未发生一起停播事故、未发生人身伤亡及安全生产事故。为做好“十九大”安全播出工作，着重做好安全检查、隐患整改、应急演练、技术改造、人员培训等方面的工作，完善规章制度8个、操作流程4个、应急预案5个。对9个关键节点设备和系统进行备份或更换，举行安全播出演练17次，巡检乡镇机房，完成安全播出类技改项目立项160万元，对“十九大”安全播出单独立项固定资产投资115万元，“十九大”期间，确保全市信号传输万无一失。

（马子东）

电　信

【概述】 中国电信股份有限公司宜兴分公司（以下简称宜兴电信）全年通信业务收入5.8亿元，有固定电话用户25万户、天翼手机用户53万户、宽带用户26万户、电信电视用户13万户。为实现高质量通话（VoLTE）业务开展，助力窄带物联网（NB-IoT）业务落地，公司全面推动网络建设，4G覆盖率98.45%。完成锡宜高速公路、宁杭高速公路，宁杭高铁专项优化，实现高铁沿线800M（兆）全覆盖。光宽带、4G、翼支付、物联网、互联网+、云及大数据等业务能力增强。积极推进企业上云工作，组织资源丰富企业上云应用。完成重大活动与物联网小镇的大数据分析，探索互联网+旅游服务，打造互联网+“文明爱心伞”项目。建设智慧环保物联网产业园项目，举办2017（第五届）中国环保技术与产业发展推进会暨2017世界物联网博览会智慧环保高峰论坛。

【基础设施建设】 建设千兆接入项目，承接4K超清、VR（虚拟现实）等高速率业务，部署完成一/二平面扩容工作、汇聚交换机和10G EPON交换机建设，具备千兆及超千兆接入能力。建设全光精品网络，完成光纤改造、退网、退铜（铜改光）年度目标。完成7.1万个铜产品迁改、28个全光支局、252个有源点退网。推广延伸服务，宜兴电信成立智慧家庭项目组，深化营销、维护一体化。截至11月，全市共建设社区店48个，选拔一批客户服务工程师进驻社区店，为市民提供“零距离”服务。全面执行“当日修，当日装，慢必赔”规则，新装处理及时率96.79%，修障处理及时率96.62%。

【重要通信保障社会安全】 年内，宜兴电信实现258个小区的监控系统的高清和智能化，实现丁蜀、湖汊、官林等镇与企业的技防全覆盖，参与宜城街道、丁蜀镇汇聚平台项目。完成第六届中国宜兴素食文化博览会、第四届芳桥目连文化节、第二十届中国·宜兴太湖风筝节工作，保障节日活动期间电信用户的正常通话和上网。宜兴电信联合市公安局举行现场应急指挥综合通信保障演练，做好中共十九大应急通信保障工作。联合市公安局召开宾馆酒店等重点场所互联网安全技术措施、ETV建设推进工作会议，开拓网络安全管控新局面。

【114移车服务】 6月，宜兴电信与市公安局签署《114移车社会化服务协议》，7月1日起，110不再受理普通移车求助，由宜兴电信114为市民提供移车求助服务。有移车需求的市民，只需拨打114，告知地址和对方车牌号，114会在不挂断求助电话的情况下，通过技术平台直接转接对方车主，人工语音提醒车主前往现场移车，并直接将结果告知求助人。全年宜兴电信114共受理移车服务10.30万次。

（陈城）

移动通信

【概述】 中国移动通信集团江苏有线公司宜兴分公司（以下简称宜兴移动公司）下辖城中、城东、环科园等分局12个，持续着力4G（TD-LTE）精品网络建设，拥有业务网点400多个，开通4G站点2500余个，基本实现全覆盖。全年业务收入8.5亿元。

【基础设施建设】 采用新技术、新方法完善并优化网络，用户体验和网络优化有新提升。规模推进双频网，网络容量倍增，有效疏导高负荷网络承载压力。引入NB-IOT新技术，开通物联网小镇站点120多个，助力宜兴从移动互联到万物互联的升级。全年新增节点机房15个，累计92个；互联网出口带宽扩容400G；新敷设光缆3000千米皮长，累计超2万千米皮长；提升优质光网覆盖半径与承载能力，完成光纤到户改造22万户。促进宽带提速再升级，实现家庭宽带100兆光纤入户。

【智慧停车建设】 7月，宜兴移动公司与市城管局联合打造的智慧停车收费系统投入使用。系统基于“前端物联网采集设备+PDA巡检+车辆信息采集”，实现“人”“车”“泊位”三位一体的智慧化管理，是面对城市道路内停车运营管理的整体解决方案。停车场管理员通过智能停车终端扫描车牌信息，将停车综合信息传输到云服务器生成停车计费订单。系统暂时只支持现金支付，后期将开放车主通过手机应用程序、微信公众号和支付宝服务窗等途经输入泊位号完成自主停车缴费。该系统的使用有效缓解了城市“停车难”问题，城区各大停车场的车位平均周转率较以前提高约40%，车辆“速听速走”渐成趋势。

【丁蜀物联网小镇】 为贯彻落实中国移动“大连接”战略，实施江苏移动公司与省政府签署的物联网战略协议，宜兴移动公司发挥在物联网技术、产业、应用以及跨界融合等方面的规模优势和应用优势，引导和推进丁蜀物联网小镇建设。9月，公司与丁蜀镇政府联合打造的丁蜀物联网平台投入使用。该平台由物联网管理平台及监管中心、水产养殖物联网系统、设施农业物联网建设、大田物联网建设、茶叶物联网系统建设五个物联网应用部分组成。该平台一期建设以农业物联网为主，后期将拓展至智慧政务、陶瓷产业、城镇管理、健康养老等方面对物联网小镇业务等方面。

【管理与服务】 不断提升窗口服务质量，为顾客打造诚信舒心的消费环境。建立健全“服务首问负责制”“AB岗工作制”“每诉必录”“48小时首次回复”等制度，在全市230多个营业厅实施公共服务规范，营业厅服务水平有提升。专项提升营业厅环境，深化营业厅5S（整理、整顿、清扫、清洁、素养）管理，梳理总结提出“四净三无”（地面净、桌面净、玻璃净、门前净；无卫生死角、无乱堆乱放、无过时张贴）、“着装仪容三忌”（忌鲜艳、忌杂乱和忌随意）及“五声服务”（来有迎声、问有答声、走有送声、办完业务有谢声、造成客户不便有歉声）要求。优化营业厅业务服务流程，全年常态化开展营业厅服务评价活动，通过第三方检测营业厅服务质量，客户真实体验平台通过以短信或微信方式进行问卷调查和服务评价，营业厅满意度超98.5%。

（吕文婷）

联合通信

【概述】 中国联合网络通信有限公司宜兴市分公司（以下简称宜兴联通）建设“千兆光纤到楼入户”项目，主要对在网率高的旧区新域光纤改造，对电缆经常被盗的城郊和农村局光纤改造和资源盘活，对故障率高、维护成本高的区域光纤改造，对城区部分现网FTTB（光纤到楼）覆盖区FTTH（光纤到户）改造，建设新建小区内部通信光纤。全年投入300万元建设与维护光纤改造项目，投入500万元对各街道、主要镇区的新建小区实行光纤覆盖，共计建设31个小区，新增光纤到楼入户4万户。累计完成光纤覆盖建设406个小区、50幢楼宇，合计覆盖用户约24万户，覆盖后小区宽带速率达100M（兆）以上，保证网络高速、畅通运行，稳定且不掉线。宜兴联通组建全市高速4G无线网络全覆盖工程，在宜城和丁蜀、张渚、徐舍、周铁等镇增设4G基站及楼顶站点，在市政府、供电公司、建设局等党政机关单位、国有企业和湖㳇镇宜兴富陶温泉酒店有限公司、西渚镇宜兴市水墨田园温泉度假酒店有限公司等旅游景点及部分企业宿舍等地增设室内分布，所有完工增设的无线覆盖工程经测试，最高下载速率可达150Mbps（兆比特每秒），信号覆盖率达99.35%，同比3G下载速率提升10倍以上。全年投资1800万元用于无线网络全覆盖的建设与维护。

【基础设施建设】 顺应3G时代向4G时代的转变，宜兴联通新增4G基站150个，累计建成4G基站1200个，重点实现对宜兴旅游景点、休闲购物场所、商铺、农家乐、新建小区住宅楼宇等场所的无线覆盖，实现宜兴全市无线网络全面覆盖。为使网络精准覆盖大型综合体、商场超市、大型公共场所，新增4G室分94个点，累计建成200个点。宜兴联通在宜兴的网络覆盖率达到城区99%、乡镇90%、山区85%。宜兴联通上联出口为110G，通过2017年的新国标小区建设，光纤入户新增1.74万户。宜兴联通宽带覆盖全市小区419个、20.98万户（FTTB覆盖211个、8.84万户，FTTH覆盖200个、11.81万户，ADSL覆盖8个、3308户），覆盖楼宇和大市场70个、1.53万户（FTTB覆盖34个、6694户，FTTH覆盖36个、8620户）。城市固定宽带家庭普及率93%，100Mbps及以上宽带接入率90%。

（杨凌云）

编辑 吴艳 龚樱

公用事业

GONG YONG SHI YE

供 水

【概述】 围绕优质保供和城乡居民供水服务均等化，加快推进供水体系建设，全年建成供水主管网96千米，有序实施新街、归径供水管道改造及偏远山区供水设施改造，完成鲸塘水厂、大贤岭水厂维修改造等工程。《宜兴市桃花水库工程项目可行性研究报告》编制完成。对宜兴市供水基础设施薄弱环节逐一梳理，加大资金投入，有序实施供水设施设备改造，先后完成王府新村给水改造、誉珑湖滨一期二次供水管道改造工程，提升了城区二次供水安全保障力度。实施楼道表改地埋表1.86万余户、表井及相关设施改造1.4万余处，提升市供水设施设备的防冻水平。完成127千米区域供水环网的冲洗，并彻底冲洗西线地区清水库、主管网，基本解决西线浑水的老大难问题，确保用户龙头水品质。通过多水源调度、集中制水、水质监测，保障出厂水及龙头水的水质，饮用水水质全部符合或优于国家标准，全年实现总供水量1.25亿吨，比上年增长3.71%。

【国家节水型城市通过复查】 宜兴于2013年成为国家节水型城市，按照相关要求，每四年复查一次，2017年是第一次复查。四年中，市公用事业局担当起节水复查工作的牵头组织职能，对照上级复查要求，在规章制度完善、城市供水管网设施建设、计划用水管理、节水先进技术及节水器具推广、污水再生利用以及资料台账准备、现场迎检布置等方面，逐项梳理、逐项落实。2016年万元GDP用水量为13.60立方米，比2015年下降2%，万元工业增加值用水量为15.89立方米，工业用水重复利用率达95.84%，居民生活日用水量111.74升每人每日，城市供水管网漏损率11.95%，节水器具普及率100%；水环境不断改善，工业废水达标排放率100%，城市污水处理率95.01%，城市非常规水资源利用率35.82%，居民用水实行阶梯水价。2017年6月，国家节水型城市复查工作组到宜兴复查节水型城市建设工作，通过近2天的台账查阅、现场考察及听取汇报等考核环节，通过了宜兴市"国家节水型城市"称号。

【供水信息化技术创新升级】 宜兴水务集团有限公司对宜兴市域供水管网、阀门等基础信息开展全面梳理，至年底，市域范围的65%，周铁、湖㳇等6个片区基本完成梳理统计工作。为保障供水的优质稳定，在重要供水环网节点处新增多处水质、压力、流量仪和超声波水表在线监测点，为下步实施分区计量管理打下良好基础。与供电部门进行战略合作，联合建立完善远程抄表系统，至年底，全市所有小区高层用户的改造工作全部完成。

【供水便民服务】 供水用户资料更新完善率95.5%，卡扣、网络支付和预存支付用户占供水用户68.1%，水费预存户数13.43万户、预存余额达1626万元，门店现金收费仅占收费总数的30.5%。全年处理来电来访4.58万件，宜兴市域志愿服务100次、上门延伸服务763次，夜间施工999次，回访客户1.9万户。在提升服务效率的同时，压降了服务成本，提升了用户服务满意率。

（戴琦）

供 电

【概述】 随着宜兴产业强市战略的加速推进，宜兴市全社会用电量全面增长，2017年达97.37亿千瓦时，比上年增长5.55%。其中：工业用电量73.27亿千瓦时，比上年增长4.15%；农、林、牧、渔业用电量1.36亿千瓦时，比上年增长7.89%；城乡居民生活用电量11.54亿千瓦时，比上年增长10.13%。供电最高负荷179.3万千瓦，比上年增长10.82%。市供电公司供电量89.11亿千瓦时、售电量86.62亿千瓦时，分别比上年增长6.01%和5.77%；年度综合线损率2.8%；综合电压合格率99.98%；供电可靠率99.93%。全市完成配农网投资5.62亿元；新增、扩容配变538台，增容168.6兆伏安，新增及改造10/20千伏架空线路550.32千米。市国网江苏省电力公司宜兴市供电公司（以下简称市供电公司）获"国家电网公司文明单位（2014—2016）"称号，连续第四年获宜兴市"千人评议机关"公共服务单位综合评议第一名。

【安全生产】 开展安全大检查活动，累计排查问题隐患1872条，完成整改1837条。加强施工现场安全管理，两级安全督察共计出动4220人次，检查现场1959处。开展"五星级电力用户"试点验收工作，提升客户用电安全自主管理水平。开展迎峰度夏暨高考保供电反事故演习，完成各类重大保电任务33起。

11月24日，供电公司员工巡视旅游景区的光伏设备 （蒋逸 摄）

【电网建设】 220千伏新宜兴变、110千伏竹海变开工建设。完成陶都、宜北、宜浦路线路入地迁改工程及新孟河电力迁改工程设计工作。完成配电自动化一期共计194个点改造，完成率78%。完成90个小城镇（中心村）电网建设项目。完成洑西村等8个美丽乡村示范点建设。

【供电服务】 市供电公司响应“连心富民 联企强市”大走访活动，客户投诉比上年下降36%。落实供电所台区线损常态管控工作，采集系统线损合格率99.80%，位居全省前列。推进区域能源服务中心的建设，已签约用户111户。完成新庄、万石、宜城3个供电所自助营业厅改造。完成电能替代电量1.65亿千瓦时，完成率100%。

（孙亮）

【抽水蓄能电站平稳运行】 华东宜兴抽水蓄能有限公司全年电站机组发电启动2028次，成功率100%；抽水方向启动1377次，成功率99.85%；发电量15.29亿千瓦时，创电站投产以来年发电量新高；上网电量15.23亿千瓦时，受网电量19.14亿千瓦时，抽水电量18.92亿千瓦时，电站综合效率79.59%，等效可用系数88.75%。

（蒋洁青）

【发电企业】 全市有发电机额定容量3000千瓦以上的传统发电企业15个，其中，抽水蓄能电站、垃圾发电厂、天然气发电厂均各1个，热电联产企业5个，利用余热、余气、余压发电的资源综合利用企业7个，全年新增光伏发电企业4个。总装机容量1517.17兆瓦，全年共发电83.62亿千瓦时。发电消耗煤炭326.98万吨、生活垃圾17.57万吨、天然气9.6亿立方米。热网管道总长303.1千米，全年供热4022.46万吉焦。

（顾彬跃）

2017年宜兴市电厂主要技术经济指标

表65

序号	单位	发电机额定容量（兆瓦）	发电量（万千瓦时）	燃料量（万吨煤）	供热量（万吉焦）	发电煤耗（克/千瓦时）	供热煤耗（千克/千焦）	热网总长度（千米）
	合计	1517.17	836176	—	4022.46	—	—	303.1
1	江苏三木集团有限公司	24	10141	18.36	266.09	403	39.1	5
2	江苏华亚化纤有限公司	24	19002	24.53	106.42	335	41	10
3	光大环保能源(宜兴)有限公司	12	6502	17.57	—	—	—	—
4	江苏国信协联能源有限公司	312	196268	134.00	875.51	272.97	38.2	250
5	江苏国信协联燃气热电有限公司	870	459812	9.60	628	198.11	34.37	—
6	宜兴灵谷热电有限公司	60	41662	106.10	1874.44	274	33.79	2.5
7	宜兴华润热电有限公司	120	74857	43.99	272	312.28	38	35.6
8	无锡双诚碳黑科技股份有限公司	3	2188	—	—	—	—	—
9	宜兴市金墅水泥有限公司	4	3109	—	—	—	—	—

续表65

序号	单　位	发电机额定容量（兆瓦）	发电量（万千瓦时）	燃料量（万吨煤）	供热量（万吉焦）	发电煤耗（克/千瓦时）	供热煤耗（千克/千焦）	热网总长度（千米）
10	江苏阳羡南方水泥有限公司	7.5	1300	—	—	—	—	—
11	江苏宜城南方水泥有限公司	4.5	2853	—	—	—	—	—
12	江苏徐舍南方水泥有限公司	4.5	2834	—	—	—	—	—
13	江苏新街南方水泥有限公司	9	5145	—	—	—	—	—
14	宜兴天山水泥有限公司	12	5729	—	—	—	—	—
15	无锡嘉瑞光伏有限公司宜兴电站分公司	11.53	600	光伏	—	—	—	—
16	宜兴市瑞尼光伏发电有限公司	2.19	78	光伏	—	—	—	—
17	江苏富宜禾新能源科技有限公司	1.95	28	光伏	—	—	—	—
18	宜兴品和光伏科技有限公司	35	4068	光伏	—	—	—	—

说明：1.大环保能源（宜兴）有限公司的燃料为生活垃圾

2.不消耗燃料的为利用余热、余气、余压发电

3.江苏国信协联燃气热电有限公司的燃料为天然气

4.江苏国信协联燃气热电有限公司的燃料量单位为亿立方米

供　气

【概述】 紧扣“普惠　共享　安全”目标，统筹构建天然气、瓶装气、车用气“三气”发展新格局。全年新建天然气中压管道40千米、低压管道60千米，建设低压庭院埋地管60多千米、镀锌立管及架空管117千米，全市天然气输配管网里程达2200多千米。全年管道天然气供应量达5.3亿立方米；签约工业、商业、公共福利用户590个，其中工业用户73个、商业用户507个、公共福利项目10个；新增居民用户开户1.21万户，点火生效1.74万户。瓶气安全保障工程实施，开展瓶气资源整合，科学设置储配站，建立瓶气呼叫热线，全年置换公用燃气专用瓶1.27万瓶，销售钢瓶气超1万吨，全市5个汽车加气站运行稳定，年销售车用气8470吨，完成近300辆LNG公交、客运车辆保供任务。落实安全检查工作，组织燃气行业季度安全大检查、日常巡查、整改复查、专项检查等，全年检查燃气经营户、供应企业188个（次），全市各储配站、燃气供应点和天然气场（站）均能落实各项制度和操作规程。做好用户户内安检工作，宜兴港华燃气有限公司全年安检居民用户7.5多万户，入户安检率87.7%，查出一级隐患459户，整改率100%，整改检查出的超年限燃气具、无熄火保护装置的灶具、漏气燃气具等2800多台；完成调压箱矮立管及阀门防腐250只，调压箱进出口管道及支架出新50只，表箱修理、更换738只，阀门井维护保养2620只，泄漏测量管线2296千米。

【“蓝色火焰”安全行动进农村】 3月，市公用事业局按照“连心富民　联企强市”大走访要求，组织140多名干部职工，分成7大组56个小组走进新庄街道，逐户走访、座谈，普及用气安全知识，累计走访农户1483户，发放张贴安全用气公益传单3600余份，收集各类意见建议200余条，提供免费安全检修150余次。通过“蓝色火焰”大走访活动，市民群众的安全用气意识、辨别燃气质量以及燃气应急安全处理能力有了提高。

【瓶气安全保障工程】 以市公用燃气管理有限公司为主体，利用市公用事业管理局基层工作服务网络，联合镇、村等多方力量，按照“试点先行　逐步推开”的原则，积极稳妥向全市各镇、园区、街道普及推广专用瓶装气，建网布点、进村入户，逐步形成品牌效应，消减“黑气”滋生“土壤”。通过建立瓶库，对钢瓶进出实施有效管理，解决钢瓶调拨、检测的混乱问题，提升调度效率，盘活资产，实现“自有瓶”“一瓶一码”管理。引进“互联网+”等新颖的科技管理模式，实时跟踪监控每一个智能瓶的流向，实现全过程跟踪管理，并依托瓶气呼叫热线及微信服务号，完成定气、送气、安检、钢瓶定位等一条龙瓶气服务，全面规范宜兴瓶气市场。

【打非治违确保瓶气市场安全】 为维护宜兴市燃气市场稳定，市公用事业管

理局燃气管理处协同市公安局、市场监管局、交通局和江苏省公安消防总队宜兴大队等部门，共同开展燃气行业安全专项整治工作。全年出动执法检查40多次，查获违法行为4起，暂扣气瓶700余只，共处罚金3.85万元。11月，在市政府统一指挥下，由市公用事业管理局燃气管理处制订计划方案，会同市公安局、安监局、城管局、市场监管局及江苏省公安消防总队宜兴大队等部门，通过深入细致的排查，取缔阳羡新村北门、新庄街道震泽路379号、宜兴市人民北路废品收购站和宜兴市新街江苏金元食品厂4处违法存储大量钢瓶点，查处钢瓶500余只。

【安全宣传手段多样化】 为提高燃气用户安全用气意识，引导用户正确使用燃气，预防和减少燃气事故的发生，市公用事业管理局燃气管理处配合各乡镇开展瓶装燃气、餐饮用户安全用气宣传及指导，开展大型广场公益宣传7场次，发放各类安全用气手册、告知书、宣传单3万份，制作安全用气提示宣传展板、气质气量公示栏各50余张。协助市民政局、教育局、卫计委对其下属养老机构、学校、卫生服务机构开展燃气安全使用宣传、调查、指导工作近100场次。

（戴琦）

公共交通

【概述】 全年城市公交完成客运总量6060万人次，与去年持平。全年新辟公交线路6条，优化公交线路20条。新增、更新燃气型、电动型公交车160辆，新能源和清洁能源公交车占全市所有公交车的46.9%。新增宜兴至上海浦东国际机场、上海迪士尼乐园、无锡硕放国际机场等城际客运定制班线，乘车地点为宜兴市氿滨南路88号。全年安全行驶总里程3378万千米，发生1千元以上责任事故31起，比上年下降6.1%。长途客运有班线53条，全年完成客运总量330万人次，安全态势总体平稳，无重大投诉事件发生。春运期间40天发送旅客19.78万人次，组织加班包车357辆（次）；“元旦”“清明”及“国庆黄金周”等节日期间，累计发送长途旅客40.68万人次，组织加班580班（次）。完善公交场站配套基础设施，新庄公交首末站公交场站启用，同步建设完成充电桩9座，城区投运的城市公交首末站增至13个。宁杭高铁宜兴站日均客运量1.2万人次、停靠148列（次）。校车公司新增丁蜀紫砂小学、正新小学2所民工子弟学校学生上下学的接送工作，至年底，全市拥有校车92辆、运行线路151条，服务全市13个镇（街道）的41所学校、4700余名中小学生，基本实现宜兴市农村义务教育上下学校车接送全覆盖。

【新庄公交首末站建成投用】 2016年，宜兴市城乡公交有限公司将公交2路等城市公交线路延伸至新庄街道区域，但却缺乏公交车“栖身”的场站进行运转。新庄公交首末站的建设提升了城东尤其是新庄区域公交运行效率，有效解决城市公交路边停靠、始发，公交司乘人员休息难，公交车辆清洗维修难等实际问题，是宜兴市“公交优先”战略的重要支撑。至此，全市城区投运的城市公交首末站（含具有首末站功能场站）增至13座。新庄公交首末站于2016年底启动建设，该首末站位于新庄街道新东路以西，占地面积约6695平方米，建筑面积约2160平方米，配备近30个公交车位和公交车调度室、维修车间、公交驾驶员休息室等配套设施，同时为保障新能源汽车的正常使用和推广，建设充电桩9座，其中1座为备用桩。2017年7月，新庄公交首末站主体工程竣工。12月，交付使用。

【城区公交夜间专线开通】 新开通城市公交夜间专线为183路夜间专线，6月1日始发，线路从高铁站始发经范蠡大道、荆溪路、巷头东路至城东公交总站往返，全场14.4千米；中途设置荆阳新村、荆溪新村、苏宁天氿御城等25个站点，首班18:15，末班22:30，每20—30分钟一班，满足群众夜间往返高铁站的出行需要。

【定制公交满足特殊出行要求】 为满足市民各特殊时期各类出行要求，解决相应时期交通拥堵问题，市公交公司开通定制、定时公交。3月18日—4月4日，开通3条清明扫墓专线；4月27日—5月1日，开通2条大觉寺免费接驳线路（素博会免费接驳车）；4月29日17:00—21:00，开通1条夜间接驳线路；4月30日至5月1日，开通1条“目连文化节”公交直达专线；10月1日至10月7日，开通湖㳇景区内免费接驳专线。为配合城区道路严管，倡导绿色出行，6月12日起，在工作日投入5辆公交车，开通5条市级机关定制公交专线。

【和桥镇区公交1号线开通】 12月，和桥镇区公交1路开通，该线路由车站发车经杨宜线、鹅洲北路、创业路至中巷村委，全长5.5千米；全线设置和桥镇政府、和桥二小等12个站点；平均20—30分钟一班，全天共20个班（次）。镇区公交是宜兴市2017年公交发展的新概念，作为城市公交、市镇公交、镇村公交三级网络的补充，对于逐步取缔镇区送客三轮车、解决镇区居民出行问题有着积极作用。该路公交线路的开辟，实现和桥镇区公交班次的加密、满足了群众的出行需求。

【城乡公交“大站快线”新增1条】 1月25日，城乡公交278路开通，该线路由宜兴总站始发，经红塔路、240省道、兴杨公路、宜金公路至新建，终点站为新建车站，全线46千米，其中有22千米与268路宜兴至杨巷的兴杨线复线。由于该班线行驶里程过长（为城乡公交最长线路），站点不宜过多，因此，采用“大站快线”形式进行连通，设立交通职校、钮家（北）、英驻村委、新建农贸市场等25个站点。首班6:30，末班16:30，平均每2小时一班，日发班次6个。城乡公交278路的开通满足了新建、新芳等地群众直达、快捷出行至宜兴的需求。

【智能化公交建设】 城市公交紧随“互联网+”时代步伐，年内新建、改造城区公交站台70个，安装公交智能电子站牌

32个，主城区电子站牌累计达134个，实现人民路、荆溪路、阳羡路和阳泉路4条城区主要道路的电子站牌全覆盖。正式启动“公交免费Wi-Fi”项目，城市公交481辆公交车实现车辆Wi-Fi热点全覆盖。市民在公交车上、公交站台候车亭中都能享受免费无线上网的乐趣，提升市民移动互联生活品质。拓展“掌上公交”“惠民畅行”等公交服务APP功能，市交通资产管理有限公司着手公交智能调度和移动支付的开发和实施，依托网络服务平台为人民群众提供公交出行方案设计、出行信息查询和移动支付等智能化服务。

【高铁宜兴站始发至成都列车】 1月5日，D2254次动车组列车开通，该次列车由宜兴始发，途径南京南、重庆北、合川等地，全程约1800千米，最终到达成都东站。列车在宜兴站的始发时间为7:20，当天20:54至成都，全程运行约13小时34分钟。D2254次列车是高铁宜兴站运行后开通的首趟跨局始发列车，也是全国县（市）高铁站中开行的跨局、运行里程最长的始发动车组列车。D2254次列车线路，涉及国家“长江经济带”发展战略涉及的部分地区（4个省、1个直辖市）。该次列车的开通，有助于宜兴经济更好融入该发展战略，为地方经济稳步发展提供更优的交通保障和更多的机会。

（徐云飞）

城市水环境

【概述】 2017年，围绕保障城市防洪安全、改善城区水环境，加快推进城市水安全、水环境体系建设。2月，完成下漳河、临溪河、林安河河道清淤工程，清淤量达6万立方米；10月，完成尚武河、龙潭河、谢桥河、中星湖滨河河道清淤工程，清淤量达12万立方米；12月，完成扁担河、蛟桥河河道清淤工程，清淤量达2万立方米。完成河道周边108个点的截流及纳管工作，新增污水纳管每日3000吨，减少对水环境的污染。加强调水泵站的运行保障，累计有调水泵站5座，分别为临溪河、蛟桥河、唐公桥、下小岭、龙潭河泵站，日调水量约3万吨，全年调水量约1000万吨。市公用保洁服务有限公司对城区水面进行保洁作业，清理城区水面漂浮物及上游浮萍等水生植物，确保城区水系的清洁、美观。完成防汛应急工程建设，城区排涝总能力从每小时1万立方米提升至14万立方米。

【城市防洪应急工程】 吸取超历史洪灾的经验教训，坚持问题导向，参照国内外先进的防洪、治水理念和做法，统筹兼顾防汛应急工程、河道治理工程及污水纳管等工程，实施“三合一”或“四合一”的综合治水之路，通过一次开挖同时解决三个或四个问题，即防洪、排涝、截污和河道整治。对地面高堤防低于5.55米的低洼地块，高标准建设防洪驳岸，提高防洪保障能力。通过建设排涝泵站，将小区涝水通过雨水管道收集后排入河道，既解决“急雨”时的快速排水，又解决外河高水位时的内涝问题。至年底，全市城区污水收集率达到85%—90%。建设城市防汛应急工程，解决部分雨水管内的旱流污水，建设截流工程，提高污水的收集处理率。针对城区31个低洼易涝地块，由市公用事业管理局组织实施2017年城区防汛应急工程。工程结合防洪、河道整治和控源截污目标，总投资1.5亿元，建设内容包括新改建8千米堤防、62座排涝截污泵站（其中排涝截污调水“三合一”泵站1座，排涝截污“二合一”泵站34座，排涝泵站11座，截污泵站16座）、300处排口控制。5月，城区防汛应急工程开工。6月，防洪应急工程主体部分建设到位，各排涝设施具备强排能力。8月，各标段工程完成竣工验收。

【防洪排涝规划通过专家评审】 市公用事业局委托江苏省太湖水利规划设计研究院有限公司，开展《宜兴市城市防洪规划（2017—2030）》（以下简称《规划》）编制。12月，《规划》专家评审会在南京召开。会上，《规划》通过由江苏省水利厅、太湖流域管理局水利发展研究中心等部门专家组成的专家组评审。《规划》范围主要涉及宜城街道全部以及屺亭街道、新庄街道、新街街道部分区域，规划总面积为120.3平方千米。《规划》确定宜兴城市防洪标准为50年一遇，城区排涝标准为20年一遇，城区南部山洪防治标准为20年一遇。根据“不影响区域行洪、改善城区排水条件、为城区河湖水位自由调控创造条件”原则，《规划》提出多种不同的治理格局，通过综合比较分析，推荐将上游洪水、山洪及本地涝水统筹规划的“科学控限”包围方案。相关工程内容包括外围河道整治防洪工程、城区堤防达标建设、闸站等控制性建筑物建设、山洪防治等。

【城市水环境综合治理方案】 1月，城市水环境综合治理方案由市公用事业管理局提交市委、市政府审议，该方案以西氿—团氿—东氿为核心，以保障城市安全、改善水环境为目标，打造集生态、旅游、水文化为一体的生态长廊。该方案围绕“优化原水　生态治水　和谐亲水”目标，在同济大学、上海勘察设计研究院、中科院武汉水生所、江苏省太湖水利规划设计研究院等国内外知名院校团队支撑下，探索以“氿水共兴”为核心的城市水环境综合治理体系，打造特色鲜明的“现代水城”。结合城市防洪工程，参照国内外先进的防洪、治水理念和做法，统筹兼顾防洪工程、水环境综合治理，实施多项合一的综合治水之路，实现水系清澈、水面清障、水系互通、水源可控、水质改善、水生态修复、水景观多元、水文化再现等目标。该方案包括推进西氿湿地建设、城区“活水畅流工程”、城市河道水生态修复工程。该方案围绕城区“三氿六河”（东氿、团氿、西氿，宜北河、太滆河、蛟桥河、南虹河、升溪河和城南河）格局，打造城区水景观体系，将宜兴建设成江南特色水城和可持续性发展的长江三角洲生态旅游城市。

（戴琦）

污水处理

【概述】 坚持以污水收集处理稳定达标为监管核心，落实考核措施，加强行业监管。2017年，宜兴污水处理总量7291万吨，其中市建邦环境投资有限公司4939万吨、市华骐污水处理有限公司809万吨、欧亚华都（宜兴）环保有限公司1543万吨，比上年（6670万吨）增长9.3%。污水厂综合出水合格率99.5%。通过紧密组织，安全处置污泥6.2万吨，实现污处理全流程稳定达标运行。按照“全面覆盖　规划先行　突出重点”的工作思路，完成市域范围内所有污水点源的全面普查、全面规划。以漕桥河、殷村港、中干河等环境敏感区域、撤并乡镇集镇区、上级督办区域等为建设重点，优先安排实施相关污水管网工程。污水管网完成招标300多千米，施工完成180多千米。全市污水收集覆盖面扩大，新增生活污水收集量达每日1万吨。市华骐污水处理有限公司每日1万吨改扩建工程于2017年建成投运，扩建后污水厂处理规模达每日3万吨，市官林凌霞污水处理厂提标改造工程建设完工，两厂调试运行正常。概念污水厂开工建设。2017年，市公用事业局办结排水许可申请49件，出具排水方案审查意见书434份。

【污水治理市场运作进展顺利】 2017年，市公用事业局按照“以市场换产业　以引资促发展”“政府主导　社会参与”的总体思路，推进宜兴市污水治理领域PPP模式（公私合伙或合营）市场运作，确定社会资本合作方，草签合作协议。北控水务集团搭建架构，调集资源，配备人员，开展设计方案、工程招标等前期事宜。

【“控源截污”两年行动启动】 2017年是宜兴“控源截污”暨农村生活污水治理攻坚行动的第一年，围绕“应纳尽纳　全量收集”的目标，以PPP模式为主体，组织新一轮污水纳管攻坚行动，计划两年内再建设污水主支管网约2000千米，实现全市城镇建成区及工业集中区污水管网全覆盖，城镇生活污水及具备接管条件的非生活污水实现全量收集、全量处理。在总结评估试点村庄治理经验的基础上，会同属地政府和相关职能部门，结合每个村庄的实际，一村一策、一户一法，科学合理确定村庄污水处理模式，确保农村污水治理绩效最优化，力争两年内3162个自然村实现生活污水治理全覆盖，形成宜兴市农村污水的“宜兴经验”和示范效应。年内，全市市域污水管网施工完成180多千米，新增生活污水收集量达每日1万吨。至年底，省级治太考核的190个村庄全面招标后开工，完成总工作量的45%左右；无锡考核的780个村庄招标273个，完成总工作量的35%左右；其他500多个村庄，由PPP项目公司〔北控水务（中国）投资有限公司、凌志环保股份有限公司〕负责实施，进入招标程序。

（戴琦）

环境卫生

【概述】 以宜兴市创建全国文明城市为契机，突出背街小巷、农贸菜场、商业大街、城区河道等关键部位，持续深化“人机协同”作业模式，进一步完善机械保洁、人工保洁、快速保洁互为补充、互为促进的环卫清扫保洁作业体系。新增解放东路、荆邑中路、龙潭路、东虹东路等6条“人机协同”示范路，城市主要道路慢车道、人行道实现机械化清扫。2017年，城区机械化清扫、保洁、冲洗总里程约42.52万千米，清扫总时间3.98万小时；每日平均清扫、保洁、冲洗里程1165千米，冲洗面积约1500万平方米。有序推进张渚生活垃圾填埋场改造、城北垃圾中转站及光大二期项目等重点环卫基础设施建设。全市116座公厕全部实行免费提供厕纸服务，发放公厕免费用纸27.3万包，在融达汽车城、水浮地公园、江旭家居建材附近广场、沧浦家苑等公厕试点安装了皂液器、烘手机。做好垃圾收运处置工作，全年收集垃圾480多万桶、处置生活垃圾45万吨，日均1244吨，城区生活垃圾机械化、密闭化收运率100%，确保全市生活垃圾资源化、无害化、减量化处置。市公用事业局结合城区公厕新改建，建设“星级公厕”3座，分别位于东氿市民广场南北两侧以及体育公园。完成城区50座公共厕所无障碍设施改造，包括浇筑残疾人专用通道、加装专用坐便器、设置专用扶手等。

【环卫硬件体系提档升级】 加大城市环卫投入力度，张渚生活垃圾填埋场改造工程及城北垃圾中转站在实施工程建设；光大二期每日1700吨生活垃圾焚烧发电工程完成环境监测、二次公示、公众参与调查及听证会等前期工作。全年城区新建公厕4座，购置雾炮车2辆、3吨后装压缩收集车15辆、16吨污水车1辆，各类电动清扫作业车辆161辆，完成约4418只垃圾桶的更新置换工作。

【生活垃圾分类工作全面启动】 2017年，按照国家《生活垃圾分类制度实施方案》和《江苏省生活垃圾分类制度实施办法》要求，宜兴市全面启动生活垃圾分类工作，编制完成《宜兴市城乡生活垃圾分类和治理专项规划（2017—2020）》和《宜兴市餐厨废弃物处理规划（2017—2035）》。通过广告牌、电子滚动屏幕、微信公众号及“陶都论坛”等网站宣传平台，在全市范围营造垃圾分类“人人有责　人人参与”的舆论氛围。至年底，市公用事业局在下属19个单位、东湖公馆、天禧花园、太滆花园、东方小区及城东实验小学等地方先行开展生活垃圾分类试点工作，设置垃圾分类收集亭、标准化垃圾桶；在市域范围内建设完成3处小型餐厨垃圾设施试点，分别位于竹海村、竹海国际会议中心及世纪王朝酒店，处理规模分别为每日100千克、500千克和100千克。为高效处置餐厨垃圾做创新探索。

（戴琦）

编辑　杨宇彤　张璐瑶

人力资源·社会保障
REN LI ZI YUAN · SHE HUI BAO ZHANG

综　述

【概述】 围绕"民生为本、人才优先"主线,人力资源管理更趋规范。加大公务员日常管理和监督力度,组织教育、卫生等系统的事业人员公开招聘工作,确保考试零差错。完成全市约1.7万名事业单位人员登记。推行公务员职务与职级并行制度,首次实行职级晋升集中审批,启动日常职级晋升,县以下机关公务员职务与职级并行制度基本确立。全年接收安置军转干部69人,计划安置61人,自主择业8人,做好企业军转干部的解困、维稳以及自主择业军转干部管理服务工作。推荐指导1个企业成功申报省博士后创新实践基地。规范职称评审,全年申报人数7512人,通过初审5749人次。考核市第六轮学术技术带头人,培育管理表彰9人;选拔第七轮学术技术带头人93人。

就业创业保持稳定。以创业带动、培训助推、援助帮扶等举措,实现经济发展和就业增长良性互动,全年全市新增就业岗位3.2万个,劳动力实现就业2.87万人。加大就业援助,新增优抚对象家庭失业人员和军队退役失业人员为困难对象;阶段性降低失业保险费率,降低实体经济企业成本,预防失业、稳定就业,全年扶持自主创业1974人,带动就业9618人。社保水平不断提升,推进社会保险全覆盖,全年办理社保扩面参保1.07万人,稳步提升社保待遇,城乡居民基础养老金由每人每月170元提高至每人每月185元。全面实行城乡居民养老保险代扣代缴,推出城乡大病保险即时结算系统,推进跨省异地联网结算,增补社会医疗保险定点医药机构。加强技能人才培养,举办2017年职业技能大赛,有1万多人参赛,368人进入决赛。劳动关系和谐稳定,构建公正合理、和谐稳定的劳动关系。完善服务平台建设,服务大厅推进"一窗式"经办模式;推进"金保工程"升级改造、社会保障卡功能拓展、档案电子化、CA认证、电子签章等,提升网上服务能力。

【海外高层次人才"引智"步伐加快】 全市有长期在宜兴工作的海外人士50多人,培育、引进的留学回国创新创业人才约1100人。诺贝尔奖得主2人、外国院士7人、国家"千人计划"专家45人,培育省"创新团队"7个、省"双创"人才46人,构建出涵盖国际顶尖人才、行业领军人才、产业紧缺人才的高层次引才体系。年内,市人社局结合外国人到华工作许可制度改革,完成新增、续办、注销等许可流程办理60余件;在条件成熟的企业,建立外国专家工作室,在江苏共昌轧辊股份有限公司、江苏雅克科技股份有限公司、宜兴摩根热陶瓷有限公司3个企业建立无锡市外国专家工作室,定期开展"外国专家看宜兴"活动,组织参观宜兴的新城发展,走进博物馆、规划展示馆等;对引进的"高精尖缺"人才开屏绿色通道,简化办证流程等。市人社局联合韦博英语培训机构开设公益性中文培训班,来自宜兴八达流体技术有限公司、江苏博砚电子科技有限公司等市重点企业的外国专家参加培训。11月,无锡帝科电子材料科技有限公司研发总监崔永郁和江苏博砚电子科技有限公司研发部长森尾公隆两位外籍高端人才入选第四批江苏省"外专百人"计划。

外国专家看宜兴——走进宜兴陶瓷博物馆　(李科　摄)

【宜兴10人获评江苏传统技艺技能大师】 10月，省首届乡土人才传统技艺技能大赛总决赛在南京开幕，大赛以“技能·匠心·传承·创新·富民”为主题，设比赛项目20个，5000余人参赛，近600人进入总决赛。决赛各项目获奖选手被授予“江苏传统技艺技能大师”称号，破格晋升相应高级专业技术资格或高级技师职业资格，同时德艺双馨的优秀一等奖选手将直接参评“江苏工匠”。25名宜兴籍选手入围总决赛，10人获奖。其中：在紫砂陶制作项目中，范泽锋荣获一等奖，吴奇敏、范永军获二等奖，顾云峰、范友良、何卫枫、潘跃明、姚远获三等奖；在盆景项目中，胥永忠获二等奖；在面（泥）塑项目中，邱爽获三等奖。10名获奖选手被授予“江苏传统技艺技能大师”称号，获得一等奖的范泽锋直接参评“江苏工匠”。

【企业职称评审“上门服务”】 市人社局贯彻国家《关于深化职称制度改革的意见》精神，开通企业职称评审绿色通道，为有批量职称申报需求的企业提供上门服务，派专员上门辅导、培训，其中涉及建筑、机械、电子、化工等中、初级评委会的可申请单独评审。实施职称单独评审，同时增加评审次数，优化职称评审。坚持激励创新、科学评价，简化程序，以品德、能力、业绩为导向，完善评价标准，创新评价方式，采用考试、评审、考评结合、考核认定、个人述职、面试答辩、实践操作、业绩展示等评价方式。注重考核专业技术人才工作绩效、创新成果，增加技术创新、专利、成果转化、技术推广、标准制定、决策咨询、公共服务等评价指标。完善评审专家遴选，加强评审专家库建设，吸纳高校、科研机构、行业协会学会、企业专家，实行动态管理。强化评审考核，建立职称评审公开制度，实行政策、标准、程序、结果四公开。3月，市人社局首次提供企业职称评审“上门服务”，无锡市宜兴工程（建筑）中级专业技术资格评审委员会在无锡市盛达建筑安装工程有限公司进行单独评审，有52名中级专业技术资格对象参加评审，通过51人。

事业单位人事管理

【概述】 全年累计办理事业人员岗位聘用6000多人、岗位变更150个单位。全年完成450个事业单位、1.65万人的登记，所有事业单位及事业人员基本信息全部录入无锡市机关事业单位机构编制人事管理系统，实现业务工作网上经办及数据信息共享。加强事业单位公修课考核，按规定年平均继续教育学时量的要求，查验《继续教育证书》，全年验证公修课5269本。会同市教育局简化教育系统的岗位管理，对不同学段进行岗位统筹设置和聘用。

【事业单位用人公开招聘】 按照《江苏省事业单位公开招聘人员办法》和《无锡市事业单位公开招聘人员实施办法》，坚持“民主、公开、竞争、择优”的原则，市人社局不断完善事业单位公开招聘制度，年内全面取消用人单位考官和宜兴市主考官，实行考官异地邀约，确保公平公正。全年公开招录事业单位工作人员500人，其中教育系统271人、卫生系统102人、其他事业单位127人。9月，为提升事业单位新进人员的政策理论素养和岗位履职能力，市人社局组织104名新进人员参加初聘培训。同时，按照《宜兴市市级机关事业单位编外用工公开招聘实施办法》，规范管理全市机关事业单位编外用工公开招聘，做好招聘工作的方案核准、指导实施和监督检查，严格用工管理。全年指导事业单位公开招聘编外人员12批(次)、251人。

专技人员管理

【概述】 组织全市相关主管部门考核第六轮学术技术带头人三年来的专技工作业绩，其中专技业绩突出的9位带头人被市委、市政府授予“宜兴市2014—2016年度优秀学术技术带头人”称号。完善评审专家遴选机制，加强评审专家库建设，印发《完善评价机制优化职称评审办法（暂行）》，注重引入市场评价和社会评价，建立以同行专家评审为基础的业内评价机制。为有批量职称申报需求的企业开通单独评审绿色通道，简化程序；通过邀约异地评委，采用量化打分、突出业绩成果等方式严格评审流程。

【博士后管理稳中向好】 以考核促改进，提升博士后科研工作站运行质量，配合无锡市人社局专技处全面考核宜兴22个企业博士后科研工作站和创新实践基地2016年度运行情况。江苏国信协联能源有限公司设立的博士后科研机构被评为2016年博士后科研工作站（基地）考核优秀单位，江苏卓易信息科技股份有限公司因空站被评为不合格。跟踪服务企业，提高申报成功率，明确重点培育企业，市恒兴精细化工有限公司成为第十个省博士后创新实践基地。调动企业引才积极性、进站博士研发积极性，全年下拨博士进站奖励15万元、新建省博士后创新实践基地建站补贴10万元。引导在站博士申报各类科研资助，全年在站博士获省博士后科研计划B类资助1项，资助资金4万元；申报江苏省“双创计划”5人。至年底，全市有企业博士后科研工作站（省博士后创新实践基地）23个（含分站），有博士52人，其中在站博士30人。

【专家选拔精益求精】 组织全市相关主管部门对第六轮学术技术带头人3年来的专技工作业绩进行全面考核，对专技业绩突出的9位带头人授予“宜兴市2014—2016年度优秀学术技术带头人”的称号。根据市委办、市政府办下发的《关于做好第七轮学术技术带头人选拔和管理工作的意见》，遵循“公开、公平、公正”的原则，坚持“竞争、择优”方法，确定第七轮学术技术带头人93人。由市人社局牵头与新一轮带头人签订《宜兴市学术技术带头人培养管理双向目标责任书》。每位学术技术带头人必须达到“五要”目标，即每人每年要学一本理论专著、要实施一项研究课题、要带培一名专技骨干、要撰写一篇学术论文、要作一次学术交流。

【人事考试】 把握专业技术资格考试资格审核关。全年受理经济、会计等4种考试、2846人的审核上报(包括协同各自主管部门完成的会计、卫生专业2种考试)。完成职(执)业资格考试,受理二级建造师、咨询工程师等15种考试、4019人的审核上报工作。建立取证登记名册并电子存档,确保重要证件不丢失,全年发放各类职业、专业技术资格证书以及继续教育证书、聘书1.28万张。

2017年宜兴市专业技术资格考试类别

表66

序号	考试类别	报考人数(人)	序号	考试类别	报考人数(人)
1	经济	中级176;初级29	3	无锡药品(药学)	0
2	会计	中级1611	4	卫生	中级429;助级541;员级60

2017年宜兴市二级建造师、咨询工程师类别

表67

序号	考试名称	报名人数(人)	序号	考试名称	报名人数(人)
1	咨询工程师	25	9	执业药师	144
2	注册测绘师	9	10	造价工程师	91
3	监理工程师	32	11	注册安全工程师	244
4	环境影响评价工程师	17	12	一级注册消防工程师	95
5	一级注册计量师	2	13	一级建造师(含增项)	496
6	二级注册计量师	2	14	二级建造师(含增项)	2618
7	社会工作者	234	15	注册城乡规划师	
8	注册设备监理师	2	—	—	—

【职称工作】 全年职称申报人数7512人,通过初审5189人。全年经初审合格参加职称及职业资格考试1.02万人次,注册1.19万人次,培训4927人次,发放证书1.46万人次。完善评审专家遴选机制、加强评审专家库建设。印发《完善评价机制 优化职称评审办法(暂行)》。年内举行首次工程技术中级职称专场评审,参评552人,通过467人,通过率84.6%。多措并举,推进职称制度改革。“景舟杯”制壶大赛等级奖获得者晋升工艺美术师考试可免考;全年完成报名资格审核2117人,符合报名条件1921人,组织实施技艺考核。其中:高级参评174人(28人大赛获奖免考),通过86人,通过率58.9%;中级参评169人(12人大赛获奖免考),通过102人,通过率64.9%。修订完善卫生系列专业技术资格条件,协助组建医、药、护、技4个专业评审委员会,开展相应职称评审工作。修订完善工程系列中机械、电子信息、交通运输、环保等工程系列专业技术资格条件,引导应用型工程技术人才立足成果应用、技术创新。加大乡村教师师德素养、教学实绩在职称评审中的权重,建立乡村教师职称评聘长效机制。加大技能人才职称评审力度,构建技能人才成长“立交桥”。除教育、卫生、工艺美术系列外,所有行业申报各专业(系列)专业技术中高级资格全部实行网上申报,全年答复网上咨询1800多条,有网上申报高级职称517人、中级职称789人。做好各类职称评审结果批复的转发工作,全年转发批复16份,其中一级演员1人、知识产权高级工程师1人、农业机械化高级工程师2人、水产工程研究员级高级工程师1人、水产工程高级工程师1人、石油化工工程研究员级高级工程师1人、高级经济师(认定)11人、高级经济师10人、建设工程研究员级高级工程师1人、工程技术高级工程师76人、主任医师10人、副主任医

师68人、社区副主任医师22人、研究员级高级工艺美术师5人、高级工艺美术师65人、工程技术中级518人。全年共计注册各类证书8753张。

公务员综合管理

【概述】 不断完善机关事业单位公开招聘制度，全市行政机关考录公务员112人(含公安)。推行公务员职务与职级并行制度，首次实施公务员职级晋升集中审批，全面启动公务员日常职级晋升工作，县以下机关公务员职务与职级并行制度基本确立，全年审批61人。完成19个参公事业单位参公人员职级晋升的审核审批，16个单位报批，审核通过191人。完成市质量技术监督稽查大队、供销总社、财政稽查大队、粮食监督检查中心、社会保险基金管理中心5个新增参公单位人员登记、资料审核及上报审批、备案等。会同市委组织部拟发《关于进一步加强公务员平时考核工作的意见》，确定公务员平时考核指标；拟订《关于做好2017年上半年度公务员教育培训工作情况统计和下半年度教育培训计划申报工作的通知》《关于开展2017年度公务员自主选学工作的通知》，3700多名公务员完成选学并通过网上考试。全市机关工作人员参加2016年度考核4890人(不含县处级及以上领导)，考核率99.76%。其中，考核为优秀704人、称职4091人、基本称职1人、不称职1人、参加考核未定等次93人，分别占参加考核人数的14.4%、83.66%、0.02%、0.02%、1.9%。

【公务员管理】 严格公务员考录及试用期管理，按照编制许可、改善结构、有序补充的原则，编制2017年政府口公务员考录职位计划58个(70人)；做好4500多名网上报名考生的资格初审和213名拟进入面试环节人员的资格复审；推荐上报2017年市公务员录用面试考官任职资格培训班参训人员名单，部署考录70名拟录用人员政审考核，办理69名新录用公务员报到手续，严格新录用公务员为期10天的初任培训和试用期内人员管理的跟踪指导。协调做好公安系统2017年度招录人民警察职位计划的申报工作(警校生41人、特殊职位2人)，抽调人员参加省组织的对公安院校公安专业毕业生的考录面试工作，办理42名新招录人员录用报到手续(警校生41人、特殊职位1人)。会同市委组织部部署2016年度新录用公务员试用期满的考核工作，指导、办理2016年45名政府口新录用公务员的任职定级和公务员登记。

【公务员在职培训】 按照《干部教育培训工作条例》和省、无锡市有关精神，会同市委组织部拟订《关于做好2017年上半年度公务员教育培训工作情况统计和下半年度教育培训计划申报工作的通知》《关于开展2017年度公务员自主选学工作的通知》。组织人员参加省公务员局组织的2017年苏南苏北公务员对口培训、经济发展与生态文明建设专题培训和生态文明建设培训。完成2016年度军转干部的岗前培训工作。按照军转工作要求和公务员培训规定，会同市委组织部、市委党校对2016年度安置的30名军队转业干部进行15天的岗前培训(垂直条线部门各自培训)，实地参观市规划展示馆、科技文化中心、张渚镇南门村和西渚镇白塔村。全年公务员在职培训4190人次，完成率83.8%。

【军转干部安置】 全年全市接收安置军转干部71人，其中计划安置62人(团职7人、营职35人、连排职8人、技术干部11人、文职干部1人)、自主择业9人，另有随调家属4人。会同市公安等部门研究2017年市公安局接收安置军转干部提前双选办法，有23名军转干部报名，经政审、体检、能力测试等流程，市公安局选择10人。对营职及以下(含技术)军转干部安置考核量化计分标准作新调整，统一按无锡市营职及以下(含技术)军转干部安置考核量化计分标准执行。对市城市管理行政执法大队(参照公务员法管理事业单位)和国网江苏省电力公司宜兴市供电公司(企业)两个单位的人员安置采取网上公开报名、按分数高低优先录用的安置。

【军转干部解困维稳定】 企业军转干部解困维稳工作稳慎开展，按照无锡市局《关于调整企业军转干部节日慰问金的通知》《关于发放2017年上半年企业军转干部生活困难补助的通知》，与市财政部门衔接，当月发放困难补助。家庭特殊困难、患有长期慢性疾病人员，经核实后适当给予年终一次性的困难照顾。及时更新企业军转干部内退、退休、离世等变动情况。

【自主择业军转干部基础工作】 做好全国自主择业工作信息平台建设，设计自主择业军转干部信息数据采集表，完成信息数据采集、人像采集、指静脉采集，在全省名列前茅。做好自主择业军转干部的年审和医疗保险费个人缴纳部分金额的代收代缴。自主择业军转干部享受公务员医疗保险待遇，按规定全年缴纳医疗保险费金额为上年度退役金总额的13%(其中2%由个人缴纳、11%由市财政支付)。对22名自主择业军转干部的档案重新整理归档，原部队档案顺序不变，自主择业后的转业审批报告表、退役金核定表和调整表等按时间顺序进行归档，档案盒统一换成人事干部档案专用档案盒。

(许玮玲)

就业促进

【概述】 全年新增就业岗位3.2万个，劳动力实现就业2.87万人。城镇新增就业人数1.94万人，净增就业0.78万人，高校毕业生就业率96.51%，城镇登记失业率2.19%。针对高校毕业生、残疾人、妇女、退伍军人等群体，举办各类招聘会91期，达成初步就业意向2.5万人。全年组织8562人参加创业培训，扶持城镇失业人员再就业5860人，援助就业困难人员就业1021人。举办创业大

宜城成校妇女创业培训 （徐筱枫 摄）

讲堂、大学生创业集市等活动，激发创业活力。全年扶持自主创业1974人，其中大学生自主创业262人、农村劳动力自主创业510人；实现带动就业再就业9618人；创业培训（含创业实训）2617人。组织开展职业技能培训3.51万人，培养高技能人才2810人，获评江苏省企业首席技师2人、无锡市高技能人才成就奖2人、宜兴市高技能人才成就奖4人。指导徐舍镇花海生态专业合作社获“江苏省创业孵化示范基地”称号，为全市第三个省级创业孵化示范基地；徐舍镇获“江苏省创业型乡镇”称号；铜峰社区等20个社区（村）获得“江苏省级创业型社区（村）”称号。全年发放就业困难对象社保补贴6658.8万元。规模以上企业劳动力合同签订率99.7%，已建工会企业集体合同签订率99.5%。开展仲裁服务基层的“仲裁进千企”活动，促进劳动争议在基层化解。全年处理劳动争议案件2800件，立案处理案件按期结案率99.2%，劳动人事争议调解成功率85.72%；受理工伤认定申请3129件，作出认定2902件，劳动能力鉴定1412人。主动监察检查单位886个，劳动保障监察举报投诉案件结案率100%，劳动关系矛盾纠纷调处成功率94.61%。接受群众举报投诉数803件，实施行政处罚2件，处罚金额2.7万元。全面推行用人单位书面审查网上申报，采集入库单位信息5479户。组织开展执法专项检查6次，检查单位674个、职工2.71万人；督促补签劳动合同846份，责令补办社会保险登记33户，补缴社会保险528人，清退不合理费用6.17万元；督促发放高温津贴15.78万元。

【就业创业政策】 为落实《市政府关于进一步做好就业创业工作的实施意见》，规范流程、发挥实效，2月，市人社局《宜兴市就业困难人员认定操作办法》，扩大扶持范围，新增家庭失业人员和军队退役失业人员为困难对象，范围扩大至12类。4月，出台《宜兴市创业孵化基地认定管理办法》《宜兴市创业扶持资金申领审核操作办法》，规定宜兴市创业孵化基地和农业创业孵化基地认定条件和程序，各项创业补贴的申领流程。为降低实体经济企业成本，预防失业、稳定就业，5月，出台《关于阶段性降低失业保险费率有关问题的通知》，规定从2017年1月1日起至2018年12月31日，全市失业保险费率暂由1.5%降至1%，用人单位缴费的比例从1%降至0.5%，个人缴费的比例不变、继续为0.5%。6月，印发《宜兴市毕业生就业见习工作操作办法》，规范就业见习基地建设，完善见习实训基地考核管理机制，扩大见习对象范围，提高见习补贴标准。见习实训期间每人每月补贴从1035元提高至1212元；对见习人员见习期满留用率达50%以上的单位，按每留用1人补贴1000元的标准，给予企业一次性见习补贴。会同市财政局、中国人民银行宜兴市支行出台《宜兴市创业担保贷款管理实施办法》，将小额担保贷款调整为创业担保贷款，设立规模为1000万元的创业担保贷款担保基金，调整扩大担保基金规模。

【职业技能竞赛】 3—6月，举办宜兴市第三届职业技能大赛，吸引13万人参赛。大赛紧密结合地方产业特色，设10个比赛项目，涵盖电焊工、车工、汽车维修工等传统项目，还涉及茶艺师、育婴师、电子商务师等新型产业项目。大赛设置企业职工、职业院校教师、学生三个组，采用个人和团体两种形式进行比赛。首次公布各竞赛项目理论题库、首次使用ITMC（电子商务综合实训竞赛系统）、首次开放竞赛平台供选手进行适应性训练。大赛授予个人竞赛项目企业职工组第一名和职业院校教师组第一名的选手“宜兴市技术能手”称号。为竞赛中理论和技能成绩双合格的选手发放国家高级技能职业资格证书，为陶瓷装饰工竞赛中获得前三名的选手发放国家技师职业资格证书。经决赛，61人获高级工证书、3人获技师证书、11人获“宜兴市技术能手”称号。8—10月，在“江苏省首届乡土人才传统技艺技能大赛”中，全市有10名选手（紫砂陶制作项目8人、盆景1人、面塑1人）获奖，其中一等奖1人、二等奖3人、三等奖6人，获“江苏传统技艺技能大师”称号10人、“江苏工匠”称号1人。

【自主创业氛围增强】 为推动“大众创业、万众创新”，市人社局针对大学生、失地农民、电商等群体组织开展创业培训2617人。3月，举办以“巾帼创业、助梦起航”为主题的喜迎“三八”女性创业活动，展示巾帼创业明星风采，推介女性创业项目，首创烘焙班和水培花卉班。5月，举办“乐创陶都”创业大讲堂之“青创扶”走进创业培训课堂活动，有200多名青年创业者参加。8月，举办“创响陶都、圆梦青春”大学生创业集市活动，有2000多名大学生参加，包括政策宣传、导师问诊、项目推介和项目展示四项内容，推介投资小、门槛低、风险小的创业项目16个，展出手工陶艺、甜品烘焙、互联网领域及潮玩科技等大学生创业项目共33个，售出商品200余件。同月，会同市人才办、市教育局、团市委举办“情系家乡　筑梦陶都”——宜兴籍学子家乡行活动两期，分别在省宜中和市一中举办，100多名来自“985”“211”高校的宜兴籍优秀学子及全市部分高中生参加活动。全年开展电商创业培训班9期，挑选出优秀学员30人赴南京电商馆参观学习；组织农民创业培训班6期，邀请扬州大学教授授课指导。

高校毕业生见习实训洽谈会（徐筱枫　摄）

【人才环境优化】　全面落实优秀人才租房购房补贴政策，根据《关于宜兴市新引进优秀人才申领租房（购房）补贴的实施办法》，规定2012年3月后到宜兴，并与所在企业签订3年以上劳动合同或在宜兴自主创业，缴纳社会保险的优秀人才，租购房可申报补贴，全年有179人领取补贴267.4万元。宜兴留学人员创业园成功入选省留学回国人员创新创业示范基地。加强人才合作，组织参加深圳国际人才交流大会、大连海创周等活动。积极申报人才项目，获省“六大人才高峰”计划项目资助3人，获无锡市人才奖项3人、企业1个。组织江苏共昌轧辊股份有限公司、江苏菲力环保工程有限公司等8个企业申报2017年引进境外技术、管理人才项目。推荐参加无锡市第十八期高层次人才经济研究班培训5人。组织江苏菲力环保工程有限公司、无锡帝科电子材料科技有限公司、江苏宝银特种钢管有限公司3个单位申报2017年省级引进国外智力成果示范推广基地和引进国外智力示范单位。江苏俊知技术有限公司的彭扬、江苏宝银特种钢管有限公司的吴青松、远东电缆有限公司的徐静获省“六大人才高峰”计划C类项目资助，入围率居无锡市之首。组织8人申报无锡太湖人才计划的产业升级创新领军人才项目，2人申报无锡柔性引智项目。无锡帝科电子材料科技有限公司史卫利获无锡市留学回国人员创业奖，江苏亨鑫科技有限公司刘中华、远东电缆有限公司李林获无锡市高技能人才成就奖，远东控股集团有限公司获无锡市引进人才工作奖，江苏亨鑫科技有限公司总经理徐国强获2017年无锡市“荣誉市民”称号。6月，开展校政企对接活动，组织全市100多个企业对接云南省楚雄技师学院、四川机电职业技术学院、常州轻工职业技术学院等10个省内外职业院校，通过签订政校合作协议、定期选派毕业生到企业顶岗实习，实施对在校优秀学生发放奖学金并且录用后全额补贴学费等定向培养举措。

（许玮玲）

【人力资源市场】　市人力资源市场坚持每周三和每周六定期举办招聘会，全年举办各类招聘会91场，提供岗位9.27万个，比上年增加24.13%；进场求职人数7.93万人，比上年减少2.5%；求人倍率1.17，比上年增加0.25；初步达成就业意向2.5万人。联合市民政局、总工会、妇联等部门，举办专场招聘会10场；举办两场大型招聘会。全年组织重点企业外出招聘22次，实施“校园引才计划”，招聘人才6910人。组织人力资源服务业培训100人。宜兴人才网全年新增注册网上招聘会员单位701个，实时发布个人求职登记简历5596份、招聘信息1.65万条、首次在网站首页开辟“重点企业招聘”专栏和“对口扶贫招聘”专栏。

【特色专场招聘会】　市人力资源市场根据求职人员的不同特点与需求举办各类专场招聘会。为高校毕业生提供见习实训、技能培训、创业指导等就业服务，举办“展现精彩　共创未来”春季首场大型招聘会、“拥抱机会　梦想起航”2017年高校毕业生大型招聘会，提供工作岗位4953个，有进场应聘求职人员1.33万人，初步达成就业意向3700人。协调各合作单位发挥其自身特点，与市总工会联合举办“兴产业、促就业、增服务”就业援助专场、“春风送岗　助力就业”专场，与市妇联联合举办“三八架金桥，春风送岗位”女性就业专场，与市民政局联合举办“2016年度秋冬季退役士兵”专场，与市残联联合举办宜兴市“就业脱贫　同奔小康”残疾人专场，共举办特色招聘会10多场，累计有1059个单位提供就业岗位1.38万个、进场应聘求职人员1.55万多个，4500多人达成初步就业意向。

【人力资源就业形势分析报告】　从文化程度需求和求职人数情况看，大专及以下文化程度的劳动力是2017年宜兴市人力资源市场的需求主体和求职主体。本地用工需求的主体大多是劳动密集企业，需求岗位大多集中在对学历、文化水平要求不高的各类一线操作工。从行业分类来看，需求前三位行业是制造业、住宿和餐饮业、批发和零售

人社基层工作人员业务技能培训班 （徐筱枫 摄）

业，分别占需求总量的60.71%、11.13%和9.27%。从企业经济类型来看，需求比重最高的三种类型是有限责任公司、个体经营和私营企业，比重分别为70.5%、5.58%、5.45%。从产业结构上看，全市第二产业用人需求呈现下滑势态，用人需求比上年下降3.5个百分点，第三产业的需求比重有所上升。

（吴光）

劳动争议调解仲裁

【概述】 贯彻落实《关于进一步加强劳动人事争议调解仲裁完善多元处理机制的意见》，加强基层调解网络建设，完善基层调解工作机制，发挥基层调解劳动人事争议的优势，在交通运输、建设、教育、卫生、城管、公用事业6个行业率先建立劳动人事争议调解委员会，提升全市基层调解工作水平。4月，建立全市首个调解专家工作室，处理疑难复杂的劳动人事争议案件，引导劳动者进行案前调解，快速调处劳动人事争议案件，发挥调解专家在调解案件中的引领作用。建立行政纠纷防控化解机制，控制行政复议和行政诉讼案件总数。5月，开展"仲裁开放月"活动，安排公开庭审观摩活动2次，邀请群众参加仲裁庭审观摩活动，让公众走进仲裁院，感受仲裁公正公开。开展"仲裁进千企""执法开放日"等活动，免费向企业和群众发放劳动监察温馨提示、仲裁典型案例、用工建议书等资料，防范劳资风险。加强对省仲裁信息系统和省调解服务平台的信息监测与数据使用，要求每名仲裁员处理的每件案件同步上网，通过信息化实现对案件处理全流程、全方位、精准化的质效管理，仲裁管理信息系统按期运行率100%。稳步推进仲裁案卷电子化工作，新办理的案件全部实现案卷电子化。

【劳动人事争议仲裁、调解业务技能竞赛】 近年，市调解仲裁工作通过形式多样的业务培训和岗位练兵，全面提升仲裁员和调解员的职业素养和职业技能。年内，有59名调解员通过考试获得调解员资格证，丁蜀镇劳动人事争议调解中心、徐舍镇劳动人事争议调解中心获评首批无锡市专业性劳动争议调解组织示范单位。11月，在无锡市人社局、劳动人事争议仲裁委员会、总工会联合举办的2017年全市劳动人事争议仲裁员和调解员岗位业务技能竞赛中，宜兴市劳动人事争议仲裁院的姜伟获"无锡市仲裁员业务能手"称号，宜城街道人社所的吴鹏程被无锡市总工会授予"无锡市五一创新能手""无锡市调解员业务能手"称号，丁蜀镇组织人事和社会保障局的王超、市总工会的孙笑均授予"无锡市调解员业务能手"称号，宜兴市人力资源和社会保障局获得调解员岗位业务技能竞赛优秀组织奖。吴鹏程、王超代表无锡市参加省级竞赛，王超成功入围全省前20强。

社会保险

【概述】 全年办理社保扩面参保1.07万人，完成市定目标的107%；净增缴费5053人，完成市定目标任务的132.97%；新增企业参保率100%。至年底，全市职工养老保险、职工基本医疗保险、学生医保参保人数分别为34.76万人、48.75万人和11.76万人，失业保险、工伤保险、生育保险参保人数分别为27.8万人、24.4万人和24.4万人。城乡居民养老保险参保人数15.17万人，基础养老金发放率100%，符合条件的城乡居民领取基础养老金人数23.23万人。全年新失地农民纳入保障约6900人。建立健全社保基金内部监管、"两定点"服务协议管理、医保网上监管等制度，规范基金使用。全年征缴社会保险费56.4亿元，其中机关事业养老保险1.92亿元、企业职工养老保险27.28亿元、失业保险1.49亿元、城镇职工基本医疗保险17.35亿元、工伤保险1.43亿元、生育保险0.55亿元。全年支出各项基金53.4亿元，其中机关事业养老保险2.67亿元、企业职工养老保险27.35亿元、失业保险2.07亿元、城镇职工基本医疗保险14.17亿元、工伤保险1.28亿元、生育保险0.96亿元，累计结余82.4亿元。阶段性降低企业职工基本养老保险单位缴费比例，缴费比例由20%降至19%；个人缴费比例仍为8%，个体工商户及其雇工、灵活就业人员的缴费比例仍为20%。有序推进机关事业单位养老保险制度改革，有567个单位、2.12万名在职职工，1.29万名退休人员通过省系统征缴和支付。扩大职工医保个人账户支付范围和居民医保住院结报范围，实现无锡大市就医"一卡通"、省内和跨省异地就医直接结算。拓展社会保障卡功能应用，实现机关事业单位在职人员工资补贴、新增企业职工退休金等9项发放业务，以及居民养老保险费、居民医疗保险费等3项代扣代缴业务。推进“网上经办”系统建设，实现全民参保登记、企业缴费基数申报等68项业务网上办理。扩大建筑业工伤保险范围，新增水利、交通运输行业，参保单位354个、1.47万人。加强社会保险稽核工作，规范用人单位基数申报，明确要求用人单位对足额申报基数作出承诺，并由职工个人签字，全年收到承诺书4000余份，员工签字确认基数申报的约15万人，降低瞒报、漏报的可能性。

【社保待遇及社保基数调整】 根据全省部署，调整全市企业退休人员和机关事业单位退休人员基本养老金，涉及退休人员10.1万人，其中：企业2016年底前退休的有9.67万人，调整后养老金达每人每月2143.06元，平均每月增加140.9元，增幅达7.04%；机关事业单位2016年底前退休的有0.43万人，调整后养老金达到每人每月5811.1元。调整个人账户记账利率，重新计发并补发2016年度退休的企业人员基本养老待遇，共1.2万人、95.41万元，人均增加每月6.42元。1月1日起调整城乡居民养老保险基础养老金（全市有老年居民22.79万名），由每人每月170元提高至185元。7月，公布2017年度社会保险缴费基数，将个体工商户及其雇工、灵活就业人员的社会保险月缴费基数设置为七档，分别为：一档2940元、二档3375元、三档3832元、四档4273元、五档4832元、六档5149元、七档18171元。

【工伤保险浮动费率管理办法出台】 为完善工伤保险费率机制，促进工伤预防，7月，根据“以支定收、收支平衡”的原则，市人社局会同市财政局、安监局、卫计委，制订出台《宜兴市工伤保险浮动费率管理办法》，明确规定工伤保险经办机构在用人单位按行业基准费率缴纳工伤保险费基础上，根据用人单位前两个自然年度工伤保险支缴率、工伤发生率、职业病危害程度等因素，确定其本期应当上浮或下浮的工伤保险费率。市人社局负责做好政策的解释工作，确保企业“懂政策，能理解，不恐慌”，确保企业重视安全生产和工伤预防。同时，建立“月有计划，季有活动，年有部署”的工作机制，紧扣安全生产月、法制宣传周等重要节点，提高宣传力度，确保实际效果。

【医保政策制度完善】 为进一步提高居民基本医疗保险的保障水平，经市委、市政府批准，本年度居民基本医疗保险的筹资标准提高到每人每年740元，比上年增加60元；参保学生的筹资标准提高到每人每年370元，比上年增加50元。1月1日起，启动全市城乡居民大病保险实时结算，参保人员在市内使用社会保障卡结算住院费用时，与基本医保待遇同步结报，即时享受大病保险待遇。2017年度职工医保大病保险起付标准为2万元，个人负担费用在2万元至5万元（含）的部分补偿50%，5万元至8万元（含）的部分补偿60%，8万元以上的部分补偿80%。居民医保大病保险起付标准为2万元，个人负担费用在2万元以上至10万元（含）的部分补偿50%，10万元以上的部分补偿55%。生育保险一次性营养补助费计发标准调整为1430元。1月1日起，优化和调整职工医保慢性病鉴定标准，居民医保参保人员因医疗设备、病情等特殊原因前往市外非公立医疗机构住院治疗的，提供就医地医保经办机构确定该医疗机构为定点医疗机构的相关资料，由医保经办机构核对无误后，将其发生的住院医疗费用纳入市居民基本医疗保险结报范围。

【医保定点范围扩大】 为方便参保人员就医，4月，根据《宜兴市社会医疗保险定点医药机构协议管理暂行办法》，市人社局与市卫计委、市场监督管理局联合制订《关于增补社会医疗保险定点医药机构的通知》，全市医保定点医药机构取消行政审批，由经办机构执行协议化管理。年内，通过组成评审小组、制订增补标准、初审申报材料、和相关部门进行联合现场踏勘等程序，对全市门诊部和零售药店进行新一轮的增补工作，共计增补定点零售药店24个、门诊部9个、医院1个。此次新增定点医药机构的认定工作公开、透明，所有环节接受社会监督。规范定点医疗机构“三目录”维护和合理收费，确保医保基金安全有序运行。通过和市物价局、市卫计委以及三个重点医院的诊疗项目价格多轮比对，确定宜兴市定点医疗机构诊疗项目的最高支付限价标准，于6月1日正式上线运行。

（许玮玲）

编辑　朱敏

民　政
MIN ZHENG

综　述

【概述】 围绕"强富美高"新宜兴建设，以宜兴市创建全国文明城市为纽带，在为民、惠民、富民上求取新成效。慈善救助深度推进。开展助医、助学、助老、助困、助残、赈灾六大慈善救助活动，实现困难群体救助全覆盖。推进"阳光扶贫"系统信息采集，按照《印发〈关于深化群众身边不正之风和腐败问题专项治理工作推进方案的通知〉》，开展对全市低保、五保(保吃、保穿、保住、保医、保葬)、城市"三无"(无生活来源、无劳动能力、无法定抚养义务人或法定抚养义务人丧失劳动能力而无力抚养的公民)的建档立卡对象核查和抽查。养老服务取得新突破。《市政府关于加快发展我市养老服务业的补充意见》出台，完善养老服务体系。推进丁蜀、湖汉敬老院新建工程。全市每1000名老人拥有养老床位41张，护理型床位比例提升至45.5%。智慧养老新模式率先在宜城街道推广运用。举行首届"最美护理员"评选，启动养老服务一线护理人员入职奖励，首次为18个一线护理员发放入职奖金14.4万元。村(社区)治理步入新阶段，宜城街道东山社区、东虹社区，新庄街道核心村等21个村(社区)试点开展社区协商自治管理。涉军维权展现新作为。出台市级优抚安置"二十三"条政策细则，发放"光荣人家"牌，开展走访慰问、召开座谈会等活动，完善重点优抚对象医疗保障、下岗失业转业志愿兵(士官)及部分参战立功人员再就业等政策，控制涉军群体群访集访情况。公共服务上新台阶。简化优化婚姻登记、收养登记、社会组织登记等流程，完成全国第二次地名普查，推行节地生态安葬。

【政策制度保障有力】 出台深度救助、优抚安置、养老服务、社区治理、特殊群体关爱等政策文件11个，强化制度保障。出台《宜兴市特困家庭深度救助实施意见(试行)》和工作方案，实现救助模式和标准的双突破。针对重点优抚对象医疗保障、下岗失业志愿兵和农村参战立功人员再就业等问题，会同相关部门，提出解决措施供市政府参考，为退役军人解决实际困难。《市政府关于加快发展我市养老服务业的补充意见》出台，对养老设施建设、"公建民营"改革、医养融合发展、智慧养老建设提出明确的补助标准，发挥政府对养老服务业的引导作用。联合市委农办出台《进一步完善村务公开工作的通知》，明确规定村务公开的内容、程序、时间，建立督查机制。出台《关于开展宜兴市社区协商民主建设试点工作的通知》，推开协商民主试点工作，确定协商自治试点村(社区)21个。出台《关于印发宜兴市开展困境未成年人及农村留守儿童"合力监护、相伴成长"关爱保护专项行动工作方案的通知》，对困境未成年人的个人信息及动态管理进行二次排摸，最大限度保证将困境未成年人纳入保障体系。

【民生工作扎实推进】 做好各类救助金的发放，惠及困难群众5.32万人、8632.7万元，实现全市各类困难群体救助全覆盖。全市新增养老床位300张，每1000名老人拥有养老床位41张(含居家养老)；推进政府购买居家养老援助服务，符合政府购买服务条件对象133人；全市新建居家养老服务站点30个、镇(街道)日间照料中心2个、区域性老年人助餐中心2个，养老服务水平显著提升。全年市慈善会募集资金5334多万元，提前超额完成资金募集计划，完成政府实事工程目标任务的161.6%。江苏中超投资集团有限公司获江苏慈善奖"最具爱心慈善捐赠企业"称号，成为全市第四个获该荣誉的爱心企业。面对涉军群体的新情况、新特点，通过出台权益保障的文件、发放"光荣人家"牌、加大走访慰问工作的力度和范围、召开军政座谈会、优抚对象座谈会、开展特色军地活动等方式，建立优抚安置长效工作机制。面对全市部分参战对象频繁上访的严峻形势，通过外出调研、个别上门、情绪疏导、政策解释、帮扶解难等举措，引导他们和平理性对待维权。

(黄慧敏)

社会救济

【概述】 春节期间，全市各级组织慰问团162个，走访慰问敬老院23所(含市福利中心)，城乡低保对象、"五保"对象、优抚对象、低保边缘对象等困难群众2.18万户、2.93万人，发放慰问金(含实物折价)1714.8万元，户均补助786元。向1.67万名城乡困难群众发放节日补助金167.06万元。坚持以"保民生、提效能、抓落实"为根本，创新救助机制，加大救助力度，提升"救急难"水平，保障、改善困难群众的基本生活。推行深度救助，制订《宜兴市特困家庭深度救助实施意见(试行)》《宜兴市

2017年度特困家庭深度救助工作方案》。资助最低生活保障对象、城市“三无”对象、农村“五保”对象等9846人参加城乡居民医疗保险，资助256万元。对困难群众就诊实行一站式结算，确保实时核报、即看即补。全年救助各类对象4491人、823.2万元，缓解困难群众的医疗难问题。

【社会救助力度加大】 坚持“民生导向、问题导向和发展导向”理念，以“补短板”“扫盲区”“救急难”为重点，解决困难群众问题。制订实施《宜兴市特困家庭深度救助实施意见（试行）》《宜兴市2017年度特困家庭深度救助工作方案》，规定具有宜兴市户籍的城乡特困居民，由于患重大疾病、严重慢性病或遭遇突发灾害、意外事故等原因，家庭无力承担大额医疗支出，且经社会保障、大病保险、各类救助（赔偿、补偿）和社会帮扶之后基本生活仍有困难的，可申请深度救助。确定科学的分档按比例累进救助标准，增强救助力度。根据家庭困难程度以及医疗费用支出额度的不同，发放1500元至15万元不等的深度救助金。救助程序规范严格，由申请人向户籍地村（居）提出书面申请，同时提供医疗机构的有效票据或医保经办机构的结算凭证等材料，经村（居）调查、核实、公示后，报镇（街道）审核、评议，再报市民政部门审批，实行社会化发放。明确救助资金由市、镇（街道）两级政府按7:3比例分级负担，确保救助资金的稳定来源。7月开始实施，至年底全市共救助75户、74万元，缓解因病支出型特困家庭的困难。

【城乡低保规范化建设】 开展城乡低保年检复审工作。组织业务培训，提高城乡低保保障标准，由上年的每人每月600元提高至每人每月700元，按照“应保尽保、应退即退”的原则，对困难对象实行拉网式筛选和全面复审。调整分类施保制度，健全低保对象动态管理和精准识别长效机制。加强低保申请家庭经济状况核查，比对对低保家庭社会保障、车辆、房产等。开展全市低保对象的入户核查和抽查，入户核查率、抽查率分别达100%和20%。全市有保障城乡低保对象4606户、6526人（城市低保536户、793人，农村低保4070户、5733人），低保对象占全市总人口的比例由上年的0.67%下降到0.6%。全年发放低保金总额3317万元（其中市级资金2333万元），城市低保每人每月补助508元，农村低保每人每月补助416元，分别比上年增长12.4%和17.5%。

【防灾减灾应急体系建设】 成立市减灾委员会，做好“5·12”第九个国家防灾减灾日宣传，组织开展防灾减灾广场咨询活动和社区应急救护演练活动。推进全国综合减灾示范区建设，年内更新完善宜城街道宝东、袁桥等示范社区设施。强化灾害信息员队伍建设，组织灾害信息员业务培训，提升信息员的报灾能力。开展困难群众住房改造补助的核查，投入市级补助金187.2万元，改造149户困难群众的危旧房261间。协助人民保险宜兴公司做好“慈福”民生系列保险的理赔。全年全市居民家庭受灾后享受自然灾害公众责任、住房财产普惠性保险理赔865万元，自然灾害公众责任保险理赔率68.4%、住房财产保险理赔率269%；下拨自然灾害冬春临时生活困难补助金303万元。

【“阳关扶贫”系统建设】 11月，市民政局成立“阳光扶贫”监管系统建设领导小组，以“更精细、更全面、更准确”为目标，组织力量、集中精力、做好信息录入工作。城乡低保、临时救助、救灾救助、尊老金、特困人员供养、孤儿监护人缺失、残疾人两项补贴七类资金发放明细全部录入系统。12月，全市结对帮扶活动的开展，“阳光扶贫”监管系统成功上线运行，实现各类贫困对象和救助资金全部纳入系统公开，资金流向全部留痕、扶贫帮困工作实现全过程监督。扶贫人员入户走访定位，完善贫困户基本信息、收入信息及帮扶信息，分析贫困程度、脱贫难点、急需帮扶措施和脱贫计划等，通过手机应用及时录入进“阳光扶贫”监管系统，做到客观真实、数据可靠。至年底，共录入建档立卡贫困户基本信息8149户、1.05万人。

【流浪乞讨人员救助】 持续开展“寒冬送温暖”“夏季送清凉”等专项救助行动，加强街头巡查劝导和主动救助工作，重点排查城区主干道、商业广场、车站、菜市场、地下通道、加油站等流浪乞讨人员相对集中区，对长期坐卧街头的职业乞讨人员，采取部门联合执法、志愿者教育劝离、提倡市民理性施舍等方式化解。开展分类救助。在巡查区域劝说、引导街头生活无着人员接受救助，对未成年人、残疾人、老年人实施保护性救助；对精神疾病者、危重病人先救治后救助；对不愿意进站接受救助的流浪乞讨人员，发放矿泉水、食品和救助引导卡等求助方式；为愿意返乡的流浪人员及时购票帮助其返乡。规范站外托养机制，加大寻亲力度。将长期无法查找地址的流浪人员寄养至市社会福利中心，建立专业台账，对其进行DNA（脱氧核糖核酸）血样采集，导入全国寻亲服务平台；发布寻亲公告，寻找查明其身份信息；与新媒体开展“互联网+寻亲”新模式。整合资源，加大宣传力度，在新闻媒体及户外电子屏流动播放救助公益广告，开通24小时救助热线，形成流浪乞讨人员的救助服务网络。全年救助各类流浪乞讨人员472人次。

【困境未成年人救助保护】 立足源头预防、主动干预，延伸救助保护范围服务，将困境儿童救助保护对象从传统的流浪乞讨未成年人向面临生存危机、监护缺失、成长障碍的困境未成年人延伸。出台《关于印发宜兴市开展困境未成年人及农村留守儿童“合力监护、相伴成长”关爱保护专项行动工作方案的通知》，加大农村留守儿童关爱保护工作政策力度，建立市农村留守儿童关爱保护工作联席会议制度。多次排摸困境未成年人的个人信息及动态管理，充实健全困境未成年人数据信息库，最大限度的保证将困境未成年人纳入保障体系。开展节日定向慰问及酷暑送清凉留守儿童普及关爱活动，丰富困境未成年人关爱保护形式。按照困境未成年人及农村留守儿童的教育、心理、行为矫治等需求，编印《未成年人保护工作社区服务手册（试行）》，采取政府购买服务的方式，选取有资质的社会组织开展服务。

（沈江桥　唐晨光）

慈善救助

【概述】 通过慈善"一日捐"、企业认捐、冠名基金等活动，全年募集慈善资金5334多万元，其中认捐资金1792万元、"一日捐"740万元、定向捐赠1829万元、其他捐赠及利息收入973万元。加大困难群众救助力度，通过调研，加强核实，简化操作。全年发放慈善款3921多万元，受益慈善救助困难对象5.94万人次。其中，助学2202人、427.02万元，助困5714人、745.53万元，助残107人、1.57万元，定向9724人、1258.04万元，助老27312人、126.3万元，助医8351人、1139万元，应急4742人、119.73万元。慈善宣传深入有效，利用《宜兴日报》、展板、宣传册等宣传《中华人民共和国慈善法》。慈善救助趋向精准，推动慈善救助模式由粗放式向精准化转变，全市100多个冠名基金中，拥有特定服务人群与细分受众的占40%以上，通过"慈善助学""宜兴市身障人创业远东帮扶点""村级慈善基金"等项目，实现"精准慈善"。远东控股集团有限公司、江苏振球集团、江苏宜安建设有限公司、江苏中超投资集团有限公司4个企业获江苏慈善奖。

【村级慈善基金推广】 坚持多渠道、多途径、多形式募集慈善资金，不断壮大村级慈善基金的建立和发展。丁蜀镇大港村、双桥村、方钱村、湖渎村，张渚镇东龙村5个村级慈善基金成立，募集善款260万元，连续3年募集基金达250万元以上。至年底，全市有19个村（社区）级慈善基金，募集慈善基金1567万元，产生收益近70万元，成为慈善救助体系的有益补充。

【慈善助学初形模式】 市慈善会克服经济下行等不利因素，拓展资金募集渠道，通过企业认捐、冠名基金、慈善"一日捐"、一次性捐赠、定向捐赠、村（社区）慈善基金等途径募集资金。在中考、高考结束后，第一时间组织力量对低保家庭及低保边缘家庭的学生摸底排查。经统计和审核，全年资助学生2401人、470多万元。其中义务教育阶段的贫困小学生、初中生助学标准为每人每年600元，宜兴市内就读的高中及各类技校生每人每年1500元、外地就读的每人每年2500元，大学一年级新生每人每年5000元，大二以上每人每年3500元。汇聚团市委、市总工会、市妇联及其他社会组织的力量，形成"资助标准高、受助周期长、区域覆盖广"的宜兴特色助学体系，造浓助学氛围。

（骆鸿舜）

社会福利

【概述】 全市有养老机构30个，其中镇（园区、街道）公办公营养老机构16个（含市社会福利中心）、公办民营养老机构5个、民办养老机构9个。年内，全市新增养老床位300张，累计床位9580张。其中公办公营养老机构5435张、民间资本举办或经营的养老机构4145张。全市全年募集福彩公益金3700多万元，在全省县（市）级中排名第五位。

【福彩成绩斐然】 福彩销售在经济疲软的市场环境下，科学筹划，平稳发展。坚持服务与管理并重，完善规章制度，细化各项考核管理规定；强化站点服务，健全限时服务机制。参与宜兴电视台的"走乡村　进社区""喜博会"活动，在全市公交站台上投放"中福在线"公益宣传，在宜兴网站上投放营销活动漂浮广告。冠名"福彩杯"最美护理员的评选活动，全年开展营销活动28次，自创"掌上福彩　在线惊喜"线上活动，拉进福彩跟彩民的距离。开展"福彩爱心行动"，为全市因突发事故、突发疾病遇到困难的特殊群体送爱心。全年彩市大奖频出，彩民硕果累累，出双色球一等奖2注，分别为高塍32020853投注站中出的609万元和丁蜀32025893投注站中出的1000万元；出"福彩刮刮乐"头等奖3个；出"中福在线"25万元累积奖9个。全市全年销售福利彩票3.7亿元，其中电脑彩票2.79亿元、"福彩刮刮乐"1428万元、"中福在线"7645万元。

【特困人员供养】 全市有孤儿90人，其中福利机构集中供养孤儿38人、散居生活孤儿52人。7月，根据省民政厅、财政厅《关于进一步做好全省孤儿基本生活保障工作的通知》和《无锡市人民政府关于调整特困人员供养标准的通知》，建立孤儿养育标准增长机制，提高孤儿基本生活最低养育标准，集中供养孤儿养育标准由每人每月1890元提高至2050元，散居孤儿、事实上无人抚养的未成年人、受艾滋病影响的未成年人养育标准由每人每月1300元提高至1540元。全市有城镇"三无"和"五保"供养对象2999人，其中集中供养的915人、散居生活的2084人。实行城乡一体化，对城镇、农村特困供养对象实行统一供养标准，散居每人每月835元（含基础养老金），集中供养每人每月885元（含基础养老金），全年发放供养补助金2470多万元。春节、端午、中秋期间向特困供养对象发放过节费每人每节100元，累计发放91.58万元。

【残疾人专项补贴】 4月，市政府出台《市政府关于完善困难残疾人生活补贴和重度残疾人护理补贴制度的实施意见》，明确对全市符合条件的残疾人发放困难残疾人生活补贴和重度残疾人护理补贴。5月，市民政局联合市财政局、市残联出台《关于做好困难残疾生活补贴和重度残疾人护理补贴发放管理工作的通知》，对各镇（街道）民政办主任以及业务工作人员开展两项补贴的专题培训，明确专人负责，编写《宜兴市两项补贴工作问答》，指导基层进行具体业务的操作。通过多种形式，加大宣传残疾人两项补贴制度，确保残疾人及其家庭或监护人及时知晓相关政策。建立长期照护评估机制，组织专业人员或聘请第三方专业机构对申请护理补贴的重度残疾人需要持续护理和照护的情况进行评估。全市全年向享受生活补贴的6971名残疾人发放补贴2739.18万元，向享受护理补贴的5428名残疾人发放补贴1324.34万元。

（许玄　钱海韬）

婚姻登记

【概述】 全年办理业务总量1.5万对，其中结婚登记1.16万对（新婚4508对、再婚1569对、复婚470对、补办1466对、补领3565对）、离婚登记3330对（离婚登记2982对、补领348对），新婚结婚登记率比上年减少10.4%，登记合格率100%，有效投诉为零。开通军人优先办理绿色通道，为有需要的军人新婚夫妇提供免费颁证过程电子摄影和摄像服务，为结伴前来登记的军人夫妇提供集体颁证仪式服务。在每个登记窗口统一设置《温馨提醒》，提醒新《婚姻登记工作规范》内容，避免因规定变更而导致的来回奔波。全年查询婚姻登记档案5500余人次。

【"三清"告知制度一站式服务】 年内，婚姻登记处推行"三清"告知制度一站式服务，提高窗口办事效率。在受理、审查当事人婚姻登记材料过程中，首先要做到咨询服务“一口清”，初审人员必须全面准确地一次性告知当事人依法应当提交的所有证件以及登记条件、依据和注意事项，告知内容要详细、具体、明确，条理清楚；其次对申请资料不齐全的群众，要做到发放材料“一纸清”，填发《婚姻登记一次性告知书》（包括结婚、再婚、补领、补办四类），清晰载明所需提供的全部资料；最后对于实际操作的疑难问题，要做到告知解答“一纸清”，初审人员和咨询电话接线员应当向申请人作好解释工作并详细记录，及时请示领导，研究确定应提交的证明、证件和相关资料后，主动一次性明确告知当事人。

【婚姻家庭辅导室创立】 针对冲动离婚增多的现象，5月，市民政局婚姻登记处成立首个婚姻家庭辅导室，启动“美满婚姻　幸福课堂”公益项目。辅导室有专业的心理咨询师2人、社会工作者6人、社会志愿者4人，采用遵守职业守则、签订保密协议、一站式、一对一、工作日全天候的方式，开展专业的婚姻咨询、离婚劝和、情感疏导、家庭关系改善等家庭辅导，帮助当事人排解危机、维护家庭稳定。咨询师运用“侧重调解法”“唤起旧情法”“消除隔阂法”“情系子女法”“批评教育法”来提高辅导成功率，讲道理，摆事实，以情动人，促使双方情绪降温，相互谅解。全年接受自愿辅导当事人148对、296人次，其中当天表示和好、暂缓离婚的有107对，劝解复合率72.3%，满意率100%。

婚姻家庭辅导室　（市民政局　提供）

【"四有"婚姻登记品牌打造】 婚姻登记处全力打造“四有”优质服务品牌。一是打造有“形”的文化载体，在无锡市民政系统内率先推广《美满婚姻　幸福同行》婚姻文化宣传手册，手册包含婚姻法律知识、幸福婚姻指导等知识，并办理完登记手续后赠送给每一对新人。二是传递有“情”的文化内涵，在“2·14”情人节、“5·20”网络示爱日、“双十一”光棍节等高峰日，开展“赠送玫瑰花”、“写一封信给未来的另一半”、设置新婚寄语“留言墙”等活动。三是提供有“爱”的文化服务，邀请市特殊教育学校老师进行手语培训，要求登记员学会手语交流的基本手势，营造无障碍执法服务环境。四是建设有“趣”的文化形式，开展首期“和谐婚姻”主题沙龙活动，男女来宾在心理讲师的带领下，通过游戏体验、模拟练习、换位思考分享等活动探讨夫妻沟通的艺术。

（孟潇逸）

安置优抚

【概述】 贯彻落实优抚安置政策，调整全市部分重点优抚对象生活补助标准，其中抗日战争时期入伍的由每人每月3276元提高至3574元，解放战争时期入伍的由每人每月2730元提高至2978元，中华人民共和国成立后入伍的由每人每月2457元提高至2680元。同时，在乡残疾军人、一至四级伤残护理费、“三属”（革命烈士、因公牺牲军人、病故军人的家属）生活补助都相应提高。义务兵家庭优待金标准从1.92万元调整到2.07万元。按照《军人抚恤优待条例》《伤残抚恤管理办法》规定，上报评残、调残、换证以及审核带病回乡45件。根据《江苏省实施〈军人抚恤优待条例〉办法》，为符合国家定期抚恤补助条件的优抚对象发放江苏省优抚对象抚恤补助证，持证可享受市内公交车免费乘坐，指定景点免门票，每月享受水、电、气等费用补助65元，年底发放到位。组织全市各镇（街道）为享受国家抚恤补助的优抚对象免费体检一次，标准为每人300元。

【优抚对象信息数据库完善】 3月，落实《民政部办公厅关于开展优抚对象数据专项检查工作的通知》要求，建立优抚对象数据核查规范化、常态化工作机制，实施优抚对象一人一档，并建立相应电子档案。在2016年度优抚信息库基础上进行2017年度新一轮的优抚信息采集工作，按比例对各镇（街道）优抚对象进行走访复核，采集个人照片，对数据中未采集认证二代身份证信息的进行现场认证，对已去世人员做减员处理，对正常享受待遇优抚对象进行核查并更新完善其信息。

【安置工作扎实推进】 推进退役士兵安置工作，接收2017年秋、冬季退役士兵468人，其中秋季退役士兵351人、冬季士官117人；接收复员干部5人、无军籍部队退休职工5人。组织412名退役士兵短期职业技能培训，参训率89%，结业率100%。7人复学。与市人社局举办针对退伍士兵的专场招聘会2次，120余个企业提供工作岗位近1000个，近200名退役士兵与企业达成就业意向。全年接收符合政府安排工作条件的春季转业士官3人，根据“积分选岗”的安置方案，全部妥善安置。联合市人社局出台《关于为下岗失业转业志愿兵（士官）及部分参战立功人员再就业的实施意见》，为全市396名下岗失业志愿兵（士官）发放生活困难补贴。

（马小波 陆一波）

双拥工作

【概述】 春节、“八一”建军节期间，市主要领导和双拥工作领导成员慰问驻宜官兵、武警8690部队驻上海海关执勤官兵，召开军政座谈会，投入慰问金120余万元。组织走访重点优抚对象80余人，召开优抚对象座谈会。完成2015年后双拥工作台账的收集整理工作。确定江苏中超集团控股有限公司“优抚之家”、开发区“军民融合发展园”2个双拥示范点。印发宜兴市《关于组织发放“光荣人家”牌有关事项》的通知，发放“光荣人家”牌4万余户。继续开展“情系新兵送关爱”活动、部队官兵学雷锋活动、“传承红色基因　担当强军重任”主题教育和“故乡指导员”活动。参加军地协调会议，解决31604（原73031部队）部队农副业生产基地退出有偿服务渔塘清退问题。

为全市四万余户军人家庭发放的“光荣人家”牌 （市民政局　提供）

【“光荣人家”牌发放】 10月，全市首批“光荣人家”牌正式发放。发放对象共4万余户，包括入伍前户籍在宜兴的中国人民解放军、武警现役军人家庭；入伍前户籍不在宜兴，其家属目前户籍在宜兴的中国人民解放军、武警现役军人家庭；户籍在宜兴的中国人民解放军、武警退役军人和烈士、因公牺牲军人、病故军人家庭。

（鲁勇）

老龄事业

【概述】 全市有60周岁以上老人30.93万人，占户籍人口的28.59%，其中80—89周岁老人3.63万人、90—99周岁老人0.55万人、100周岁及以上老人76人。联合市财政局出台《市政府关于加快发展我市养老服务业的补充意见》，确保全市养老事业有序发展。尊老金发放管理工作规范有序，尊老金实行按月社会化发放，全年向各镇、街道及林场4万多名80周岁以上的老人发放尊老金1953.7万元。开展“安康关爱行动”，全年全市投保18.42万人次，投保率超60%，理赔率60%左右。其中，西渚镇、太华镇、万石镇、新街街道投保率达100%，高塍镇、新庄街道超80%，丁蜀镇投保额超150万元。开展《中华人民共和国老年人权益保障法》广场宣传和咨询活动，以开展“敬老月”活动为契机，走访慰问老人4.6万余人，市、镇、村三级投入资金418多万元。

【养老服务业持续发展】 9月，联合市财政局出台《市政府关于加快发展我市养老服务业的补充意见》助推养老服务业发展，扩大养老机构建设补助范围，首次针对新办营利性养老机构按民办非营利性养老机构补助金额的50%予以一次性补助。明确医疗机构内设养老机构（民办）享受养老机构同等的政策补贴。推进“公建民营”改革进程。以政策奖励的形式鼓励民间资本通过承包、委托管理等方式经营公有产权的养老机构，对民办养老机构建设给予相关建设补贴、运营补贴和其他政策扶持。针对一线护理专业人员缺口较大的情况，鼓励高学历年轻人从事养老服务行业，首次设立对从事养老护理人员入职。在全市范围养老服务机构中连续从事一线养老护理员岗位工作满5周年且继续在上述岗位工作或持有国家教育主管部门认可的全日制高等学校、中等职业技术学校毕业证书或与养老服务机构签订劳动合同或协议并缴纳社会保险的，给予3.6万—6万元入职奖励，分5个年度平均发放，申请人取得宜兴市级以上（含市级）“最美护理员”等称号的，发放时间缩短至3年。投资建设智慧养老服务管理系统的居家养老机构，按项目总投资的50%给予一次性建设补贴，限额30万元。

湖汊镇养老服务中心　（市民政局　提供）

【养老机构建设有序发展】 推行“公建民营”模式，以政策奖励的形式鼓励民间资本通过承包、委托管理等方式经营公有产权的养老机构。对民办养老机构建设给予相关建设补贴、运营补贴等政策扶持。将养老资源与医疗资源整合，推进养老机构养医融合发展。对增设医务室和完善医疗功能的养老机构给予专项资助，将符合条件的医养结合型养老机构纳入医保定点范围，苏欣护理院成为全市首个实行医保定点的养老机构，九福养老护理服务中心成功申报九福护理院。推进政府购买居家养老援助服务，对日常生活需要全护理、半护理的低保老人，低收入老人等9类特定老年人家庭，通过购买服务形式，开展上门援助。推进各镇（街道）居家养老站点建设，新建高塍镇区域性老年人配餐中心，张渚镇善卷村省级示范型居家养老服务站、湖㳇镇邵东村标准化居家养老服务站等老年活动场所15个。推动全市养老信息服务由单一求助服务向提供生活照料、精神关怀、服务协调、计划分配、服务跟踪、质量管控等综合服务转型，“线上+线下”相结合，提升科技为老助老服务水平，至年底，九如城虚拟养老院网络系统平台、宜城街道乐龄养老呼叫救助服务运营管理平台正常运营，服务对象实现宜城街道全覆盖。

【百岁老人】 至年底，全市有100周岁及以上老人76人，其中女性62人。

2017年宜兴市百岁老人名单

表68

序号	姓　名	性别	出生年月	居住地址
1	史彩华	女	1911年8月16日	官林镇滨湖村
2	潘梅君	女	1911年12月10日	宜城街道荆溪社区
3	芮岳金	男	1912年1月1日	官林镇凌霞村
4	朱义妹	女	1912年7月11日	官林镇前城村
5	陈阿胖	女	1913年6月17日	周铁镇分水村
6	陈小妹	女	1913年8月15日	官林镇大儒村
7	周凤珍	女	1913年10月11日	张渚镇龙池村
8	张牛大	女	1913年11月15日	丁蜀镇双庙村
9	沈英妹	女	1914年1月3日	屺亭街道后亭村

续表68

序号	姓　名	性别	出生年月	居住地址
10	马福娣	女	1914年2月16日	徐舍镇翔圩村
11	王进才	男	1914年9月21日	周铁镇中新村
12	潘　玉	女	1914年10月4日	宜城街道城南社区
13	史玉英	女	1914年10月11日	周铁镇中新村
14	宗金娣	女	1915年1月18日	新街街道陆平村
15	叶秀清	女	1915年1月22日	宜城街道民主社区
16	魏正娣	女	1915年1月27日	周铁镇欧毛渎村
17	王来玉	女	1915年4月10日	丁蜀镇潜洛村
18	盛金娣	女	1915年4月12日	芳桥街道扶风村
19	赵扣大	男	1915年6月2日	高塍镇高遥村
20	夏凤英	女	1915年7月15日	和桥镇西锄村
21	杨秀大	女	1915年7月23日	徐舍镇烟山村
22	茅冰妹	女	1915年8月26日	宜城街道和平社区
23	唐玉娥	女	1915年9月9日	杨巷镇安乐村
24	崔秀英	女	1915年10月23日	丁蜀镇定溪村
25	许　芬	女	1915年10月26日	高塍镇梅家渎村
26	王桂英	女	1915年10月29日	太华镇云湖村
27	郁息妹	女	1915年11月13日	官林镇戈庄村
28	胡永大	男	1915年11月25日	芳桥街道夏芳村
29	黄招伢	女	1915年11月29日	杨巷镇杨巷社区
30	陆菊仙	女	1915年12月17日	杨巷镇英驻村
31	熊奶英	女	1915年12月19日	张渚镇祝陵村
32	缪惠珍	女	1916年1月1日	新街街道绿园社区
33	吴金泉	男	1916年2月8日	官林镇大儒村
34	陈顺保	女	1916年2月20日	徐舍镇洴浰村
35	瞿云山	女	1916年3月15日	宜城街道城东村
36	董小龙	男	1916年5月20日	杨巷镇邬泉村

续表68

序号	姓　名	性别	出生年月	居住地址
37	储烟水	女	1916年6月1日	宜城街道新华社区
38	蒋志明	男	1916年6月20日	芳桥街道芳桥村
39	花德龙	男	1916年7月6日	丁蜀镇蠡墅社区
40	陆凤珍	女	1916年8月24日	丁蜀镇画溪社区
41	缪龙喜	男	1916年9月29日	丁蜀镇湖㳇社区
42	陈全娣	女	1916年11月24日	丁蜀镇方钱村
43	王月娥	女	1916年11月29日	新庄街道王婆村
44	沈丽华	女	1916年11月29日	芳桥街道芳桥村
45	董必华	女	1917年1月16日	太华镇云湖村
46	陈锁娣	女	1917年1月17日	新建镇新建村
47	吴阿生	女	1917年2月14日	徐舍镇西墟村
48	徐碧霞	女	1917年2月18日	宜城街道和平社区
49	骆带娣	女	1917年2月20日	官林镇都山村
50	芦福根	男	1917年3月8日	宜城街道曲坊社区
51	史凤珍	女	1917年3月24日	官林镇义庄村
52	孙福保	男	1917年5月14日	宜城街道曲坊社区
53	陈招伢	女	1917年5月21日	杨巷镇西溪村
54	蒋锡大	女	1917年6月11日	杨巷镇黄家村
55	蒋洪娣	女	1917年6月25日	丁蜀镇洑东村
56	蒋锡芬	女	1917年7月3日	丁蜀镇丁山社区
57	蒋淑芳	女	1917年7月7日	官林镇丰义村
58	陈再华	女	1917年7月20日	徐舍镇余圩村
59	姜盘娣	女	1917年8月12日	新庄街道东氿社区
60	许银妹	女	1917年8月18日	万石镇南漕村
61	余菊仙	女	1917年8月22日	湖㳇镇大东村
62	徐凤英	女	1917年9月1日	万石镇漕东村
63	杨浩根	男	1917年9月1日	万石镇黄土寺村

续表68

序号	姓　名	性别	出生年月	居住地址
64	肖德宝	女	1917年9月1日	丁蜀镇张泽村
65	尹凤华	女	1917年9月7日	和桥镇闸口村
66	姚同娣	女	1917年9月16日	徐舍镇联星村
67	许盘生	男	1917年10月7日	和桥镇北庄村
68	邵义大	女	1917年10月15日	张渚镇南门村
69	陆妹珍	女	1917年10月15日	徐舍镇奖墅村
70	郑春花	女	1917年10月28日	新街街道梅园社区
71	王凤娥	女	1917年11月4日	官林镇桂芳村
72	唐顺仙	女	1917年11月8日	丁蜀镇方钱村
73	徐顺英	女	1917年11月28日	丁蜀镇张泽村
74	史玉妹	女	1917年12月2日	新庄街道东氿社区
75	许盘西	男	1917年12月8日	新庄街道王婆村
76	孙莉安	女	1917年12月17日	宜城街道宜北社区

（蒋志才）

社区建设

【概述】 打造共建、共治、共享的社会治理格局，提高社会治理社会化、法治化、智能化、专业化水平，因地制宜推动社会治理的创新与发展。宜兴社区建设在首次无锡市社区治理效果测评中得到全无锡市第一，社区居民对社区治理效果平均满意度89.89%。完成为期三年的社区干部提质增能系列培训，充实社区工作团队，全市810名社区工作者实现持证上岗。新招录社区工作人员3人。出台《关于推进城乡社区协商民主建设的实施意见的通知》，全年征集协商民主项目21个，在宜城街道、丁蜀镇、和桥镇各设试点单位2个，其余镇（街道）各设试点单位1个。推进信息化平台，整合人口数据库，台帐数据完善率75%。全年创建江苏省和谐社区建设示范镇2个、江苏省和谐社区建设示范社区15个。全市建立社区协商民主试点21个，打造具有宜兴特色的社区协商民主共建共治新样板。年内，完成全市312个管理村（社区）的信用代码登记表登记及拍照录入工作。

【社区工作人员管理】 严把招聘关，提升人才素质，连续3年在全市公开招考社区事务工作站工作人员，新招录人员34人（其中退伍军人7人）。录用人员结构合理，男女比为7:13，呈高学历、年轻态趋势，本科比例92%，拥有社会工作专业研究生学历1人，平均年龄27.2岁。注重人员培训，对新社工进行业务培训和拓展训练，与受聘者所在社区及时沟通和信息反馈，对新社工实行动态管理。完善人才梯队，启动“选修课”功能，根据现状分析及需求调查，设计“三社联动（通过社区建设、社会组织培育和社会工作现代化体制，形成资源共享、优势互补、相互促进的良好局面，加快形成政府与社会之间互联、互动、互补的社会治理新格局）”“协商民主”“微自治”等15个课题类型，量身定制，供各镇（街道）选题，按片区进行培训，打破大锅饭听课的局面。全市810名社区工作者均持有社区事务工作站上岗资格证，实现持证上岗。

【村务公开】 联合市委农办出台《关于进一步完善村务公开工作的通知》，将村务公开的内容、形式、程序、时间作具体要求，逐个通知村级单位，确保文件知晓率100%；组织民政办主任进行培训，将要求分解细化，指导实施。全市每个镇（街道）按照30%的比例进行抽查，累计抽查行政村63个，抽查情况整理成督查档案反馈给相关镇（街道）。把村务公开工作列入各镇（街道）民政工作百分考核，加大考核力度。检查村务监督委员的组建和完善情况，对未完善该机构的村限期整改到位，村务监督

和桥镇北庄村第十一届村民选举大会　（市民政局　提供）

委员会到位率100%。各村将村务监督委员会成员名单上墙公布，刻印公章，便与参与村务公开的管理。设计《宜兴市村(居)务监督委员会工作手册》，将列席“两委”(支部委员会、村民委员会)会议情况、“收集整理村(居)民意见建议情况”、例会记录等工作编入手册，完善村务公开工作的载体，促进村务监委员会工作逐步常态化、规范化。

【社区信息化建设】 市民政局推进社区信息化建设，针对全市社区信息化平台建设明显存在信息员力量配备不够、基础数据录入缓慢、网站运用沉默社区居多等问题，对全市村(社区)进行业务培训。出台《加快推进社区信息化平台建设》，要求加快平台数据完善及电子台账使用，利用后台数据每半月统计一次录入情况，每月实施一次通报。至年底，全市人口数据库基本完成整合，台账数据完善率75%。

（虞婧）

殡葬管理

【概述】 围绕民政部、国土资源部等9部门联合印发的《关于推行节地生态安葬的指导意见》精神，推进生态殡葬改革，做好私埋乱葬整治、镇级骨灰楼建设，落实惠民政策，改善服务环境。惠民殡葬全面铺开，对宜兴户籍居民殡葬基本服务实行免费，全年为326名城乡低保对象、城市“三无”对象、农村“五保”对象、重点优抚对象减免45.2万元。财政减免6405人次、800.63万元，奖补遗体器官捐赠7人、7000元。推行市镇两级骨灰堂免费存放、家属自愿选择生态安葬奖补或免除费用等措施，全覆盖、多层次的殡葬惠民体系逐步建立。按照市政府办公室《关于进一步加强殡葬改革和管理工作的意见》，做好殡葬改革，继续推进镇级骨灰楼建设。殡葬设施逐步完善，以生态墓葬取代传统墓葬，金鸡山长青园室外璧葬投入使用，与金鸡堂室内格位安葬相互补充，完成0.3平方米节地葬、小型花坛葬、草坪葬等生态葬式的规划，与生态人文纪念园的艺术墓葬相互补充。推广节地、环保为主的生态墓地，新型葬式逐步取代传统墓地。

【殡葬专项工作】 为保护生态环境和土地资源，倡导文明风尚，2月起，对市域内重点部位散葬坟墓开展专项清理整顿。市道包括各镇(园区、街道)、村(社区)主要道路和新开辟路段。市殡葬管理所成立专项整治领导小组，制订可行整治方案，分为动员部署、全面清理、全面检查3个阶段，分两个批次对第一阶段各镇(园区、街道)清理整治工作的开展情况进行调查摸底，全面落实散坟整治工作。全年在新闻媒体播放、刊登公告10次，悬挂清理整顿宣传横幅177条。强化公墓规范化管理，联合市物价局监督全市32个公益性、3个经营性公墓的收费标准、票据使用、销售情况、违规使用土地、违规建墓等情况，对存在的问题发出整改通知。

【祭扫活动文明有序】 除夕祭祀期间，金鸡山公墓接待群众10万多人次，疏导车辆3万多辆(次)，祭祀环境安全文明。清明节期间，以“平安清明、文明清明”为目标，全面部署清明祭扫工作方案，分析研究可能出现的突发情况，明确各部门工作职责，确保清明各项工作平稳有序。开展清明殡葬宣传，在各镇(园区、街道)主要道路、殡仪馆及公墓张贴宣传标语800多份，悬挂横幅200余条，宣传版30多块，通过媒体大力宣传文明殡葬、生态殡葬理念，发布公益告示及清明祭扫注意事项等，刊登、发布信息9次。举办金鸡堂骨灰楼集中祭祀活动，近距离向群众宣传生态文明殡葬理念。清明节期间，金鸡山公墓接待群众祭扫55万人次，疏导车辆12万辆(次)，清明祭扫工作平安有序。

（陈钟）

区划与地名管理

【概述】 全年命名、更名地名7处，其中居民住宅区4处、道路1处、商业街2处。坚持对历史负责、对市民负责的原则，实地察看每处命名地段。实施新修订的《宜兴市地名管理实施实施办法》，规定地名通名的使用、专名的规范使用、地名命名的流程、历史地名的保护等。对全市范围内的历史地名进行普查，做好资料收集、记录、统计等工作，建立历史地名档案和历史地名评价体系，制作历史地名保护名录。合理利用全市各地区历史地名资源，形成地缘文化特质和区域品牌特征。界线管理工作有序推进，组织巡查全市31个界桩点，对界桩进行清理、描红，与全市18个界桩管护员签订界桩管护协议书。组织(江)苏浙(江)线、(无)锡常(州)线沿线的80多个镇、村签订平安边界共建协议书。

【全国第二次地名普查】 通过公开招标的形式，聘请江苏速度信息科技股份有限公司为技术服务单位，组织开展第二次全国地名普查工作。经普查，全市共采集十一大类地名信息8503条。其中，陆地水系名称238条，陆地地形名称156条，行政区域名称19条，非行政区域名称4条，群众自治组织名称312条，居民点名称4480条，交通运输设施名称1435条，水利、电力设施名称107条，纪念地、旅游景点名称208条，建筑物名称47条，具有地名意义的单位名称593条，历史地名904条。同时，标绘1:10000纸质地图99幅，制作地名标志登记表162份，采集地名多媒体信息1万多条，并在地名普查成果数据的基础上，编制《宜兴市行政区划图》。

（杨小冬）

社会组织管理

【概述】 全年登记社会团体20个、民办非企业单位50个，累计登记留案社会组织达2664个，其中社会团体334个、民办非企业单位680个、基金会10个、备案1640个。有从业人员20万人，初步形成门类齐全、层次不同、覆盖广泛的社会组织体系。高度重视丁蜀、和桥、万石等地的基层孵化站，引入第三方开展指导孵化，加强对孵化站点运行绩效考核和验收，全年发放奖励资金41.1万元。全年有8个公益机构入驻，开展公益服务活动14场(次)。开展社会组织人才队伍专项培训，组织90多个民政类社会组织负责人赴浙江大学学习。

【社会组织规范发展】 重点扶持一批具有示范导向作用的公益服务性社会组织，建立公益创投常态化、长效化机制。改革公益创投操作模式，项目周期由1年变为2年，单个资助金额调整为15万元和8万元，项目总数控制在50个左右，资金拨付比例方式改为3:3:4，记账改为委托集中记账。邀请第三方全程参与督导。全年有市级公益创投项目46个、社区微创投项目52个参与申报，经第三方会同市财政局现场评审并公示，评选出项目51个，其中市级创投项目24个、社区项目27个，共投入资金600万元。项目服务范围涉及民政工作六大类，汇编所有入选项目，发放项目标志牌和纸式胸标。加强项目台账的审查力度，规范财务结报手续。开展“公益创投”影像征集活动。加强对公益创投项目的指导力度，会同第三方对项目进行现场督导3批(次)。

【社会组织健康发展】 开展社会组织年检工作，要求所有参检组织必须全部实施网上申报审核。采取常规年检与实地检查、执法监察与社会监督相结合，寻找社会组织登记管理中的问题，加强社会组织规范化管理。全市参加年检的社会组织有936个，其中年检合格的566个、基本合格的265个、不合格的80个、撤销的25个。年检结果分两批在《宜兴日报》公告。按照分类评估、分类制订的原则，制订《宜兴市社会组织评估评分细则》，委托第三方进行专业评估，确保评估工作的严密性和公正性。全年评估社会组织36个，获AAAA企业14个、奖励2万元，获AAA企业3个、奖励1万元。按照“一届一备、变更必备”的原则，健全社会组织负责人备案制度。要求社会组织换届产生的新一届理事长(会长)、副理事长(副会长)、秘书长等必须向登记管理机关进行备案；健全社会组织印章、银行账户等备案。新登记成立的社会组织，凭登记证书刻制印章、开设银行帐户、办理机构代码证，并将印章样式、银行账户、机构代码证复印件向登记管理机关备案。

【孵化服务“送上门”】 针对近年社会组织蓬勃发展的良好局面，年内，市民政局创新服务方式，由市社会组织创业服务中心与社区及社区社会组织孵化站结对，以社区为主阵地，由市社会组织创业服务中心负责进行全程业务指导，保障活动经费，由相关社区及孵化站负责实施主题活动，做到将服务“送上门”。8月，市社会组织创业服务中心与宜城街道的民主、大同等8个社区以及社区社会组织孵化站签订结对协议，首次试行孵化服务“送上门”制度，给予社区里社会组织孵化站更精准的培育服务。全年开展主题系列活动5个。

【公益性社会服务功能凸显】 全年各社会组织积极参与文明城市创建和慢性病防治城市创建活动，公益性社会服务功能凸显。市义工联合会组织义工参与道路交通秩序维护，开展文明劝导活动；陶都爱心社、市青年志愿者协会等深入社区开展清扫环境卫生和铲除小广告活动；其他社会组织借助微博、微信、QQ、论坛等平台，搭载“志愿者网上之家”服务平台。癌症康复协会、心理学会、食品营养与安全学会等社会组织结合自身优势参与慢性病防治活动，开展健康教育和健康促进活动。组织开展社会组织拥军慰问和结对帮扶活动，动员8个社会组织参与慰问宜兴籍在外地服役的战士和延安八一敬老院活动，提升社会组织拥军爱国热情。

（沈永明）

义工服务

【概述】 全市全年有新成立社会义工站2个，升格成民办非企义工站4个。全市有义工站315个，义工人员注册数1.85万人，比上年增长18.6%。组织开展服务1500余次，录入工时18.6万个小时，产生一星级义工242人、二星级义工96人、三星级义工39人、四星级义工16人、五星级义工8人，市文明办、民政局联合向年度工时达100小时以上的350名义工颁发星级证书，并给予相应奖励。徐锡秋获“江苏省优秀志愿者”称号，“绿叶相扶　携手成长”项目和“社会好儿女”项目获无锡市最佳志愿项目。依托宜兴义工时间银行开展各项志愿服务，推行“公益服务+购买服务”新模式，确保服务的志愿性和持续性。

【义工服务】 倡导“时间银行+志愿服务”新模式，创立创新“一网”“一微”“一站”式的网络服务体系，完善规范宜兴义工时间银行操作流程。义工时间银行在线注册数达1.64万人，全年开展志愿服务820次，录入工时12.4万个小时。倡导“日常服务+特色服务”新项目，打造宜兴社会公益服务升级版，开展社区为主的敬老助老、环境卫生等活动，发挥社工、义工双工联动，引导每个社会义工站形成独有的特色服务。陶都爱心社的“社会好儿女”、绿叶义工站的“绿叶相扶　携手成长”、爱心一家义工站的“相约星期五”、欢乐义工站的“欢乐助残　爱满陶都”，都形成了个性鲜明的项目特色。倡导“公益服务+购买服务”新路子，在承接公益服务的同时结合社会捐赠资金或以购买服务的形式给予适度的服务补贴，促进义工组织服务的经费保障和服务得到有力支撑。以政府购买服务形式保障宜兴美术馆、宜兴科技馆的长期服务，以时间银行储蓄工时服务形式保障宜兴长途车站、高铁站、图书馆等日常性的服务。

义工时间银行广场活动　（市民政局　提供）

【义工服务转型升级】 依托“时间银行”搭建服务平台，社会资源共建共享，在服务项目、服务质量、服务效果上提标升级。邀请南京专业社工对义工进行服务理念、服务内容、服务技巧等方面的培训，义工服务由辅助型转为专业型。以社区的优抚对象、空巢老人、残障人员、困难家庭为主要服务对象，组织每个义工站与社区结对签约，在节假日和走访活动上门入室，开展面对面、点对点的服务，义工服务由传统型转为常态型。针对全市养老机构分布广、离城区较近的养老机构和较远的养老机构接受的服务不均匀的特点，9月，与29个养老机构对接签约，让每个养老机构都享受到定向定时的服务，义工服务扎堆型转为定向型。

（沈华为）

编辑　朱敏

镇·街道

ZHEN · JIE DAO

张渚镇

【概述】 区域面积175.3平方千米，辖行政村13个、社区5个，总人口72137人。财政总收入5.81亿元，财政可支配收入2.79亿元。应税销售收入116.53亿元，比上年下降17.1%。其中：工业97.53亿，比上年下降26.5%；流通9.94亿元，比上年增长51.5%。工业利税总额8.03亿元，比上年下降18.7%。全社会固定资产投资18亿元，其中工业投资5.71亿元、服务业投资12.3亿元。农业总产值5.77亿元，比上年增长1.7%。农民年人均可支配收入27216元。

【主体经济】 实施先进制造业与生态服务业双轮驱动，全年规模以上工业产值7.52亿元，比上年增长1.7%；在建工业重点项目5个，总投资18.91亿元。首次召开张渚镇产业强镇动员大会，出台产业激励政策，奖励贡献突出企业。江苏沪宁钢机股份有限公司工业应税销售收入比上年增长超过10%，被住房和城乡建设部办公厅评为首批国家级装配式建筑产业基地；无锡嘉瑞光伏有限公司的叠片设计的太阳能组件项目申报为国际专利，实现张渚镇国际专利零的突破。依法打击恶意逃废债务行为，一企一策处置重点风险企业，盘活关停企业闲置资产，通过引进项目，盘活闲置土地130余亩、厂房4万平方米。新增国家高新技术企业1个，专利申请185个。关停化工企业10个，整治燃煤锅炉113台。发展生态旅游业，全年在建旅游项目12个，总投资15.13亿元，推进太湖石窟、义春庄、隐龙谷等重点旅游项目建设，龙隐江南、颐生园、竹庭山庄等一批高端民宿、酒店项目建成营运。华东生态园创建为国家AAA级景区。举办张渚（上海）旅游推介会和第二届张渚梁祝爱情文化节等节庆活动。全年接待游客300万人次，实现旅游收入2.4亿元。

【农业农村】 现代农业增收增效，农作物保持丰收。水稻、小麦、油菜、蔬菜种植面积分别为1.15万亩、5366亩、1806亩、4382亩。在第十二届“中茶杯”全国名优茶评比中，张渚镇茶企获特等奖8个、一等奖4个。5月，被江苏省农委评为省级茶旅文化小镇。完成农村土地确权登记，完成登记3.07万亩。加强农村产权交易平台管理，交易11笔，交易金额196万元。新增注册备案家庭农场43个。深入开展畜禽养殖污染治理，整治畜禽养殖场48个，其中关停拆除25个。推进农旅融合发展，抓住全省农业综合开发整镇推进试点的契机，扶持阳羡茶产业园、玫瑰园、牡丹园、苗木盆景园、山核桃农业园5个农业园区发展，推进省级丘陵山区农业开发项目建设。

【镇村建设】 全年实施镇村两级招投标项目136个，总投资4600多万元。推进劳动桥区域环境提升、南新路综合改造、老城区环境整治等工程。完成上干路、小姑山路等8条农村道路改造。结束金张渚市民广场建设和花园菜场改造。善卷、五洞等村级综合服务中心建成投用。推进天然气入户、供水管道改造，新增镇区公共绿地2.3万平方米。开展第二届“秀美庭院”创建，持续深化村庄环境长效管理，祝陵村、南门村创建为第一批无锡市美丽乡村示范村。结合宜兴市创建全国文明城市的契机，加强镇区交通秩序管控，通过增设停车泊位、加大违章处罚缓解镇区停车难问题。开展背街小巷、集贸市场等专项整治，取缔占道经营600多个，清理乱堆放、乱张贴2000余个，拆除各类违法建筑57个、3700平方米，提升镇容镇貌。

【社会事业】 加大民生投入，全年投入民生资金占公共财政总支出的75%。加大统筹就业力度，转移农村劳动力832人。新增参保企业34个，办理企业新参保职工1978人。城乡居民基础养老金提高至每人每月185元。核准低保228户340人，全年发放低保金168.5万元。开展慈善救助活动，发放善款588.3万元，惠及1670人。城乡居民医疗保险基本实现全覆盖。创新开展扶贫工作，落实280户贫困户结对帮扶任务。全年投入近400万元改善学校设施设备，张渚高中高考成绩创历史新高，张渚中专对口单招成绩全市第一。与南京艺术学院开展全方位合作，成立宜兴市张渚文化创意产业发展研究院。举办张渚镇首届社区文化艺术节，完成各项安全保障任务，张渚派出所、善卷派出所、交警中队获省级表彰和无锡市级集体嘉奖。推进“法治张渚”建设，8个村创建成省级民主法治示范村。

【宜兴国际旅游度假区项目】 8月，总投资130亿元省内单体投资最大的旅游项目宜兴国际旅游度假区项目在南京举行签约仪式。宜兴国际旅游度假区位于张渚镇茗岭山区，度假区的核心景区（窑湖小镇）规划面积近2万亩，建筑

宜兴国际旅游度假区项目签约仪式 （张渚镇 提供）

面积65万平方米，配有3000多个酒店客房。度假区将依托水库、山谷溪沟、竹林茶园、村落与工厂遗址，打造融自然生态与地域文化为一体的山居度假文化小镇，为国内外休闲度假的游客和年轻家庭亲子客群提供高档次、纯生态、全时段、多样性的体验与服务。至年底，基本完成项目前期征收工作，累计征收土地1.09万亩，拆迁农户762户、17.2万平方米，非住宅41户、9.32万平方米。

【“一水三路”工程启动】 年初，“一水三路”工程启动。“一水三路”工程包含桃花水库、宜(兴)长(兴)高速、省道360线和善(卷)龙(池)路4个工程。3月，完成善龙路建设工程拆迁工作，拆迁30户、共4500平方米，征地576亩。5月，完成省道360线与桃花水库的征收工作，共拆迁3.35万平方米，其中包括住宅113户、非住宅单位18个、征地3700亩。8月，完成宜长高速工程拆迁工作，拆迁151户、共3.1万平方米，征地2375亩。桃花水库是纳入国家发改委、水利部《全国水库建设总体安排意见(2013—2017)》的中型水库建设项目。工程位于镇区东部东下河流域，集水面积43.2平方千米，水库面积1500多亩，防洪库容241万立方米。项目估算总投资11亿元。宜长高速，北接宁杭高速，南连浙江省杭长高速，路线全长25.4千米，其中张渚段18.1千米，途经凤凰、北门、南门、茗岭4个村，在张渚镇境内设置了2处出入互通(张渚互通、云湖互通)及省界收费站、服务区。工程估算总投资35.3亿元。省道360线张渚段起于张渚西渚界，止于阳灵隧道，全长21.4千米，途经凤凰、筷山、北门等7个村。善龙路，连接善卷与龙池两大景区，是宜南地区南北向的干线公路。起于川善线“K21”千米牌，向南经黄墅水库、黄家冲水库，终点与双湖路、丁张路路口相接，全长约10.12千米，途经祝陵、茶亭、龙池、省庄4个村。

【沪宁钢机装配式钢结构建筑产业基地工程启动】 为响应国家大力发展装配式建筑产业的号召，3月，投资3.8亿元的沪宁钢机装配式钢结构建筑产业基地工程启动。该工程致力于解决钢结构构件的分解生产、结构构件与维护结构、内外装饰装修、管线设备等配套接口等难题，并实现各类装配式钢结构产品年产30万吨的生产能力。12月，该基地被国家住房和城乡建设部评为国家装配式产业基地。江苏沪宁钢机股份有限公司为国内钢结构建筑行业重点企业，提供以钢结构为主体的房屋建筑施工总承包服务，年生产能力50万吨。参建国家大剧院、国家体育场、首都国际机场航站楼等国家标志性重大建设工程。累计获中国建筑工程“鲁班奖”35个、“詹天佑中国土木工程奖”11个、国家优质工程奖8个、中国建筑工程钢结构金奖125个。到年底，沪宁钢机生产基地部分生产线改造完成；研发基地的研发大楼竣工；楼承板生产线进入调研和初步规划阶段。

2017年张渚镇各行政村、社区基本情况

表69

名　称	区域面积(平方千米)	户籍数(户)	户籍人口(人)	可分配收入(万元)	书　记	主　任
东龙村	10.20	1358	4137	321	郑　庆	郑　庆(兼)
茶亭村	8.60	1059	3369	134	杨泉真	陈钦民
南门村	35.00	2632	7234	631	吴永全	朱　岚(女)
凤凰村	11.50	1249	3645	326	曹庆云	曹小强
北门村	4.96	849	2189	525	夏正祥	沈　强

续表69

名　称	区域面积（平方千米）	户籍数（户）	户籍人口（人）	可分配收入（万元）	书　记	主　任
犊山村	9.00	1619	4807	281	骆明春	任奋林
善卷村	6.00	512	1591	530	李为清	李　强
五洞村	8.15	1648	4468	523	高国荣	陈胜强
祝陵村	13.95	1421	4212	684	赵如法	芮国平
芙蓉村	19.95	1041	3157	484	唐登勇	吴华江
龙池村	21.31	1278	4278	707	张建其	王岳明
茗岭村	29.00	2214	6671	253	徐　平	朱齐军
省庄村	15.98	946	3118	321	杨来强	徐　健
东街社区	—	1105	2466	—	冯美娟(女)	冯美娟(女,兼)
新街社区	—	2205	5020	—	潘洪奇	潘洪奇(兼)
西街社区	—	1674	3870	—	单　旭(女)	单　旭(女,兼)
桃溪社区	—	2890	5981	—	朱立群	朱立群(兼)
水埠社区	—	1354	2675	—	董亚娟(女)	董亚娟(女,兼)

说明:全镇另有集体户195户、681人

（潘旭敏）

西渚镇

【概述】 区域面积66.6平方千米,辖行政村8个、社区1个,总人口28373人。财政总收入9907万元,财政可支配收入6057万元。应税销售收入41.31亿元,比上年增长15.99%,其中:工业37.57亿元,比上年增长13.86%;流通2.3亿元,比上年下降8.9%。全社会固定资产投资7.73亿元,比上年增长15.9%。其中:工业投资5500万元,比上年增长89.7%;服务业投资7.18亿元,比上年增长12.6%。全年外贸出口额6099万美元。农业总产值5.3亿元,比上年增长0.02%。农民年人均可支配收入24963元。

【主体经济】 全年工业总产值27.5亿元,比上年增长14%。开展联企强镇活动,召开工业企业发展座谈会,通过优化服务、落实政策等途径,激发全镇企业加快发展的信心和决心。市新伟隆印染有限公司、江苏联创人造草坪股份有限公司等13个规模以上企业发挥带头作用,应税销售收入占全镇经济总量的81.7%。宜兴义源铜业有限公司应税销售收入16.7亿元,比上年增长4.4%;市华芸亚麻纺织有限公司应税销售收入4.5亿元,比上年增长18.3%。规模以上企业全年总产值29.2亿元,比上年增长10.5%。市创天管业有限公司完成无缝钢管扩建等3个项目。开展政银企协调对接,信贷担保保持基本平稳,金融风险传导得到控制。江苏威腾人造草坪有限公司和无锡市嘉立德科技有限公司入库国家高新技术企业。

【农业农村】 围绕乡村振兴战略,主动适应"三农"(农村、农业、农民)工作新情况新变化,加大农业财政补贴,投入农业开发资金2360万元,补贴农业项目2500万元,投资农田水利工程近5000万元。名优茶叶种植面积扩大到1万亩,优质大米种植基地面积扩大至1.5万亩,特色果蔬种植面积扩大至8000亩,新增种植面积100亩以上的农业基地5个。发展生态种养循环经济,市兴望农牧有限公司被评为省级农业园区,市金山生态农业有限公司和市盛道茶业有限公司被评为无锡市重点农业园区。"盛道"牌红茶入选2017年度全国名特优新农产品目录。推进城乡一体化建设,8月,白塔村被评为首批无锡美丽乡村示范村。深化农村土地制度改革,完成农村土地承包经营权确权登记颁证工作,登记完成8219户农户、32172亩承包地。新增家庭农场1个、农民专业合作社6个,创建市级以上示范性家庭农场5个、优秀示范合作社12个,新入省合作社名录库13个。推进经济薄弱村脱贫转化工作,白塔村和篁里村如期实现脱贫转化目标。

【社会事业】 将改善民生作为第一要务，落实创业就业政策，新增就业350人，实现农村劳动力转移499人。推进社保扩面工作，社保扩面397人。开展卫生计生关爱、优生优育、青春保健等系列活动，受益群众近1万人，筱里村创建为江苏省健康村。实施科教兴镇战略，投入100余万元添置教学设施，改善教育环境，安装监控系统、铺设减速带、增设防冲撞装置，保障学生安全。推进扶贫工作，全镇229个贫困户与51名党员干部挂钩结对，扶贫工作全程信息化。甄别慈善救助、临时求助、助学等基金发放对象信息，取消不符合条件18户29人，新增15户24人，全年发放救助金、尊老金等200余万元。分析残疾人群体现状，依据需求提供服务，推进残疾人再就业工作，新增"残疾人之家"2个。丰富文化事业，发挥文化引领作用，开展全民阅读、"文明宜兴 文化惠民"专场演出等活动。开展普法活动，以村企、学校为重点，加大法治宣传力度，提升社会群众遵法、守法意识。畅通信访渠道，化解矛盾纠纷，全年处置涉土矛盾、涉农补贴、环境污染等纠纷26起，调解成功25起。加强社会治安综合治理，防范、打击违法犯罪活动。健全和落实各级安全生产责任制，加强和完善食品药品监管机制，安全生产形势保持稳定。

姜昆笑剧场·姜昆艺术收藏馆奠基仪式 （西渚镇 提供）

【旅游产业】 依托景区优势和生态优势，打造西渚旅游新格局，全年接待游客285万人次，比上年增长9.7%。按照镇旅游规划，推进大觉寺四期藏经楼、水墨田园温泉度假酒店三期、中宜京都总部一期等项目建设。继续打造民宿集聚村落，建成心宅竹林禅舍、浮里云居、半山有庐等项目。完成姜昆笑剧场·姜昆艺术收藏馆等项目前期工作，初步形成空间布局合理、产业特色鲜明、业态丰富多样的旅游新格局。推动生态、文化、旅游融合发展，首次独立承办第六届中国·宜兴国际素食文化博览会，举办首届云湖·西渚国际禅文化音乐节。组织"洋眼看江苏"走进禅居小镇、上海茶禅小镇招商暨旅游推介会、无锡乡村旅游投资说明会等活动，阐述旅游新理念，发布旅游新产品。协办无锡美丽乡村建设现场推进会、国家深度贫困地区乡村旅游扶贫培训班、维也纳佛光青年爱乐团新年音乐会等活动。西渚"云湖茶禅小镇"创建成为无锡市首批特色小镇培育单位。10月，西渚入选长三角最具魅力旅游特色小镇。白塔文化公园被评为宜兴市精品园林。加大宣传，全年"禅居西渚"微信公众号阅读量达51.5万人次，与《中国作家》《远方的家》等杂志合作，在宜兴高铁站投放旅游广告。

2017年西渚镇各行政村、社区基本情况

表70

名 称	区域面积（平方千米）	户籍数（户）	户籍人口（人）	可分配收入（万元）	书 记	主 任
横山村	12.13	1279	3812	225	张中良	任爱兵
五圣村	6.99	862	2771	221	陈志刚	陈志刚（兼）
溪西村	4.58	695	2143	148	王 云	张华军
溪东村	4.60	629	2025	115	潘 震	金朝松
西渚村	11.90	1782	5530	246	方 忠	陆文冠
白塔村	7.32	941	2901	325	欧阳华	张建新

续表70

名　称	区域面积（平方千米）	户籍数（户）	户籍人口（人）	可分配收入（万元）	书　记	主　任
篁里村	11.05	1353	4162	237	王天元	狄云龙
筱里村	8.01	1310	3848	300	魏道远	钱　鹏
新和社区	—	643	1181	—	—	任达兴

说明："区域面积"不包括大贤林场和横山水库　（陈家煜）

太华镇

【概述】　区域面积92平方千米，辖行政村8个、社区1个，总人口25141人。财政总收入1.4亿元，财政可支配收入1.06亿元，比上年增长43%。应税销售收入33.78亿元，比上年增长4.7%。其中：工业27.24亿元，流通5.55亿元。工业利润总额1.64亿元，比上年增长5.4%。全社会固定总资产投资6.35亿元，其中工业1.27亿元、服务业5.01亿元。全年粮食总产量1761吨，农业总产值1.77亿元。农民年人均可支配收入23546元。

【主体经济】　全年规模以上工业总产值18.61亿元，比上年增长9.3%。进出口总额7.77万美元。主导产业运行稳健，纺织行业应税销售收入5.61亿元，比上年增长25.4%，宜兴华尔久纺织有限公司、市新东茂纺织有限公司、市华贸纺织有限公司等企业应税销售收入均比上年增长超30%；竹木制品行业应税销售收入5.59亿元，市博大竹木业有限公司和宜兴新森大竹木制品有限公司2个龙头企业稳步发展，行业地位进一步巩固；印铁制罐行业实现应税销售收入5.1亿元，比上年增长8.2%，行业形势整体向好。骨干企业支撑有力，5个应税销售收入超1亿元的骨干企业、38个应税销售收入超1000万元的规模企业占全镇工业经济总量比重分别达45%、77%。江苏浙宏科技股份有限公司自主研发的高性能3D打印用金属粉末材料畅销欧洲市场，月销量高大10吨，全年应税销售收入超2亿元。

【农业农村】　坚持把"创品牌、增特色、引项目"作为发展现代农业的基本战略。全年春茶产量130吨，产值9150万元。乾元茶场生产的"乾红早春茶"声名远播、产销两旺，宜兴龙头茶企地位进一步巩固。华锦茶场、龙珠茶场、市润峰茶场等茶企在第十二届"中茶杯"全国名优茶评比中斩获特等奖8个、一等奖3个，获奖数在全市遥遥领先，扩大了太华茶的影响力和美誉度。乾红茶文化产业园、富硒产业园、珍香生态种植基地等特色农产品基地实现知名度和认同度新提升。跟踪上海千江月田园综合体、精华制药富硒灵芝小镇等"现代特色农业+生态文旅观光+农事互动体验"型农旅融合发展项目，把"1+3""1+2+3"（1、2、3分别代表第一产业、第二产业、第三产业）农旅融合项目作为主攻方向，引进标杆项目，为太华农业转型升级提供新的模式和路径。基本完成农村土地确权发证工作，稳固农村繁荣稳定的基础。

【镇村建设】　投入超过2000万元改善村庄环境，先后实施太平村省级美丽乡村创建一期、乾元村村庄环境提升、见花自然村村庄环境整治等重点工程。开展专项整治行动，推进楼道出新、小区亮化等硬件提升工作，妥善解决乱堆乱放、乱张乱贴、违章搭建等难点问题。杨店人家拆迁安置小区建成交付。石门路全线贯通，砺官路二期征地拆迁启动，提档升级农村公路10.6千米。省道342线涉及太华镇路段新立路灯240盏、朝阳路沿线新立180盏，基本实现全镇域主次路网亮化全覆盖。新增公共停车场2个、交通信号灯4组、新规划停车泊位400多个，改善镇区交通拥堵及乱停车问题。投入900万元实施水利工程项目13个，提高防洪保安能力。12月，由中国互联网新闻中心主办的2017（第三届）中国美丽乡村建设发

太华风光　（夏锡平　摄）

展论坛上,太华镇获评中国美丽乡村建设示范镇,龙珠湖公园入选宜兴市精品园林,乾元村实现脱困转化并获江苏省休闲观光农业示范村、无锡市美丽乡村示范村。

【社会事业】 社会保障水平稳步提高,城乡居民基础养老金、低保标准分别提高至每人每月185元和700元,连续三年为全镇60周岁以上老人免费投保意外险。持续做好援企稳岗、扶持创业各项措施,新增就业岗位410个,新增社保扩面387人,转移农村劳动力483人。深入开展"阳光扶贫""三解三促"等扶贫工作,对接帮扶151名低保、32名"五保"、146名重度残疾和75名生活困难残疾对象,累计发放低保金、临救金、慈善救助金等款项近180万元。教育质量稳中有升,连续第三年兑现发放教育奖励基金。投入500万元,建成太华镇成人学校新校区,硬件设施全市领先。改善社区卫生服务中心服务条件,中医馆通过省级验收。丰富群众性文体活动,举办元宵节、体育文化节、老年文艺汇演等活动。为庆祝世界反法西斯胜利七十周年,宜兴电影史上首部反映本土题材、全部在本地拍摄的主旋律抗战影片《亲娘》正式公映。与江苏卫视合作拍摄的《静听太华》微电影,一经推出,引发群众强烈共鸣。

【旅游产业蓬勃发展】 围绕"全年有策划、四季有主题、定期有热点、经常有亮点"目标,举办第二届太华早春茶开采节、云邑·兰博基尼水疗度假酒店项目发布会、首届湖畔啤酒音乐节等一系列活动。全年接待游客150万人次,完成营业收入7000万元。云邑·兰博基尼水疗度假酒店开工建设,2018年春节前完成30%左右土建工程量;太华天谷国际养生旅游度假区签约引进欧洲短途家庭游第一品牌——法国璞蔚房地产(PVCP)集团,打造国际化顶级"太阳季亲子度假乐园";中华亲情林文旅综合体项目50亩建设用地摘牌,规划建设方案调整完成;江苏云湖湿地公园陆地部分景观形态基本成型,有序推进水线以下部分工程施工。相继建成投运横岭97号、乡遇乾元、悟宜孤邸等一批个性鲜明、风格迥异的特色民宿。多层次、常态化、宽领域运用新媒体扩大传播面,"灵秀太华"微信公众号全年推送微信59条,点击量达25万人次,进一步擦亮"天生丽质、醉美太华"的靓丽品牌。

2017年太华镇各行政村、社区基本情况

表71

名　称	区域面积(平方千米)	户籍数(户)	户籍人口(人)	可分配收入(万元)	书　记	主　任
乾元村	9.80	580	2180	247	宗汉平	宗岳行
茂花村	4.74	429	1370	174	魏根培	何再良
云湖村	7.52	616	2110	166	李再安	段中群
桥涯村	17.28	1436	4474	170	黄建强	黄建强(兼)
太平村	8.13	562	1976	186	陆岳勤	陆　兵
胥锦村	16.70	1411	4597	187	林国明	林国明(兼)
太华村	19.07	1888	6249	183	张国群	汤志伟
石门村	8.83	386	1288	170	吴耀东	吴耀东(兼)
杨店社区	—	364	563	—	徐建国	董春兰

(郭莉)

徐舍镇

【概述】 区域面积180平方千米,辖行政村23个、社区2个,总人口99241人。财政总收入5.11亿元,财政可支配收入1.71亿元。应税销售收入230.97亿元,比上年增长4%。其中:工业188.07亿元,比上年增长0.2%;流通33.63亿元,比上年增长1.7%。全社会固定总资产投资18.61亿元,其中工业13亿元、服务业5.6亿元。全年粮食总产量7.42万吨,农业总产值10.71亿元。农民年人均可支配收入24382元。

【主体经济】 工业总产值138.25亿元,比上年增长15.6%。规模以上工业增加值15.63亿元,比上年增长11.1%,规模以上工业利润2.23亿元。加强招商引资,举办2017中国陶都(宜兴)金秋经贸洽谈会徐舍分会场、宜兴·徐舍(上海)乡贤恳谈会等专题招商活动。与上海市江苏商会、中国模架网协会达成战略合作，引入投资30亿元的模架科技产业园、3600万美元的工业机器人及智能制造项目等项目。引领项目建设，形成招引一批、落地一批、推进一批的态势，推进江苏中超投资集团有限公司的高端航空航天精密铸件与航空发动机配套项目、江苏国能合金科技有限公司的合金非晶合金薄带及变压器生产线项目等市重点工业项目建设；江苏利通电子股份有限公司的显示模组产品升级及智能化改造项目、江苏高科石化股份有限公司的高品质润滑油剂及研发中心项目在全市项目观摩会上受到好评；山西潞安矿业(集团)有限责任公司的高致密铜线材及高导超细铜合金接触线生产线等重点项目相继建成投产。申报省“双创计划”(江苏省财政每年拿出专项资金，组织实施江苏省高层次创新创业人才引进计划，围绕全省优先发展的重点产业，每年面向海内外引进高层次创新创业人才或团队)等省级项目6个。全年开展政产学研活动9次，搭建合作项目10个，与上海交通大学、西南交通大学、山东理工大学等院校缔结紧密的校地、校企关系。江苏汇金控股集团有限公司成为国家高新技术企业。

【农业农村】 响应“大众创业、万众创新”的号召，立体式推进高效农业、基础设施、全域旅游等建设，徐舍镇成为全市首个被江苏省人力资源和社会保障厅评为江苏省创业型乡镇的镇。围绕2020年前全镇经济薄弱村全面脱困目标，启动村(社区)脱困致富三年行动计划，投入1000万元扶困专项资金，精准对接政策类项目，引导各村主动寻找脱困办法、拓宽致富渠道，联星村、芳庄村等6个薄弱村实现脱困转化。提升农业基础承载力，3000亩省优质稻米产业基地、万亩高标准农田项目建成。投资6300多万元的农田水利设施改造项目完成。推进现代高效农业，初步形成食用藕、籽莲、芦笋、龙虾、稻米生态综合种养殖等特色产业。累计建成经济合作组织近300个、认定家庭农场153个、申报省级合作社扶持发展项目4个。创建为无锡市粮食生产全程机械化示范镇。深化农村土地管理，基本完成土地确权登记颁证，新增流转土地4800亩，确权土地累计9.4万亩，全国农业普查工作完成。

芳庄村江南荷田 (徐舍镇 提供)

【镇村建设】 推进规划建设，完成敬老院消防改造、鲸塘小学路改造、公厕建设改造、物业管理房改造等工程，云溪花园小区建成交付，推进潘(家坝)西(渚)公路、宜(兴)长(兴)高速公路征地拆迁等重点工程。改造农桥28座、农路16千米。配合宜兴市创建全国文明城市，开展交通规范、市场秩序、镇容镇貌等专项整治，化解违章停车、违法经营、乱堆乱放、城镇“牛皮癣”等难题，改善卫生死角、陈年垃圾、河塘淤积等环境顽疾，初步建立镇村秩序、环境长效管理机制。推进生态建设，完成河道清淤、两轮禁养区畜禽养殖场整治、化工产能消减、挥发性有机物治理。开展地条钢企业、非法轧石企业、非法混凝土预拌企业、限适养区畜禽养殖、“控源截污”等专项整治行动。完善矿产品运输、矿山宕口、码头堆场、违法建设的联合整治和执法机制，建立常态化巡查监管机制，实现24小时不间断监管。

【社会事业】 发展乡村教育，徐舍中学与南京东庐中学建立合作关系，4个小学与宜兴城区中心小学成立教育共建集团。完善全镇教育事业发展基金奖励办法，新增100万元江丰教学发展专项基金。投入500多万元维护改造校园校舍。新增村级居家养老服务站2个，帮扶困难群众约6000人次，发放助困、优抚资金近1700万元。全年举办群众文体活动30余场，小热昏《鲜美徐舍美名扬》在全市社区艺术节获金奖。市徐舍食品一厂、市徐舍镇芳庄听民羊肉店申报为第二批无锡市级非物质文化遗产传承示范基地和生产性保护基地。新增村级综合文化服务中心8个、江苏农家书屋3个，13个村的农家书屋被纳入宜兴市图书馆分馆。全年法律咨询供给中心提供群众咨询服务超300人次，乡村法治建设的“徐舍做法”被无锡市司法局作为优秀案例推广，全年调解矛盾纠纷500余起。

【乡村旅游蓬勃发展】 完善徐舍镇乡村全域旅游整体规划，发挥水乡圩区独特的资源禀赋和人文优势，突出农业、文化、旅游聚合发展，举办第三届“咩咩芳庄”羊肉季、第二届美栖花田灯海艺术节等主题活动，继续扩大“鲜美徐舍”品牌乡村文化旅游影响，“美栖花田”“芳溪荷田”“联星藕田”等子品牌旅游渐成体系，鲜果采摘、乡野美食、农庄民宿等乡旅产品蓬勃发展，带动村级致富、农民增收。全年“徐舍发布”“鲜美徐舍”微信公众号推送170条，总点击量超过50万次。8月,全国首部4K(横向分辨率约为4000像素)超高清扬剧电影《衣冠风流》在宜兴江南影视中心(位于徐舍镇工业集中区内,由省演艺集团有限公司投资建设,总面积7000余平方米)开拍。

2017年徐舍镇各行政村、社区基本情况

表72

名　称	区域面积(平方千米)	户籍数(户)	户籍人口(人)	可分配收入(万元)	书　记	主　任
洴浰村	8.73	1727	5035	401	李祖民	谢旭东
东岳村	5.06	1057	3385	222	杨立平	钱勤春
宜丰村	5.61	956	2909	204	杨锡中	杨锡中(兼)
长福村	5.26	1081	3410	156	许文忠	徐国成
美栖村	4.41	1168	3407	268	宗华东	蒋林祥
翔圩村	5.96	1287	4270	201	蹇　春	蹇　春(兼)
南星村	7.29	1436	4411	401	吴保生	蒋卓炜
余圩村	4.65	961	2974	427	薛锡群	蒋其良
潘东村	10.07	1658	4966	301	黄正军	潘　达
潘家坝村	4.51	857	2582	193	董俊荣	凌曙光
丰台村	5.23	791	2512	222	把广伟	曹云康
胥藏村	4.10	787	2289	188	谢育新	殷全良
盛家村	5.90	1168	3584	287	柯荣荣	陈　锋
鲸塘村	11.31	1573	4666	291	王孟定	蒋亚君
堰头村	8.55	1614	4589	765	刘福生	张志明
烟山村	12.71	1455	4683	233	丁爱国	丁亚军
汤泉村	9.49	1284	3846	177	程国平	陈德明
西墟村	7.15	1102	3547	374	郑　刚	潘云琪
联星村	9.98	1747	5240	428	王　俊	王　俊(兼)
芳庄村	6.84	1271	3574	397	张建伟	王建新
五牧村	8.27	1463	4508	438	蒋国成	彭东明
邮堂村	11.33	1875	5414	465	朱永明	吴祥春
奖墅村	8.24	1283	3875	277	吴胜良	杨志刚
民主社区	2.90	2560	5590	229	鲍春明	鲍春明(兼)
鲸塘社区	3.75	1575	3875	149	王来英	曹尧钦

(徐艳)

官林镇

【概述】 区域面积122平方千米，辖行政村18个、社区4个，总人口71704人。财政总收入13.2亿元，比上年增长9.09%，财政可支配收入4亿元。应税销售收入1184.64亿元，比上年增长17.9%。其中：工业1080.09亿元，比上年增长13.4%；流通69.72亿元，比上年增长53.1%。工业利税总额61.15亿元，比上年增长13.2%；工业利润总额51.5亿元，比上年增长15.2%。全社会固定总资产投资46.48亿元，其中工业38.32亿元、服务业8.16亿元。全年粮食总产量2.16万吨，农业总产值5.27亿元。农民年人均可支配收入30632元。顺利通过全国文明镇复审。入围全省新一轮"强镇扩权"试点，启动实施经济发达镇行政管理体制改革工作。10月，在《人民日报》和《2017中国中小城市发展报告·绿皮书》联合发布的全国科学发展千强镇榜单中，官林镇位列第87位。

【主体经济】 坚持建设更高水平产业强镇主导战略不动摇，全力以赴稳企业、稳金融、稳增长，不断夯实稳健发展基础。龙头企业发挥标杆引领作用。江苏三木集团有限公司及无锡江南电缆有限公司应税销售均超100亿，均比上年增长20%以上。113个规模以上企业中，无锡市明珠电缆有限公司、宜兴市鑫峰环保设备有限公司等64个企业应税销售收入比上年增长10%以上。进一步增进政银企互信。通过小微企业融资项目签约会、外贸企业小微贷、三木集团政银企座谈会等活动，全镇全年实体经济新增贷款35.92亿元；利用市级转贷平台，为47个企业转贷162笔共计49.35亿元，帮助3个企业组建联合授信；依法处置关停企业16个，盘活闲置土地650亩、厂房22万平方米。举办各界人士恳谈会，2017中国陶都(宜兴)金秋经贸洽谈会期间集中签约新材料产业园等14个项目，总投资超40亿元。召开建设更高水平产业强镇大会，制定出台镇级又好又快发展意见，加快推进江苏江润铜业有限公司超细铜丝、江苏中煤电缆有限公司辐照电缆等15个总投资超48亿元的在建重大项目，江苏斯普瑞科技有限公司3D打印增材制造等项目建成投产。全年累计申请专利538个，专利授权288个。全年创建各类研发中心6个、省民营科技企业8个、高新技术企业12个。首次引入国家"千人计划"创业人才1人。无锡江南电缆有限公司通过海关AEO高级认证，入选工信部"绿色工厂"，获宜兴市第二届"市长质量奖"。无锡康宇水处理设备有限公司管中泵二次供水技术研发中心命名为国家级实验基地。推进官林化工集中区体制改革工作，完成核心区拆迁任务，全面启动化工集中区、工业集中区规划环境影响评价。推进特色小镇创建，官林镇被列入国家发改委"千企千镇"、省发改委特色小镇培育名单。

【农业农村】 以城乡发展一体化示范镇建设为统揽，大力发展现代农业，不断规范村级管理，持续推进强村富民，巩固农村发展基础。全年新增高效设施水产养殖面积460亩、高效设施农业面积270亩。有序推进宜兴龙林有机种植专业合作社、市金盈种养专业合作社、桂芳粮食烘干中心等一批优质农业项目。全面完成土地承包经营权确权登记颁证，深化农村集体"三资"(资金、资产、资源)管理工作，开展村级资金镇级财政所管理试点。镇级产权交易平台建成投运，全年累计完成平台交易171笔，交易金额1197万元。以"263"专项行动为契机，推进生态环境持续优化提升。完成年度减煤任务8593吨，16个化工企业签订关停协议，8个化工企业完成关停。义庄村、南塍自然村美丽乡村启动实施，致力打造乡村风貌精品亮点。全面完成畜禽养殖污染整治，99个养殖户完成退养、拆除。

【镇村建设】 坚持规划引领、强化规划刚性，高标准完成特色小镇、园区产业、美丽乡村等重点规划和镇区停车等专项规划，初步形成新一轮城乡发展总体格局。推进官张公路、老街改造二期和钮家休闲广场等一批重点工程，城镇空间布局不断优化，群众生产生活条件有效改善。以宜兴市创建全国文明城市为契机，完善联动执法机制，狠抓镇容镇貌改善，开展镇村结合部、背街小巷等专项整治，取缔流动商贩500余个，规范出店经营650多户。实施镇区交通设施改造，整治交通秩序，凌霞路、官新街等设定为严管区域，增设违停抓拍系统26套、交通标识966块，划设停车泊位3500多个，完善标线5300平方米，设置路障240个，镇区秩序规范管理常抓不懈、成效明显。完善镇村垃圾清运、绿化养护市场化运行模式，通过政府购买服务，引入标准化企业管理机制，实现镇村垃圾清运和绿化养护运作规范、管理精细。高标准推进六项环境综合整治，总投资9720万元的水利工程基本完工，全镇防洪能力大幅增强。完成官林污水处理厂提标改造、1060千米自来水支管网改造和10个自然村的农村污水收集处理等工程，整治南园河、储巷河

大美官林 (张德新 摄)

等9条黑臭河道，凌霞固危废扩建工程进入设备调试阶段，9个企业完成清洁生产审核，生态环境持续提升。

【社会事业】 高度重视民计民生，提供各类就业岗位2732个，转移农村劳动力798人，社保扩面完成2530人，投入800万元实施敬老院改造工程，探索推进养老院公建民营模式。慈善事业蓬勃发展，成立总额达910万元的专项冠名基金10个，社会救助覆盖面进一步扩大。大力发展社会事业，全年投入500多万元进行校舍改建和装备更新，制订出台教育振兴基金奖励办法，改善办学条件，教学质量得到有效提升。稳步推进卫生计生工作，通过省健康镇验收，社区卫生服务形成“三位一体”（基层医疗机构为主体，以综合性医院和专业性公共卫生机构为支撑的三位一体的区域卫生防控联合体）品牌模式，承办全市流动人口基本公共卫计服务观摩活动。顺利完成残联、老年协会、科协换届选举工作。深入推进平安建设，技防镇三期工程全面实施，综治工作机制日趋完善。广泛开展法制宣教工作，强化社会矛盾排查化解，完成重要节点和敏感时段的社会稳控工作，确保社会大局和谐稳定。

2017年官林镇各行政村、社区基本情况

表73

名　称	区域面积（平方千米）	户籍数（户）	户籍人口（人）	可分配收入（万元）	书　记	主　任
凌霞村	1.50	1324	4221	734	邓锡生	邓锡生（兼）
官林村	6.00	1252	3608	617	宗和强	周　玲
滆湖村	3.70	889	2747	215	谢树良	秦　虎
滨湖村	4.50	1003	3070	492	钱锦林	曾中良
笠渎村	2.50	667	2147	313	宗达仁	孙　超
义庄村	6.80	1169	3757	679	唐志良	史冬云
白茫村	7.70	1246	3778	261	蒋跃君	王洪明
杨舍村	8.20	1209	3597	274	张永兴	宗胜良
桂芳村	6.80	957	2680	611	吴君毅	吴君毅（兼）
钮家村	4.00	1125	3295	474	左建平	韩俊锋
都山村	10.00	2041	7160	2015	刘洪林	刘洪林（兼）
前城村	14.50	2154	6499	510	毛洪南	王建益
大儒村	2.80	764	2296	170	谢新平	谢新平（兼）
南庄村	5.10	1136	3549	115	吕明芳	张明华
丰义村	8.00	1531	4480	610	储云方	储浩生
东尧村	3.70	1031	3139	363	储正云	储正云（兼）
韶巷村	3.70	746	2237	321	施永平	薛伯华
戈庄村	4.60	895	2825	308	徐俊华	徐俊华（兼）
官林社区	6.00	2314	5271	—	—	宗和强（兼）
丰义社区	8.00	632	1348	—	—	储云方（兼）
钮家社区	4.00	170	472	—	—	左建平（兼）
凌霞社区	1.50	50	195	—	—	邓锡生（兼）

（蒋佳文）

杨巷镇

【概述】 区域面积86.42平方千米，辖行政村16个、社区2个，总人口46625人。全年财政总收入2.23亿元，可支配收入1.08亿元。应税销售收入76.35亿元，比上年增长60.35%。其中：工业55.11亿元，比上年增长34.37%；流通应税销售收入4.12亿元，比上年增长10.08%。工业利税总额2.9亿元。全社会固定资产投资8.51亿元，比上年增长10.9%。其中：工业投资6.51亿元，比上年增长10.4%；服务业投资2亿元，比上年增长19.3%。外贸出口额838万美元，比上年增长27.55%。农业总产值5.18亿元，粮食总产量2.23万吨，农民年人均可支配收入24134元。

【主体经济】 全年规模以上工业产值32.76亿元，比上年增长24.21%。江苏远红电缆有限公司、无锡市天兴净化空调设备有限公司、江苏新山峰电缆有限公司等企业工业产值平均增幅超30%。渔光互补光伏电站一期、江苏柯能新材料有限公司有色涤纶工业丝、无锡市苏南电缆有限公司高端电气设备用线等项目全面建成投产，无锡市霞光塑业科技有限公司落户杨巷镇。山东泰瑞汽车科技有限公司与无锡市精盛洲科技有限公司合作，实现股权收购重组。推进关停企业处置，无锡荣诚电工材料有限公司、无锡圣恩铜业有限公司盘活重组意向基本落实。加强政银企协调，采取协调转贷、联合授信等办法，稳住出险企业。推动企业诚信建设，金融生态持续向好。通过“联企强镇、连心富民”大走访活动，项目协调推进、风险防范处置等机制进一步完善。全年申请专利100个，江苏奥通光电缆科技有限公司与四川大学、江苏东邦科技有限公司与北京化工大学、无锡高拓新材料股份有限公司与江南大学开展产学研合作项目。

【农业农村】 “三农”工作提速增效，全年投入集体“三资”（资金、资产、资源）3.2亿元，新增“三品”（无公害农产品、绿色食品、有机食品）农产品11个。全面展开土地确权登记颁证工作，万亩土地整理项目全面完成。推进粮食生产全程机械化，完成项目总投资2130万元的一、二、三产稻米融合项目试点工作，规模种植近8000亩左右，初步建成水稻自动化育秧中心、植保收割机械中心、粮食烘干中心、大米加工精包装车间、大米线上线下专卖店等较为完整的稻米产业融合发展体系。“杨巷大米”申报为国家地理标志证明商标。加强防洪排涝能力，全年投入水利建设资金6200多万元，建设水利项目16个，加固圩堤43.5千米，新建驳岸5.31千米、防洪墙3.12千米，疏浚河道25条18.1千米，新建、改建各类水闸10座、泵站18座。农村“控源截污”工程启动实施，全年完成4个自然村108户的改造任务。市兴杨现代农业产业园区内12个企业应税销售收入达1.94亿元，市梦之源生态农业科技有限公司的玫瑰迷宫、玫瑰长廊、紫藤长廊和宜兴佳奇农业科技有限公司的联栋大棚、开心农场等特色项目相继建成，产业园内基础设施建设累计投入达1.2亿元，农业休闲旅游日趋活跃。加强村级财务管理，完成英驻、塘门等村省级扶贫项目。

【镇村建设】 编制完成历史老街区保护性规划以及一期改造详规、金紫“美丽乡村”规划和钱松喦艺术馆布展规划。建立并完善政府工程建设管理、建设行为会审、招投标管理等制度。镇文体中心土建主体、新芳幼儿园装修工程、革新“美丽乡村”等一批工程相继完成。有序推进文体中心附属工程、农业园区中兴西路工程等建设，英驻“美丽乡村”建设形态初现。启动建设杨巷老街改造一期、金紫“美丽乡村”等项目。以宜兴市创建全国文明城市和杨巷镇通过国家卫生镇复审为契机，突出镇区交通秩序、镇容镇貌等重点环节，持续开展镇区主干道路交通秩序、集贸市场、重点安置小区等专项整治，施划停车泊位100多个、非机动车停车线1000余米，取缔占道经营、店外经营行为30多个，拆除破旧门头广告、雨棚30多个，攻克一批城镇管理顽疾。村庄环境长效管理持续加强，考核奖惩政策严格执行，推动村庄环境长治久洁。生态建设持续发力，全面推进“263”专项行动*整治工作，两各化工企业关停，4个重点企业挥发性有机物治理启动实施。强化环境执法检查，责令停产整顿企业4个，取缔非法小作坊24个。全面落实省环保督查、“263”专项行动曝光突出问题整改要求，推进问题整改。实施畜禽养殖整治，兄弟鹅场完成市级整治任务，畜禽养殖场实施关停58户整治13户。完成中干河、北溪河一期生态清淤工程。秸秆禁烧取得明显成效。矿山生态修复有效推进实施。

鸟瞰杨巷 （杨巷镇 提供）

【社会事业】 持续加大民生投入和社会建设力度，使群众生活更加幸福和谐。社保扩面增幅全市领先，新增就业岗位855个，发放低保金167.5万元、无固定收入重残人员补助金249.9万元、困难群众救助金130万元，新增60岁以上老人意外保险近66万元。民生救助力度持续加大。完成镇村残疾人之家创建。新芳中心幼儿园通过省级优质示范幼儿园验收。高标准通过国家卫生镇复审，市杨巷镇社区卫生服务中心创建为江苏省示范乡镇卫生院。不断发展公共文化，西溪、城典等5个村综合文化服务中心创建为江苏省“八个一”工程，黄家村图书馆分馆高标准通过市级验收。举办镇老年人文化体育节，进一步丰富群众精神文化生活。深化精神文明创建，道德讲堂、“一村一品”“文明新风沐农家”等品牌活动扎实开展。完善“信访稳定村(居)”百分考核、矛盾纠纷排查预警、领导包案等机制，稳控重点群体，调处涉土矛盾，化解信访积案，社会大局安定和谐。加强村镇技防建设，完成以“十九大”为重点的安保维稳工作任务，公众安全感和满意率不断提升，安全生产形势保持总体稳定。

2017年杨巷镇各行政村、社区基本情况

表74

名　称	区域面积(平方千米)	户籍数(户)	户籍人口(人)	可分配收入(万元)	书　记	主　任
塘门村	4.29	698	1987	192	潘凤仙(女)	周旭强
英驻村	5.28	933	3003	282	印德方	夏立君
城典村	6.51	1130	3381	542	毛益民	卢　俊
新芳村	5.54	1292	3706	190	席　巍	毛锦龙
安乐村	5.89	1006	3008	407	徐林芳	马占良
革新村	4.99	968	2817	404	许志亚	韩　忠
镇龙村	8.9	1203	3305	339	许为林	刘　波
坝塘村	4.27	712	2220	263	储俊伟	徐立平
黄家村	4.28	1154	3410	555	罗志平	蒋中磊
汤林村	2.98	526	1655	180	史志林	史志远
金紫村	4.28	541	1672	204	张少东	张少东(兼)
邬泉村	3.76	633	1959	205	曹国群	周招君
皇新村	5.94	775	2435	229	王小明	曹德平
西溪村	5.31	1087	3410	209	周亚娟(女)	袁　岩
芳东村	4.31	1011	3010	228	徐小良	庄　超
芝果村	4.2	1128	3054	162	沈正民	戴白龙
杨巷社区	2.20	1100	2154	—	蒋文彬	韦青桥(女)
宝寿社区	1.50	610	1056	—	孙华平	周玉娟(女)

(董琰)

新建镇

美丽新建 （魏小军 摄）

【概述】 区域面积45平方千米，辖行政村6个、社区1个，总人口25805人。全年地区生产总值42亿元，比上年增长5%。财政总收入2.86亿元，比上年增长31%；财政可支配收入1.1亿元。应税销售收入120.59亿元，比上年增长18.2%。其中：工业107.15亿元，比上年增长16%；流通10.79亿元，比上年增长18.9%。全社会固定资产投资7.32亿元，比上年增长29.4%，其中：工业投资6.3亿元，比上年增长19%；服务业投资1.01亿元，比上年增长185.1%。农业总产值2.71亿元，粮食总产量2730吨，农民年人均可支配收入24626元。

【主体经济】 工业总产值110.09亿元，比上年增长3.8%。规模以上工业增加值10.47亿元，比上年增长3.7%。全年工业用电量4.07亿千瓦时。推进项目建设，化解土地、资金、审批等要素制约，在无锡索力得科技发展有限公司投资35亿元的50万吨差别化功能化产业用丝项目中，一期投资1200万欧元的8万吨填平补齐项目完成，二期投资7.5亿元的12万吨扩能项目开工建设。江苏共昌轧辊股份有限公司投资3.5亿元的ESP精品轧辊生产线项目一期工程、市豪艺棕纤制品有限公司投资1.32亿元的环保床垫垫芯、江苏华亚化纤有限公司投资9000万元的热电节能升级改造等项目达产。无锡市力能科技有限公司投资4.4亿元的高档包装生产线等项目开工建设。强化经济金融风险化解，解除担保风险，化解债务危机，全镇经济金融稳定有序。处置闲置资产，完成无锡市中建钢构有限公司、江苏苏锦法兰制造有限公司、市森迪车业有限公司等企业的闲置资产拍卖；重整宜兴埃尔金毯业有限公司、无锡华燕新电源有限公司，形成新的产能；江苏三鑫化纤有限公司进入破产清算程序，完成资产评估。盘活闲置土地达280亩，建筑面积6.5万平方米。与苏州大学、南京工程学院、西南交通大学等高校建立产学研合作，申请专利133个。组织企业申报科技项目，江苏天地化纤有限公司的江苏省超细且多孔复合涤纶长丝工程技术研究中心成为江苏省工程技术研究中心，江苏共昌轧辊股份有限公司的“薄宽带钢高效精密热连轧用高性能轧辊装备关键技术研究与产业化”项目获江苏省科技进步三等奖。全年新增省高新技术产品12个和国家高新技术企业2个（市华龙塑木新材料有限公司、无锡中驰环保科技有限公司）。

【农业农村】 推进强村富民工程，加快薄弱村脱贫转化，出台《关于推动农业产业结构调整发展村级集体农庄的实施意见（试行）》，发展村级集体农庄。2个市级经济薄弱村发展集体经济扶持项目通过审核，获得近250万元的资金补助。复耕土地163亩，流转土地350多亩，完成投资6000多万元的省级土地整理项目。优化升级农业产业结构，拓宽增收致富渠道。南塘村初步形成80亩村级集体农庄果蔬、水产多种生产和标准厂房租赁经营格局，臧林村20亩“厚仁”牌芹菜上市销售，留住村28亩红叶石楠苗木长成销售，推进闸上村40亩黄金桃种植与龙虾养殖于一体的村级集体农庄建设。生锋合作社成为苏南地区唯一的螃蟹出口基地。

【镇村建设】 新建、拓建道路80多条，总长32.6千米。启动投资2000多万元的新昌路及新丰中路部分路段综合改造工程，其中强弱电入地工程竣工，地面改造、路灯更换、人行道改造、店牌店招拆换等工程加快推进，主要商业街道展现全新形象。农村农路改造三年行动基本收官，实现双向通行。大新闸西路延伸段和投资约260万元的新司路、新杨路节点，及后姜路绿化提升改造等工程竣工，进入镇区东西两侧的主要路口的面貌焕然一新。开展村庄环境长效管理，40多个自然村合格率100%，更换、新增垃圾桶270个。增强防汛排涝能力，提升农业生产效率。新改建桥梁3座、现代化灌排泵站31个，新修引水、排水明暗沟渠20多千米，完成清淤及驳岸9千米。完成国家重点水利工程新孟河拓浚北干河段前期工作及投资60多万元的桥南、堰头两个小型防洪堤坝项目。19个化工企业签订关停协议，其中15个企业关停到位。中干河沿线禁养区内19户养殖场拆除退养。完成中干河、新丰河等14条河道清淤工程及新丰河防洪节制闸工程。实现镇区污水主管网全覆盖，老街生活污水全面纳管，展开31个自然村生活污水分散式处理工程。排查全镇黑臭水体，制定三年治理计划，完成12个水体、5.8万立方米淤泥的清淤，逐步消除农村黑臭水体。开展无证无照取缔专项行动，依法关停非法生产小油品企业5个。

【社会事业】 加大财政投入，全年发放困难群体帮扶资金、慈善救助资金、残疾人补贴资金累计418万元，80周岁以上老年人尊老金近70万元，全镇医保参保率达100%。社保扩面新增658人，新增就业岗位1325个，转移农村劳动力734人，职业技能取证275张，就业培训574人，培训农村劳动力668人。举办企业用工政策专题培训班，158个企业签订工资集体协商协议。组织主题为“弘扬社会公德　争做文明群众”的第四届文化体育节、“新建好诗词”创作比赛、“戏曲与二胡”地方文化展演等活动。推进镇志编撰。新建小学的二胡特色文化建设获无锡市优秀教材二等奖。教育事业得到全社会支持，22个企业负责人当选为中小学理事，合计捐赠教育发展资金120多万元。完善社会管理体系，提高社会治理水平，受理矛盾纠纷124件，调解成功率100%，全年没有爆发重大社会矛盾事件。严厉打击恶意欠薪行为，完善欠薪企业提前预防机制。建成镇村二级综治内网，完成农村和小区254个技防监控点勘查，平安志愿者注册人数全市第一。开展夏季安全生产大检查，开展危化品生产企业、冶金企业专项整治，累计检查整改安全隐患680个，全镇未发生重大安全和环保事故。

2017年新建镇各行政村、社区基本情况

表75

名称	面积（平方千米）	户籍数（户）	户籍人口（人）	可分配收入（万元）	书　记	主　任
新建村	9.78	2484	6291	—	曹国良	陈建平
南塘村	5.83	1244	3664	—	储云华	储云华(兼)
臧林村	5.79	1189	3433	—	赵顺根	储群峰
闸上村	7.35	1300	3865	—	徐建中	徐建中(兼)
留住村	9.09	1606	4764	—	韩国平	韩国平(兼)
路庄村	6.43	1244	3664	—	蒋国军	蒋国军(兼)
新建社区	—	—	—	—	—	曹国良(兼)

（强倍）

编辑　张璐瑶

和桥镇

【概述】 区域面积105.1平方千米，辖行政村14个、社区7个，总人口67427人。全年财政总收入7.69亿元，财政可支配收入3.46亿元。应税销售收入155.75亿元，比上年增长24.7%。其中：工业120.08亿元，比上年增长14.5%；流通24.45亿元，比上年增长33.5%。全社会固定资产投资25.32亿元，比上年增长7.6%。外贸进出口总额1亿美元，比上年增长12%，其中出口总额0.97亿美元，比上年增长10.4%。粮食总产量3.34万吨，农业总产值8.17亿元，农民年人均可支配收入27565元。

【主体经济】 面对复杂的宏观形势，经济运行稳中有进。定期召开经济运行分析会、财税分析会等，科学分析形势，落实发展举措。深化领导干部结对百强企业活动，建立完善重点项目投资模拟审批代办制度，提升服务水平和效率。多次召开镇银企座谈会，搭建互动交流平台，帮助企业解决资金紧、转贷难等难题。组织企业经营管理者外出培训，培养企业家战略眼光，推动企业转型升级。全年完成工业应税销售收入120.08亿元，比上年增长14.5%；规模以上工业产值78.6亿元，比上年增长13.3%；工业后劲投入15.36亿元。实施市级重点项目10个。无锡嘉盛商远建筑科技有限公司开工建设，无锡市新蓝天复合材料有限公司仓库、宜兴威尼特集装袋有限公司年产8500万条重型纸塑复合包装袋等4个项目竣工投产，加快推进市华恒高性能纤维织造有限公司碳纤维布生产线扩能、江苏诚鑫防辐射技术有限公司辐射防护工程设备生产线、市优力集装袋有限公司集装袋制造及塑料制品加工等项目，集聚发展后劲。制订科技创新激励政策，新增高新技术企业3个。推进产学研活动，与江南大学纺织服装学院签订全面合作协议，市晶科光学仪器有限公司建立研究生工作站。瑞盛环境股份有限公司在新三板挂牌，举办和桥镇（上海）招商推介暨乡贤恳谈会，与深圳、上海等地商会建立长期合作关系，优化项目招引机制。

【农业农村】 全年实现农业总产值8.17亿元，比上年增长2.4%。北新村、大生村市级小农水工程完工，新建灌溉渠道9.94千米。完成圩区除险加固工程11个，加高加固工程14处，长13.25千米。深化村庄环境整治，加大整治力度，秸秆禁烧保持常态长效。优化镇村生活垃圾集中收运体系，农村人居环境持续改善。现代化农业发展迅速，示范作用明显。新增高效设施农业350亩，高标准农田2000亩，北新百亩莲藕基地、湖滨亮丽园艺及西锄誉全园艺等一批高效农业项目发展态势良好。完成农村土地承包经营权确权登记颁证工作。完善审批结报制度、村级财务季度会审制度和专项审计监督制度，确保公开透明、规范有序。

【镇村建设】 基础设施不断完善，管理机制持续创新。完成农村道路改造22千米，改造危桥1座。加强生态建设，整治畜禽养殖场，完成签约180个、拆除130个，启动滆湖围网拆除工作；化工企业关停完成签约19个、关停到位13个。实施"减煤"行动，"263"*专项行动成效明显。加速实施"控源截污"两年行动，新建污水主管网5千米、支管36千米，完成镇村1550户生活污水治理工程。严格落实"河长制"管理职责，完成入湖河道支浜清淤9.6千米、土方7.8万立方米，推进新孟河延伸拓浚一期工程。完成和闸(和桥—闸口)路南段、和高(和桥—高塍)路提档升级，东环路一期竣工投用，大树二期安置房交付，镇区公交1号线运营，新镇区幼儿园建设有序推进。启动背街小巷整治三年行动计划，永昌路北段、永兴路及河东景观大道整修到位。以文明创建为抓手，修复破损路面800平方米、人行道板砖500平方米，新增机动车位1320个，非机动车标线1.45万米，完成宜漕路北侧文化墙、朝阳路南段围墙出新700平方米。

【社会事业】 社会事业统筹发展，严格落实各项社会保障政策。积极搭建就业服务平台，成立和桥镇人力资源市场，举办和桥镇首届人才招聘会。全年新增就业岗位1680个，发放稳岗补贴75万余元，社保、公积金扩面超额完成市定目标任务。实施"阳光扶贫"，151名镇村干部与278户贫困家庭结对帮扶。关注弱势群体生活，全年累计发放各类慈善、救助资金1073万余元，救助4000余人次。残疾人意外险实现全覆盖。启动健康镇村创建活动，兴业社区卫生服务点竣工投用，稳妥推进新和桥医院建设工程。坚持教育优先发展，投入250多万元，更新学校基础设施和装备，唐敖庆教育基金会和桥实验小学专项奖励基金、凌志教育奖励基金首次发放，和桥二中、和桥高中分别在高考中取得佳绩，教育质量得到巩固提升。《和桥镇志》通过终审并付印。贯彻落实领导干部信访值班接待制度，着力平安和桥、法治和桥建设，加强治安防控体系建设，推进技防镇升级改造工程。开展安全专项整治，食品、药品市场监管到位，安全形势保持平稳。

【创建成全国文明镇】 2015年起，镇始终把创建全国文明镇作为促进物质文明建设的基础工程，精心组织，周密部署，确保创建工作到位。把精神文明建设作为全镇的重点工作之一，统一部署、统一量化考核。党政"一把手"亲自抓、分管领导具体抓、班子成员共同抓，周周一汇报、半月一检查，年初有计划、年终有总结。设立环境秩序、设施建设、宣传教育、台账整理、督查考核5个工作小组协调创建工作。每年年初召开全镇精神文明建设工作会议，把创建全国文明乡镇作为一项重要内容进行部署和安排。同时，大力宣传创建全国文明村镇的目的、意义、阶段工作重点及要求，营造浓厚的舆论氛围。建立以党政领导挂钩相关点位为特点的创建文明城市网格化管理制度及创建工作的奖励措施和表彰制度，全面督查创建工作，调动创建工作积极性。创城期间，投入资金1000余万元用于镇村两级基础设施改造、硬件投入、环境长效管理等，投入资金约150万元用于公益广告。全镇新增绿化1500平方米、主要路段交通抓拍摄像头10个、停车位400个、垃圾桶2000只、文化墙4000平方米、大型电子显示屏4块、落地撑牌160块、海报200张、隔离带宣传展板50块。2017年11月，和桥镇入选第五届全国文明村镇。

【西锄村获评美丽乡村示范村和水美乡村】 西锄村区域面积16.5平方千米，辖村民小组37个、自然村28个，常住居民1958户，户籍人口5712人。村先后获得江苏省生态村、江苏省卫生村、江苏省社会主义新农村建设先进村和示范村、无锡市幸福村等荣誉。村聘请江苏博创工程设计院按照合理规划、区块建设、分段实施的创建工作思路，编制《农之源·和桥镇西锄村环境提升设计方案》。2010—2017年，西锄村按照规

和桥镇文明创建工作迎检动员会议 （和桥镇　提供）

划设计，严格招标要求和工程实施，相继实施农贸市场、服务中心、老年活动室、社区卫生服务站、健身广场和健康步道等一系列惠民实事工程。同时，完善公共服务，全村农村基本养老、医疗保险参保率100%，每年为60周岁以上的老年村民免费体检一次，为70周岁以上的老年村民缴纳意外保险费4万多元，为村民免交农田水费20多万元，为村民发放红利和福利40多万元。建设的千亩荷花湾生态湿地公园初具雏形，有省级三星级康居村庄2个、二星级村庄3个、特色亮点村庄1个。开展“文明乡风沐农家，家园守护行动”，社会主义核心价值观教育，好媳妇、好家风及文明户评选等活动，宣传“儒风禅道，静乐西鋤”文明村风，打造“蒋氏家训”等一批弘扬重道德修养的家庭文化，形成“德法共建”、促进村级善治的西鋤经验。12月，被无锡市推进城乡一体化领导小组授予“无锡美丽乡村示范村”称号。同月，被省水利厅评为江苏省2017年度“水美乡村”。

2017年和桥镇各行政村、社区基本情况

表76

名　称	区域面积(平方千米)	户籍数(户)	户籍人口(人)	可分配收入(万元)	书　记	主　任
同里村	4.50	1156	3597	546	胡爱平	蒋镜桃
北庄村	7.10	1706	4521	762	路竹青	陈小伟
永兴村	9.80	2032	5560	479	吴建良	堵明东
大生村	4.20	826	2726	201	樊平平	樊平平(兼)
湖滨村	4.33	679	2319	153	孙惠军	许建康
王母桥村	7.50	1116	3309	286	陶建中	蒋小中
北新村	7.50	1020	3100	142	吴建新	许志强
西鋤村	16.50	1958	5712	966	方伟政	吴桂良
中巷村	7.00	1650	4744	395	邵乃其	徐建业
福巷桥村	5.70	1324	4208	224	陈　陆	钱建林
钟溪村	3.73	697	3016	275	吴建平	王伟军
北渠村	4.95	1160	3732	224	徐国华	冯华君
闸口村	9.60	1650	5332	198	陆　军	钱俊芝
楝聚村	8.70	1762	5202	430	缪绿明	费国鹏
劳动社区	1.00	1653	4001	—	闵健芬(女)	闵健芬(女,兼)
兴业社区	1.65	1339	3155	—	李　辉(女)	李　辉(女,兼)
生建社区	1.60	1550	3479	—	—	—
南新社区	2.25	127	179	—	徐瑞芬(女)	徐瑞芬(女,兼)
海棠社区	1.00	42	246	—	邵其新	秦均南
永兴社区	—	—	—	—	吴建良(兼)	—
新城社区	—	—	—	—	徐　敏	—

（夏存涛）

高塍镇

【概述】 区域面积112平方千米，辖行政村14个、社区3个，总人口60035人。财政总收入10.27亿元，财政可支配收入1.78亿元。工业销售收入643.3亿元，比上年增长29.9%。规模以上工业产值416.76亿元，比上年增长18.6%；规模以上工业增加值57.2亿元，比上年增长11.4%。工业利润总额2.14亿元。应税销售收入969.17亿元，比上年增长32.5%，其中工业642.92亿元、流通303.04亿元。全社会固定资产投资26.96亿元，其中工业投资25.64亿元、服务业投资1.32亿元。到位注册外资3000万美元，超额完成市定目标任务。全年粮食总产量3.51万吨，农业总产值8.18亿元，比上年增长4.7%，农民年人均可支配收入27659元。

【主体经济】 全镇有高新技术企业33个，江苏江华水处理设备有限公司获国家技术发明奖二等奖，远东复合技术有限公司、江苏沛尔膜业股份有限公司入围省重大科技成果转化项目，获省级专项资金1000万元；江苏华远电缆有限公司、宜兴市华鼎机械有限公司等6个企业入围市科技项目，获市级专项资金300万元；新远东电缆有限公司、江苏金环环保设备有限公司等10个企业获市科技进步奖。组织企业参加“北京高校行”“上海院校行”等大型政产学研对接活动，新增产学研合作项目13项、国际合作项目4项。申报省“双创计划”1人，引进“双高人才”35人。工业后劲投入25.64亿元，落实工业重大项目16个。线缆、环保产业应税销售收入分别完成541亿元和79亿元，分别比上年增长31.1%和35.5%，全年税收贡献超500万元的企业18个。鹏鹞环保成为全市首个A股上市环保企业，完成股权融资7.1亿元；欧亚华都(宜兴)环保有限公司韩国上市完成股改；江苏江华水处理设备有限公司与上海自来水投资建设有限公司合作上市进展顺利。国际环保城全年交易额达123亿元，位居全市专业市场第一。盘活闲置企业3个，涉及土地55.4亩、房产2.8万平方米，新增产值1.5亿元。

【农业农村】 全年“三资”(工商资本、民营资本、外来资本)投资农业3500万元，全镇有高标准农田3.15万亩，机插秧面积达1.2万亩，农业总产值突破8亿元。市富根农业服务专业合作社连续六年获无锡市高产创建示范方一等奖，并获首届“无锡好米”金奖；市滆湖坤滆大闸蟹养殖专业合作社获全国河蟹大赛质量金奖；“韩珠”葡萄成为无锡市同行业第一品牌；市云爱生态农业科技有限公司高标准建成旅游观光农业基地。在全市率先开展村级集体资金镇财政所管理试点工作，进一步规范资金5万元以下实事工程建设管理。土地承包经营权确权登记发证工作全市领先，启动镇农村产权交易平台，徐家桥村、肖张墅村实现贫困村“摘帽”。

【镇村建设】 加速推进镇村建设，完成“园中园”拆迁任务，共拆迁498户13.4万平方米，腾出土地4084亩。投入7600万元，开展8项民生实事工程。大力改善农村环境面貌，梅家渎村被评为无锡市美丽乡村示范村。率先完成防洪工程任务，投资4591万元，新建防洪护坡、防洪墙18.8千米，加高加固圩堤58.9千米。推进“263”专项行动*，签约关停化工企业13个，提前超额完成年度任务。投入3900余万元，拆迁关闭畜禽养殖场82户，整治、退养602户；全镇192条河道形成“一河一档”“一河一策”，清淤疏浚河道26条、整治黑臭坑塘35个。启动为期2年总投资2.6亿元的“控源截污”工程，完成高塍、范道、红塔集镇区纳管任务。拆除违法建设5253平方米，修复破损路面2160平方米，取缔清理占道经营、乱堆放、乱张贴等行为2766处，镇区设定严管路3条，新增电子抓拍摄像头10个、停车位2300余个。镇容镇貌显著改善，通过“国家卫生镇”复审。

【社会事业】 坚持民生优先，全年民生投入占一般公共预算支出比例达76.12%。完成社保扩面2321人、净增缴费777人，分别达到市定指标的422%和432%。出资560万元，用于援企稳岗、就业困难人员补贴，全年新增就业岗位1800个。开展“阳光扶贫”行动，党员干部结对贫困户380户，全年发放保障救助款717.9万元。高塍、范道幼儿园通过江苏省“优质园”复审，镇党校成校创建成江苏省高水平农科教示范基地。远东控股集团出资1.2亿元成立远东教育奖励基金，当年发放奖励金530.53万元。文体活动成效显著，红塔村获宜兴市第二届村歌大赛金奖，高塍实验小学乒乓队代表宜兴参加无锡第十二届运

江苏江华水处理设备有限公司获国家技术发明奖二等奖 （高塍镇 提供）

动会青少年部小学组比赛，获团体、单项金牌11枚。推进平安高塍、法治高塍建设，群众来访比上年下降38%，刑事案件比上年下降27.4%，安全生产隐患整改率达100%。

2017年高塍镇各行政村、社区基本情况

表77

名　称	区域面积（平方千米）	户籍数（户）	户籍人口（人）	可分配收入（万元）	书　记	主　任
高塍村	2.28	703	2245	676	沙玉琴（女）	沙玉琴（女，兼）
高遥村	6.06	1468	4372	259	吴振兴	吴振兴（兼）
胥井村	3.77	960	3350	194	王加君	陈小平
塍西村	8.05	1580	5549	476	王盘华	王盘华（兼）
志泉村	8.32	1451	4272	439	蒋继中	周泽民
赋村村	6.93	1530	4380	254	叶　兵	—
高塍社区	1.08	1700	2905	532	庄伟彦	王　佳（女）
梅家渎村	10.84	1720	5262	539	杨伯民	裴初平
范道村	6.85	1023	3172	309	周洪良	周洪良（兼）
天生圩村	6.67	1103	3363	245	杜国农	陈培良
六圩村	8.37	1015	3046	251	朱荣标	凌洪兵
红塔村	3.38	898	2623	274	王再兴	邵　利
徐家桥村	7.42	1510	4662	244	杜海民	陆国平
宋渎村	5.58	1102	3435	260	蒋建民	吴才良
肖张墅村	8.54	1541	5195	219	肖健生	李永伟
红星社区	0.19	230	596	—	吴丹平	吴丹平（兼）
桃园社区	0.60	3305	7430	—	周建良	孙文君

（蒋晓锋）

万石镇

【概述】 区域面积43.77平方千米，辖行政村9个、社区2个，总人口26634人。全年财政总收入5.02亿元，财政可支配收入7585万元。应税销售收入111.5亿元，其中工业80.53亿元、流通25.33亿元。进出口总额5290万美元，比上年增长29%，其中外贸出口额5061万美元，比上年增长37.8%。全社会固定资产投资15.79亿元，其中工业投资7.92亿元、服务业投资7.87亿元。粮食总产量2.31万吨，农业总产值4.22亿元，农民年人均可支配收入26329元。

【主体经济】 把提高发展质量和效益放在突出位置，提升主导产业和骨干企业综合竞争力。有规模以上企业55个，规模以上企业工业产值45.47亿元。项目建设有力推进，引进江苏丽溪兴石材制品有限公司、无锡日兆节能科技有限公司等优质项目，市金鹏印铁包装制品有限公司、江苏惠瑞生物科技有限公司等在建项目高效推进，石材城二期、石尚广场等重点项目建成投运，江苏巨珩新材料科技有限公司、市兴益特种变压器有限公司等骨干企业大力实施技改升级，盘活江苏宏鑫锻造集团有限公司、江苏韦帕环境工程有限公司5万平方米闲置厂房。创新要素加快集聚,与武汉科技大学签订全面合作协议,无锡蕾菲赛尔机械科技有限公司"省工程技术研究中心"通过验收,江苏宏力光电科技股份有限公司被评为第五届"创业江苏"科技创新大赛优秀企业,江苏宏泰高分子科技有限公司、市九洲封头锻造有限公司获评"陶都英才"科技创新领军型人才(团队)。新增高新技术企业1个、省高新技术产品7种,专利授权122件。市汉堡锻造有限公司参加研发的密接式钩缓装置应用于"复兴号"列车,市迪凡特机械制造有限公司参与国家行业标准制定。江苏宏泰高分子科技有限公司与江苏广信感光新材料股份有限公司实施战略兼并,成为全镇第三个上市企业。

【农业农村】 基本完成全镇9个行政村274个村民小组农村土地确权登记工作。实施畜禽退养扫尾攻坚,全年退养24户,拆除圈舍2.4万平方米,基本完成畜禽整治任务。全镇累计认证无公害产品6个,无公害产品面积2.8万亩,绿色食品基地1700亩,形成"陶都"牌大米、"乌壳"老甲鱼和"陶都"牌水芹等一批质量较高的名优产品。加强村级财务管理,完善村级管理机制,建立健全村级经济管理、财政资金支出等规定,规范农村集体"三资"(资金、资产、资源)管理和村级民主法治管理。

【镇村建设】 新孟河延伸拓浚万石段拆迁安置有序实施,拆迁民房3.6万平方米、厂房(企业13个)8000多平方米,3个村安置房建设顺利推进。完成华祥西路、新星路维修工程及茶亭西路改造提升工程。市万石小学改建工程主体完工,总投资1000多万元。推进总投资6000多万元的万石卫生院迁建工程。完成省道342线节点景观工程和亮化工程。实施乌佛路、宏博路、古庄桥等农村路桥提档升级,完成4个村的中央财政小型农田水利项目。以宜兴市创建全国文明城市为契机,开展各类集中整治18次,查处违法用地4000多平方米,拆除违章建筑3000多平方米,整顿店外经营200多户,划设停车泊位400多个,添置垃圾箱300多个,设置公益宣传展板1000多块。推进交通干线沿线环境综合整治、村庄环境长效管理和石材市场环境整治,镇村环境明显改善,获"中国最美村镇宜居奖"。

【社会事业】 高标准实施总投资1.4亿元的6件实事工程。全年投入民生资金7000多万元。登记失业率保持低位,新增就业1851人;社保扩面1062人,新增参保854人。实施"阳光扶贫"行动,结对困难群众263户。加大慈善帮扶力度,发放善款60多万元。加强医疗服务,为全镇5121名65周岁以上老人、1710名慢性病人免费体检。"善"文化系列活动推陈出新,选送节目获市第二届村歌大赛金奖。推进"智慧万石"项目,市图书馆万石分馆开馆,闵惠芬文化公园获评宜兴市精品园林。全年调处矛盾纠纷215起,协调解决信访问题511件,妥善处理劳资纠纷案件104件。"平安万石""法治万石"建设取得实效,安全生产保持总体稳定,群众满意度和安全感持续提升。

新市民法治文化家园 (万石镇 提供)

2017年万石镇各行政村、社区基本情况

表78

名 称	区域面积(平方千米)	户籍数(户)	户籍人口(人)	可分配收入(万元)	书 记	主 任
南漕村	7.16	1416	4556	958	马俊峰	—
大尖村	4.13	1388	4370	161	徐 东	吴晓东
万石村	2.67	656	2166	349	王 斌	钱 鹏
余境村	3.72	755	2499	313	刘若华	余建江

续表78

名　称	区域面积（平方千米）	户籍数（户）	户籍人口（人）	可分配收入（万元）	书　记	主　任
余庄村	4.18	914	3035	487	王志平	宋小刚
后洪村	4.02	602	2005	168	濮焕中	徐　敏
漕东村	5.41	889	2872	201	何　军	何　军(兼)
黄土寺村	3.33	734	2418	138	姚叶锋	徐　淇
马庄村	2.11	520	1746	155	彭秋君	陆友良
万善社区	—	628	1144	—	谢小龙	任　春(女)
南漕社区	—	10	29	—	马俊峰	—

（许梦雅）

周铁镇

【概述】 区域面积73.2平方千米，辖行政村14个、社区3个，总人口55576人。财政总收入6.8亿元，财政可支配收入2.13亿元。工业利税总额10.65亿元，比上年增长5.1%；工业利润总额7.27亿元，比上年增长3.1%。规模以上工业产值96.21亿元，比上年增长13.36%。应税销售收入195.21亿元，比上年增长43.71%。其中：工业108.94亿元，比上年下降3.82%；流通25.13亿元，比上年增长71.87%。进出口总额2.95亿美元，比上年增长14%，其中，出口总额2.27亿美元、进口总额0.68亿美元，分别比上年增长15.6%、19.36%。工业用电量摆脱负增长态势，比上年增长7.34%。全社会固定资产投资17.74亿元，其中工业投资13.08亿元、服务业投资4.65亿元。全年粮食总产量2.72万吨，农业总产值5.39亿元，农民年人均可支配收入28934元。

【主体经济】 坚持把稳企业、稳增长作为首要任务，狠抓项目建设，培育支撑发展新引擎。全镇49个规模企业80%实现正增长。其中江苏兴达文具集团有限公司、无锡中正锅炉有限公司、市江山生物科技有限公司、江苏纵横浓缩干燥设备有限公司、江苏力维智能装备有限公司应税销售增长超50%，税收贡献超1000万元的企业13个。江苏中信国安新材料有限公司注资3.5亿元，整体盘活江苏莱顿宝富塑化有限公司，完成入库税费2058万元。盘活闲置厂房11处约15万平方米。出台驻点招商工作意见，多层次、多形式开展招商，引进内资项目10个。市竺山湖环境治理有限公司蓝藻打捞处置一体化项目建成投运，江苏兴达文具集团有限公司新型生产线项目、江苏麦廊新材料科技有限公司H型护岸桩项目、江苏昌鑫基础工程集团有限公司环保机械项目、宜兴佳仁低温科技有限公司通用换热器制造项目、无锡市润声德金属制品有限公司不锈钢焊管制造项目、无锡市品奥刀具科技有限公司特种金属切削工具制造项目高效推进。无锡明大置业有限公司龙玺太湖湾二期主体封顶，三期顺利推进。全年新增专利授权160件，申报省、市重点研发项目3个，通过高新技术企业认定2个，引进"双高"人才45人、海外归国人才6人。结合"大走访"活动，党政领导和机关干部定企服务，编发《政策汇编》，充实行政审批代办员力量，全程办理企业托办事项。积极推行市"3550"*改革，两个首批试点项目办证效率明显提高。

周铁镇重点工业项目集中开工仪式　（周铁镇　提供）

【农业农村】 完成"三资"投资农业3525万元，新增农业产业化基地4个、设施农业465亩。渎区百合传统种植逐步恢复，精品蔬果品牌进一步巩固，无公害农产品基地超全镇种植面积的92%。新型农业经营主体发挥活力，无锡益健生态农业科技有限公司"智慧农业"项目基本建成，王茂村5000亩高标准稻麦良种基地建设项目竣工。稳妥推进农村土地承包经营权确权登记颁证工作，证书发放率90%以上。建成农村产权交易服务中心，村级产权交易行为更加规范。欧毛渎村通过改建标准厂房实现集体资产增值增收。前观村组建土地专业合作社，发展优质品牌大米种植区，培育特色农业品牌"褚店贡米"，实现村级和农户收益互利双赢。

【镇村建设】 秉持"财力更多倾斜民生，精力更多倾注民生"理念，坚持民生工程投入力度不减、项目不少、标准不降。湖滨公路全线亮化，新的政务服务中心、政法综治中心建成投用，派出所接处警中心基本竣工。市第五人民医院(周铁医院)通过竣工验收，进入设备采购安装阶段。市周铁实验小学主体工程封顶，启动内部装饰装潢。古镇入口处二座牌楼建成投用，"竺西医院"红色文化纪念馆建成开放，"牧笛书屋"传统民居改造利用完成，"岳飞文化园"入口道路改造工程完工。水利设施建设总投资830万元，新建泵站6座、防洪闸1座，加固圩堤12.4千米，防洪驳岸1370米，新建沟渠12.5千米。以宜兴市创建全国文明城市为契机，在镇区集中整治乱张贴、占道经营、车辆乱停放等，加强小区物业管理，提升沿街店面经营秩序、街面卫生、停车秩序、安置小区环境。实施美丽乡村品牌建设，获"中国最美村镇"50强称号，分水村创建成江苏省村庄绿化示范村，欧毛渎村、东湖村创建成江苏省健康村。

【社会事业】 始终坚持把民生和社会事业放在重要位置，不断提升群众生活质量、幸福指数。落实"阳光扶贫"工作机制，强化各项解困救济措施，低保、"五保"、残疾人补助等各项保障有效落实，全年发放补助和慈善基金720余万元。成立中信国安尊师重教基金，全镇各类慈善基金总数31个。"湖韵周铁"独家冠名市第三届网络文化节，市首届诗词大会在周铁启动，举办第二届周铁古镇文化之旅和第二十届太湖风筝节暨国际风筝邀请赛。徐渎村召开"美丽徐渎"发展说明会，募集新农村建设资金超300万元。强化矛盾纠纷排查化解，完善治安防控体系，东湖村在全镇率先完成智慧社区建设。加强安全生产和食品药品监管源头管理，社会大局保持和谐稳定。广覆盖、高密度设置公益广告，造浓宣传氛围，助力宜兴市文明创建。开展"五好文明家庭""家庭好角色"评比活动，评选出各类先进30个，并宣传报道先进的典型事迹。发挥机关青年志愿者、平安志愿者、社区志愿者作用，多渠道、多层次开展志愿活动，志愿服务理念深入人心。

【生态建设】 牢固树立绿色发展理念，打好生态环境治理攻坚战。按照省、市委精神，积极推进省"263"专项行动*，28个化工生产企业全部完成签约，实现两年关停任务一年签约，其中16个企业拆除并验收到位。开展化工流通企业专项整治，严肃查处违法经营行为，消除环境隐患。整治畜禽养殖，完成签约关停畜禽养殖场26个，全镇域所有畜禽养殖场全部关闭。推进入太湖河道综合整治，投资775万元，完成太滆南运河等26条河道生态清淤工程，清淤总长度16.76千米，清淤20.35万立方米，主要入太湖河道断面考核全部达标。推进新孟河拓浚工程拆迁征地工作，拆迁安置农户92户、1.8万平方米。实施农村生活污水治理工程，33个自然村完成改造任务。加大蓝藻打捞力度，全年累计打捞藻水109万吨，分离藻泥2.1万吨，连续第十年实现太湖安全度夏。

【太湖风筝节举办】 周铁镇风筝种类繁多，周铁鹞笛独树一帜、制作精良，制作技艺入选无锡市非物质文化遗产。镇先后建成江苏省太湖风筝基地和太湖风筝博物馆。为弘扬传统文化，挖掘不同风筝技艺，10月28—29日，由国家体育总局社会体育指导中心、中国风筝协会、宜兴市人民政府主办的中国宜兴第二十届太湖风筝节暨2017年"东泽杯"国际风筝邀请赛、全国风筝精英赛(宜兴站)、江苏省风筝公开赛在周铁太湖风筝广场举办。全国各地和俄罗斯、法国、卡塔尔、新加坡、西班牙、乌克兰等国家及中国香港、中国台湾等地区的300多名运动员参加。开幕式上，国家体育总局为周铁镇颁发"2013—2016年度全国群众体育先进单位"奖牌，并为周铁镇授予"中国风筝之乡"匾牌。比赛设龙串类风筝赛、软板串类风筝赛、夜光风筝赛等14个竞技项目和特色风筝表演赛、传统风筝制作表演赛2个表演项目，河北雄安新区代表队、浙江湖州艺博队等获团体前八名，哈尔滨市风筝协会、武汉市风筝协会等八个单位获体育道德风尚奖，外国选手获比赛特设的体育优胜奖。

2017年周铁镇各行政村、社区基本情况

表79

名称	区域面积(平方千米)	户籍数(户)	户籍人口(人)	可分配收入(万元)	书 记	主 任
彭干村	6.80	1633	5153	332	周伟明	胡晓勋

续表79

名称	区域面积（平方千米）	户籍数（户）	户籍人口（人）	可分配收入（万元）	书　记	主　任
王茂村	4.40	771	2411	201	王国荣	钱　军
棠下村	4.35	947	2944	203	冯国忠	蒋乾生
周铁村	5.54	1645	5016	390	吴智君	蔡利群(女)
东湖村	4.18	823	2683	188	陈年丰	周逸锋
前观村	2.52	497	1573	215	王育明	王元春
龙亭村	2.18	416	1287	109	吴晓琴(女)	彭国兴
分水村(含湖光社区)	7.20	2524	7522	632	吴　健	钱晓云(女)
下邾村(含下邾社区)	4.21	1837	5196	458	宋小龙	宋小龙(兼)
沙塘港村	2.90	970	3330	219	陆　柱	杨　健
欧毛渎村	2.55	831	2825	157	宋春洪	许望强
徐渎村	5.50	1329	4418	480	蒋胜军	蒋胜军(兼)
洋溪村	4.30	1115	3662	342	许军良	周宣英(女)
中新村	7.30	1465	4785	275	蒋法中	蒋法中(兼)
周铁社区	1.20	1399	2755	—	沈　黎(女)	沈　黎(女,兼)

（周冠男）

丁蜀镇

【概述】 区域面积205平方千米，辖行政村28个、社区17个，总人口148201人。全年财政总收入14.23亿元，财政可支配收入5.17亿元，比上年增长10.47%。应税销售收入287.61亿元，比上年增长24.8%。其中：工业189.45亿元，比上年增长4.64%；流通44.19亿元，比上年增长7%。工业利税总额12.03亿元，比上年增长2.73%；工业利润总额8.93亿元，比上年增长14.63%。全社会固定资产投资54.68亿元，其中工业32.15亿元、服务业22.53亿元。全年粮食总产量2.21万吨，农业总产值26.09亿元，农民年人均可支配收入30525元。11月，第三届流域创新治理太湖国际论坛在丁蜀镇举办。被评为中国最具魅力文化旅游名镇、长三角最具魅力旅游特色小镇群荣誉奖、无锡市首批城乡发展一体化示范镇。恒隆紫砂电子商务园区、中国陶都陶瓷城、紫砂村分别被省商务厅评为江苏省电子商务示范园区、江苏省乡镇电子商务特色产业街区、江苏省农村电子商务示范村，江苏省宜兴彩陶工艺厂、江苏省宜兴紫砂工艺厂被省商务厅评为首批“江苏老字号”，双庙村被省水利厅评为江苏省水美乡村。

【主体经济】 58个骨干企业稳步发展，全年工业应税销售收入142.32亿元，比上年增长7.3%，江苏亨鑫科技有限公司、江苏汉光甜味剂有限公司等4个企业位列全市工业前50强，7个企业应税销售收入增幅超50%，9个企业增幅超30%。推进重点工业项目建设，江苏琪稼新材料科技有限公司投资8000万元的年产1000吨空芯陶瓷过滤材料项目、市华建精密铜材有限公司投资7500万元的精密电磁线生产线项目竣工投产，市新宇耐酸泵厂投资1.1亿元的年产5万台耐酸泵生产线整体搬迁项目主体车间完工，进入设备安装阶段。外贸出口稳步增长，江苏汉光甜味剂有限公司出口额超9400万美元，江苏亨鑫科技有限公司出口额超3100万美元。推进资本运作，宜兴王子制陶有限公司与山东国瓷功能材料股份有限公司完成兼并重组。深化创新驱动战略，宜兴陶瓷新材料孵化器入孵企业4个，成立宜兴陶瓷智能装备孵化器，新认定国家高新技术企业5个、省众创空间平台2个、省高新技术产品13种、省“双创人才”立项1项，申报各类专利1145件，其中发明专利210件。召开企业转型发展大会，出

2017年全省重大项目集中开工现场推进会宜兴分会场开工仪式　（丁蜀镇　提供）

台《关于促进工业经济转型发展的意见》，成立丁蜀人力资源服务产业园和企业发展服务中心，为企业提供政策、人才、金融等全方位服务。完成通航产业发展规划、通航产业园区空间概念规划，启动丁蜀通航产业园区两条500千伏高压线迁改工程。道尼尔海翼有限公司宜兴工厂项目点成为江苏省重大项目开工宜兴分会场。

【农业农村】　村级经济逐步壮大，汤庄、洋岸、张泽、毛旗、北塘、大浦、渭渎、上坝8个经济薄弱村可分配收入均超200万元，全部脱贫。规范农村产权交易行为，推进农村产权交易服务中心建设，完善村级经济管理制度，资金、资产、资源“三资”管理得到加强。完成成片造林63.65公顷、道路绿化24.1千米、太湖防护林及其他树木种植3350株。投资3566多万元，建成水利项目47个。新增设施农业20.27公顷，新增市蓝图苗木、市豪杰苗木、市朱正农产品3个农民专业合作社。创建“莲花荡”牌有机大米品牌。完成施荡村、毛旗村土地确权登记颁证工作。省现代农业产业园区获评无锡市特色农业园区。市陶都国兰生态农业专业合作社建成1.2万平方米新品种培育基地二期工程，“蕙兰”品种在全国、省级兰展上多次获奖。江苏三正华禹环境工程有限公司建成4000平方米蓝藻资源化利用中心，江苏神力生态农业科技有限公司启动实施秸秆综合处理中心扩建工程。启动农业物联网建设，举办中国宜兴农业物联网小镇建设研讨会。“莲花荡”牌大米获全国第十八届绿色食品博览会金奖，“颖丰”商标被评为江苏省著名商标。

【镇村建设】　完成蜀山古南街管线入地、房屋修缮工程和前墅龙窑展示馆、配套民宿工程，建设总投资1.4亿元、占地40公顷的青龙山公园。建成莲花荡双岛湿地公园，总面积14万平方米。太湖绿道大浦港至兰右港全线贯通，总长11千米。推进基础设施建设，完成蠡河路、通蠡路、西施路、川埠路、汤蜀路延伸段、西施路新城区段、常安路、解放西路、兴陶路南段、大潮山路、当园岭路、汤省路改造，总长24.6千米。实施旧城改造，完成化工新村、紫砂小区、白宕路东侧住宅、潘家村改造，惠及居民1400户；完成煤炭小区平改坡1.6万平方米，惠及居民239户；完成总投资2010万元的张泽、大浦老集镇改造；综合整治南中村环境。完善城市功能配套，完成丁山监狱建设及搬迁，完成供电、农电公司业务用房主体建设和西山市场迁建工程。启动查林高层安置房、通蜀三期安置房、查林石龙东区安置房建设，拆迁房屋12.8万平方米，安置群众276户。强化城市管理，民主路、第二人民医院机械式立体停车楼建成投用，新增停车泊位2008个。开展城郊结合部、农贸市场、背街小巷各类整治70多轮次，改善小区硬件设施30多个。加强环境治理，减少煤炭消费总量1.5万吨，关停化工企业44个，清淤总长91.7千米的河道93条，整治住家船170条，拆除养殖场6个。全面推开“控源截污”两年行动计划，纳管工程与主管网建设同步进行，江苏省宜兴大新陶瓷厂地块等9个污水纳管工程年内完工。启动南河浜治理，两岸住宅7100平方米拆迁到位，完成雨水污水管、污水提升泵站建设。整治轧石、预拌混凝土企业和码头环境，与17个企业签订设备拆除协议。引进市阳羡环境卫生服务有限公司和无锡市金沙田科技有限公司，在全镇32个村（社区）推行村庄物业一体化、市场化管理，基本实现村庄物业全覆盖。

【社会事业】　完善教育硬件设施，完成市丁山小学体育馆、市大浦中学食堂改造，完成陶都小学、丁蜀中心幼儿园、大浦幼儿园运动场地更新。为市紫砂小学、丁蜀正新小学两所民办学校配备校车4辆，全镇累计有校车20辆，纳入市级校车安全统一管理，惠及学生293人。加强公共卫生服务，新建健康档案1.24万人、儿童建卡1431人、家庭医生签约4万人，接种疫苗4.06万人次，免费体检3.1万人次，公园路社区、大港村创建成江苏省健康村（社区）。推进社区建设，建成“镇城乡综合管理指挥中心—社区居民委员会—综合信息员”三级社区管理信息采集处理网络，在湖渎社区、公园路社区试点协商民主，解决211件个案和群案。开展“文化丁蜀”建设，举办群众性文体活动126场（次），新增无锡市“非物质文化遗产”示范基地19个、代表性项目1个、传承人61人。加大就业创业扶持力度，新增就业岗位2300个，劳动力转移就业3421人，帮助748人实现再就业。继续推进社保、公积金扩面，新增社保参保2673人，新增公积金缴费1121人，基本实现企业职工社保、城乡居民保险全覆盖。新办福利企业3个、安置残疾人120人，慈善救助3300人，为3.1万名65周岁以上老人缴纳“安康关爱行动”保险。开展“法治丁蜀”建设，一村（社区）一法律顾问制度实现全覆盖。

【通用航空产业园空间布局概念规划通过评审】 2月，丁蜀通用航空产业园《空间布局概念规划》专家评审会在丁蜀镇召开。经过项目组陈述、评审专家审评与提问、评审组评议等程序后，评审专家一致同意通过此次专项评审。该《空间布局概念规划》主要聚焦陆上机场及周边区域的选址，将园区产业功能在空间上进行落位布局。按照园区的定位与目标，通航产业园将依托通用航空运营、通航产业孵化、技术转化及相关制造产业，将园区建成宜兴市产业发展副中心、无锡市产业升级新支点，力争在2020年建成通航产业综合示范区，成为国家50个示范区之一，并成为世界一流以水上飞机为特色的通用飞机生产研发基地、华东地区以通用飞机销售与维护为特色的通航运营网络核心节点、西太湖水陆结合航空旅游示范区。

【第八届中航国际通航发展(宜兴)论坛举办】 10月，第八届中航国际通航发展(宜兴)论坛在丁蜀镇举办。活动由中国航空技术国际控股有限公司和宜兴市政府主办，中航国际航空发展有限公司、丁蜀镇政府承办。国务院中央军委空中交通管制委员会、交通运输部、中国民航局、国家发改委城市与中小城镇发展研究中心，有关地方主管部门，航空工业厂商、运营商、服务商等中外通航企业的嘉宾共200余人应邀参加论坛。论坛以“新趋势·新战略”为主题，分析通航产业面临的机遇、突破的重点，共谋产业未来发展。主论坛分为“政策—回顾与展望”和“战略—融合、协作与发展”两部分，围绕通用航空发展的形势及政策，地方通航产业发展布局，通航制造、应用和运营等方面开展交流讨论。分论坛由“通航安全运营”和“通航产业园与特色小镇建设”两部分构成。其间，丁蜀镇签约通航小镇等9个项目。

【农业物联网小镇建设研讨会召开】 为促进农业规模化、集约化、智能化发展，提升农业整体质态，提高农产品品质、产量和效益，打造农业品牌，镇政府联合中国移动无锡分公司、中国农业大学宜兴农业物联网研究中心，编制完成《丁蜀农业物联网小镇建设发展规划(2017—2025)》。9月，中国宜兴农业物联网小镇建设研讨会在丁蜀镇举办。各高校科研机构专家学者以及农业物联网企业经营者150多人出席，会议研讨农业物联网发展趋势、农业大数据建设与应用、农田感知与智慧管理、农业物联网小镇建设等内容。国家信息农业工程技术中心、华南农业大学南方农机与装备重点实验室与丁蜀镇签订全面合作协议。

【“中国特色小镇”项目获无锡市腾飞奖】 特色小镇是产城乡一体化的创新发展模式，是就地城镇化的成功架构。丁蜀镇有7000多年的制陶史，紫砂、精陶、均陶、青瓷、美彩陶被誉为陶瓷“五朵金花”，有均陶堆花、紫砂手工制作技艺两项国家级非物质文化遗产，有紫砂产销企业400多个，紫砂产品年销售90多亿元，电子商务平台年销售额8.3亿元。该镇有陶瓷国家级大师25人、紫砂艺人4万多人、院士工作站3个、省高新技术企业43个、省工程中心12个、千人专家工作站11个，并积极与高校合作交流，推动特色产业的技术创新。依托紫砂文化特色，利用紫砂历史遗存、自然生态资源、紫砂人才等优势，积极探索发展文化创意产业、文化旅游产业等。2016年10月，住建部公布第一批中国特色小镇入选名单，丁蜀镇成为无锡地区唯一入选的小镇。2017年12月，“‘茶茗陶都，韵美紫玉’——首批中国特色小镇宜兴丁蜀”项目获无锡市最高综合性科技奖项——腾飞奖。

【“一村(社区)一法律顾问”制度全覆盖】 为进一步向农村拓展和延伸公共法律服务体系，围绕构建“15分钟公共法律服务圈”目标和一村一法律顾问工作要求，通过政府集中购买、统筹指导方法，聘请法律顾问23人，为28个村、17个社区配备法律顾问，并先后制订印发《关于开展一村(社区)一法律顾问工作的实施意见》《丁蜀镇村(社区)法律顾问工作实施细则》《村(社区)法律顾问考核办法》《村(社区)法律顾问工作职责》《丁蜀镇村(社区)法律顾问工作经费开支和补助标准》等文件，规范法律顾问工作。法律顾问在法律业务范围内为群众提供法律咨询，为村(社区)治理和企业生产经营提供法律意见、开展法治宣传、参与人民调解等。全年法律顾问共提供服务900余次、接受法律咨询7000多人次、调处矛盾纠纷820起、处置劳动争议986件、处置欠薪案件47起、追讨工资350万元，在全市乡镇范围内率先实现“一村(社区)一法律顾问”制度全覆盖。

【“无锡城乡发展一体化示范镇”创建成功】 围绕“古镇保护型示范镇”目标，结合产业、城市、生态、文化“四位一体”建设，推动城乡一体化发展。推进城乡规划全覆盖，制订历史文化遗产保护利用规划，加强历史文化资源挖掘。发展以紫砂为核心的文化旅游产业、以现代农业产业园和莲花荡农庄为载体的现代农业、以工业陶瓷为代表的传统产业、以通航产业为代表的新兴产业。实施污水处理、人居环境、物业服务、技防设施“四个一体化”建设。推进城乡教育均衡化，优化医卫公共资源，实现行政服务一体化，加强养老服务。强化合作社建设，推动薄弱村脱贫攻坚，开展精准扶贫。推进城乡管理一体化、“一支队伍管执法”和一村(社区)一法律顾问建设。12月，以无锡市第一名的成绩通过城乡一体化创建考核，并获奖补资金900万元。

【“智慧丁蜀”建设】 实施“智慧丁蜀”建设，提升城市管理水平。推进智慧办公、便民服务、智慧城管、智慧环保、智慧信用、智慧公用“六大平台”建设。整合日常“办事、办文、办会”等功能，实现内部信息报送及时高效、有序可控、全程共享。通过初审、踏勘、二审、三审、发证、归档六个流程，实现平台行政审批事项快速办理及查询，采用双推送、双公示的方式使信息共享、透明。按照任务采集、指派、处理、核查流程，实行网格化管理，开展双随机抽查执法，实现“一支队伍管执法，一张表格管检查”。通过环保在线监控，实时监测环境质量指数，实现环境污染精准溯源和精准执法。在工业企业信用数据库建成基础上，逐步建立完善服务业企业数据库，为政府决策提供参考，将信用等级与奖励扶持、抽查频次等挂钩。通过数据管理、视屏管理、系统管理，对已建成和在建的污水泵站进行维护和管控，实现泵站常态化和长效化管理。

2017年丁蜀镇各行政村、社区基本情况

表80

名　称	区域面积（平方千米）	户籍数（户）	户籍人口（人）	可分配收入（万元）	书　记	主　任
定溪村	4.14	905	2875	286	沈　康	许伟中
双桥村	5.94	1409	4345	954	冯志松	冯志松(兼)
三洞桥村	3.57	1498	4034	536	周顺良	庄泽明
西望村	2.77	678	2210	397	范泽锋	范泽锋(兼)
紫砂村	15.11	990	3143	876	杜其松	刘国新
查林村	9.38	844	2713	1967	田洪生	周朋华
川埠村	19.25	1635	4833	627	王建祥	戴亚权
潜洛村	4.37	1070	3250	1672	许暗清	许暗清(兼)
洛涧村	9.25	1007	3098	899	余卫峰	蒋建春
任墅村	6.61	1298	3778	951	李春明	俞小军
大港村	12.55	1231	3765	531	吕立强	—
上坝村	21.85	1251	4085	405	魏洪明	陈运达
洑东村	12.99	1610	4964	780	苏立清	林仕秋
陶渊村	4.25	473	1483	265	蒋连达	崔益龙
塍里村	4.92	683	2085	578	姜根明	姜根明(兼)
建新村	3.94	524	1435	223	周福明	周福明(兼)
洋岸村	2.89	668	2145	492	强绍兵	江泽平
洋渚村	2.59	680	2170	503	杨听大	顾国芳
渭渎村	3.54	726	2225	275	孙志平	沈东君
汤庄村	3.40	708	2082	313	杨锡听	沈雪锋
浦南村	3.11	920	3010	322	王开芳	许良西
大浦村	1.36	558	1648	310	张方群	张方群(兼)
方钱村	3.71	849	2953	522	陈建新	吴建伟
双庙村	3.62	657	2098	388	周达君	蒋跃平
施荡村	2.86	837	2501	228	李洪明	蒋秀丽(女)

续表80

名　称	区域面积（平方千米）	户籍数（户）	户籍人口（人）	可分配收入（万元）	书　记	主　任
北塘村	3.14	670	2078	268	姚伯洪	—
张泽村	4.82	1335	4210	436	李益军	周　平
毛旗村	2.01	512	1580	263	陈菊平	吴准超
蜀山社区	1.28	986	2556	402	李国强	周暗坤
蜀北社区	1.90	1259	2778	3	许晓梅(女)	许晓梅(女,兼)
蠡墅社区	0.95	2022	5319	1	—	—
潘南社区	2.80	520	1248	590	王志强	王志强(兼)
南河社区	1.30	1675	4268	11	孙惠媛(女)	孙惠媛(女,兼)
丁山社区	1.18	2643	6610	7	单芳娣(女)	单芳娣(女,兼)
周墅社区	1.37	755	2205	687	周毅军	周毅军(兼)
湖渎社区	2.90	3397	9134	32	周　燕(女)	周　燕(女,兼)
赵庄社区	0.28	616	1983	1041	钱汉成	钱汉成(兼)
白宕社区	3.10	3408	8417	17	杨　琴(女)	杨　琴(女,兼)
龙溪社区	0.51	280	618	454	许海明	许海明(兼)
公园路社区	3.20	3366	8395	14	陈　瑾(女)	陈　瑾(女,兼)
汤渡社区	0.26	315	831	708	孙法林	孙法林(兼)
画溪社区	3.09	3122	7688	13	周丽琴(女)	周丽琴(女,兼)
大浦社区	0.79	36	129	1	庄良清	庄良清(兼)
张泽社区	0.65	165	265	2	李益军	—
川埠社区	1.50	905	1770	2	—	鲍　燕(女)

（张俊）

湖汊镇

【概述】 区域面积118平方千米，辖行政村7个、社区1个、茶场1个，总人口23351人。全年财政总收入1.7亿元，财政可支配收入9802万元。应税销售收入29.3亿元，比上年增长6.7%。其中：工业16.8亿元；流通2.3亿元，比上年增长27.7%。工业利税总额1.6亿元；工业利润总额0.83亿元，比上年增长18.4%。全社会固定资产投资11.6亿元，其中工业投资2.6亿元、服务业投资9亿元。全年粮食总产量3727吨，农业总产值4.8亿元，农民年人均可支配收入30696元。宜兴阳羡生态旅游区获评国家级旅游度假区。

【主体经济】 全镇工业总产值30.89亿元，有规模以上企业16个，规模以上企业工业产值12.15亿元。全镇有市重点项目10个，总投资超110亿元，其中已建、在建项目8个。立足特色优势，不断激发内生动力，推动一、二、三产业融合发展。关停江苏阳羡南方水泥有限公司，无锡市龙达水泥有限公司、市青象水泥有限公司、无锡市东来建材有限公司3个粉磨石企业优化整合，产业结构进一步优化。宜兴繁盛铜业有限公司、市锦辉铜材有限公司通过技术创新和开发新品，生产效能迅速提升，年应税销售收入增幅达80%。全年专利授权6件，无锡市南方耐材有限公司参与制定行业标准。“湖汶茶旅风情小镇”入围首批江苏省旅游风情小镇，举办2017深氧湖汶山地半程马拉松比赛、第二届国际深氧绿色登山节、张公洞道文化节、深氧露营音乐节、花田茶歌·2017湖汶新茶开采节等主题节庆活动，“旅游+”内涵不断丰富。深氧体育休闲旅游路线获评江苏省体育旅游精品线路。建立多渠道、广覆盖的营销网络，中央电视台和《新华日报》等主流媒体多次宣传湖汶的旅游产业发展。提升官方微信和微博的运营质量，发布湖汶茶旅风情小镇入选省旅游风情小镇消息，打响湖汶旅游的知名度。星级酒店、主题酒店、精品民宿等业态丰富，可为游客提供床位5000多张，全年旅游总收入18多亿元。

阳羡湖景色 （湖汶镇 提供）

【农业农村】 完成“三资”投资农业6000万元，新增高效设施农业720亩、无公害农产品粮油基地1000亩，建成大东蔬果花卉农业园。新增江苏省农业龙头企业2个、无锡市龙头企业1个。成功申报“湖汶杨梅”生态原产地产品保护认证商标，驮龙湾杨梅、阳羡茶业茶叶等4个农特产品通过“绿色产品”认证。完成全镇7个村农村土地确权登记工作。规范农村集体“三资”管理，完成7个村的财务审计和整改工作。镇农村产权公开交易服务平台投用，实现交易额约560万元。探索村级“三务”（党务、村务、财务）公开新模式，大东村“智慧社区”平台建设的做法作为全市典型被推广，市张阳花卉苗木种植专业合作社的“三带”（带领技艺传承、带强产业发展、带动群众致富）效应在全省乡土人才会议上被作为考察学习的示范，东兴村完成脱贫转化。

【镇村建设】 坚持规划引领，制订并完善《国家级太湖风景名胜区阳羡景区详细规划》，重新修编《宜兴湖汶镇总体规划》。推进无锡市城乡一体化示范镇建设，启动省道360线扩建工程。投资8000万元，实施镇村实事工程74件。以“263”专项行动*为抓手，关停轧石机7台、预拌混凝土2台，关停整治畜禽养殖场3个。实施“控源截污”工程，宜兴阳羡湖（油车水库）上游污水管网基本实现覆盖。以宜兴市创建全国文明城市为动力，高标准完成农贸市场环境改造工程，安装电子抓拍摄像头8个，新增停车位800余个，改善镇区环境秩序。张阳村被评为中国美丽休闲乡村、全国改善农村人居环境示范村，洑西村被评为无锡市美丽乡村休闲旅游示范村。

【社会事业】 落实援企稳岗、扶持创业各项措施，新增就业岗位210个，企业参保623人，转移农村劳动力260人。实施“阳光扶贫”行动，结对帮扶贫困户107户。深化湖汶实验学校“苏派课改联盟”合作，推进以小组合作制为重点的课堂教育改革，建成“3D打印”实验室，中考各项指标创近年最好水平。社区卫生服务中心被评为全国基层群众满意的乡镇卫生院，阳羡茶场社区卫生服务站创建成省级示范卫生室。老年服务中心尊老敬老的社会影响力进一步扩大，被评为无锡市敬老模范单位。举办元宵节、体育文化节等节庆活动，丰富群众文体活动。

【雅达健康生态产业园落户】 总投资80亿元、建筑面积50万平方米的雅达健康生态产业园项目落户。该项目由雅达国际控股有限公司投资，项目位于阳羡湖南侧，将茶田、竹海、山水等自然资源融入设计中，在对基地水系、高差、植被等基地现状条件深入分析后，将符合条件的建设用地进行划定，保护茶田山水等资源，形成集养生养老、文化艺术、休闲农业于一体，唯美、精致、隐逸、健康的全龄生活小镇。项目总体模式为短途休闲生活目的地、文化消费休闲平台、家庭全龄康养生活示范地为一体的颐养生活小镇，有阳羡湖景区游览区、小镇中心区、颐养社区、田园村庄、休闲度假设施五大功能片区。

【茶旅风情小镇品牌发布会举行】 6月，2017湖汶茶旅风情小镇品牌发布会在宜兴竹海国际会议中心举行。上海市、江苏省、无锡市旅游局领导，上海、无锡会展中心及会展旅游企业单位，市各有关部门负责人共100多人参加。发布会推出湖汶茶旅风情小镇的品牌形象和“深氧界”避暑季系列活动，从生态、产业、配套和未来四个方面向大家展示了小镇的发展蓝图。湖汶茶旅风情小镇总面积为10平方千米，位于阳羡湖周边，其中核心区面积为1平方千米。小镇设计在深氧界品牌基础上，以阳羡茶为主题，打造独具风情的国际茶旅小镇。

2017年湖㳇镇各行政村(场)、社区基本情况

表81

名　称	区域面积（平方千米）	户籍数（户）	户籍人口（人）	可分配收入（万元）	书　记	主任(场长)
竹海村	22.20	858	2460	302	周夕明	卢建军
洑西村	25.80	1505	4403	316	曹志华	徐爱国
邵东村	14.50	725	2111	203	谢　鸣	应汉云
东兴村	18.40	1473	4300	255	郭建辉	王朝平
大东村	6.80	976	2393	670	宋文君	周　欣
银湖村	8.70	1096	2757	363	周伯青	陈建中
张阳村	16.30	897	2625	325	李上彬	殷岳平
阳羡茶场	4.70	439	999	1023	叶志军	叶志军(兼)
湖㳇社区	0.60	623	1070	—	李正海	—

（许琪）

宜城街道

【概述】 区域面积40平方千米，辖社区33个、行政村2个，总人口161645人。全年应税销售收入610.7亿元，其中工业208.2亿元、流通221.5亿元。工业利税总额37.6亿元，比上年增长31.7%。全社会固定资产投资42.56亿元，其中服务业投资41.5亿元，到位注册外资1155.02万美元，财政总收入26.73亿元，财政可支配收入11.58亿元，农民年人均可支配收入29875元。推进服务业重点项目建设，阳光100凤凰街开业，九如城养老养生综合体部分运行，城东文化旅游综合体、凤凰怡然居等重大服务业项目高效推进，中昶瑞邻中心土地竞买成功，融创实验幼儿园封顶。有应税销售收入超1000万元的商贸企业212个，超5000万元的商贸企业45个。全年完成专利申请473件，专利授权252件，有国家高新技术企业6个、省工程技术研究中心2个、院士工作站1个、大学生实验基地2个、产学研合作基地3个。超额完成社保扩面任务，扩面人数10063人，完成无锡市下达任务的529%，净增缴费人数1685人，完成宜兴市下达任务的187%。为老服务达到新高度，乐龄时间银行高效运转，新增义工455人，新增服务时间4550小时，开展志愿服务650次，结对帮扶705人。各类善款发放到位，为57名重症患者和特困家庭发放助困助医善款16.1万元，为229名困难家庭学生发放助学金45.19万元，宝东、城北、大同三个慈善超市全年为低保对象发放生活用品折合人民币10万余元。

凤凰100商业街效果图　（宜城街道　提供）

【全国文明城市创建】 按照市委、市政府创建全国文明城市（以下简称“创城”）的总体部署，利用“道德讲堂”“党性讲堂”“家长学校”“市民学校”等平台，开展社会公德、职业道德、家庭美德、个人品德建设为重点的文明创建活动60多场。深化未成年人“八礼四仪”*教育，引导市民注重修身养德，养成文明出行、文明旅游、文明待人、文明用餐等良好行为习惯。开展志愿者活动，推动志愿服务制度化、常态化和普及化；以“争做陶都志愿者　争创全国文明城”为主题，

开展志愿服务活动100多项；文化志愿小分队开展文明巡演10余场，陶都爱心社、欢乐义工、绿叶义工、爱心一家等志愿者团队自发加入，为创建文明城市助力。以增进邻里关系、提升文化品位为主，在部分区域增设铁制大型公益广告，大同、沧浦等社区增设特色文化楼道、手绘文化墙、创城手绘扇等。印发创城调查问卷18万份，创城倡议书10万份，制作楼道综合宣传牌1.2万块，涉及迎检入户、车辆停放、楼道堆放的温馨提示标语5.7万份。利用街道网站、“宜人之城”微信平台和创城简报，及时传递创城最新动态。网站上传创城简讯1000余篇，微信平台制作创城主题报道100余篇，其中《创建全国文明城市温馨提示》一期阅读量1.5万多次，编印《创城简报》18期。整治唐公社区、文峰社区城南新村、巷头社区农夹区乱堆放现象；拆除曲坊社区农夹区内违章建筑，改造旱厕、绿化带垭口；取缔城北社区西木菜场、荆东社区东山菜场周边流动摊贩及沿街店外店，整改北虹社区太滆菜场的水产区下水道。完成老小区、拆迁安置小区公共设施应急维修1.02万余例，路灯、楼道灯维修1000多次，屋面天沟巡查、清理1600多幢，更换楼道玻璃1000多处，新配发补充消防器材2600多组。通过创城，城市环境、公共秩序明显改善，居民文明素质、群众满意度显著提升，为宜兴创建成全国文明城市作出了突出贡献。

【社区党建】 以社区党建为龙头带动社区建设，创新工作形式、探索工作思路。有序开展党建工作加强年、党建工作深化年等党建主题活动，为社区转型发展提供强大组织保障和精神支持。通过发挥资源整合作用，把各种社会力量凝聚在党的旗帜下，逐步形成社区党总支—小区党支部—楼组党小组—党员中心户四级组织网络。探索建立纵向到底、横向到边的党建服务网络，实现党的组织和服务有效覆盖。在社区特色服务品牌创建活动中，涌现出巷头社区“365S党建工作法”、民主社区“敲门大姐”、新华社区“党建睦邻点”、土城社区“相约星期五”、谈家干社区“小桔灯”、荆溪社区“荆溪浪花”等各具特色的党建工作品牌，提升社区党组织的服务能力。以“在职党员进社区”“党建联席会”“党员服务区”“党员示范岗”等为载体，通过签订帮扶协议、认领帮扶项目等方式把党建活动延伸到共驻单位，组织开展帮贫助困、民事调解、就业援助、医疗咨询等活动，充分发挥党员在社区建设中的先锋模范作用，做到“一个党员一面旗，党员身边没问题”。“一居多特、一社多品”党建新格局逐步显现，南京、苏州、江阴等市的街道和社区相继到街道参观学习，中国关心下一代工作委员会主任顾秀莲在宜兴期间，专程考察了谈家干社区的党建工作。

【城市建设】 投资3000多万元，实施老旧小区改造。东虹新村(东区)、共和新村、仓屋里3个老旧小区内的道路、绿化、供电线路入地、弱电光纤入户、污水纳管等改造工程竣工，并增设塑胶健身场、文化长廊、石凳、园路等设施。完成王府新村、阳羡新村、北虹新村、宜滨新村、家和花园等小区的地面修复及绿化补缺，路面修复2万多平方米，绿化补缺2000多平方米。城市建设推进有序。投资6000万元，完成荆溪路、土城路、通真观路、茶局巷等主要路段沿街立面外墙出新及景观布置。投资1.92亿元，在徐坝社区区域内建设拆迁安置房春雁花园，至年底，建筑主体均竣工，水电、绿化、周边道路等配套设施完成50%。

【物业管理】 加强物业管理考核督查，每年对物业管理集中检查考核不少于12次，对35个社区(村)所有住宅小区集中抽查考核8次，对84个市场化管理小区集中检查考核4次；绿化管护集中检查考核4次。针对市场化管理小区矛盾多、物业公司管理不到位、居民不满意和拒缴物业管理费等现象，街道因地制宜，分类施策，逐一解决，取得明显效果，解决物业矛盾小区10多个，处理来电来访200多起。规范物业管理行为，先后对社区(村)物管专管员、在城物管企业、业委会及加盟单位负责人专题培训3次，统一思想、统一标准。全年街道物业管理中心处置应急维修1.02万余次，开具施工单4460张，投入资金2000多万元，及时有效解决群众诉求。办理“12345”政府投诉热线的诉求和矛盾150起，处置率100%。完成市人大代表、政协委员对物业管理的提案8件，满意率100%。

【平安宜城建设】 深化大政法工作模式，完善政法综治中心运行机制。推广“江苏平安志愿者”APP软件，吸引热心平安建设及公益活动的群众实名注册并成为平安志愿者，搭建政府部门与群众及时交流沟通、互动解决社会问题的信息平台。推进社会矛盾化解，发挥政法综治工作中心的整体效能，建立健全各项机制和制度，形成大调解工作体系。开展矛盾纠纷排查活动、信访积案化解专项行动、“百日会战”专项整治工作。街道调处中心全年调解社会矛盾纠纷案件539起，成功率99.7%，履约率100%，无民转刑、民转非案件发生，实现矛盾零激化目标。以“每月一法”广场法制宣传为抓手，推动城区点、线、面的法制宣传活动。推进法律服务进社区，实现35个社区(村)法律顾问全覆盖，全年举办法治讲座40次，接待法律咨询1550人次，化解社会矛盾10起，审查并签订法律文书22件，配合参与群体性矛盾纠纷协调8起，组织大型法制宣传活动40场次，受众15万人次。

【安全生产】 调整充实街道安委会成员，健全各级安全生产工作领导小组，层层签订安全生产责任书，落实各项管理监督责任。培训辖区内危化品经营使用单位、工商贸企业和特种设备主要负责人、安全员等927人。举行“安全生产月”“消防宣传日”等主题广场咨询活动，发放安全宣传资料1.5万余份。推进企业安全生产标准化工作及企业诚信管理工作，与163个企业签订《宜兴市企业安全生产诚信承诺书》。督查辖区内重点企业、人员密集场所等，出动470多人次，对检查中发现的问题及时要求责任人整改，跟踪督查整改落实情况，及时消除安全隐患。其中,发现安全生产隐患264起,落实隐患整改264处,处置整改率100%。结合安全生产执法年、安全生产大检查、夏季拉网式安全生产隐患排查、夏季百日执法、粉尘涉爆企业安全专项整治等专项行动,做好有限空间、涉氨、涉粉、危化企业的治理。完善辖区内396幢高层建筑消防安全的“一楼一档”工作。检查和复查34个工业企业、58个危化品经营单位、5个有关部门转交的企业,处罚5个单位,处罚金额25.3万元。

2017年宜城街道各行政村、社区基本情况

表82

名　称	区域面积(平方千米)	户籍数(户)	户籍人口(人)	可分配收入(万元)	书　记	主　任
城北社区	1.10	1330	4090	52	徐祖清	高　雯(女)
谈家干社区	2.40	2509	7396	235	郑利骏	蒋建平
徐坝社区	2.76	1500	4855	177	周晓良	张　云(女)
宜北社区	1.50	3512	6766	300	—	谢勤明
宝东社区	1.26	2093	6281	134	蒋丽萍(女)	蒋丽萍(女,兼)
东虹社区	0.38	2893	6838	178	周　韦	周雪琴(女)
阳羡社区	0.56	3645	10184	126	吴凌云(女)	吴凌云(女,兼)
北虹社区	0.22	948	2680	150	沈　娴(女)	沈　娴(女,兼)
巷头社区	1.40	4222	12781	900	朱群锋	张祥元
曲坊社区	2.60	820	2170	60	张祖军	刘文燕(女)
阳泉社区	1.28	1402	3508	294	许建中	许建中(兼)
宝塔社区	1.20	1880	5656	171	许忠林	邵　艳(女)
和平社区	0.61	3600	9000	66	储　慧(女)	储　慧(女,兼)
茶东社区	1.16	3268	9680	190	王　芳(女)	王　芳(女,兼)
新华社区	0.52	2420	7308	212	韦　琴(女)	韦　琴(女,兼)
民主社区	0.35	2236	4862	71	陈丽君(女)	陈丽君(女,兼)
大同社区	0.50	1925	4616	185	张燕萍(女)	张燕萍(女,兼)
城南社区	0.32	1781	4206	126	陶锦荣	葛　佼(女)
土城社区	0.50	3875	6780	292	徐佳倩(女)	徐佳倩(女,兼)
荆溪社区	1.50	1626	2634	118	黄赛英(女)	黄赛英(女,兼)
下漳社区	2.25	2560	7546	128	徐小清	徐洪伟
长新社区	2.20	5642	12800	137	沈敏华	—
袁桥社区	1.80	7332	4520	163	邵小强	魏岳峰

续表82

名 称	区域面积（平方千米）	户籍数（户）	户籍人口（人）	可分配收入（万元）	书 记	主 任
唐公社区	1.50	3077	6703	206	邵益民	吴媛媛（女）
碓坊社区	0.40	2350	6180	250	陈法如	刘红娟（女）
岳堤社区	0.80	2759	9669	178	徐双喜	徐双喜（兼）
文峰社区	0.46	2677	9015	32	林 娟（女）	林 娟（女，兼）
荆东社区	0.60	3355	17000	133	蒋发娟（女）	蒋发娟（女，兼）
溪隐社区	3.73	4538	13614	215	高敬平	蒋明娟（女）
东山社区	1.60	2382	6279	166	高伟明	范群英（女）
城东社区	2.00	5985	12982	72	王伟东	王岳军
沧浦社区	4.89	4563	5604	851	焦林生	丁 慧（女）
山林村	2.00	420	1254	233	罗剑锋	—
南园村	5.70	856	3224	497	顾耀平	顾耀平（兼）
蠡河社区	1.00	1280	3217	25	顾荣才	王丽君（女）

（蒋霄）

屺亭街道

【概述】 区域面积70.25平方千米，辖行政村12个、社区5个，总人口47773人。农民年人均可支配收入27359元。启动东郊小学建设和悲鸿小学改造，完善屺亭集镇污水收集、农村污水收集试点等基础设施。推进文明城市创建，及时解决各类环境问题，街道和社区环境面貌焕然一新。新增社保扩面8261人，做好“阳光扶贫”工作，结对帮扶困难户276户，并制订长效帮扶计划。狠抓薄弱村脱贫攻坚，多措并举增加村级收入，屺亭、虞山、大塍3个村脱贫。所有行政村完成土地确权颁证登记工作，涉及4977户1.43万亩。坚持党建引领、保障发展，推动“两学一做”*学习教育常态化、制度化，组织全区100多名村（社区）干部，赴市委党校开展“两学一做”学习教育暨党风廉政建设专题培训，增强党员干部的政治意识、纪律意识和规矩意识。坚持从严监督执纪与弘扬清风正气两手抓，对重大事项、重点领域、重要环节开展专项督查，推动廉洁风尚进农村、进社区、进企业，国信协联创建成为省级廉政文化示范点。开展“连心富民、联企强区”大走访活动。通过主题宣讲、印发辅导资料等形式，贯彻落实中共十九大精神。

【党建工作】 推进“两学一做”学习教育常态化、制度化，突出“学做”重点，在“学”上深化，在“做”上拓展。深入学习党章党规、系列讲话，12名党员领导干部分别为12个社区（村）党组织上党课，社区(村)定员干部轮流给党员讲党课。利用互联网+党建平台，创建“两学一做”专题微信群，每月推送2组系列知识精编信息，每周分享最新学习体会，帮助党员提升党性修养，强化责任担当。社区（村）、企业党组织分别围绕“打造千亿级产业强区”展开主题讨论，深化学习教育效果。开展困难党员走访活动，“七一”前夕，街道领导分18个组，集中走访慰问社区（村、合作社）39名困难党员，发放慰问金3.9万元；年底，根据市委组织部统一安排，会同民政部门走访慰问社区（村）的90名困难党员和1名中华人民共和国成立前入党的老党员，发放慰问金11.3万元。立足岗位践行动，在党员中开展“‘四讲四有’党员示范岗”评选*活动，评选出“四讲四有”党员示范岗50个。社区（村、合作社）党组织开展“党员责任区”、“党员家庭”挂牌、争做“党员示范户”等活动，企业党组织开展“党员示范岗”“党员突击队”评选活动，机关青年党员举行“千亿开发区，青春永担当”演讲比赛。通过系列活动，营造“立足本职，岗位成才”的良好氛围。

【悲鸿艺术幼儿园开园】 市悲鸿艺术幼儿园是一所以儿童美术特色教育为发展之路，将艺术与教育融合的现代化幼儿园。坐落于五星小区内，2016年竣

宜兴市悲鸿艺术幼儿园 （屺亭街道 提供）

工，2017年9月投用，总投资1800多万元，占地面积4434平方米，建筑面积4559.2平方米，有12个教学活动室、7个教学班，有教职员工32人、幼儿266人。幼儿园环境优美、设施齐全、师资优良，以“美润童画、爱润童心”为办园宗旨，遵循自主游戏、自由创作、自然发展“三自”理念，以培养幼儿“健康、快乐、自信、艺术、明礼”为教育目标，以艺术教育特色和先进的教学理念为指导，树立新型的教育观、儿童观和课程观，突出美术教育特色，在生活中培养幼儿操作、探究、合作、自信的性格品质。

【悲鸿故里书画院成立】 悲鸿故里书画院前身为成立于2002年的悲鸿书画协会，2017年有会员45人。协会经常性举办书画笔会、比赛、展览和研讨等活动，为弘扬悲鸿精神作出了努力。为扩大书画交流，提升影响力，2017年10月，悲鸿艺术书画院成立，同时，由宜兴经济技术开发区管委会、屺亭街道办事处主办，屺亭街道文化站和悲鸿故里书画院承办的“悲鸿故里 翰逸神飞”优秀书画作品联展在悲鸿故居纪念馆举行，此次联展征集到徐悲鸿大师的弟子及无锡市横云书画院、江阴徐霞客故里书画院、无锡阳山书画院、上海徐悲鸿文化艺术发展中心、徐州徐悲鸿研究会、山东枣庄徐悲鸿研究会等单位内书画名家的作品160多件，进一步弘扬了悲鸿精神。

2017年屺亭街道各行政村、社区基本情况

表83

名 称	区域面积（平方千米）	户籍数（户）	户籍人口（人）	可分配收入（万元）	书 记	主 任
边庄村	7.57	1743	4768	386	丁志敏	丁志敏（兼）
文庄村	5.43	1239	3636	301	吴小南	邵其新
轸村村	3.31	808	2215	1102	雷正君	吴柏元
寺前村	3.37	591	1603	107	马金华	吴再勤
胜天村	3.29	584	1687	116	蒋 峰	曹亚彬
邵谈村	1.65	437	1084	101	邹建南	欧伟皎
屺亭村	6.51	1358	4004	292	黄建平	褚锡伟
前亭村	4.15	1065	3141	239	堵宣强	堵宣强（兼）
后亭村	6.45	1513	4615	333	蒋泽伟	殷申华
学圩村	3.05	738	2124	121	汤国民	蒋剑锋
大塍村	3.15	803	2427	209	徐秀平	张忠新
虞山村	3.89	704	2432	203	丁永乐	史锡平

续表83

名　称	区域面积（平方千米）	户籍数（户）	户籍人口（人）	可分配收入（万元）	书　记	主　任
三阳社区	1.51	348	1072	159	曹洪强	周其洪
广汇社区	0.87	644	1454	—	吕建强	王燕峰
奔马社区	0.31	783	1644	—	陈爱民	堵士明
东郊社区	2.59	1080	3478	—	汤国民	马其能
五星社区	0.63	137	325	—	黄建平	申卫中

（宋亮）

新街街道

【概述】 区域面积84.82平方千米，辖社区9个、行政村7个，总人口61373人。农民年人均可支配收入30971元。特色农业发展水平不断提高，茗苑茶林场的“氿南茗苑”牌荆溪云片茶叶获“宜兴阳羡茶”名特茶评比特等奖；新街茶场的“荆溪红茶”“荆溪云片”“碧螺春”茶叶获绿色食品认证。社区建设水平稳步提升，高标准建设堂前、紫霞社区活动中心和谢桥、铜峰社区日间照料中心。教育事业成效显著，投入900多万元新建2600平方米的新街中学体育馆；投入170多万元，完善市新街实验小学、市新街中学、潘汉年实验小学、市新街中心幼儿园的教学设施。新增市学科带头人1人、市教学能手1人，无锡市、宜兴市教学新秀4人。市新街中学中考成绩获全市第三，被评为无锡市平安校园示范校。

【文明城市创建】 全年总投入1亿余元，园区、街道面貌焕然一新。提升基础设施建设水平，开展沿街店铺经营秩序、菜场环境、犬类管理等专项整治行动，完成城市总体防洪和黑臭水体治理工程；改善居民小区生活环境，完成楼道出新约80万平方米，设置晾衣架2200多个，划设停车位8000多个；补种10多个小区绿化，集中修补50多个小区的破损压口石；重新装修9个小区的老旧门卫用房。改善道路周边绿化环境，整治15条主次干道及其周边绿化带环境，拉网式检查、拆除乱搭乱建设施；维修破损路面1.68万平方米；施划1条主要道路标线，增设停车泊位2000多个。造浓宣传氛围，做好宣传引导工作，投入500多万元，投放公益广告牌600多块，发放创建全国文明城市公开信和倡议书2.3万份，街道被评为市文明城市创建突出贡献单位。

【三农工作】 牢牢抓住农村经管工作，完成第三次全国农业普查，完成农村土地承包经营权确权登记颁证工作，建设农村产权交易服务中心，规范农村产权交易行为，制订完善村级考核意见和实施办法。推进畜禽养殖整治工作，制定实施《关于开展畜禽养殖专项整治工作的意见》，印发《“263”畜禽养殖专项整治行动书》，禁养区内所有畜禽养殖全部关停，并制订长效管理机制。不断加强农村生态环境建设，开展村庄绿化、苗圃、果园建设等造林绿化活动，完成各类绿化132亩。陆平村胥西自然村创建为江苏省村庄绿化示范村。

【社会保障服务体系不断完善】 加快推进社会救助体系，推进“强村富民”“阳光扶贫”工作，建立动态“贫困救助群体清单”，设立专项救助资金，“一对一”定向帮扶，确保慈善救助全覆盖，全年发放低保金、五保、“三无”（无生活来源、无劳动能力、无法定抚养义务人或法定抚养义务人丧失劳动能力而无力抚养的公民）、孤儿及残疾人两项补贴等334.6万元，发放尊老金140万元。公共服务水平不断优化，完成街道17个社区、村的地名普查工作；完成绿园社区助残、潼渚村老年协会龙灯、氿南社区家庭教育公益慈善服务等7个公益创投项目的验收工作。做好优抚安置工作，为270名优抚对象健康检查，全年累计发放优待金130万元；开展慈善助医、慈善助学、临时救助、走访慰问等活动，全年累计发放救助金120万余元。

【水利工程建设】 投资约3100万元，完成小区防洪、圩区除险加固和重点涧河整治三个重点水利工程，涉及大小项目19个。其中：小区防洪工程5个，新建驳岸285米，加固驳岸2553米，新建排涝闸联站3座、各类窨井68座；圩区除险加固工程10个，加固圩堤7.98千米，完成土方8.96万立方米；涧河整治工程4个，治理涧河总长910米，新建驳岸1800米。投入150万元，清淤治理寺溪河、西窑厂河、啤酒厂河、湾里河4条黑臭河道，总长约4千米，完成土方20.9万立方米。深化河长制工作，制订《新街街道全面深化河长制实施方案》，推进河道保洁长效管理和水政水资源管理。

2017年新街街道各行政村、社区基本情况

表84

名　称	区域面积（平方千米）	户籍数（户）	户籍人口（人）	可分配收入（万元）	书　记	主　任
南河社区	0.65	1780	4450	367	卫国建	万君华
铜峰社区	3.63	1350	4080	499	姚国强	陈建强
南岳社区	1.45	1820	4985	390	杨国平	朱国军
谢桥社区	3.12	686	1826	686	杨利民	汤良其
梅园社区	5.79	965	2819	280	黄建超	黄彩富
氿南社区	1.08	5431	9639	—	庞明华	庞明华（兼）
绿园社区	1.70	7066	19995	—	嵇亚萍（女）	嵇亚萍（女，兼）
堂前社区	9.11	2526	7559	378	钱建华	殷建忠
归径社区	12.19	1420	3923	289	周金福	朱志伟
百合村	3.82	690	2245	130	蔡思超	白希坤
新乐村	6.27	953	2953	251	裔　琪	王兵华
陆平村	8.48	1376	4110	335	袁伯军	潘敖齐
水北村	3.17	618	1837	128	蒋伟年	蒋伟年（兼）
潼渚村	3.37	779	2289	209	蒋　振	强才军
吴墟村	5.21	910	2586	236	谈洪泉	潘建能
铜山村	11.69	779	2286	209	韦志其	董文志

（陆鋆）

新庄街道

【概述】 区域面积42.83平方千米，辖行政村5个、社区3个，总人口34384人。全年财政总收入3.42亿元，财政可支配收入1.91亿元。应税销售收入99.19亿元，比上年增长54.3%。工业利润总额3.01亿元。全社会固定资产投资4.94亿元，其中工业投资2.31亿元、服务业投资2.63亿元。粮食总产量1.64万吨，农业总产值3.16亿元，农民年人均可支配收入24089元。年内，街道被评为江苏省党员冬训示范街道，茭渎村被评为江苏省创新创业村、江苏省水美乡村，核心村被评为江苏省健康村，王建平被评为江苏省农村基层党建工作突出贡献奖、陈产兵被评为“陶都好人”。

【主体经济】 全年工业应税销售收入52.07亿元，比上年增长37.5%；流通应税销售收入36.38亿元，比上年增长42.5%。有规模以上工业企业23个，规模以上工业产值31.54亿元，比上年增长12.2%。工业后劲投入2.31亿元，比上年增长9.3%；服务业后劲投入2.63亿元，比上年增长15%。全年在建重点项目2个，总投资1.1亿元、新增3万吨仓容的中储粮项目建成投用；总投资约2.5亿元、年加工小麦20万吨的江苏南顺面粉有限公司项目开工建设。耐火、环保、保温等行业龙头作用明显。全年引进“双高人才”13人，专利申请55件，其中发明专利7件，规模以上企业发明专利覆盖率超过40%。

【农业农村】 坚持走发展绿色高效现代化农业道路，积极拓展强村富民新途径。投资1100余万元，推进农田防渗沟渠、驳岸修复、防洪水闸、泵站改建等工程建设，农业产业基础进一步加强。扶持现代高效农业，银环农业园、耕乐园、唐卉生态园等专业基地不断加大投入，产出效益持续提升。完成土地确权颁

证工作，农村产权交易平台投入使用，加强村级集体“三资”管理。累计投入资金260余万元，实施二轮畜禽养殖综合整治，至年底，规模畜禽养殖整治到位。

【镇村建设】 坚持高起点规划、高标准建设，城乡面貌持续改善。建筑面积13万平方米，总投资4亿元的临泽安置房B、C地块建成交付，惠及居民600多户。基本完成红梅小区改造。新西路北延段、新源路南延段、南顺路全面贯通，运河东路工程进展顺利，城市公交首末站建成投运，完成清雅路、银杏广场绿化、街东河整治、社区卫生服务中心改造等工程。恒大集团、碧桂园地产集团有限公司、上海保集房地产投资有限公司等国内著名地产公司入驻新庄，掀起新一轮开发热潮。加快农路农桥改造进度，新建农桥1座，新建扩建农路3条。推进工业污水、农村生活污水纳管工程，纳管企业22个、自然村26个，结合农村生活污水纳管，完成住户改厕2930户。

【社会事业】 坚持以人为本、发展为民，把民生改善作为衡量工作实效的标准。推进社保提标扩面，完成社保扩面238人，完成率158%，净增长24%；转移农村劳动力198人。低保制度日益完善，民生保险广泛覆盖，发放失地农民保障金、保险金近110万元。在全市率先试点村民医疗互助，补助200多人次。启动“阳光扶贫”工作，镇村干部结对贫困户236户。市新庄中学获首届远东教学质量奖，被评为无锡市首批“创客教育”实验学校；市新庄小学创建成中国书法教育实验学校，被评为江苏省书法教育示范学校。街道文体中心建成投用。

【生态建设】 加强河道综合整治，大力推行“河长制”管理制度，提升域内107条河道的综合管理水平，对茭渎港、社渎港、洪巷港、官渎港4条入太湖河道及主要节点河道实施全天候日常保洁监管。投入4500万元，完成域内103条河道的生态清淤，清淤140万立方米。投入2245万元，实施生态护坡桩木19千米、绿化25万平方米。河道整治工作的做法与经验被《人民日报》、《新华日报》、人民网、江苏新闻等媒体相继报道。节能减排、大气治理、环境监管工作齐头并进，推行企业清洁能源使用，完成燃煤型锅炉淘汰及升级改造，淘汰拆除燃煤型锅炉23台，实施清洁能源改造6个。关停化工企业4个。投入350.8万元，置添、改造打捞监测设备，新增蓝藻应急打捞人员260人，日均打捞蓝藻2190多吨。

河道环境 （新庄街道 提供）

2017年新庄街道各行政村、社区基本情况

表85

名称	区域面积（平方千米）	户籍数（户）	户籍人口（人）	可分配收入（万元）	书记	主任
茭渎村	2.47	694	2173	164	王科强	徐 骏
核心村	4.73	1225	3980	339	黄 江	李 锋
洪巷村	5.16	1237	4163	211	黄振球	朱培源
曹家村	6.87	1657	5069	372	潘宇东	陈盘君
王婆村	3.67	1154	3566	263	杨光辉	庄亚联
新庄社区	10.29	3639	11238	362	王建平	陈建元
东氿社区	3.29	828	2584	98	蒋杏金	顾华君
新塍社区	2.02	476	1560	152	徐 亮	周兵源

（周碧云）

芳桥街道

【概述】 区域面积43.78平方千米,辖行政村8个、社区2个,总人口27853人。全年地区生产总值24.84亿元,比上年增长6.8%。财政总收入2.33亿元,财政可支配收入1.08亿元。应税销售收入63.95亿元,比上年增长13.67%。其中:工业50.96亿元,比上年下降1.81%;流通6.27亿元,比上年增长111%。工业利税总额3.32亿元、利润2.51亿元。粮食总产量2.47万吨,农业总产值3.54亿元。农民年人均可支配收入24722元。全社会固定资产投资8.99亿元,其中工业投资6.03亿元、服务业投资2.96亿元。有规模以上企业30个,年产值40.07亿元。举行产学研对接活动6次,签订产学研合作项目12个。吸引海外归国人才3人,引进"双高"人才12人,申报陶都英才(创新领军人才项目)1个,申报科技创新(工业类)重点研发计划项目1个、省高新技术产品2种。新建"千人计划"*工作站2个,完成科研成果转化项目1个。江苏启创环境科技股份有限公司在新三板上市。引进投资2亿元的续盈科技等工业项目4个,引进恒大文旅小镇服务业项目1个。专利申请总量102件,其中发明专利35件,发明授权12件。培源实验小学创建成江苏省知识产权教育试点学校、江苏省STEM教育项目试点学校,获宜兴市教育改革发展突出贡献奖及江苏省教育工作先进集体。全年调处矛盾纠纷63件,接待来访群众186人次,提供法律咨询260多次。破获刑事案件28起,查处治安案件62起,抓获违法人员114人。阳山荡AAA级景区全年吸引游客40多万人次,旅游收入300余万元。

【主体经济】 规模以上工业企业运行良好,支撑作用明显,其中无锡市天裕建材有限公司、市金纳利机械制造有限公司应税销售收入增幅分别达101%、51%;无锡市虎皇漆业有限公司、江苏凌飞科技股份有限公司、市洪流集团公司、华东瑞泰科技有限公司等应税销售收入超亿元企业均保持两位数增长。27个铸钢企业因机械制造市场回暖及上海等周边地区的铸钢企业整治关停等因素,经营状况明显好转,应税销售收入比上年增长44%。工业后劲持续发力,15个工业建设项目推进顺利,全年后劲投入完成工作量7亿元,其中超1亿元项目2个。关停企业的清偿拍卖盘活等工作有序推进,4个企业盘活闲置土地173.5亩、厂房3.26万平方米。招商引资成效明显,围绕高端装备制造业和环阳山荡开发开展招商,引进投资2亿元的江苏续盈环境科技有限公司水处理设备制造等工业项目4个,总投资3.5亿元,引进恒大文旅小镇服务业项目1个,一期投资超5亿元。

【三农工作】 稳妥推进农村生产生活、集体"三资"管理、社会治理等各项改革,积极拓宽强村富民新路径。"金兰农业"进入2.0版成熟模式,农场化种植优势更为明显;引进"越光"牌寿司专用早熟稻,抢占市场先机;"锦尊"牌大米通过绿色食品认证,稻谷附加值实现翻番。龙眼社区和阳山、屺山等村引入水稻新品种,探索符合村情的集约化种植之路。夏芳村和芳桥村通过收购盘活闲置厂房等方式实现贫困村"摘帽"。坚持"四权"(土地承包经营权、宅基地使用权、林地经营权、集体收益分配权)不变、核算主体不变、规范管理、精简高效的原则,如期完成省"村资镇管"试点工作。金兰村"智慧农村"系统上线,村民通过电视,足不出户便可实时便利地看党务、查村务、审财务,推动村级治理更加规范透明。加大金融资本对普通农户、农村新型合作经济组织、农业龙头企业发展的支持力度,市芳桥惠农担保有限公司全年为22户发放惠农贷款,授信550万元,累计发放近1000万元。全街道确权土地2.77万亩,涉及村民小组297个农户7616户,签字率98.6%。

【生态建设】 以生态文明建设为主线,以改善环境质量为核心,以"263"专项行动*为抓手,严守生态底线,服务转型发展,各项整治工作全面完成,城乡环境质量得到全面提升。快速稳妥关停20个小化工生产企业,超额完成市定年内关停10个的任务,实现"两年任务一年完成";关停11户畜禽养殖场,拆除面积2.5万余平方米,处置生猪1800多头、家禽17.17万羽、羊80多只;部署水产养殖整治,有效管控农业面源污染;秸秆禁烧和综合利用工作连续三年保持良好平稳态势。"河长制"要求落实到位,河道综合治理下功夫、抓实效,投入54万余元,对区域内135.55千米(111条)河道以及阳山荡、西村荡(3050亩)实施专业化、常态化、市场化管理。投入584万元,对烧香港等9条河道实施生态清淤20万立方米。过境水质持续好转,河道考核、"河长制"考核均列全市第一。强势清查"地条钢",通过签订承诺书、安装技防探头、日夜查连续查突击查等措施,确保杜绝辖区内无"地条钢"生产。

【社会事业】 积极开展职业技能培训,全年开设培训班43期,培训7875余人次,培养初、中级人才203名。新增就业岗位720个,转移农村劳动力661人。继续做好重点人群就业援助工作,认定困难人员91人,办理社保补贴165人次,发放补贴85.84万元。每月开展企业用工质量监测和失业动态监测,完成139名高校毕业生的未就业实名制调查和相关服务工作。做好社保扩面工作,完成扩面557人。退管工作有序开展,办理退休270余人,异地认证52人。发放各类救助款近30万元,救助近220人次。街道青商会牵头成立"忠孝基金",与尹俊、朔耘等"孝老基金"共同发挥作用,全年发放尊老金50余万元。培源中学获评江苏省绿色学校、无锡市"求真"青少年科学院;培源实验小学创建成江苏省知识产权教育试点学校、江苏省STEM教育项目试点学校,获宜兴市教育改革发展突出贡献奖,学生获全国物联网创新设计竞赛二等奖1人、江苏省青少年科技创新大赛奖5人、江苏省"少年科学院小院士"2人。

【第四届目连文化节】 为进一步挖掘芳桥深厚的文化底蕴，大力传承弘扬忠孝文化，将芳桥忠孝文化与山水景观深度融合，打造独具特色的人文旅游品牌，4月30日—5月1日，举办第四届目连文化节暨民俗非遗文化展。活动以打造“培源故里、山水芳桥”为核心，以目连戏、锡剧、小热昏、相声、竹编等“非遗”节目展演和“虎皇杯”中国宜兴滑水公开赛、“潮音悟禅”系列禅修活动、桑果采摘节、啤酒龙虾音乐节、2017宜兴市“十大忠孝之星”暨芳桥“十佳好人”颁奖晚会等活动为主要内容。加拿大、日本、马来西亚等国家和中国香港、澳门、台湾地区的29支代表队、300多名国际国内选手参加滑水公开赛，给游客带来一场精彩绝伦的视觉盛宴，成为目连节一道靓丽的风景线。其间，还举办了中国紧急救援水上救援培训基地授牌仪式。据不完全统计，两天共吸引游客18万人。

宜兴市“十大忠孝之星”暨芳桥“十佳好人”颁奖晚会外景 （芳桥街道 提供）

2017年芳桥街道各行政村、社区基本情况

表86

名 称	区域面积（平方千米）	户籍数（户）	户籍人口（人）	可分配收入（万元）	书 记	主 任
芳桥村	8.05	1750	5560	220	凌晋大	丁焕平
阳山村	3.33	710	2370	172	丁国强	丁国强（兼）
后村村	2.88	625	2035	203	蒋锡君	周荣法
夏芳村	6.72	1344	4035	219	王建平	冯有农
华阳村	3.45	728	2345	197	杨立新	王国强
金兰村	3.80	841	2720	707	蒋仲良	吴志强
扶风村	5.34	971	3343	202	许丽强	许丽强（兼）
屺山村	5.40	846	3005	165	黄福清	谢锡良
龙眼社区	1.20	710	1932	218	陆卫强	徐 明
神龙社区（区域面积属于夏芳村）		—	—	—	—	—

（姚佳晨）

编辑 吴建群

人　物
REN　WU

新任市领导

余俊慧

女，1974年8月生，江苏无锡人。1996年7月入党，党校在职研究生学历。历任江苏省洛社师范学校教师，团委副书记，团委书记、人事秘书，办公室副主任；无锡师范学校办公室副主任；无锡市委组织部副科级组织员，干部一处副处长，干部一处副处长（正科级），青年干部处处长，干部三处处长、青年干部处处长；2017年3月，任宜兴市委常委；2017年4月，任宜兴市委常委、组织部部长。

（市委组织部）

院　士

蒋华良

男，药物科学学家，研究员、博士生导师，籍贯宜兴市杨巷镇，1965年1月出生于江苏武进。中国科学院上海药物研究所所长，民盟中央常委，民盟上海市委副主委。曾任第十一、十二届全国政协委员，新药研究国家重点实验室主任。2017年12月当选为中国科学院院士。

主要从事药物科学基础研究和新药发现，系统发展了药物作用靶标发现和药物设计理论计算新方法，为新药研究提供工具，获国际同行和工业界广泛认可。设计高效探针分子，深入阐明和确证了一系列新靶标的作用机制和药理功能。针对肺动脉高压、精神分裂症和阿尔茨海默症等国内无自主知识产权新药的重大疾病，与他人合作开展新药开发研究，数个候选新药进入临床研究或获临床批件，并实现技术转化。在国际学术刊物上发表论文400多篇，合编专著24部，译著2本。获国家自然科学二等奖、何梁何利科技创新奖等奖项。

（卫平）

唐　立

男，核武器物理研究与设计专家，宜兴市和桥镇人，1965年12月生。2017年12月当选为中国工程院院士。

毕业于北京航空航天大学，获学士学位。任北京应用与计算数学研究所总工程师。主要从事武器设计研究、型号研制和国家重大实验任务等国防科技工作，做出了系列应用和集成创新性研究成果。获国家科技进步一等奖3项、省部级科技进步奖11项、“何梁何利基金科学与技术进步奖”，被授予“全国杰出专业技术人才”“全国优秀科技工作者”等称号，享受国务院政府特殊津贴。

（北京应用物理与计算数学研究所）

宜兴市学术技术带头人

宜兴市第七轮学术技术带头人共93人。

宜兴市第七轮学术技术带头人

表87

姓　名	性别	出生年月	工作单位
陈　同	男	1960-08	江苏艾特克阻燃材料有限公司
颜建法	男	1962-04	宜兴市林场
顾卫忠	男	1962-05	宜兴市茶果站

续表87

姓　名	性别	出生年月	工作单位
张小虎	男	1962-05	宜兴市农业技术推广中心
林宣雄	男	1962-09	江苏天长环保科技有限公司
许文辉	男	1963-03	宜兴市人民医院
徐　进	男	1963-07	江苏共昌轧辊股份有限公司
徐泽跃	男	1963-10	江苏省陶瓷研究所有限公司
吴　炯	男	1964-01	众森源生物技术(江苏)有限公司
杨　松	男	1964-03	宜兴市人民医院
吴奇敏	女	1964-08	江苏省宜兴紫砂工艺厂
刘　勃	男	1964-10	宜兴市水产畜牧站
杨林松	男	1964-10	宜兴市肿瘤医院
杨基先	男	1964-12	哈尔滨工业大学宜兴环保研究院
单海荣	男	1965-04	宜兴市人民医院
朱乐平	男	1965-05	宜兴市土肥站
吴永来	男	1965-08	江苏振球集团
孙长键	男	1965-11	江苏永康机械有限公司
陈俊义	男	1965-11	宜兴市农林局农业技术推广中心
张　云	男	1965-11	宜兴市人民医院
陆志新	男	1965-12	宜兴市蔬菜办公室
汤俊连	男	1965-12	宜兴市中医医院
曹孟军	男	1966-03	宜兴市林业指导站
蒋东良	男	1966-05	江苏宜安建设有限公司
唐玉婷	女	1966-08	宜兴市官林中学
储正相	男	1966-09	江苏燎原环保科技股份有限公司
张正德	男	1966-10	宜兴水务集团有限公司
王杏芬	女	1966-10	宜兴市茶果指导站
张顺生	男	1966-12	宜兴市张渚中等专业学校
谢　强	男	1966-12	宜兴市陶瓷艺术研究中心
练　强	男	1967-03	宜兴市交通工程建设管理处
倪建林	男	1967-03	宜兴市农业机械技术推广站
王　强	男	1967-05	宜兴市人民医院
陈忠林	男	1967-06	哈尔滨工业大学宜兴环保研究院
谢东颖	男	1967-10	江苏雅克科技股份有限公司

续表87

姓　名	性别	出生年月	工作单位
刘国祥	男	1967-12	江苏省宜兴中学
蒋国军	男	1968-01	宜兴市人民医院
朱红娣	女	1968-03	宜兴市人民医院
丁建惠	女	1968-09	宜兴市文广新局
朱海涛	男	1968-10	宝银特种钢管有限公司
杨亚明	男	1968-12	宜兴市疾控中心
韩志良	男	1969-05	宜兴市锡剧团
吴小忠	男	1969-06	宜兴市第二人民医院
曹和平	男	1969-06	宜兴外国语学校
张建新	男	1969-11	宜兴市交通建设集团有限公司
葛志军	男	1970-01	宜兴市人民医院
范伟群	男	1970-01	宜兴范家壶庄陶瓷艺术品有限公司
邹湘坪	男	1970-04	合复新材料科技(无锡)有限公司
马　军	男	1970-06	宜兴市中医医院
丁荷芳	女	1970-07	徐舍镇农服中心
蒋丽琴	女	1970-10	宜兴市教师发展中心
史小明	男	1970-11	宜兴长乐弘陶艺有限公司
蒋琰滨	男	1970-12	宜兴市琰滨紫砂艺术品有限公司
马　壮	男	1971-06	无锡江南电缆有限公司
石静娟	女	1971-11	宜兴市中医医院
郑亚静	男	1972-03	宜兴市公共建筑建设管理中心
邹利军	男	1972-06	宜兴市植保站
王国军	男	1972-06	江苏省宜兴丁蜀中等专业学校
蒋成荣	男	1972-11	宜兴市范道实验小学
周水萍	女	1972-12	宜兴市实验中学
刘海良	男	1974-01	江苏森茂竹木业有限公司
周国红	男	1974-08	宏力照明集团有限公司
褚明月	女	1974-12	宜兴市实验小学
陈　勇	男	1975-01	宜兴市电力勘察设计院
卢　钢	男	1975-08	江苏省宜兴第一中学
徐　静	女	1975-09	远东电缆有限公司

续表87

姓　名	性别	出生年月	工作单位
姚亚平	男	1975-11	宜兴市和桥镇第二中学
勇志锋	男	1976-04	宜兴市市政建设管理处
范泽锋	男	1976-06	宜兴爱宜艺术陶瓷有限公司
王金香	女	1976-07	江苏华亚化纤有限公司
汤建卫	男	1976-10	宜兴市动物卫生监督所
周凌辉	男	1976-11	宜兴市水利农机局
马振杰	男	1977-04	江苏龙腾工程设计股份有限公司
徐　艇	男	1977-10	江苏瑞明生物科技有限公司
葛昊翔	男	1977-12	葛记陶庄
吴刚强	男	1978-08	江苏宏泰高分子材料有限公司
周晨光	男	1978-09	江苏亨鑫科技有限公司
史卫利	男	1978-10	无锡帝科电子材料科技有限公司
梁照文	男	1979-09	宜兴出入境检验检疫局
蒋科伟	男	1979-11	宜兴市环境监测站
谈　珂	男	1980-10	宜兴碧玉文化发展有限公司
吴霞芳	女	1980-10	宜兴市实验小学
邹益东	男	1981-03	宜兴市天石饲料有限公司
方辥斐	男	1982-01	宜兴市方卫明均陶艺术研究所
孔　赟	男	1983-04	宜兴市产品质量和食品安全检验检测中心
沈一舟	男	1983-05	江苏东晨电子科技有限公司
钱梦亮	男	1983-10	无锡矽能微电子有限公司
朱　俊	男	1984-09	宜兴市苏锡常大酒店(盛世桃园)
陈亿军	男	1984-10	江苏中宜生态土研究院有限公司
李宝生	男	1986-01	宜兴南工烯环新材料科技有限公司
金　赛	男	1986-11	江苏国信协联能源有限公司
邵焜琨	男	1987-04	江苏菲力环保工程有限公司
鲍颖峰	男	1987-07	宜兴市规划编制中心

（嵇碧波）

市内新增正高级职称人物

2017年,全市新增正高级职称46人,其中研究员级高级工程师1人、研究员级高级政工师1人、研究员级高级工艺美术师11人、正高级教师1人、主任医师29人、主任护师2人、社区主任护师1人。

2017年宜兴市新增正高级职称人物

表88

姓 名	性别	出生年月	工作单位	职称
柏庆梅	女	1972-12	中辰电缆股份有限公司	研究员级高级工程师
杨 莹	女	1969-09	宜兴市红十字会血站	研究员级高级政工师
朱 斌	男	1959-06	丁蜀镇陶情斋紫砂艺术馆	研究员级高级工艺美术师
吴奇敏	女	1964-08	江苏省宜兴紫砂工艺厂	研究员级高级工艺美术师
周志和	男	1965-08	江苏省宜兴紫砂工艺厂	研究员级高级工艺美术师
鲁 浩	男	1965-09	宜兴市集玉紫砂陶研究所	研究员级高级工艺美术师
吴贞裕	男	1965-10	中国宜兴陶瓷博物馆	研究员级高级工艺美术师
何文君	女	1966-10	江苏省宜兴紫砂工艺厂	研究员级高级工艺美术师
陆 君	男	1967-06	江苏省宜兴紫砂工艺厂	研究员级高级工艺美术师
毛文杰	女	1968-02	江苏省宜兴紫砂工艺厂	研究员级高级工艺美术师
潘小忠	男	1968-07	潘小忠紫砂工作室	研究员级高级工艺美术师
徐 立	男	1968-10	宜兴长乐弘陶艺有限公司	研究员级高级工艺美术师
蒋琰滨	男	1970-12	宜兴市蒋琰滨紫砂陶刻艺术馆	研究员级高级工艺美术师
张海强	男	1972-01	江苏省宜兴中学	正高级教师
杨 扬	男	1963-03	宜兴市人民医院	主任医师
郑尧华	女	1966-01	宜兴市人民医院	主任护师
蒋建中	男	1968-06	宜兴市人民医院	主任医师
杨建忠	男	1968-06	宜兴市人民医院	主任医师
张 翔	男	1968-09	宜兴市人民医院	主任医师
冯顺华	男	1968-10	宜兴市人民医院	主任医师

续表88

姓　名	性别	出生年月	工作单位	职称
黄志明	男	1968-10	宜兴市中医院	主任医师
蒋　伟	男	1969-02	宜兴市人民医院	主任医师
谢和民	男	1969-03	宜兴市肿瘤医院	主任医师
许　沄	女	1970-05	宜兴市人民医院	主任医师
屠继军	男	1970-11	宜兴市人民医院	主任医师
都　斌	男	1970-12	宜兴市人民医院	主任医师
汤武装	男	1971-01	宜兴市人民医院	主任医师
强济华	男	1972-01	宜兴市第二人民医院	主任医师
彭　俊	男	1972-02	宜兴市人民医院	主任医师
宋雪祥	男	1972-03	宜兴市人民医院	主任医师
储　虹	女	1972-07	宜兴市人民医院	主任医师
蒋　超	男	1972-11	宜兴市人民医院	主任医师
周飞琴	女	1973-10	宜兴市人民医院	主任护师
李小东	男	1973-11	宜兴市人民医院	主任医师
袁戴海	男	1974-03	宜兴市人民医院	主任医师
蒋震伟	男	1974-04	宜兴市人民医院	主任医师
吴寅涛	男	1974-06	宜兴市人民医院	主任医师
雷　勇	男	1974-07	宜兴市人民医院	主任医师
李旭东	男	1974-08	宜兴市人民医院	主任医师
许春妮	女	1974-10	宜兴市人民医院	主任医师
吴寅良	男	1974-11	宜兴市人民医院	主任医师
赵永军	男	1975-01	宜兴市第二人民医院	主任医师
金　俊	男	1975-04	宜兴市人民医院	主任医师
王克满	男	1975-05	宜兴市十里牌医院	主任医师
左　欣	女	1975-11	宜兴市人民医院	主任医师
张丽亚	女	1969-04	宜城街道社区卫生服务中心	社区主任护师

（许玮玲）

先进人物

储小悦

男，1971年11月生，新庄街道人，中共党员，大学文化，宜兴市公安局副局长。2017年5月被公安部评为全国优秀人民警察。

1991年参加公安工作，干过片警、巡警、刑警，担任过中队长、教导员、大队长、所长和分管刑侦、禁毒、监所管理、网络安全的副局长。从社区民警到市公安局领导，无论岗位、角色如何转换，始终满腔热忱、忠诚履职、勇于担当，经历过枪战，身负枪伤，仍义无反顾、勇往直前，和大家一起奋战在惩治犯罪、保护人民、维护治安的第一线。始终将自己置身“兵头将尾”，既当指挥员又做战斗员，将侦破命案作为最大的民生警务和衡量工作好坏的重要指标，组织带领宜兴公安警队攻坚克难，打赢了一场又一场硬仗。2006年起，宜兴市连续11年100多起现行命案全破，11起命案积案突破，刑事案件破案率连年位居无锡前列、发案数较10年前下降三成多。先后荣获一等功一次、二等功一次、三等功三次。

逝世人物

谭泉海

(1939-07—2017-02)

男，和桥镇人。中国工艺美术大师、中国陶瓷艺术大师、研究员级高级工艺美术、中国民间文化杰出传承人。1958年进宜兴紫砂工艺厂，师从老艺人任淦庭，擅长书画与陶刻装饰。作品题材广泛，集中国传统文学、书画、金石于一体，具有浓厚的文化特色。1983年，作品鼻烟瓶获轻工业部陶瓷评比一等奖；1984年，百寿瓶获德国莱比锡国际博览会金奖；1988年，方钟壶由中南海紫光阁收藏陈设；1994年，紫砂历史文化条屏获第五届中国陶瓷展评比一等奖。1996年被轻工业部授予“中国工艺美术大师”称号。历任第十一届、第十二届、第十三届市人大常委会副主任，第七、八、九届全国人大代表。2017年2月13日因病逝世。

（王明康）

编辑　吴建群

荣　誉
RONG　YU

先进集体名录

【省(部)级以上先进集体】

2017年宜兴市获评的省(部)级以上先进集体

表89

被授予单位	授予称号(荣誉)	授予单位
宜兴市	2016年度全国财政管理先进市县	财政局
宜兴市	国家级妇幼健康优质服务示范市	国家卫计委
市信访局	全国信访系统先进集体	人社部、国家信访局
江苏中超投资集团有限公司	江苏慈善奖(最具爱心慈善捐赠企业)	省政府
宜兴地税局	江苏省公共机构技能示范单位	省政府
宜兴地税局第一分局办税股	全国巾帼文明岗	全国妇联
湖㳇镇张阳村	中国美丽休闲乡村	农业部
湖㳇镇张阳村	全国美丽乡村示范村	住建部
湖㳇镇社区卫生服务中心	2016—2017年度群众满意的乡镇卫生院	国家卫计委
湖㳇镇绿缘山庄	全国农村创业创新园区(基地)	农业部
市人民检察院	全国检察机关文明接待示范窗口	最高人民检察院
市工商联	2017年全国“五好”县级工商联	中华全国工商联
市看守所	全国标兵看守所	公安部
市法律援助中心	第五届全国法律援助工作先进集体	司法部
宜兴烟草公司突破自我QC小组	全国优秀质量管理小组	全国总工会、中国质量协会等
宜兴烟草公司客户服务科	全国质量信得过班组	全国总工会、中国科协等
市城管局	全国职工书屋建设示范单位	全国总工会
宜城街道财政所	全国财政系统法治财政建设示范点建设单位	财政部
周铁镇	2013—2016年度全国群众体育先进单位	国家体育总局

【省(部)条线先进集体】

2017年宜兴市获评的省(部)条线先进集体

表90

被授予单位	被授予称号(荣誉)	授予单位
宜兴市	2016年度农村电子商务十强县(镇、村)	省商务厅
宜兴市	2016年度平安县(市、区)	省综治委
宜兴市	江苏省无“小耳朵”社区创建工作先进县(市、区)	省新闻出版广电局
宜兴市	农家书屋提升工程示范县(市、区)	省新闻出版广电局
宜兴市	全国老年气排球之乡	中国老年人体育协会
宜兴市	江苏省县级体育工作先进单位	省体育局
宜兴市	国家级慢性病综合防控示范区	国家卫计委疾病预防控制局
宜兴市	2017年度江苏省国土资源节约集约利用模范县(市、区)	省国土厅
宜兴市	“不动产交易登记”评价先进地区〔县(市、区)〕	省政府办公厅
市关工委	全省校外教育辅导站工作先进集体	省文明办、省关工委
宜城街道土城社区校外教育辅导站	全省校外教育工作优秀辅导站	省文明办、省关工委
徐舍镇民主社区校外教育辅导站	全省校外教育工作优秀辅导站	省文明办、省关工委
高塍镇高塍社区校外教育辅导站	全省校外教育工作优秀辅导站	省文明办、省关工委
丁蜀镇湖㳇社区校外教育辅导站	全省校外教育工作优秀辅导站	省文明办、省关工委
丁蜀镇画溪社区	江苏省和谐社区建设示范社区	省民政厅
丁蜀镇公园路社区	江苏省健康村(社区)	省卫计委
丁蜀镇大港村	江苏省健康村(社区)	省卫计委
丁蜀镇建新村卫生服务站	江苏省示范村卫生室	省卫计委
丁蜀恒隆紫砂电子商务园区	江苏省电子商务示范园区	省商务厅
中国陶都陶瓷城	江苏省乡镇电子商务特色产业街区	省商务厅
丁蜀镇紫砂村	江苏省农村电子商务示范村	省商务厅
丁蜀镇双庙村	江苏省水美乡村	省水利厅
丁蜀镇组织人事和社保局	江苏省劳动人事争议优秀基层调解组织	省人社厅、省总工会等
江苏辰希缘都市农业科技有限公司	江苏省巾帼示范基地	省妇联
和桥镇钟溪村	江苏省和谐社区建设示范社区	省民政厅
和桥镇钟溪村	江苏省健康村	省爱卫委
和桥镇北新村	江苏省健康村	省爱卫委
和桥镇西㘵村	江苏省健康村	省爱卫委
和桥镇大生村	江苏省健康村	省爱卫委

续表90

被授予单位	被授予称号(荣誉)	授予单位
和桥镇同里村	江苏省健康村	省爱卫委
和桥镇北庄村	江苏省健康村	省爱卫委
和桥镇王母桥村	江苏省健康村	省爱卫委
和桥镇福巷桥村	江苏省健康村	省爱卫委
和桥镇永兴村	江苏省健康村	省爱卫委
和桥镇闸口村	江苏省健康村	省爱卫委
和桥镇	江苏省发展散装水泥示范(乡)镇	省经信委
和桥镇	农业普查先进集体	省第三次全国农业普查领导小组
宜兴地税局	江苏省廉政公益广告银奖	省纪检委
宜兴地税局	省局国际税收案例二等奖	省地税局
市民政局	2017年度安康关爱行动先进单位	省老龄委
市福利彩票管理中心	福彩销售十强县	省福彩中心
新街街道九馨养护服务中心	江苏省示范性养老服务机构	省民政厅
湖㳇镇	旅游风情小镇	省旅游局
湖㳇镇	江苏省生态文明建设示范乡镇	省环保厅
湖㳇镇洑西村	江苏省生态文明建设示范村	省环保厅
湖㳇镇洑西村	江苏省三化示范村	省农委
湖㳇镇大东村	江苏省健康村	省爱卫委
湖㳇镇张阳村	江苏省健康村	省爱卫委
湖㳇镇张阳花卉苗木专业合作社	江苏省百强合作社	省农委
市商务局	2016年度全省贸促工作先进单位	省贸促会
市经信委	安全生产先进监管部门	省国防科技工办
市信访局	全省信访系统先进集体	省人社厅、省信访局
市国安办	江苏省先进国安办	省国家安全领导小组
市人民法院民四庭	巾帼文明岗	省妇联
市人民法院执行局	集体二等功	省人民法院
市人民检察院	2016年度全国检察宣传先进单位	最高人民检察院检察日报社
市人民检察院	全省检察机关预防职务犯罪优秀检察建议	省人民检察院
市人民检察院技术科	集体二等功	省人民检察院
开发区管委会	2017年度全省开发区统计工作先进单位	省商务厅

续表90

被授予单位	被授予称号(荣誉)	授予单位
市妇联	《中国妇女》宣传工作先进单位	省妇联
市妇联	江苏省巾帼建功先进集体	省城镇妇女“巾帼建功”领导小组等
宜兴客运总站总服务台	江苏省巾帼文明岗	省城镇妇女“巾帼建功”领导小组等
市博物馆宣教处	江苏省巾帼文明岗	省城镇妇女“巾帼建功”领导小组等
市人民医院呼吸内科	江苏省巾帼文明岗	省城镇妇女“巾帼建功”领导小组等
无锡市竹海公园导游组	江苏省巾帼文明岗	省城镇妇女“巾帼建功”领导小组等
丁蜀镇西望村紫砂陶专业合作社	江苏省巾帼文明岗	省城镇妇女“巾帼建功”领导小组等
丁蜀镇紫圣陶轩陶瓷经营部	江苏省巾帼文明岗	省城镇妇女“巾帼建功”领导小组等
申万宏源证券宜兴人民中路营业部	江苏省巾帼文明岗	省城镇妇女“巾帼建功”领导小组等
市人民法院民事审判第四庭	江苏省巾帼文明岗	省城镇妇女“巾帼建功”领导小组等
江苏辰希缘都市农业科技有限公司	省巾帼现代农业科技示范基地	省妇女“双学双比”竞赛领导小组
苏合农产品销售(宜兴市)专业合作联社	省级巾帼示范专业合作组织	省妇女“双学双比”竞赛领导小组
市丰汇水芹专业合作社	省级巾帼示范专业合作组织	省妇女“双学双比”竞赛领导小组
宜兴花果山开心农场	省级巾帼农家乐示范基地	省妇女“双学双比”竞赛领导小组
江苏乾元谷农业生态科技有限公司	省级巾帼农家乐示范基地	省妇女“双学双比”竞赛领导小组
丁蜀镇西望村巾帼电商服务站	省级巾帼电商服务示范基地	省妇女“双学双比”竞赛领导小组
市“蒲公英”创客空间有限公司	省级巾帼创业创新孵化基地	省妇女“双学双比”竞赛领导小组
市残联	保障金征收先进集体	省残联
江苏省宜兴强制隔离戒毒所	2017年度“六五”强制隔离戒毒所	司法部街道戒毒管理局
江苏省宜兴强制隔离戒毒所	全省戒毒系统“恒实杯”警察文化节优秀组织奖	省戒毒管理局
丁山监狱党委	先进基层党组织	省司法厅
丁山监狱服装分公司党总支	先进基层党组织	省司法厅
丁山监狱三监区	一支部一品牌创建先进党支部	省司法厅
丁山监狱光纤分公司党总支	人民满意先锋岗集体岗	省司法厅
丁山监狱	2016年互帮共建工作先进单位	省司法厅
丁山监狱	全省监狱系统办案工作先进单位	省监狱管理局
丁山监狱	全省监狱“4+N”监区文化系列活动评比二等奖	省监狱管理局
丁山监狱箱包分公司	劳务加工业提档升级集体三等功	省监狱管理局
丁山监狱光纤分公司	劳务加工业提档升级集体三等功	省监狱管理局
丁山监狱政治处	2016年度江苏监狱工作创新奖二等奖	省监狱管理局

续表90

被授予单位	被授予称号(荣誉)	授予单位
丁山监狱服装分公司党总支	2016年度江苏监狱工作创新奖二等奖	省监狱管理局
丁山监狱	2016年度全省监狱系统信息工作先进单位	省监狱管理局
丁山监狱	2016年度全省监狱系统新闻宣传工作先进单位	省监狱管理局
丁山监狱服装分公司团支部	江苏省监狱系统“五四红旗团支部”	省监狱管理局
丁山监狱十五监区	江苏省监狱系统“青年文明号”	省监狱管理局
丁山监狱一监区	大平台建设应用“金点子”一等奖	省监狱管理局
江苏省亚盟劳务加工有限公司	劳务加工业提档升级先进单位	省监狱管理局
丁山监狱服装分公司	劳务加工业提档升级先进集体	省监狱管理局
丁山监狱变压器分公司	劳务加工业提档升级先进集体	省监狱管理局
丁山监狱十五监区	劳务加工业提档升级先进集体	省监狱管理局
丁山监狱十八监区	劳务加工业提档升级先进集体	省监狱管理局
丁山监狱指挥中心党支部	先进党支部	省监狱管理局
丁山监狱二十五监区党支部	先进党支部	省监狱管理局
市公安局	全省公安机关命案侦破工作有功集体	省公安厅
市公安局办公室	全省公安档案工作成绩突出单位	省公安厅
市公安局开发区派出所	全省优秀公安基层单位	省公安厅、省人社厅
市公安局环科园派出所	省级青少年维权岗	省公安厅
市公安局丁山派出所出入境接待室	全省公安出入境服务示范窗口	省公安厅
市公安局政治处	二等功	省公安厅
市公安局开发区派出所	二等功	省公安厅
市公安局官林派出所	二等功	省公安厅
市公安局张渚派出所	二等功	省公安厅
侦破“南亚电缆”贷款诈骗案专案组	三等功	省公安厅
“1993.3.7”杀人案专案组	三等功	省公安厅
“1.22”杀人案专案组	三等功	省公安厅
市司法局	全省“四个全覆盖”体系先进单位	省司法厅
市司法局	全省安置帮教工作先进集体	省司法厅
市国土局	“十二五”国土资源科技工作先进集体	省国土厅
市国土局	徐舍镇土地整理项目获江苏省土地、矿山地质环境整治项目科技创新奖二等奖	省国土厅
市国土局	2014—2016年度江苏省文明单位	省文明委

续表90

被授予单位	被授予称号(荣誉)	授予单位
开发区	“不动产交易登记”评价先进地区	省政府办公厅
陶瓷产业园区	“不动产交易登记”评价先进地区	省政府办公厅
市人武部	基层武装工作先进单位	省军区
宜兴烟草公司	江苏省质量信得过班组	省总工会、省科协等
宜兴烟草公司突破自我QC小组	江苏省优秀质量管理小组	省总工会、省科协等
宜兴烟草公司突破自我QC小组	第二届省质协杯QC小组成果交流发布会特等奖	省总工会、省科协等
宜兴烟草公司专卖管理科	江苏省质量信得过班组	省总工会、省科协等
宜兴烟草公司客户服务科	江苏省质量信得过班组	省总工会、省科协等
市环保局	全省环境信访工作县级市第一名	省环保厅
市环保局	《江苏环境》宣传工作先进单位	省环保宣教中心
市城管局工会	江苏省模范职工之家	省总工会
宜兴公积金中心	江苏省住房和城乡建设系统女职工工作先进单位	省建设工会
市旅游集散中心	2015—2016年度旅游行业江苏省青年文明	省旅游局、团省委
市阳羡生态旅游建设发展有限公司	2017年度江苏“旅游百佳”单位	省旅游局
无锡市竹海公园服务有限公司	2017年度江苏“旅游百佳”单位	省旅游局
市篱笆园酒店	2017年度江苏“旅游百佳”单位	省旅游局
市人防办	民防工作先进集体	省民防局
市邮政分公司工会	江苏省邮政系统模范职工之家	省邮政分公司
市邮政分公司湖㳇支局	江苏省模范职工小家	省邮政分公司
市邮政分公司湖㳇支局	江苏省工人先锋号	省邮政分公司
市邮政分公司城北支局邮储营业岗	全省邮政企业“党员示范岗”	省邮政分公司
市科技局	2017年度全省科技管理工作先进集体	省科技厅
市知识产权局	省知识产权行政执法工作成绩突出单位	省知识产权局
无锡工艺学院	江苏省平安校园建设示范高校	省教育厅、省公安厅等
无锡工艺学院	江苏省五一劳动奖状	省总工会
市档案局	江苏省档案文化精品二等奖	省档案局
市盐务局	优秀基层党组织	省盐业集团
周铁镇	中国风筝之乡	国家体育总局社会体育指导中心
龙池山自行车公园	江苏省十佳体育公园	省体育局
龙池山自行车公园	江苏省体育旅游示范基地	省旅游局、省体育局

续表 90

被授予单位	被授予称号(荣誉)	授予单位
炫宇风暴水上运动培训中心	江苏省特色运动项目基地	省体育局
市体育局	2016年全国千村健身气功交流展示系列大赛二等奖	国家体育总局健身气功管理中心
宜兴日报社	江苏报业年度融合发展先进单位	省报业协会
宜兴日报社	江苏省县市报先进单位	省县市报研究会
市卫计委	江苏省爱国卫生先进单位	省爱卫委
市卫生监督所	2017年度基层卫生监督工作先进单位	省卫监所
市人民医院妇科	江苏省妇幼健康重点学科建设单位	省卫计委妇幼处
宜兴电信分公司	2015—2016年度江苏省价格诚信单位	省物价局
宜兴电信分公司	江苏省文明单位	省文明委

【无锡市级先进集体】

2017年宜兴市被无锡市委、市政府、军分区表彰的先进集体

表 91

被授予单位	被授予称号(荣誉)	授予单位
市公安局	集体三等功	无锡市委、市政府
市公安局巡特警大队	无锡市社会综合治理工作先进集体	无锡市政府
丁蜀镇	无锡市腾飞奖	无锡市政府
市城管局	无锡市创建全国文明城市有功单位	无锡市政府

先进个人名录

【省(部)级以上先进个人】

2017年宜兴市获评的省(部)级以上先进个人

表 92

姓　名	工作单位	被授予称号(荣誉)	授予单位
侯志文	宜兴地税局	中国好税官	国家税务总局
郭梦雅	宜兴地税局	通报表扬	国家税务总局
汤　雯	宜兴地税局	通报表扬	国家税务总局
薛建英	无锡市明珠电缆有限公司	全国巾帼建功标兵	全国妇联
储小悦	市公安局	全国优秀人民警察	公安部
李　江	市体育局	2013—2016年度全国群众体育先进个人	国家体育总局
潘彬彬	宜兴移动分公司	优秀班组长	中国移动通信集团公司

【(省(部)条线先进个人】

2017年宜兴市获评的省(部)条线先进个人

表93

姓　名	工作单位	被授予称号(荣誉)	授予单位
蒋跃进	屺亭街道关工委	全省校外教育辅导站工作先进个人	省关工委、省文明办
吴志强	张渚镇关工委	全省校外教育辅导站工作先进个人	省关工委、省文明办
姚孝忠	万石中学	全省校外教育辅导站工作先进个人	省关工委、省文明办
史顺珍	徐舍镇	全省校外教育辅导站工作先进个人	省关工委、省文明办
厉上清	丁蜀镇鲍志强紫砂艺术馆	江苏好人	省文明办
唐黎萍	丁蜀镇紫圣陶轩陶瓷经营部	江苏好人	省文明办
王　超	丁蜀镇组织人事和社保局	江苏省劳动人事争议调解员业务能手	省劳动人事争议仲裁委员会
葛　萍	丁蜀镇经济发展和改革局	2017年度人口抽样和月度劳动力调查先进个人	省统计局
焦林生	宜城街道沧浦社区	江苏省农村基层党建工作突出贡献奖	省委组织部
杨丽琴	和桥镇同里村	江苏省百佳计生专干	省卫计委
周　涛	和桥镇工会	2017年江苏省优秀工会工作者	省总工会
张　欢	宜兴地税局	纳税服务类“业务大比武”岗位能手	省地税局
李　明	宜兴地税局	纳税服务类“业务大比武”岗位能手	省地税局
杭　磊	宜兴地税局	纳税服务类“业务大比武”岗位能手	省地税局
胡金朋	宜兴地税局	大企业税收风险管理工作先进个人	省地税局
严晓思	宜兴地税局	江苏地税金税三期工程推广上线工作先进个人	省地税局
陈　雯	市政府法制办	全省政府法制工作先进工作者	省人社厅、省政府法制办
陈根富	湖汶镇农办	江苏省百优农民合作社辅导员	省农委
张军康	市委政法委	全省涉法涉诉信访工作先进个人	省委政法委
季　仲	市人民法院	全省法院系统先进工作者	省人民法院
季　仲	市人民法院	二等功	省人民法院
金　晶	市人民检察院	2016年度全省检察新闻宣传优秀通讯员	省人民检察院政治部
刘　政	市人民检察院	全省刑事申诉检察业务能手	省人民检察院政治部
陈　邦	市人民检察院	全省检察机关司法警察专业技能十佳能手	省人民检察院政治部
蒋　臣	环科园经发局	全省开发区统计工作先进个人	省商务厅
蒋纪伯家庭	—	2017年江苏“最美家庭”	省妇联
顾美群	市美陶缘陶艺有限公司	江苏省巾帼建功标兵	省城镇妇女“巾帼建功”领导小组等
杭仁育	市残联	保障金征收先进个人	省残联
李胜忠	江苏省宜兴强制隔离戒毒所	优秀共产党员	省司法厅

续表93

姓　名	工作单位	被授予称号(荣誉)	授予单位
程守栋	江苏省宜兴强制隔离戒毒所	优秀党务工作者	省司法厅
黄建军	江苏省宜兴强制隔离戒毒所	十九大安保维稳工作先进个人	省司法厅
吉中翔	丁山监狱	2016年互帮共建工作三等功	省司法厅
陆　卫	丁山监狱	2016年互帮共建工作先进个人	省司法厅
刘　鑫	丁山监狱	2016年互帮共建工作先进个人	省司法厅
程　旭	丁山监狱	第一批援疆三等功	省司法厅
蒋向东	丁山监狱	全省法律援助工作先进个人	省司法厅
沈海东	丁山监狱	“百优十杰”杰出民警、二等功	省司法厅
许文虎	丁山监狱	优秀共产党员	省司法厅
张　坤	丁山监狱	优秀共产党员	省司法厅
张志胜	丁山监狱	优秀共产党员	省司法厅
蒋智达	丁山监狱	优秀共产党员	省司法厅
李生清	丁山监狱	优秀党务工作者	省司法厅
徐　贵	丁山监狱	优秀党务工作者	省司法厅
刘兆虎	丁山监狱	人民满意先锋岗个人岗	省司法厅
吴　云	丁山监狱	全省监狱系统离退休干部工作先进个人	省监狱管理局
沈俊章	丁山监狱	全省监狱系统离退休干部工作优秀离退休干部	省监狱管理局
谢立生	丁山监狱	全省监狱系统办案工作先进个人	省监狱管理局
吴彬琴	丁山监狱	全省监狱系统办案工作先进个人	省监狱管理局
魏　翔	丁山监狱	全省监狱系统办案工作先进个人	省监狱管理局
杨　洋	丁山监狱	全省监狱系统办案工作先进个人	省监狱管理局
周　宽	丁山监狱	全省监狱系统办案工作先进个人	省监狱管理局
纪洪亮	丁山监狱	劳务加工提档升级三等功	省监狱管理局
李松柏	丁山监狱	监区规范化建设三等功	省监狱管理局
强济民	丁山监狱	全省监狱系统2015—2016年度纪检监察工作先进个人	省监狱管理局
吴国兴	丁山监狱	从警30年标兵民警、三等功	省监狱管理局
顾全平	丁山监狱	从警30年优秀民警	省监狱管理局
葛志龙	丁山监狱	从警30年优秀民警	省监狱管理局
朱恩达	丁山监狱	从警30年优秀民警	省监狱管理局
庄安传	丁山监狱	“百优十杰”标兵民警、三等功	省监狱管理局
徐正强	丁山监狱	“百优十杰”优秀民警	省监狱管理局

续表93

姓　名	工作单位	被授予称号(荣誉)	授予单位
杜靖丰	丁山监狱	“百优十杰”优秀民警	省监狱管理局
杨　洋	丁山监狱	“百优十杰”优秀民警	省监狱管理局
张晓璐	丁山监狱	“百优十杰”优秀民警	省监狱管理局
龚振磊	丁山监狱	“百优十杰”优秀民警	省监狱管理局
李连宝	丁山监狱	教育标兵	省监狱管理局
董　刚	丁山监狱	教育能手	省监狱管理局
魏　翔	丁山监狱	教育能手	省监狱管理局
徐建飞	丁山监狱	监区规范化建设先进个人	省监狱管理局
谈　俊	丁山监狱	监区规范化建设先进个人	省监狱管理局
宋晓峰	丁山监狱	监区规范化建设先进个人	省监狱管理局
杨　炀	丁山监狱	监区规范化建设先进个人	省监狱管理局
周晓波	丁山监狱	监区规范化建设先进个人	省监狱管理局
李连宝	丁山监狱	监区规范化建设先进个人	省监狱管理局
史建明	丁山监狱	监区规范化建设先进个人	省监狱管理局
沈海东	丁山监狱	监区规范化建设先进个人	省监狱管理局
蒋向东	丁山监狱	监区规范化建设先进个人	省监狱管理局
王　剑	丁山监狱	监区规范化建设先进个人	省监狱管理局
王　栋	丁山监狱	2016年度全省监狱系统信息工作先进个人	省监狱管理局
张　平	丁山监狱	2016年度全省监狱系统新闻宣传工作先进个人	省监狱管理局
赵康明	丁山监狱	2016年度全省监狱系统新闻宣传工作先进个人	省监狱管理局
吴超群	丁山监狱	江苏省监狱系统青年岗位能手	省监狱管理局
徐鹏飞	丁山监狱	江苏省监狱系统青年岗位能手	省监狱管理局
杨　逊	丁山监狱	江苏省监狱系统青年岗位能手	省监狱管理局
曹　斌	丁山监狱	江苏省监狱系统优秀共青团员	省监狱管理局
顾俊鹏	丁山监狱	江苏省监狱系统优秀共青团员	省监狱管理局
黄　鹏	丁山监狱	江苏省监狱系统优秀共青团员	省监狱管理局
殷　力	丁山监狱	江苏省监狱系统优秀共青团员	省监狱管理局
于卫平	丁山监狱	劳务加工业提档升级先进个人	省监狱管理局
胡志涛	丁山监狱	劳务加工业提档升级先进个人	省监狱管理局
刘　祥	丁山监狱	劳务加工业提档升级先进个人	省监狱管理局
李晓彬	丁山监狱	劳务加工业提档升级先进个人	省监狱管理局
柳国松	丁山监狱	劳务加工业提档升级先进个人	省监狱管理局

续表93

姓　名	工作单位	被授予称号(荣誉)	授予单位
张　坤	丁山监狱	劳务加工业提档升级先进个人	省监狱管理局
卫春华	丁山监狱	劳务加工业提档升级先进个人	省监狱管理局
连国平	丁山监狱	劳务加工业提档升级先进个人	省监狱管理局
周建国	丁山监狱	优秀共产党员	省监狱管理局
季茂祥	丁山监狱	优秀共产党员	省监狱管理局
朱建国	丁山监狱	优秀共产党员	省监狱管理局
梁国荣	丁山监狱	优秀共产党员	省监狱管理局
黄　辉	丁山监狱	优秀共产党员	省监狱管理局
施　超	丁山监狱	优秀党务工作者	省监狱管理局
王　剑	丁山监狱	优秀党务工作者	省监狱管理局
徐　畅	丁山监狱	自学考试优秀管理工作者	省监狱管理局
潘学军	丁山监狱	十九大监狱安保工作先进个人、三等功	省监狱管理局
纪洪亮	丁山监狱	十九大监狱安保工作先进个人、三等功	省监狱管理局
章康明	丁山监狱	十九大监狱安保工作先进个人、三等功	省监狱管理局
李连宝	丁山监狱	十九大监狱安保工作先进个人、三等功	省监狱管理局
宋亚飞	丁山监狱	十九大监狱安保工作先进个人、三等功	省监狱管理局
盛建明	丁山监狱	十九大监狱安保工作先进个人	省监狱管理局
王　成	丁山监狱	十九大监狱安保工作先进个人	省监狱管理局
徐建飞	丁山监狱	十九大监狱安保工作先进个人	省监狱管理局
杨　炀	丁山监狱	十九大监狱安保工作先进个人	省监狱管理局
杜其峰	丁山监狱	十九大监狱安保工作先进个人	省监狱管理局
于卫平	丁山监狱	三等功	省监狱管理局
盛建明	丁山监狱	三等功	省监狱管理局
朱建国	丁山监狱	三等功	省监狱管理局
杨光贤	丁山监狱	三等功	省监狱管理局
张　坤	丁山监狱	三等功	省监狱管理局
王开左	丁山监狱	三等功	省监狱管理局
汤　旸	丁山监狱	三等功	省监狱管理局
朱海波	丁山监狱	三等功	省监狱管理局
许建波	丁山监狱	全省监狱系统内部审计先进工作者	省监狱管理局
杨　旭	丁山监狱	2015—2017年度协会工作先进个人	省监狱管理局

续表93

姓　名	工作单位	被授予称号(荣誉)	授予单位
高先莉	丁山监狱	2015—2017年度协会工作先进个人	省监狱管理局
周俊峰	市公安局	全省优秀人民警察	省公安厅、省人社厅
唐龙明	市公安局	全省优秀人民警察	省公安厅、省人社厅
徐　宁	市公安局	全省优秀人民警察	省公安厅、省人社厅
杨　丹	市公安局	全省优秀人民警察	省公安厅、省人社厅
许小平	市公安局	全省党的十九大维稳工作先进个人	省公安厅
崔伟锋	市公安局	全省公安机关警务督察工作成绩突出个人	省公安厅
吴依欣	市公安局	全省公安档案工作成绩突出个人	省公安厅
蒋　丰	市公安局	全省见义勇为工作先进个人	省公安厅
储国君	市公安局	二等功	省公安厅
王华峰	市公安局	二等功	省公安厅
孙　健	市公安局	二等功	省公安厅
崔伟锋	市公安局	二等功	省公安厅
承安东	市社会矛盾纠纷调处中心	二等功	省司法厅
沈才清	市国土局	江苏省国土资源系统先进工作者	省国土厅、省人社厅
吴继生	市人武部	基层武装工作先进个人	省军区
陈　雪	市环保局	《江苏环境》宣传工作先进个人	省环保宣教中心
汪　峰	市城管行政执法大队	江苏省住建系统“强转树”活动先进个人	省住建厅
杨　洁	宜兴日报社	江苏省县市报系统2017年度优秀新闻工作者	省县市报研究会
李　震	宜兴日报社	江苏省县市报系统2017年度优秀新闻工作者	省县市报研究会
蒋　欢	宜兴日报社	江苏省县市报系统2017年度优秀新闻工作者	省县市报研究会
万方鸣	宜兴日报社	江苏省县市报系统2017年度优秀新闻工作者	省县市报研究会
胡心怡	宜兴日报社	江苏省县市报系统2017年度优秀新闻工作者	省县市报研究会
岳　鹏	宜兴日报社	全国县市区域百佳优秀报人	中国县市报研究会
徐力力	宜兴日报社	全国县市区域百佳优秀报人	中国县市报研究会
张丽芬	宜兴移动分公司	江苏移动先进积极分子	江苏移动公司
夏正愚	市公共资源交易中心	全省政务服务工作突出贡献先进个人	省政管办、省人社厅
李　萍	市邮政分公司	2016年全省优秀合规管理检查工作者	省邮政分公司
陈丽芳	市邮政分公司	优秀工会工作者	省邮政分公司
吴　宁	市邮政分公司	优秀支局长	省邮政分公司
李晓梅	市邮政分公司	优秀支局长	省邮政分公司

续表93

姓　名	工作单位	被授予称号(荣誉)	授予单位
赵益娜	市邮政分公司	优秀营业员	省邮政分公司
熊莹莹	市邮政分公司	优秀营业员	省邮政分公司
高顺萍	市邮政分公司	优秀投递员	省邮政分公司
张洪锋	市邮政分公司	优秀投递员	省邮政分公司
张晓龙	市邮政分公司	优秀投递员	省邮政分公司
徐　飞	市邮政分公司	优秀网运员	省邮政分公司
钱拥军	市邮政分公司	优秀网运员	省邮政分公司
黄文玲	宜兴花木兰食品加工厂	江苏省乡土人才“三带”新秀	省委组织部、省人社厅、省农委、省文化厅等
杨安桔	善卷洞风景区	2017年度江苏“旅游百佳”人才	省旅游局
王　娅	宜兴建工旅行社	2017年度江苏“旅游百佳”人才	省旅游局
王　胜	宜兴金浦酒店管理有限公司	2017年度江苏“旅游百佳”人才	省旅游局
陈达勤	市陶都大饭店	2017年度江苏“旅游百佳”人才	省旅游局
陈　兰	市科技局	省知识产权工作成绩突出个人	省知识产权局
宗伟方	市档案局	江苏省文化精品建设先进个人	省档案局
高　超	市档案局	江苏省档案信息工作先进个人	省档案局
李农飞	市档案局	江苏省档案宣传工作先进个人	省档案局

【无锡市级先进个人】

2017年宜兴市被无锡市委、市政府、军分区表彰的先进个人

表94

姓　名	工作单位	被授予称号(荣誉)	授予单位
陈　瑾	丁蜀镇公园路社区	2014—2016年度无锡市优秀共产党员	无锡市委
蒋晓良	市安监局	三等功	无锡市政府
胡　君	市信访局	无锡市2013—2016年度社会治安综合治理记功嘉奖个人	无锡市政府
许卫琴	市人民法院	无锡市2013—2016年度社会治安综合治理工作表现突出个人嘉奖	无锡市政府
陈法荣	市城管局	无锡市创建全国文明城市有功个人	无锡市政府
谢慧超	环科园经发局	三等功	无锡市政府
陈云建	市人武部	优秀职工	无锡军分区
李志福	市人武部	优秀职工	无锡军分区
蒋建新	无锡工艺学院	基层人武工作先进工作者	无锡军分区

编辑　吴建群

附　录

FU　LU

文件索引

2017年中共宜兴市委重要文件索引

表95

文　题	文　号	成文时间
中共宜兴市委、宜兴市人民政府关于印发《宜兴市“两减六治三提升”专项行动方案》的通知	宜发〔2017〕2号	2017年2月14日
中共宜兴市委、印发《关于开展“连心富民、联企强市”大走访活动的实施方案》的通知	宜发〔2017〕4号	2017年3月9日
中共宜兴市委、关于进一步加强全市农村基层党建工作的实施意见	宜发〔2017〕7号	2017年3月28日
中共宜兴市委、宜兴市人民政府关于做好2017年农业农村工作的意见	宜发〔2017〕8号	2017年3月28日
中共宜兴市委、宜兴市人民政府关于深化国有企业改革的实施意见	宜发〔2017〕10号	2017年4月8日
中共宜兴市委、宜兴市人民政府关于促进经济和社会又好又快发展的意见	宜发〔2017〕12号	2017年4月7日
中共宜兴市委、宜兴市人民政府关于组建宜兴市交通产业集团有限公司的意见	宜发〔2017〕13号	2017年5月4日
中共宜兴市委、宜兴市人民政府关于2017年镇、园区、街道科学发展工作考核意见	宜发〔2017〕14号	2017年4月10日
中共宜兴市委、宜兴市人民政府关于印发《宜兴市全面深化河长制实施方案》的通知	宜发〔2017〕15号	2017年5月4日
中共宜兴市委、宜兴市人民政府2017年度市级机关部门工作考核意见	宜发〔2017〕21号	2017年5月17日
中共宜兴市委关于贯彻落实全面从严治党“两个责任”履责记实制度的实施意见	宜发〔2017〕38号	2017年10月25日
中共宜兴市委、宜兴市人民政府关于调整财政管理体制的实施意见	宜发〔2017〕40号	2017年11月1日

2017年宜兴市人民政府重要文件索引

表96

文　　题	文　　号	成文时间
市政府关于加快推进建筑产业现代化促进建筑产业转型升级的实施意见(试行)	宜政发〔2017〕12号	2017年1月20日
市政府关于印发《宜兴市政府投资工程类项目建设管理实施细则》的通知	宜政发〔2017〕13号	2017年1月22日
市政府关于印发《2017年市政府规范性文件制定计划》的通知	宜政发〔2017〕28号	2016年2月21日
市政府关于宜兴市积极稳妥推进出租汽车行业改革的实施意见	宜政发〔2017〕48号	2017年4月5日
市政府关于印发《宜兴市人民政府常务会议议事规则》的通知	宜政发〔2017〕57号	2017年4月26日
市政府关于印发《宜兴市人民政府工作规则(修订稿)》的通知	宜政发〔2017〕58号	2017年5月26日
市政府关于开展"控源截污"两年行动的实施意见	宜政发〔2017〕101号	2017年8月28日
市政府关于宜兴市建设用地三项指标使用管理的若干意见	宜政发〔2017〕119号	2017年9月5日
市政府关于统筹推进城乡义务教育一体化促进优质均衡发展的实施意见	宜政发〔2017〕122号	2017年9月7日
市政府关于发布2018年城乡居民养老保险基础养老金标准的通知	宜政发〔2017〕164号	2017年12月9日
市政府关于印发宜兴市产业项目用地挂牌出让流程的通知	宜政发〔2017〕180号	2017年12月29日

(杨若凌　摘)

便民信息

【宜城城区公办幼儿园服务区安排】

2018年宜城城区公办幼儿园服务区安排

表97

幼儿园名称	服务区(社区、村)	备　　注
实验幼儿园	唐公、宝东、宝塔、袁桥	—
湖滨实验学校附幼	谈家干、城北	城北社区为湖滨实验学校附幼和城中实小附幼的共同服务区
城西小学附幼	徐坝、巷头、曲坊	—
阳羡幼儿园	阳羡、北虹、东虹、宜北	—
阳泉幼儿园	阳泉	—
艺术幼儿园	下漳、长新	下漳社区为艺术幼儿园和宜城幼儿园的共同服务区;长新社区为艺术幼儿园、宜城幼儿园和二实小附幼的共同服务区
宜城幼儿园	茶东、和平、新华、长新、下漳	下漳社区为艺术幼儿园和宜城幼儿园的共同服务区;长新社区为艺术幼儿园、宜城幼儿园和二实小附幼的共同服务区
荆溪小学附幼	土城、荆溪	—

续表97

幼儿园名称	服务区(社区、村)	备　注
城南实小附幼	东山、文峰	含谢桥新村、龙背山庄、南郊花园;东山社区为城南实小附幼和进修幼儿园的共同服务区
城中实小附幼	民主、城南、大同、城北	城北社区为湖滨实验学校附幼和城中实小附幼的共同服务区
实验小学东校区附幼	城东	城东社区含钱墅人家、王婆村、新源城市花园、景湖人家(庆源大道以南、唐芳路以西)
进修幼儿园	碓坊、岳堤、东山	东山社区为城南实小附幼和进修幼儿园的共同服务区
二实小附幼	沧浦、荆东、溪隐(含原荆南)、长新	长新社区为艺术幼儿园、宜城幼儿园和二实小附幼的共同服务区

(2018年5月8日公布)

【宜兴市城区小学、初中施教区划分方案】

一、小学

1.实验小学

实验小学本部:袁桥、下漳和长新三个社区。

实验小学东校区:城东社区,城东村、东郊村、王婆村,东郊一期、东郊二期,钱墅人家、新源城市花园、景湖人家(庆源大道以南、唐芳路以西)。

2.城中实验小学:民主社区、和平社区(除原茶西居委)、城南社区(迎宾路以北)。

3.城南实验小学:文峰社区、碓坊社区、东山社区(华兴路以西),岳堤社区中的富丽花苑、教工新村、夏圩,南郊花园、龙背山庄、谢桥新村。

4.第二实验小学:荆南、荆东、溪隐三个社区,东山社区(华兴路以东),溪隐府,东山、溪隐、沧浦、南园、山林五个村。

5.荆溪小学:荆溪、土城、茶东、城南(迎宾路以南)、岳堤五个社区,和平社区中原茶西居委。

6.城北小学:大同、新华(除原常胜居委)、北虹(除原水上居委)、宜北四个社区及宜北村、原宜城水产村。

7.阳羡小学:阳羡、新华(仅指原常胜居委)、东虹、宝塔、北虹(仅指原水上居委)五个社区及宝塔村、东虹村。

8.东域小学:宝东、唐公两个社区及久隆碧云花园,东郊和城东两村拆迁至紫竹花园的,东梅村、花圩村。

9.陶城小学:阳泉、曲坊两个社区。城北社区中氿滨大道以东区域,巷头社区(除原徐坝村)。

10.湖滨实验学校:徐坝、谈家干两个社区及徐坝村、轸村拆迁至两个社区的,巷头社区中原徐坝村,城北社区中团氿花园、金三角小区。

11.广汇小学:广汇社区及轸村、徐坝村、边庄村、文庄村、东梅村、花圩村、杏里村拆迁至广汇社区的。

12.环科园小学:绿园、南河、铜峰、南岳、谢桥、梅园、氿南7个社区。

二、初中

1.实验中学:民主、溪隐、荆南、荆东、东山、岳堤、碓坊、荆溪、土城、城南、文峰11个社区,南郊花园、龙背山庄,城南村、碓坊村、东山村、溪隐村、沧浦村、谢桥村、南园村、山林村8个村,环科园绿园、南河、铜峰、南岳、谢桥、梅园、氿南7个社区。

2.外国语学校:和平、新华、大同、茶东、长新、下漳、宝东、东虹、阳羡、宝塔、北虹、宜北(宜北河南)、唐公、袁桥、阳泉(人民路东)、城东16个社区,城东村、花圩村、东梅村、东郊村,东郊一期、东郊二期,钱墅人家(仅限原户口在城区的经济适用房户)。

3.树人中学:城北、阳泉(人民路西)、曲坊、巷头、徐坝、谈家干、广汇、宜北(宜北河北)8个社区,轸村、徐坝村、边庄村、文庄村、东梅村、花圩村、杏里村拆迁至广汇社区的,徐坝村、轸村拆迁至徐坝、谈家干社区的。

(2018年5月9日公布)

《宜兴年鉴(2018)》部分缩略语、专用词语注释

两学一做

学党章党规、学系列讲话,做合格党员。

两聚一高

聚力创新,聚焦富民,高水平全面建成小康社会。

人大“两级载体　两项制度”

人大代表之家、人大代表工作室两级履职载体,代表接待选民、代表向选民述职两项履职制度。

人大“双争双评”活动

在市人大代表中开展争创先进代表小组、争当代表活动积极分子和评比优秀建议以及承办代表建议先进部门。

政治协商“三在前　三在先”要求

重大决策要协商在党委决策之前、人大通过之前、政府实施之前;制订经济和社会发展中长期规划要先协商后决策,对重大人事安排和关于人民群众切身利益的重大问题要先协商后决定,

制定重要地方性政府法规要先协商后通过。

"'四讲四有'党员示范岗"评选

围绕"讲政治、有信念,政治合格"标准,评选"党性标杆";围绕"讲规矩、有纪律,执行纪律合格"标准,评选"廉洁表率";围绕"讲道德、有品行,品德合格"标准,评选"道德模范";围绕"讲奉献、有作为,发挥作用合格"标准,评选"发展先锋"。

信访接待"四有四声"制度

接待有记录,答复有时限,处理有人管,结果有人查;来有迎声,问有答声,走有送声,解决问题有回声。

"三网一微一卡"工会服务平台

全市工会组织和会员实名系统、工会办公OA系统、工会普惠服务系统三大网络平台,市总工会微信公众号,与宜兴农村商业银行、市人社局联合开发的"惠工卡"。

妇联"四安全干预"

深入推进安全家庭建设、不断完善安全社区工作、加快推动安全上学工程、切实加强安全校园创建。

关工委法治教育"六个一"

上好一堂法治教育课、进行一次法治警示教育、举办一次法律知识竞赛、举办一次学法用法征文比赛、举行一次向不良行为告别签名活动、开展一些寓教于乐的社会实践。

司法矫正"两接收一分流"制度

社区服刑人员的法律文书由中心统一接收、人员统一到中心开展入矫宣告和入矫教育;日常管理工作以居住地原则分流至各镇司法所。

国家"千人计划"

海外高层次人才引进计划。围绕国家发展战略目标,从2008年开始,在国家重点创新项目、学科、实验室以及中央企业和国有商业金融机构、以高新技术产业开发区为主的各类园区等,引进2000名左右人才并有重点地支持一批能够突破关键技术、发展高新产业、带动新兴学科的战略科学家和领军人才来华创新创业。

"两减六治三提升"专项行动("263"行动)

"两减"指减少煤炭消费总量和减少落后化工产能;"六治"指治理太湖及长江流域水环境、生活垃圾、黑臭水体、畜禽养殖污染、挥发性有机物和环境隐患;"三提升"指提升生态保护水平、环境经济政策调控水平和环境执法监管水平。

放管服

简政放权,降低准入门槛;公正监管,促进公平竞争;高效服务,营造便利环境。

金融业表内外贷款

表内授信指跟资产负债表中资产类科目有关的资产授信,包括贷款、项目融资、贸易融资、贴现、透支、保理、拆借和回购等;表外授信指不在资产负债表中反映,但又必须在资产负债表外专门记载的中间业务,包括贷款承诺、保证、信用证、票据承兑等。

金融业联合授信

拟对或已对同一企业(含企业集团)提供债务融资的多个银行业金融机构,通过建立信息共享机制,改进银企合作模式,提升银行业金融服务质效和信用风险防控水平的运作机制。

金融业或有负债

指因过去的交易或事项可能导致未来所发生的事件而产生的潜在负债。

联宜基金

全称"无锡联宜资产投资基金中心",性质为有限合伙基金,由江苏资产管理有限公司、宜兴市政府及无锡联信资产管理有限公司于2015年9月共同出资设立,用于处置宜兴地区的特殊资产。

房地产业"八公示一监督"制度

政策依据公示,入户调查结果公示,操作程序及相关办法公示,评估机构公示,安置房源公示,工作人员及工作纪律公示,评估结果及补偿安置结果公示,公示地点、载体和时限公示;加强监督。

"3550"改革

3指开办企业3个工作日内完成,5指不动产登记5个工作日内完成,50指工业建设项目许可50个工作日内完成。

商品房销售"一价清"制度

指商品房销售中对购房者最终结算时实行一个价格,开发企业不得收取未经价格主管部门批准的,在商品房销售价格之外的任何费用。

水资源管理"三条红线"

确立水资源开发利用控制红线,到2030年全国用水总量控制在7000亿立方米以内;确立用水效率控制红线,到2030年用水效率达到或接近世界先进水平,万元工业增加值用水量降低到40立方米以下,农田灌溉水有效利用系数提高到0.6以上;确立水功能区限制纳污红线,到2030年主要污染物入河湖总量控制在水功能区纳污能力范围之内,水功能区水质达标率提高到95%以上。

社会保障"4050"工程

市政府促进困难群体就业的一项重要措施,旨在为特殊历史时期形成的女性40岁以上、男性50岁以上的下岗协保失业等就业困难群体度身定制就业岗位,以市场化、社会化的运作机制,促进其就业。

八礼四仪

仪表之礼、仪式之礼、言谈之礼、待人之礼、行走之礼、观赏之礼、游览之礼、餐饮之礼,入学仪式(7岁)、成长仪式(10岁)、青春仪式(14岁)、成人仪式(18岁)。

海事“12345科学安全监管体系”

1个元问题，即打造本质安全这条中心主线的问题；2个安全，即水上交通安全和廉政安全；3级责任，即明确江苏海事局、分支局处、海事处（执法大队）三级责任，实现机关和基层的一体化、指挥与现场的一体化、权利与责任的一体化；4个导向，即运用目标导向、问题导向、履职导向、责任导向，从根本上解决海事监管履职过程中存在的“认不清、想不到、管不到”的问题；5种方法，即安全监管五种方法：空管（航空企业管理飞机飞行的方法管理客汽渡）、核管（对核设施和核活动实施安全监管管理的方法管理危化学品船）、军管（军事管理区的方法管理黄沙过驳区）、特管（国家电网管理苏通特高压管廊的管理方法管理桥区）、网管（网格化管理的方法管理整治建筑物）。

一带一路

丝绸之路经济带、21世纪海线上丝绸之路。

一村一品

在一定区域范围内，以村为基本单位，按照国内外市场需求，充分发挥本地资源优势，通过大力推进规模化、标准化、品牌化和市场化建设，使一个村（或几个村）拥有一个（或几个）市场潜力大、区域特色明显、附加值高的主导产品和产业。

宜兴市部分机构全称、简称对照

宜兴市部分机构全称、简称对照表

表98

全　称	简　称
宜兴市人民代表大会常务委员会	市人大
中国人民政治协商会议宜兴市委员会	市政协
宜兴市人民代表大会常务委员会办公室	市人大办
中国人民政治协商会议宜兴市委员会办公室	市政协办
中国共产党宜兴市纪律检查委员会	市纪委
中国人民解放军江苏省宜兴市人民武装部	市人武部
中国共产党宜兴市委员会统一战线工作部	市委统战部
中国共产党宜兴市委员会农村工作办公室	市委农办
中国共产党宜兴市委员会市级机关工作委员会	市级机关党工委
中国共产党宜兴市委员会台湾工作办公室	市委台办
中国共产党宜兴市委员会老干部局	市委老干部局
中国共产党宜兴市委员会机要保密局	市委保密局
宜兴日报社	报社
宜兴市史志办公室	市史志办
中国共产主义青年团宜兴市委员会	团市委
宜兴市妇女联合会	市妇联
宜兴市科学技术协会	市科协
宜兴市归国华侨联合会	市侨联
宜兴市文学艺术界联合会	市文联
宜兴市残疾人联合会	市残联
宜兴市工商业联合会	市工商联

续表98

全　　称	简　　称
宜兴市发展和改革委员会	市发改委
宜兴市经济和信息化委员会	市经信委
宜兴市安全生产监督管理局	市安监局
宜兴市科学技术局	市科技局
宜兴市人力资源和社会保障局	市人社局
宜兴市机构编制委员会办公室	市编办
宜兴市文化广电新闻出版局	市文广新局
宜兴市市场监督管理局	市市场监管局
宜兴市人口和计划生育委员会	市人口计生委
宜兴市旅游园林管理局	市旅游局
宜兴市人民政府法制办公室	市法制办
宜兴市城市管理局	市城管局
宜兴市公用事业管理局	市公用事业局
宜兴市住房保障和房产管理局	市住房局
宜兴市人民防空办公室	市人防办
宜兴市口岸办公室	市口岸办
宜兴市商贸资产管理公司	市商贸公司
宜兴市烟草专卖局	市烟草局
华东宜兴抽水蓄能有限公司	宜蓄公司
中国电信股份有限公司宜兴分公司	宜兴电信公司
中国移动通信集团江苏有限公司宜兴分公司	宜兴移动公司
中国联合网络通信有限公司宜兴市分公司	宜兴联通公司
宜兴市盐务管理局	市盐务局
宜兴出入境检验检疫局	宜兴检验检疫局
中国宜兴环保科技工业园	环科园
宜兴经济技术开发区	开发区
无锡工艺职业技术学院	无锡工艺学院
宜兴市关心下一代工作委员会	市关工委
宜兴市生态文明研究与促进会	市生态文明研促会
宜兴市老区开发促进会	市老促会
宜兴市人民政府金融工作办公室	市金融办
中国银行业监督管理委员会无锡监管分局宜兴办事处	宜兴银监办
中国人民银行宜兴市支行	人行宜兴市支行

续表98

全　称	简　称
中信银行股份有限公司宜兴支行	中信银行宜兴支行
中国工商银行股份有限公司宜兴支行	工行宜兴支行
中国农业银行股份有限公司宜兴市支行	农行宜兴市支行
中国银行股份有限公司宜兴支行	中行宜兴支行
中国建设银行股份有限公司宜兴支行	建行宜兴支行
中国农业发展银行宜兴市支行	农发行宜兴市支行
交通银行股份有限公司宜兴支行	交行宜兴支行
招商银行股份有限公司宜兴支行	招商银行宜兴支行
上海浦东发展银行股份有限公司宜兴支行	浦发银行宜兴支行
兴业银行股份有限公司宜兴支行	兴业银行宜兴支行
江苏宜兴农村商业银行	宜兴农商行
中国人民财产保险股份有限公司宜兴支公司	中国人保宜兴支公司
中国人寿保险股份有限公司宜兴支公司	中国人寿宜兴支公司
中国太平洋财产保险股份有限公司宜兴支公司	太平洋财险宜兴支公司
中国太平洋人寿保险股份有限公司宜兴支公司	太平洋寿险宜兴支公司

2018年年鉴工作先进

【先进个人】

潘娉娉	季　俊	戴乐寅	黄　瑜	李梦姣	徐海友
马彦彬	史可茜	吴　伟	丁燕平	杨　鋆	李逸萍
黄慧敏	许玮玲	任卿颜	彭　艺	蒋　艺	章　鹤
胡云飞	许　健	周晓东	钱洁尘	王伟平	钱丽莎
张东红	高耐洪	戴金禾	张　琦	夏　婷	黄　烨
杨　敏	戴　琦	倪锦豪	许　凇	金　晶	蒋　璐
陆　蓥	梅　玲	张　俊	夏存涛	强　倍	蒋　霄

【优秀专文、分目、条目】

名　称	类别	作　者	编辑	页码
宜兴市成功创建全国文明城市	专文	杨钦涵　周　琼	吴　艳	1
宜兴“263”专项行动取得阶段性成效	专文	“263”办	吴　艳	5
伏健等英勇救人	条目	孙解和	杨宇彤	101

政法·综述	分目	史可茜	丁　林	104
禄漪园大酒店破产及资产拍卖	条目	蒋　璐	丁　林	107
对外开放·综述	分目	章丽燕　周文虹	叶　绿	118
开发区集聚和载体支撑效应显现	条目	张文霞	叶　绿	146
篱笆园成为乡村旅游五星级示范企业	条目	蒋　艺	黄文婷	148
农业特色小镇创建	条目	章鹤	张璐瑶	178
审计工作	分目	戴金禾	朱　敏	205
麦客加众创空间晋级国家级众创空间	条目	钱洁尘	吴畅畅	222
教育·综述·概述	条目	王伟平	吴畅畅	231
卫生监督法制	分目	王云霞	龚　樱	257
宜兴市被命名为全国老年气排球之乡	条目	尹文君	龚　樱	260
排污控制	条目	吴　笛	张璐瑶	269
共享单车管理	条目	徐　俊　杨正叶	黄文婷	278
城市防洪应急工程	条目	戴　琦	杨宇彤	288
海外高层次人才“引智”步伐加快	条目	许玮玲	朱　敏	290
西㵾村获评美丽乡村示范村和水美乡村	条目	夏存涛	吴建群	324
丁蜀镇	分目	张　俊	吴建群	331

《宜兴年鉴(2018)》审稿人员名单

（按姓氏笔画为序）

马才军	马国华	马南新	王永伟	王华良	王林俊	王宜东	王春南
王　洁	王　勇	王敖盘	毛光明	方　晔	史成飞	史伟平	史俊棠
冯华芳	吕旭明	朱俊强	刘俊尧	江　峰	孙春燕	孙海军	芮占良
芮俊燕	李万里	李文军	李　江	李　莉	李　营	杨南华	杨剑峰
吴志良	吴国成	吴荣芳	吴南强	吴俊杰	邱远远	何继红	闵曲成
沈鹰峰	张芸霞	张　健	张益强	张　澄	陈　仪	陈汝龙	陈法荣
邵亚群	罗盛华	金绍尧	周水仙	周　贤	周俊星	周洪春	周晓明
宗国民	赵　军	赵菊明	胡卫平	钟远成	钮颂坚	俞　军	贾　俊
夏正愚	夏红军	徐早其	徐　浈	徐　峰	徐鹏程	徐　震	殷　晖
郭维勤	唐晓龙	黄　力	黄立明	黄维正	黄朝强	曹　忱	章小刚
蒋小青	蒋宁鹏	蒋华兵	蒋志刚	蒋　典	蒋　波	蒋惠清	蒋震平
程志兴	舒志超	褚亚南	裴春花	滕新军	潘　震	戴菊华	魏　敏

编辑　吴艳

索 引
SUO YIN

条目(表格)索引

说 明

1.本索引采用主题分析法编制,按汉语拼音顺序排列,同音字按声调排列,声调相同按下一字的音序排列。

2.标目后数字为页码,字码a为左栏,b为中栏,c为右栏。

3.索引设有条目(表格)索引、随文插图索引两部分。

A

B

C

D

E

F

G

H

J

M

N

P

Q

R

S

T

W

X

Y

图片索引

A

B

C

D

F

G

H

J

K

L

M

N

Q

R

S

T

W

X

Y

Z